1

Federico Tibone

La patente del computer
Nuova ECDL

con Windows 7 e Office 2010

Il modulo *IT Security* è aggiornato alla versione 2.0

La versione per Windows 10 è disponibile online

con la collaborazione di
Antonino Letizia

W0339276

PER IL COMPUTER E PER IL TABLET

L'eBook multimediale

1 REGÌSTRATI A MYZANICHELLI

Vai su **my.zanichelli.it** e regìstrati come studente

2 SCARICA BOOKTAB

- Scarica **Booktab** e installalo
- Lancia l'applicazione e fai login

3 ATTIVA IL TUO LIBRO

- Clicca su **Attiva il tuo libro**
- Inserisci la **chiave di attivazione** che trovi sul **bollino argentato** adesivo (qui accanto un esempio di bollino con chiave di attivazione)

4 CLICCA SULLA COPERTINA

Scarica il tuo libro per usarlo offline

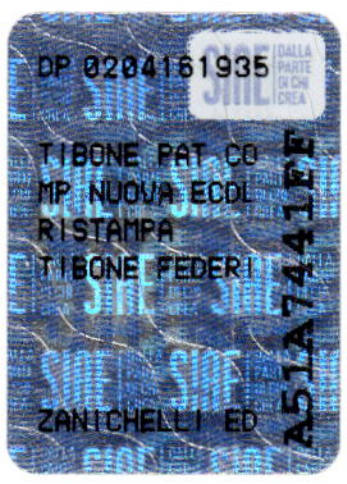

Realizzazione editoriale:
- Coordinamento redazionale: Matteo Fornesi
- Redazione: Luisa Alessio, Jacopo Bassi, Matteo Fornesi
- Segreteria di redazione: Deborah Lorenzini
- Progetto grafico: Roberto Marchetti
- Composizione e impaginazione: Pierangelo Bassignana
- Fotografie: Carlo Gardini, Parma e Federico Tibone
- Le schermate dei moduli *Word Processing*, *Spreadsheet* e *Presentation* sono a cura di Deborah Paci

Contributi:
- Rilettura dei testi: Daniele Regi Canali
- Revisione e controllo della copertura del Syllabus: Antonino Letizia
- Esercizi a cura di Antonino Letizia
- Ha collaborato al modulo *IT Security* Danilo Cinti

Copertina:
- Progetto grafico: Miguel Sal & C., Bologna
- Ideazione: Studio 8vo, Bologna
- Realizzazione: Roberto Marchetti e Francesca Ponti

Prima edizione: 2014
Seconda edizione: gennaio 2017

Ristampa:
5 4 2019 2020 2021

Zanichelli garantisce che le risorse digitali di questo volume sotto il suo controllo saranno accessibili, a partire dall'acquisto dell'esemplare nuovo, per tutta la durata della normale utilizzazione didattica dell'opera. Passato questo periodo, alcune o tutte le risorse potrebbero non essere più accessibili o disponibili: per maggiori informazioni, leggi my.zanichelli.it/fuoricatalogo

File per sintesi vocale
L'editore mette a disposizione degli studenti non vedenti, ipovedenti, disabili motori o con disturbi specifici di apprendimento i file pdf in cui sono memorizzate le pagine di questo libro. Il formato del file permette l'ingrandimento dei caratteri del testo e la lettura mediante software screen reader. Le informazioni su come ottenere i file sono sul sito http://www.zanichelli.it/scuola/bisogni-educativi-speciali

Grazie a chi ci segnala gli errori
Segnalate gli errori e le proposte di correzione su **www.zanichelli.it/correzioni.**
Controlleremo e inseriremo le eventuali correzioni nelle ristampe del libro.
Nello stesso sito troverete anche l'errata corrige, con l'elenco degli errori e delle correzioni.

Zanichelli editore S.p.A. opera con sistema qualità certificato CertiCarGraf n. 477 secondo la norma UNI EN ISO 9001:2015

Questo libro è stampato su carta che rispetta le foreste.
www.zanichelli.it/chi-siamo/sostenibilita

Fotocomposizione: Litoincisa Paganelli, Bologna

Stampa: Grafica Ragno
Via Lombardia 25, 40064 Tolara di Sotto, Ozzano Emilia (Bologna)
per conto di Zanichelli editore S.p.A.
Via Irnerio 34, 40126 Bologna

L'eBook è a cura di duDAT srl, Bologna
Le soluzioni filmate delle Esercitazioni per l'esame ECDL sono a cura di Infmedia, Roma

Software di simulazione dell'esame ECDL disponibile online:
© Maxisoft® 1997-2016
Realizzazione software multimediale "Simulatore Maxisoft® Esame ECDL"
Messo a disposizione da Formatica s.r.l.
Edizione pubblicata su licenza Maxisoft® s.r.l.
Certified Company UNI EN ISO 9001: 2015
www.maxisoft.it
maxisoft@maxisoft.it
Tutti i diritti riservati

Federico Tibone

La patente del computer
Nuova ECDL

con Windows 7 e Office 2010

Il modulo *IT Security* è aggiornato alla versione 2.0

La versione per Windows 10 è disponibile online

con la collaborazione di
Antonino Letizia

Materiale didattico ECDL validato da AICA

ECDL   AICA Associazione Italiana per l'Informatica ed il Calcolo Automatico

AICA, licenziataria esclusiva in Italia del programma ECDL (*European Computer Driving Licence*), attesta che il materiale didattico validato copre puntualmente e integralmente gli argomenti previsti nel Syllabus ECDL e necessari per il conseguimento della patente europea del computer. Di conseguenza AICA autorizza sul presente materiale didattico l'uso del marchio ECDL, registrato dalla Fondazione ECDL di Dublino e protetto dalle leggi vigenti.

ZANICHELLI

Sommario

Computer Essentials

Online Essentials

Word Processing

Spreadsheet

Presentation

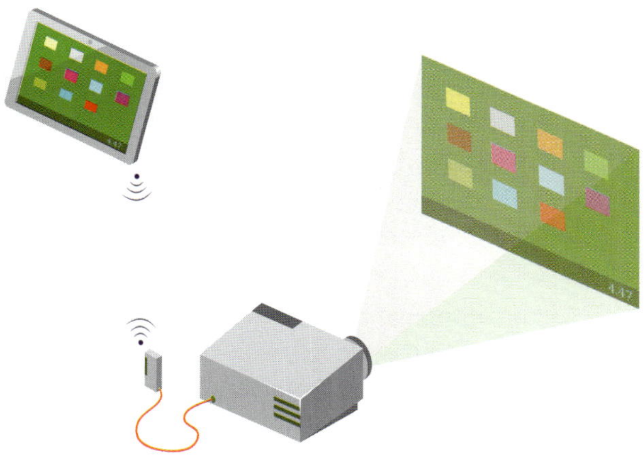

Online Collaboration

IT Security

Come si svolgono gli esami ECDL

I candidati alla Patente europea del computer (**ECDL**) sono esaminati nei test center autorizzati dall'aica (www.ecdl.it) mediante il **sistema automatico Atlas** che simula gli ambienti operativi dei software relativi ai diversi MODULI dell'ECDL.

Poiché la simulazione ha lo scopo di verificare le competenze del candidato, al suo interno non sono attive alcune funzionalità dei programmi, come la Guida in linea e la descrizione dei comandi. Anche le combinazioni di tasti che consentono di svolgere rapidamente determinati compiti (per esempio, Ctrl + C per copiare) non sono replicate, per evitare l'uso improprio di combinazioni di tasti che potrebbero mettere fine all'esame (come Ctrl + Alt + Canc).

Superando gli esami relativi ai sette moduli presentati in questo corso, si ottiene la certificazione **ECDL Full Standard**.

Si può anche conseguire la certificazione **ECDL Base**, superando gli esami per i seguenti quattro moduli: *Computer Essentials*, *Online Essentials*, *Word Processing*, *Spreadsheet*.

COME AVVIENE L'ESAME

In base alle indicazioni dell'esaminatore, il sistema automatico assegna a ciascun candidato gli esami da sostenere:

- il candidato accede al sistema mediante un nome-utente e una *password* personali;
- il candidato può scegliere la sequenza degli esami, tra quelli che gli sono stati assegnati, e la versione del software con cui desidera sostenerli (per esempio, Internet Explorer oppure Mozilla Firefox)
- ciascun test finisce quando il candidato ha risposto a tutte le domande, oppure allo scadere del tempo concesso per l'esame, nel qual caso il sistema impedisce al candidato di proseguire
- al termine dell'esame il sistema automatico comunica all'esaminatore i risultati ottenuti; alla fine dell'ultimo esame previsto per la sessione l'esaminatore comunica l'esito al candidato e lo registra sulla skills card
- il sistema consente anche all'esaminatore di rivedere insieme al candidato, dietro sua richiesta, i quesiti a cui è stata data risposta sbagliata.

I test sono assegnati in ogni sessione in modo casuale dal sistema centrale.

Inoltre il sistema automatico ricorda ciò che è stato somministrato a ogni candidato; quindi se il candidato deve ripetere un esame (in successive sessioni) i test assegnati saranno diversi da quelli già sostenuti.

- Una volta iniziato un test, non è possibile interromperlo. Il candidato può controllare costantemente le domande ancora da svolgere e il tempo disponibile.
- Durante l'esame non è permesso lanciare alcun programma. Se il candidato prova a farlo, dopo 10 secondi l'esame viene annullato automaticamente.
- Per ogni domanda il candidato ha a disposizione tre tentativi prima della conferma definitiva. È possibile saltare una domanda per poi tornarvi in seguito.
- Il sistema impiega test che richiedono lo svolgimento di compiti specifici e domande di teoria. Il tempo a disposizione è di 45 minuti.
- Per superare ogni esame il candidato deve rispondere correttamente almeno al 75% delle domande.

Altre informazioni sul sistema Atlas si trovano sul sito www.simulatlas.com

→ Alla pagina seguente trovi illustrati i diversi tipi di quesito che si possono incontrare in un test ECDL e alcuni suggerimenti per lo svolgimento delle prove d'esame.

I DIVERSI TIPI DI QUESITO

Ecco alcuni esempi dei quesiti che si incontrano nell'ambito di un test ECDL.

1 *domanda a risposta multipla con una sola risposta corretta:* si sceglie la risposta corretta con un clic del mouse dentro la zona circolare a sinistra della risposta, oppure sul testo stesso della risposta

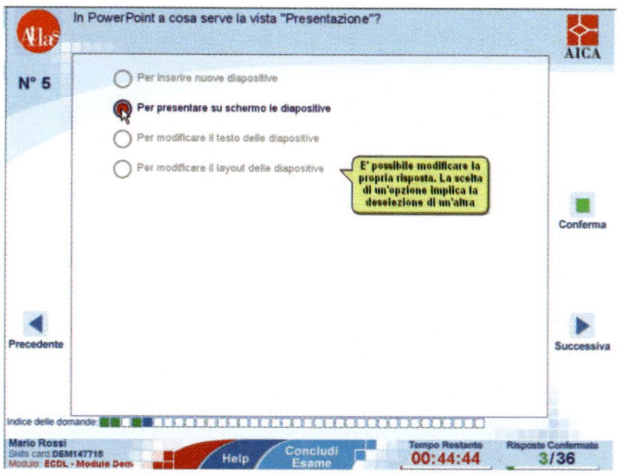

2 *domanda a risposta multipla con almeno due risposte corrette:* si scelgono le risposte corrette con un clic del mouse dentro la zona quadrata a sinistra delle risposte, oppure sul testo stesso delle risposte

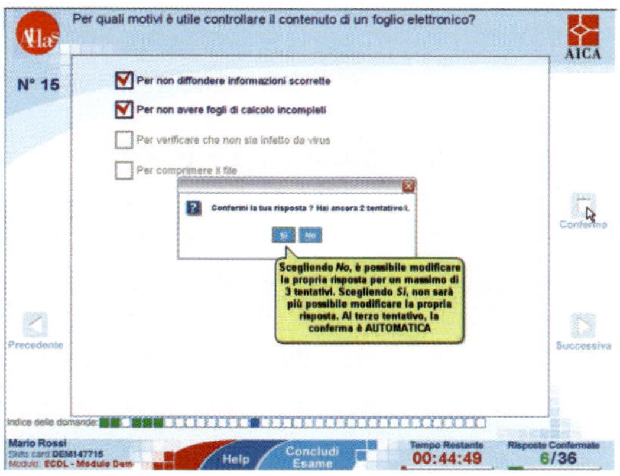

3 *domanda che chiede di collegare o di riordinare una sequenza:* si trascinano con il mouse le caselle di testo dalla colonna di sinistra a quella di destra, così da collegarle o posizionarle nell'ordine corretto, come in figura

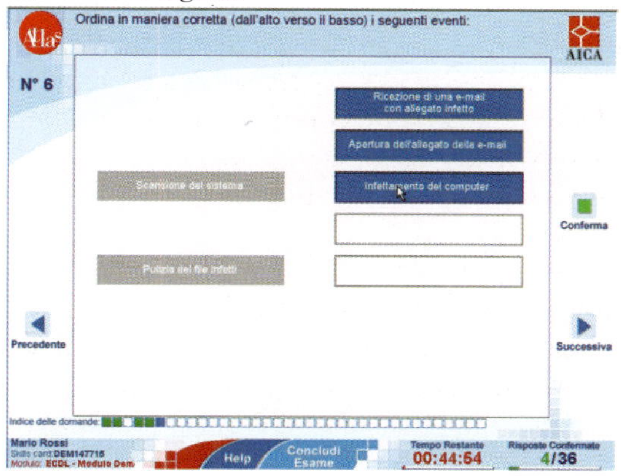

4 *domanda che richiede lo svolgimento di un compito specifico:* si deve usare la funzionalità indicata (comandi da menu, icone della barra dei pulsanti, menu attivabile con il tasto destro del mouse, e così via).

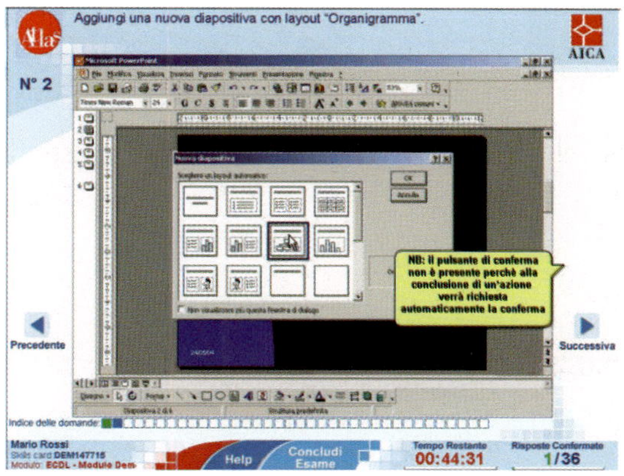

L'esecuzione di ogni compito deve avvenire con la modalità specificata nella domanda; se un compito viene svolto correttamente, ma con una modalità diversa da quella richiesta, la risposta è considerata sbagliata.

ALCUNI SUGGERIMENTI UTILI

- Leggere con molta attenzione il testo delle domande per capire bene ciò che viene richiesto.
- Nel testo di alcune domande compaiono apici, cioè virgolette alte: questi non devono mai essere digitati nella risposte.
- Nei quesiti che richiedono di digitare testi è importante scrivere esattamente ciò che è indicato; alla fine bisogna premere il tasto Invio.
- Alcune parti dell'interfaccia delle simulazioni possono essere inattive, perché quelle funzioni non sono richieste o perché bisogna operare in un modo diverso.
- Quando viene richiesto l'utilizzo di un colore specifico, il sistema automatico accetterà tutte le tonalità di tale colore.
- Se si è incerti sulla risposta da dare a un quesito, è possibile passare alle domande successive per poi riaffrontare quel quesito più tardi.

COMPUTER ESSENTIALS
Fondamenti del computer

Questo MODULO definisce i concetti e le competenze fondamentali per l'uso dei dispositivi elettronici, la creazione e la gestione dei file, le reti e la sicurezza dei dati, certificando le migliori pratiche per un uso efficace del computer.

Per superare l'esame ECDL relativo a questo MODULO, dovrai essere in grado di:

- comprendere i concetti fondamentali relativi all'ICT (Tecnologie dell'Informazione e della Comunicazione), ai computer, ai dispositivi elettronici e al software;
- accendere e spegnere un computer;
- operare efficacemente sul desktop di un computer usando icone e finestre;
- regolare le principali impostazioni del sistema e usare le funzionalità di Guida in linea;
- creare un semplice documento e stamparne delle copie;
- conoscere i principali concetti di gestione dei file ed essere in grado di organizzare efficacemente cartelle e file;
- comprendere i concetti fondamentali relativi ai supporti di memoria e all'uso di software di compressione e di estrazione di file di grandi dimensioni;
- comprendere i concetti relativi alle reti e alle possibilità di connessione, ed essere in grado di collegarsi a una rete;
- comprendere l'importanza di effettuare copie di backup dei dati e di proteggere i dati e i dispositivi elettronici da malware;
- comprendere l'importanza del *green computing*, dell'accessibilità e della salvaguardia della salute degli utenti.

Questo MODULO è disponibile online anche nella versione per Windows 10.

Sezione	Tema	Rif.	Argomento	Pagina
1 Computer e dispositivi	1.1 ICT	1.1.1	Definire il termine «Tecnologie dell'Informazione e della Comunicazione» (Information and Communication Technology – ICT).	4
		1.1.2	Identificare diversi servizi e utilizzi dell'ICT, quali servizi internet, tecnologie mobili, applicazioni di produttività di ufficio.	4
	1.2 Hardware	1.2.1	Definire il termine «hardware». Identificare i principali tipi di computer. Identificare i principali tipi di dispositivi.	4
		1.2.2	Definire i termini «processore», «memoria RAM» (Random Access Memory), «memoria di massa». Comprendere il loro impatto sulle prestazioni di computer e dispositivi.	4
		1.2.3	Identificare le periferiche integrate ed esterne.	5
		1.2.4	Identificare le più comuni porte di input/output: USB, HDMI.	5
	1.3 Software e licenze	1.3.1	Definire il termine «software» e saper distinguere i principali software. Sapere che il software può essere installato localmente o essere disponibile online.	6
		1.3.2	Definire il termine «sistema operativo» e identificare alcuni comuni sistemi operativi per computer e dispositivi elettronici.	6
		1.3.3	Identificare alcuni esempi comuni di applicazioni.	7
		1.3.4	Definire il termine «EULA» (End-User License Agreement), o «Contratto con l'utente finale». Sapere che il software deve essere licenziato prima del suo utilizzo.	7
		1.3.5	Illustrare i tipi di licenze software: proprietaria, open source, versione di prova, shareware, freeware.	7
	1.4 Avvio, spegnimento	1.4.1	Accendere un computer e collegarsi in modo sicuro.	8
		1.4.2	Scollegarsi, spegnere, riavviare un computer impiegando la relativa procedura corretta.	8
2 Desktop, icone, impostazioni	2.1 Desktop e icone	2.1.1	Illustrare lo scopo di desktop e barra delle applicazioni.	8
		2.1.2	Riconoscere le icone più comuni.	8
		2.1.3	Selezionare e spostare le icone.	9
		2.1.4	Creare, rinominare, eliminare un collegamento/alias.	9
	2.2 Uso delle finestre	2.2.1	Identificare le diverse parti di una finestra.	10
		2.2.2	Modificare le dimensioni di una finestra.	11
		2.2.3	Passare da una finestra a un'altra.	11
	2.3 Strumenti e impostazioni	2.3.1	Utilizzare le funzioni di Guida in linea disponibili.	12
		2.3.2	Visualizzare le informazioni di base del computer.	12
		2.3.3	Modificare la configurazione del desktop del computer.	12
		2.3.4	Modificare una lingua della tastiera e la lingua predefinita.	12
		2.3.5	Chiudere un'applicazione che non risponde.	13
		2.3.6	Installare, disinstallare un'applicazione.	13
		2.3.7	Collegare un dispositivo a un computer. Scollegare un dispositivo impiegando la procedura corretta.	13
		2.3.8	Catturare l'immagine dello schermo, della finestra attiva.	13
3 Testi e stampa	3.1 Operare con il testo	3.1.1	Aprire, chiudere un'applicazione o un file.	14
		3.1.2	Inserire del testo in un documento.	14
		3.1.3	Copiare, spostare del testo in un documento, tra documenti aperti. Incollare un'immagine dello schermo in un documento.	14
		3.1.4	Salvare e assegnare un nome a un documento.	14
	3.2 Stampare	3.2.1	Installare, disinstallare una stampante. Stampare una pagina.	15
		3.2.2	Impostare la stampante predefinita.	15
		3.2.3	Stampare un documento usando un'applicazione di elaborazione testi.	15
		3.2.4	Gestire un processo di stampa.	15
4 Gestione di file	4.1 File e cartelle	4.1.1	Comprendere come un sistema operativo organizza le unità disco, le cartelle, i file in una struttura gerarchica. Sapersi muovere tra unità, cartelle, sottocartelle, file.	16
		4.1.2	Visualizzare le proprietà di file e cartelle.	16
		4.1.3	Modificare la visualizzazione per presentare file e cartelle.	16
		4.1.4	Riconoscere le tipologie più comuni di file.	17

1 L'ICT, i vari tipi di computer e gli altri dispositivi elettronici

Le Tecnologie dell'informazione e della comunicazione e gli apparecchi tramite cui le utilizziamo

1.1.1 1.1.2 **Che cos'è l'ICT.** Con la sigla ICT (*Information and Communication Technologies*, Tecnologie dell'informazione e della comunicazione) si indica l'industria legata al computer, che comprende per esempio i produttori di *chip* (o microprocessori), i programmatori che realizzano *siti web* e chi studia e progetta sistemi informatici.

Tra i servizi e gli utilizzi pratici dell'ICT ci sono le forniture di accesso a Internet, programmi per computer, come gli elaboratori di testo o i fogli elettronici, e le tecnologie che rendono possibile la comunicazione con dispositivi mobili come gli *smartphone*.

1.2.1 **Che cos'è l'hardware.** Ogni dispositivo elettronico è formato da componenti, che costituiscono l'*hardware*; il loro funzionamento è controllato da opportuni programmi, che costituiscono il *software*. Dell'hardware fanno parte gli apparecchi elettrici, elettronici e meccanici necessari per l'ingresso, l'uscita e l'elaborazione dei dati. Per esempio il microprocessore che esegue calcoli è un componente hardware, come pure il ventilatore che evita il surriscaldamento dei circuiti integrati.

Il *desktop,* o personal computer da tavolo, sta su una scrivania ed è adatto per l'uso in postazioni fisse.

I computer portatili (in inglese *laptop*, cioè «che sta in grembo», oppure *notebook*, «blocco per appunti») racchiudono nelle dimensioni di un grosso quaderno tutte le funzionalità dei desktop, ma con un monitor e una tastiera di dimensioni ridotte.

Il *tablet* (computer-tavoletta) è un dispositivo *mobile*, che cioè si può portare sempre con noi. Ha quasi tutte le caratteristiche di un computer portatile, tranne tastiera e mouse, e il suo monitor è *touch screen*, cioè sensibile al contatto delle dita.

Gli *smartphone* sono telefoni cellulari che possiedono al tempo stesso molte caratteristiche dei tablet: consentono di eseguire vari tipi di applicazioni, si connettono a Internet e gestiscono la posta elettronica.

Le fotocamere digitali registrano immagini e filmati su schedine di memoria, in formati compatibili con il computer. Anche i tablet e gli smartphone hanno sistemi ottici in miniatura che consentono di fare foto, filmati e videotelefonate.

Esistono infine vari tipi di *lettori multimediali*, dispositivi specializzati che consentono di ascoltare musica, oppure di leggere libri in formato elettronico (*e-book*).

un notebook

un tablet

uno smartphone

1.2.2 **Processore, RAM e memoria di massa.** Il computer elabora i dati grazie all'*unità centrale di elaborazione* o CPU (*Central Processing Unit*), detta anche *processore*; la sua potenza è il principale fattore che determina la velocità di elaborazione del computer.

Durante l'elaborazione, i dati e le applicazioni software sono conservati nella *memoria* RAM, *Random Access Memory*, cioè «memoria ad accesso casuale»: ciò significa che per trovare un dato non deve scorrere in sequenza tutto il contenuto della memoria, ma sa posizionarsi direttamente nel punto cercato. Poiché i dati sono continuamente scritti sulla RAM o letti dalla RAM, la caratteristica fondamentale di questa memoria è la *velocità di accesso*, cioè di lettura e scrittura dei dati.

Quando il computer viene spento, i dati conservati nella RAM vanno perduti. Per conservarli in modo permanente si utilizzano *dispositivi di memorizzazione* che trasferiscono le informazioni su dischi magnetici come il *disco rigido* (o *hard disk*) i dischi rimovibili, come le chiavi USB (o pen drive), oppure su dischi ottici come i DVD. Questi supporti sono chiamati *memoria di massa* del computer.

Entro certi limiti, maggiore è la capacità della memoria RAM, maggiore sarà la velocità del computer. In particolare quando si eseguono più programmi contemporaneamente, se il computer ha poca memoria RAM dovrà accedere con più frequenza all'hard disk, e ciò rallenterà notevolmente il funzionamento.

Figura 1
La *scheda madre* che si trova dentro un computer desktop

1.2.3
1.2.4 **Le periferiche e le porte di input/output.** Le apparecchiature che permettono al computer di scambiare informazioni con l'esterno sono chiamate *periferiche*.

Un *dispositivo di input* è una periferica che organizza i dati provenienti dall'esterno e li converte in un formato che il computer è in grado di elaborare. Sono dispositivi di input la tastiera, il mouse (o il *touchpad*, per il laptop), il microfono, la webcam (per fare riprese video) e lo scanner (per digitalizzare immagini stampate).

Un *dispositivo di output* è una periferica che rende disponibile al mondo esterno il risultato dell'elaborazione effettuata dal computer. Il monitor, la stampante e gli altoparlanti sono quindi dispositivi di output.

A seconda del dispositivo, le periferiche sono integrate nell'hardware oppure collegabili a esso. Tablet e laptop computer si possono collegare a una *docking station* che, a seconda delle configurazioni, può concentrare periferiche (video, tastiera, mouse, stampante, scanner) e memorie di massa, trasformando così il dispositivo mobile in un computer da tavolo.

Le periferiche esterne si collegano al computer via cavo, utilizzando apposite *porte*. Le porte oggi più diffuse sono quelle USB (*Universal Serial Bus*), usate per collegare dispositivi di ogni tipo, e le porte HDMI (*High-Definition Multimedia Interface*), destinate specialmente al trasferimento di dati audio-video. Per collegare il computer alla rete locale, o a un router, si usano di solito le porte di rete *Ethernet*.

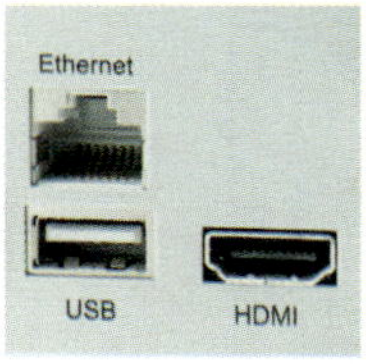

ESERCIZI Quale tra questi *non può* essere considerato un dispositivo mobile?

A tablet
B smartphone
C desktop
D notebook

▶ Altri esercizi a pagina 30

2 Software di sistema e applicazioni

I programmi che fanno funzionare il computer e quelli che gli permettono di svolgere attività specifiche

1.3.1 Esistono due tipi di programmi per il computer, sostanzialmente diversi tra loro: il software di sistema e il software applicativo. La figura 2 mostra uno schema della relazione fra questi due tipi di software.

Il *software di sistema* permette al computer di funzionare correttamente e di comunicare con noi che lo usiamo.

Il *software applicativo* invece dà all'utente la possibilità di sfruttare le capacità di elaborazione del computer per attività specifiche (come scrivere o disegnare). È grazie a queste *applicazioni* che il computer diventa utile per la vita di tutti i giorni.

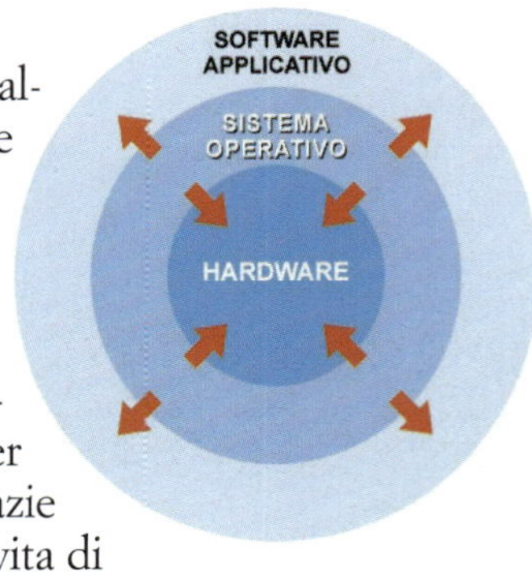

Figura 2 La relazione tra hardware, sistema operativo e applicazioni

Il software di sistema deve essere installato sul computer che lo usa, mentre le applicazioni possono essere installate localmente oppure disponibili «in remoto», cioè attraverso un collegamento in rete.

1.3.2 **Il sistema operativo.** Il *sistema operativo* fa parte del software di sistema: si occupa di controllare l'uso delle risorse hardware del computer, come la memoria centrale o il disco fisso, e gestisce l'interfaccia di comunicazione tra queste risorse e la persona che usa il computer.

All'interno del computer il sistema operativo è come il sistema di controllo del traffico aereo per un aeroporto: senza questa infrastruttura essenziale, la struttura non può funzionare.

Esistono diversi tipi di sistema operativo, che sono sviluppati sia per i personal computer sia per altri tipi di elaboratori o di dispositivi elettronici.

I principali sistemi operativi per personal computer oggi sono Windows della Microsoft, MacOS per i computer della Apple e GNU/Linux, che è open source. Per i dispositivi mobili i più diffusi sono Android, Windows e iOS per i prodotti della Apple.

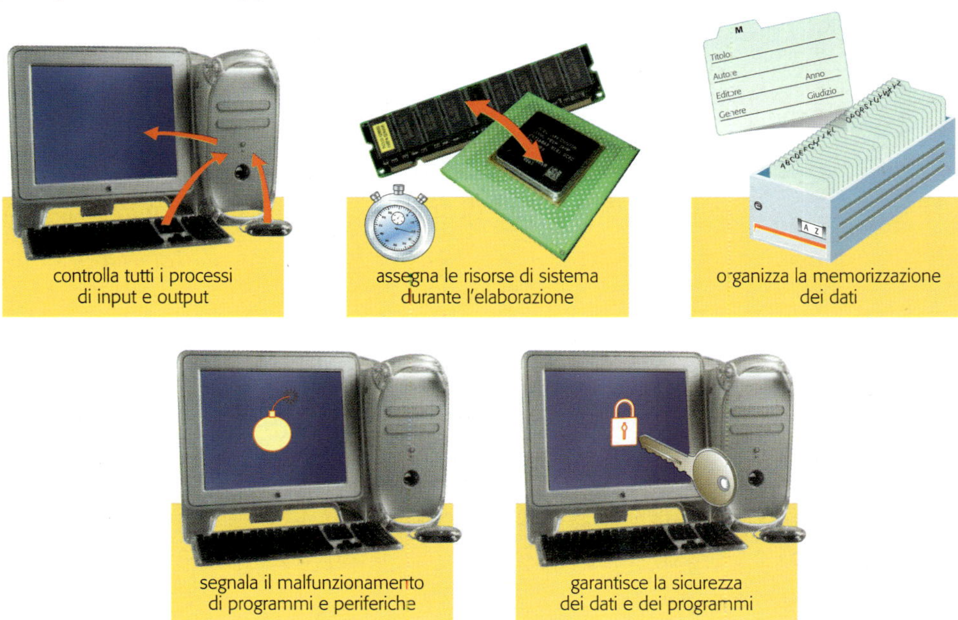

Figura 3 Le principali funzioni del sistema operativo

1.3.3 **Le applicazioni.** Il *software applicativo* è costituito da programmi che danno al computer la capacità di svolgere compiti particolari.

Per esempio le suite per la produttività nei lavori di ufficio, come Microsoft Office, OpenOffice o Google Drive, sono gruppi di applicazioni che consentono di preparare documenti (i *word processor* o *elaboratori di testi*), fare calcoli programmabili (i *fogli elettronici*) o fare *presentazioni* multimediali in pubblico.

Altre applicazioni sono dedicate alla comunicazione, come i programmi di gestione della *posta elettronica*, i *browser web* o i programmi per fare videoconferenze. Anche le reti sociali come Facebook, MySpace o Google+ sono applicazioni (online).

Esistono poi innumerevoli applicazioni per usi specifici come gli antivirus, i programmi di *elaborazione del suono*, quelli per il *montaggio dei filmati,* per la *progettazione e il design,* i programmi di *autoistruzione*, i *videogiochi.*

Le *app* sono applicazioni realizzate specificamente per i dispositivi mobili, per esempio album fotografici, calendari, strumenti di comunicazione e giochi.

1.3.4 **Le licenze per il software.** Quando si acquista regolarmente un'applicazione software, si riceve la relativa *licenza*: questa è un contratto legale, che specifica quale uso si può fare del programma.

Prima di poter utilizzare l'applicazione, tipicamente all'inizio della procedura di installazione, appare sullo schermo la licenza per l'utente finale o EULA (*End-User License Agreement*); per procedere è necessario accettarne esplicitamente le condizioni.

Quando il software è di tipo proprietario, la licenza stabilisce che l'utente non lo possiede: ha soltanto il permesso di utilizzarlo. In pratica quindi non diventiamo padroni del software, ma lo *affittiamo.*

Una licenza può essere:

- *monoutente*, quando l'uso del programma è consentito a un singolo utente per volta (non lo si può usare, per esempio, in una rete locale)
- *multiutente*, quando l'applicazione può essere usata da un numero definito di utenti (a un costo minore rispetto a un egual numero di licenze monoutente)
- *aziendale*, quando il programma può essere usato su qualsiasi computer dell'azienda o ente che l'ha acquistato.

1.3.5 **Software proprietario, *freeware, shareware* e *open source.*** Alcuni sviluppatori di applicazioni software distribuiscono liberamente i propri programmi, specie attraverso Internet, senza chiedere alcun compenso: si parla in tal caso di *freeware.*

Spesso il software commerciale si può usare gratuitamente in prova per un periodo, dopo di che non funziona più a meno che lo si acquisti. Nel caso del *shareware*, l'accordo è che dopo il periodo di prova, se non si vuole acquistare il software, lo si deve rimuovere dal proprio computer; continuare a usare un'applicazione shareware anche dopo il periodo di prova, senza pagarla, è illegale.

Le istruzioni di un programma o *codice-sorgente* (*source code*) sono inaccessibili a chi usa un software proprietario: in questo modo gli sviluppatori proteggono l'originalità della propria creazione, impedendo agli altri di modificarla.

Invece il movimento *open source* (vedi il logo del sito www.opensource.org in figura 4) ritiene più efficiente lo sviluppo di software «aperti», modificabili da chi lo desidera e basati sulla libera collaborazione tra specialisti e appassionati di tutto il mondo.

Da una collaborazione internazionale di questo tipo è nato il sistema operativo GNU/Linux (simile al software di sistema commerciale UNIX). Tra i progetti open source di successo ci sono il browser *Firefox* e l'enciclopedia online *Wikipedia.*

In generale, con l'eccezione del freeware, tutto il software (compreso l'open source) è soggetto a regole d'uso di vario tipo.

open source™

Figura 4

ESERCIZI Le condizioni della licenza per l'uso di un software vanno accettate:

A al momento dell'installazione
B prima di scaricarlo da Internet
C entro un mese dall'inizio dell'uso
D quando si acquista il computer

► Altri esercizi a pagina 30

3 Avviare il computer e orientarsi sul desktop

Come si accende e si spegne il computer e come si lavora con le icone del desktop

1.4.1 **L'avvio del computer.** Quando si accende il computer, premendo il tasto ⏻, esso compie una serie di operazioni; la principale è il caricamento del sistema operativo.

È sempre saggio proteggere l'accesso al computer: in tal caso ogni utente è identificato da un nome e da una password, per impedire alle persone non autorizzate la consultazione dei dati presenti nel computer. All'avvio apparirà una finestrella in cui digitare il proprio nome-utente e la password.

Nel seguito parleremo dei computer che usano il sistema operativo Windows7.

1.4.2 **Spegnere o riavviare il computer.** Per spegnere il computer si devono chiudere tutte le applicazioni attive, quindi si fa clic su **Start** e poi sul pulsante Arresta il sistema.

La freccia sulla destra del pulsante apre un menu con varie opzioni:

- **Cambia utente** consente di passare provvisoriamente a un altro utente, senza terminare la sessione attuale, che rimane aperta
- **Disconnetti** fa invece terminare la sessione dell'attuale utente
- **Blocca** interrompe la sessione e impone di inserire la password per ricominciarla
- **Riavvia il sistema** chiude la sessione e fa ripartire il computer da zero
- **Sospendi** mantiene in memoria la sessione e imposta la modalità a basso consumo
- **Ibernazione** spegne il computer ma salva la sessione, che sarà ripristinata al riavvio.

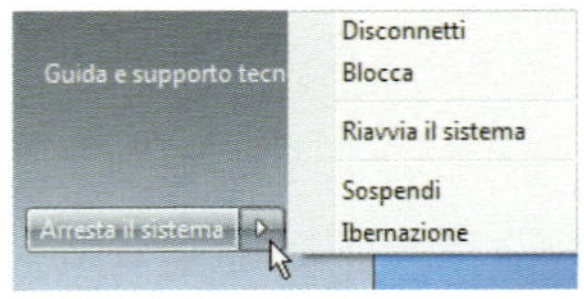

Figura 5

2.1.1
2.1.2 **Il *desktop* o scrivania.** Quando si avvia un personal computer, appare sullo schermo un'immagine simile a quella della figura 6, simile al piano di una *scrivania* (in inglese *desktop*) su cui sono appoggiati vari oggetti.

Le immagini (o *icone*) che appaiono sull'area principale del desktop rappresentano:

- programmi (cioè specifiche applicazioni software) o documenti creati con essi
- le cosiddette *cartelle*, che sono contenitori di programmi e documenti
- il *cestino*, che contiene i file eliminati.

Figura 6
Il *desktop* (o *scrivania*) di Windows 7

L'icona **Computer** rappresenta un programma che permette di esplorare i contenuti delle diverse *unità*, cioè dei supporti su cui il computer memorizza i dati.

La barra delle applicazioni, in basso sullo schermo, contiene le icone di tutti i programmi attualmente in esecuzione. Se si ferma il puntatore del mouse su una di queste icone, appare una miniatura della relativa finestra, come illustrato dalla figura a lato. Al clic sull'icona, si passerà alla finestra di quel programma.

2.1.3 **Selezionare e spostare trascinando con il mouse.** Supponiamo di voler spostare il file **Album**, che si trova sul desktop del computer, all'interno della cartella **fotografie**.

La procedura più semplice è quella illustrata nella figura 7: fai clic sull'icona **Album** per selezionarla, trascinala con il mouse fin sopra la cartella **fotografie** e poi, quando l'icona della cartella si evidenzia, rilascia il tasto del mouse.

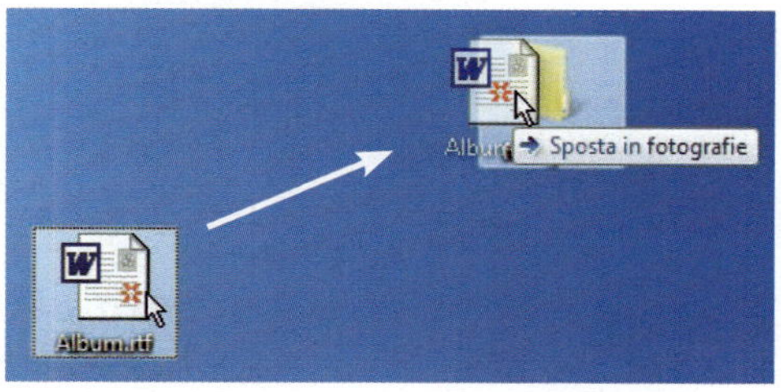

Figura 7
Spostare un file dal desktop in una cartella

Il file **Album** ora scomparirà dal desktop, perché è stato trasferito all'interno della cartella. Apri la cartella (con un doppio clic sulla sua icona) e verifica che essa contenga il file. Se ora fai clic sull'icona **Album** (dentro la finestra della cartella) e la trascini di nuovo sul desktop, ritornerai alla situazione iniziale. Con questo metodo puoi spostare anche le cartelle.

Puoi selezionare contemporaneamente più oggetti (file, cartelle o icone) tenendo premuto il tasto Ctrl mentre fai clic sugli oggetti, uno dopo l'altro.

Se gli oggetti sono nella stessa regione dello schermo, puoi selezionarli facendo clic in un punto vicino e poi trascinando il mouse, con il tasto sinistro premuto, fino a includere tutti gli oggetti che t'interessano.

Una volta selezionati gli oggetti (singoli o in gruppo) puoi spostarli da una cartella all'altra, o da un punto all'altro del desktop, trascinandoli con il mouse.

Se i file da selezionare sono adiacenti, basta selezionare il primo e l'ultimo della serie tenendo premuto il tasto ⇧: verranno selezionati così anche i file intermedi.

2.1.4 **Creare nuovi collegamenti sul desktop.** Alle applicazioni presenti nel computer si può accedere tramite il **menu Avvio**, che si apre con un clic sul pulsante **Start**.

Il sottomenu **Tutti i programmi** mostra un elenco di tutte le applicazioni. Se si usa spesso un programma, però, è conveniente poterlo lanciare direttamente dal desktop: a questo scopo si può creare un *collegamento* o *alias*.

Basta fare clic con il *tasto destro* del mouse su una voce dell'elenco in **Tutti i programmi**, poi nel menu che appare scegliere l'opzione **Copia**. Quindi si fa clic su un punto libero del desktop, di nuovo con il tasto destro del mouse, e si sceglie l'opzione **Incolla collegamento**: apparirà così un'icona (con sopra una freccetta scura) che permette di lanciare in qualsiasi momento il programma direttamente dalla scrivania.

Quando si esplorano le risorse del computer, facendo doppio clic sull'icona **Computer** o sull'icona di una cartella, per creare un collegamento sul desktop basta selezionare nella finestra con il tasto destro del mouse l'elemento da collegare e scegliere nel menu contestuale la voce **Invia a** e poi **Desktop (crea collegamento)**.

Per rinominare un collegamento, come qualsiasi file o cartella, lo si seleziona con il mouse e poi si fa di nuovo clic sul nome, che si evidenzia: a questo punto si digita il nuovo nome sulla tastiera, e infine si preme il tasto Invio (oppure si fa clic su un qualsiasi punto libero del desktop).

Per eliminare un collegamento, fai clic su di esso e poi premi il tasto Canc, oppure usa il tasto destro del mouse per fare clic e poi scegli **Elimina** nel menu contestuale.

ESERCIZI Tre oggetti adiacenti si possono selezionare insieme:

A solamente facendo clic su ciascuno mentre si tiene premuto Ctrl
B solamente trascinando il mouse così da includerli tutti e tre
C solamente facendo clic sul primo, poi sull'ultimo tenendo premuto ⇧
D tutte le precedenti risposte sono corrette

▶ Altri esercizi a pagina 30

4 L'uso delle finestre

Riconoscere le diverse parti di una finestra e gestire più finestre aperte simultaneamente

L'interazione con il personal computer si basa sulle cosiddette *finestre*: è dunque importante conoscerne bene il funzionamento e abituarsi a usarle.

Una finestra è un'area di lavoro di forma rettangolare che si sovrappone al desktop (figura 8). Le *finestre di programma* si aprono quando si lancia un'applicazione; le *finestre di dialogo* si aprono invece quando un programma, prima di eseguire un comando, offre la possibilità di scegliere tra diverse opzioni.

2.2.1 **Le finestre di programma.** Crea sul desktop di Windows un nuovo file di testo vuoto, in questo modo: fai clic con il tasto destro del mouse in un punto vuoto del desktop, nel menu che appare scegli **Nuovo**, poi nel menu che appare scegli **Documento di testo**; poi digita il nome «documento1» e premi Invio.

Ora sul desktop appare il nuovo file **documento1**; aprilo con un doppio clic del mouse. Il computer lancerà allora automaticamente l'applicazione *Blocco note, un semplice elaboratore di testi* (figura 8).

Figura 8 Le principali caratteristiche delle finestre di Windows

In alto nella finestra c'è la *barra del titolo*, che contiene a sinistra il nome dei file, seguito da quello del programma che lo gestisce, e in alto a destra tre pulsanti utili per la gestione della finestra, che trovi descritti nella pagina seguente.

Sotto la barra del titolo si trova la *barra dei menu*: al clic del mouse ogni voce di questa barra apre un menu a tendina in cui puoi scegliere tra diverse funzioni.

Al fondo della finestra c'è la *barra di stato*, che dà indicazioni sullo stato del documento su cui si sta lavorando (in *Blocco note* la si attiva dal menu **Visualizza**).

A volte sotto la barra dei menu appaiono *barre degli strumenti* formate da icone che attivano direttamente le funzioni di uso più frequente.

Se soltanto una parte del documento può essere visualizzata all'interno di una finestra di programma, sulla destra e al fondo della finestra stessa appaiono le *barre di scorrimento*, che hanno l'aspetto della figura 9.

Per far scorrere lentamente i contenuti della finestra si fa clic sulle frecce poste alle estremità della barra. Lo stesso risultato può essere ottenuto più comodamente azionando con un dito la rotella superiore del mouse. Per uno scorrimento più veloce si può trascinare con il mouse il blocchetto rettangolare («ascensore») che si trova tra le due frecce, spostandolo lungo la barra.

Figura 9

Nei programmi delle suite di produttività Microsoft Office, le barre dei menu e degli strumenti sono sostituite da una *barra multifunzione* che riunisce in schede e gruppi le icone usate per attivare i comandi (figura 10).

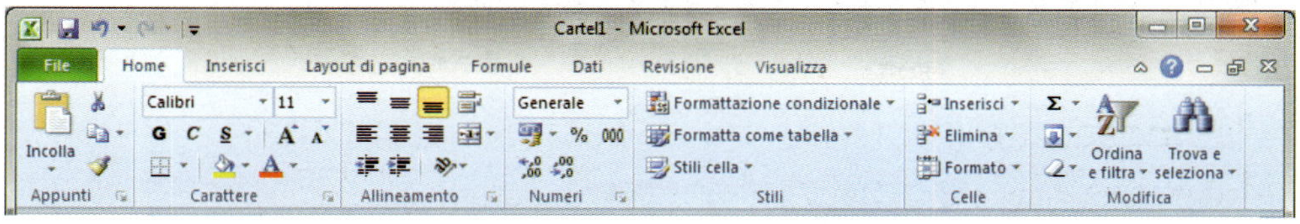

Figura 10
La barra multifunzione di Microsoft Excel

2.2.2 **Operare con le finestre.** Per spostare una finestra sullo schermo (se non lo occupa tutto) si agisce con il mouse sulla *barra del titolo*: è sufficiente fare clic su un punto qualsiasi della barra e trascinare la finestra con il mouse nella posizione desiderata.

In alto a destra nelle finestre di programma, sulla barra del titolo, appaiono sempre tre pulsanti di cui è fondamentale conoscere la funzione:

- un clic su [icona] nasconde temporaneamente la finestra, riducendola a un'icona sulla *barra delle applicazioni* al fondo dello schermo; basterà fare clic su quell'icona perché la finestra ricompaia
- un clic su [icona] ingrandisce la finestra, così da coprire tutto lo schermo; il pulsante allora assume l'aspetto [icona] e al clic riporterà la finestra alle dimensioni ridotte
- un clic su [icona] chiude definitivamente la finestra (e la relativa applicazione): questo è il pulsante da usare quando si è finito di lavorare con un programma.

Quando una finestra non è a tutto schermo, puoi aumentarne o ridurne le dimensioni a piacere usando il mouse. Se posizioni il puntatore su un bordo o su un vertice della finestra, esso diventa una doppia freccia (come qui a lato): facendo clic e trascinando il mouse, l'intera finestra viene ridimensionata. Windows 7 consente anche di ingrandire le finestre semplicemente trascinandole ai bordi dello schermo.

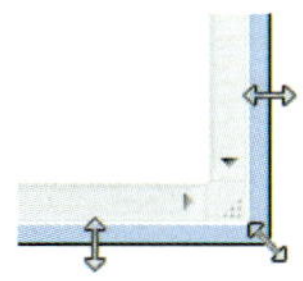

2.2.3 **Passare da una finestra a un'altra.** Quando sullo schermo sono visibili (anche soltanto parzialmente) più finestre, puoi attivare in ogni momento una qualsiasi finestra semplicemente facendo clic su di essa, o sulla sua icona nella barra delle applicazioni.

Questa barra al piede dello schermo contiene icone «incorniciate» di tutte le applicazioni attualmente aperte. Basta fare clic su una delle icone per aprire in primo piano la relativa finestra di programma.

Le icone senza cornice sulla sinistra della barra sono applicazioni (il browser *Internet Explorer* e *Windows Media Player*, nella figura 11) che puoi avviare con un clic.

Figura 11
La barra delle applicazioni

Un metodo alternativo per passare da una finestra a un'altra è basato sull'uso della tastiera. Tieni premuto il tasto Alt, poi premi una volta il tasto Tab: apparirà allora una finestrella che mostra tutte le applicazioni aperte (figura 12). Sempre tenendo premuto il tasto Alt, premi più volte il tasto Tab: vedrai così cambiare, in modo ciclico, l'icona evidenziata nella figura 12.

Figura 12
La finestra delle applicazioni aperte

Quando rilasci il tasto Alt, sullo schermo si attiverà la finestra dell'ultima applicazione che avevi selezionato.

ESERCIZI Se si è ridotta a icona una finestra, la si può riaprire:

A usando la barra del titolo
B usando la barra di stato
C usando la barra dei menu
D usando la barra delle applicazioni

▶ Altri esercizi a pagina 30

5 Strumenti e impostazioni

Visualizzare le informazioni di base sul computer, installare nuove applicazioni e trasferire dati

2.3.1 **La *Guida* di Windows.** La *Guida in linea* al sistema operativo Windows si apre premendo il tasto F1 sulla tastiera, oppure scegliendo l'opzione **Guida e supporto tecnico** dopo aver fatto clic sul pulsante , o ancora facendo clic sull'icona che appare a destra nella barra dei menu nella finestra di **Esplora risorse**.

Nella finestra della Guida si può «navigare» in due modi. Si può fare clic sui testi attivi della finestra, come nella figura 13, e seguire così un percorso ipertestuale fino all'argomento specifico che ci interessa. In alternativa si può digitare una parola-chiave nella casella in alto, per poi seguire i collegamenti trovati dal motore di ricerca della Guida di Windows.

Anche nelle applicazioni la Guida in linea si può aprire in genere premendo il tasto F1, oltre che facendo clic sull'icona in alto a destra nella barra dei menu.

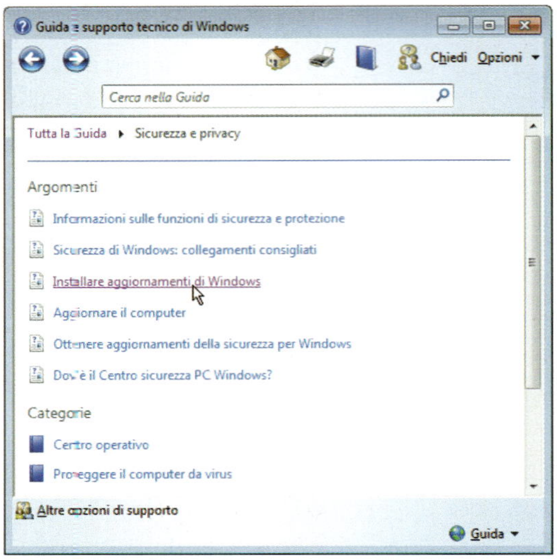

Figura 13
La Guida di Windows

2.3.2 2.3.3 2.3.4 **Il *Pannello di controllo*.** Per controllare la configurazione di un computer basato su Windows si usa il *pannello di controllo*. Lo si apre dal **menu Avvio**, facendo clic su **Pannello di controllo**.

Con un clic sull'icona **Sistema e sicurezza**, e poi su **Sistema**, puoi consultare tutte le caratteristiche del computer (modello e velocità del processore, memoria RAM disponibile, tipo e versione del sistema operativo e così via).

Puoi accedere direttamente alla finestra **Sistema** anche aprendo il menu Avvio con il pulsante **Start** , facendo clic con il tasto destro del mouse su **Computer** e poi scegliendo **Proprietà**.

La sezione **Aspetto e personalizzazione** (figura 14) permette di modificare la risoluzione dello schermo o l'immagine di sfondo del desktop. In alternativa si può fare clic sul desktop con il tasto destro del mouse, scegliere **Risoluzione dello schermo** e poi **Risoluzione** (o **Personalizza** e poi **Sfondo del desktop**), cambiare l'impostazione e poi fare clic su **Salva modifiche**.

La sezione **Orologio e opzioni internazionali** permette di modificare la data e l'ora, mentre in **Hardware e suoni** si può regolare il volume dei dispositivi audio.

Per cambiare data e ora si può anche fare clic sull'ora nell'*area di notifica* o *try bar*, a destra della barra delle applicazioni; qui con un clic sull'icona dell'altoparlante si può anche regolare il volume.

Figura 14
Il Pannello di controllo

Se occorre modificare la lingua associata alla tastiera, si fa clic sull'icona con la lingua attualmente impostata, in basso a destra sul desktop, e dal menu a discesa scegli la lingua desiderata, come nella figura qui a fianco.

Per aggiungere una nuova lingua per la tastiera, nel **Pannello di controllo** scegli **Opzioni internazionali** e poi **Cambia tastiere**.

Si aprirà la finestra *Paese e lingua*; nella scheda **Tastiere e lingue** fai clic sul pulsante **Cambia tastiere**. Ora si aprirà la *finestra di dialogo* della figura 15; con un clic su **Aggiungi** apparirà l'elenco di lingue tra cui scegliere.

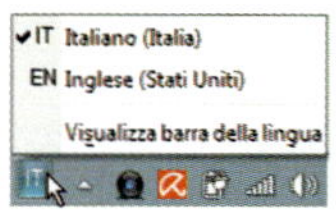

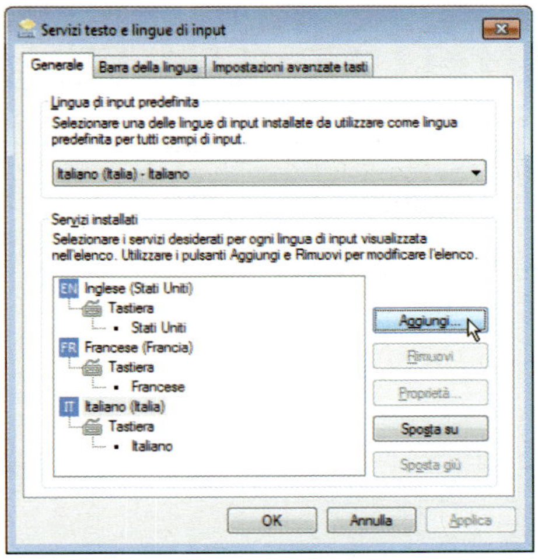

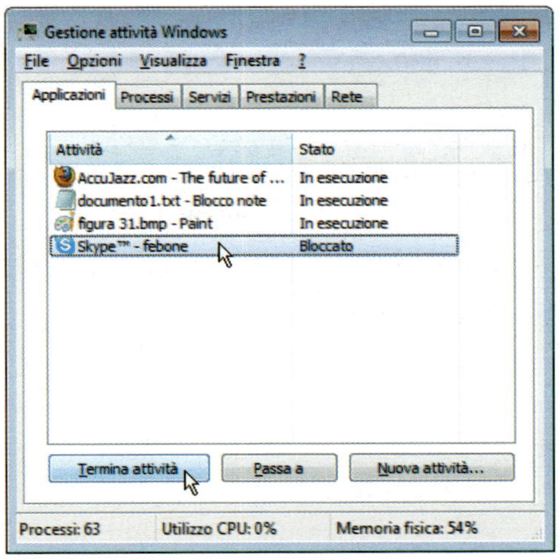

Figura 15 Aggiungere una tastiera

Figura 16 L'interruzione forzata di un programma

2.3.5 **E se un'applicazione non risponde?** Se il computer non risponde ai comandi, per sbloccarlo si attiva la finestra **Gestione attività** (o **Task manager**), premendo insieme i tre tasti Alt Ctrl Canc o facendo clic con il tasto destro sulla barra delle applicazioni. Da questa finestra (figura 16) si può chiudere l'applicazione che non risponde.

In situazioni estreme può essere necessario forzare il riavvio del computer, premendo di nuovo insieme i tre tasti Alt Ctrl Canc oppure tenendo premuto per qualche secondo il tasto di accensione; in tal caso si perderanno però tutti i dati non salvati.

2.3.6 **Installare e disinstallare un programma.** L'installazione dei programmi avviene attraverso una procedura guidata in più passaggi; è sufficiente rispondere alle domande che vengono poste (la prima chiederà di accettare le condizioni della licenza d'uso). Se il sistema ha un amministratore, verrà richiesta la sua password.

Se il programma è su CD-ROM o DVD, la procedura di solito inizia automaticamente. Se lo si scarica da Internet, si fa clic sul collegamento e poi si sceglie **Apri** o **Esegui** per installarlo immediatamente, oppure **Salva** per salvarlo e installarlo in seguito.

Per disinstallare un programma, si apre il **Pannello di controllo** e nel gruppo **Programmi** si fa clic su **Disinstalla un programma**, lo si seleziona nell'elenco e si fa clic su **Disinstalla** nella barra dei menu: apparirà una finestra in cui confermare la disinstallazione.

2.3.7 **Collegare dispositivi al computer.** Quando si inserisce una chiave USB o si collega una stampante, una fotocamera digitale o un riproduttore multimediale a una porta USB, il computer segnalerà di aver rilevato la presenza del dispositivo e, se appropriato, cercherà e installerà il relativo driver. A quel punto apparirà la finestra della figura 17, che consente di scegliere se visualizzare i dati o copiarli sul computer.

Per rimuovere il dispositivo si fa clic sull'icona nell'area di notifica in basso a destra, poi su **Espelli USB** e si attende la conferma del computer prima di scollegare il dispositivo.

Figura 17

2.3.8 **Catturare immagini dallo schermo.** In ogni momento puoi «fotografare» ciò che appare sullo schermo semplicemente premendo il tasto Stamp della tastiera (se vuoi catturare soltanto la finestra attiva, tieni premuto anche il tasto Alt): l'immagine sarà memorizzata negli **Appunti**, e potrai *incollarla* all'interno di qualsiasi documento.

Per catturare soltanto una porzione dello schermo, apri il **menu Avvio**, scegli **Tutti i programmi**, poi **Accessori** e lancia il programma **Strumento di cattura**: trascina il mouse sull'area da «fotografare», poi usa l'icona del programma per salvarla.

ESERCIZI Per alzare il volume degli altoparlanti del computer:

A si deve usare il **Pannello di controllo**

B si può fare clic sull'icona dell'altoparlante nella try bar

C si deve aprire la finestra **Hardware e suoni**

D si può fare clic sull'icona dell'altoparlante nel **menu Avvio**

▶ Altri esercizi a pagina 30

6 Creare documenti di testo e stamparli

Come si usa un semplice elaboratore di testi e come si inviano i documenti alla stampante

3.1.1 Per sperimentare il funzionamento di un'applicazione per l'elaborazione di testi useremo il programma WordPad, che è disponibile gratuitamente nei computer su cui è installato il sistema operativo Windows.

Per lanciare l'applicazione, apri il **menu Avvio**, scegli **Tutti i programmi**, poi **Accessori** e fai clic su **WordPad**: si aprirà la finestra della figura 18, con un nuovo documento vuoto.

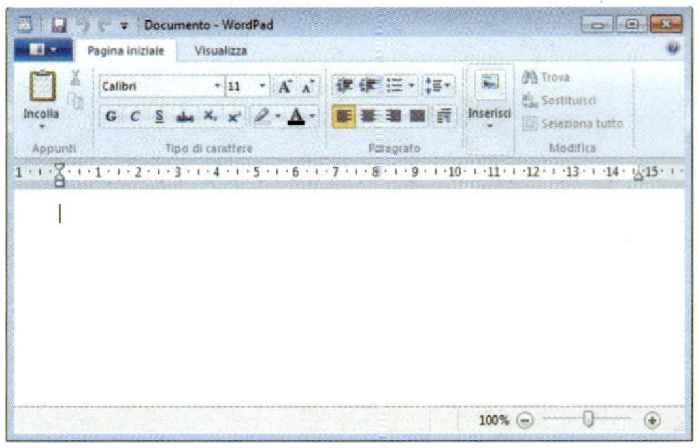

Figura 18 L'interfaccia di WordPad

3.1.2 3.1.4 **Inserire testo e salvare un documento.** Per inserire testo in un documento, lo si digita sulla tastiera. Il testo inizierà nella posizione indicata dal cursore, la barretta verticale lampeggiante visibile nella figura 18.

Per aggiungere testo all'interno di un testo esistente, si fa clic con il mouse nella posizione desiderata, così che il cursore si sposti in quella posizione, e poi si digita.

Per salvare il documento si fa clic sull'icona in alto a sinistra. Se il documento era già esistente, verranno salvate tutte le modifiche. Se invece si sta creando un nuovo documento, il programma mostrerà la finestra **Salva con nome**, in cui si può digitare il nome da dare al file e scegliere in quale cartella memorizzarlo.

Il formato standard di salvataggio in WordPad è **.rtf** (Rich Text Format), compatibile con tutti gli elaboratori di testo.

3.1.1 **Aprire e chiudere i file e il programma.** Per aprire un documento esistente, usa il menu **WordPad** che si apre facendo clic sull'icona in alto a sinistra. In Microsoft Word, che esploreremo in dettaglio nel MODULO *Word Processing*, esiste un equivalente menu **File**.

Sulla destra apparirà un elenco di documenti usati di recente che si possono riaprire con un clic. Altrimenti, la voce **Apri** del menu apre una finestra con le cartelle del computer, in cui selezionare il documento da aprire.

In WordPad si può aprire soltanto un documento per volta: se si apre un nuovo documento, il precedente verrà chiuso. In Word invece si possono aprire più documenti insieme, e per chiudere quello attivo si fa clic su **Chiudi** nel menu **File**.

Per chiudere il programma si può usare il pulsante della barra del titolo, oppure fare clic su **Esci** nel menu (o nel menu **File** in Word).

3.1.3 **Copiare e spostare testi.** Per copiare un testo presente in un documento, lo si deve selezionare trascinando il mouse: il testo selezionato apparirà evidenziato su sfondo azzurro, come qui a lato. Poi si fa clic sull'icona **Copia**, si posiziona il cursore nel punto dove si vuole copiare il testo, e infine si fa clic sull'icona **Incolla**.

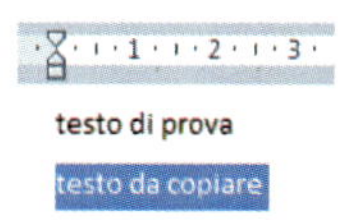

Per *spostare* il testo anziché copiarlo, dopo averlo selezionato si fa clic sull'icona **Taglia**: subito il testo scomparirà dallo schermo, ma rimarrà disponibile negli **Appunti** (un'area di memoria che registra temporaneamente i dati che vengono copiati o tagliati) per essere incollato altrove.

Il testo copiato o tagliato da un documento si può incollare anche in documenti diversi, anche di applicazioni diverse (come un messaggio di posta elettronica).

Nei documenti di testo si possono inserire anche immagini. Se per esempio catturi una finestra con i tasti Alt + Stamp, l'immagine va negli **Appunti**; per incollarla nel documento di WordPad, fai clic nel punto dove vuoi inserirla, poi sull'icona **Incolla**.

3.2.1 3.2.2 **Installare una stampante.** In genere, quando si collega al computer una nuova stampante, il sistema operativo cerca nel disco rigido (o su Internet) i *driver* necessari al suo funzionamento, li installa in modo automatico e la stampante è subito pronta all'uso.

Se ciò non avvenisse, puoi installare la nuova stampante «manualmente». Apri il **menu Avvio** e scegli **Dispositivi e stampanti** (oppure apri il **Pannello di controllo** e poi il gruppo **Hardware e suoni**.) Si aprirà la finestra della figura 19.

Ora fai clic su **Aggiungi stampante**: una procedura guidata ti chiederà di confermare alcune informazioni; quando la stampante sarà installata, apparirà un'ultima finestra in cui potrai scegliere se impostarla come stampante predefinita (ossia *di default*), e se stampare una pagina di prova.

Nella finestra della figura 19, che mostra tutte le stampanti disponibili, una spunta verde evidenzia quella predefinita. Per far diventare predefinita un'altra stampante basta selezionarla, fare clic con il tasto destro sulla sua icona e poi scegliere la voce **Imposta come stampante predefinita**.

Per disinstallare una stampante, si fa lo stesso ma si sceglie **Rimuovi dispositivo**.

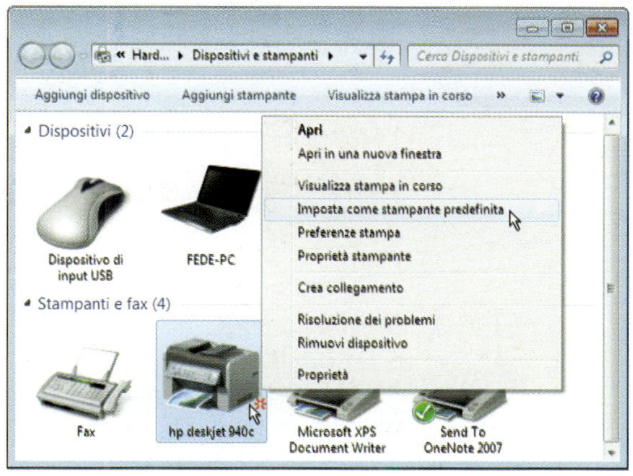

Figura 19
La stampante predefinita

3.2.3 **Stampare un documento.** Per stampare il documento di testo salvato nella pagina precedente, apri il menu **WordPad** con l'icona e scegli la voce **Stampa**.

Apparirà la finestra della figura 20a: in alto puoi scegliere la stampante da usare, nella sezione **Pagine da stampare** puoi scegliere se stampare tutto il documento o specificare singole pagine (separate da virgole) o gruppi di pagine (con un trattino tra la prima e l'ultima), e in basso a destra puoi impostare il **Numero di copie** da produrre.

Il pulsante **Preferenze** consente di cambiare l'orientamento della carta e di impostare la qualità della stampa.

Con un clic sul pulsante **Stampa** le istruzioni saranno inviate alla stampante.

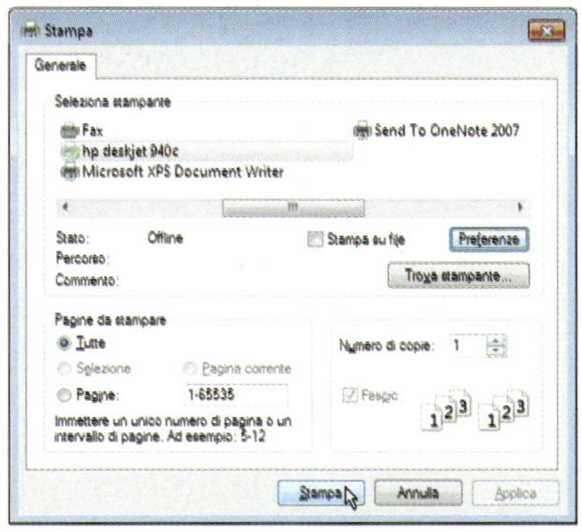

Figura 20a

3.2.4 **Visualizzare la coda di stampa.** Puoi visualizzare le informazioni sulla stampa in corso con un doppio clic sull'icona della stampante nella finestra della figura 19 oppure nell'area di notifica a destra della barra delle applicazioni.

Per eliminare definitivamente un documento dalla coda di stampa, selezionalo e premi il tasto Canc, oppure usa il menu **Documento** o il menu contestuale che si apre al clic sul tasto destro del mouse (come nella figura 20): la voce **Annulla** elimina il documento, **Sospendi** ne blocca temporaneamente la stampa e **Riavvia** la fa ripartire.

Per sospendere o annullare la stampa di *tutti* i documenti in coda, scegli dal menu **Stampante** le voci **Sospendi stampa** o **Elimina tutti i documenti**.

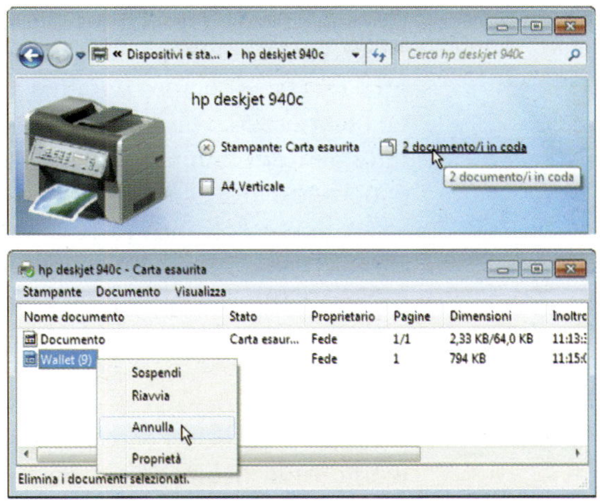

Figura 20b

ESERCIZI Per spostare un testo, dopo averlo selezionato, da un documento di WordPad a uno di Word:

A lo si **Copia** in WordPad e lo si **Incolla** in Word
B lo si **Taglia** in WordPad e lo si **Incolla** in Word
C lo si **Copia** in Word e lo si **Incolla** in WordPad
D lo si **Taglia** in Word e lo si **Incolla** in WordPad

► Altri esercizi a pagina 30

7 Gestire file e cartelle

L'organizzazione delle cartelle nel computer, i diversi tipi di file e le loro proprietà

4.1.1 4.1.5 **Visualizzare file e cartelle.** Nel computer i singoli documenti, o *file*, sono conservati di solito all'interno di contenitori dette *cartelle.*

Le cartelle sono organizzate in modo *gerarchico* nelle varie unità di memorizzazione (come il disco rigido, un DVD o una chiave USB): ogni cartella può contenere numerose *sottocartelle*, che a loro volta contengono altre sottocartelle, in una struttura che si dirama «ad albero».

Per aprire un file o una cartella, è sufficiente fare doppio clic sulla sua icona. Quando si apre una cartella in Windows7, o quando si fa clic sull'icona **Esplora risorse** posta in basso a sinistra della barra delle applicazioni, appare una finestra come quella della figura 21a: sulla destra c'è l'elenco dei contenuti della cartella, mentre nella colonna di sinistra si può vedere la struttura delle cartelle nelle unità di memorizzazione dei dati.

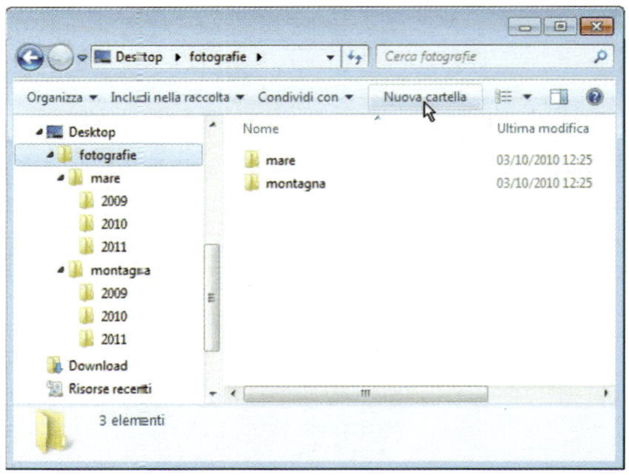

Figura 21a La struttura ad albero delle cartelle

Se a fianco di una cartella (o di un'unità) appare una freccina, ciò significa che la cartella (o l'unità) contiene una o più sottocartelle: per visualizzarle si fa clic sulla freccina (o doppio clic sulla cartella). Ora la freccina punterà verso il basso: se si fa clic su di essa, le sottocartelle verranno di nuovo nascoste.

Qualsiasi cartella visibile nella colonna di sinistra si può aprire facendo direttamente clic su di essa; la cartella resterà evidenziata sulla sinistra, mentre sulla destra apparirà l'elenco dei suoi contenuti.

In alto ci sono le «briciole di pane» (figura 21b) che indicano il percorso seguito per arrivare alla cartella attualmente aperta. Nel percorso i nomi delle cartelle sono attivi (puoi aprirle direttamente con un clic del mouse) e sono attive anche le freccette nere che indicano la gerarchia del percorso.

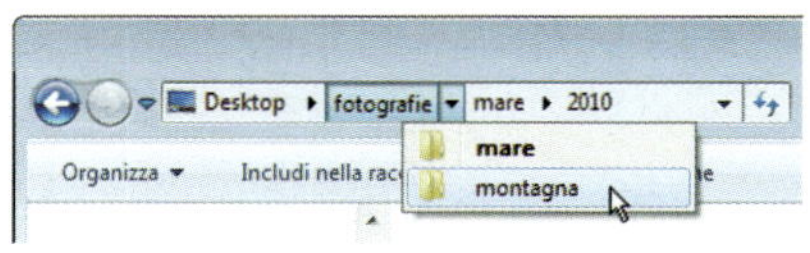

Figura 21b Le «briciole di pane»

La figura 21b mostra per esempio come passare rapidamente a una diversa sottocartella della cartella **fotografie**.

Con i pulsanti inoltre si può «navigare» tra le cartelle già visualizzate in precedenza, proprio come si fa con un browser su Internet.

4.1.3 **Cambiare la visualizzazione.** I contenuti di una cartella si possono visualizzare in diversi modi (come titoli, icone più o meno grandi, elenco o dettagli) usando l'apposita icona in alto a destra, come mostra la figura 21c.

Quando una cartella contiene molti oggetti, la visualizzazione più efficace è **Dettagli**, che permette di riordinare i file con un clic su una qualsiasi fra le intestazioni delle colonne. Nella figura 21c, per esempio, un clic su **Data** ordinerà i file per data di creazione; con ulteriori clic sulla stessa intestazione l'ordinamento passerà da crescente a decrescente, e viceversa.

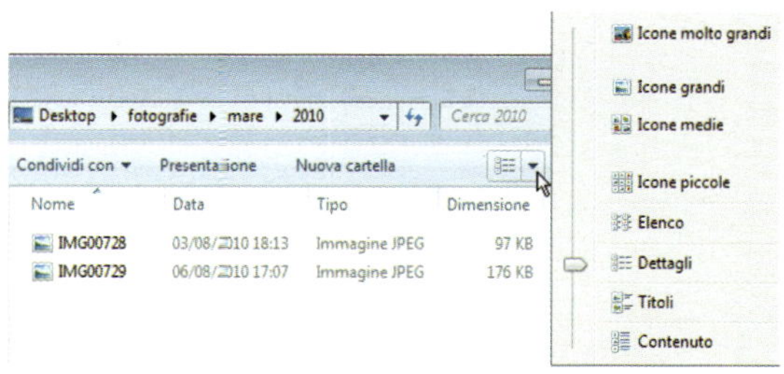

Figura 21c

4.1.2 **Le proprietà dei file e delle cartelle.** Se fermi il mouse sull'icona di un oggetto, dopo qualche istante apparirà una finestrella che elenca alcune sue proprietà. Per saperne di più, fai clic con il tasto *destro* sull'icona (oppure fai clic su **Organizza** nella figura 21a) e poi nel menu scegli la voce **Proprietà**. Apparirà una finestra che riassume le caratteristiche dell'oggetto: posizione nel computer, dimensioni, data di creazione, data dell'ultima modifica e così via.

4.1.4 **Le estensioni dei diversi tipi di file.** In Windows i diversi tipi di file si distinguono in base all'estensione che si trova alla fine del nome, formata da un punto seguito da tre o quattro lettere. Le estensioni più comuni sono riassunte dalla tabella 1.

Grazie all'estensione, aprendo un file di dati si lancia anche il rispettivo programma: se per esempio fai doppio clic su un file con estensione **.docx**, Windows troverà l'applicazione che lo ha generato (in questo caso Microsoft Word) e la aprirà.

Perciò quando si rinomina un file non bisogna modificare la sua estensione, altrimenti Windows non sarà più in grado di lanciare la corretta applicazione per aprirlo.

Tabella 1 Alcune tra le più comuni estensioni dei file di Windows.

estensioni	tipo di file
.com .bat .exe	applicazioni e file eseguibili di sistema
.dll .drv .sys .vbx	driver di periferiche e altri file di sistema
.doc .docx	documenti di testo creati con Microsoft Word
.rtf .txt .wri	documenti prodotti con vari elaboratori di testo
.xls .xlsx	fogli elettronici creati con Microsoft Excel
.ppt .pptx	presentazioni create con Microsoft PowerPoint
.mdb .accdb	database creati con Microsoft Access
.htm .html .xml	documenti html e pagine web
.bmp .gif .jpg .png .tif	immagini in diversi formati
.aif .mid .mp3 .wav	suoni in diversi formati
.avi .mov .mpg .wmv	filmati in diversi formati
.zip .rar	file compressi
.tmp	file creati temporaneamente dal sistema
.pdf	il *portable document format* della Adobe Systems, Inc.

4.1.6 **Creare cartelle.** Per creare una nuova cartella sul desktop, si fa clic con il tasto destro
4.1.7 del mouse e nel menu che appare scegli **Nuovo**, poi **Cartella**; a questo punto si digita il
4.1.8 nome da dare alla cartella e si preme Invio.

Per creare una sottocartella dentro una cartella esistente, si apre quest'ultima con un doppio clic e poi nella finestra di **Esplora risorse** si usa il pulsante **Nuova cartella** della barra degli strumenti, come nella figura 21a.

In Windows i nomi di file e cartelle *non possono includere* i seguenti caratteri: barra (/), barra rovesciata (\), segno maggiore (>), segno minore (<), asterisco (*), punto interrogativo (?), virgolette ("), linea verticale (|), due punti (:).

Ai file e alle cartelle è buona norma dare sempre nomi il più possibile specifici e rappresentativi del loro contenuto, così da poterli rintracciare facilmente.

Per rinominare un file o una cartella, si fa clic sulla sua icona per selezionare l'oggetto, poi si fa di nuovo clic (in alternativa, si fa clic sull'icona con il tasto destro e nel menu contestuale si sceglie **Rinomina**): a quel punto il nome si evidenzia, ed è possibile sostituirlo digitando il nuovo nome sulla tastiera.

ESERCIZI Un file che in Windows ha estensione .exe è:

A un documento di Microsoft Word
B un foglio elettronico di Microsoft Excel
C il driver di una periferica
D un file eseguibile che contiene un programma

► Altri esercizi a pagina 30

8 Organizzare file e cartelle

Come cercare file e cartelle all'interno del computer e come procedere per copiarli, spostarli o eliminarli

4.1.9 **Cercare file e cartelle.** Il modo più semplice per effettuare una ricerca è fare clic sul pulsante e digitare il testo che si vuole cercare nella casella al piede del **menu Avvio**.

Già mentre si digita, la ricerca inizia automaticamente e i primi risultati appaiono all'interno dello stesso **menu Avvio**, come nell'esempio della figura 22 (dove si è cercato il testo «prova»). Il motore di ricerca non distingue tra caratteri maiuscoli e minuscoli.

Per nascondere i risultati della ricerca e tornare al normale **menu Avvio**, si fa clic sul simbolo a destra della casella con il testo da cercare.

Per vedere *tutti* i risultati della ricerca, fai clic su **Ulteriori risultati**: si aprirà allora una finestra di **Esplora risorse** con l'elenco completo dei documenti trovati.

Nell'elenco appaiono per primi i file e le cartelle che contengono nel nome il testo cercato, poi i file che lo contengono nel testo interno o nei cosiddetti *metadati* descrittivi (per esempio, l'autore del documento).

Nelle ricerche possono tornare utili i cosiddetti *caratteri jolly* «*» e «?». Se per esempio vuoi trovare un file o una cartella, ma non ricordi se si chiama **foto1**, **foto2** o **foto21**, puoi digitare «foto*». Se sai quanti caratteri mancano per completare un nome, puoi scrivere un «?» per ogni carattere mancante: per esempio digitando «foto?» troverai **foto1** e **foto2**, ma non **foto21** (che dopo **foto** ha due caratteri anziché uno).

Con i caratteri jolly puoi anche cercare tutti i file di un particolare tipo, specificandone l'estensione: per esempio cercando «*.mp3» troverai tutti i file musicali MP3.

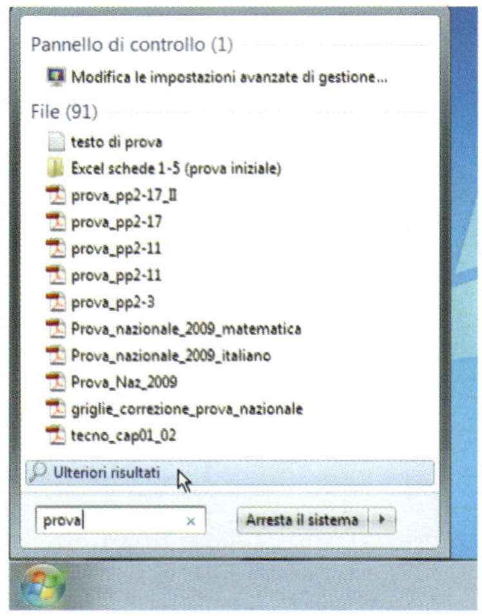

Figura 22 La ricerca di file e cartelle in Windows 7

La ricerca in base alla data e alle dimensioni. Per impostare ricerche più specifiche all'interno di una particolare cartella o unità, la si apre con un doppio clic e si usa la casella per la ricerca posta in alto a destra nella finestra. La figura 23 mostra per esempio ciò che si trova cercando «mar» nella cartella **fotografie**.

Quando si ferma il mouse sulla casella appaiono due opzioni per applicare ulteriori filtri di ricerca, come mostra la figura: con un clic su **Ultima modifica** si possono filtrare file e cartelle in base alla loro data di ultima modifica (scegliendo tra i periodi di un elenco predefinito, oppure selezionando un periodo sul calendario); con un clic su **Dimensione** si può invece filtrare in base allo spazio di memoria occupato dai file, scegliendo le loro dimensioni tra le opzioni di un menu.

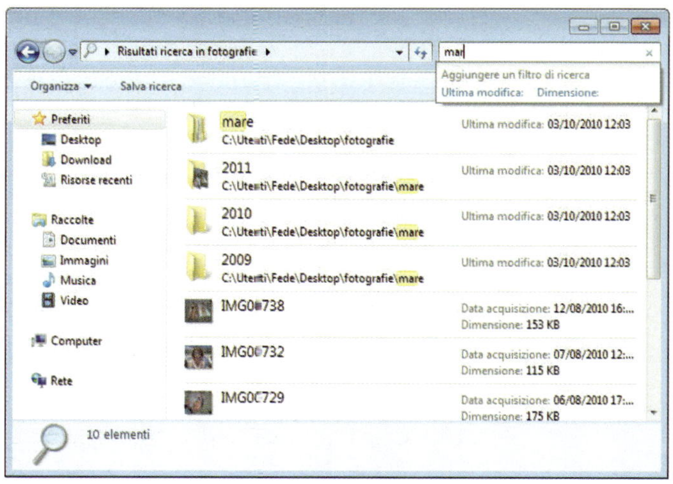

Figura 23

4.1.10 **Visualizzare i file usati di recente.** Quando con il pulsante si apre il **menu Avvio**, sulla sinistra compaiono automaticamente le icone delle applicazioni usate negli ultimi tempi. Fermando il mouse su un'icona, appare l'elenco dei file aperti di recente con quell'applicazione. Per riaprire un file dell'elenco basta fare clic sul suo nome.

4.2.1 **Selezionare gruppi di oggetti.** Puoi selezionare contemporaneamente più oggetti (file, cartelle o icone), anche non adiacenti, tenendo premuto il tasto Ctrl mentre fai clic sugli oggetti, uno dopo l'altro.

Se i file da selezionare sono adiacenti, basta selezionare il primo e l'ultimo della serie tenendo premuto il tasto ⇧: verranno selezionati anche i file intermedi.

4.2.2 **Ordinare gli oggetti.** Quando apri con un doppio clic un'unità o una cartella, gli oggetti che contiene appaiono per default ordinati alfabeticamente per nome, con le cartelle prima e i file poi. Se passi alla visualizzazione **Dettagli**, basta un clic sull'intestazione di una colonna per riordinare gli oggetti in base a quel dato (con ulteriori clic sulla stessa intestazione, l'ordinamento passa da crescente a decrescente, e viceversa).

In alternativa puoi fare clic con il tasto destro del mouse nello spazio vuoto tra le colonne, poi nel menu contestuale scegliere **Ordina per**: apparirà un sottomenu che ti permette di riordinare l'elenco per nome, dimensione, tipo o data di ultima modifica; in più avrai l'opzione di scegliere tra un ordinamento crescente e decrescente.

Windows7 consente anche di ordinare file e cartelle in gruppi legati all'iniziale del nome. Fai clic sul triangolo di scelta a destra del campo **Nome**: nel menu che appare seleziona l'opzione **A-H**, se vuoi che siano visualizzati soltanto gli oggetti con le iniziali comprese in questo range.

4.2.3 **Spostare e copiare gli oggetti.** Supponi di voler spostare il file **Album** dal desktop all'interno della cartella **fotografie**. La procedura più semplice è quella illustrata nella figura 7 della scheda 3: fai clic sull'icona **Album**, trascinala con il mouse fin sopra la cartella **fotografie** e poi, quando l'icona della cartella si evidenzia, rilascia il tasto del mouse. Il file **Album** scomparirà dal desktop, perché è stato trasferito nella cartella.

Con questo metodo si possono spostare sia i file sia le cartelle, singolarmente o dopo averli selezionati a gruppi. Anche all'interno delle finestre di *Esplora risorse*, ogni oggetto che si trova nel riquadro di destra può essere spostato trascinandolo su una cartella o su un'unità della struttura ad albero visibile sulla sinistra.

Se anziché *spostare* l'oggetto ne vuoi *creare una copia* in un'altra cartella o unità, usa la stessa tecnica di trascinamento, ma tenendo premuto il tasto Ctrl della tastiera.

In alternativa, per spostare (o copiare) un oggetto selezionato scegli **Taglia** (o **Copia**) nel menu **Modifica** o nel menu contestuale che si apre al clic con il tasto destro del mouse; quindi fai clic con il tasto destro sulla cartella o unità di destinazione, e nel menu **Modifica**, o nel menu contestuale, scegli **Incolla**.

4.2.4
4.2.5 **Eliminare gli oggetti.** Per rimuovere uno o più oggetti, selezionali e premi il tasto Canc. Il computer chiederà di confermare il comando, facendo apparire la finestra di dialogo della figura 24. Se rispondi con un clic su **Sì**, gli oggetti scompariranno.

In alternativa puoi rimuovere gli oggetti selezionati facendo clic su di essi con il tasto destro e scegliendo dal menu contestuale la voce **Elimina**, oppure trascinandoli sopra l'icona del **Cestino** sul desktop.

Gli oggetti rimossi non vengono del tutto eliminati: sono invece trasferiti nel **Cestino**, da dove – in caso di necessità – puoi *ripristinarli*. Per farlo, apri il **Cestino** con un doppio clic, seleziona gli oggetti da ripristinare e poi fai clic nella barra dei menu su **Ripristina elementi selezionati**.

Per eliminare definitivamente dal computer gli oggetti rimossi, fai clic con il tasto destro sull'icona del **Cestino** e nel menu contestuale scegli **Svuota cestino** (oppure apri il cestino e scegli **Svuota cestino** nella barra dei menu).

Figura 24

ESERCIZI

Che cosa si deve scrivere per cercare i file e le cartelle che hanno il numero 2014 all'interno del nome?

A *2014*
B *2014?
C ?2014*
D ?2014?

▶ Altri esercizi a pagina 30

9 I supporti di memoria e la compressione dei file

Conoscere i supporti su cui si registrano i dati e comprimere i file per occupare meno spazio di memoria

4.3.1 **I supporti della *memoria di massa*.** Per conservare i dati, per farne copie di sicurezza (*backup*) o per trasferirli dati da un computer a un altro, si utilizzano *dispositivi di memorizzazione* costituiti da dischi magnetici o dischi ottici, che possono essere locali oppure remoti, cioè accessibili attraverso la rete. Questi supporti sono chiamati *memoria di massa* del computer.

Nel *disco rigido* o *disco fisso* o *disco locale* (in inglese *hard disk*) di un personal computer i bit sono registrati magnetizzando o smagnetizzando piccole aree dello strato superficiale di una serie di piatti paralleli. La *capacità di memoria* del disco rigido, cioè la quantità di dati che può contenere, è tipicamente di centinaia di gigabyte.

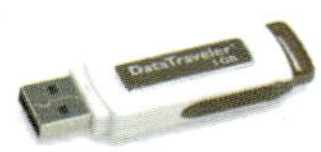

Esistono poi dischi *rimovibili* di varia natura. I più diffusi sono le *chiavi* USB o *pendrive*, che si collegano a una porta USB del computer, hanno dimensioni ridotte e una capacità di memoria che può giungere a decine di gigabyte.

Le schede di memoria (*memory card* o *flash card*) sono ancora più piccole e hanno una grande capacità di memoria. Sono usate in apparecchi come le fotocamere digitali, gli smartphone o i riproduttori di musica MP3.

I supporti di memorizzazione ottica sono dischi di materiale plastico con un diametro di 12 centimetri, di cui esistono diverse versioni: in ordine di capacità crescente sono il CD-ROM, il DVD e il Blu-ray (quest'ultimo è diventato il supporto standard per il video ad alta definizione). Su questi dischi i bit sono registrati incidendo con un laser minuscoli forellini, che possono essere poi riconosciuti, sempre con un laser, da un apposito lettore.

Un'altra possibilità di salvataggio dei dati è offerta dalle *unità di rete*, che permettono il salvataggio su dischi rigidi presenti in altri computer collegati in rete localmente, oppure a grande distanza su computer remoti accessibili via Internet; quest'ultimo è il principio del *cloud computing*, la cosiddetta «nuvola» di dati e programmi da cui si può attingere anche quando si usano dispositivi mobili.

Memorizzare i dati in computer remoti può essere vantaggioso perché li rende disponibili per qualsiasi computer collegato a Internet. In questo modo si può lavorare sui propri dati anche mentre si è in viaggio, ovunque sia disponibile un collegamento alla Rete, senza dover portare con sé il proprio personal computer.

4.3.2 **Le unità di misura della *capacità di memoria*.** Le dimensioni dei *file* e la *capacità* dei *supporti di memorizzazione* in cui il computer li conserva si misurano in kilobyte (kB, pari a circa 1000 byte), megabyte (MB, pari a circa 1000 kB), gigabyte (GB, pari a circa 1000 MB) o terabyte (TB, pari a circa 1000 GB), come mostra la tabella 2.

Tabella 2 Le unità di misura dell'informazione usate in informatica per misurare la capacità di memoria dei supporti di memorizzazione dei dati.

unità di misura	simbolo	equivale a...	ossia a...
byte	B	8 bit	un carattere alfanumerico
kilobyte	KB	1024 byte = 2^{10} byte	un terzo di una pagina di testo
megabyte	MB	1024 kilobyte = 1 048 576 byte = 2^{20} byte	circa 300 pagine di testo
gigabyte	GB	1024 megabyte = 1 048 576 kilobyte = 2^{30} byte	circa 300 000 pagine di testo
terabyte	TB	1024 gigabyte = 1 048 576 megabyte = 2^{40} byte	circa 300 milioni di pagine di testo

4.3.3 **Visualizzare lo spazio di memoria disponibile.** Apri con il pulsante il **menu Avvio**, poi fai clic su **Computer** (oppure fai *doppio clic* sull'icona del desktop). Si aprirà la finestra della figura 25, in cui sono elencate le diverse *unità* di memorizzazione dei dati: il disco rigido (etichettato dalla lettera **C:**) e gli altri dispositivi della memoria di massa (**D:** e lettere successive).

Puoi visualizzare lo spazio di memoria disponibile in un'unità anche facendo clic con il tasto destro del mouse sulla sua icona e poi scegliendo **Proprietà** nel menu contestuale.

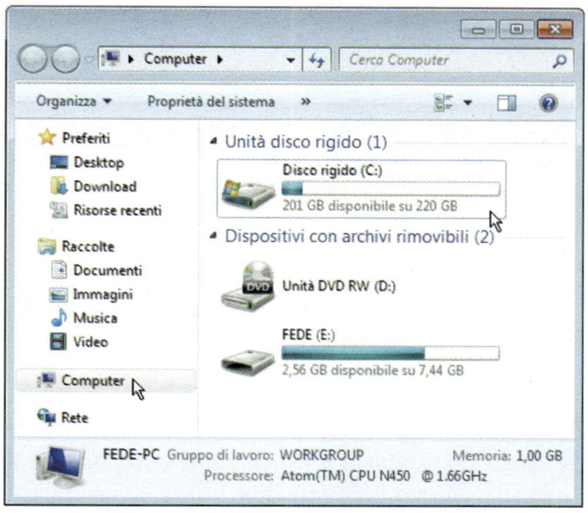

Figura 25
Le risorse del computer

Le barre mostrano quanto spazio di memoria è occupato nei dischi; in basso appaiono le principali caratteristiche del computer (processore e dotazione RAM).

4.3.4
4.3.5
4.3.6 **Comprimere e decomprimere.** Spesso è utile *comprimere* file e cartelle affinché occupino meno spazio di memoria, per esempio per inviarli con la posta elettronica.

Per comprimere uno o più file o cartelle, selezionali e fai clic con il tasto destro del mouse; nel menu di scelta rapida scegli l'opzione **Invia a** e poi **Cartella compressa**. Il sistema operativo allora creerà una nuova cartella con icona ed estensione **.zip**.

Per decomprimere una cartella compressa si fa clic con il tasto destro del mouse su di essa e si seleziona la voce **Estrai tutto**: si apre allora la finestra della figura 26, dove con il pulsante **Sfoglia** si può indicare la cartella in cui vogliamo siano estratti i contenuti.

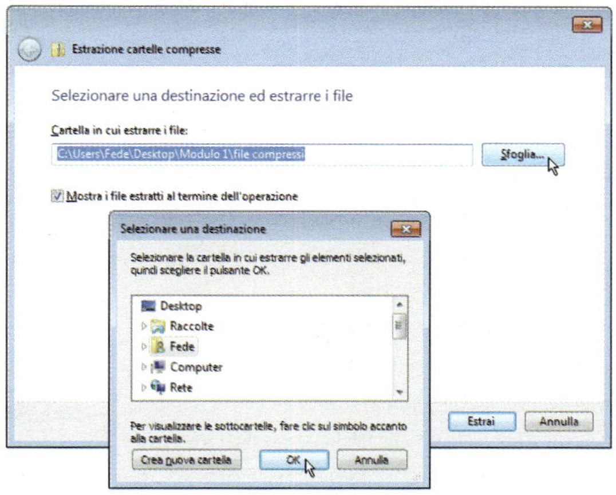

Figura 26
Estrarre i file da una cartella compressa

Si può vedere l'elenco dei file compressi anche senza estrarli, semplicemente facendo un doppio clic sull'icona della cartella «zippata»; a quel punto si possono decomprimere anche singoli file, trascinandoli individualmente in un'altra cartella.

La compressione di tipo **.zip** avviene *senza perdita di informazione*: i file possono essere decompressi in qualsiasi momento e assumono di nuovo tutte le loro caratteristiche originarie.

Esistono anche tecniche di compressione diverse, *con perdita di informazione*, per esempio quelle che producono i file audio **.mp3** o i file immagine **.jpg**: durante la compressione i suoni e le immagini perdono di qualità, e partendo dai file compressi non è possibile riottenere file con la qualità originale.

ESERCIZI Quale tra questi è un supporto di memorizzazione *magnetico*?

A Il CD-ROM.
B Il DVD.
C Il disco Blu-ray.
D Il disco rigido di un computer.

▶ Altri esercizi a pagina 30

10 Le reti informatiche

I collegamenti tra computer, Internet e l'importanza della larghezza di banda

5.1.1 **A che cosa servono le reti.** Una *rete* è un insieme di computer e di dispositivi periferici collegati fra loro. Il collegamento in rete permette ai computer di scambiarsi dati in modo sicuro e di condividere risorse hardware (per esempio una stampante) e applicazioni (per esempio un programma per l'elaborazione di testi).

Le reti delle aule delle scuole e quelle degli uffici di piccole e medie dimensioni sono chiamate *reti locali* o LAN (*Local Area Network*, cioè rete su area locale); i singoli computer al loro interno sono collegati mediante cavi. Quando il collegamento è fatto senza fili si ha invece una WLAN (*Wireless* LAN).

Le reti *client/server* sono caratterizzate dalla presenza di un potente server (al centro nella figura 27) che mette risorse a disposizione di altri computer, denominati client.

L'utente finale interagisce con il client, un normale personal computer che gestisce le risorse locali (tastiera, mouse e le altre periferiche).

Il client comunica con il server, a cui passa le richieste dell'utente e da cui riceve le informazioni.

Figura 27 Schema di una rete *client/server*

Al di là della convenienza pratica di condividere le risorse informatiche, la rete è utile perché rende possibile la *collaborazione* tra le persone. La rete informatica di un laboratorio scolastico, per esempio, può permettere agli studenti di diverse classi di lavorare insieme a uno stesso progetto, come la preparazione di una ricerca o la creazione di un sito Internet.

5.1.2 **Internet e i suoi servizi.** Con opportuni accorgimenti si possono collegare più reti locali, anche molto distanti tra loro. *Internet* è proprio una rete globale, composta da decine di migliaia di reti di computer, che mette a disposizione innumerevoli servizi dedicati principalmente alla comunicazione.

Tra i servizi più importanti offerti da Internet ci sono il *World WideWeb*, la posta elettronica, le comunicazioni vocali basate sul protocollo VoIP (*Voice over Internet Protocol*) e la messaggeria istantanea (IM, *Instant Messaging*).

Nel *World Wide Web* («ragnatela mondiale»), o più semplicemente *web*, gli utenti comunicano tra loro usando un particolare protocollo chiamato HTTP (*HyperText Transfer Protocol*).

Figura 28 Una pagina web

Il web usa l'interfaccia grafica esemplificata nella figura 28. Le *pagine web* si consultano usando i programmi chiamati *browser*, come Internet Explorer della Microsoft, Mozilla Firefox e Google Chrome.

5.1.3 **Le reti intranet e VPN.** Le cosiddette reti *intranet* sono reti locali usate da grandi aziende o istituzioni per lo scambio di dati tra le diverse sedi, o anche all'interno di una singola sede. Usano lo stesso protocollo di comunicazione di Internet, ma non sono liberamente accessibile dall'esterno; l'uso di una intranet è riservato agli utenti autorizzati dai gestori della rete.

Una *rete* VPN (*Virtual Private Network*) è invece una rete privata che utilizza la rete pubblica Internet per lo scambio dei dati, usando tecniche crittografiche per garantire la sicurezza delle comunicazioni. Ciò permette per esempio agli uffici di un'organizzazione, situati magari in diversi continenti, di comunicare via Internet proprio come se i loro computer facessero parte di una LAN.

5.1.4 **La larghezza di banda e il trasferimento dei dati.** La *velocità di trasmissione* dei dati in rete è determinata principalmente dalla *larghezza di banda* (in inglese *bandwidth*) della linea di comunicazione usata, cioè dalla quantità massima di bit che essa può trasmettere in un secondo.

La larghezza di banda si misura in bps (bit per secondo), ma si utilizzano più spesso i multipli kbps o kbit/s (pari a mille bps), Mbps o Mb/s (un milione di bps) e Gbps o Gb/s (un miliardo di bps).

La comunicazione in rete oggi coinvolge sempre più spesso *dati multimediali*, come i filmati. Per ricevere sul computer in tempo reale un film a tutto schermo occorre una larghezza di banda dell'ordine di 10 *megabit* al secondo (pari a 10000 kbps).

Una banda ragionevolmente larga è indispensabile per attività come il telelavoro, la videoconferenza o il trasferimento di trasmissioni televisive attraverso la Rete.

5.1.5 **Caricare e scaricare dati dalla rete.** Il trasferimento sul proprio computer di file da una rete o da Internet è detto *scaricamento* o *download* (un caso tipico è l'installazione di programmi da siti web); il trasferimento inverso, dal computer alla rete, si chiama *caricamento* o *upload* (un caso tipico è il caricamento di un filmato su YouTube).

In entrambi i casi la velocità della connessione determina il tempo necessario per completare le operazioni.

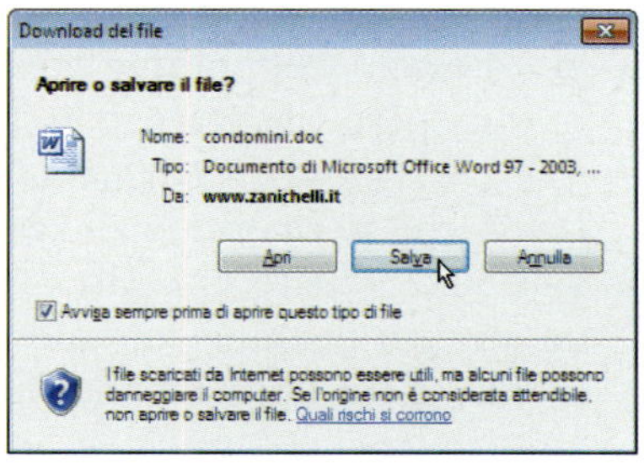

Figura 29 La finestra di download di un file

Per fare pratica di download, visita il sito web che accompagna questo corso e fai clic sui **materiali per il corso**: si aprirà una finestra con un elenco di link. Se fai clic su uno dei link, apparirà la finestra di dialogo della figura 29.

Se a questo punto scegli l'opzione **Salva** (oppure **Salva il file** e poi fai clic su **OK**), apparirà la finestra standard di salvataggio. Il computer memorizzerà i dati sul supporto prescelto, e in seguito potrai aprire o lanciare il file come una qualsiasi risorsa del computer.

Se invece scegli l'opzione **Apri**, il browser scaricherà i dati e lancerà un'applicazione in grado di visualizzare immediatamente i contenuti del documento.

Per scaricare qualsiasi file collegato con un link puoi anche fare clic con il tasto destro del mouse sul link e poi scegliere nel menu contestuale **Salva oggetto con nome**.

Tra i protocolli di comunicazione che consentono di velocizzare il trasferimento di grandi quantità di dati c'è l'FTP (*File Transfer Protocol*, protocollo per il trasferimento di file), che è molto usato per caricare dati dal nostro computer su un server; per l'*upload* di solito è necessario essere autorizzati mediante una password che dà accesso al server di destinazione.

ESERCIZI Tenendo presente che 1 byte = 8 bit, quanto tempo ci vuole per scaricare un filmato da 1 gigabyte, se si dispone di una lunghezza di banda di 8 Mbps?

- **A** Circa 10 secondi.
- **B** Circa 100 secondi, cioè un minuto e mezzo circa.
- **C** Circa 1000 secondi, cioè 16 minuti circa.
- **D** Circa 10000 secondi, cioè due ore e mezza circa.

▶ Altri esercizi a pagina 30

11 Connettersi alle reti

I diversi modi per avere accesso a Internet e il collegamento alle reti senza fili

5.2.1 **I modi per connettersi a Internet.** Esistono molti «canali» diversi che si possono utilizzare per scambiare dati attraverso la rete Internet:

- le normali linee telefoniche analogiche (o PSTN, *Public-Switched Telephone Network*, cioè rete pubblica di dati commutata) hanno una larghezza di banda pari a 64 kilobit per secondo; questa è la massima velocità a cui si poteva navigare con i vecchi modem analogici;

- lo stesso «doppino» telefonico si può però sfruttare con le linee ADSL (*Asymmetric Digital Subscriber Line*), che permettono di scambiare dati fino a parecchi Mbps tramite un modem digitale; con queste linee si può usare normalmente il telefono, mentre il computer può rimanere collegato in modo permanente a Internet;
- nelle reti *wireless* («senza fili») i computer comunicano con un router mediante segnali radio: così si risparmia evitando di cablare gli edifici e si può restare collegati alla rete anche mentre ci si sposta con un computer portatile; la tecnologia attualmente più usata, basata sullo standard tecnico IEEE 802.11, è chiamata in gergo *Wi-Fi* (*Wireless Fidelity*, a imitazione di *Hi-Fi*, l'alta fedeltà sonora) e consente comunicazioni con larghezza di banda fino a 11 Mbps nel raggio di alcune decine di metri dal router;
- la tecnologia Wi-MAX (*Worldwide Interoperability for Microwave Access*) permette di raggiungere velocità di trasmissione fino a 70 Mbps e può coprire con una singola antenna, in assenza di ostacoli sulla linea di vista, zone con un raggio di alcuni kilometri;
- è possibile realizzare una connessione senza fili anche tramite una scheda SIM, utilizzando la stessa rete dei telefoni cellulari, come negli smartphone; nei tablet spesso questo sistema è un'opzione integrata nell'hardware, mentre per i notebook si utilizza un'apposita chiave USB;

- i dati si possono ricevere anche da satellite, con un'opportuna antenna, ma questa trasmissione è unidirezionale: l'invio, a differenza della ricezione, avviene infatti alla velocità caratteristica del modem tradizionale (le connessioni con modem satellitare, che permettono anche la trasmissione, sono molto costose);

- infine i cavi di *fibre ottiche*, che trasportano i segnali in forma di impulsi luminosi, possono raggiungere velocità di 40 *gigabit* al secondo.

5.2.2 **I *service provider*.** Per poter comunicare via Internet si usa di solito un ISP (*Internet Service Provider*): questo fornitore di servizi ci autorizza a collegarci a un suo server, che è collegato alla rete mondiale e rappresenta il nostro punto di ingresso in Internet.

Il provider, oltre a fornire la connessione (protetta da una parola d'ordine, o *password*), può assegnare caselle di posta elettronica (anch'esse protette da password).

Al momento di stipulare un contratto di abbonamento a Internet, oltre a scegliere in base a considerazioni di costo è importante valutare l'offerta in termini di velocità della connessione in download, quantità di dati che si possono scaricare (misurati per esempio in GB di download al mese) e velocità di upload dei dati (che è generalmente molto minore di quella di download).

Le connessioni a banda larga in genere sono di tipo *flat*, cioè a tariffa fissa e sempre attive; quest'ultimo vantaggio è però anche un rischio, perché espone maggiormente al pericolo di intrusioni dall'esterno nel nostro computer.

5.2.3 **Collegarsi a una rete wireless.** I computer odierni e i tablet
5.2.4 riconoscono automaticamente il segnale radio delle reti wireless, quando vengono a trovarsi nel loro raggio d'azione.

Figura 30

Un clic sull'icona della try bar, in basso sullo schermo a destra della barra delle applicazioni, fa apparire l'elenco di tutte le reti disponibili, come nella figura 30.

Le reti sono generalmente sicure, cioè protette da una password di accesso. Quando non sono sicure, come avviene in certi locali pubblici dove l'accesso alla rete è completamente libero, l'icona sulla destra del nome della rete mostra uno scudo giallo come avvertimento: collegandosi a una rete non protetta, infatti, ci si espone a rischi come l'intercettazione delle proprie comunicazioni private.

Quando si sceglie di connettersi a una rete protetta, come nella figura 30, bisogna inserire una password, che va chiesta all'amministratore della rete.

Nelle reti che usano il protocollo WEP la password è un codice formato da 13 caratteri alfanumerici, mentre per il protocollo WPA i caratteri sono 24.

La password andrà inserita soltanto al primo ingresso nella rete; il computer la memorizzerà, e negli accessi successivi la connessione a quella rete sarà automatica.

In Windows7 si può controllare in ogni momento lo stato della connessione in rete aprendo il **Pannello di controllo**, scegliendo il gruppo **Rete e Internet** e poi **Centro connessione di rete e condivisione**.

Si aprirà la finestra della figura 31, che mostra se la connessione è soltanto in rete locale oppure anche a Internet, e consente di scollegarsi dalla rete attuale per collegarsi a un'altra, aprendo la finestra della figura 30 con l'opzione **Connessione a una rete**.

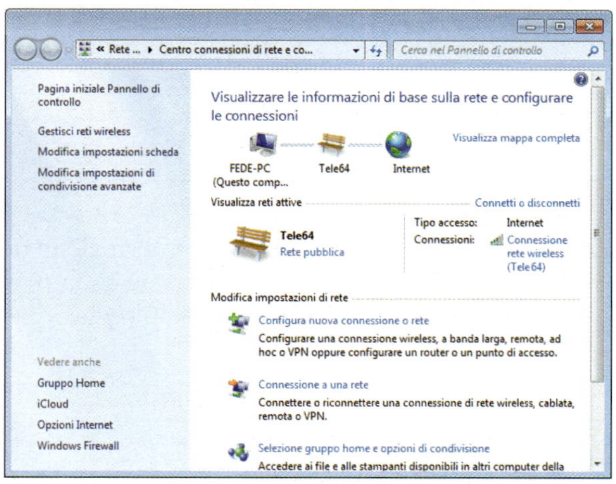

Figura 31

ESERCIZI La password per accedere a una rete wireless:

A è scelta da ciascun utente
B di solito è lunga 8 caratteri
C va chiesta all'amministratore della rete
D va chiesta al proprio service provider

▶ Altri esercizi a pagina 30

12 Proteggere i dati

Le misure di sicurezza che difendono il computer e le precauzioni da prendere contro l'infezione da virus

6.1.1 **Scegliere e gestire bene le password.** Le password sono importanti perché ci danno accesso ad aree riservate, garantendo al tempo stesso che altre persone non possano farlo «fingendosi noi», cioè usando la nostra identità informatica.

A questo scopo bisogna seguire alcune semplici regole: una password deve contenere almeno 8 caratteri alfanumerici, cioè sia numeri sia lettere (alcune maiuscole e alcune minuscole). La password deve essere facile da ricordare per noi ma difficile da indovinare per gli altri; dev'essere personale, nota soltanto all'utente e non condivisa con altri, ed è bene inoltre modificarla periodicamente.

6.1.2 **I firewall.** Per difendere i computer dalle intrusioni dall'esterno si possono installare dispositivi hardware oppure software chiamati *firewall* («muro di fuoco»), che hanno la funzione di esaminare, filtrare e modificare i dati in entrata e in uscita verso Internet.

I firewall, per svolgere la loro funzione, sono posti al confine fra una rete interna (per esempio una LAN) e Internet; possono svolgere anche la funzione di antivirus.

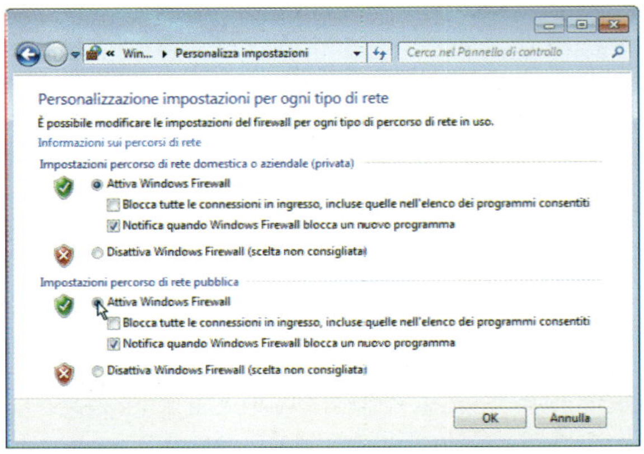

Figura 32 Attivare il *firewall*

La figura 32 mostra come si può attivare il firewall di Windows7, dalla sezione **Sistema e sicurezza** del **Pannello di controllo**.

6.1.3 **Le copie di *backup* dei dati.** Bisogna assicurarsi di avere per tutti i dati importanti una *copia di riserva* (*backup* in inglese). Molti programmi creano automaticamente, mentre si lavora, copie di riserva dei dati, che così non andranno perduti nell'eventualità, per esempio, di un'improvvisa interruzione dell'alimentazione elettrica.

Tuttavia un computer può anche essere rubato, oppure i file possono essere danneggiati in modo irreparabile, per esempio dall'attacco di un virus informatico o da altre cause di forza maggiore.

Per queste ragioni è bene fare regolarmente copie di backup dei dati su *supporti rimovibili* come i dischi fissi esterni, i CD-ROM o le chiavi USB, oppure salvando i dati su computer remoti ai quali si può accedere attraverso la Rete.

Le copie di riserva vanno conservate in luoghi diversi da quello in cui si trova il computer, in modo da poterle riutilizzare su un altro computer, in caso di necessità.

6.1.4 **Tenere aggiornato il software.** Le minacce alla nostra sicurezza informatica, come i virus di cui ora parleremo, si evolvono continuamente nel tempo. Per questa ragione i produttori di software aggiornano continuamente i loro programmi per renderli meno vulnerabili e più sicuri, oltre che per correggere eventuali errori.

Dunque non soltanto per i programmi antivirus, ma anche per applicazioni come i browser, e per lo stesso sistema operativo del computer, è importante installare regolarmente gli aggiornamenti che vengono forniti dal produttore.

Per fortuna questo avviene generalmente in modo automatico, quando si è collegati a Internet, e il computer lo notifica con avvisi che appaiono sullo schermo.

L'installazione degli aggiornamenti impiega parecchie risorse, e perciò spesso determina una certa lentezza nel funzionamento del computer subito dopo l'avvio.

6.2.1 6.2.2 **Il *malware*.** I file trasmessi da un computer a un altro, per esempio attraverso Internet, possono contenere vari tipi di software pericoloso, chiamati collettivamente *malware* («software maligno»).

Questo software è creato e diffuso da persone che nel migliore dei casi hanno un senso dell'umorismo perverso, e nel peggiore dei casi sono veri e propri criminali. Il suo scopo è causare danni ai computer, autoreplicandosi e diffondendosi a insaputa degli utenti.

Del malware fanno parte:

- i *virus*, che si riproducono insinuandosi dentro file eseguibili;
- i *worm*, che possono riprodursi autonomamente senza inserirsi dentro altri file;
- i *Trojan* («cavalli di Troia»), software dannosi inseriti dentro programmi utili che l'utente installa volontariamente;
- gli *spyware*, che hanno la funzione di raccogliere informazioni riservate presenti sul computer (come siti visitati, password o chiavi) e inviarle all'esterno.

Il malware viaggia prevalentemente con la posta elettronica (nascosto nei file *allegati* ai messaggi e-mail) e con i file scaricati da Internet. Altri veicoli di contaminazione possono essere CD e DVD, dischi rimovibili e chiavi USB.

In pratica, ogni volta che il nostro computer riceve dati dall'esterno (come durante il collegamento a Internet) esso è esposto all'infezione da malware. I virus possono inserirsi anche nelle cosiddette *macro* di programmi come Word o Excel e trasmettersi nei file che le contengono.

6.2.3 **Gli antivirus.** Per proteggere il computer dal malware, oltre a usare con barriere *firewall*, bisogna installare specifici *software antivirus* che esaminano e filtrano tutti i file in entrata e in uscita.

Un programma antivirus esamina periodicamente i file memorizzati dal computer per determinare se siano infettati e, se necessario, li «disinfetta».

Per controllare una particolare unità, cartella o file, basta fare clic su di essi con il tasto destro del mouse e poi scegliere nel menu contestuale **Controlla con l'antivirus** (o in inglese **Scan**, o una voce equivalente).

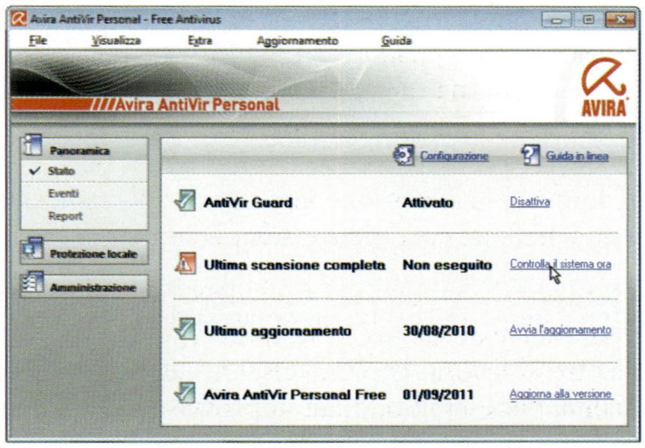

Figura 33 Una utility per la ricerca e la distruzione dei virus

Se il software antivirus scopre un virus sul computer, normalmente ti chiederà che cosa fare del file infetto: potrai ordinare di eliminare il file che contiene il virus, oppure di mettere il file «in quarantena» per evitare che il virus si diffonda.

Nuovi virus vengono costantemente creati e diffusi: perciò, per essere efficaci, i software antivirus vanno aggiornati con frequenza (di solito ciò avviene via Internet, in modo automatico) in modo che siano in grado di riconoscere anche il malware creato dopo la loro installazione.

ESERCIZI Gli antivirus vanno aggiornati con frequenza perché:

- **A** controllano i file soltanto quando li si aggiorna
- **B** quasi ogni giorno viene creato nuovo malware
- **C** le condizioni della licenza d'uso altrimenti non valgono
- **D** senza antivirus non ci si può collegare a Internet

▶ Altri esercizi a pagina 30

13 Computer, ergonomia e salute

Alcune regole da seguire per utilizzare il computer in modo sicuro, salutare e rispettoso dell'ambiente

6.3.1 **Le regole ergonomiche per il lavoro al computer.** Quando si lavora al computer, è bene adottare un certo numero di accorgimenti per evitare di affaticare la vista, di stancare eccessivamente le braccia e i polsi o di risentire di dolori muscolari o alla schiena causati da una posizione di lavoro non corretta.

Questi accorgimenti, naturalmente, sono tanto più importanti quanto maggiore è il tempo che si passa al computer, per divertimento o per ragioni professionali.

Nel caso degli ambienti di lavoro, le regole ergonomiche da seguire sono definite in Italia dal decreto legislativo n. 81 del 2008. Tra gli obblighi sanciti da questa legge per il datore di lavoro vi è quello di fornire a tutti i dipendenti:

- una sedia stabile, con altezza e schienale regolabili, e con braccioli che consentano l'appoggio dei gomiti
- un tavolo di altezza adeguata come base di appoggio per la tastiera e il monitor
- un'illuminazione corretta, sia come intensità sia come orientamento, che non generi riflessi abbaglianti
- una tastiera con inclinazione regolabile, opaca per evitare i riflessi e con la possibilità di appoggiare i polsi mentre si digita
- ci deve essere inoltre sufficiente contrasto tra i simboli dei tasti e la tastiera stessa
- una postazione di lavoro spaziosa, che assicuri la necessaria libertà di movimento
- una buona aerazione del locale in cui si lavora.

Come con la televisione, passare troppo tempo davanti al computer non è salutare. Perciò è bene seguire alcune semplici regole a difesa della nostra salute:

- fare pause frequenti durante l'uso prolungato del computer per non sovraffaticare gli occhi (e i polsi, che possono subire lesioni per l'uso prolungato della tastiera)
- distogliere di tanto in tanto lo sguardo dal monitor e utilizzare tecniche per rilassare la vista
- mantenere sempre una distanza adeguata dal monitor (circa 60–80 cm) e usare preferibilmente un monitor di grandi dimensioni
- illuminare bene la tastiera, ma evitare le sorgenti di luce che possono causare riflessi sullo schermo
- utilizzare un tappetino per il mouse.

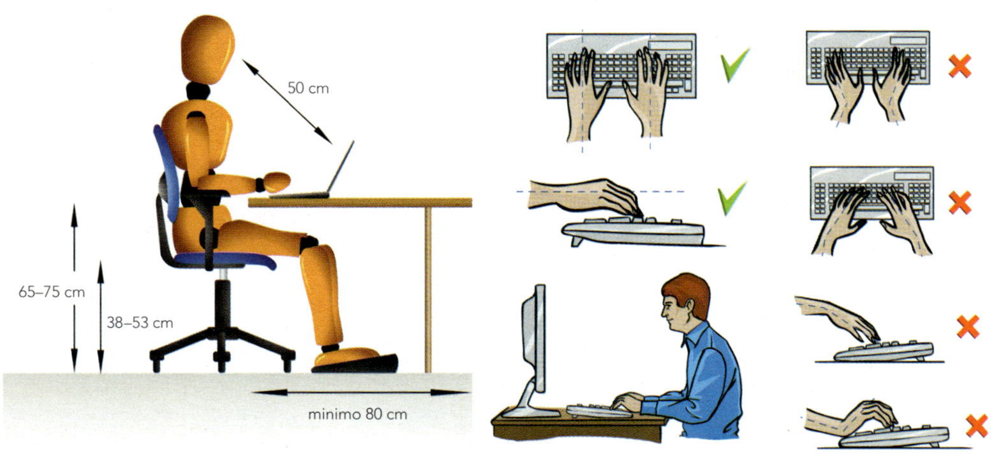

6.3.2 **L'impatto ambientale: risparmiare energia.** Come con tutte le apparecchiature, anche nel caso del computer bisogna essere consapevoli dell'impatto che il suo uso può avere sulle risorse energetiche e sull'ambiente.

Oggi tutti i computer hanno funzionalità per il risparmio di energia; è bene conoscerle e saperle impostare correttamente. In Windows7 si accede alle impostazioni facendo clic sull'icona della pila o spina elettrica nell'area di notifica in basso a destra, oppure dal **Pannello di controllo** aprendo il gruppo **Hardware e suoni** e poi **Opzioni risparmio energia**.

Per esempio si può ridurre la luminosità dello schermo, o impostarne lo spegnimento automatico, dopo un breve periodo di inattività. Se si interrompe il lavoro più a lungo, si può far entrare il computer *in sospensione* oppure spegnerlo del tutto.

6.3.3 **L'impatto ambientale: il riciclo.** Per ridurre il consumo delle cartucce e degli inchiostri o *toner*, quando la stampa non richiede alta definizione conviene stampare in qualità *bozza* (e in bianco e nero, anziché a colori).

Le cartucce della stampante dovrebbero sempre essere *riciclate*; molte aziende offrono un servizio di *ricarica* dell'inchiostro nelle cartucce vuote, che è anche economicamente più vantaggioso rispetto all'acquisto di cartucce nuove.

Il computer stesso, quando non ci serve più e viene sostituito da un modello nuovo, dovrebbe essere riciclato. Se è ancora funzionante, una semplice ricerca su Internet permetterà di scoprire chi potrebbe averne bisogno (per esempio scuole, ospedali, enti benefici o assistenziali).

Se un computer non funziona più, bisogna smaltirlo affidandolo a ditte specializzate nel trattamento e nel riciclaggio dei rifiuti speciali.

Infine, va ricordato che l'uso del computer per memorizzare le informazioni dovrebbe portare a una *riduzione dell'uso della carta*: quando possibile, è perciò bene usare i fogli da entrambi i lati ed evitare di duplicare su carta il contenuto dei documenti creati in versione elettronica (purché ci si ricordi di salvarne copie di backup!).

6.3.4 **L'accesso facilitato.** Per rendere il computer più accessibile alle persone disabili, o con difficoltà particolari, sono stati ideati appositi dispositivi hardware e software.

I *software di riconoscimento vocale* permettono di comunicare con il computer senza utilizzare la tastiera né il mouse, ma dando i comandi con la voce.

Per chi ha difficoltà visive ci sono gli *screen reader*, applicazioni software capaci di «leggere ad alta voce» il testo presente sullo schermo del computer, mediante la sintesi vocale, o di renderlo leggibile attraverso dei dispositivi che utilizzano il sistema Braille.

Gli *screen magnifier* permettono invece di ingrandire alcune porzioni dello schermo, in modo simile a uno zoom.

Infine le *tastiere su schermo* (*on-screen keyboard*) rappresentano un sistema alternativo per chi non può utilizzare la tastiera tradizionale: i tasti sono mostrati e possono essere utilizzati direttamente sul monitor, come avviene normalmente nei tablet.

ESERCIZI Quale precauzione è importante per non affaticare la vista mentre si lavora al computer?

- **A** Posizionare lo schermo più in alto rispetto alla testa.
- **B** Usare un'illuminazione che non provochi riflessi sullo schermo.
- **C** Tenere lo schermo a non più di 20-30 cm dagli occhi.
- **D** Tutte le risposte precedenti sono corrette.

▶ Altri esercizi a pagina 30

Verifica le tue conoscenze – *Esercizi sui punti del Syllabus*

Quando le risposte sono etichettate da cerchietti, significa che il quesito ha una sola risposta esatta; quando invece sono etichettate da quadratini, significa che più di una risposta è corretta.

1.1.1 La sigla ICT:

- [A] è un acronimo di Informatics Computer Technology
- [B] è utilizzata per riferirsi sia a chi produce sia a chi progetta i sistemi informatici
- [C] è utilizzata per riferirsi esclusivamente a chi costruisce i computer
- [D] è un acronimo di Information and Communication Technology

1.1.2 Collega ogni elemento con il servizio corrispondente.

- a home banking
- b condivisione di file
- c foglio elettronico
- d smartphone

a	....
b	....
c	....
d	....

1. accesso a Internet in mobilità
2. accesso al proprio conto corrente
3. file sharing
4. esecuzione di calcoli complessi

1.2.1 Un algoritmo è:

- [A] un linguaggio di programmazione molto simile al linguaggio macchina
- [B] un sinonimo di diagramma di flusso
- [C] un procedimento che deve portare sempre a un risultato
- [D] un procedimento fatto da un numero finito di istruzioni

1.2.2 Che cosa si intende nel linguaggio informatico con il termine *memoria*?

- (A) Un insieme di dispositivi che conservano esclusivamente dati
- (B) Un insieme di dispositivi che conservano esclusivamente istruzioni
- (C) Un insieme di dispositivi che conservano dati e istruzioni
- (D) Un insieme di dispositivi che elaborano dati e istruzioni

1.2.3 Quali delle seguenti affermazioni sulle *webcam* sono corrette?

- [A] Si utilizzano nelle videoconferenze
- [B] Si utilizzano soprattutto per riprendere dei filmati e salvarli sul computer
- [C] Sono periferiche di output
- [D] Si possono usare per inviare filmati via Internet in tempo reale

1.2.4 Indica, inserendo delle crocette, se le caratteristiche indicate sono valide per la porta USB, per la porta HDMI o per entrambe.

1. Dispone di un sistema di protezione dei contenuti
2. Si utilizza per collegare una stampante
3. È predisposta appositamente per utilizzare contenuti multimediali ad alta definizione
4. Nel trasferimento dei dati è la meno veloce fra le due

Porta USB

1	2	3	4
....	....	....	....

Porta HDMI

1	2	3	4
....	....	....	....

1.3.1 Quale delle seguenti affermazioni sul software è corretta?

- (A) È costituito soltanto dai programmi
- (B) Comprende sia i programmi sia i sistemi operativi
- (C) È la parte materiale del computer
- (D) Comprende tra le sue componenti la CPU

1.3.2 Quale fra i seguenti sistemi operativi è *open source*?

- (A) Windows
- (B) GNU/Linux
- (C) Macintosh
- (D) Unix

1.3.3 Collega ogni tipo di programma con la funzione per la quale è particolarmente predisposto.

- a word processor
- b browser
- c foglio elettronico
- d presentazione

a	....
b	....
c	....
d	....

1. costruzione di grafici
2. preparazione di diapositive
3. gestione dei testi
4. collegamento a Internet

1.3.4 L'*EULA*:

- (A) contiene le indicazioni sulla persona che ha acquistato il software
- (B) contiene le indicazioni della licenza per l'utente finale
- (C) contiene il numero di serie del prodotto e la versione del software
- (D) può essere visualizzato soltanto al momento dell'installazione del software

1.3.5 Quali delle seguenti affermazioni sul software *open source* sono corrette?

- [A] Si può utilizzare soltanto per un periodo limitato, dopo il quale occorre comprarlo
- [B] Si può utilizzare ma non modificare
- [C] Permette di avere anche il codice sorgente del programma
- [D] Si può duplicare e installare liberamente

1.4.1 L'avvio del computer:

- [A] richiede sempre l'inserimento della password
- [B] è caratterizzato dall'avvio del sistema operativo
- [C] termina con la visualizzazione del desktop
- [D] è opportuno che non sia protetto con una password, per evitare di perdere tempo all'accensione

1.4.2 Lo spegnimento del computer:

- [A] è meglio farlo tenendo premuto per 5 secondi il tasto 
- [B] si fa normalmente con un clic su **Arresta il sistema**
- [C] si effettua usando il pulsante 
- [D] non comporta perdita di dati se viene fatto interrompendo l'alimentazione

2.1.1 Indica, inserendo delle crocette, se le caratteristiche indicate sono valide per il desktop, per la barra delle applicazioni o per entrambi.

- a È immediatamente visibile all'avvio del computer
- b Corrisponde a una cartella
- c Permette di ripristinare le finestre ridotte a icona
- d Può contenere delle icone che permettono di lanciare delle applicazioni

Desktop

a	b	c	d
....	....	....	....

Barra applicazioni

a	b	c	d
....	....	....	....

2.1.2 Collega ogni icona con la descrizione corrispondente.

- a risorse del computer
- b cestino dei file eliminati
- c documento Word
- d unità CD/DVD

1. 
2. 
3. 
4. 

a	....
b	....
c	....
d	....

2.1.3 Lo spostamento delle icone:

- (A) può essere fatto per trascinamento mediante il mouse
- (B) può essere fatto per trascinamento mediante il mouse, ma selezionando un elemento alla volta
- (C) può essere fatto soltanto per le icone dei file, ma non per quelle delle cartelle
- (D) non si può fare: le icone vengono sistemate sempre in modo automatico

2.1.4 Si può creare un collegamento sul desktop:

- [A] soltanto se ci si trova sul desktop
- [B] dall'interno di *Esplora risorse*
- [C] con il tasto destro del mouse
- [D] solo se si installa un programma

2.2.1 Scrivi accanto a ogni barra un numero da 1 a 4, in modo da ordinarle (dall'alto verso il basso) come appaiono nelle finestre dei programmi.

.... barra di stato

.... barra dei menu

.... barra del titolo

.... barra degli strumenti/multifunzione

2.2.2 Collega ogni icona con la funzione corrispondente.

a chiude la finestra 1

b riduce a icona 2

c rimpicciolisce 3

d ingrandisce 4

a	....
b	....
c	....
d	....

2.2.3 Per passare da una finestra a un'altra:

A si può fare clic sull'icona della finestra di destinazione nella barra delle applicazioni

B è sufficiente fare clic in un punto qualsiasi della finestra alla quale si vuole passare

C bisogna fare clic necessariamente sulla barra del titolo della finestra alla quale si vuole passare

D bisogna necessariamente utilizzare il tasto

2.3.1 La Guida in linea:

A permette di trovare informazioni sul funzionamento di Windows

B si può attivare esclusivamente dal **menu Avvio**

C si può attivare con il tasto destro del mouse

D mostra informazioni dal web, se si è collegati a Internet

2.3.2 Le informazioni di base sulle caratteristiche tecniche del computer:

A si possono ottenere utilizzando la Guida in linea

B si possono ottenere facendo clic sul pulsante per aprire il **menu Avvio**, e poi scegliendo **Computer**

C si possono ottenere dal **Pannello di controllo** selezionando la voce **Sistema**

D non si possono ottenere se non si è amministratore di sistema

2.3.3 La data e l'ora:

A si possono modificare facendo clic con il tasto destro del mouse al centro della barra delle applicazioni

B si possono modificare facendo clic sull'ora nella *try bar*

C si possono modificare selezionando **Data e ora** dal **Pannello di controllo**

D non è necessario regolarle, salvo al cambio dell'ora legale, perché si regolano automaticamente via Internet

2.3.4 La lingua della tastiera:

A si regola automaticamente non appena si collega la tastiera al computer

B può essere modificata soltanto dall'amministratore di sistema

C si può modificare dal **Pannello di controllo**

D si può modificare dalla *try bar*

2.3.5 Un'applicazione che non risponde:

A può essere chiusa dalla finestra **Gestione attività**

B può essere chiusa facendo clic su

C non può essere chiusa se non spegnendo il computer

D non può essere chiusa se non riavviando il computer

2.3.6 Scrivi accanto a ogni operazione un numero da 1 a 6, in modo da ricostruire la sequenza corretta che permette di rimuovere un programma.

.... si apre il **Pannello di controllo**

.... si conferma la richiesta

.... si fa clic su **Disinstalla**

.... si fa clic su

.... si seleziona nell'elenco il programma da eliminare

.... si entra nella sezione **Programmi**

2.3.7 Per scollegare un dispositivo collegato alla porta USB del computer:

A basta verificare che il led non lampeggi e si può staccare

B si può utilizzare il tasto destro del mouse all'interno di *Esplora risorse*

C bisogna trovare la sua icona sul desktop e poi utilizzare il tasto destro del mouse

D si può intervenire dalla *try bar*

2.3.8 La cattura del contenuto di una singola finestra aperta può essere fatta:

A utilizzando un'apposita voce del **Pannello di controllo**

B premendo il tasto **Stamp**

C premendo il tasto **Stamp** mentre si tiene premuto il tasto Ctrl

D premendo il tasto **Stamp** mentre si tiene premuto il tasto Alt

3.1.1 Scrivi accanto a ogni operazione un numero da 1 a 4, in modo da disporle nell'ordine in cui vanno eseguite per avviare il programma *Blocco note*.

.... si ferma il mouse su **Tutti i programmi**

.... si fa clic su

.... si fa clic su **Blocco note**

.... si fa clic su **Accessori**

3.1.2 Quali delle seguenti affermazioni relative all'inserimento di testo in un documento in *WordPad non* sono corrette?

A Si può inserire solo digitandolo dalla tastiera

B Non si può mai sovrascrivere a un testo esistente

C Se inserito prima di una parola la fa scorrere automaticamente

D Il programma è preimpostato per andare a capo in modo automatico

3.1.3 Per incollare l'immagine della finestra di *WordPad* nello stesso documento di *WordPad* in cui si sta lavorando bisogna:

A catturarla, aprirla con il programma di elaborazione delle immagini, copiarla e poi incollarla nel documento di *WordPad*

B battere il tasto e poi fare clic su **Incolla**

C battere il tasto tenendo premuto il tasto Alt e poi fare clic su **Incolla**

D fare clic sull'icona e poi andarla a ricercare nella cartella **Immagini**

3.1.4 Per salvare un documento in *WordPad* al quale non si è ancora assegnato un nome:

A basta selezionare la voce **Salva** dal menu senza dare altre indicazioni e viene salvato automaticamente con il nome **Documento.rtf** ma sempre sul desktop

B bisogna necessariamente selezionare **Salva con nome** dal menu

C si può fare clic su e il documento viene salvato automaticamente con il nome **Documento.rtf** ma sempre sul desktop

D si può selezionare la voce **Esci** e poi specificare il nome e la cartella nella quale deve essere salvato

3.2.1 L'installazione di una nuova stampante sul computer:

A spesso avviene in modo automatico

B si può effettuare con un clic con il tasto destro del mouse sull'icona della stampante sempre presente sulla *try bar*

C si può fare dal **Pannello di controllo**

D si può fare dalla finestra di stampa dei vari programmi

3.2.2 Scrivi accanto a ognuna delle operazioni elencate un numero da 1 a 4, in modo da disporle nell'ordine in cui esse andranno eseguite per modificare la stampante predefinita.

.... si fa clic con il tasto destro sulla stampante da assegnare come predefinita

.... si apre il **menu Avvio**

.... si fa clic su **Dispositivi e stampanti**

.... si fa clic su **Imposta come stampante predefinita**

3.2.3 Per stampare un documento di testo creato con il programma di elaborazione testi *WordPad*:

A non è necessario che il programma *WordPad* sia attivo, con quel documento aperto

B si può selezionare il testo da stampare, fare clic con il tasto destro su di esso e scegliere dal menu contestuale la voce **Stampa**

C si può aprire il file con *WordPad*, fare

clic sul pulsante in alto a sinistra e poi scegliere nel menu la voce **Stampa**
D occorre aver prima salvato il documento

3.2.4 La coda di stampa:
A è l'elenco delle stampanti collegate al computer o disponibili nella rete locale
B contiene l'elenco dei documenti che sono in attesa di essere stampati
C può essere visualizzata facendo clic con il tasto destro del mouse sull'icona della stampante presente sulla *try bar* e poi selezionando la voce **Coda di stampa**
D può essere visualizzata facendo doppio clic sull'icona della stampante nella finestra **Dispositivi e stampanti**

4.1.1 Le cartelle:
A sono suddivisioni delle unità collegate o presenti sul computer
B sono raggruppamenti di unità
C possono contenere soltanto file di dati
D sono organizzate in una struttura ad albero

4.1.2 Le proprietà di un file o di una cartella (nome, dimensione, percorso) possono essere visualizzate:
A utilizzando il tasto destro del mouse
B dal menu **Organizza** dopo aver selezionato il file o la cartella che interessa
C facendo doppio clic sull'icona del file e attendendo per qualche secondo
D soltanto se ci si trova nella finestra di *Esplora risorse*

4.1.3 La visualizzazione dei dettagli dei file in *Esplora risorse*:
A si può attivare solo con l'icona presente sulla barra dei menu
B permette di vedere la data in cui è stato modificato il file
C si può attivare con il tasto destro del mouse
D permette di modificare la dimensione delle icone

4.1.4 Collega ogni tipo di file con l'estensione corrispondente.

a documento Word	1 .pptx
b foglio elettronico Excel	2 .wav
c presentazione PowerPoint	3 .docx
d file eseguibile in Windows	4 .avi
e file PDF	5 .xlsx
f file immagine	6 .jpg
g file video	7 .pdf
h file audio	8 .zip
i file compresso	9 .exe

a	b	c	d	e	f	g	h	i
....	....	....	....	....	....	....	....	....

4.1.5 Per aprire un file:
A si può fare doppio clic su di esso
B si può utilizzare il tasto destro del mouse in ogni caso
C si può utilizzare il tasto destro del mouse ma solo se è necessario specificare il programma con il quale deve essere aperto
D bisogna necessariamente avviare il programma adatto e poi selezionare la voce **Apri**

4.1.6 Il nome dei file (o delle cartelle):
A viene assegnato in automatico dal computer ed è meglio non modificarlo
B è opportuno che venga assegnato dall'utente scegliendolo in base al contenuto
C può essere di qualsiasi lunghezza
D può contenere qualsiasi carattere presente sulla tastiera

4.1.7 Per creare una nuova cartella:
A basta fare un doppio clic nella finestra di *Esplora risorse*
B si può fare clic su **Nuova cartella** in *Esplora risorse*, dopo aver scelto l'unità e la cartella in cui creare la nuova
C si può usare il tasto destro del mouse nella finestra di *Esplora risorse*
D si deve lavorare sul desktop; soltanto dopo la si può spostare

4.1.8 Il cambiamento del nome di un file:
A può essere fatto soltanto mediante il tasto destro del mouse
B può essere fatto dal menu **Organizza** dopo aver selezionato il file
C può essere fatto soltanto con il programma utilizzato per la creazione del file
D non si può fare dopo aver chiuso il programma con il quale si è creato il file

4.1.9 Qual è l'unica tra le seguenti indicazioni che permette di trovare il file di nome **lettera12** e *non* il file di nome **lettera1**?
A lettera?
C lettera*
B lettera??
D lettera**

4.1.10 L'elenco dei file usati più di recente:
A si può trovare soltanto con la funzione **Cerca**, specificando l'intervallo di tempo che interessa
B si può trovare selezionando una delle voci del **menu Avvio**
C si può visualizzare selezionando la voce **Documenti recenti** presente nel menu **Organizza** della finestra di *Esplora risorse*
D può essere visualizzato soltanto in fondo al menu **File** dei vari programmi

4.2.1 La selezione contemporanea di più file si può fare:
A tenendo premuto il tasto Ctrl soltanto se essi sono adiacenti
B tenendo premuto il tasto ⇧ soltanto se essi non sono adiacenti
C utilizzando il mouse per trascinamento
D tenendo premuti insieme i due tasti ⇧ e Ctrl

4.2.2 Il riordinamento dei file:
A si fa sempre trascinandoli dentro la finestra di *Risorse del computer* o di *Esplora risorse*
B si può fare facendo clic sull'intestazione della colonna che contiene il criterio in base al quale si vogliono ordinare i file
C viene fatto sempre in ordine crescente
D si può cambiare in ogni momento

4.2.3 Per spostare file o cartelle fra cartelle o unità diverse si può:
A utilizzare il metodo *taglia-e-incolla*
B utilizzare il metodo *copia-e-incolla*
C operare per trascinamento tenendo premuto il tasto Ctrl
D operare per trascinamento senza tenere premuto alcun tasto

4.2.4 Il ripristino di file o cartelle presenti nel **Cestino** può essere fatto:
A per trascinamento
B con il tasto destro del mouse
C dal menu **Organizza** di *Esplora risorse*, dopo aver selezionato l'elemento da ripristinare
D soltanto se si tratta di file, non se si tratta di cartelle

4.2.5 Lo svuotamento del **Cestino**:
A avviene in modo automatico allo spegnimento del computer
B si può fare con il tasto destro del mouse
C comporta l'eliminazione definitiva dei file
D avviene in modo automatico appena si raggiunge una quantità di file predefinita

4.3.1 Quale tra le seguenti *non* è un'unità di archiviazione?
A Un disco rimovibile
B La cartella **Documenti**
C L'hard disk
D Un CD-RW

4.3.2 Scrivi accanto a ogni unità di misura della memoria un numero da 1 a 5, in modo da disporle in ordine crescente.

.... kilobyte
.... gigabyte
.... byte
.... megabyte
.... terabyte

4.3.3 Lo spazio disponibile su un supporto di memoria:
A viene mostrato in automatico quando il supporto viene visualizzato in *Esplora risorse*
B può essere evidenziato selezionando

Proprietà dopo aver fatto clic con il tasto destro sull'unità
C viene mostrato solo quando si avvia la copia di file al suo interno
D viene mostrato anche per CD o DVD non completamente pieni

4.3.4 Un file che è stato compresso in formato **.zip**:
A occupa una quantità di memoria inferiore all'originale
B una volta estratto, assume le stesse caratteristiche iniziali
C perde definitivamente una parte delle informazioni che conteneva
D non può essere inviato per posta elettronica

4.3.5 Per comprimere i file:
A occorre per prima cosa installare sul computer un apposito programma
B si sfrutta un'apposita funzione del sistema operativo, utilizzabile in ogni finestra di *Esplora risorse*
C si fa clic con il tasto destro del mouse sui file precedentemente selezionati per la compressione
D si deve utilizzare una procedura diversa da quella seguita per comprimere le cartelle

4.3.6 L'estrazione dei file contenuti all'interno di una cartella compressa:
A è l'unico modo per poter sapere quali file o cartelle sono contenuti in un file di tipo **.zip**
B può essere fatta utilizzando un'apposita funzione del menu **Strumenti** di *Esplora risorse*
C può essere avviata con un clic con il tasto destro del mouse sul file di tipo **.zip**
D può essere fatta in una cartella scelta liberamente dall'utente, anche diversa da quella in cui si trova il file da decomprimere

5.1.1 Computer collegati in rete:
A come software possono condividere soltanto dati
B come software possono condividere soltanto programmi
C permettono di condividere stampanti
D permettono di condividere l'accesso a Internet

5.1.2 La messaggistica istantanea:
A avviene in tempo reale
B necessita di connessioni molto veloci
C permette di scambiare soltanto messaggi audio
D in genere è un servizio gratuito

5.1.3 Una rete intranet è una rete:
Ⓐ locale a cui possono accedere anche utenti esterni
Ⓑ simile a Internet nelle funzioni ma basata su protocolli di trasmissione diversi
Ⓒ che connette le LAN di diverse aziende basata sugli stessi protocolli di Internet
Ⓓ che connette i computer di singole aziende basata sugli stessi protocolli di Internet

5.1.4 Collega ogni unità di misura della velocità di trasmissione con il corrispondente valore espresso in *bit per secondo*.

a kbps — 1 10^3 bps
b Gbps — 2 10^6 bps
c Mbps — 3 10^9 bps

a	....
b	....
c	....

5.1.5 Quale delle seguenti affermazioni sull'*upload* è corretta?
Ⓐ Si effettua quando si trasferisce un file sulla Rete
Ⓑ Si effettua quando si preleva un file dalla Rete
Ⓒ È un sinonimo di *download*
Ⓓ Non risente della velocità di connessione

5.2.1 Quali delle seguenti connessioni sono senza fili?
A ADSL
B GPRS
C ISDN
D WiMAX

5.2.2 Quale fra i seguenti servizi *non* rientra fra quelli che ci offre di solito un *Internet Service Provider*?
Ⓐ Connessione a Internet
Ⓑ Servizio di telefonia mobile
Ⓒ Spazio di memoria per pubblicare le nostre pagine web
Ⓓ Casella di posta elettronica

5.2.3 Una rete wireless si dice protetta se:
Ⓐ è dotata di sistemi che non lasciano passare i virus
Ⓑ è dotata di sistemi che bloccano i siti non idonei per i bambini
Ⓒ è dotata di sistemi che impediscono l'accesso agli hacker
Ⓓ è accessibile solo per gli utenti che dispongono di una password

5.2.4 La connessione a una rete wireless:
A avviene in automatico se abbiamo già memorizzato la password
B avviene in automatico solo se la rete è libera
C deve essere impostata da un tecnico specializzato
D avviene solo se il segnale è sufficientemente forte

6.1.1 Qual è l'unica corretta tra le seguenti affermazioni in merito alle password?
Ⓐ Una password dev'essere lunga meno di 5 caratteri per ridurre il rischio di errori nella digitazione
Ⓑ Una password non può contenere sia numeri sia lettere
Ⓒ È meglio non modificare le password per non correre il rischio di dimenticarle
Ⓓ È meglio non condividere le password con altri utenti

6.1.2 Un firewall:
A è il nome di un antivirus
B controlla i pacchetti che entrano ed escono in una rete
C può essere costituito da un hardware o da un software
D è inefficace contro i virus

6.1.3 Quali delle seguenti affermazioni relative alle copie di backup sono vere?
A Sono copie di riserva dei dati
B Vanno conservate nello stesso hard disk nel quale si trovano le copie di partenza
C Si possono fare utilizzando supporti rimovibili purché essi siano conservati nello stesso ambiente in cui si trova il computer
D È bene siano salvate in computer remoti raggiungibili via Internet

6.1.4 Quale delle seguenti affermazioni sull'antivirus è corretta?
Ⓐ Va aggiornato una volta all'anno
Ⓑ Fa parte del sistema operativo del computer
Ⓒ Può essere aggiornato via Internet
Ⓓ Dev'essere aggiornato soltanto quando si ha notizia della diffusione di un nuovo virus

6.2.1 Collega ogni termine con la caratteristica che lo contraddistingue.

a virus — 1 si riproduce nascondendosi dentro file eseguibili
b worm — 2 raccoglie informazioni riservate e le invia all'esterno
c trojan — 3 si riproduce senza inserirsi in altri file eseguibili
d spyware — 4 viene installato volontariamente insieme a un programma utile

a	b	c	d
....	....	....	....

6.2.2 Un virus:
A può essere trasmesso mediante dispositivi di memoria (chiavi USB, dischi rimovibili ecc.)
B può essere trasmesso per posta elettronica
C non può essere trasmesso mediante un CD-ROM
D può giungere collegando al computer una qualsiasi periferica

6.2.3 Il controllo antivirus:
A può essere effettuato su singoli file
B può essere effettuato su intere cartelle o unità
C può essere attivato con un doppio clic sull'unità da controllare
D viene fatto automaticamente dal computer ogni volta che un file, una cartella o un'unità vengono aperti

6.3.1 Quali delle seguenti affermazioni sull'illuminazione dei posti di lavoro al computer sono corrette?

- A Dev'essere molto intensa
- B Dev'essere orientata correttamente in modo da evitare riflessi sul monitor
- C Dev'essere artificiale
- D Dev'essere orientata correttamente in modo da evitare riflessi sul tavolo

6.3.2 Quali delle seguenti affermazioni relative al risparmio energetico sono corrette?

- A Mettere in sospensione il computer permette di risparmiare energia
- B Un computer desktop in sospensione si riavvia più velocemente ma non mantiene i dati e i programmi che erano in esecuzione
- C L'entrata in funzione dello screen saver fa risparmiare energia
- D Lo spegnimento automatico dello schermo fa risparmiare energia

6.3.3 È possibile riciclare i vari componenti del computer?

- A No, si può riciclare soltanto la carta
- B Sì; se si vuole sostituire un computer ancora funzionante è bene fornirlo a enti che potrebbero averne bisogno
- C Sì, ma non è conveniente riciclare le cartucce della stampante perché economicamente svantaggioso
- D Sì; se un computer non funziona più si può smaltirlo tramite ditte specializzate nel trattamento di rifiuti speciali

6.3.4 Collega ogni elemento con la funzione che svolge.

- a screen reader
- b contrasto elevato
- c riconoscimento vocale
- d tastiera su schermo
- e zoom

a	....
b	....
c	....
d	....
e	....

1. Migliora la visibilità del testo esaltando i singoli caratteri
2. Permette di utilizzare lo schermo al posto della tastiera per inserire testo o comandi
3. Effettua la sintesi vocale del testo contenuto sullo schermo
4. Permette di ingrandire i caratteri sullo schermo
5. Permette di eseguire i comandi o di inserire testo usando la voce

Verifica le tue abilità – *Esercitazioni per l'esame ECDL*

Quando le risposte sono etichettate da cerchietti, significa che il quesito ha una sola risposta esatta; quando invece sono etichettate da quadratini, significa che più di una risposta è corretta.

ESERCITAZIONE 1 — Tempo a disposizione: 45 minuti

1 Nel settore ICT rientra: 1.1.1
Ⓐ la progettazione esclusiva di sistemi di comunicazione
Ⓑ la produzione esclusiva di sistemi di comunicazione
Ⓒ la progettazione e la realizzazione del software
Ⓓ solo la progettazione di qualsiasi sistema informatico

2 Collega ogni servizio alla sua descrizione. 1.1.2
a cloud computing
b telelavoro
c streaming
d e-learning

1 possibilità di lavorare dalla propria abitazione
2 trasmissione di file audio-video via Internet
3 apprendimento a distanza
4 memorizzazione di dati online

a	....
b	....
c	....
d	....

3 Quale di questi elementi non è hardware? 1.2.1
Ⓐ La memoria RAM
Ⓑ La memoria ROM
Ⓒ La memoria di massa
Ⓓ Il sistema operativo

4 La memoria RAM: 1.2.2
[A] permette di trasferire dati da un computer all'altro
[B] non può essere potenziata
[C] contiene i programmi in esecuzione
[D] si cancella allo spegnimento del computer

5 Quali fra le seguenti periferiche sono di input? 1.2.3
[A] Tastiera [B] Altoparlanti [C] Scanner [D] Plotter

6 Indica se le affermazioni sono vere o false. 1.2.4
a La porta USB è di tipo seriale [V] [F]
b La porta HDMI dispone di un sistema antipirateria [V] [F]
c La porta HDMI trasmette segnali digitali e analogici [V] [F]
d A una porta USB si possono collegare fino a 127 periferiche contemporaneamente [V] [F]

7 Il software: 1.3.1
[A] comprende i dati e i programmi
[B] è la parte materiale del computer
[C] comprende le memorie interne al computer (RAM e ROM)
[D] comprende il sistema operativo

8 Quale dei seguenti non è un sistema operativo? 1.3.2
Ⓐ Macintosh
Ⓑ UNIX
Ⓒ Internet Explorer
Ⓓ GNU/Linux

9 Quale dei seguenti tipi di programma è il più adatto per effettuare calcoli complessi? 1.3.3
Ⓐ Presentazione
Ⓑ Foglio elettronico
Ⓒ Word processor
Ⓓ Database

10 Le cosiddette *condizioni per l'utente finale*: 1.3.4
Ⓐ garantiscono il funzionamento del software acquistato
Ⓑ possono essere modificate su richiesta dell'utente
Ⓒ garantiscono un risarcimento se il software non funziona
Ⓓ vengono talvolta indicate come EULA

11 Il software chiamato *shareware*: 1.3.5
Ⓐ è un software *open source*
Ⓑ è un software totalmente libero
Ⓒ si può usare solo per un tempo limitato poi va acquistato
Ⓓ si può utilizzare senza limiti di tempo ma non permette l'esame del codice sorgente

12 Il riavvio del computer: 1.4.2
[A] normalmente si effettua passando per il **menu Avvio**
[B] può essere fatto soltanto premendo il tasto RESET
[C] può essere fatto soltanto facendo clic sul pulsante e poi selezionando **Spegni computer**
[D] può essere richiesto se si installa un nuovo programma

13 Indica se le affermazioni sono vere o false. 2.1.1
a Il desktop è una cartella [V] [F]
b La barra delle applicazioni è presente nella parte alta della finestra di tutti i programmi [V] [F]
c La barra delle applicazioni può essere utilizzata per passare da una finestra all'altra [V] [F]
d La barra delle applicazioni permette di visualizzare tutti i processi in corso [V] [F]

14 Il nome di un file: 4.1.6
[A] se già esiste nella stessa unità bisogna sostituirlo, altrimenti il file verrà sovrascritto
[B] se già esiste nella stessa cartella bisogna sostituirlo, altrimenti il file verrà sovrascritto
[C] bisogna assegnarlo in modo da ricordarne il contenuto
[D] quando possibile è meglio non modificare quello assegnato dal programma

15 Quale tra i seguenti criteri *non* può essere utilizzato nella ricerca di un file? 4.1.9
Ⓐ Ricerca per tipo, cioè estensione
Ⓑ Ricerca per dimensioni
Ⓒ Ricerca per lunghezza del nome
Ⓓ Ricerca per data di ultima modifica

16 Ordina in senso di capacità crescente i seguenti supporti di memoria. 4.3.1
.... DVD .... Blu-ray .... Hard disk .... CD

17 Indica se le affermazioni sono vere o false. 4.3.2
a 1 GB corrisponde a 1000 MB [V] [F]
b 1 MB corrisponde a 1024 kB [V] [F]
c Le chiavette USB hanno capacità dell'ordine dei MB [V] [F]
d La memoria RAM dei PC è dell'ordine dei GB [V] [F]

18 Una rete di computer: 5.1.1
[A] per essere fatta ha bisogno di un server molto più potente delle altre macchine collegate
[B] è più vulnerabile alla diffusione del malware rispetto alle singole macchine non collegate
[C] ha sempre bisogno di un collegamento mediante cavi
[D] permette di condividere risorse hardware

19 Il World Wide Web: 5.1.2
[A] è un sinonimo del termine «browser»

B è un servizio di Internet di tipo ipertestuale
C permette di pubblicare pagine con contenuti multimediali
D è il servizio che gestisce la posta elettronica

20 La rete di un'azienda non accessibile agli utenti esterni presente in uno spazio limitato: 5.1.3
A viene chiamata intranet
B viene chiamata VPN
C viene chiamata WAN
D si può realizzare solo se limitata all'interno di un edificio

21 Un kbps è: 5.1.4
A un multiplo del bps
B un sottomultiplo del bps
C un'unità di misura della memoria
D un'unità di misura della velocità di connessione

22 Lo scaricamento dalla Rete: 5.1.5
A è chiamato upload
B è influenzato dalla velocità della connessione
C consiste nel trasferire sul proprio computer file presenti sulla Rete
D è possibile soltanto per gli utenti registrati

23 Una connessione WIMAX: 5.2.1
A non è influenzata dalle condizioni meteorologiche
B è più lenta se ci sono ostacoli fra l'antenna e l'utente
C può essere utilizzata all'interno di un edificio o entro distanze limitate a circa 100 m
D è quella normalmente utilizzata dagli smartphone per connettersi a Internet

24 Indica se le affermazioni sono vere o false. 5.2.2
a Un contratto ADSL a «7 Mega» prevede una velocità minima di download di 7 megabit per secondo V F
b In alcuni contratti di connessione a Internet non si considera il tempo ma la quantità di dati scaricati V F
c Un contratto di connessione a Internet senza limiti di tempo viene definito di tipo «Flat» V F
d In un contratto di connessione ADSL senza limiti di tempo bisogna tenere conto solo della velocità di download V F

25 Una password deve preferibilmente: 6.1.1
A contenere meno di 5 caratteri
B contenere lettere e numeri
C essere formata da soli numeri
D essere modificata spesso

26 Un firewall: 6.1.2
A è un software
B è un dispositivo hardware
C può essere di tipo hardware oppure di tipo software
D è sinonimo di software antivirus

27 Quale delle seguenti affermazioni relative alla posta elettronica non è vera? 5.1.2
A Permette di inviare soltanto messaggi di testo
B Permette di inviare file di qualsiasi natura
C Giunge quasi istantaneamente in qualsiasi parte del mondo
D È chiamata anche e-mail

28 Per fare un backup di 80 GB di dati da un PC collegato a Internet con una comune connessione ADSL, quale fra i seguenti supporti è consigliabile utilizzare? 4.3.1
A CD B DVD C Unità di rete D Hard disk esterno

29 Le copie di sicurezza dei dati: 6.1.3
A nelle aziende private e negli uffici pubblici vanno create con regolarità per un obbligo di legge
B vanno create per avere duplicati in caso di perdita dei dati
C vanno create su supporti da conservare in ambienti distanti dal computer da cui provengono
D non è necessario crearle se il computer ha due hard disk interni e i dati importanti risiedono su entrambi

30 Un antivirus: 6.1.3
A dev'essere aggiornato una volta all'anno
B potrebbe non riconoscere alcun virus se non è stato recentemente aggiornato
C potrebbe non riconoscere i virus più recenti se non è stato recentemente aggiornato
D individua ed elimina automaticamente i file infetti da virus

31 Uno spyware: 6.2.1
A è un virus che legge i tasti che vengono digitati sulla tastiera e pertanto è in grado di spiare le password
B è un virus che spia principalmente il contenuto delle navigazioni fatte e lo invia all'esterno
C è capace di diffondersi in modo autonomo, senza l'intervento dell'utente
D è un malware contenuto spesso nei software *open source*

32 Quale definizione di virus *non* è corretta? 6.2.2
A È un programma creato appositamente per interferire con il normale funzionamento di un computer
B È un difetto in un programma dovuto a un errore del programmatore
C È un programma capace di danneggiare i dati del computer
D È un programma capace di propagarsi da un computer a un altro

33 L'illuminazione dell'ambiente, quando si lavora al computer: 6.3.1
A non è importante; è sufficiente regolare correttamente quella del monitor
B dev'essere necessariamente artificiale per scegliere l'intensità e la provenienza
C dev'essere naturale perché affatica meno la vista
D dev'essere tale da consentire l'eliminazione dei riflessi

34 Il riconoscimento vocale: 6.3.4
A è utile per i disabili con difficoltà nell'uso delle mani
B è utilizzato soprattutto per evitare la digitazione delle password nei dispositivi di ultima generazione
C è una funzione integrata in tutti i sistemi operativi di ultima generazione
D si utilizza solo negli smartphone

35 Il consumo di energia di un computer si riduce: 6.3.2
A diminuendo la luminosità dello schermo
B impostando uno screensaver
C usando la funzione «Sospendi» quando ci si allontana per poco tempo
D spegnendolo anche se ci si allontana per breve tempo

36 Quale dei seguenti oggetti non è adatto dal punto di vista ergonomico? 6.3.1
A Un monitor CRT
B Una sedia priva di spalliera
C Un mouse con la pallina
D Una tastiera tradizionale

ONLINE ESSENTIALS
Fondamenti della navigazione in Rete

Questo MODULO definisce i concetti e le competenze fondamentali necessari alla navigazione in Rete, a un'efficace metodologia di ricerca delle informazioni, alla comunicazione online e all'uso della posta elettronica, certificando le migliori pratiche per un uso online del computer.

Per superare l'esame ECDL relativo a questo MODULO, dovrai essere in grado di:

- comprendere i concetti relativi alla navigazione in Rete e alla sicurezza informatica;
- utilizzare il browser di rete e gestirne le impostazioni, i segnalibro/preferiti e la stampa di pagine web;
- eseguire delle ricerche di informazioni in Rete in modo efficace e valutare il contenuto del web in modo critico;
- comprendere i problemi principali legati al copyright e alla protezione dei dati;
- comprendere i concetti di reti sociali, comunicazioni e posta elettronica;
- inviare e ricevere messaggi di posta elettronica e gestire le impostazioni di un programma di posta elettronica;
- organizzare e ricercare messaggi di posta elettronica; utilizzare i calendari.

Questo MODULO è disponibile online anche nella versione per Windows 10.

Sezione	Tema	Rif.	Argomento	Pagina
1 Concetti di navigazione in Rete	1.1 Concetti fondamentali	1.1.1	Comprendere i termini «Internet», «World Wide Web» (WWW), «Uniform Resource Locator» (URL), «collegamento ipertestuale» (hyperlink).	40
		1.1.2	Capire com'è strutturato l'indirizzo di un sito web. Identificare i tipi più comuni di domini.	41
		1.1.3	Capire che cos'è un browser e conoscere i più comuni.	41
		1.1.4	Identificare diverse attività su Internet.	40
	1.2 Sicurezza	1.2.1	Conoscere le modalità per proteggersi quando si è online.	42
		1.2.2	Definire il termine «crittografia».	42
		1.2.3	Identificare un sito web sicuro: https, simbolo del lucchetto.	42
		1.2.4	Definire il termine «certificato digitale».	42
		1.2.5	Identificare le possibilità di controllo dell'uso di Internet, quali supervisione, limitazioni alla navigazione sul web, limitazioni agli scaricamenti.	42
2 Navigazione sul web	2.1 Uso del browser	2.1.1	Gestire un'applicazione di navigazione in Rete (browser).	43
		2.1.2	Inserire una URL nella barra degli indirizzi e raggiungerla.	43
		2.1.3	Aggiornare una pagina web, interrompere il caricamento di una pagina web.	43
		2.1.4	Attivare un collegamento ipertestuale.	43
		2.1.5	Aprire una pagina web in una nuova scheda o finestra.	43
		2.1.6	Aprire, chiudere schede, finestre. Passare da una scheda a un'altra, da una finestra a un'altra.	43
		2.1.7	Navigare tra pagine web.	44
		2.1.8	Visualizzare gli indirizzi già visitati, usando la cronologia.	44
		2.1.9	Compilare, inviare, svuotare un modulo online.	44
		2.1.10	Utilizzare uno strumento web per tradurre un testo.	45
	2.2 Strumenti e impostazioni	2.2.1	Impostare la pagina iniziale/home page di un browser.	44
		2.2.2	Comprendere il termine «popup». Gestire i popup.	45
		2.2.3	Comprendere il termine «cookie». Consentire, bloccare i cookie.	45
		2.2.4	Utilizzare le funzioni di Guida in linea disponibili.	45
		2.2.5	Mostrare, nascondere le barre degli strumenti del programma. Ripristinare, minimizzare la barra multifunzione.	45
		2.2.6	Eliminare la cronologia, i file internet temporanei, i dati salvati per la compilazione automatica dei moduli.	45
	2.3 Segnalibri	2.3.1	Creare, eliminare un segnalibro.	46
		2.3.2	Visualizzare i segnalibri.	46
		2.3.3	Creare, eliminare una cartella di segnalibri. Inserire pagine web in una cartella di segnalibri.	46
	2.4 Contenuti dal web	2.4.1	Scaricare file dal web e salvarli in un'unità.	46
		2.4.2	Copiare testi, immagini, URL da una pagina web.	46
		2.4.3	Visualizzare l'anteprima di stampa, stampare una pagina web o una selezione di questa utilizzando le opzioni di stampa.	47
3 Informazioni raccolte sul web	3.1 Ricerca	3.1.1	Sapere che cos'è un «motore di ricerca» e saper indicare i nomi dei motori di ricerca più comuni.	48
		3.1.2	Effettuare una ricerca utilizzando una parola chiave, una frase.	48
		3.1.3	Affinare una ricerca utilizzando funzioni di ricerca avanzate.	48
		3.1.4	Effettuare una ricerca in un'enciclopedia, dizionario sul web.	49
	3.2 Valutazione critica	3.2.1	Comprendere l'importanza di valutare criticamente le informazioni online. Comprendere lo scopo di diversi tipi di siti.	49
		3.2.2	Individuare i fattori che determinano la credibilità di un sito web, quali autore, riferimenti, aggiornamento del contenuto.	49
		3.2.3	Riconoscere l'adeguatezza delle informazioni online per un determinato tipo di pubblico.	49
	3.3 Copyright, protezione dei dati	3.3.1	Definire i termini «copyright», «proprietà intellettuale». Comprendere la necessità di riconoscere le fonti e/o di richiedere l'autorizzazione all'uso quando necessario.	49
		3.3.2	Conoscere i principali diritti e obblighi di chi detiene i dati, secondo la legislazione sulla protezione dei dati personali in Italia.	49

4 Concetti di comunicazione	4.1 Comunità online	4.1.1	Comprendere il concetto di comunità online (virtuale) identificandone alcuni esempi.	50
		4.1.2	Illustrare le modalità con cui gli utenti possono pubblicare e condividere contenuti online.	50
		4.1.3	Conoscere le modalità con cui proteggersi durante le attività nelle comunità online.	51
	4.2 Strumenti di comunicazione	4.2.1	Comprendere il termine «IM» (Instant Messaging).	52
		4.2.2	Comprendere i termini «SMS» (Short Message Service), «MMS» (Multimedia Message Service).	52
		4.2.3	Comprendere il termine «VOIP» (Voice Over Internet Protocol).	52
		4.2.4	Sapere come utilizzare la comunicazione elettronica.	52
	4.3 Concetti della posta elettronica	4.3.1	Comprendere il termine «e-mail» e conoscere i suoi impieghi principali.	53
		4.3.2	Capire com'è strutturato un indirizzo di posta elettronica.	53
		4.3.3	Essere consapevoli dei possibili problemi nell'invio di file allegati: limiti alle dimensioni del file, limitazioni sui tipi di file.	53
		4.3.4	Illustrare la differenza tra i campi «A», «Copia conoscenza» (Cc), «Copia nascosta» (Ccn) e farne l'utilizzo adeguato.	56
		4.3.5	Essere consapevoli che è possibile ricevere messaggi fraudolenti e infettare il computer attraverso messaggi di posta elettronica.	53
		4.3.6	Comprendere il termine «phishing».	53
5 Uso della posta elettronica	5.1 Invio di un messaggio	5.1.1	Accedere a un account di posta elettronica.	54
		5.1.2	Comprendere lo scopo principale delle cartelle standard di posta elettronica.	55
		5.1.3	Creare un nuovo messaggio.	56
		5.1.4	Inserire uno o più indirizzi di posta elettronica, liste di distribuzione, nei campi «A», «Cc», «Ccn».	56
		5.1.5	Inserire un titolo adeguato nel campo «Oggetto» e inserire, copiare testo nel corpo del messaggio.	56
		5.1.6	Aggiungere, eliminare un file allegato al messaggio.	56
		5.1.7	Inviare un messaggio con o senza priorità.	56
	5.2 Ricevere un messaggio	5.2.1	Aprire, chiudere un messaggio.	56
		5.2.2	Usare le funzioni «Rispondi» e «Rispondi a tutti».	57
		5.2.3	Inoltrare un messaggio.	57
		5.2.4	Aprire, salvare un allegato su un disco.	56
		5.2.5	Visualizzare l'anteprima di stampa di un messaggio, stamparlo usando le opzioni di stampa disponibili.	57
	5.3 Strumenti e impostazioni	5.3.1	Usare le funzioni disponibili di Guida in linea del programma.	58
		5.3.2	Mostrare, nascondere le barre degli strumenti. Minimizzare, ripristinare la barra multifunzione.	58
		5.3.3	Creare e inserire una firma testuale in un messaggio.	58
		5.3.4	Predisporre una risposta automatica di assenza dall'ufficio.	58
		5.3.5	Riconoscere e marcare un messaggio come letto, non letto. Marcare, smarcare un messaggio di posta elettronica.	58
		5.3.6	Modificare un contatto, una lista di distribuzione.	58, 59
	5.4 Organizzazione dei messaggi	5.4.1	Aggiungere, eliminare colonne delle intestazioni della posta in arrivo, quali mittente, oggetto, data.	60
		5.4.2	Cercare un messaggio per mittente, oggetto, contenuto.	60
		5.4.3	Ordinare i messaggi per nome, data, dimensione.	60
		5.4.4	Creare, eliminare una etichetta/cartella di posta. Spostare messaggi in una etichetta/cartella.	60
		5.4.5	Eliminare un messaggio. Recuperare un messaggio eliminato.	61
		5.4.6	Svuotare il cestino/cartella posta eliminata.	61
		5.4.7	Spostare un messaggio, togliere un messaggio dalla posta indesiderata/spam.	61
	5.5 Uso dei calendari	5.5.1	Creare, eliminare, aggiornare una riunione in un calendario.	62
		5.5.2	Modificare invitati, risorse da una riunione in un calendario.	63
		5.5.3	Accettare, rifiutare un invito.	63

1 Internet e il web

I servizi offerti dalla rete mondiale e i browser per navigare tra i siti web

1.1.1 **La rete Internet e il World Wide Web.** Internet è la rete mondiale grazie a cui possiamo comunicare via computer con ogni parte del globo. Collega tra loro milioni di *reti locali* attraverso le linee di trasmissione ad alta velocità chiamate *dorsali* (in inglese *backbones*), che raggiungono tutto il mondo.

Per poter comunicare tra loro, le varie reti locali devono adottare uno stesso *protocollo*, cioè un insieme di regole in base a cui organizzare la trasmissione dei dati. Il protocollo utilizzato da Internet si chiama TCP/IP (*Trasmission Control Protocol/Internet Protocol*) ed è formato da due componenti:

- il protocollo IP suddivide ogni messaggio in uscita in *pacchetti* di piccole dimensioni (1,5 kB) e ricompone i messaggi in arrivo, unendo i relativi pacchetti;
- il protocollo TCP controlla la correttezza della trasmissione e fa sì che, se un pacchetto va perso o arriva danneggiato, esso sia inviato di nuovo.

La trasmissione dei pacchetti è gestita da computer chiamati *router*, che conoscono l'indirizzo e lo stato di funzionamento degli altri router della rete. Ogni pacchetto può essere così instradato lungo il percorso più favorevole in quel momento.

Il World Wide Web (o WWW, o semplicemente *web*) è un servizio di Internet formato da un grandissimo numero di pagine multimediali collegate tra loro in modo ipertestuale e basate su un particolare linguaggio di formattazione degli ipertesti (il linguaggio HTML, cioè *HyperText Markup Language*) e sul protocollo di trasmissione HTTP (*HyperText Transfer Protocol*).

Ogni sito web è identificato da uno specifico indirizzo o URL (*Uniform Resource Locator*). Dalla pagina principale (o *home page*) di un sito si accede alle altre pagine – o si può passare ad altri siti web – mediante collegamenti ipertestuali (detti anche *link* o *hyperlink*).

Di solito i link sono evidenziati come testi in colore blu sottolineato; quando vi si passa sopra con il mouse, il puntatore assume la forma di una manina, come nell'esempio qui a fianco.

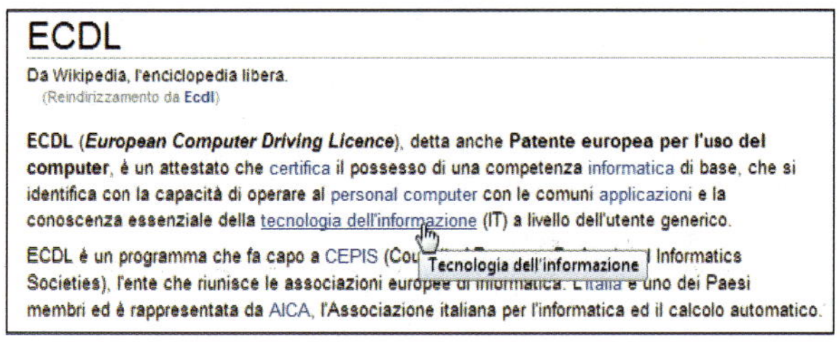

1.1.4 **Le principali attività su Internet.** La rete globale rende possibili attività di ogni genere; tra le più comuni e utili ci sono:

- la ricerca di informazioni tramite i *motori di ricerca*;
- la *pubblicazione* di testi e di materiali multimediali, per esempio filmati;
- la *formazione*, attraverso corsi di studio e di aggiornamento online;
- il commercio elettronico (*e-commerce*), che permette di acquistare merci e servizi in «negozi virtuali» aperti 24 ore al giorno;
- i rapporti tra il cittadino e la pubblica amministrazione, che con il cosiddetto *e-government* sono semplificati e resi più veloci dalle banche dati computerizzate;
- l'*e-banking*, cioè l'esecuzione via computer delle operazioni bancarie;
- l'*intrattenimento*, per esempio attraverso la visione di film o l'interazione con i videogiochi;
- e naturalmente la *comunicazione* in tutte le sue forme, dalla posta elettronica all'*instant messaging*, dai *social network* alle videoconferenze.

1.1.2 **L'indirizzo dei siti web.** L'indirizzo o URL di un sito web ha una struttura ben precisa. Per esempio nel sito dell'editore di questo libro, **http://www.zanichelli.it**:

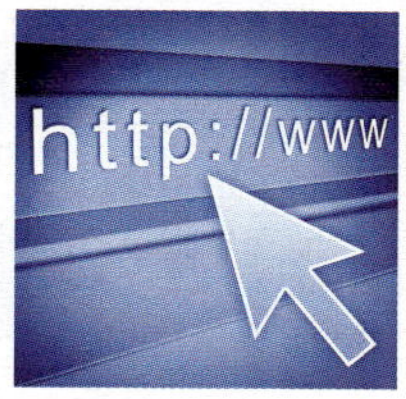

- i caratteri **http://** indicano il protocollo per il trasferimento di ipertesti in rete; quando si cerca un sito, il browser aggiunge automaticamente questi caratteri, e non è quindi indispensabile digitarli;
- i caratteri **www** dicono che si tratta di un sito che fa parte del *World Wide Web;*
- il nome che segue (nel nostro esempio **.zanichelli**) rappresenta il *dominio (di secondo livello)*, cioè l'organizzazione a cui il sito appartiene;
- infine gli ultimi caratteri (nel nostro esempio **.it**) rappresentano il *dominio di primo livello*: può essere un dominio geografico di due caratteri, cioè la nazione a cui il sito appartiene (**.it** nel caso dell'Italia) oppure un dominio aziendale di tre caratteri che identifica il tipo di organizzazione (**.com** o **.biz** per le aziende, **.org** per gli enti senza fini di lucro, **.edu** per le università e **.gov** per le istituzioni governative statunitensi).

1.1.3 **Il browser.** Per visualizzare le pagine web sul computer si usa una speciale applicazione capace di interpretare il linguaggio HTML, il *browser*.

In questo MODULO useremo come riferimento la versione 10 del browser Internet Explorer della Microsoft, che è installato per default su tutti i computer che usano il sistema operativo Windows.

Altri browser di uso comune sono Mozilla Firefox, Google Chrome, Konqueror (soltanto in ambiente GNU/Linux) e Safari (soltanto sui computer della Apple).

Nella figura 1, per esempio, il browser Internet Explorer è stato usato per visualizzare il sito web della *Internet Society*, l'organizzazione mondiale senza fini di lucro che coordina tutte le attività legate allo sviluppo di Internet.

Figura 1
Il sito della sezione italiana della *Internet Society*, l'ente che gestisce lo sviluppo della rete mondiale

ESERCIZI Quale tra questi è un dominio di primo livello nell'indirizzo di un sito web?

A http://
B www
C .org
D url.

► Altri esercizi a pagina 64

2 La sicurezza online e l'apertura del browser

Come iniziare a navigare tra le pagine web evitando le possibili insidie della rete

1.2.1 **Proteggersi quando si naviga nel web.** Usando Internet ci si espone anche a rischi, come vedremo in maggiore dettaglio nel MODULO *IT Security*. Alcune semplici regole di comportamento aiutano però a evitare la maggior parte di queste insidie:

- se non è strettamente indispensabile, è bene non comunicare mai i propri dati personali e finanziari via Internet (per esempio, sui social network); si eviterà così di esporsi al rischio di molestie o di «furti di identità» da parte di malintenzionati;
- se si effettuano acquisti online, è bene usare soltanto siti web ben conosciuti e di buona reputazione, che disporranno di modalità di pagamento sicure e saranno in grado di proteggere efficacemente i dati personali dei loro clienti;
- quando si usano siti web che richiedono una registrazione, e si sta usando un computer pubblico o condiviso, alla fine della navigazione bisogna sempre ricordarsi di scollegarsi da Internet, chiudendo il browser: altrimenti qualcun altro potrebbe proseguire la sessione usando le nostre informazioni personali.

1.2.2 1.2.3 1.2.4 **La crittografia e i siti web sicuri.** Quando comunichiamo in Rete, i dati potrebbero essere «intercettati» da persone esperte nell'uso dei sistemi informatici. Questo rischio esiste, per esempio, ogni volta che usiamo la posta elettronica. Se si vuole garantire la riservatezza dei messaggi, è possibile cifrarli con un codice segreto usando la tecnica della *crittografia*.

Se acquistiamo qualcosa via Internet, per esempio, dovremo comunicare al venditore i dati della nostra carta di credito: si tratta di informazioni molto delicate, che non vogliamo cadano in mano a persone male intenzionate.

Per questa ragione le aziende (serie) che praticano il commercio elettronico fanno sì che, al momento del pagamento, le comunicazioni tra il nostro computer e quello dell'azienda siano crittografate.

I siti che sono protetti dalla crittografia si riconoscono dal fatto che il loro indirizzo inizia con **https://**: (la «s» finale sta per «sicuro») e sulla barra degli indirizzi del browser compare il simbolo di un lucchetto.

In tal caso la trasmissione dei dati tra il computer client e il server avviene in forma criptata e attraverso un canale di connessione diverso (la porta 443 invece della 80): ciò rende molto difficile, per gli eventuali malintenzionati, decodificare le informazioni trasmesse.

Per garantire l'autenticità di un sito o per verificare l'identità di un utente esiste anche il *certificato digitale*: è uno speciale attestato emesso da un'autorità di certificazione riconosciuta che conferma, mediante una firma digitale, l'associazione tra una chiave pubblica e un soggetto (persona o azienda) che dichiara tale chiave come propria.

1.2.5 **Controllare l'uso del web da parte dei minori.** Al di là di tutte le precauzioni che abbiamo citato, buona parte della sicurezza dipende dal comportamento personale di chi naviga. I rischi potenziali aumentano se a navigare in Internet sono bambini o ragazzi; perciò non bisogna lasciare i minori soli per lungo tempo al computer senza controllo da parte degli adulti.

Oltre alla costante supervisione, è consigliabile utilizzare accorgimenti software per controllare la navigazione da parte dei minori e impedire l'accesso a siti web contenenti materiali non adatti a loro.

Per esempio, nel browser Internet Explorer tra le **Opzioni** (che si aprono dal menu **Strumenti**, che ha l'icona) scegliendo la scheda **Sicurezza** e poi **Livello personalizzato...**, tra tante possibili impostazioni c'è anche quella di vietare lo scaricamento di file da Internet, come illustrato dalla figura 2.

Inoltre il **Pannello di controllo** di Windows7, nella sezione **Account utente e protezione famiglia**, offre l'opzione **Imposta Controllo genitori** per impostare – usando la propria password – restrizioni di orario per l'uso del computer e impedire l'accesso a particolari programmi o giochi.

Applicazioni specifiche come *Windows Life Family Safety*, scaricabile gratuitamente da Internet, consentono di specificare a quali siti web possono accedere i bambini e con chi possono parlare online, fornendo anche rendiconti automatici delle attività online effettuate dai minori.

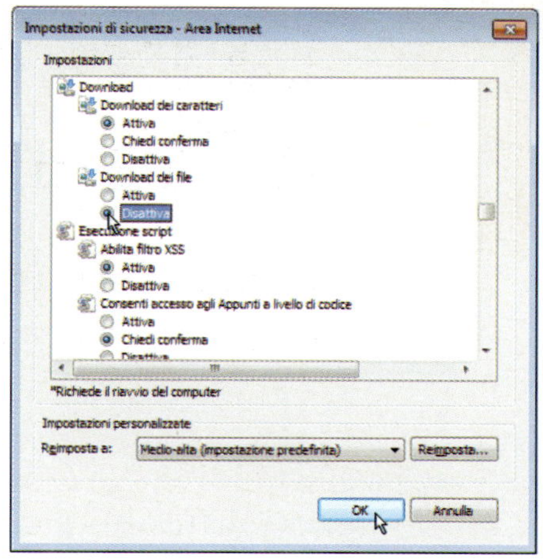

Figura 2

2.1.1 **Aprire e chiudere il browser.** Per aprire il browser Internet Explorer, puoi lanciarlo con un doppio clic sulla sua icona nel desktop (o un singolo clic, se l'icona è in basso a sinistra della barra delle applicazioni); in alternativa apri il **menu Avvio** con il pulsante , scegli **Tutti i programmi** e nell'elenco che appare fai clic su **Internet Explorer**.

Per chiudere il browser, come qualsiasi applicazione in Windows, fai clic sul pulsante in alto a destra della sua finestra oppure usa l'opzione **Esci** del menu **File**.

2.1.2
2.1.3 **Visualizzare una pagina web.** Per aprire una pagina web devi fare clic sulla casella in alto (la *barra dell'indirizzo*) e digitare l'URL della pagina; non occorre digitare all'inizio http://, il browser aggiungerà automaticamente questi caratteri. Per accedere alla *home page* del motore di ricerca Google, per esempio, basta digitare www.google.it.

Per *aggiornare* la pagina web che stai visitando, cioè per ri-caricarla in modo da vedere la sua versione più recente, fai clic sull'icona a destra della barra dell'indirizzo. In alternativa puoi fare clic con il tasto destro del mouse sulla pagina e nel menu contestuale scegliere **Aggiorna**, o usare l'opzione **Aggiorna** del menu **Visualizza**.

Se il caricamento della pagina impiega troppo tempo, puoi interromperlo con un clic sull'icona ×, sempre a destra della barra dell'indirizzo.

2.1.4
2.1.5
2.1.6 **Usare i link.** Per attivare un link, cioè un collegamento ipertestuale presente in una pagina web, porta il mouse su di esso e fai clic quando il puntatore assume la forma di una manina.

A quel punto la pagina di destinazione del link verrà caricata, e di solito sostituirà quella visualizzata in precedenza.

Se vuoi mantenere visibile anche la pagina web di partenza, devi fare clic sul link *con il tasto destro* del mouse: se poi nel menu contestuale scegli **Apri in una nuova scheda**, il browser creerà una nuova scheda nella stessa finestra, con una sua propria linguetta in alto; se invece scegli **Apri in un'altra finestra**, la pagina di destinazione si aprirà in una nuova finestra del browser, del tutto distinta dalla prima.

Per passare da una finestra del browser a un'altra puoi usare la barra delle applicazioni al piede dello schermo (e per chiudere una finestra, fai clic sul suo pulsante).

Invece per passare da una scheda a un'altra, nella stessa finestra, basta fare clic sulla linguetta della scheda desiderata; sulla linguetta c'è anche il pulsante di chiusura che permette di far scomparire la scheda.

Puoi creare manualmente una nuova scheda portando il mouse sulla piccola linguetta vuota a destra delle altre linguette, e facendo clic quando appare l'icona .

ESERCIZI La *crittografia* serve per:

A impedire la lettura dei dati trasmessi.
B impedire l'intercettazione dei dati trasmessi.
C impedire l'accesso a certi siti web.
D fornire certificati digitali agli utenti.

▶ Altri esercizi a pagina 64

3 Navigare con il browser

Come muoversi avanti e indietro tra le pagine web e come gestire i pop-up, i cookie e la cronologia

2.1.7 2.1.8 **Ritrovare le pagine web già visitate.** Tutti i browser hanno nell'interfaccia – con variazioni grafiche e di posizionamento – alcuni utili *pulsanti di navigazione*:

- con il pulsante (o facendo clic con il tasto destro del mouse sulla pagina e selezionando la voce **Indietro**) puoi ripercorrere a ritroso, passo per passo, la sequenza delle pagine web visitate;
- con il pulsante (o facendo clic con il tasto destro e selezionando la voce **Avanti**) puoi invece rivedere la sequenza delle pagine nell'ordine in cui le hai visitate;
- il pulsante **Preferiti** fa apparire un riquadro con l'elenco dei siti che hai indicato come preferiti (ne parleremo nella prossima scheda). Nel riquadro la linguetta **Cronologia** permette di visualizzare le pagine visitate di recente: puoi consultarle in base alla data, cioè al giorno o al periodo in cui le hai visitate, oppure riordinarle usando il menu che si apre al clic sulla freccia nera a destra di **Visualizza per data**, come nella figura qui a fianco. Quando visualizzi l'elenco delle pagine già visitate, per ritornare a una di esse basta fare clic sulla corrispondente voce dell'elenco.

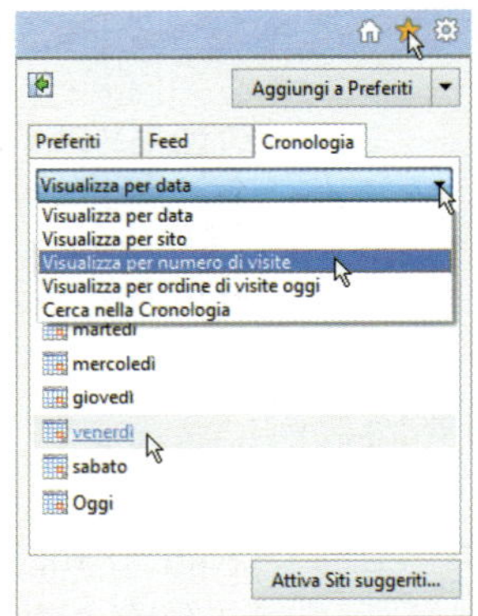

Puoi vedere un elenco di pagine recenti anche facendo clic sulla freccetta verso il basso che si trova alla fine della barra dell'indirizzo.

2.1.7 2.2.1 **La pagina iniziale della navigazione.** Il pulsante riporta alla pagina predefinita come inizio della navigazione. Per impostare la pagina predefinita devi aprire il menu **Strumenti** e scegliere la voce **Opzioni Internet** (figura 3).

Nella prima scheda, **Generale**, puoi digitare nella casella in alto, su più righe, gli indirizzi di più siti: questi appariranno in schede della pagina iniziale quando lanci il browser.

Se fai clic sul pulsante **Pagina corrente**, imposterai in modo automatico l'indirizzo della pagina visualizzata in quel momento dal browser.

Per eliminare uno degli indirizzi inseriti, fai doppio clic su di esso e premi il tasto Canc.

Un clic sul pulsante **Applica** rende immediatamente operative le impostazioni scelte. Fai clic su **OK** per chiudere la finestra.

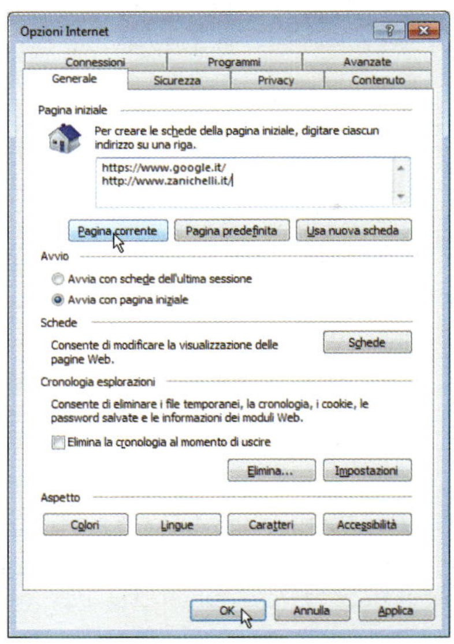

Figura 3 La finestra *Opzioni Internet* che si apre dal menu *Strumenti*

2.1.9 **Compilare moduli online.** Un *modulo* (o *form*) in una pagina web è un insieme di caselle in cui inserire dati, con pulsanti per spedire quei dati al server.

Si incontrano moduli per esempio quando ci si iscrive a un servizio o si fanno transazioni. Per compilarli si fa clic in ciascun campo e si digitano i dati richiesti.

Oltre ai campi di testo, i moduli possono includere menu in cui selezionare una delle voci, caselle di controllo (indicate da quadratini) in cui si possono spuntare più voci, e pulsanti di opzione (indicati con un pallino) nei quali selezionare uno solo tra i punti presenti.

Al termine dell'inserimento dei dati, si fa clic su **Invia** (o **Submit**) per inviare i dati contenuti nel form, oppure su **Cancella** (o **Reset**) per cancellarli.

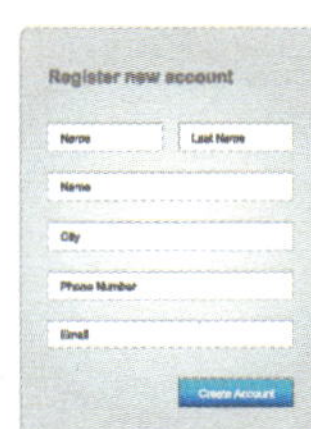

2.1.10 **Il traduttore automatico.** Google offre un servizio di traduzione, a cui si accede facendo clic sull'icona ⁝⁝⁝ , poi scegliendo in basso **Altro** e quindi facendo clic sull'icona del **Traduttore**.

Se nella casella di sinistra si digita o si incolla un testo in italiano, scegliendo **Italiano** nel menu a discesa sovrastante, un clic su **Traduci** farà apparire nella casella di destra la traduzione del testo in inglese (o in un'altra lingua scelta dal menu a discesa sulla destra). Per tradurre un testo straniero, invece, lo si incolla a sinistra e si sceglie **Italiano** a destra. La traduzione non sarà sempre accurata, poiché è generata da un software automatico, ma darà un'idea del significato generale del testo.

2.2.2 **I pop-up.** Certe pagine web aprono finestre del browser dette *pop-up,* che in genere contengono messaggi pubblicitari. Per impedire che ciò avvenga, scegli **Opzioni Internet** nel menu **Strumenti**, poi apri la scheda **Privacy** della figura 3 e spunta la casella **Attiva blocco popup** (o togli la spunta per rimuovere il blocco).

Con il pulsante **Impostazioni** si apre una finestra in cui puoi autorizzare l'apertura dei pop-up da parte di siti specifici: per autorizzare un sito, digita il suo URL nella casella in alto e fai clic su **Aggiungi**.

2.2.3 **I cookie.** I *cookie* («biscottino» in inglese) sono piccoli file di testo che certi siti memorizzano sul computer dell'utente, che poi li invierà al server a ogni successiva visita a quel sito. Si tratta di un meccanismo ideato per raccogliere dati sulla navigazione degli utenti, e puoi disabilitarlo bloccando i cookie nella scheda **Privacy**: fai clic su **Avanzate** e poi, nella finestra che si apre, spunta **Sostituisci gestione automatica dei cookie** e le altre voci che ti interessano.

Per autorizzare uno specifico sito a inviarti cookie, fai clic sul pulsante **Siti** della scheda **Privacy**, digita l'URL del sito nella casella in alto e poi fai clic su **Consenti**.

2.2.4 2.2.5 **La Guida in linea e le barre degli strumenti.** La *Guida in linea* di Internet Explorer è un documento che ha la consueta struttura ipertestuale descritta nel MODULO *Computer Essentials*; si apre facendo clic sull'icona o premendo il tasto F1.

Dal menu **Visualizza** con l'opzione **Barre degli strumenti** puoi visualizzare o nascondere, spuntando o meno le loro caselle, la barra dei menu, varie barre degli strumenti e la **Barra di stato**. In alternativa puoi usare le opzioni del menu **Strumenti**, o quelle del menu che si apre al clic con il tasto destro sulle barre visibili.

2.2.6 **Eliminare la cronologia e i file temporanei.** Il browser memorizza per default una serie di informazioni sulla navigazione e, in modo temporaneo, numerosi file relativi alle pagine web visitate, in un'apposita area di memoria detta *cache.* Puoi definire le dimensioni del suo spazio di memoria facendo clic sul pulsante **Impostazioni** della sezione *Cronologia esplorazioni* della figura 3.

Sempre in questa finestra puoi fare clic su **Elimina...** per cancellare la cronologia, i file Internet temporanei e i dati salvati per la compilazione automatica dei moduli: nella finestra di dialogo che appare, spunta la casella di controllo a fianco di ciascuna categoria di dati che vuoi eliminare, poi conferma con un clic su **Elimina**.

Nella figura 3 puoi anche spuntare **Elimina la cronologia al momento di uscire**, se vuoi che i dati sulla navigazione siano cancellati ogni volta che chiudi il browser.

Per cancellare soltanto parte della cronologia, si fa clic sull'icona della barra degli strumenti e si sceglie **Cronologia**: quando appare l'elenco dei siti visitati, per cancellarne uno si fa clic su di esso con il tasto destro del mouse e poi si sceglie **Elimina**.

ESERCIZI La *cronologia* di Internet Explorer serve per:

A memorizzare i siti web preferiti.
B ritornare a un sito web già visitato
C organizzare i siti web per data.
D ripercorrere una navigazione a ritroso.

▶ Altri esercizi a pagina 64

4 Usare i segnalibro, scaricare dati e stampare

Archiviare i siti web di maggiore interesse, scaricare testi, immagini e file e stampare dal browser

2.3.1 2.3.2 2.3.3 **Usare i *segnalibro* (o *siti preferiti*).** Quando incontri una pagina web particolarmente interessante, che pensi di voler visitare di nuovo in futuro, puoi memorizzare il suo indirizzo archiviandola tra i *siti preferiti* o *segnalibro* (*bookmark* in inglese).

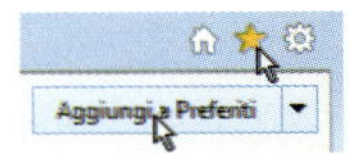

Per archiviare l'indirizzo del sito visualizzato dal browser, fai clic sull'icona **Preferiti** e poi su **Aggiungi a Preferiti**, come nella figura qui a fianco.

Il programma aprirà allora la finestra in cui puoi assegnare un nome al segnalibro e scegliere in **Crea in** la cartella in cui conservare il nuovo segnalibro; in alternativa puoi fare clic sul pulsante **Nuova cartella** per collocare il nuovo segnalibro in una nuova cartella, a cui ti verrà poi chiesto di dare un nome; alla fine fai clic su **Aggiungi**.

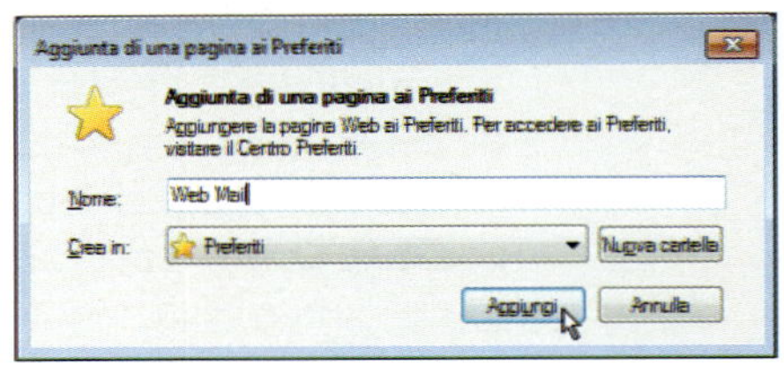

La freccetta nera a fianco del pulsante **Aggiungi a preferiti** apre un menu: scegliendo **Organizza preferiti** si apre la finestra della figura 4, dove puoi creare nuove cartelle, rinominare le cartelle e i segnalibro già esistenti o spostarli, anche trascinandoli semplicemente con il mouse.

Puoi anche selezionare i segnalibro (o le cartelle) che non servono più e cancellarli con il pulsante **Elimina**.

Per collegarti a un sito che hai memorizzato tra i preferiti sul tuo computer, fai clic sull'icona : apri il menu **Preferiti** (se non è già aperto per default) e trova il segnalibro del sito che interessa, direttamente nell'elenco oppure facendo clic sul nome della cartella in cui è inserito.

Al clic sul segnalibro, il sito preferito verrà ricaricato nella scheda del browser attualmente attiva.

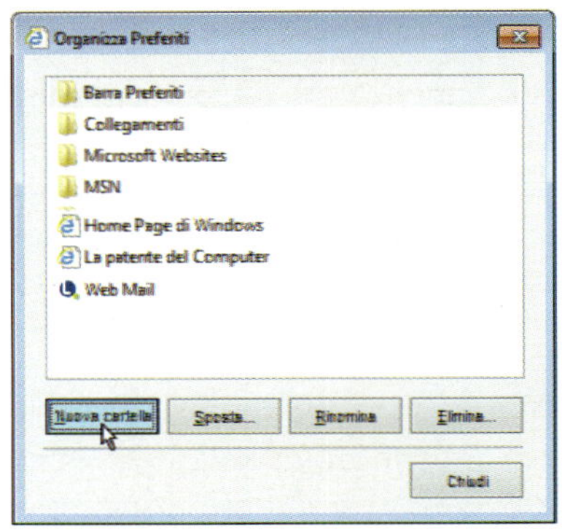

Figura 4 La finestra di dialogo *Organizza Preferiti*

2.4.1 **Scaricare file.** Quando un link in una pagina web rimanda a un file conservato sul server, al clic sul link apparirà la finestra di dialogo della figura 5.

Se scegli **Apri**, il browser lancerà un'applicazione in grado di visualizzare il contenuto del file, senza salvarlo.

Se scegli **Salva**, scaricherà il file nella cartella **Preferiti/Download** del disco rigido.

Se invece scegli **Salva con nome**, apparirà la finestra standard di salvataggio, in cui puoi scegliere la cartella in cui memorizzare il file.

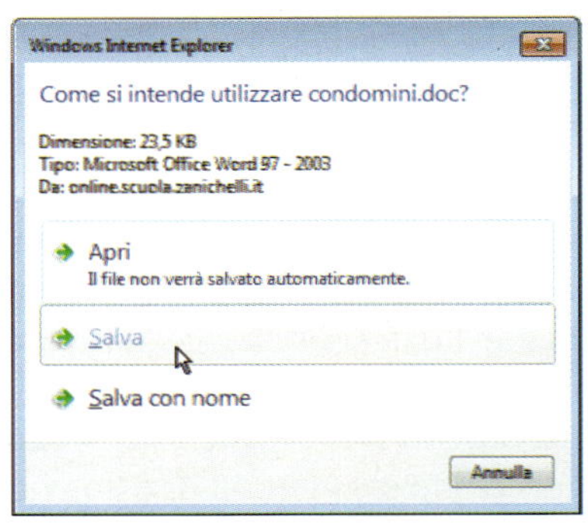

Figura 5 La finestra di download di un file

2.4.2 **Copiare testi, immagini e indirizzi.** Se apri con il browser una pagina web, puoi copiare negli *appunti* i testi o le immagini che essa contiene, per poi incollarli in altre applicazioni.

Per copiare un brano di testo, selezionalo con il mouse, poi fai clic con il tasto *destro* (o apri il menu **Modifica** del browser) e scegli la voce **Copia**. Con la stessa tecnica puoi copiare negli appunti un'immagine.

Per copiare l'indirizzo a cui punta un link, fai clic su di esso con il tasto destro e seleziona **Copia collegamento**: creerai così negli appunti una copia dell'URL del sito di destinazione, e potrai poi incollarla in altre applicazioni, per esempio in un messaggio di posta elettronica.

Se invece vuoi salvare su disco un'immagine che appare in una pagina web, fai clic su di essa con il tasto destro e scegli **Salva immagine con nome**. Apparirà la finestra standard che consente di scegliere la cartella in cui memorizzare l'immagine.

2.4.3 **Stampare una pagina web.** Per stampare con le impostazioni predefinite una pagina HTML visualizzata dal browser, si fa clic sulla voce **Stampa** del menu **Strumenti**.

L'opzione **Stampa...** (attivabile anche con un clic del tasto destro del mouse su una parte vuota della pagina) fa apparire la finestra della figura 6: qui puoi scegliere se stampare l'intero documento o soltanto alcune pagine, puoi richiedere la stampa di più copie e stabilire come fascicolarle. Un clic su **Stampa** invia il documento alla stampante.

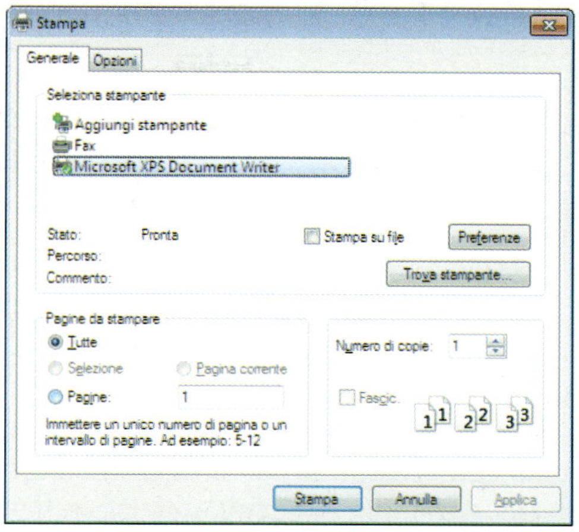

Figura 6

L'opzione **Anteprima di stampa...** mostra l'anteprima come nella figura 7: qui puoi scegliere l'orientamento del foglio, modificare i margini trascinando le doppie frecce bianche e decidere se stampare soltanto la parte di pagina selezionata.

L'opzione **Imposta pagina** (o l'icona nell'anteprima) apre la finestra visibile nella figura 7, dove puoi modificare impostazioni come le dimensioni della pagina, l'orientamento, i margini, l'intestazione e il piè di pagina.

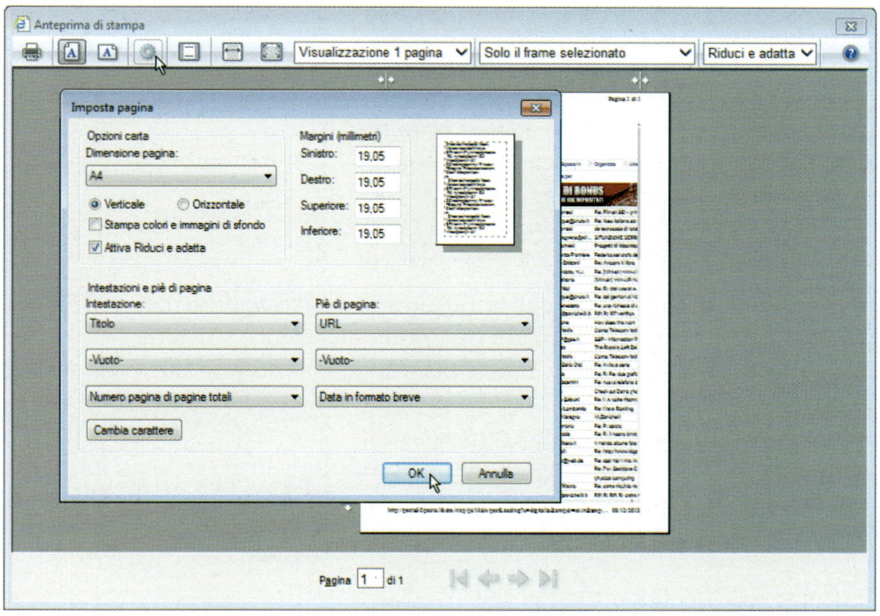

Figura 7
L'anteprima di stampa

ESERCIZI Che cosa si può fare nella finestra che si apre al clic su **Aggiungi a Preferiti**?

A Scegliere un nome per il sito da salvare tra i preferiti.
B Scegliere la cartella in cui salvare il sito.
C Creare una nuova cartella in cui salvare il sito.
D Tutte le risposte precedenti sono corrette.

▶ Altri esercizi a pagina 64

5 Usare i motori di ricerca

Come cercare nel grande oceano del web e come valutare la qualità delle informazioni trovate

3.1.1 3.1.2 **Fare ricerche con parole-chiave e frasi.** Un *motore di ricerca* è un sistema automatico che indicizza miliardi di pagine web e ci aiuta a trovare i siti che contengono le informazioni che cerchiamo.

Esistono molti motori di ricerca – per esempio Yahoo!, Bing e l'italiano Virgilio – ma qui ci riferiremo al più diffuso, il motore di ricerca Google.

Nella sua home page (www.google.it, figura 8) si digita una parola-chiave nella casella di testo e poi si fa clic sul pulsante **Cerca con Google** (o su , oppure si preme il tasto): dopo pochi secondi appare un elenco delle pagine web trovate, ordinate in base alla qualità della corrispondenza con la nostra richiesta.

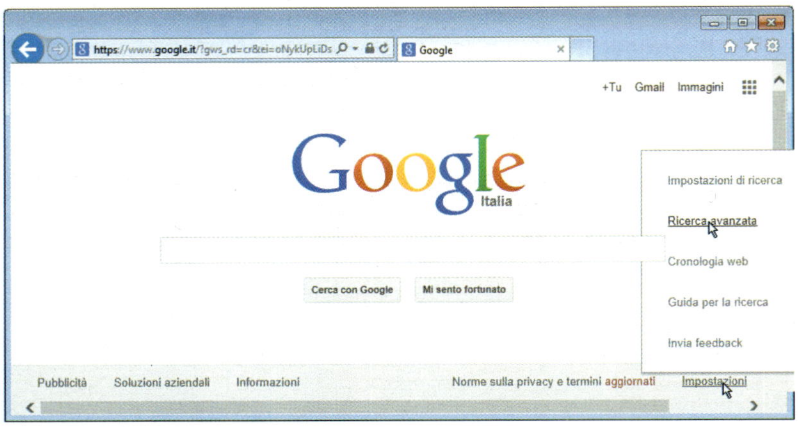

Figura 8 La home page del motore di ricerca Google

Se per esempio la parola-chiave che abbiamo specificato appare nel nome o nel titolo di un sito, in genere questo apparirà tra i primi dell'elenco trovato.

L'elenco, suddiviso in gruppi di siti, si può sfogliare con pulsanti posti al fondo della pagina.

La ricerca si può affinare digitando nella casella altre parole-chiave, oppure una frase tra virgolette alte. Se per esempio digiti «motori di ricerca», troverai anche pagine in cui si parla di ricerca e sviluppo di motori per auto. Se invece digiti «"motori di ricerca"», troverai soltanto pagine che contengono esattamente l'intera frase.

3.1.3 **Fare ricerche avanzate.** Per *mirare* di più le ricerche si può usare l'opzione **Ricerca avanzata**, che si apre dal menu **Impostazioni** di Google, come nella figura 8.

Si aprirà la pagina della figura 9: qui si possono digitare più parole-chiave, con filtri corrispondenti agli operatori logici And (tutte le parole), Or (una qualsiasi tra le parole) e Not (nessuna delle parole), oppure si possono cercare pagine web che contengano una frase esatta (come nella ricerca libera con le virgolette alte).

Con i menu sotto le caselle di testo, si può anche scegliere di limitare la ricerca a pagine in una determinata lingua, a siti di un certo Paese, o aggiornati di recente.

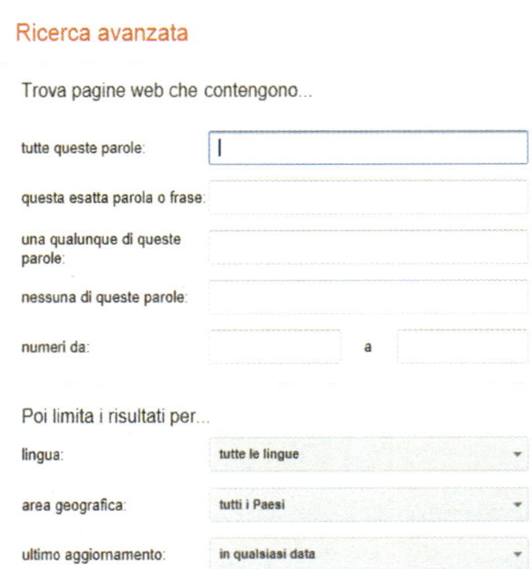

Figura 9 Le ricerche avanzate di Google

3.1.4 **Cercare in enciclopedie e dizionari online.** Le opere di consultazione online hanno una propria casella di ricerca in cui specificare le voci cercate.

Per esempio, per trovare un argomento nell'enciclopedia *Wikipedia* (it.wikipedia.org) lo si digita nella casella in alto a destra della home page (figura 10).

Figura 10

Lo stesso vale per le parole nel dizionario di it.wikipedia.org/wiki/Dizionario.

3.2.1 **Usare il web con spirito critico.** Chiunque può pubblicare informazioni su Internet. Nell'editoria tradizionale il contenuto di giornali, riviste e libri passa attraverso il filtro di redattori professionisti; in generale invece sul web questo non accade: perciò ogni dato che si trova online non va preso per buono, ma va valutato criticamente.

Esistono tanti tipi diversi di siti: di *informazione*, basati su notizie di interesse generale (come l'attualità o il meteo) o specifico (come i *blog*, che riportano opinioni di singoli autori); di *intrattenimento*, che offrono occasioni di svago e gioco; e di *vendita*, dove si ha la possibilità di fare acquisti online.

Nei siti web consultabili gratuitamente *il prodotto in vendita siamo noi stessi*: la nostra attenzione, se il sito ci mostra messaggi pubblicitari, o il nostro «profilo», se il sito ci chiede informazioni personali o registra con i *cookie* le nostre abitudini di navigazione. In ultima analisi, qualcuno cercherà sempre di venderci qualcosa.

3.2.2 **Quali siti web sono credibili?** Per i siti di informazione, dev'essere chiaro quando il contenuto è stato creato e devono esserci frequenti aggiornamenti; le fonti citate devono essere linkate in modo esplicito, per consentire al lettore di controllarle; e devono esserci informazioni sugli autori o redattori, con una sezione come «Chi siamo».

Le informazioni inoltre devono essere adeguate al tipo di pubblico a cui il sito si rivolge: un sito per bambini, per esempio, deve contenere molte immagini e pochi testi.

Nei siti di vendita è importante controllare che le transazioni siano sicure: l'indirizzo deve iniziare con https:// e mostrare il simbolo del lucchetto chiuso.

3.3.1 **Il copyright esiste anche su Internet!** Il diritto d'autore, o *copyright*, è l'apparato di leggi che garantisce diritti esclusivi all'autore di un'opera o a chi ne ha la proprietà: non si può copiare, distribuire o vendere un'opera, a meno di essere autorizzati da chi possiede i diritti d'autore.

Questo vale anche per i contenuti dei siti Internet: li si può scaricare e usare esclusivamente per attività personali, come una ricerca scolastica. Chi li distribuisce o ne fa un uso di tipo commerciale, senza l'autorizzazione esplicita dei proprietari, viola la legge e commette un *reato penale, punibile anche con il carcere*.

3.3.2 **La difesa della *privacy*.** A protezione dei nostri dati personali esistono normative come il Decreto Legge del 30/06/2003: gli enti pubblici e le aziende private devono chiedere la nostra espressa autorizzazione all'uso dei nostri dati personali; inoltre abbiamo il diritto di conoscere il responsabile del trattamento dei dati, e di ottenere in qualsiasi momento la cancellazione dei nostri dati.

Chi detiene i nostri dati personali deve adottare sistemi idonei alla loro salvaguardia e usarli soltanto per le finalità necessarie all'espletamento del servizio richiesto e, in ogni caso, per fini espressamente autorizzati da noi. Quando un sito web chiede altri consensi all'uso dei nostri dati, è sempre bene *negarlo*: si rischia altrimenti di essere inondati da messaggi pubblicitari e promozioni commerciali.

ESERCIZI Se ti imbatti in una notizia strabiliante su Internet, ti conviene:

A segnalarla immediatamente a tutti gli amici.
B mettere subito quel sito tra i preferiti.
C controllare una fonte indipendente prima di prenderla per buona.
D trascurarla, perché è sicuramente falsa.

▶ Altri esercizi a pagina 64

6 Le comunità online

Come pubblicare e condividere materiali su Internet proteggendo al tempo stesso la propria privacy

4.1.1 **Le comunità virtuali.** Le possibilità di comunicazione offerte da Internet hanno favorito il formarsi di *comunità virtuali*, cioè gruppi di persone che hanno interessi in comune e che utilizzando la Rete possono mettersi in contatto superando ostacoli come la distanza geografica. Gli strumenti più comuni usati in queste comunità sono le *reti sociali* (*social network*), i *forum*, le *chat*, le *mailing list* e i videogiochi online.

Iscrivendosi a una rete sociale come Facebook, Google+, MySpace o twitter si può stare in contatto continuo con gli amici e anche interagire con persone prima sconosciute, con le quali si condividono online opinioni, esperienze, hobby e amicizie.

I *forum* sono luoghi della Rete dove gli iscritti possono discutere di temi di loro interesse; un utente può aprire una discussione su un argomento specifico, oppure leggere una discussione aperta da un altro utente e lasciarvi un messaggio; la comunicazione non è istantanea, ma ogni iscritto in qualsiasi momento può leggere gli interventi altrui e rispondere.

Le *chat* prevedono invece una comunicazione in tempo reale: chi vi partecipa può comunicare con gli altri utenti connessi in quel momento, di solito suddivisi in «stanze». A differenza dei forum, non sempre le chat richiedono all'utente un'iscrizione.

La *mailing list* o *lista di distribuzione* è un sistema di comunicazione uno-a-molti basato sull'e-mail e di tipo asincrono, cioè non in tempo reale.

Il gestore della discussione, quando riceve un messaggio da un utente, lo inoltra a una lista di destinatari interessati a quello specifico argomento.

Anche attorno ai *giochi in rete* – di tipo tradizionale, come gli scacchi, o videogiochi concepiti espressamente per Internet – si sono create negli ultimi anni grandi comunità virtuali grazie alla possibilità di giocare online, sfidando «in diretta» altri appassionati di qualsiasi parte del mondo.

4.1.2 **Pubblicare e condividere materiali su Internet.** Oggi è possibile caricare in Rete con grande facilità i propri materiali multimediali tramite le reti sociali, che forniscono «bacheche virtuali» in cui pubblicare testi, foto e filmati, oppure usando strumenti come i *blog*, il *podcast* e i sistemi di *video sharing* (condivisione di filmati):

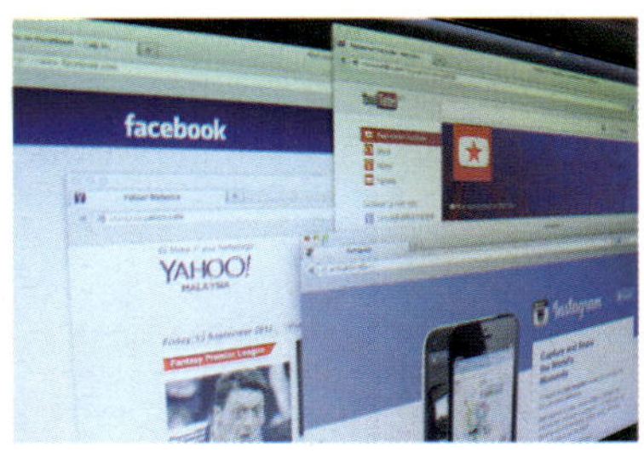

- i *blog* (da *weblog*, diario sul web) sono siti web che si possono creare e gestire facilmente anche senza conoscere i linguaggi usati per costruirli; il blog tipico contiene tanti *post* – ognuno formato da un testo con immagini, link e file multimediali – pubblicati periodicamente dal proprietario; alla fine di ogni post ospita uno spazio che raccoglie i commenti di chi l'ha letto e vuole fare osservazioni;
- nei *microblog* come twitter o Tumblr ciascun utente scrive invece brevi messaggi di testo (tipicamente meno di 140 caratteri) con i propri commenti su questioni di attualità, con link che collegarno a precedenti discussioni su quel tema;

- il *podcast* permette di caricare in Rete file audio e video; altri utenti potranno scaricarli sui propri dispositivi, fruendone poi quando lo desiderano; è il sistema usato per la versione online delle trasmissioni radiofoniche e televisive;
- i sistemi di *video sharing*, come YouTube o Vimeo, permettono di caricare filmati che possono essere visti da chiunque si colleghi al sito che li ospita; i filmati sono visibili in *streaming video*: non li si salva sul proprio computer, che li riproduce invece in tempo reale mentre si è connessi alla Rete.

I feed RSS. Un *feed* è un'unità di informazione (per esempio, una notizia) formattata secondo regole precise per renderla compatibile con sistemi diversi, come computer e telefoni cellulari. L'acronimo *RSS* (*Really Simple Syndication*) indica un formato appositamente studiato per la distribuzione di questo tipo di contenuti, che sono inviati in modo automatico.

Chi si abbona a un feed RSS usa un programma detto *aggregatore* o *feed reader*, che scarica le informazioni dai siti indicati dall'utente, le interpreta e le visualizza.

I feed RSS sono segnalati dall'icona e possono mettere a disposizione informazioni di varia natura (notizie, meteo, sport, spettacolo). Il vantaggio di iscriversi a un feed è quello di ricevere in automatico le informazioni desiderate senza dover visitare, uno per uno, i siti che le contengono. Inoltre, rispetto alle tradizionali *mailing list* che usano la posta elettronica, i feed non richiedono l'indirizzo di chi si iscrive; e per cancellare un feed che non si vuole più ricevere, basta rimuoverlo dall'aggregatore.

4.1.3 **Comunicazione e tutela della privacy.** Le grandi opportunità messe a disposizione da Internet ci permettono di comunicare con tantissime persone. Al tempo stesso, però, ci espongono al rischio di entrare in contatto con persone sconosciute e potenzialmente malintenzionate.

È bene perciò non diffondere pubblicamente i nostri dati personali; quando è necessario inserire un proprio profilo personale, si deve fare in modo che il suo contenuto non sia consultabile da tutti, ma soltanto dalle persone da noi esplicitamente autorizzate.

Lo stesso vale per i materiali, come testi, foto e video di carattere personale, che «postiamo» sulla rete: tenendo conto del fatto che chiunque vi abbia accesso può diffonderli o farne usi indesiderati, è bene che siano accessibili soltanto da una cerchia di persone fidate.

Quando ci si iscrive a una rete sociale conviene sempre proteggere la privacy del proprio account, usando le impostazioni che sono disponibili in tutti i social network.

Se si viene contattati online da utenti sconosciuti che ci paiono inaffidabili, è bene bloccare il loro accesso alle nostre aree personali. E al minimo indizio di attività sospette – messaggi fraudolenti, aggressività o «cyberbullismo» – conviene denunciare quegli utenti segnalandoli ai gestori del servizio.

Infine va ricordato che la *geolocalizzazione* permette di ricostruire la nostra posizione geografica, sulla base di informazioni trasmesse dai dispositivi con cui ci colleghiamo a Internet. Se non vogliamo che qualcuno, magari sconosciuto, possa sapere in ogni momento dove ci troviamo, è bene disattivare quelle informazioni.

ESERCIZI Qual è lo strumento da usare se si desidera che gli amici possano vedere online i nostri filmati?

A Un blog.
B Un forum dedicato al cinema.
C Un sistema di video sharing.
D Un feed RSS.

▶ Altri esercizi a pagina 64

7 Comunicare via Internet con testi e voce

I sistemi per inviare messaggi, dagli SMS all'e-mail, e la comunicazione vocale mediante il protocollo VoIP

4.2.1
4.2.2
Gli SMS e la messaggeria istantanea. Gli *SMS* (*Short Message Service, servizio di messaggi brevi*) sono messaggi scambiati principalmente fra telefoni cellulari, con un limite di lunghezza di 160 caratteri. Alcuni siti permettono di inviare gli SMS anche via Internet attraverso il computer.

Esiste anche una versione multimediale degli SMS, detta MMS (*Multimedia Message Service*), che permette di inviare foto o video insieme al testo del messaggio.

Su Internet una modalità di comunicazione simile agli SMS è rappresentata dalla messaggeria istantanea (*Instant Messaging* o IM): uno scambio di messaggi di solo testo, o anche con file allegati, che è gratuito e permette di comunicare in tempo reale con persone di ogni parte del mondo.

I programmi che gestiscono l'IM consentono a ogni utente di scegliere i propri interlocutori, tramite una *lista dei contatti*, e di vedere in ogni momento quelli che sono in linea e disponibili a comunicare. L'IM è dunque meno invadente del normale telefono, che può squillare anche quando non desideriamo ricevere telefonate.

4.2.3 **Il protocollo VoIP.** Per le comunicazioni audio via Internet si usa il protocollo *VoIP* (*Voice over Internet Protocol*), che consente di trasmettere i suoni in formato digitale e permette di usare il computer per telefonare in qualsiasi parte del mondo.

La qualità audio è migliore rispetto alla telefonia tradizionale, e se si telefona da un computer all'altro non ci sono costi aggiuntivi a quelli della connessione a Internet.

Il VoIP è uno strumento prezioso per il telelavoro, in quanto consente di fare conferenze telefoniche e videotelefonate con più persone che si trovano tutte in luoghi diversi. Con i sistemi VoIP, come Skype della Microsoft o FaceTime della Apple, si possono perciò fare riunioni di lavoro a distanza, risparmiando viaggi e quindi tempo, costi e impatto sull'ambiente.

4.2.4 **La netiquette e qualche precauzione.** Internet si usa di solito per comunicazioni *rapide*: è quindi bene scrivere messaggi concisi, eseguire la correzione ortografica del testo prima di inviarlo, ed evitare di allegare file di dimensioni troppo grandi, che impongono ai destinatari un lungo scaricamento.

Queste regole di comportamento fanno parte della *netiquette* (da *net*, «rete», ed *etiquette*, «buona educazione»), un insieme di norme non scritte a cui bisogna attenersi quando si comunica in Rete, per evitare di infastidire gli interlocutori.

Un'altra violazione della netiquette è la scrittura di testi in carattere TUTTO MAIUSCOLO, che in rete equivalgono a gridare durante una conversazione.

Naturalmente bisogna sempre evitare di diffondere materiale inappropriato, come testi o immagini volgari o imbarazzanti, e anche di rivelare nostri dettagli personali, a meno che sia strettamente necessario per lo scopo della comunicazione.

4.3.1 **La posta elettronica.** La *posta elettronica* (in inglese *electronic mail*, abbreviato in *e-mail*) è lo scambio di corrispondenza fra utenti di computer, o altri dispositivi elettronici, connessi fra loro via Internet.

L'e-mail è oggi uno strumento globale basato su Internet, molto utile e diffusissimo: un messaggio di posta elettronica può raggiungere quasi istantaneamente qualsiasi punto della Terra. Perciò la posta elettronica per molte persone ha sostituito la posta tradizionale per tutta la corrispondenza privata, ed è diventata lo strumento principale per la comunicazione nel mondo del lavoro.

Per usare la posta elettronica basta disporre di un personal computer e di una connessione a Internet. Un messaggio di posta elettronica è un testo in formato digitale inviato da un utente a un altro; non ha limiti di lunghezza e può contenere come *allegati* (in inglese *attachment*) documenti di ogni tipo, inclusi immagini, suoni o filmati.

4.3.2 **Gli indirizzi e-mail.** L'*indirizzo* di una casella di posta elettronica ha una struttura generale ben definita, del tipo nomeutente@dominio2.dominio1:

- nomeutente è il nome convenzionale scelto dall'utente;
- il simbolo @ (*at*, «presso») all'interno della sequenza di caratteri la identifica, per qualsiasi dispositivo elettronico collegato a Internet, come indirizzo e-mail;
- dominio2 è il *dominio di secondo livello*, di solito il nome della società o dell'istituzione che fornisce il servizio di posta elettronica;
- infine dominio1 è il *dominio di primo livello*, che rappresenta il tipo di organizzazione (come .com o .biz per le attività commerciali, oppure .org per quelle senza scopo di lucro) o la nazione (come .it per l'Italia).

Un indirizzo e-mail non deve contenere spazi bianchi; non vi è invece alcuna distinzione fra i caratteri minuscoli e maiuscoli (Maria.Rossi@Email.It è del tutto equivalente a maria.rossi@email.it).

4.3.3 4.3.5 4.3.6 **Alcune avvertenze importanti.** Quando si allegano file ai messaggi e-mail, è bene sapere che il service provider può porre limiti alle dimensioni dei file allegati, impedendoci di spedirli se sono troppo grandi. Inoltre il provider può impedire per cautela anche l'invio come allegati di file eseguibili (.exe) o altri file di sistema di Windows: infatti questo è il modo principale in cui i virus informatici si propagano in Internet.

Per la stessa ragione, non bisogna mai aprire i file allegati a messaggi ricevuti da sconosciuti o comunque sospetti (e in particolare, mai aprire gli allegati che sono file eseguibili!). Talvolta il contagio da malware può avvenire anche attraverso messaggi inviati (inconsapevolmente) da persone conosciute, oppure attraverso allegati diversi da quelli eseguibili (per esempio, documenti di testo contenenti macro infette).

C'è anche chi abusa della posta elettronica, inviando messaggi non richiesti e a volte fraudolenti. Questa pratica vietata, che si chiama *spam*, inonda le caselle di posta di messaggi pubblicitari. Un tipo di *spam* particolarmente pericoloso è il *phishing*: si riceve un messaggio che sembra provenire da un mittente noto, per esempio la nostra banca, e con un pretesto ci si chiede di collegarsi al sito della banca. Il link però è falso, e rimanda soltanto a un'imitazione del sito della banca. Non bisogna assolutamente inserire la user ID e la password, altrimenti queste informazioni andranno a finire nelle mani dei malintenzionati!

ESERCIZI Se si riceve un messaggio e-mail da un mittente sconosciuto, che cosa non si deve assolutamente fare?

A Aprire il messaggio.
B Cestinare il messaggio.
C Aprire i file allegati.
D Tutte le risposte sono corrette.

▶ Altri esercizi a pagina 64

8 Iniziare a usare la posta elettronica

Creare un account per un servizio webmail e imparare a orientarsi nella sua interfaccia grafica

Come funziona l'e-mail. Per usare l'e-mail serve una *casella postale elettronica*, cioè un'area di memoria su un server di Internet che resta sempre acceso e memorizza i messaggi che riceviamo da altri utenti.

Esistono programmi di gestione dell'e-mail *offline*, che permettono di scrivere i messaggi senza essere collegati, per poi inviarli (e scaricare quelli in arrivo) quando ci si collega a Internet.

Ma si può usare la posta elettronica anche senza disporre di un software specifico, accedendo invece al server della posta tramite un qualsiasi browser (servizio *webmail*). Questo sistema è vantaggioso perché consente di gestire la posta semplicemente collegandosi a un sito web, anche da computer diversi da quello che si usa abitualmente.

Nelle pagine che seguono useremo come esempio *Gmail*, il servizio di webmail del motore di ricerca Google. Per accedervi basta fare clic sul link Gmail nella pagina www.google.it.

L'uso di Gmail è gratuito (l'azienda si ripaga ospitando messaggi pubblicitari) e lo spazio di memoria messo a disposizione per le caselle di posta è più che sufficiente per una normale gestione della propria e-mail. Tuttavia, trattandosi di un servizio offerto da un'azienda commerciale, non è garantito che rimanga sempre gratuito anche in futuro. Anche l'aspetto grafico dell'interfaccia del sito di webmail evolve nel tempo, e può cambiare senza preavviso.

Figura 11
Accedere a Gmail

5.1.1 **Creare un account di posta.** Per usare la posta di Gmail devi collegarti a Internet e creare un *account Google*, cioè un tuo accesso riservato che vale per tutti i servizi di Google. Dalla home page di Google fai clic sul link Gmail, come nella figura 11.

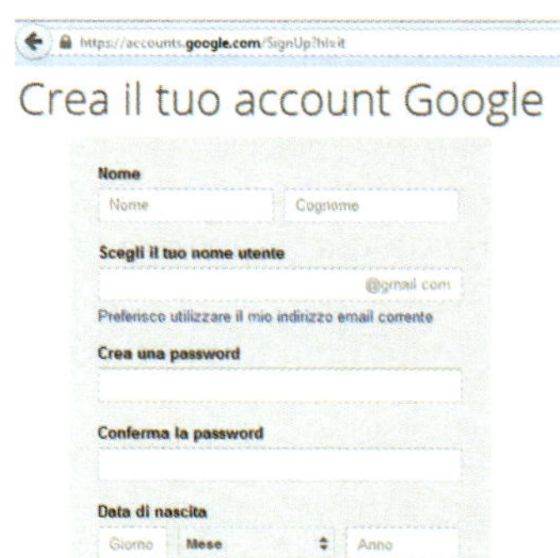

Apparirà la *pagina di registrazione,* dove una semplice procedura guidata ti aiuta a specificare i dati necessari. Dovrai inserire nome, cognome e l'indirizzo di posta elettronica che desideri (basta specificare la parte iniziale, il suffisso @gmail.com sarà aggiunto automaticamente).

Pensa bene all'indirizzo che scegli: una volta creato, non sarà più modificabile. Se l'indirizzo che scegli è già stato adottato da un altro utente, il programma ti chiederà di scegliere un indirizzo differente.

Scegli con cura la *password* che permetterà di autenticare il tuo accesso: deve essere facile da ricordare per te, ma difficile da indovinare per gli altri. Il programma ti dirà se la password che hai scelto è sicura.

Dopo aver confermato la password, ricopia nella casella **Verifica parole** il *codice di sicurezza*, come nell'esempio a lato. Questo codice serve ai gestori del sito per verificare che gli utenti siano umani, anziché programmi automatici.

Spunta infine la casella che ti impegna a rispettare il regolamento del servizio e le norme sulla privacy. Al termine fai clic sul pulsante **Accetto. Crea il mio account**.

Google potrà chiedere di inviare al tuo cellulare un SMS con un codice di verifica. Completata questa fase, il tuo account di posta è operativo.

5.1.2 **L'interfaccia di Gmail.** Ora dalla pagina di accesso a Gmail puoi entrare nel servizio digitando il tuo **Nome utente** e la tua **Password** nelle caselle riprodotte qui a lato. Un clic su **Accedi** aprirà la tua casella di posta, come nella figura 12.

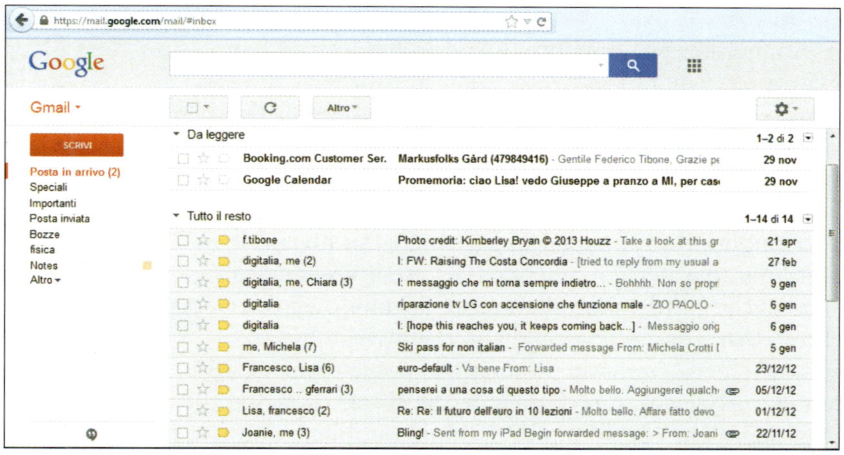

Figura 12 L'interfaccia di Gmail

A sinistra c'è l'elenco delle cartelle con i messaggi (chiamate *etichette* in Gmail), mentre a destra appare l'elenco dei messaggi della cartella aperta, uno per riga.

Per default all'accesso è aperta la cartella **Posta in arrivo**. Per ogni messaggio vedi il mittente, l'oggetto (il titolo), la parte iniziale del contenuto (in grigio) e la data o l'ora di arrivo. L'icona di una graffetta 📎 indica che il messaggio contiene file allegati.

Tutti i programmi di posta elettronica hanno alcune cartelle o etichette standard in cui sono conservati i messaggi:

- **Posta in arrivo** contiene tutti i messaggi arrivati e che non hai spostato altrove;
- **Posta in uscita** (se si lavora con un'applicazione e-mail offline) contiene i messaggi pronti all'invio, che saranno spediti non appena ti collegherai a Internet;
- **Bozze** contiene tutti i messaggi non ancora inviati, o interrotti per qualsiasi motivo: il programma li salva automaticamente in questa cartella;
- **Posta inviata** contiene una copia dei messaggi che hai spedito;
- **Spam** (o **Posta indesiderata**) contiene i messaggi che il tuo provider ha già filtrato, ritenendo che si tratti di messaggi pubblicitari che non vuoi vedere;
- **Posta eliminata** (o **Cestino**) contiene una copia dei messaggi che hai rimosso dalle altre cartelle, ma non ancora cancellato definitivamente.

In aggiunta a queste cartelle (o etichette) standard, ne potrai creare altre per catalogare a tuo piacimento i messaggi, come vedremo nelle prossime pagine.

ESERCIZI I sistemi webmail sono vantaggiosi, rispetto ai programmi offline di gestione dell'e-mail, perché:

A permettono di consultare la propria posta da qualsiasi computer.
B permettono di consultare la posta anche senza collegarsi a Internet.
C permettono di scrivere messaggi, oltre che di riceverli.
D permettono di allegare file ai messaggi.

▶ Altri esercizi a pagina 64

9 Inviare e ricevere messaggi

Scrivere a uno o più destinatari, anche allegando file, aprire i messaggi ricevuti, salvare gli allegati e stampare

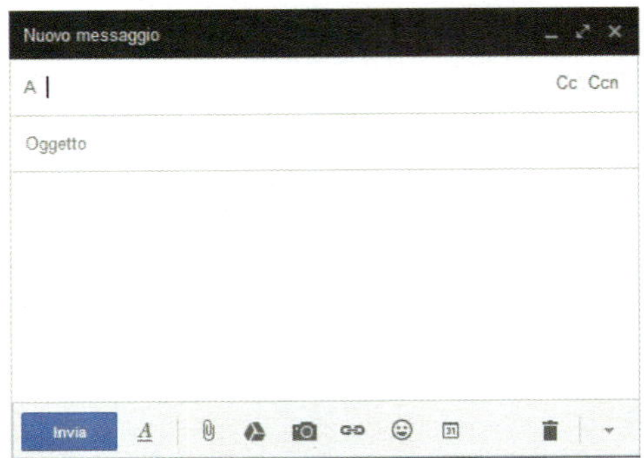

Figura 13 Scrivere un nuovo messaggio

4.3.4 5.1.3 5.1.4 **Scrivere un nuovo messaggio.** Un clic a sinistra sul pulsante **Scrivi messaggio** apre un riquadro con un nuovo messaggio vuoto (figura 13).

Il cursore si posiziona automaticamente nella casella **A:**, dove va scritto l'indirizzo e-mail del destinatario. Puoi anche scrivere più indirizzi, separandoli con una virgola.

Se fai clic sulla destra su **Cc:**, apparirà una casella in cui puoi inserire gli indirizzi e-mail di persone a cui inviare il messaggio in copia per conoscenza (per esempio amici o collaboratori che è utile siano al corrente del messaggio).

Al clic su **Ccn:** appare una casella in cui inserire indirizzi di persone che riceveranno il messaggio come *copia nascosta*, cioè senza che il loro indirizzo sia visibile agli altri destinatari. Se ci sono persone che è bene vedano il messaggio, ma senza che ciò diventi di dominio pubblico, questo è il modo per informarle con discrezione.

Gmail ricorda gli indirizzi e-mail a cui hai scritto in passato, perciò quando inizi a digitarne uno ti offrirà la possibilità di completarlo in modo automatico, con un semplice clic su un menu di completamento.

5.1.5 **Copiare e incollare testi.** Nella casella **Oggetto:** si deve scrivere un titolo che riassuma in modo efficace e conciso l'argomento del messaggio. Nell'area principale del riquadro si digita poi il messaggio vero e proprio.

Come negli elaboratori di testo, puoi usare la combinazione di tasti Ctrl + C per *copiare* un testo selezionato e Ctrl + V per *incollare* nel messaggio un testo, anche proveniente da altri programmi (e puoi incollare anche nei campi degli indirizzi e dell'Oggetto). Per cancellare parte del messaggio, seleziona il testo e premi il tasto Canc.

5.1.6 5.1.7 **Allegare file.** Per allegare un file al messaggio, fai clic su **Allega un file** o sull'icona della graffetta; apparirà la finestra standard che consente di scegliere il file tra le risorse del computer. Per eliminare un file che hai allegato per sbaglio, basta fare clic sul pulsante **X** al suo fianco.

Quando il messaggio è completato, fai clic sul pulsante **Invia** per spedirlo ai destinatari. Una copia dei messaggi spediti resterà memorizzata nella **Posta inviata**.

Se un messaggio è soltanto abbozzato, puoi chiudere il riquadro senza inviarlo, e sarà automaticamente salvato tra le **Bozze**; da qui potrai in seguito riaprirlo per modificarlo e spedirlo.

Due funzioni che non esistono in Gmail sono l'impostazione della cosiddetta *priorità* di un messaggio e la *ricevuta di ritorno*, o *conferma di lettura*. Per disporre di queste funzioni (peraltro non consigliabili, perché possono infastidire i destinatari) si deve usare un *client* di posta elettronica come Microsoft Outlook o Eudora.

5.2.1 5.2.4 **Rispondere ai messaggi.** Per aprire un messaggio arrivato, basta fare clic su un punto qualsiasi della sua riga nell'elenco di **Posta in arrivo**. Per chiuderlo dopo averlo letto, si fa clic su **Torna a Posta in arrivo** (icona ←). Se invece lo si vuole eliminare, si fa clic su **Elimina** (icona del cestino).

Se ci sono file allegati, appariranno al fondo del messaggio e con un clic su di essi potrai usare l'icona **Scarica**; come con ogni file scaricato da Internet, il browser ti darà allora la possibilità di visualizzare l'allegato, oppure di salvarlo su un'unità del tuo computer.

Per rispondere al messaggio si fa clic sul pulsante **Rispondi**, oppure sul link al fondo del messaggio. La figura 14 mostra anche le altre opzioni del menu che si apre al clic sulla freccetta del pulsante **Rispondi**.

Gmail preparerà automaticamente un messaggio di risposta indirizzato soltanto al mittente del messaggio.

Per default la risposta avrà lo stesso oggetto del messaggio ricevuto, preceduto da una scritta standard come «Re:» (cioè «in riferimento a:»). Se si vuole cambiare il testo dell'oggetto, bisogna fare clic sul pulsante **Tipo di risposta**, a inizio messaggio, e scegliere **Modifica oggetto**.

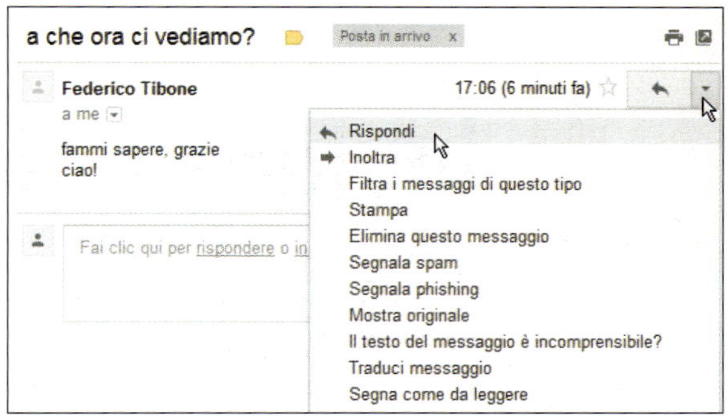

Figura 14
Un messaggio ricevuto e i comandi di Gmail

Il testo di risposta che scriveremo apparirà all'inizio di una copia del testo del messaggio ricevuto; se questa non è visibile, la si può visualizzare con un clic sull'icona formata da tre puntini. È possibile cancellare o spostare parte del testo del messaggio ricevuto (per esempio, per evidenziare la parte del messaggio a cui stiamo rispondendo).

Il messaggio di risposta non conterrà invece gli eventuali file allegati al messaggio ricevuto (sarebbe infatti inutile rispedirli a chi ce li ha mandati); è però possibile inserire file allegati, con un clic sull'icona della graffetta.

5.2.2 5.2.3 **Rispondere a tutti o inoltrare.** Se il messaggio in arrivo aveva più destinatari (magari in copia conoscenza, Cc) il menu del pulsante **Rispondi** e il link a fine riquadro conterranno ricevuto anche la voce **Rispondi a tutti**: questa è l'opzione da scegliere se si desidera che la risposta raggiunga tutti coloro che hanno visto il messaggio originario.

È poi sempre presente la voce **Inoltra**, che permette di «girare» a nuovi destinatari il messaggio ricevuto: questa è l'opzione da usare se si vogliono informare terze parti, di cui bisognerà inserire gli indirizzi e-mail nella casella **A:** (e, se opportuno, **Cc:**).

Quando si inoltra, gli eventuali file allegati al messaggio originario resteranno automaticamente allegati, e appariranno al fondo del messaggio inoltrato; se desideri eliminarli, basterà fare clic sul pulsante **X** al loro fianco.

5.2.5 **Stampare un messaggio.** Per stampare un messaggio di posta elettronica da Gmail bisogna innanzitutto aprirlo, poi fare clic sull'icona **Stampa tutto** della stampante, oppure aprire il menu del pulsante **Rispondi** e scegliere la voce **Stampa**.

Il messaggio verrà aperto in una nuova finestra del browser (o in una nuova scheda, a seconda delle impostazioni) senza gli elementi di contorno dell'interfaccia di Gmail: questa è a tutti gli effetti pratici l'anteprima di stampa del messaggio, su cui si vedrà sovrapposta la finestra di dialogo per l'impostazione della stampa.

Ora il messaggio è come una qualsiasi pagina web e la stampa è gestita dal browser, non da Gmail. Se il browser è Internet Explorer, perciò, la stampa si imposta come descritto nella scheda 4 di questo MODULO.

ESERCIZI Se si vuole che una persona veda un messaggio senza che gli altri destinatari lo sappiano, il suo indirizzo e-mail va inserito nella casella:

A A:
B Cc:
C Ccn:
D Re:

▶ Altri esercizi a pagina 64

10 Le impostazioni di Gmail

Usare la Guida on line, personalizzare l'interfaccia, impostare automatismi per le risposte ai messaggi

5.3.1 5.3.2 **La *Guida in linea* e le barre degli strumenti.** La Guida di Gmail si apre dal menu **Impostazioni** ⚙ in alto a destra: apparirà un riquadro con una casella per la ricerca libera e un elenco di argomenti a cui accedere direttamente con un clic; in molti casi sono messaggi tratti da un *Forum di assistenza* che ha risolto i problemi di altri utenti.

Gmail ha un'interfaccia non modificabile, mentre in altri programmi di gestione della posta elettronica le barre degli strumenti si possono mostrare o nascondere tramite un menu come **Visualizza**. Office Outlook ha una *barra multifunzione* con i comandi organizzati in gruppi raccolti in schede: la si può ridurre a icona (o ripristinare, se è ridotta) facendo doppio clic sul nome della scheda attiva.

5.3.3 5.3.4 **Usare le Impostazioni di Gmail.** La voce **Impostazioni** del menu ⚙ apre una pagina in cui si può personalizzare l'aspetto e il funzionamento del gestore della posta.

Per esempio nella prima scheda **Generali**, che si apre per default, puoi scegliere che nelle barre degli strumenti i pulsanti siano rappresentati da icone (default) oppure da scritte, puoi scegliere quanti messaggi visualizzare in ogni schermata degli elenchi (default = 50) e puoi impostare un carattere a piacere per i messaggi che scriverai.

Figura 15a Impostare una «firma»

Puoi anche impostare un testo che apparirà come tua «firma» in calce a tutti i messaggi e-mail inviati. Basta scrivere un testo nella casella **Firma** (per esempio nome e indirizzo, come nella figura 15a) e al termine fare clic sul pulsante **Salva modifiche**, in fondo alla pagina, per rendere effettive le impostazioni.

Il **Risponditore automatico** permette di impostare, per un periodo scelto su un calendario digitale, l'invio di una risposta automatica ai messaggi in arrivo; durante le vacanze o le assenze dall'ufficio, questo è un buon modo per far sapere ai corrispondenti che non si potrà rispondere ai loro messaggi.

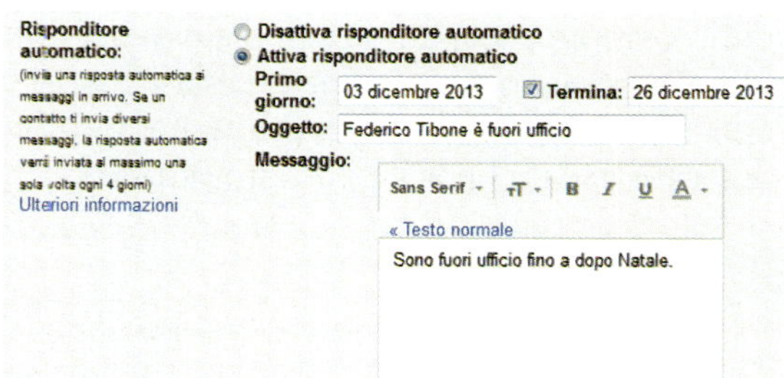

Figura 15b Impostare una risposta automatica

5.3.5 **Marcare i messaggi.** Come tutti i gestori della posta elettronica, Gmail evidenzia **in grassetto** i messaggi che non sono stati ancora aperti, così che saltino subito agli occhi, poi dopo la prima apertura rimuove automaticamente la formattazione.

Si può però chiedere che uno o più messaggi già aperti siano visualizzati come non letti, per esempio quando ciò serve come promemoria per rileggerli: basta spuntare la casella all'inizio della riga dei messaggi che interessano, poi aprire il menu **Altro** e scegliere **Segna come da leggere**.

Viceversa, se un messaggio appare in grassetto ma lo si vuole invece dare per già aperto, basta spuntarlo e scegliere **Segna come già letto** nel menu **Altro**.

Gmail consente anche di marcare i messaggi come importanti, facendo clic sulla bandierina «spenta» a sinistra del mittente; con un clic sulla bandierina colorata, il messaggio viene marcato come non importante. L'etichetta **Importanti** sulla sinistra permette di vedere l'elenco dei soli messaggi importanti.

5.3.6 **Aggiungere e cancellare indirizzi.** Alla rubrica di Gmail si accede con un clic sulla voce **Contatti**, che si apre facendo clic su **Gmail** in alto a sinistra nella finestra iniziale. Per vedere l'elenco dei contatti già esistenti, fai clic su **Contatti personali**.

Per aggiungere un nuovo indirizzo o *contatto* nella rubrica si fa clic sul pulsante **Nuovo contatto**. Apparirà la pagina della figura 16, in cui puoi inserire dati relativi al nuovo contatto.

Le informazioni essenziali da memorizzare sono il **Nome** (che apparirà nell'elenco della rubrica in ordine alfabetico) e il relativo indirizzo **Email**. Una volta inseriti questi dati, fai clic su **Salva ora** e il contatto sarà memorizzato nella rubrica.

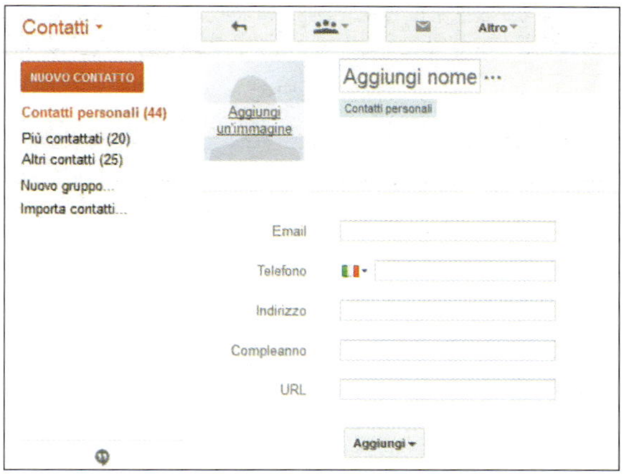

Figura 16 Creare un nuovo contatto

In qualsiasi momento potrai poi riaprire il contatto, facendo clic nell'elenco dei **Contatti personali**, e andare a modificare i dati per poi salvarli con **Salva ora**.

Per cancellare un nome dall'elenco dei contatti, basta selezionarlo spuntando la casella alla sua sinistra (oppure aprirlo) e poi selezionare la voce **Elimina contatto** dal menu del pulsante **Altro**.

Per ritornare dai contatti alla posta, fai clic su **Contatti** in alto a sinistra e scegli la voce **Gmail**.

Ogni volta che ricevi un messaggio, puoi aggiungere alla rubrica l'indirizzo del mittente facendo clic sul pulsantino a fianco del pulsante **Rispondi**: si aprirà un menu in cui dovrai fare clic su **Aggiungi all'Elenco contatti**.

5.3.6 **Creare liste di distribuzione.** Quando si ha l'esigenza di inviare spesso messaggi a un gruppo di amici o colleghi che formano un sottoinsieme dell'indirizzario della rubrica, è conveniente creare una *lista di distribuzione* (*mailing list* in inglese), che in Gmail è chiamata *gruppo*.

Per creare un nuovo gruppo, seleziona nella finestra dei contatti, con una spunta, quelli che vuoi includere.

Poi fai clic sul pulsante **Gruppi** (o in alternativa su **Nuovo gruppo** nella parte sinistra della finestra dei contatti): apparirà una casella in cui puoi scrivere il nome del gruppo, come nella figura 17; poi fai clic sulla voce **Crea nuovo**.

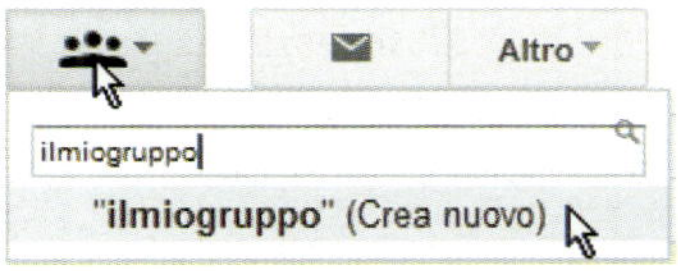

Figura 17

Per aggiungere un contatto a un gruppo esistente, basta selezionarlo, poi scegliere il nome del gruppo dal menu del pulsante **Gruppi** e infine fare clic su **Applica**.

Per rimuovere un contatto da un gruppo, si seleziona il contatto, si apre il menu del pulsante **Gruppi**, si deseleziona la casella di spunta relativa a quel gruppo e poi si fa clic su **Applica**.

Quando visualizzi i contatti, l'elenco dei gruppi esistenti compare sempre sulla sinistra, sotto i **Contatti personali**. Per visualizzare i contatti che appartengono a un gruppo, fai clic sul suo nome.

Tra i gruppi creati per default da Gmail ci sono **Contatti personali** (dove puoi trasferire gli indirizzi a cui tieni di più), **Più contattati** (con i 20 indirizzi che stai usando più di frequente) e **Altri contatti** (quelli che non hai ancora classificato in altro modo).

ESERCIZI Per impostare una risposta automatica ai messaggi e-mail in arrivo, in Gmail si deve:

- **A** usare il menu **Altro** dell'interfaccia del programma.
- **B** aprire i **Contatti** e lavorare nella scheda **Aggiungi**.
- **C** aprire le **Impostazioni** e lavorare nella scheda **Generali**.
- **D** per prima cosa, creare una lista di distribuzione.

▶ Altri esercizi a pagina 64

11 Organizzare i messaggi

Come ordinare i messaggi, catalogarli, fare ricerche ed eliminarli quando non servono più

Le *conversazioni* di Gmail. Gmail raggruppa per default tutti i messaggi che hanno lo stesso oggetto, cioè che fanno parte di una *conversazione* (tu mi scrivi su un certo argomento, io ti rispondo, poi tu rispondi alla mia risposta e così via, come nella figura 18). Questo è un modo molto efficace per tenere ordine nella corrispondenza: consente di avere una visione globale degli scambi di messaggi che sono avvenuti magari nell'arco di molti mesi.

Figura 18 Un esempio di *conversazione*

Negli elenchi della posta appare soltanto il messaggio più recente (e tra parentesi, dopo il mittente, appare il numero dei messaggi raggruppati nella conversazione).

Aprendo la conversazione, basta fare clic sull'intestazione di un messaggio per espanderlo e vederlo nella sua interezza, oppure per nasconderlo se è aperto. Il pulsante **Espandi tutto** sulla destra consente di espandere tutti i messaggi con un unico clic (e diventa **Comprimi tutto**, per nasconderli tutti tranne il più recente).

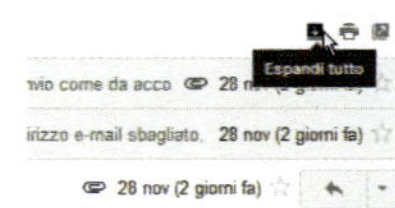

Nella scheda **Generali** delle **Impostazioni** ⚙ si può comunque scegliere di visualizzare i messaggi individualmente, in modo tradizionale, anziché come conversazioni.

5.4.1 5.4.3 **Le intestazioni delle colonne e l'ordinamento dei messaggi.** In Gmail i messaggi sono elencati uno per riga, in colonne che da sinistra verso destra contengono il mittente, l'oggetto e la parte iniziale del testo, la presenza o meno di allegati e la data di arrivo del messaggio. In Gmail questa struttura non si può modificare; invece in altri client della posta si può fare clic con il tasto destro del mouse sulle intestazioni delle colonne per eliminare le colonne esistenti o aggiungerne di nuove.

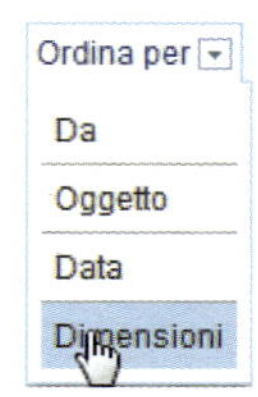

Gmail attualmente non permette di ordinare i messaggi per nome, data o dimensione. In altri programmi per la gestione della posta elettronica questa invece è una caratteristica standard; l'immagine qui a fianco per esempio mostra il menu che consente l'ordinamento nel webmail **libero.it**.

5.4.2 **Cercare in Gmail.** La ricerca nella posta in Gmail è simile a quella con Google. Nella casella in alto si digita la parola o frase da cercare, poi si fa clic sull'icona con la lente (**Cerca nella posta**). Come risultato apparirà l'elenco dei messaggi contenenti la parola-chiave, che al loro interno è evidenziata.

Si può dettagliare ulteriormente la ricerca facendo clic sulla freccetta verso il basso a destra nella casella di ricerca. Apparirà il riquadro della figura 19, ove puoi filtrare i messaggi in base al mittente, al destinatario, al titolo del messaggio o al testo contenuto.

Si può inoltre limitare la ricerca ai messaggi associati a una particolare etichetta e a quelli ricevuti o inviati nell'arco di un particolare periodo di tempo, o in un giorno specifico.

Una volta impostati i criteri per la ricerca, si fa clic in basso su **Cerca nella posta**.

Figura 19 Le opzioni di ricerca di Gmail

5.4.4 **Creare nuove etichette per i messaggi.** I programmi per la posta elettronica conservano i messaggi in cartelle e permettono all'utente di creare cartelle personalizzate in cui archiviare i messaggi.

In Gmail l'equivalente della suddivisione in cartelle è l'assegnazione di *etichette* ai messaggi o alle conversazioni. Il vantaggio è che un messaggio può avere più etichette, così è più facile ritrovarlo (per esempio, a un messaggio con la ricevuta del pagamento di un viaggio si può associare sia l'etichetta **viaggi** sia l'etichetta **contabilità**).

Per creare una nuova etichetta, seleziona nella **Posta in arrivo** i messaggi da catalogare; fai clic sul pulsante **Etichette** e seleziona **Crea nuova**, come nella figura 20; digita il nome della nuova etichetta e fai clic su **Crea**.

I messaggi selezionati saranno automaticamente associati alla nuova etichetta, e il nome dell'etichetta apparirà all'inizio del loro oggetto, nell'elenco di **Posta in arrivo**.

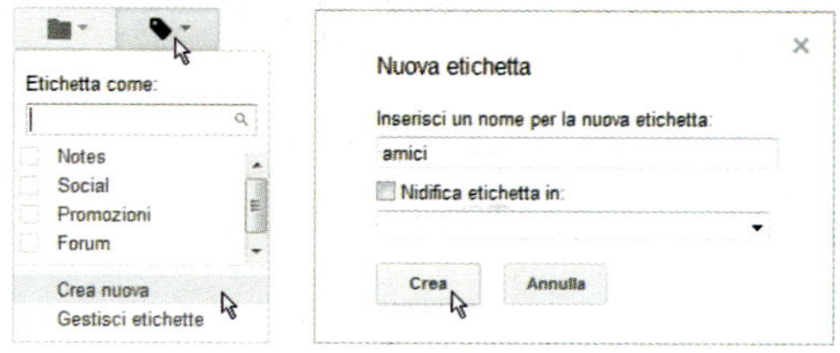

Figura 20
Creare una nuova etichetta

Per applicare una o più etichette a un messaggio, selezionalo spuntando la sua casella, apri il menu a discesa **Etichette** e fai clic sui nomi delle etichette desiderate.

Per togliere un'etichetta a un messaggio apri quell'etichetta, seleziona il messaggio e fai clic in alto su **Rimuovi etichetta**.

Per associare un messaggio esclusivamente a un'etichetta, facendolo scomparire dalla **Posta in arrivo**, seleziona il messaggio e scegli il nome della nuova etichetta dal menu a discesa del pulsante **Sposta in**.

Le etichette sono elencate a sinistra, sotto il pulsante **Scrivi messaggio**: prima le etichette di sistema, poi quelle create dall'utente, in ordine alfabetico (se alcune sono nascoste, puoi visualizzarle con il menu del pulsante **Altro**).

Se passi con il mouse sul nome di un'etichetta, appare una freccetta che al clic permette di effettuare operazioni come cambiare il colore dell'etichetta, scegliere se visualizzarla (**mostra**) o nasconderla (**nascondi**), rinominarla o eliminarla.

Puoi creare nuove etichette e modificarne le proprietà anche dalla scheda **Etichette** delle **Impostazioni** di Gmail. Qui inoltre puoi scegliere se visualizzare o nascondere anche le etichette di sistema.

5.4.5 5.4.6 **Cancellare i messaggi.** Gmail mette a disposizione degli utenti molto spazio di memoria, tanto da invitarli a non eliminare mai i messaggi. Per sfoltire la **Posta in arrivo**, puoi selezionare i messaggi che non servono e fare clic in alto sul pulsante **Archivia**: i messaggi saranno spostati nell'etichetta **Tutti i messaggi**, restando così disponibili per le future ricerche. Se qualcuno risponde a un messaggio archiviato, la conversazione che lo contiene riapparirà nella **Posta in arrivo**.

Se vuoi proprio eliminare un messaggio, selezionalo e fai clic in alto sul pulsante **Elimina**: il messaggio sarà trasferito nel **Cestino**.

Dopo ogni operazione, come l'archiviazione o la cancellazione di un messaggio, appare in alto un pulsante **Annulla** che ti consente di tornare sui tuoi passi.

Aprendo l'etichetta **Cestino** potrai ripristinare un messaggio, usando il menu **Sposta in**, oppure eliminarlo del tutto con il comando **Elimina definitivamente**.

Un clic su **Svuota il cestino adesso** rimuove definitivamente tutti i messaggi del **Cestino** (che in ogni caso vengono eliminati se vi restano per più di 30 giorni).

5.4.7 **Liberarsi dello spam.** Gmail usa un filtro per intercettare i messaggi con pubblicità indesiderate, e li sposta automaticamente nell'etichetta **Spam**. Siccome i filtri software non sono perfetti, conviene controllare ogni tanto che in **Spam** non sia finito per sbaglio anche qualche messaggio legittimo; in tal caso, lo si può spostare in un'altra etichetta con il pulsante **Sposta in**.

Se in **Posta in arrivo** ricevi un messaggio spam sfuggito al filtro, selezionalo e segnalalo a Gmail con il pulsante **Segnala come spam**. Contribuirai così a migliorare il funzionamento del filtro antispam.

ESERCIZI La cartella o etichetta **Spam** della posta:

- **A** contiene soltanto messaggi che sono certamente da eliminare.
- **B** può contenere messaggi che è importante leggere.
- **C** contiene soltanto i messaggi che l'utente ha segnalato come spam.
- **D** si svuota automaticamente ogni 30 giorni.

▶ Altri esercizi a pagina 64

12 Usare un calendario

Gestire online l'agenda dei propri impegni e condividerla con altri per organizzare riunioni

Creare un calendario con Google Calendar. Se hai un account Google, come quello che serve per usare Gmail, puoi creare un calendario con cui organizzare i tuoi impegni, nel sito www.google.com/calendar.

Figura 21 L'interfaccia di *Google Calendar*

Il programma si basa sul calendario che vedi al centro dello schermo, con diverse possibili visualizzazioni (nella figura 21 si è scelto di visualizzare mese per mese).

Fai clic sulla freccetta a fianco della scritta **I miei calendari**, poi scegli **Crea nuovo calendario**: apparirà una pagina in cui puoi assegnare un nome al nuovo calendario, scrivendo nella prima casella; poi fai clic su **Crea calendario**.

Al nuovo calendario, che ora apparirà nell'elenco **I miei calendari**, verrà associato automaticamente un colore. Se passi con il mouse sul suo nome, apparirà una freccetta rivolta verso il basso: un clic sulla freccetta apre un menu che permette, tra l'altro, di cambiare il colore del calendario e di tornare alle sue **Impostazioni** per modificarle.

Con il programma di Google puoi inserire *eventi* in date a tua scelta: il calendario fungerà da tua agenda e, se vorrai, ti ricorderà con un promemoria gli impegni che hai preso. Inoltre puoi condividere il calendario con altri utenti, così che tutti possiate vedere particolari eventi corrispondenti a impegni che avete in comune.

5.5.1 **Creare un evento e modificarlo.** Il calendario di Google è particolarmente utile per organizzare riunioni con altri utenti; infatti offre strumenti comodi e rapidi per invitare altri utenti (o essere invitato da loro) a partecipare a eventi comuni, e per comunicare la propria adesione all'invito.

Per creare un evento puoi fare clic sul pulsante **CREA** a sinistra dell'interfaccia, oppure direttamente sul calendario nel giorno e ora che ti interessa, come nella figura 22a: in tal caso comparirà un riquadro in cui si può inserire una descrizione-titolo dell'evento, per poi fare clic su **Crea evento**.

Per eliminare un evento che hai creato, fai clic su di esso nel calendario (in un punto non occupato dal titolo) e poi nel riquadro che si apre fai clic su **Elimina**.

Se invece vuoi specificare altre proprietà dell'evento, devi fare clic su **Modifica evento** nel riquadro della figura 22b, oppure sul titolo dell'evento nella casella del calendario.

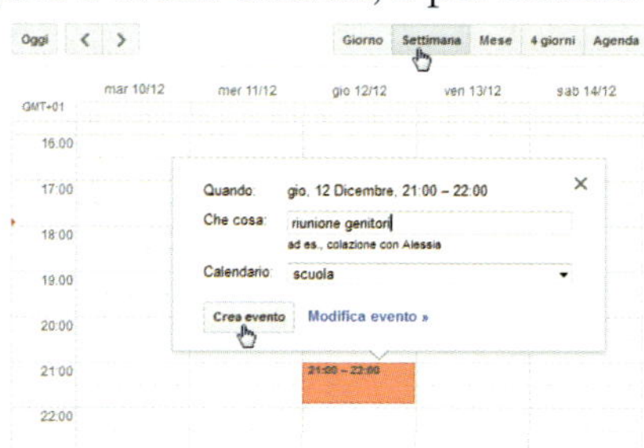

Figura 22a Creare un evento

Figura 22b Eliminare un evento

Apparirà allora la pagina della figura 23, che permette di specificare i dettagli dell'evento: qui puoi modificare il titolo, la data e ora di inizio e fine, indicare dove avverrà e aggiungere una descrizione.

Con un clic su **Aggiungi un promemoria** puoi chiedere di ricevere un avviso (come finestra pop-up oppure come messaggio e-mail) per ricordarti l'evento, con un anticipo che puoi prestabilire scegliendo l'intervallo di tempo da un menu.

Per salvare le modifiche si usa il pulsante **SALVA** in alto, mentre con il pulsante ↤ si torna al calendario.

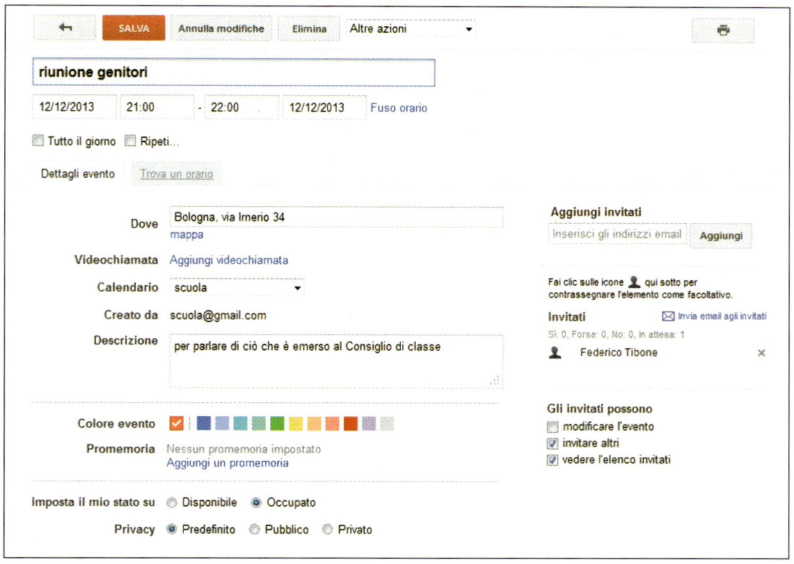

Figura 23
Definire le proprietà di un evento

5.5.2 **Invitare altre persone a un evento.** Nella casella **Aggiungi invitati**, sulla destra della pagina della figura 23, puoi digitare o incollare gli indirizzi e-mail delle persone che vuoi invitare. Quando poi salvi le modifiche, il programma notificherà a tutti l'invito e sulla destra della pagina apparirà l'elenco degli invitati, in attesa di una loro risposta.

Gli invitati che hanno un account Google vedranno apparire l'evento sul loro calendario. Gli altri invitati riceveranno la notifica soltanto come messaggio e-mail.

Per eliminare un invitato, si fa clic sulla **X** alla destra del suo nome. Il programma chiederà se vuoi inviare una notifica dell'annullamento dell'invito: è sempre bene farlo, scegliendo **Invia**, per avvertire i singoli invitati che la riunione è annullata.

5.5.3 **Accettare o rifiutare un invito.** Per rispondere a un invito si fa clic nel calendario sulla riunione, e poi a fianco di *Ci vai?* (figura 24) si sceglie **Sì** per accettare oppure **No** per rifiutare.

Le risposte via via ricevute si accumuleranno nella pagina delle proprietà dell'evento, sulla destra della figura 23. Così chi organizza la riunione potrà verificare quanti saranno gli effettivi partecipanti.

Con le opzioni **Gli invitati possono**, sempre a destra nella figura 23, l'organizzatore può estendere a ciascun invitato la possibilità di aggiungere indirizzi e-mail per invitare altre persone.

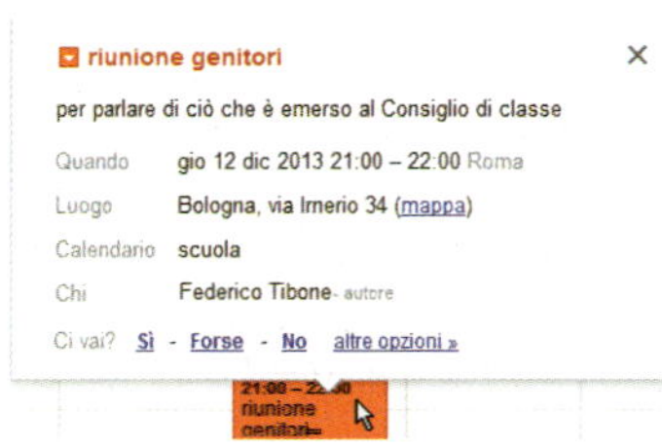

Figura 24
La notifica di un invito

ESERCIZI Dopo che una riunione è stata convocata, altre persone possono essere invitate:

- **A** sempre e soltanto da chi convocato la riunione.
- **B** sempre da qualsiasi invitato alla riunione.
- **C** da qualsiasi invitato alla riunione, se così ha deciso chi l'ha convocata
- **D** soltanto da alcuni tra gli invitati alla riunione.

▶ Altri esercizi a pagina 64

Verifica le tue conoscenze – *Esercizi sui punti del Syllabus*

Quando le risposte sono etichettate da cerchietti, significa che il quesito ha una sola risposta esatta; quando invece sono etichettate da quadratini, significa che più di una risposta è corretta.

1.1.1 Internet è:
(A) una rete che collega fra loro molte reti di computer
(B) una rete che si affianca a quella che offre il servizio di posta elettronica
(C) un sinonimo di World Wide Web
(D) un insieme di pagine web

1.1.2 Indica quale dei seguenti indirizzi è corretto per individuare il file **sabbia.jpg** che si trova nella sottocartella **immagini** di un sito web la cui home page ha questo indirizzo: **www.raccoltafoto.org**.
(A) www.raccoltafoto.org\immagini\sabbia.jpg
(B) www.immagini\raccoltafoto.org\sabbia.jpg
(C) www.immagini/sabbia.jpg/raccoltafoto.org
(D) www.raccoltafoto.org/immagini/sabbia.jpg

1.1.3 Un browser è:
[A] un servizio di Internet
[B] un sinonimo di hyperlink
[C] un programma che permette di navigare nel web
[D] un programma in grado di visualizzare ipertesti

1.1.4 Collega ogni termine con l'operazione corrispondente.

a e-commerce
b e-government
c home banking

a	....
b	....
c	....

1 esecuzione delle operazioni bancarie da casa
2 invio della dichiarazione dei redditi via Internet
3 acquisto di prodotti in Rete

1.2.1 Gli acquisti via Internet è meglio farli:
(A) da siti non troppo noti perché in genere fanno prezzi migliori
(B) dopo aver letto i feedback degli utenti che hanno già acquistato
(C) da siti italiani perché sono meglio controllati dalle nostre autorità
(D) pagando in contrassegno perché è la forma più accettata ed economica

1.2.2 La crittografia:
[A] si utilizza per riconoscere l'identità di una persona via Internet
[B] permette di cifrare i messaggi trasmessi via Internet
[C] utilizza una chiave per cifrare e decifrare dei messaggi
[D] è sempre utilizzata nei messaggi di posta elettronica

1.2.3 Un sito protetto:
[A] è un sito che non contiene contenuti non adatti ai minori
[B] ha un indirizzo che inizia con http://
[C] trasmette le informazioni in forma criptata
[D] è identificato dal simbolo di un lucchetto sulla barra di stato

1.2.4 Un certificato digitale:
[A] serve per attestare l'identità di un utente o di un sito
[B] serve per crittografare le informazioni trasmesse via Internet
[C] viene emesso da un'autorità di certificazione riconosciuta
[D] è una dichiarazione che attesta che un sito è protetto

1.2.5 Per controllare la navigazione, per esempio, all'interno di una scuola, che cosa *non* è possibile bloccare?
(A) Un dominio particolare
(B) Le pagine che contengono particolari termini
(C) Le pagine che contengono particolari immagini
(D) Intere categorie di siti con contenuto inopportuno

2.1.1 Un browser:
(A) può avviarsi solo se è attiva la connessione a Internet
(B) quando si chiude disattiva automaticamente la connessione
(C) quando si avvia attiva automaticamente la connessione
(D) può essere avviato dalla barra delle applicazioni

2.1.2 Per raggiungere un indirizzo particolare:
(A) bisogna digitarlo nella barra degli indirizzi e battere Invio
(B) bisogna digitarlo nella casella del motore di ricerca e battere Invio
(C) bisogna digitare tutta l'URL a partire da «HTTP://»
(D) non è necessario digitare la parte finale dell'indirizzo perché il browser ha la funzione di completamento automatico

2.1.3 Una pagina web:
(A) deve essere aggiornata manualmente per avere la versione più recente della stessa
(B) si aggiorna automaticamente quando il browser sente che sono state fatte modifiche al suo interno
(C) può essere bloccata nel caricamento sempre facendo clic su
(D) non può essere bloccata nel caricamento

2.1.4 Un collegamento ipertestuale:
[A] è riconoscibile sempre dal colore azzurro del testo
[B] è riconoscibile sempre dal cambiamento di forma del puntatore del mouse quando vi passa sopra
[C] può essere rappresentato anche da un'immagine
[D] si attiva soltanto facendo doppio clic su di esso

2.1.5 Una pagina web:
(A) viene aperta sempre in una nuova finestra
(B) viene aperta sempre in una nuova scheda
(C) si può aprire intenzionalmente in una nuova scheda utilizzando il tasto destro del mouse
(D) si può aprire intenzionalmente in una nuova finestra con un doppio clic sul link che collega alla pagina

2.1.6 Una finestra del browser:
(A) è un sinonimo di scheda
(B) si può aprire dal menu **File**
(C) si può chiudere dal menu **Finestra** selezionando la voce **Esci**
(D) si può chiudere con il tasto destro del mouse

2.1.7 Lo spostamento indietro o in avanti nelle pagine web visitate:
[A] può essere effettuato utilizzando il tasto destro del mouse
[B] può essere effettuato dal menu **Modifica**
[C] può essere effettuato utilizzando la barra degli strumenti
[D] permette di accedere a pagine visitate in una sessione precedente

2.1.8 Il modo più immediato per esaminare gli indirizzi visitati il giorno precedente è quello di:
(A) esaminare la cronologia
(B) esaminare la cache del browser
(C) ricaricare le pagine visitate ed esaminare i link di colore viola
(D) fare clic su fino a trovare le pagine visitate il giorno precedente

2.1.9 In una form il contenuto:
[A] viene inviato automaticamente al termine della compilazione
[B] viene inviato soltanto dopo una conferma

C viene cancellato soltanto se si ricarica la pagina
D può essere cancellato con un apposito pulsante

2.1.10 La traduzione di una pagina web viene fatta:
A automaticamente da tutti i browser
B solo se si installano particolari plug-in
C utilizzando particolari servizi fra i quali uno è offerto da Google
D solo per intere pagine web e non è possibile tradurre un proprio testo digitandolo

2.2.1 La pagina iniziale del browser può essere cambiata:
A digitando nella barra degli indirizzi la URL prescelta e salvando le modifiche mediante il menu **File**
B digitando nella barra degli indirizzi la URL prescelta e facendo un semplice clic sull'icona
C selezionando la voce **Opzioni Internet** dal menu **Strumenti**
D soltanto all'apertura del browser

2.2.2 I popup:
A sono finestre che si aprono sempre e soltanto a richiesta di chi naviga
B possono essere bloccati dall'utente
C possono essere consentiti soltanto per alcuni siti
D si attivano, disattivano o personalizzano dal menu **Visualizza**

2.2.3 I cookie:
A possono essere bloccati a scelta dell'utente dal menu **Strumenti** selezionando la voce **Opzioni Internet** e poi **Privacy**
B vengono memorizzati sul computer in modo automatico
C sono file di grandi dimensioni che occupano tanta memoria
D vengono utilizzati per l'invio di informazioni particolarmente riservate, come per esempio il numero di una carta di credito

2.2.4 La Guida in linea del programma si può attivare:
A facendo clic sulla prima voce del menu **?**
B soltanto dalla home page
C facendo clic con il tasto destro del mouse nel punto della finestra sul quale si vogliono avere informazioni
D battendo il tasto F1

2.2.5 Le barre degli strumenti:
A possono essere visualizzate o nascoste facendo clic con il tasto destro del mouse in un'area vuota della pagina
B possono essere visualizzate o nascoste dal menu **Visualizza**
C possono essere visualizzate o nascoste facendo clic su **Strumenti** sulla barra degli strumenti
D nei browser non possono essere modificate

2.2.6 La cancellazione della cronologia:
A dev'essere fatta tutta in un colpo solo
B può essere fatta selezionando soltanto alcuni elementi
C può essere fatta usando il tasto destro del mouse
D può essere fatta dal menu **Modifica** selezionando la voce **Cancella**

2.3.1 Un segnalibro o preferito:
A è l'indirizzo di una pagina ritenuta interessante che ci si propone di visitare di nuovo
B non può essere eliminato
C può essere aggiunto utilizzando il tasto destro del mouse
D è un modo diverso per indicare la pagina iniziale del browser

2.3.2 La visualizzazione dei segnalibri si può fare:
A con un clic sul menu **Preferiti**
B con un clic su
C dal menu **Visualizza** selezionando poi la voce **Preferiti**
D dalla **Barra degli indirizzi**

2.3.3 Per salvare la pagina web attuale in una nuova cartella dei **Preferiti**, si fa clic sull'icona e poi:
A si digita subito il nome della nuova cartella
B si deve fare clic su **Aggiungi a Preferiti** e poi digitare il nome
C si deve fare clic su **Aggiungi a Preferiti** e poi scegliere **Crea in**
D si deve fare clic sulla freccetta a fianco di **Aggiungi a Preferiti** e poi scegliere **Organizza preferiti**

2.4.1 Lo scaricamento dei file da Internet:
A si può fare utilizzando il tasto destro del mouse sul link del file da scaricare
B non è consentito dalla legge
C espone al rischio di virus
D non consente di aprirli senza prima averli salvati

2.4.2 Per copiare un link e inserirlo in un documento:
A si può utilizzare il tasto destro del mouse
B bisogna selezionare l'elemento (testo o immagine) che rappresenta il link, poi scegliere **Copia** dal menu **Modifica**, quindi incollarlo
C si può procedere soltanto attivando il collegamento, copiando dalla barra degli indirizzi la URL e poi incollandola
D si può procedere soltanto se il link è scritto in forma esplicita, come testo normale

2.4.3 L'anteprima di stampa di una pagina web:
A si può attivare dal menu **File**
B si può attivare dalla finestra che si apre facendo clic sull'icona della barra degli strumenti
C si può attivare dalla finestra di stampa facendo clic sulla scheda **Opzioni**
D non è disponibile nei browser

3.1.1 Un motore di ricerca è:
A un sistema che ci permette di individuare le pagine che ci interessano anche se non conosciamo i loro indirizzi
B un programma per navigare in Internet
C un sistema che cerca velocemente su Internet gli indirizzi e-mail delle persone a cui possiamo scrivere
D un elenco di indirizzi

3.1.2 La ricerca di informazioni con un motore di ricerca:
A può essere fatta inserendo singole parole
B dev'essere fatta inserendo frasi di senso compiuto
C può essere fatta inserendo termini anche poco attinenti fra loro ma significativi ai fini della ricerca da effettuare
D per essere efficace richiede l'indicazione dell'indirizzo del sito nel quale ricercare

3.1.3 Se dobbiamo cercare informazioni sullo scrittore Luigi Pirandello, quale delle seguenti frasi permette di indirizzare meglio la ricerca e ottenere un numero minore di risultati?
A Luigi Pirandello
B "Luigi Pirandello"
C Luigi Or Pirandello Or scrittore
D Luigi Pirandello – scrittore

3.1.4 Le enciclopedie online:
A sono tutte libere nella consultazione
B sono meno aggiornate di quelle cartacee
C sono consultabili in modo simile a un motore di ricerca, cioè digitando i termini sui quali si vogliono avere informazioni
D danno risposte simili a quelle dei motori di ricerca

3.2.1 Le informazioni presenti online:
A sono sempre attendibili perché verificate dai provider che pubblicano le pagine
B sono sempre attendibili perché verificate dagli utenti che visitano le pagine
C sono sempre attendibili perché verificate dagli autori delle pagine
D non sono sempre attendibili

3.2.2 Indica se le seguenti affermazioni sono vere o false.

a I siti con le pagine più aggiornate sono più insicuri perché le informazioni contenute al loro interno sono state valutate da un numero minore di visitatori
b Un sito attendibile cita le fonti delle informazioni che pubblica
c Un sito attendibile indica gli autori delle informazioni che pubblica
d Un sito è più attendibile se ha un numero elevato di visite

a	b	c	d
....	....	....	....

3.2.3 L'adeguatezza di un sito per un determinato tipo di pubblico:

A dipende anche dalla grafica delle sue pagine
B dipende dai contenuti delle sue pagine
C viene valutata dai motori di ricerca che escludono i siti con contenuti non adeguati
D viene valutata dai software specifici che possono essere installati sul computer

3.3.1 Quale delle seguenti affermazioni sul copyright è corretta?

Ⓐ Garantisce diritti esclusivi all'autore di un'opera o a chi ne ha la proprietà
Ⓑ Si applica esclusivamente al software
Ⓒ Prevede sanzioni soltanto per chi vende materiali protetti da diritto d'autore
Ⓓ Si applica a qualsiasi tipologia di programma di computer

3.3.2 I soggetti che detengono i dati personali:

A possono utilizzarli per qualunque fine purché esso non comporti danno economico o morale per chi li ha forniti
B sono responsabili dei dati stessi
C devono adottare tutti i sistemi necessari per la loro protezione
D se sono enti pubblici non devono chiedere alcuna autorizzazione per poterli utilizzare

4.1.1 Quale delle seguenti affermazioni relative alle comunità virtuali online *non* è corretta?

Ⓐ Sono formate da persone che frequentano lo stesso forum
Ⓑ Sono formate da persone che frequentano la stessa chat
Ⓒ Sono formate da persone che partecipano agli stessi videogiochi online
Ⓓ Sono formate da persone che visitano la stessa tipologia di siti web

4.1.2 Quali delle seguenti forme di comunicazione possono essere utilizzate per pubblicare propri file multimediali su Internet?

A Podcast
B Instant Messaging
C Blog
D Posta elettronica

4.1.3 Quando si fa parte di una comunità virtuale:

Ⓐ non si corrono rischi perché tutte le persone con cui si comunica sono registrate e rintracciabili
Ⓑ per tutelare la propria privacy, è meglio fornire dati falsi al momento dell'iscrizione
Ⓒ è opportuno non rendere privato il proprio profilo per farsi conoscere meglio dalle altre persone con cui si comunica
Ⓓ è opportuno limitare la quantità di informazioni personali fornite

4.2.1 Il servizio indicato con l'acronimo IM:

Ⓐ indica la messaggistica istantanea
Ⓑ permette di inviare soltanto messaggi di testo in tempo reale
Ⓒ permette di comunicare con chiunque
Ⓓ è un servizio a pagamento

4.2.2 Gli MMS:

A possono contenere messaggi di testo
B in genere occupano la stessa quantità di memoria degli SMS
C devono essere consegnati immediatamente altrimenti si riceve una notifica e bisogna rispedirli
D consentono l'invio di messaggi multimediali

4.2.3 Il protocollo VoIP:

A permette la comunicazione vocale, ma soltanto fra computer
B permette di telefonare via Internet
C offre una qualità della voce peggiore di quella del normale telefono
D è economicamente conveniente per persone che si trovano molto lontane fra loro

4.2.4 Nella comunicazione elettronica bisogna:

A essere sintetici perché i messaggi troppo lunghi sovraccaricano la rete
B indicare molte informazioni personali per rassicurare chi comunica con noi in merito alla nostra identità
C controllare l'ortografia dei messaggi
D indicare l'oggetto della comunicazione

4.3.1 La posta elettronica:

Ⓐ è chiamata anche *e-mail*
Ⓑ si usa solo per impieghi importanti
Ⓒ permette di inviare soltanto messaggi di testo
Ⓓ è sempre un servizio a pagamento

4.3.2 In un indirizzo di posta elettronica:

Ⓐ il nome utente segue sempre il simbolo «@»
Ⓑ il nome del dominio di primo livello indica il fornitore del servizio
Ⓒ la parte dopo il punto che si trova a destra non indica necessariamente la nazionalità dell'utente
Ⓓ il nome dell'utente viene sempre assegnato automaticamente dal provider

4.3.3 Gli allegati inviati per posta elettronica:

A possono essere di qualsiasi dimensione
B non possono superare un limite stabilito da chi fornisce il servizio
C possono contenere in ogni caso anche file eseguibili
D se sono di grandi dimensioni rallentano lo scaricamento della posta

4.3.4 Collega ogni campo con il tipo di informazione che è destinato a contenere.

a A: — 1 il destinatario che non può essere visto dagli altri
b Cc: — 2 il destinatario principale
c Oggetto: — 3 il destinatario che può essere visto dagli altri
d Ccn: — 4 il titolo del messaggio

a	b	c	d
....	....	....	....

4.3.5 Il contagio da virus mediante messaggi di posta elettronica:

Ⓐ non può avvenire se si scaricano soltanto gli allegati provenienti da persone conosciute
Ⓑ non può avvenire se si scaricano soltanto allegati di file non eseguibili
Ⓒ non può avvenire perché tutti i provider controllano i messaggi che transitano attraverso i loro server con antivirus
Ⓓ può comunque avvenire; l'adozione di comportamenti corretti ne riduce soltanto la probabilità

4.3.6 Il phishing:

Ⓐ è un sistema di sicurezza adottato, per esempio dalle banche, per impedire che persone malintenzionate possano carpire le nostre credenziali di accesso al loro sito
Ⓑ è un metodo adottato da malintenzionati per scoprire le informazioni che ci consentono di accedere, per esempio, al nostro conto corrente online
Ⓒ è un rischio a cui si espongono soltanto coloro che non usano sul proprio computer sistemi antivirus
Ⓓ è un nuovo tipo di virus

5.1.1 Per accedere a un account di posta elettronica tipo webmail è necessario:

A conoscere l'indirizzo della pagina in cui si accede al servizio
B conoscere nome utente e password
C aver installato sul computer un programma per la gestione della posta elettronica
D installare uno specifico plug-in nel browser

5.1.2 Collega ogni cartella con il tipo di messaggio che essa contiene.

a Posta in arrivo
b Bozze
c Spam
d Cestino

a	....
b	....
c	....
d	....

1 posta indesiderata
2 messaggi ricevuti
3 posta eliminata
4 messaggi non ancora inviati

5.1.3 Per poter creare un nuovo messaggio in Gmail:
A occorre che sia aperta l'etichetta **Posta in arrivo**
B può essere aperta qualsiasi etichetta
C si deve fare clic sul pulsante **Scrivi**
D occorre avere prima inviato tutti i messaggi presenti nell'etichetta **Bozze**

5.1.4 Per inviare una copia nascosta di un messaggio occorre:
A inserire l'indirizzo del destinatario nascosto nel campo **Cc:**
B inserire l'indirizzo del destinatario nascosto nel campo **Ccn:**
C inserire l'indirizzo del destinatario nascosto, racchiuso fra parentesi tonde, nel campo **A:**
D usare il metodo della crittografia

5.1.5 L'oggetto di un messaggio:
A dev'essere inserito prima di scrivere il testo del messaggio
B non va inserito se si vuole ridurre il tempo del trasferimento
C viene visto soltanto dal destinatario principale
D deve dare informazioni sul contenuto del messaggio

5.1.6 Un allegato a un messaggio di posta elettronica:
A deve essere inserito dopo aver scritto il testo del messaggio
B deve essere inserito dopo aver scritto il destinatario del messaggio
C deve essere sempre in forma compressa
D ha limiti di dimensione che cambiano da un provider all'altro

5.1.7 La priorità in un messaggio:
A serve per velocizzare il viaggio sulla rete e raggiungere prima il destinatario
B serve per indicare al ricevente se il messaggio è urgente
C deve essere specificata necessariamente prima dell'invio di ogni messaggio
D in Gmail in versione webmail non è possibile specificare la priorità al momento dell'invio

5.2.1 Un messaggio di Gmail:
A per visualizzarlo in una nuova finestra occorre prima aprirlo normalmente
B viene sempre aperto in una nuova finestra
C per visualizzarlo in una nuova finestra occorre fare clic con il tasto destro sul messaggio e poi, nel menu contestuale, indicare di aprirlo in una nuova finestra
D per visualizzarlo in una nuova finestra bisogna fare clic sull'icona «In una nuova finestra»

5.2.2 Per rispondere a tutti i destinatari di un messaggio e al mittente del messaggio stesso:
A è sufficiente selezionare **Rispondi** e il programma controllerà automaticamente se c'è uno solo o più indirizzi a cui rispondere
B bisogna usare l'opzione **Rispondi a tutti**
C bisogna necessariamente usare **Inoltra** e inserire i vari indirizzi manualmente
D Gmail distingue in automatico se ci sono uno o più destinatari e nel menu propone la voce **Rispondi a tutti**

5.2.3 L'inoltro di un messaggio:
A consiste nell'inviarlo soltanto al mittente ma non agli altri destinatari
B consiste nell'inviarlo a destinatari diversi dal mittente
C consente anche l'invio automatico degli allegati
D elimina automaticamente gli allegati

5.2.4 Il salvataggio di un allegato:
A viene fatto automaticamente nella cartella predefinita nelle opzioni del programma
B dev'essere richiesto dall'utente specificando anche la destinazione
C si può effettuare dall'elenco dei messaggi
D si può fare soltanto se si è aperto il messaggio

5.2.5 In Gmail si può stampare un messaggio:
A selezionando dalle **Impostazioni** la voce **Stampa**
B soltanto se esso si trova nella cartella **Posta in arrivo**
C soltanto dopo averlo aperto
D utilizzando le funzioni del browser

5.3.1 In Gmail la Guida in linea:
A non esiste
B si attiva battendo il tasto F1
C si attiva dalla finestra che si apre facendo clic su ⚙
D può indirizzare alle discussioni al *Forum dei prodotti Google*

5.3.2 In Gmail la barra degli strumenti:
A non esiste
B esiste ma non è possibile aggiungere o eliminare icone
C è sensibile al contesto
D può essere eliminata del tutto

5.3.3 In Gmail la firma testuale:
A non è possibile inserirla
B per crearla bisogna andare nelle impostazioni
C può contenere solo testo
D può contenere testo e immagini

5.3.4 In Gmail la risposta automatica:
A non si può inserire
B si attiva dalle impostazioni
C usa come oggetto predefinito del messaggio: «Risposta automatica»
D permette di scegliere se rispondere a tutti o solo ai propri contatti

5.3.5 In Gmail i messaggi che appaiono in grassetto negli elenchi:
A potrebbero in realtà essere già stati letti
B sicuramente non sono ancora stati letti
C sicuramente sono già stati letti almeno una volta
D una volta letti non potranno più essere evidenziati in grassetto

5.3.6 L'aggiunta di un contatto a una lista di distribuzione:
A si può fare selezionando il contatto e poi scegliendo il gruppo dal menu **Gruppi**
B si può fare facendo clic con il tasto destro del mouse sul contatto da aggiungere
C si può fare soltanto dalle **Impostazioni** di Gmail
D avviene automaticamente man mano che si ricevono messaggi da qualcuno dei componenti della lista

5.4.1 Quale delle seguenti affermazioni relative a Gmail *non* è corretta?
A Non esistono intestazioni di colonne
B Non è possibile ordinare i messaggi di posta inviata
C È possibile ordinare i messaggi di posta in arrivo
D È possibile ordinare le bozze

5.4.2 La ricerca dei messaggi in Gmail:
A non si può fare se non generica, per termini
B si attiva dalla freccia a destra nel campo di ricerca

C non permette di cercare per intervallo di tempo

D si può fare e permette, fra l'altro, di individuare i messaggi che contengono allegati

5.4.3 L'ordinamento dei messaggi in Gmail:

A nella modalità predefinita mostra sempre per primi i messaggi più recenti

B nella modalità predefinita mostra sempre per primi i messaggi ancora da leggere

C non può essere modificato in nessun caso

D può essere modificato spostando i messaggi negli elenchi per trascinamento

5.4.4 In Gmail:

A non si possono creare nuove etichette oltre quelle predefinite

B si possono creare nuove etichette utilizzando le icone in cima all'elenco dei messaggi

C le etichette hanno una funzione simile alle cartelle dei programmi di posta elettronica tradizionali

D le etichette si assegnano ai messaggi utilizzando il tasto destro del mouse

5.4.5 Per cancellare un messaggio:

A si può fare clic sull'icona **Elimina**

B occorre prima averlo almeno aperto

C si può fare clic sull'icona **Sposta in** e poi selezionare la voce **Cestino**

D è sufficiente selezionarlo e premere il tasto Canc

5.4.6 Per svuotare il **Cestino** si può:

A utilizzare il comando **Svuota cartella Posta eliminata**

B aprire il **Cestino** e fare clic su **Svuota il cestino adesso**

C selezionare il **Cestino** e poi premere il tasto Canc

D selezionare la voce **Svuota** dal menu contestuale che si apre facendo clic con il tasto destro sul **Cestino**

5.4.7 Un messaggio di tipo *spam*:

A può essere segnalato come tale solo in automatico da Gmail

B viene collocato in una cartella apposita

C può essere rimosso dalla cartella **Spam**

D viene inviato direttamente nel **Cestino**

5.5.1 In Google Calendar un nuovo evento:

A si crea solo facendo clic su **Crea**

B si può creare facendo doppio clic sulla cella relativa all'ora del giorno prestabilito per l'evento

C si elimina selezionando l'evento con il tasto destro e scegliendo **Elimina** dal menu contestuale

D si può eliminare selezionando l'evento e poi battendo il tasto Canc

5.5.2 Gli eventi di Google Calendar:

A si possono inviare solo a utenti che posseggono un account di Google

B si possono modificare aggiungendo invitati anche dopo la creazione dell'evento

C si possono modificare eliminando invitati mediante il tasto destro del mouse

D vengono comunicati con l'invio di un messaggio di posta elettronica

5.5.3 Quale delle seguenti affermazioni su un evento di Google Calendar è corretta?

A Una volta accettato o rifiutato non si può più modificare la scelta

B Si può rifiutare facendo clic su «No» accanto a «Ci vai?» nel messaggio ricevuto

C La notifica delle persone che hanno accettato o rifiutato viene aggiornata in automatico solo se le persone utilizzano un account di Google

D L'accettazione o il rifiuto devono essere comunicati scrivendo un normale messaggio di posta elettronica

Verifica le tue abilità – *Esercitazioni per l'esame ECDL*

Quando le risposte sono etichettate da cerchietti, significa che il quesito ha una sola risposta esatta; quando invece sono etichettate da quadratini, significa che più di una risposta è corretta.

ESERCITAZIONE 1

Tempo a disposizione: 45 minuti

1 Collega ogni termine con la sua definizione. 1.1.1

a www 1 ciò che identifica un indirizzo in Internet
b URL 2 collegamento ipertestuale
c hyperlink 3 un servizio di Internet di tipo ipertestuale

a	....
b	....
c	....

2 Nell'indirizzo «http://www.zanichelli.it»: 1.1.2

A «http» è il protocollo
B «www» indica che si tratta di un sito web
C «zanichelli» è il dominio di primo livello
D «it» è il dominio di secondo livello

3 Quale dei seguenti *non* è un browser? 1.1.3

Ⓐ Chromium
Ⓑ Safari
Ⓒ Google Chrome
Ⓓ Outlook

4 Quale delle seguenti affermazioni sull'e-learning *non* è vera? 1.1.4

Ⓐ Ha un costo più elevato dell'insegnamento tradizionale
Ⓑ Non impone orari rigidi
Ⓒ Non dipende dal luogo in cui si trova chi va formato
Ⓓ Facilita l'uso di risorse multimediali

5 Quando ci si collega a un sito a cui si accede inserendo le proprie credenziali: 1.2.1

A alla fine della connessione bisogna fare il logout
B basta visitare un'altra pagina per uscire in automatico
C alla fine, per uscire, bisogna necessariamente chiudere il programma di navigazione (browser)
D talvolta, se l'utente non compie alcuna operazione, il logout avviene in automatico dopo un certo intervallo di tempo

6 La crittografia consente di inviare messaggi che: 1.2.2

A non possono essere intercettati
B non sono decodificabili da un eventuale intercettatore
C non possono essere aperti da un eventuale intercettatore
D non sono decodificabili senza un'apposita chiave

7 Un indirizzo che inizia con «https» invia a un sito: 1.2.3

A nel quale le informazioni viaggiano in forma criptata
B dell'amministrazione dello stato
C protetto dagli attacchi portati con il *man in the middle*
D di una webmail nella quale viene sempre effettuata la scansione antivirus degli allegati ai messaggi

8 Un certificato digitale: 1.2.4

Ⓐ può essere emesso da chiunque
Ⓑ è obbligatorio per tutti i siti
Ⓒ ha durata illimitata
Ⓓ serve per accertare l'identità di un sito

9 In una rete locale *non* è possibile: 1.2.5

Ⓐ tenere traccia di ogni navigazione effettuata in Internet
Ⓑ tenere traccia di tutti i documenti creati e dei relativi autori
Ⓒ limitare l'ampiezza di banda per certi computer
Ⓓ bloccare la navigazione verso siti specifici

10 Quale dei seguenti *non* è un motore di ricerca? 3.1.1

Ⓐ Wikipedia Ⓑ Istella Ⓒ Bing Ⓓ Yahoo

11 Quale delle seguenti opzioni *non* si può utilizzare nella ricerca avanzata di Google? 3.1.3

Ⓐ La posizione della pagina dove si trovano i termini indicati
Ⓑ Il sito o il dominio in cui si vuole che effettui la ricerca
Ⓒ L'attendibilità dei contenuti presenti nelle pagine
Ⓓ I diritti di utilizzazione dei contenuti presenti nelle pagine

12 La credibilità di un sito può dipendere: 3.2.2

Ⓐ dalla sua posizione nelle segnalazioni dei motori di ricerca
Ⓑ dal numero di accessi alle sue pagine
Ⓒ dalla frequenza con cui viene aggiornato
Ⓓ dall'affidabilità del provider che lo pubblica

13 Fare una singola copia di backup di un programma regolarmente acquistato è illegale? 3.3.1

Ⓐ Sì, sempre
Ⓑ No, mai
Ⓒ Sì, ma soltanto se è un videogioco
Ⓓ Sì, ma soltanto se si tratta di un programma applicativo

14 Chi fornisce i propri dati personali: 3.3.2

A può chiedere la loro cancellazione in qualunque momento
B può chiedere la loro cancellazione dopo un anno
C non può chiedere la loro cancellazione
D ha il diritto di sapere chi è responsabile della gestione dei dati

15 Il termine *e-learning* si usa per descrivere: 1.1.4

Ⓐ i corsi di apprendimento sull'uso del computer in generale
Ⓑ i corsi di apprendimento sull'uso del computer da svolgere online
Ⓒ i corsi di apprendimento di qualsiasi natura da svolgere online
Ⓓ un certificato che attesta competenze sull'uso del computer

16 Una comunità virtuale: 4.1.1

A è formata da persone che comunicano utilizzando Internet
B usa come principale strumento di comunicazione l'e-mail
C utilizza i forum che richiedono la presenza contemporanea di tutti i partecipanti
D può essere formata da persone che non si sono mai viste

17 Quali affermazioni sui blog sono corrette? 4.1.2

A Sono pagine web
B Possono essere creati soltanto da specialisti
C Non possono contenere file multimediali
D Permettono di pubblicare sulla Rete anche a chi non conosce il linguaggio HTML

18 Per proteggersi durante le attività nelle comunità online: 4.1.3

A non bisogna usare messaggi privati
B bisogna bloccare gli utenti sconosciuti
C è necessario modificare le impostazioni sulla privacy
D bisogna installare un antivirus

19 La messaggistica istantanea: 4.2.1

Ⓐ comprende anche la posta elettronica
Ⓑ richiede connessioni a banda larga
Ⓒ consente l'invio di messaggi di testo in tempo reale
Ⓓ consente di pubblicare propri messaggi in rete

20 Gli SMS: 4.2.2

Ⓐ possono essere inviati esclusivamente mediante il telefono cellulare
Ⓑ si possono inviare con i programmi di posta elettronica
Ⓒ hanno il limite di 160 caratteri
Ⓓ devono utilizzare parole abbreviate di meno di 10 caratteri

21 Quale delle seguenti affermazioni sul protocollo VoIP è corretta? 4.2.3

Ⓐ Consente di comunicare inviando file di testo
Ⓑ Consente di comunicare tramite voce
Ⓒ Permette di comunicare soltanto fra computer
Ⓓ Richiede l'uso di un telefono

22 Nella comunicazione elettronica: 4.2.4

Ⓐ si possono usare messaggi molto lunghi visto che il testo scritto viaggia velocemente e non sovraccarica la rete
Ⓑ non è necessario controllare l'ortografia perché questo tipo di errori viene corretto in automatico se è attiva la funzione «Correzione automatica»
Ⓒ si possono inviare informazioni personali riservate visto che viaggiano sempre in forma criptata
Ⓓ è importante non diffondere materiale inappropriato

23 La posta elettronica: 4.3.1

Ⓐ necessita dell'installazione di un apposito programma per la sua gestione
Ⓑ è un servizio che viene fornito, di solito gratuitamente, solo dal provider che ci fornisce la connessione a Internet
Ⓒ è un tipo di comunicazione asincrona
Ⓓ permette di inviare allegati con file di qualsiasi dimensione

24 Quali dei seguenti indirizzi e-mail sono scritti in modo corretto? 4.3.2

A nome.utente@provider.it
B nome utente@provider.it
C Nome.Utente@provider.com
D nomeutente(at)provider.it

25 Un allegato di posta elettronica può ritenersi affidabile se: 4.3.3

Ⓐ proviene da una persona conosciuta
Ⓑ è un file eseguibile
Ⓒ ha dimensioni minori di 1 MB
Ⓓ è stato esaminato da un programma antivirus

26 Il campo **Ccn** contiene l'indirizzo di: 4.3.4

Ⓐ un destinatario a cui il messaggio arriverà in forma criptata
Ⓑ un destinatario che non potrà vedere il mittente
Ⓒ un destinatario che non potrà vedere gli altri destinatari
Ⓓ un solo destinatario alla volta (non può contenerne di più)

27 Un virus può infettare un computer: 4.3.5

A quando si collega un nuovo mouse
B quando si inserisce un CD-ROM
C quando si inserisce una penna USB
D mediante il testo di un messaggio di posta elettronica

28 Il phishing: 4.3.6

Ⓐ si evita se il computer è protetto da un antivirus aggiornato
Ⓑ si rischia se si aprono gli allegati di posta elettronica
Ⓒ mira a individuare le credenziali degli utenti che ne sono vittima
Ⓓ indica genericamente tutti i virus che si trovano negli allegati di posta elettronica

29 La cartella **Posta in uscita:** 5.1.2

A contiene i messaggi scritti ma non ancora inviati
B è un sinonimo di «Posta inviata»
C non è presente nelle webmail
D nei programmi di gestione della posta elettronica non c'è

30 Quale delle seguenti affermazioni *non* è valida per un popup? 2.2.2

Ⓐ Può essere attivato dalla presenza di software malevoli
Ⓑ È una finestra che si apre nel browser senza la volontà dell'utente
Ⓒ Può essere bloccato nelle impostazioni del browser
Ⓓ Contiene sempre informazioni pubblicitarie

31 I cookie: 2.2.3

Ⓐ sono virus della categoria degli spyware
Ⓑ sono file che vengono memorizzati illegalmente quando si visitano siti poco raccomandabili
Ⓒ sono file che consentono ai siti di registrare le preferenze dei navigatori
Ⓓ sono quei dati che digitiamo nei moduli e che si ripropongono in automatico quando ridigitiamo i caratteri iniziali

32 I segnalibri: 2.3.1

A permettono di raggiungere un sito senza ridigitare l'indirizzo
B sono gli indirizzi che compaiono facendo clic nella barra degli indirizzi del browser
C in alcuni browser vengono chiamati «Preferiti»
D vengono memorizzati in automatico quando si visita un sito

33 I minori: 3.2.3

Ⓐ possono navigare liberamente se sul computer è installato un software antivirus
Ⓑ possono diffondere le loro informazioni personali, ma nessuno può farne uso perché sono minorenni
Ⓒ non possono avere accesso a Internet senza una dichiarazione scritta di un genitore
Ⓓ vanno protetti con un software adeguato che blocchi l'accesso a siti non adatti per la loro età

34 La cronologia: 2.1.8

A contiene l'elenco delle pagine visitate
B rimane fino alla chiusura del browser
C se si avvia la navigazione anonima non viene aggiornata
D deve essere eliminata in blocco

35 La home page del browser: 2.2.1

A è la pagina che viene aperta automaticamente al momento del suo avvio
B può essere impostata con un clic con il tasto destro in una parte vuota della pagina che si vuole impostare come tale
C può essere vuota
D è sempre l'ultima pagina che si è visitata prima di chiudere il browser

36 L'inoltro di un messaggio in Gmail: 5.2.3

Ⓐ non consente di modificare l'oggetto
Ⓑ non è automatico anche per gli allegati
Ⓒ può essere fatto indirizzando il messaggio a più persone
Ⓓ nel campo **A:** propone in automatico l'indirizzo del mittente

WORD PROCESSING
Elaborazione di testi

Questo MODULO guida all'uso di un programma di elaborazione testi per creare lettere e documenti.

Per superare l'esame ECDL relativo a questo MODULO, dovrai essere in grado di:

- lavorare con i documenti e salvarli in diversi formati;
- scegliere le funzionalità disponibili per migliorare la produttività, quali la Guida in linea;
- creare e modificare documenti di piccole dimensioni in modo che siano pronti per la condivisione e la distribuzione;
- applicare formattazioni diverse ai documenti per migliorarne l'aspetto prima della distribuzione e individuare buoni esempi nella scelta delle opzioni di formattazione più adeguate;
- inserire tabelle, immagini e oggetti grafici nei documenti;
- preparare i documenti per le operazioni di stampa unione;
- modificare le impostazioni di pagina dei documenti e controllare e correggere errori di ortografia prima della stampa finale.

Questo MODULO è disponibile online anche nella versione per Windows 10.

Sezione	Tema	Rif.	Argomento	Pagina
1 Utilizzo dell'applicazione	1.1 Lavorare con i documenti	1.1.1	Aprire, chiudere un programma di elaborazione testi. Aprire, chiudere dei documenti.	76-78
		1.1.2	Creare un nuovo documento basato sul modello predefinito, altri modelli del programma, quali: memo, fax, agenda.	94
		1.1.3	Salvare un documento all'interno di un'unità disco. Salvare un documento con un altro nome all'interno di un'unità disco.	76, 79
		1.1.4	Salvare un documento in un altro formato, quale: file di testo, RTF, modello, formato specifico del tipo di software o della versione.	77
		1.1.5	Spostarsi tra documenti aperti.	79
	1.2 Migliorare la produttività	1.2.1	Impostare le opzioni di base del programma: nome dell'utente, cartelle predefinite per aprire o salvare documenti.	91
		1.2.2	Usare la funzione di Guida in linea (help) del programma.	80
		1.2.3	Usare gli strumenti di ingrandimento/zoom.	90
		1.2.4	Mostrare, nascondere le barre degli strumenti. Minimizzare, ripristinare la barra multifunzione.	75, 81
2 Creazione di un documento	2.1 Inserire testo	2.1.1	Cambiare la visualizzazione di una pagina.	90
		2.1.2	Inserire del testo in un documento.	78
		2.1.3	Inserire caratteri speciali e simboli, quali: ©, ®, ™.	91
	2.2 Selezionare, modificare	2.2.1	Mostrare e nascondere i caratteri non stampabili, quali: spazi bianchi, segni di fine paragrafo, segni di interruzione di riga, caratteri di tabulazione.	90
		2.2.2	Selezionare caratteri, parole, righe, frasi, paragrafi o interi testi.	83
		2.2.3	Modificare il contenuto inserendo caratteri e parole all'interno di un testo esistente, o sovrascrivendo per sostituirlo.	82
		2.2.4	Usare un semplice comando di ricerca per trovare una parola o una frase specifica.	86
		2.2.5	Usare un semplice comando di sostituzione per modificare una parola o una frase specifica.	87
		2.2.6	Copiare, spostare del testo all'interno di un documento o tra documenti aperti.	84-85
		2.2.7	Cancellare del testo.	85
		2.2.8	Usare i comandi Annulla e Ripristina.	85
3 Formattazione	3.1 Formattare un testo	3.1.1	Cambiare la formattazione del testo: tipo e dimensioni dei caratteri.	88
		3.1.2	Applicare formattazioni, quali: grassetto, corsivo, sottolineato.	89
		3.1.3	Applicare formattazioni, quali: apici, pedici.	89
		3.1.4	Applicare colori diversi al testo.	88
		3.1.5	Applicare il comando Maiuscole/minuscole per modificare il testo.	89
		3.1.6	Usare la sillabazione automatica.	96
	3.2 Formattare un paragrafo	3.2.1	Creare, unire dei paragrafi.	78
		3.2.2	Inserire, eliminare le interruzioni di riga.	91
		3.2.3	Riconoscere le modalità corrette di allineamento del testo, quali: utilizzare gli strumenti di allineamento, rientro, tabulazione invece di inserire spazi bianchi.	92
		3.2.4	Allineare un testo a sinistra, al centro, a destra o giustificarlo.	81
		3.2.5	Applicare un rientro ai paragrafi: a sinistra, a destra, riga iniziale.	92
		3.2.6	Impostare, eliminare e usare le tabulazioni: a sinistra, al centro, a destra, decimale.	92
		3.2.7	Riconoscere le modalità corrette per spaziare i paragrafi, quali: applicare una spaziatura paragrafi invece di usare il tasto Invio.	78
		3.2.8	Applicare una spaziatura sopra, sotto i paragrafi. Applicare un'interlinea singola, da 1,5, doppia ai paragrafi.	93
		3.2.9	Inserire, eliminare punti e numeri da un elenco di un solo livello. Modificare lo stile dei punti e dei numeri di un elenco di un solo livello scegliendo tra le opzioni predefinite.	89

		3.2.10	Aggiungere a un paragrafo il contorno e un colore di ombreggiatura/sfondo.	93
	3.3 Utilizzare gli stili	3.3.1	Applicare uno stile carattere esistente al testo selezionato.	94
		3.3.2	Applicare uno stile paragrafo esistente a uno o più paragrafi.	94
		3.3.3	Copiare le caratteristiche di formattazione da un testo a un altro.	93
4 Oggetti	4.1 Creare una tabella	4.1.1	Creare una tabella per inserire del testo.	98
		4.1.2	Inserire e modificare dati in una tabella.	98
		4.1.3	Selezionare righe, colonne, celle e l'intera tabella.	98
		4.1.4	Inserire ed eliminare righe e colonne.	99
	4.2 Formattare una tabella	4.2.1	Modificare la larghezza delle colonne e l'altezza delle righe.	98
		4.2.2	Modificare lo spessore, lo stile e il colore del bordo delle celle.	98
		4.2.3	Applicare un colore di ombreggiatura/sfondo alle celle.	98
	4.3 Oggetti grafici	4.3.1	Inserire un oggetto (disegno, immagine, grafico) in una posizione specifica di un documento.	100-101
		4.3.2	Selezionare un oggetto.	100
		4.3.3	Copiare, spostare un oggetto all'interno di un documento, tra documenti aperti.	100
		4.3.4	Ridimensionare, eliminare un oggetto.	101
5 Stampa unione	5.1 Preparazione	5.1.1	Aprire, preparare un documento da utilizzare come documento principale per una stampa unione.	105
		5.1.2	Selezionare una lista di distribuzione, un altro tipo di file di dati, da utilizzare per una stampa unione.	105
		5.1.3	Inserire campi di dati in un documento principale di una stampa unione (lettera, etichette di indirizzi).	106
	5.2 Stampe	5.2.1	Unire una lista di distribuzione a una lettera o a un documento di etichette per produrre un nuovo file o una serie di stampe.	107
		5.2.2	Stampare i risultati di una stampa unione, quali: lettere, etichette.	107
6 Preparazione della stampa	6.1 Impostazione	6.1.1	Modificare l'orientamento di un documento: orizzontale, verticale. Modificare le dimensioni della pagina.	102
		6.1.2	Modificare i margini di un intero documento: superiore, inferiore, destro, sinistro.	102
		6.1.3	Riconoscere le modalità corrette per inserire nuove pagine: utilizzare un'interruzione di pagina invece di usare il tasto Invio.	91
		6.1.4	Inserire, eliminare un'interruzione di pagina in un documento.	91
		6.1.5	Inserire, modificare il testo nell'intestazione, piè di pagina.	97
		6.1.6	Inserire dei campi nell'intestazione, piè di pagina, quali: data, numero di pagina, nome del file.	97
		6.1.7	Applicare la numerazione di pagina automatica a un documento.	97
	6.2 Controllo e stampa	6.2.1	Usare gli strumenti di controllo ortografico ed eseguire le modifiche, quali: correggere gli errori, cancellare le ripetizioni.	96
		6.2.2	Aggiungere nuove parole al dizionario interno al programma utilizzando uno strumento di controllo ortografico.	96
		6.2.3	Visualizzare l'anteprima di un documento.	103
		6.2.4	Stampare un documento su una stampante predefinita utilizzando impostazioni, quali: documento completo, pagine specifiche, numero di copie.	103

1 A che cosa serve il *word processor*

I vantaggi dei programmi per l'elaborazione di testi con il computer e le conoscenze di base necessarie per farne uso

I programmi per l'*elaborazione dei testi* (detti anche *di videoscrittura* o, in inglese, *word processor*) sono le applicazioni software più diffuse perché sono semplici da usare e si rivelano utili nei settori più disparati della vita quotidiana, dalla scuola al lavoro al tempo libero. Con un word processor si può scrivere infatti una lettera privata o una relazione ufficiale, un articolo di giornale o una ricerca scolastica, un diagramma schematico o una pagina web.

I vantaggi del word processor. Le macchine da scrivere di una volta permettevano soltanto di digitare un testo e di stamparlo; nel migliore dei casi, la macchina permetteva di effettuare piccole correzioni di refusi.

Quando si usa un elaboratore di testi, invece, il testo digitato sulla tastiera viene memorizzato all'interno del computer: si può quindi riaprire e modificare in qualsiasi momento il documento creato, per poi stamparlo quando si è soddisfatti del risultato; oppure lo si può inviare con la posta elettronica ad altre persone, che potranno a loro volta modificarlo o stamparlo.

Con il computer è possibile elaborare i contenuti dei documenti in vari modi, senza essere costretti a digitarne nuovamente il testo. Si può per esempio:

- spostare parti di un documento per organizzarlo meglio
- copiare testi da un documento a un altro
- evidenziare i concetti più importanti, con sottolineature o colori
- scegliere tra molti diversi caratteri, di cui si può cambiare il formato e il colore
- impaginare il testo su più colonne, con margini variabili o in forma di tabella
- inserire caratteri speciali, formule, disegni e fotografie
- controllare la correttezza dell'ortografia e delle strutture grammaticali
- creare indici in modo automatico.

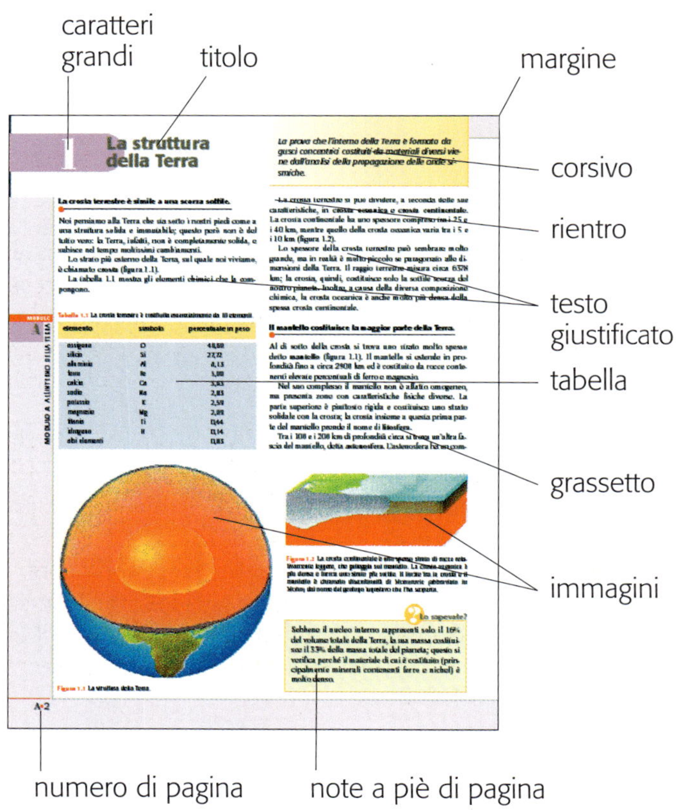

Figura 1 Le principali caratteristiche di un documento di testo

Per fare buon uso di un word processor è bene avere familiarità con alcuni termini tecnici usati per descrivere le caratteristiche di un documento, che sono riassunti nella figura 1.

L'interfaccia del word processor. Tutti i programmi di videoscrittura hanno un'interfaccia grafica con alcune caratteristiche comuni. Quando si lancia l'applicazione, si apre una finestra simile a quella mostrata nella figura 2, che contiene:

- in alto la *barra del titolo* con il nome del programma e quello del documento attualmente aperto;
- al centro la *finestra del documento*, un'area di lavoro bianca che rappresenta il foglio; quando si digita sulla tastiera, il testo compare sul foglio nella posizione in cui si trova il *cursore*;
- sulla destra (ed eventualmente anche in basso) una *barra di scorrimento* per far scorrere il foglio;
- il *righello*, che mostra la disposizione dei tabulatori e i margini sinistro e destro dei paragrafi e del documento;
- la *barra di stato*, che mostra informazioni sullo stato del documento in lavorazione: per esempio la pagina in cui si trova in questo momento il cursore.

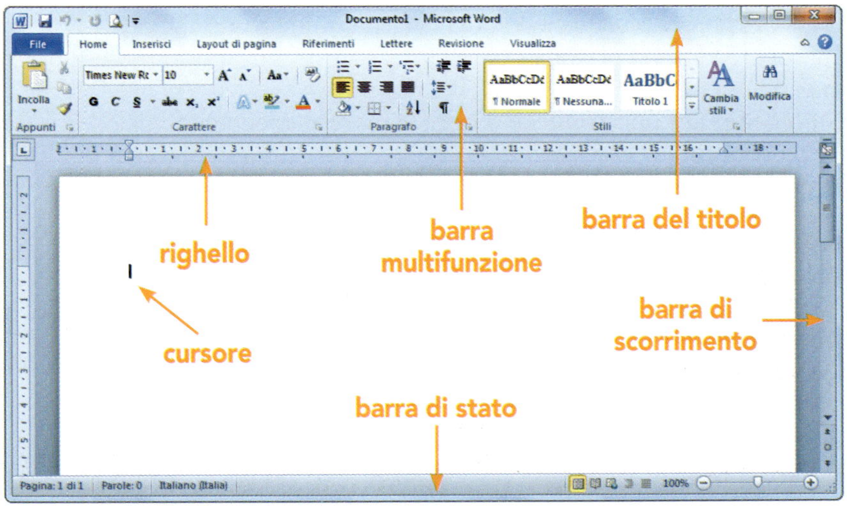

Figura 2
Gli elementi dell'interfaccia di Word 2010

1.2.4 L'interfaccia di Word 2010 è caratterizzata dalla *barra multifunzione* (in alto nella figura 2). Rispetto a Word 2007 è stato di nuovo esplicitato il menu **File**.

Le funzioni a disposizione sono rappresentate da icone attive al clic del mouse, raggruppate in modo tematico in schede (**Home**, **Inserisci**, **Layout di pagina** e così via). Per passare da una scheda all'altra si fa clic sulle relative linguette.

Si può nascondere la barra multifunzione facendo doppio clic (o un clic con il tasto destro del mouse) sulla scheda attiva in quel momento; resteranno visibili soltanto le linguette, su cui fare doppio clic quando si desidera riaprire la barra multifunzione.

Altri programmi utili. Il sistema operativo Windows include gratuitamente *WordPad*, un programma con le funzionalità di base comuni a tutti i word processor; lo si apre dal **menu Avvio** (pulsante) scegliendo **Tutti i programmi** e poi **Accessori**.

La versione italiana dell'elaboratore di testi *open source* OpenOffice Writer si può scaricare liberamente dal sito web **http://it.openoffice.org**.

La suite Google Drive (**http://drive.google.com**) è un servizio gratuito che consente di lavorare sui documenti direttamente *on line*, anche in collaborazione con altri utenti, senza dover scaricare e installare alcun software.

ESERCIZI Collega ciascuna scritta con la corretta descrizione del suo formato:

a *word processor*	1 testo in grassetto
b word processor	2 testo che usa caratteri (*font*) diversi
c word processor	3 testo in corsivo
d word processor	4 testo con dimensioni diverse

► Altri esercizi a pagina 108

2 Creare e salvare un documento

Aprire il programma Word, creare un documento, salvarlo in diversi formati e chiudere l'applicazione

A partire da questa scheda costruiremo gradualmente un documento che racconta la storia del computer.

Inizialmente si tratterà di un semplice testo; aggiungeremo poi via via elementi come numeri di pagina, note, immagini e tabelle, dotando così il nostro documento di caratteristiche simili a quelle delle pubblicazioni editoriali.

Nel corso delle prossime schede dovrai creare numerosi documenti di testo; conviene quindi creare fin d'ora una nuova cartella in cui salvarli per poterli poi ritrovare facilmente.

Se il tuo computer non contiene ancora la cartella **informatica**, crea per prima cosa una cartella con questo nome nel disco rigido **C:**. Al suo interno crea poi una nuova sottocartella e assegnale il nome **testi**.

1.1.1 **Avviare Word e creare un documento di testo.** Per avviare Word dal desktop di Windows, fai clic sul pulsante che si trova in basso a sinistra.

Nel menu che appare seleziona la voce **Tutti i programmi**, quindi la cartella **Microsoft Office** e nel sottomenu scegli **Microsoft Office Word 2010**, come nella figura 3.

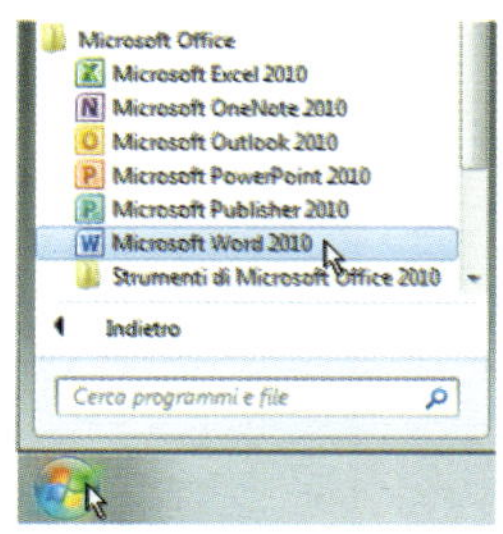

Figura 3 Aprire Word

Come tutti gli elaboratori di testo, Word una volta lanciato apre un nuovo documento vuoto; per incominciare il lavoro, quindi, non devi far altro che inserire il testo.

Inizia digitando «Breve storia del computer»; questa sarà la prima riga del documento e fungerà da titolo generale della relazione che andremo a scrivere.

Premi *due volte* il tasto Invio della tastiera, inserisci poi i titoli delle sezioni, premendo dopo ciascun titolo il tasto Invio, così da ottenere il risultato della figura 4.

È anche possibile creare nuovi documenti a partire da modelli preimpostati, come vedremo più avanti nella scheda 11.

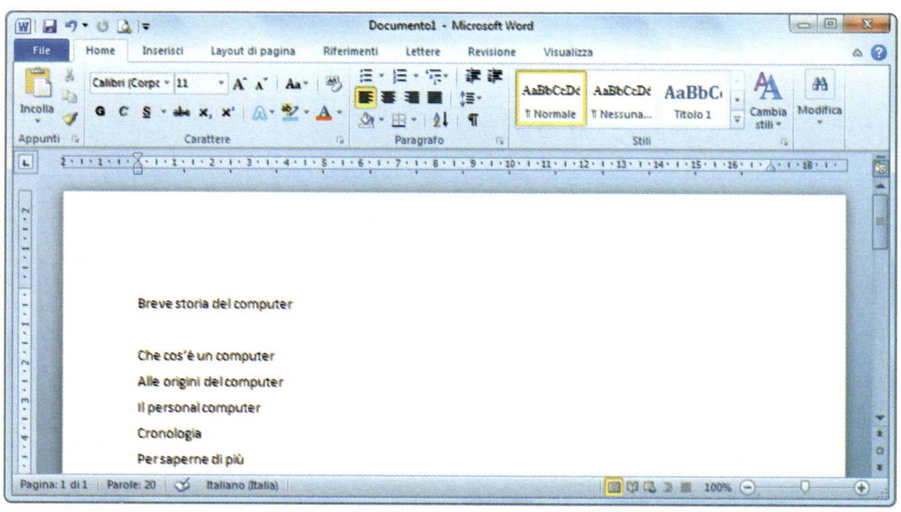

Figura 4 La prima versione del nostro documento

1.1.3 **Salvare un documento.** Finora il computer ha memorizzato tutti i dati in modo temporaneo nella RAM, assegnando al file il nome provvisorio **Documento1**. Ora devi *salvarlo* (per memorizzarlo in modo permanente su uno dei dispositivi del computer) e assegnargli un nome convenzionale.

Fai clic su **File** in alto a sinistra (o sull'icona) e scegli la voce **Salva con nome**: apparirà la finestra di dialogo della figura 5a. Qui puoi definire le impostazioni per il salvataggio del documento:

- assegna al file un nome facile da ricordare, digitando sulla tastiera «Storia del computer» nella casella **Nome file**;
- nel menu a discesa **Salva come** scegli poi il formato **.rtf** (figura 5a);
- usa quindi il riquadro di spostamento a sinistra per scegliere la cartella **informatica\testi** del disco rigido creata all'inizio della scheda;
- quando hai completato queste scelte, fai clic sul pulsante **Salva**.

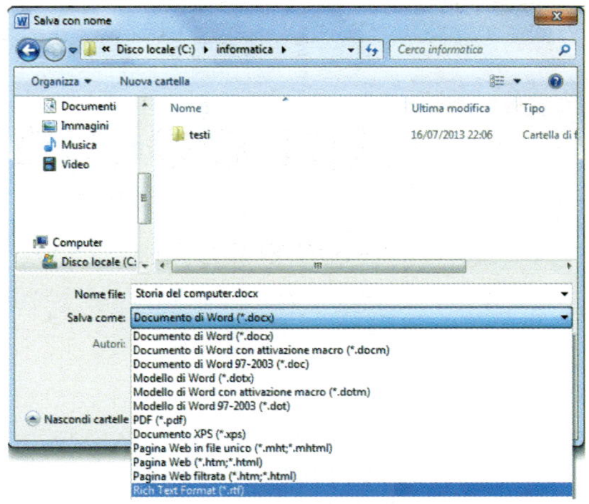

Figura 5a La finestra di dialogo *Salva con nome*

Se colleghi al computer un disco rimovibile, come una chiave USB, e ripeti la procedura scegliendo la sua unità, potrai memorizzarvi una copia di *backup* del documento.

1.1.4 **Formati di salvataggio.** Il formato **rtf** (*Rich Text Format*) rappresenta soltanto una delle possibili scelte offerte dal programma, come puoi vedere in basso nella figura 5a.

In Word 2010 il formato predefinito dei file ha l'estensione **.docx** (**.dotx** per i modelli di documento) ed è incompatibile con le versioni del programma precedenti a quella 2007, che ha introdotto il formato **.docx**. Da Word 2003 per esempio non si può aprire un documento **.docx** per modificarlo.

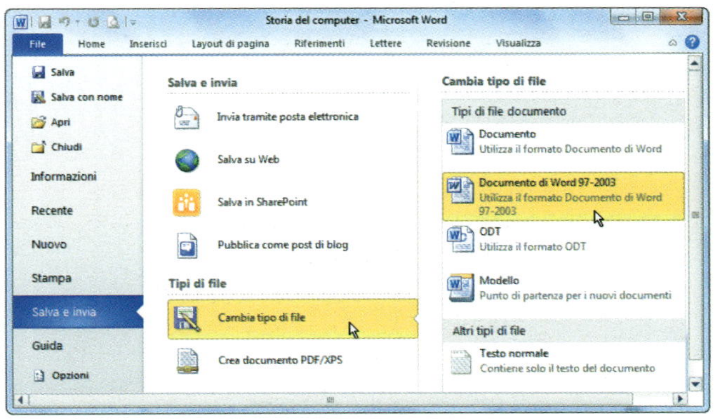

Figura 5b Il salvataggio in formato compatibile con Word 2003

Per poter scambiare i documenti con chi usa versioni precedenti di Word, bisogna salvarli in formato **Documento di Word 97-2003** (**.doc**), con la tecnica della figura 5a oppure aprendo il menu **File** e scegliendo l'opzione **Salva e invia**, come nella figura 5b.

Il formato con l'estensione **.rtf** è vantaggioso perché è compatibile con ogni word processor ed è indipendente dalla versione del programma usato.

È possibile salvare anche in numerosi altri formati, per esempio **.htm** (che è il formato usato per le pagine web e rende i file leggibili dai browser).

1.1.1 **Chiudere un file e il programma.** Per chiudere il documento attualmente attivo, si sceglie dal menu **File** la voce **Chiudi**. Invece per chiudere il programma (e tutti gli eventuali documenti aperti) si sceglie dal menu **File** la voce **Esci** oppure si fa clic sull'icona della barra del titolo.

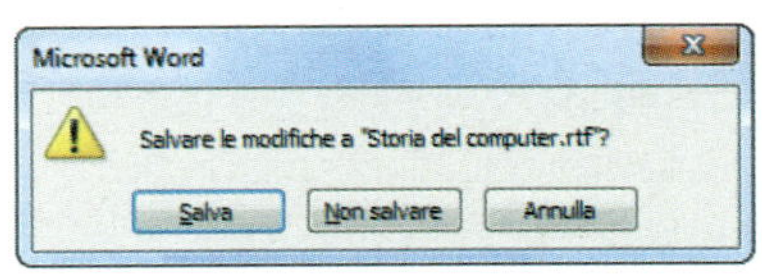

Figura 6 L'avviso che compare se si chiude il file senza salvare le modifiche

Se dimentichi di salvare il file prima di chiudere, Word mostrerà l'avviso della figura 6.

Se fai clic sul pulsante **Sì**, le modifiche che hai apportato al file verranno registrate. Se invece premi il pulsante **No**, il lavoro fatto sul documento non sarà memorizzato dal computer. Il pulsante **Annulla**, come sempre nelle finestre di dialogo, annullerà l'operazione riportandoti alla finestra del programma.

ESERCIZI

1. Apri Word e scrivi nel nuovo documento i tuoi dati anagrafici, su più righe, come in una carta d'identità.
2. Salva il file nella cartella **C:\informatica\testi** assegnandogli come nome il tuo nome proprio e il formato **.rtf**.
3. Salva poi con lo stesso nome una copia di riserva del file su un disco rimovibile.
4. Chiudi il documento uscendo da Word.

▶ Altri esercizi a pagina 108

3 Modificare un documento salvato

Come modificare un documento, salvarlo di nuovo e lavorare simultaneamente su più documenti

Il file **Storia del computer.rtf** creato nella scheda precedente contiene per il momento soltanto alcuni titoli.

In questa scheda vogliamo inserire nel documento il testo del primo paragrafo, *Che cos'è un computer* (figura 7). Dovremo perciò aprire il file **Storia del computer**, modificarne il contenuto con l'aggiunta di nuovo testo e salvare il file modificato.

1.1.1 **Aprire un file esistente.** Dopo aver aperto il programma Word, fai clic su **File** in alto a sinistra e nel menu scegli la voce **Apri**.

Nella finestra di dialogo che appare (figura 8), usa il riquadro di spostamento a sinistra per posizionarti sulla cartella **C:\informatica\testi**.

Se non vedi il documento **Storia del computer.rtf**, fai clic sul menu **Tipo file** e scegli il formato corrispondente (oppure l'opzione **Tutti i file**).

Ora puoi selezionare il documento con il mouse e poi fare clic sul pulsante **Apri**.

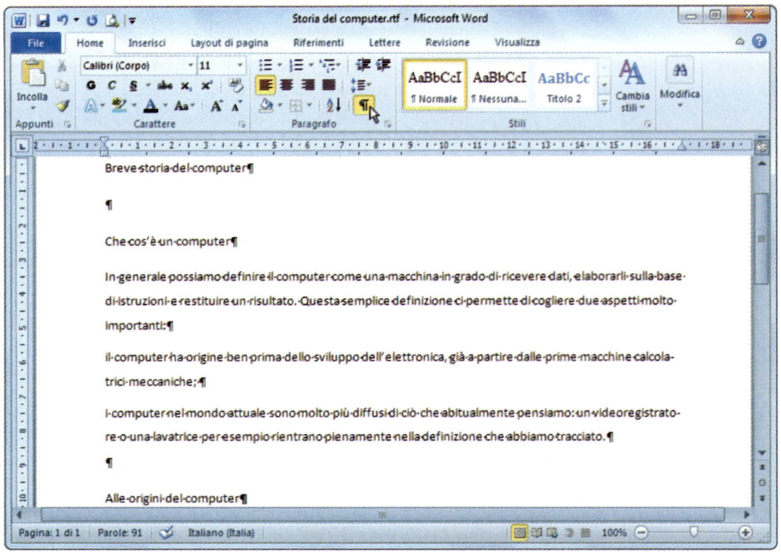

Figura 7 L'aggiunta di nuovo testo al documento *Storia del computer*

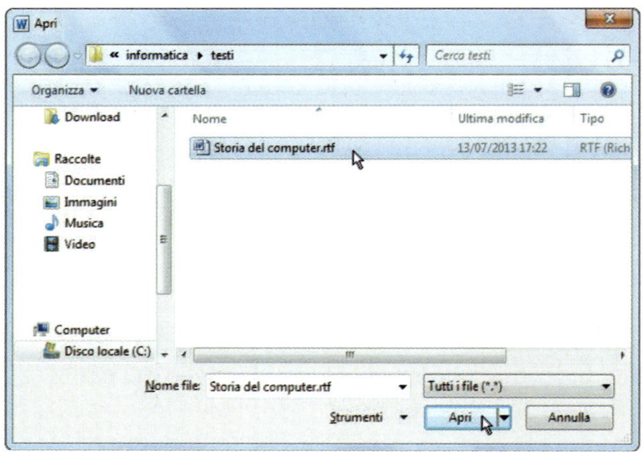

Figura 8 La finestra di dialogo *Apri*

2.1.2 **Inserire nuovo testo.** Vogliamo ora inserire un testo sotto il titolo *Che cos'è un computer*. Fai clic con il mouse a destra del titolo e premi il tasto [Invio] per andare a capo:
3.2.7 Word creerà così una nuova riga vuota, dove puoi digitare il nuovo testo.
3.2.1

Copia ora nel documento la definizione evidenziata nella figura 7, andando a capo nei punti indicati. Se non premi il tasto [Invio], il programma andrà a capo automaticamente quando raggiungi la fine della riga.

Gli elaboratori di testi interpretano la pressione del tasto [Invio] come apertura di un nuovo paragrafo (simbolo ¶, che puoi visualizzare facendo clic nella barra multifunzione sull'icona ¶ del gruppo **Paragrafo** della scheda **Home**, come nella figura 7).

Come abbiamo visto, l'uso di questo tasto permette anche di inserire righe bianche che scandiscono il testo, separando i paragrafi e rendendone più facile la lettura. Per ottenere questo effetto è però meglio impostare una spaziatura di entità uniforme prima di ogni paragrafo (vedremo in dettaglio nella scheda 10 come si procede per farlo). Infatti, se si usa il tasto [Invio] per creare la spaziatura tra i paragrafi, potrà capitare che, inserendo ulteriori paragrafi tra quelli esistenti, il testo scivoli in basso e gli a capo preesistenti finiscano per trovarsi posizionati all'inizio della pagina successiva. Inoltre, se si usano più invii per separare i paragrafi, le spaziature risulteranno disomogenee se non si preme sempre il tasto Invio uno stesso numero di volte.

Per unire due paragrafi è sufficiente cancellare il simbolo ¶ presente fra un paragrafo e il successivo. È anche possibile andare a capo senza iniziare un nuovo paragrafo, premendo insieme i due tasti ⇧ e Invio della tastiera, oppure selezionando dal menu dell'icona **Interruzioni**, nel gruppo **Imposta pagina** della scheda **Layout di pagina**, la voce **Disposizione testo**.

1.1.3 **Salvare il documento modificato.** Dopo aver digitato il testo, per far sì che le modifiche vengano memorizzate dovrai *salvare* il documento.

Se vuoi semplicemente *aggiornare* il documento, cioè sostituire alla vecchia versione che avevi aperto («brutta copia») la nuova versione modificata («bella copia»), basterà fare clic su **File** e poi sulla voce **Salva** o sull'icona nella barra di accesso rapido in alto: in questo modo la precedente versione di **Storia del computer** sarà *sovrascritta* da quella appena creata.

A volte può essere utile conservare anche la vecchia versione del documento; puoi farlo con l'opzione **Salva con nome** (vedi figura 5a della scheda precedente) assegnando al file un nome diverso, per esempio **Storia del computer (vers1)**, oppure lasciando immutato il nome del file modificato, ma memorizzandolo in una cartella diversa.

1.1.5 **Aprire più documenti.** Word consente di lavorare con più file nella stessa sessione. Per esempio, se mentre leggi un documento vuoi prendere appunti e conservarli a parte, puoi semplicemente creare un nuovo documento in cui scriverli.

In tal caso potrai passare da un documento all'altro facendo clic sull'icona **Cambia finestra** della scheda **Visualizza** della barra multifunzione e selezionando il nome del file desiderato, oppure facendo clic sulla sua icona nella barra delle applicazioni.

È inoltre possibile aprire più documenti creati in precedenza e lavorare contemporaneamente su di essi. Per farlo si sceglie **File** e poi **Apri**.

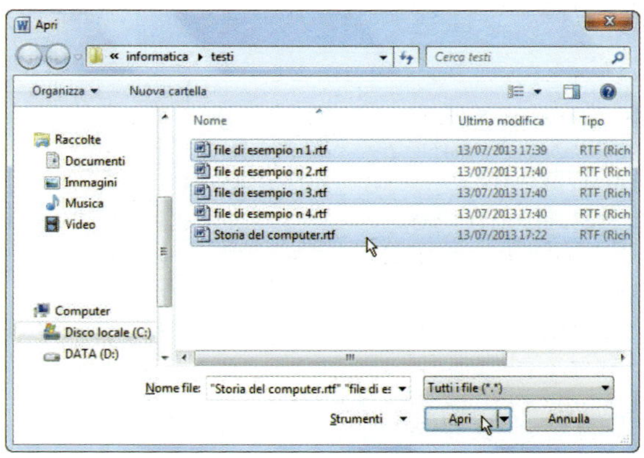

Figura 9
La selezione di più file non contigui (con il tasto *Ctrl* premuto)

A questo punto si aprirà la finestra della figura 9, ove bisogna selezionare tutti i file che si desidera aprire. Puoi selezionare più di un file nei modi seguenti:

- se i file sono contigui, fai clic sul primo e poi sull'ultimo premendo il tasto ⇧
- se i file non sono contigui, fai clic in sequenza su quelli che ti interessano tenendo premuto il tasto Ctrl.

È infine possibile selezionare più file facendo clic in un punto qualsiasi della finestra e trascinando il mouse sopra tutti i file da selezionare. Una volta effettuata la selezione, per aprire i file si fa clic su **Apri** o si preme Invio.

Si potrà poi passare da un documento all'altro usando l'icona **Cambia finestra** della scheda **Visualizza**, oppure la barra delle applicazioni al fondo dello schermo.

Si possono anche visualizzare simultaneamente tutti i documenti aperti, usando una delle due icone **Disponi tutto** oppure Affianca della scheda **Visualizza**.

ESERCIZI

1. Apri Word e scrivi su tre righe i nomi di tre componenti hardware del computer (esempio: processore, memoria RAM, disco fisso).
2. Apri una nuova sessione di Word e scrivi le caratteristiche dei componenti relative al computer che stai usando (per esempio: Athlon 2000 MHz, 1 GB, 100 GB).
3. Salva i due file nella cartella **C:\informatica\testi**, rispettivamente con i nomi **componenti.rtf** e **caratteristiche.rtf**.

▶ Altri esercizi a pagina 108

4 Le impostazioni generali

Come usare la *Guida in linea*, gli altri strumenti di aiuto, le icone della *barra multifunzione* e alcune scorciatoie

Come tutte le applicazioni, Word offre alcuni *vademecum* che aiutano a conoscere le diverse opzioni e procedure del programma e a risolvere i problemi che si presentano mentre lo si usa. Inoltre esistono «scorciatoie» per effettuare rapidamente le operazioni più frequenti, posizionando i relativi pulsanti nella barra di accesso rapido che è sempre visibile in alto, oppure usando combinazioni di tasti della tastiera come alternativa al clic del mouse sulle icone della barra multifunzione.

***Tooltip* e spiegazioni puntuali.** Un primo aiuto per gli utenti di Word viene dai cosiddetti *tooltip*: se si ferma il puntatore del mouse sui diversi elementi della finestra del programma, appariranno scritte che ne descrivono concisamente la funzione, come nell'esempio della figura 10.

Nelle finestre di dialogo come questa (che corrisponde alla voce **Opzioni di Word** del menu **File**) il pulsante ? in alto a destra, vicino al pulsante di chiusura, apre la pagina della Guida in linea che contiene informazioni specifiche sulle varie scelte disponibili nella finestra.

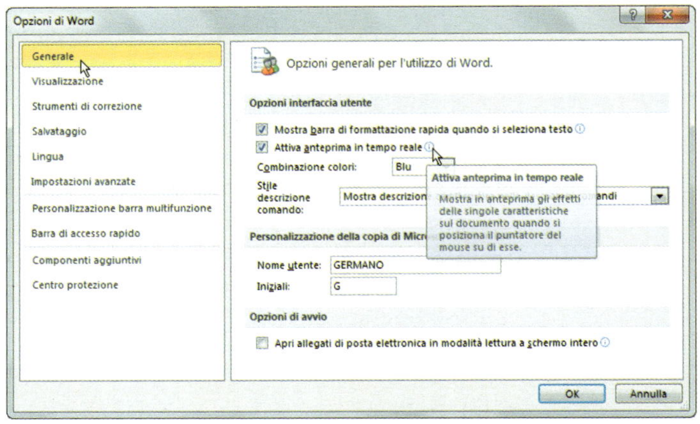

Figura 10
Le impostazioni generali di Word

1.2.2 **La Guida in linea.** La *Guida in linea* di Word (figura 11) si apre premendo il tasto F1 della tastiera o facendo clic con il mouse sul pulsante ? nella barra multifunzione.

La Guida è un documento ipertestuale che contiene informazioni relative a ogni aspetto del programma.

Alle diverse sezioni si può accedere mediante un indice per argomento (**Sommario**) oppure con una ricerca per parole chiave (inserendo nella casella in alto i termini sui quali si vogliono ottenere informazioni, e poi facendo clic su **Cerca**).

Se si dispone di un collegamento a Internet, si può fare clic sul pulsante **Offline**, in basso a destra nella figura 11, per andare online e consultare in rete una Guida più completa e aggiornata, nel sito Microsoft **office.com** (figura 12).

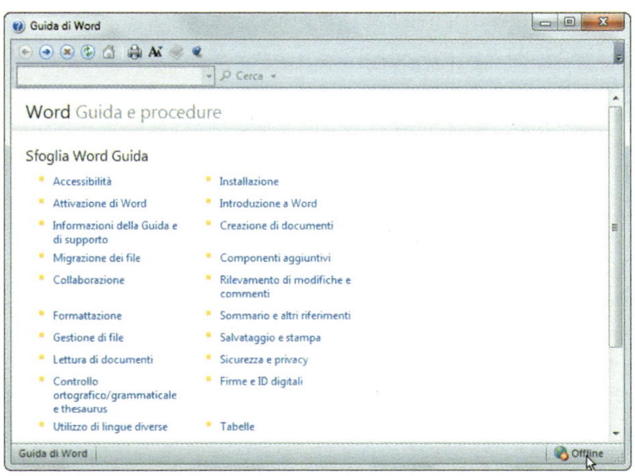

Figura 11
La *Guida* di Word

Figura 12
La versione *on line* della *Guida*

3.2.4 **Selezionare un testo e riallinearlo.** Nelle precedenti schermate di Word (vedi per esempio la figura 7) l'icona del gruppo **Paragrafo** della scheda **Home** appare in colore arancione, cioè attivata: infatti gli elaboratori di testo per default allineano sempre il testo al margine sinistro della pagina. Vogliamo invece che il titolo del nostro scritto (*Breve storia del computer*) appaia *centrato* rispetto ai margini della pagina.

Se il cursore si trova nella prima riga del documento, è sufficiente fare clic sull'icona della barra multifunzione: istantaneamente il titolo si sposterà al centro della pagina, come nella figura 13.

Figura 13
Centrare un testo

Il metodo ora descritto permette sempre di cambiare l'allineamento dell'*intero paragrafo* in cui è posizionato il cursore (nel nostro caso la prima riga del testo).

Oltre a centrare il testo, lo si può anche allineare a sinistra o a destra. In queste forme di allineamento il margine non allineato resta irregolare. Per ovviare a tale situazione si può utilizzare l'allineamento giustificato, che allinea il testo sia a destra sia a sinistra, aumentando in modo uniforme lo spazio fra una parola e l'altra.

Le funzioni di allineamento si possono attivare anche con un clic sulla freccetta al piede del gruppo **Paragrafo** nella scheda **Home**, oppure facendo clic con il tasto destro del mouse sul paragrafo da allineare e scegliendo la voce **Paragrafo**.

Ora puoi salvare le modifiche apportate al documento. Poiché non vuoi cambiare il nome del file né il suo formato, fai semplicemente clic sull'icona della barra di accesso rapido, oppure sulla voce **Salva** del menu che si apre facendo clic su **File**.

1.2.4 **Personalizzare l'interfaccia di Word.** La barra di accesso rapido a fianco del pulsante con l'icona di Word mostra sempre, qualunque sia la scheda della barra multifunzione visualizzata, un insieme di icone con le funzioni di uso più frequente.

Per default il programma propone nella barra di accesso rapido i pulsanti **Annulla** e **Ripristina**, insieme al pulsante di salvataggio del file.

Per aggiungere o rimuovere pulsanti, fai clic sulla freccetta a destra della barra. Apparirà il menu **Personalizza barra di accesso rapido**, dove puoi spuntare i comandi per aggiungerli o rimuoverli; la figura 14 per esempio mostra come aggiungere alla barra la funzione **Anteprima di stampa**.

Con la voce **Altri comandi** puoi accedere all'elenco di tutti i comandi di Word. Puoi anche aggiungere un comando direttamente dalla barra multifunzione: fai clic con il tasto destro del mouse sulla sua icona, poi scegli **Aggiungi alla barra di accesso rapido** dal menu contestuale.

Infine puoi personalizzare la barra anche facendo clic su **File**, poi su **Opzioni** e scegliendo la voce **Barra di accesso rapido** tra le **Opzioni di Word**.

Per nascondere (o ripristinare) la barra multifunzione si può fare doppio clic sull'etichetta della scheda attiva, fare clic sulla freccetta in alto a destra, o fare clic con il tasto destro sulla barra di accesso rapido e selezionare (o deselezionare) **Riduci a icona**.

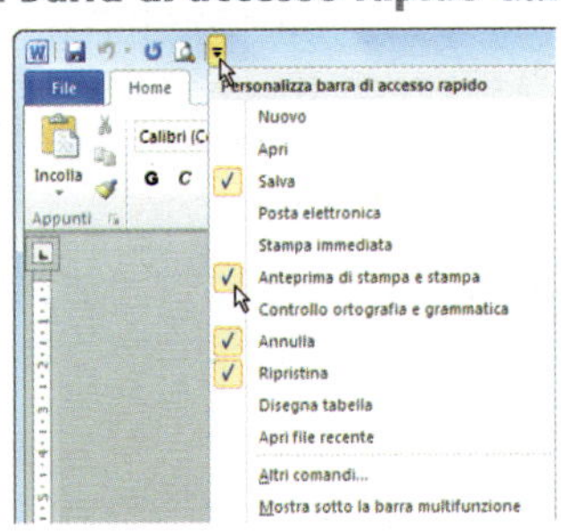

Figura 14
Personalizzare la barra di accesso rapido

ESERCIZI

1. Apri un nuovo documento con il programma Word.
2. Scrivi un titolo seguito da alcune righe che descrivono le attività per le quali trovi utile il computer.
3. Usa le icone della barra multifunzione, prima per centrare il titolo, poi per allineare al margine *destro* tutto il resto del testo.
4. Salva il file nella directory **C:\informatica\testi**.

► Altri esercizi a pagina 108

5 Inserire e selezionare il testo

Come spostarsi all'interno di un documento e come selezionare un brano di testo per poter operare su di esso

Negli elaboratori di testi vi sono due principali modalità di lavoro:

- la modalità di *inserimento* del testo, che è caratterizzata dalla presenza della barra verticale intermittente chiamata *cursore*
- la modalità di *selezione* del testo, nella quale una parte del testo appare *in negativo*, cioè in colore bianco su sfondo scuro.

2.2.3 **Inserire un testo.** Apri con Word il file **Storia del computer**; il programma si presenta in modalità di inserimento, con il cursore a sinistra della prima riga di testo.

Per default ogni testo inserito si *aggiunge* a quello esistente; se invece vuoi *sovrascrivere* il testo esistente, basta selezionarlo e poi digitare il testo che lo sostituirà.

Prima di aggiungere nuovo testo, bisogna sempre posizionare il cursore nel punto in cui si desidera fare l'inserimento. Per inserire il testo evidenziato nella figura 15, per esempio, il cursore dovrà trovarsi a destra del titolo *Alle origini del computer*.

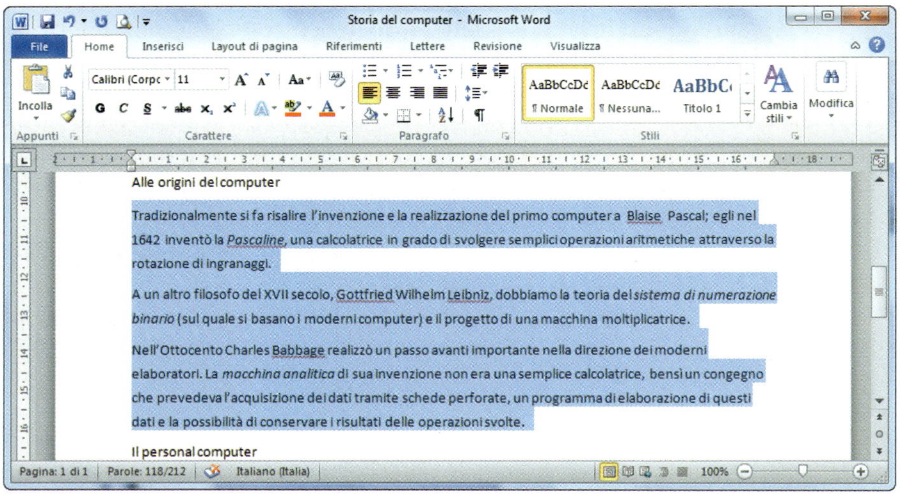

Figura 15 Il testo aggiunto al documento in questa scheda

Il modo più semplice per spostare il cursore è fare clic con il mouse nella posizione desiderata. In alternativa, senza alzare le mani dalla tastiera, puoi usare il tasto ↓ per scendere di una riga alla volta, poi il tasto → per spostarti a destra nella riga.

Quando il cursore è a destra del titolo *Alle origini del computer*, premi il tasto Invio ↵ e poi digita i tre nuovi paragrafi evidenziati nella figura 15. Aggiungi infine una riga bianca e salva le modifiche fatte.

Muovere il cursore nel testo. Ora il cursore è alla fine del testo inserito; vogliamo però tornare alla prima riga e aggiungere il nome di Pascal (Blaise) prima del cognome.

Puoi spostare rapidamente il cursore mediante l'uso combinato di alcuni tasti della tastiera, con le tecniche riassunte nella tabella 1. Se per esempio tieni premuto Ctrl e schiacci più volte ↑, vedrai il cursore salire nel testo *un paragrafo alla volta*. Quando arrivi al paragrafo che parla di Pascal, usa → (sempre tenendo premuto Ctrl) per spostarti *una parola per volta* fino al cognome: ora potrai digitare «Blaise».

Scorrere il testo senza spostare il cursore. Quando si lavora a un documento è spesso utile poter rileggere brani lontani dalla posizione in cui si sta inserendo il testo, senza spostare il cursore dal punto di inserimento.

Tabella 1 Come usare la tastiera per spostare il cursore all'interno di un documento di testo.

Con questi tasti...	...il cursore si sposta:	...e tenendo premuto anche [Ctrl]:
[Fine]	alla fine della riga	alla fine del documento
[↖]	all'inizio della riga	all'inizio del documento
[→] oppure [←]	un carattere per volta	una parola per volta
[↑] oppure [↓]	una riga per volta	un paragrafo per volta
[Pag ↑] oppure [Pag ↓]	una videata per volta	una pagina per volta

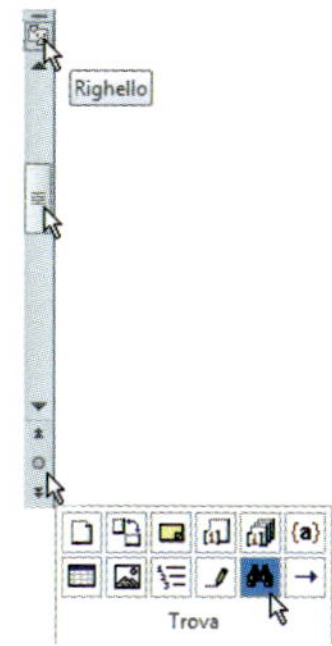

In questi casi si usa la *barra di scorrimento* verticale della finestra del documento (e se esso supera la larghezza della finestra del programma, apparirà un'analoga barra di scorrimento orizzontale).

Se si fa clic sulle frecce, il testo scorrerà gradualmente, riga per riga; se si trascina con il mouse il blocchetto rettangolare («ascensore»), il testo scorrerà rapidamente.

Con il pulsante in testa alla barra si può visualizzare o nascondere il righello.

Le doppie frecce in basso fanno scorrere il documento una pagina alla volta.

Il pulsantino in basso tra le doppie frecce consente di scegliere l'oggetto da sfogliare (per esempio tabelle o grafici, invece del testo) e dà accesso ad alcune funzioni di uso frequente, come **Trova**.

2.2.2 **Come si può selezionare un testo.** Finora ci siamo occupati dell'inserimento di nuovo testo. Quando invece si intende operare su una parte di testo già esistente, bisogna per prima cosa *selezionare* quella parte del testo.

Per farlo puoi posizionare il cursore subito *prima* del testo che vuoi selezionare e poi, tenendo premuto il tasto sinistro del mouse, trascinare il mouse finché il testo voluto appare evidenziato, *oppure* tenere premuto il tasto [⇧] e fare clic sull'ultimo carattere del testo da selezionare.

Selezionare un testo è un modo per *mettere sull'avviso* il programma: quando poi si invierà un comando (per esempio «copia», «cancella» oppure «assegna un particolare formato al carattere», come vedremo nelle prossime schede) il word processor saprà che quel comando va applicato soltanto al testo selezionato.

Con l'opzione **Seleziona tutto** dell'icona [Seleziona ▾], nella scheda **Home** della barra multifunzione, si seleziona l'intero contenuto di un file. Lo stesso risultato si può ottenere anche con un triplo clic nella zona a sinistra del testo, ove il cursore assume la forma di una freccia rivolta a destra.

Tabella 2 Altre tecniche per selezionare parti di un documento di testo.

In questo modo...	...si seleziona:	...e tenendo premuto anche [Ctrl]:
clic su una parola		la frase di cui fa parte
doppio clic su una parola	la parola	
triplo clic su una parola	il paragrafo di cui la parola fa parte	
clic a sinistra di una riga	l'intera riga	l'intero documento
[⇧] + [Fine]	dal cursore alla fine della riga	dal cursore alla fine del documento
[⇧] + [↖]	dal cursore all'inizio della riga	dal cursore all'inizio del documento
[⇧] + [←] o [→]	un carattere per volta	dal cursore a inizio/fine della parola
[⇧] + [↑] o [↓]	una riga per volta	dal cursore a inizio/fine del paragrafo
[⇧] + [Pag ↑] o [Pag ↓]	una videata per volta	

ESERCIZI

1. Apri il documento **Storia del computer**.
2. Inserisci nel testo il nome di Leibniz (Gottfried Wilhelm) prima del cognome.
3. Fai lo stesso, più sotto, per Babbage (che si chiamava Charles).
4. Salva il file senza cambiargli né il nome né la collocazione, poi chiudi Word.

▶ Altri esercizi a pagina 108

6 Copiare, spostare e cancellare

Come effettuare le più frequenti operazioni sul testo e come rimediare quando si commette uno sbaglio

Selezionare un testo da copiare. Apri con Word il documento di testo **origini del computer** che si trova nella sezione **modulo-3** del sito web che accompagna il libro. In alternativa crea un nuovo documento, digita il testo visibile nella parte inferiore della figura 16 e salvalo con il nome **origini del computer** in **C:\informatica\testi**.

Vogliamo ora copiare il contenuto di questo documento e aggiungerlo al testo già presente nel file **Storia del computer**, sotto il titolo *Alle origini del computer*.

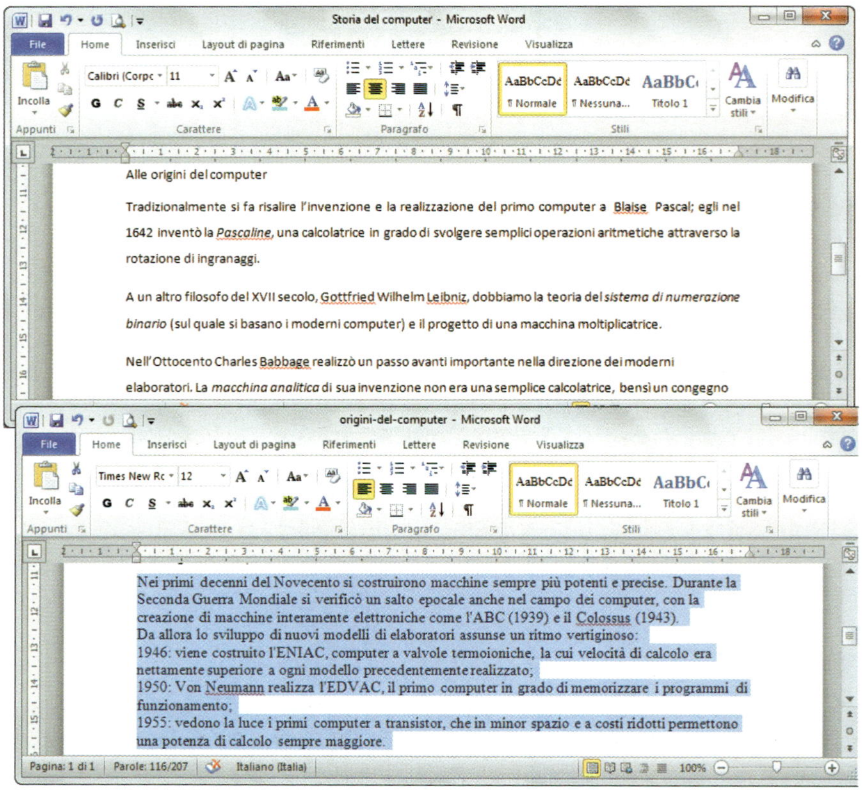

Figura 16 Testo selezionato per copiarlo da un documento all'altro

Apri entrambi i documenti come nella figura 16, usando l'icona **Disponi tutto** della scheda **Visualizza**. Per prima cosa dobbiamo selezionare il testo da copiare. In questo caso ci interessa l'intero testo del file **origini del computer**: quindi nella sua finestra, nel gruppo **Modifica** della scheda **Home**, fai clic su **Seleziona** e scegli la voce **Seleziona tutto**. Il testo ora apparirà in negativo, come nella figura 16.

2.2.6 **Copiare e incollare un testo.** Ora che hai selezionato il testo, puoi comunicare al programma che cosa intendi farne. Fai clic sull'icona **Copia** nella scheda **Home**: appena invii questo comando il computer memorizzerà una copia del testo selezionato in una speciale area di memoria temporanea (file **Appunti**). Questa copia potrà essere inserita (nel gergo informatico si dice «incollata», come se fosse un ritaglio di giornale) in un'altra posizione nello stesso documento, oppure in un altro file, come nel nostro caso.

Passa ora alla finestra del documento **Storia del computer** e posiziona il cursore nella riga bianca al fondo del paragrafo dedicato a Babbage: è in questa posizione, infatti, che vogliamo *incollare* il nuovo testo. Per completare l'operazione di *copia-e-in-*

colla, fai clic sull'icona **Incolla** della scheda **Home** (se stai copiando il testo dal file scaricato dal sito, scegli nel menu dell'icona **Incolla** la voce **Incolla speciale** e poi **Testo non formattato**: in questo modo il testo verrà incollato mantenendo il formato del documento di destinazione). Il testo di cui il computer aveva memorizzato una copia adesso apparirà anche nel documento Storia del computer.

Salva questo documento e chiudi la finestra del file origini del computer.

L'operazione di *copia-e-incolla*, oltre che con la scheda **Home**, può essere eseguita facendo clic con il tasto destro del mouse sul testo selezionato: si sceglie la voce **Copia** e poi, dopo aver posizionato il cursore nel punto in cui si vuole incollare, si fa di nuovo clic sul tasto destro e si sceglie fra le **Opzioni di incolla** quella che permette di mantenere solo il testo, facendo clic sull'icona A. Si può anche usare la combinazione di tasti Ctrl + C per copiare, e poi Ctrl + V per incollare.

2.2.6 **Tagliare e incollare un testo.** L'ultima frase del testo che abbiamo copiato parla già del personal computer: starebbe quindi meglio all'inizio dell'argomento successivo.

Vediamo allora come si possa *spostare* la frase all'interno del documento, usando il cosiddetto metodo *taglia-e-incolla*.

Seleziona la frase con uno dei metodi riassunti nella tabella 2 della scheda precedente, fai clic sull'icona **Taglia** della scheda **Home**, come nella figura 17. A questo punto il testo che avevi selezionato scomparirà.

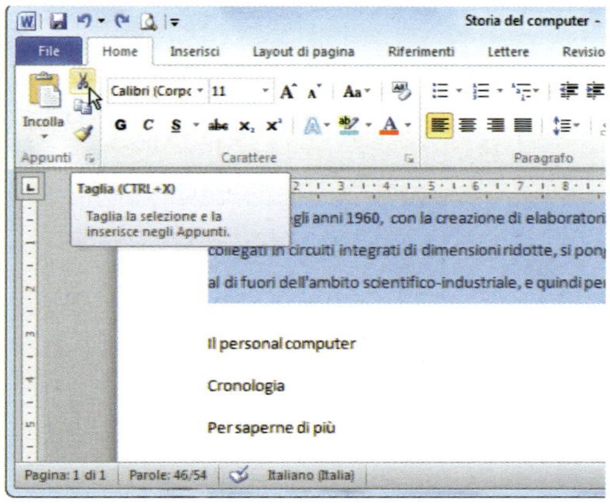

Figura 17
Spostare un testo dopo averlo selezionato

Ora posiziona il cursore a destra del titoletto *Il personal computer* e poi premi il tasto Invio (per fare spazio a un nuovo paragrafo), quindi fai clic sull'icona **Incolla** della scheda **Home**: il testo che avevi precedentemente «tagliato» riapparirà nella nuova posizione. Salva le modifiche apportate al documento.

Come abbiamo visto per il *copia-e-incolla*, anche per tagliare e incollare si può usare il tasto destro del mouse (o i tasti Ctrl + X per tagliare, e poi Ctrl + V per incollare).

Si può spostare un testo anche selezionandolo e poi semplicemente trascinandolo nel punto desiderato (che, quando si muove il mouse, sarà individuato da un cursore tratteggiato). La stessa operazione, se si tiene premuto il tasto Ctrl, produce una *copia* del testo trascinato.

2.2.7 **Cancellare un testo.** Se quando digiti un testo commetti un errore, per rimediare puoi posizionare il cursore a sinistra del testo sbagliato e premere il tasto Canc, oppure posizionarlo a destra del testo e premere il tasto ←. Con gli stessi due tasti puoi anche cancellare qualsiasi brano di testo che sia stato precedentemente selezionato.

2.2.8 **Annullare un'operazione.** Per recuperare un testo cancellato per errore si usa l'icona **Annulla** nella barra di accesso rapido: il documento ritorna così allo stato che precedeva l'ultima operazione. Se usi il comando più volte in successione, esso annullerà l'ultima, la penultima, la terzultima modifica, e così via. L'icona **Ripristina**, invece, permette di ripristinare un'operazione precedentemente annullata.

Puoi usare le icone **Annulla** e **Ripristina** della barra di accesso rapido anche per annullare o ripristinare numerose operazioni con un unico clic, come qui a fianco.

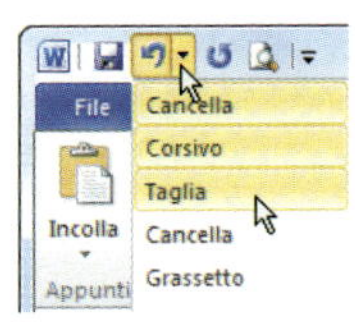

Attenzione: quando chiudi un file, il computer «dimenticherà» le ultime operazioni compiute; anche riaprendo il file, perciò, non potrai più annullarle o ripristinarle.

ESERCIZI

1. Crea un nuovo file contenente, su una sola riga, i nomi delle schede della barra multifunzione nell'ordine in cui sono disposte (**Home**, **Inserisci**, e così via).
2. *Copia-e-incolla* l'elenco nella riga sottostante, poi in quella riga sposta i singoli nomi in modo da disporli in ordine alfabetico.
3. Salva il file in C:\informatica\testi come schede.rtf, poi chiudi Word.

▶ Altri esercizi a pagina 108

7 Trovare e sostituire parole o frasi

Come fare ricerche all'interno del testo e sostituire automaticamente caratteri, parole o frasi

Il word processor sa fare ricerche nel testo. Immagina di consultare un libro sulla storia del computer, alla ricerca di informazioni sul ruolo avuto da Blaise Pascal. Nell'indice dei nomi (se è disponibile) troverai l'elenco delle pagine in cui è citato il filosofo francese; dovrai poi aprire ciascuna di quelle pagine e identificare i brani che ti interessano.

Nei documenti in formato digitale, invece, è possibile trovare istantaneamente qualsiasi sequenza di caratteri, parola o intera frase, ovunque essa appaia nel testo.

2.2.4 **Trovare una parola o una frase specifica.** Apri il file **Storia del computer** e fai clic sull'icona **Trova** nel gruppo **Modifica** della scheda **Home**; si aprirà un riquadro con una casella di ricerca in cui puoi digitare il termine da cercare; appariranno evidenziati tutti i termini trovati, e facendo clic sulle freccette nere potrai passare da un termine trovato al successivo (o al precedente).

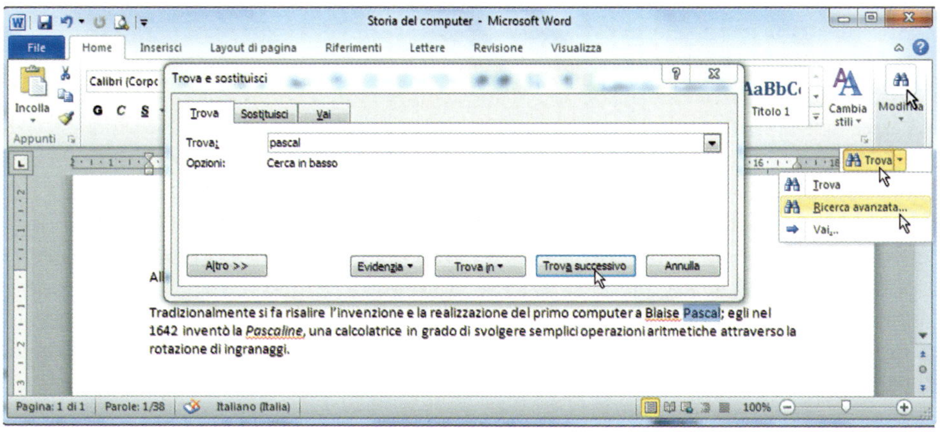

Figura 18
L'uso della finestra di dialogo *Trova*

Selezionando la voce **Ricerca avanzata**, si aprirà la finestra della figura 18. Se nella casella di ricerca digiti «pascal» e poi fai clic su **Trova successivo**, il programma troverà la prima occorrenza di quella sequenza di sei caratteri, ed evidenzierà la parola *Pascal* nel testo, come mostra la figura 18.

Eseguire ricerche esatte. Prova ora a premere ancora il tasto **Trova successivo**: vedrai che questa volta sarà evidenziata la parola *Pascaline*, o per meglio dire le sue prime sei lettere.

Per default, infatti, il comando **Trova** attiva la ricerca della *sequenza di caratteri* specificata, indipendentemente dal fatto che essa formi una parola di senso compiuto o che sia invece parte di una parola più lunga.

Inoltre l'impostazione predefinita del programma non distingue i caratteri minuscoli da quelli maiuscoli. Prova per esempio a cercare i caratteri maiuscoli «CAL»: il comando **Trova successivo** evidenzierà in sequenza le parole *calcolatrici* ed *epocale*.

Se vuoi trovare in un documento soltanto le parole che corrispondono esattamente al testo che hai digitato, e far sì che il programma distingua i caratteri maiuscoli dai minuscoli, dovrai fare clic nella finestra di dialogo sul pulsante **Altro** e poi spuntare le opzioni **Solo parole intere** e **Maiuscole/minuscole**, come mostrato qui a fianco.

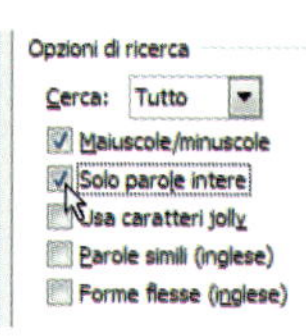

Puoi continuare a fare clic su **Trova successivo** per cercare in tutto il documento la parola (o anche la frase) che ti interessa.

Quando l'elaboratore arriva al termine del documento, una finestra come quella a lato ti avviserà del fatto che la ricerca è terminata: ciò significa che il testo non contiene altre sequenze di caratteri corrispondenti a quella che hai specificato.

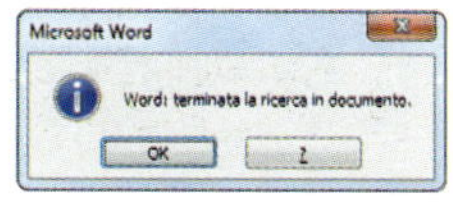

Le opzioni di ricerca si possono attivare anche con un clic sull'icona, poi facendo clic sulla freccina a destra della casella di ricerca e selezionando **Opzioni**.

2.2.5 **Sostituire il testo.** Se vuoi cambiare in modo automatico una parola o una frase, ovunque essa si presenti nel testo, sostituendola con un'altra sequenza di caratteri, fai clic sull'icona **Sostituisci** della scheda **Home**: apparirà la finestra della figura 19 (puoi anche partire dalla finestra usata per fare la ricerca, selezionando la scheda **Sostituisci**).

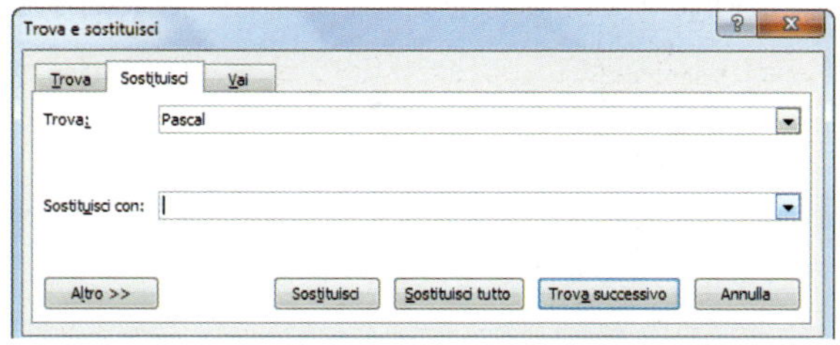

Figura 19 La finestra di dialogo *Sostituisci*

Qui hai la possibilità non soltanto di cercare una sequenza di caratteri (come descritto sopra) ma anche di *sostituirla*, una volta che l'hai trovata, con una sequenza diversa che digiterai nella casella **Sostituisci con**.

È importante sottolineare che con questa finestra di dialogo puoi decidere *caso per caso* se sostituire o meno: quando Word evidenzia una parola trovata, infatti, puoi fare clic su **Sostituisci**, oppure proseguire la ricerca con un clic su **Trova successivo**; soltanto nel primo caso i caratteri trovati saranno sostituiti.

L'opzione **Sostituisci tutto** va usata soltanto quando si è proprio sicuri di voler sostituire tutte le occorrenze trovate: infatti il programma procederà automaticamente alle sostituzioni nell'intero documento, senza che sia possibile fermarlo.

Le funzioni **Trova** e **Sostituisci** sono accompagnate anche da un pulsante **Seleziona** che dà accesso a quattro opzioni, come mostrato qui a lato.

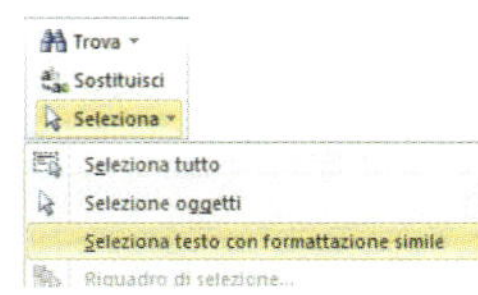

La prima opzione consente di selezionare l'intero documento, la seconda singoli oggetti (come grafici o tabelle).

La terza opzione, **Seleziona testo con formattazione simile**, seleziona automaticamente tutti i testi (anche molto distanti fra loro) che nel documento sono formattati in modo identico al testo selezionato, o in cui si trova il cursore. Questa funzione è utile, per esempio, se si desidera cambiare l'aspetto di tutti i titoli interni a un documento, oppure trasformare tutti i grassetti in corsivi, e così via.

La quarta opzione permette di attivare il **Riquadro di selezione** in cui saranno evidenziati tutti gli oggetti trovati.

Tabella 3 Le scorciatoie che in Word permettono di usare i tasti della tastiera invece delle icone della barra di accesso rapido o della scheda **Home**.

comando	combinazione di tasti	icona
Copia	Ctrl + C	
Taglia	Ctrl + X	
Incolla	Ctrl + V	
Annulla	Ctrl + Z	
Cancella	Canc o ←	
Trova	Ctrl + ⇧ + T	
Sostituisci	Ctrl + ⇧ + S	

ESERCIZI

1. Apri con Word il documento **Storia del computer**.
2. Verifica che con il comando **Trova** è possibile cercare anche intere frasi: cerca per esempio nel documento le espressioni «il computer» e «programma di elaborazione».
3. Cerca ora la frase «DEL computer»: verifica che con l'impostazione di default il programma la trova più volte, mentre non la trova affatto se attivi l'opzione **Maiuscole/minuscole**.

► Altri esercizi a pagina 108

8 Le formattazioni più comuni

Modificare il tipo, le dimensioni, lo stile e il colore dei caratteri, creare elenchi puntati e allineare i testi

In questa scheda renderemo più gradevole e leggibile il nostro documento introducendo alcune *formattazioni* del testo, così da ottenere il risultato della figura 20.

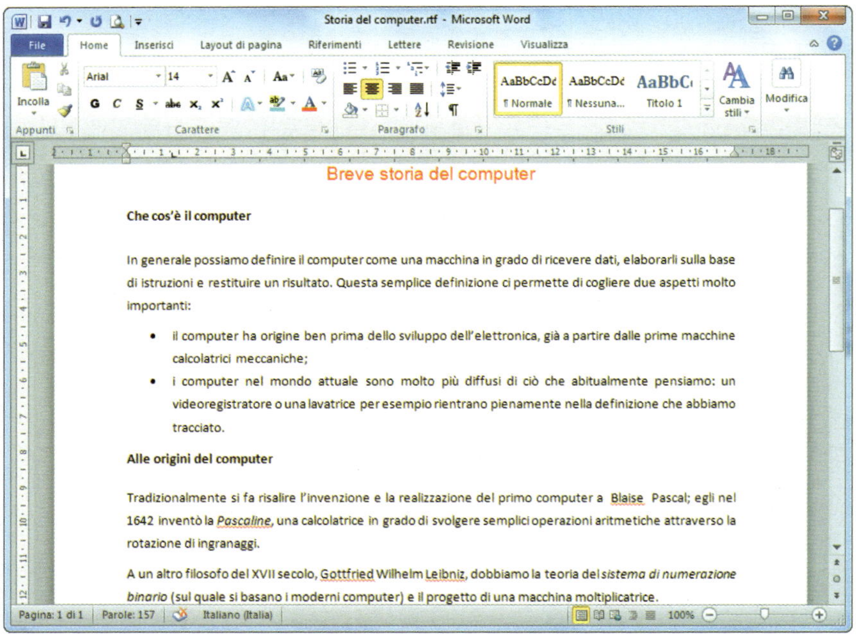

Figura 20 Il documento dopo le formattazioni applicate in questa scheda

3.1.1
3.1.4 **Cambiare tipo, dimensione e colore dei caratteri.** Attualmente l'intero documento è scritto con il carattere (o font) Calibri di dimensione pari a 11 punti: questa è infatti l'impostazione predefinita, cioè standard, di Word 2010 (nelle versioni precedenti di Word era Times New Roman 12).

Per prima cosa vogliamo dare maggior risalto al titolo, vale a dire al testo della prima riga, cambiandone il tipo di carattere, la dimensione e il colore.

Dopo aver aperto il file **Storia del computer**, seleziona il titolo del documento e poi nel gruppo **Carattere** della scheda **Home** fai clic sulla freccetta a fianco della casella con il font: si aprirà così il menu a discesa che vedi a sinistra nella figura 21. Scegli il font **Arial**, poi usa il menu a fianco per assegnare il valore **14** punti alla dimensione del carattere (figura 21 a destra).

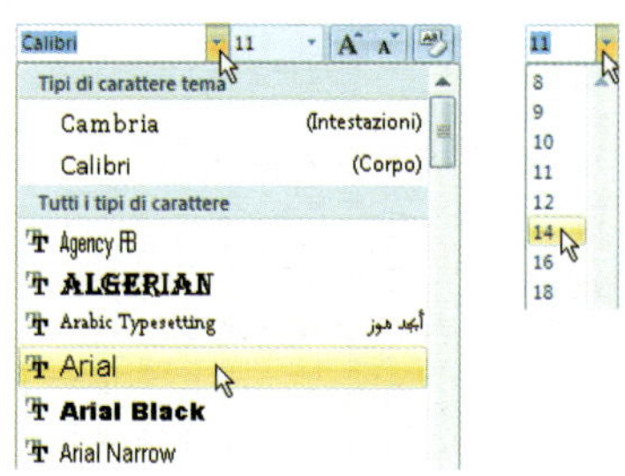

Figura 21 Cambiare tipo e dimensione dei caratteri

Per modificare queste e altre caratteristiche del font, puoi fare clic sulla freccetta al piede del gruppo **Carattere**, o fare clic con il tasto destro del mouse sul testo.

A questo punto il titolo, che avevi selezionato per modificarlo, continua a essere evidenziato. Fai clic sulla freccetta a fianco dell'icona per assegnare al testo un colore diverso dal nero di default. Nel menu a discesa scegli per esempio il colore rosso, come qui a fianco. L'icona ora assumerà l'aspetto , e potrai applicare lo stesso colore ad altri testi semplicemente facendo clic su di essa.

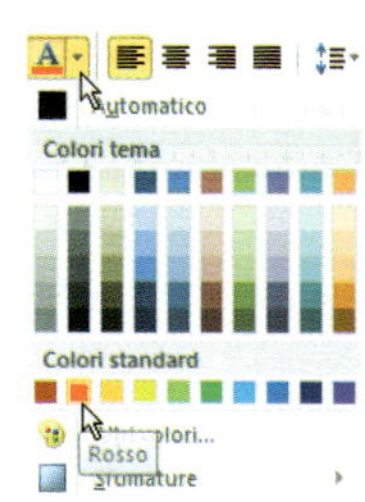

Le ultime tre operazioni che hai effettuato dimostrano una proprietà generale e molto utile degli elaboratori di testo: dopo che si è selezionato un testo, è possibile agire su di esso in più modi (per esempio, applicandogli numerose formattazioni diverse) senza doverlo riselezionare ogni volta.

3.1.2 3.1.3 3.1.5 **Cambiare gli attributi del carattere.** Come passo successivo, vogliamo ora mettere in risalto i titoli dei singoli paragrafi facendoli apparire *in grassetto*, cioè con un carattere più marcato. Seleziona per primo il titoletto *Che cos'è un computer*, poi fai clic sull'icona : il testo normale si trasformerà in grassetto. Ripeti poi l'operazione per i titoli *Alle origini del computer* e *Il personal computer*.

Il corsivo (in inglese *Italic*) viene usato di solito per enfatizzare parole o frasi differenziandole dal resto del testo, anche se in modo meno marcato rispetto al grassetto. Applica questo attributo per prima cosa alla parola *Pascaline*: dopo averla selezionata, fai clic sull'icona . Poi ripeti la procedura per le altre parti del testo che vedi in corsivo nella figura 20. Infine salva le modifiche apportate al documento.

Con un procedimento simile puoi inserire una sottolineatura usando l'icona (il cui menu permette di scegliere tra varie sottolineature, per esempio doppia, spessa o tratteggiata). Anche queste caratteristiche si possono modificare dalla finestra che si attiva con la freccetta al piede del gruppo **Carattere** (o dal menu contestuale che si apre facendo clic con il tasto destro sul testo selezionato, scegliendo poi la voce **Carattere**).

Dalla stessa finestra, o con le icone e del gruppo **Carattere** della scheda **Home**, puoi applicare gli effetti *apice* (come per il 2 in $E=mc^2$) e *pedice* (come in H_2O).

Per rendere una parte di testo selezionata tutta minuscola, tutta maiuscola, con le sole iniziali maiuscole oppure con maiuscole e minuscole invertite, devi scegliere nel menu dell'icona del gruppo **Carattere** la trasformazione desiderata.

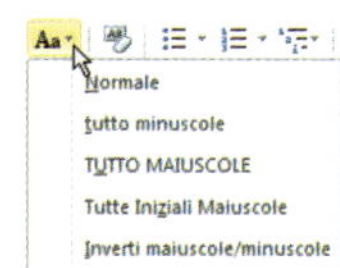

Molte tra le formattazioni che abbiamo descritto si possono applicare in modo comodo e veloce grazie a una finestrella contestuale che appare vicino al testo ogniqualvolta esso viene selezionato. Basta spostare su di essa il puntatore del mouse per poter scegliere con un clic le più comuni formattazioni.

Tra queste formattazioni ci sono anche i pulsanti della scheda **Home**, che consentono di ingrandire o rimpicciolire il corpo del testo selezionato con un semplice clic, senza dover scegliere valori numerici in un menu.

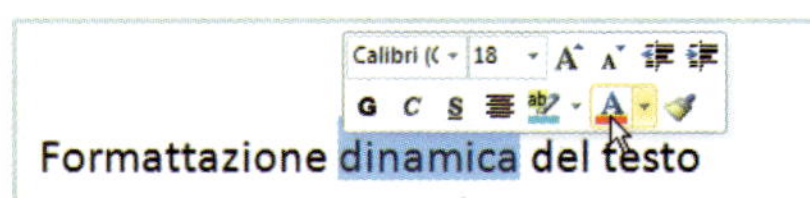

3.2.9 **Creare elenchi puntati e numerati.** Quando una parte del testo è in forma di elenco, può essere utile scandire i diversi punti con un'evidenziazione grafica.

Nel nostro caso questa considerazione si può applicare al secondo e al terzo paragrafo della sezione *Che cos'è un computer*. Seleziona entrambi i paragrafi e fai clic sull'icona nel gruppo **Paragrafo** della scheda **Home** per trasformarli in un *elenco puntato*.

Il menu dell'icona consente di scegliere tra diversi punti-elenco, come a sinistra nella figura qui a lato.

Puoi ottenere lo stesso risultato anche con un clic del tasto destro sui paragrafi selezionati, scegliendo la voce **Elenchi puntati** e quindi lo stile desiderato.

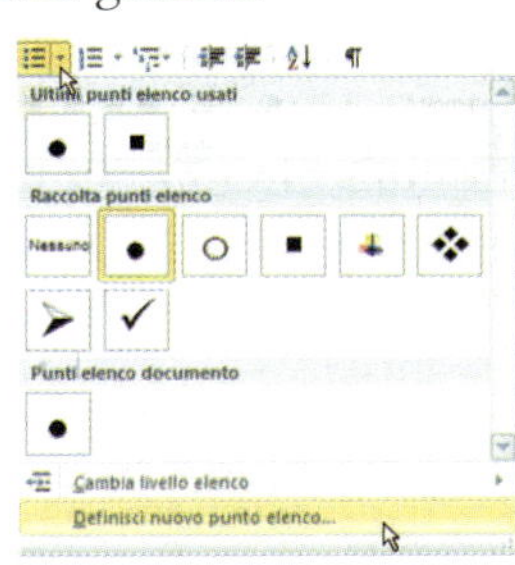

L'opzione **Definisci punto elenco** apre la finestra a destra nella figura: qui puoi personalizzare i punti-elenco scegliendo un simbolo (v. successiva figura 23b), un'immagine oppure un carattere formattato. Ora all'inizio di ciascuna delle due frasi comparirà un punto nero (o un segno con lo stile prescelto) e il testo apparirà rientrato rispetto al resto del documento, come nella figura 20.

Nota che nell'elenco il programma associa un punto soltanto alla riga iniziale di ciascun paragrafo (in corrispondenza cioè delle posizioni in cui avevi usato il tasto).

Per rimuovere un elenco puntato, selezionalo e fai clic sull'icona attivata : l'icona diventerà disattiva e l'elenco si trasformerà di nuovo in testo normale.

Per inserire elenchi *numerati*, anziché puntati, si procede in modo del tutto simile, ma questa volta usando l'icona nel gruppo **Paragrafo** della scheda **Home**, oppure scegliendo **Elenchi numerati** dal menu contestuale attivabile con il tasto destro.

ESERCIZI

1 Apri Word e crea un nuovo documento il cui testo riproduca quello mostrato nella figura qui a fianco.

2 Salva quindi il file nella cartella **C:\informatica\testi** con il nome **M3-08-esercizio.rtf**.

▶ Altri esercizi a pagina 108

testo normale in corpo 12
testo corsivo color verde
testo grassetto sottolineato
testo un po' piccolo un po' grande
font Arial, **font Arial Black**

9 Visualizzazioni e opzioni di Word

Come modificare la visualizzazione, inserire simboli e interruzioni di pagina e modificare le opzioni

1.2.3 **La visualizzazione dei documenti.** In Word 2010 i comandi per passare da una mo-
2.1.1 dalità di visualizzazione all'altra si trovano nel gruppo **Visualizzazioni documento** del-
2.2.1 la scheda **Visualizza**.

La modalità di visualizzazione standard di un documento è **Layout di stampa**, che mostra un'anteprima della pagina vera e propria (come nella figura 22 a sinistra). Nella modalità **Bozza** (a destra nella figura 22) il foglio occupa invece l'intera finestra, massimizzando così l'area di lavoro disponibile.

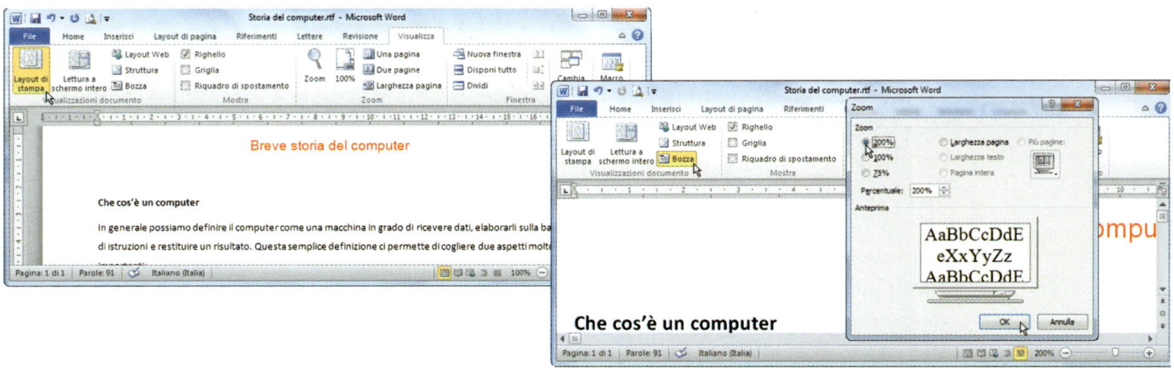

Figura 22 Esempi delle diverse modalità di visualizzazione

L'icona **Lettura a schermo intero**, sempre nel gruppo **Visualizzazioni documento**, espande il documento a tutto schermo, senza gli elementi di interfaccia di Word. Per ritornare alla visualizzazione precedente si può fare clic sul pulsante **Chiudi** che appare in alto a destra, oppure premere il tasto Esc sulla tastiera.

Le altre modalità del gruppo **Visualizzazioni documento**, **Struttura** e **Layout Web**, sono destinate a un uso professionale.

Le diverse modalità di visualizzazione possono essere attivate anche facendo clic sulle iconcine poste in basso, sulla destra della barra di stato.

Al loro fianco c'è la barretta con il cursore che si può trascinare con il mouse per ingrandire o rimpicciolire la visualizzazione del documento. Un clic sui pulsanti agli estremi della barretta (con i segni «meno» e «più») consente di ridurre o aumentare del 10% l'ingrandimento.

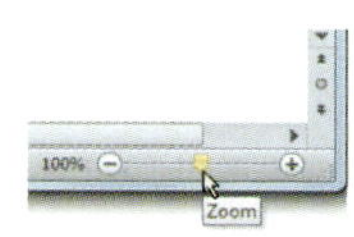

Puoi ingrandire o rimpicciolire anche facendo clic sull'icona **Zoom** della scheda **Visualizza**, per poi specificare un valore percentuale o scegliere tra impostazioni predefinite, come esemplificato a destra nella figura 22. Con un clic sull'icona **100%** si torna alla dimensione standard del foglio. Inoltre nel gruppo **Zoom** della scheda **Visualizza** ci sono le icone per visualizzare su **Una pagina**, su **Due pagine** o a **Larghezza pagina**.

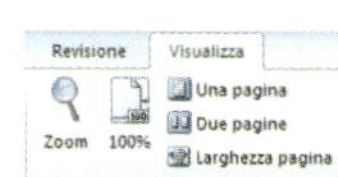

Un clic sull'icona ¶ della scheda **Home** visualizza tutti i ritorni a capo presenti nel documento (evidenziati con il simbolo ¶), gli spazi bianchi (evidenziati con un punto), le interruzioni di testo o di riga (evidenziati con una freccetta verso il basso) e i segni delle tabulazioni (evidenziati con una freccia verso destra). Se per esempio si vogliono unire due paragrafi consecutivi, basterà cancellare il simbolo ¶ che segna la fine del primo paragrafo.

Se si lavora con più documenti, Word li tiene aperti contemporaneamente e permette di passare dall'uno all'altro, oltre che usando le icone sulla barra delle applicazioni, mediante l'icona **Cambia finestra** nella scheda **Visualizza**, che mostra l'elenco dei file aperti, come nella figura qui a fianco. L'icona **Disponi tutto** della stessa scheda visualizza simultaneamente sullo schermo tutti i documenti aperti.

2.1.3 **Inserire simboli ed evidenziare il testo.** Word permette l'inserimento di segni grafici non presenti sulla tastiera attraverso l'icona **Simbolo** della scheda **Inserisci** (figura 23a). Appare un elenco dei simboli utilizzati più comunemente, e basta fare clic su un simbolo per inserirlo nel testo. Se invece il simbolo di cui si ha bisogno non è presente nell'elenco, si fa clic su **Altri simboli**.

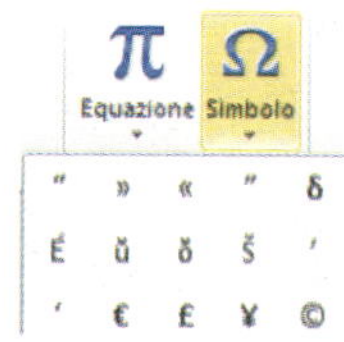

Figura 23a

Nella finestra che compare (figura 23b) si cerca il simbolo desiderato, si fa clic su di esso e poi sul pulsante **Inserisci**: il simbolo comparirà così ove si trova il cursore. A questo punto il pulsante **Annulla** diventa **Chiudi**, e al clic chiude la finestra.

Alcuni caratteri (come ©, ®, e ™) si possono inserire anche usando la linguetta **Caratteri speciali** della finestra.

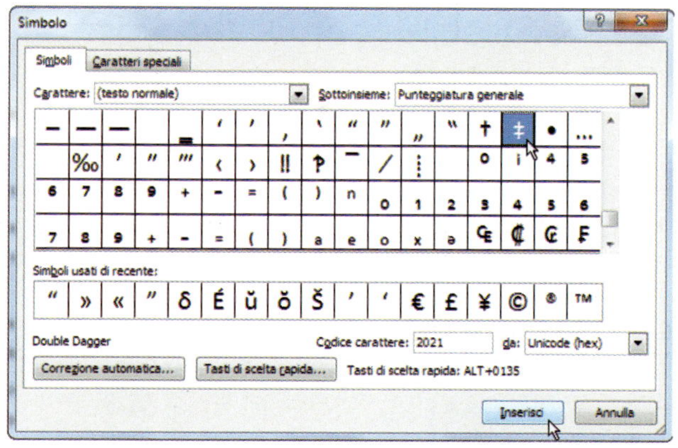

Figura 23b
La finestra di dialogo *Simbolo* della scheda *Inserisci*

Word consente inoltre di mettere in rilievo brani di testo, come si farebbe con un evidenziatore colorato: dopo aver selezionato il testo, si fa clic sull'icona **Evidenzia** nel gruppo **Carattere** della scheda **Home** (se il colore mostrato dall'icona è già quello desiderato) oppure sulla freccetta al suo fianco per scegliere un colore dal menu-tavolozza (figura 24).

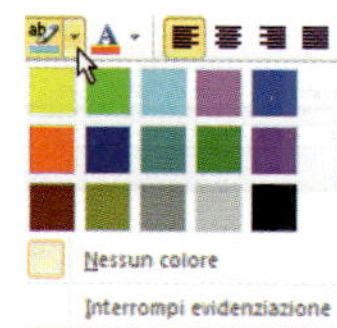

Figura 24

3.2.2 6.1.3 6.1.4 **Inserire ed eliminare interruzioni di pagina e di riga.** Se digiti un lungo testo, la gestione del passaggio da una pagina alla successiva è automatica. Spesso tuttavia è utile poter *imporre* l'inizio di una nuova pagina, anche quando la pagina precedente non è ancora piena di testo: questo si può fare usando l'icona **Interruzione di pagina** della scheda **Inserisci**, oppure premendo insieme i due tasti Ctrl e Invio della tastiera.

Non è mai saggio, per cambiare pagina, inserire righe vuote battendo più volte il tasto Invio: infatti, se in seguito si dovesse inserire o eliminare testo nella parte precedente del documento, il cambio di pagina non sarebbe più nella posizione desiderata.

Per rimuovere un'interruzione di pagina basta posizionarsi alla fine dell'ultima riga che la precede e battere il tasto Canc.

L'interruzione di pagina si può impostare anche dal menu dell'icona **Interruzioni** nel gruppo **Imposta pagina** della scheda **Layout di pagina**.

Dallo stesso menu, con la voce **Disposizione testo**, si può interrompere una riga senza interrompere il paragrafo (andando così a capo senza perdere le caratteristiche di formattazione). Lo stesso risultato si ottiene premendo insieme a Invio anche il tasto ⇧.

L'interruzione di riga si rimuove spostando il cursore alla fine della riga interrotta e premendo Canc.

1.2.1 **Le opzioni di Word.** Quando si fa clic sul pulsante Office, al piede del menu appare un pulsante **Opzioni di Word** (vedi la precedente figura 5b) che apre una finestra con molte opzioni distribuite su numerose schede.

Per esempio puoi impostare il nome dell'utente (opzione **Impostazioni generali**) digitandolo nella casella **Nome utente** e scegliere la cartella predefinita in cui salvare i documenti (opzione **Salvataggio**) specificandolo nella casella **Percorso predefinito**.

ESERCIZI

1. Crea un nuovo file di Word e riproduci il testo qui a fianco (font Arial con dimensione 14 punti).
2. Per inserire i simboli usa l'icona **Simbolo** della scheda **Inserisci**.
3. Salva il file in **C:\informatica\testi** con il nome **M3-09-esercizio.rtf**.

▶ Altri esercizi a pagina 108

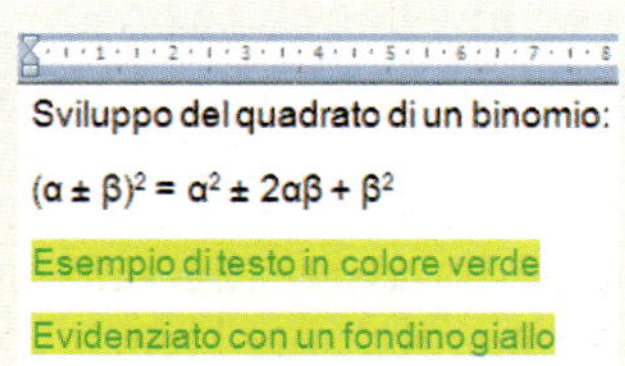

10 Formattazioni avanzate

Come inserire rientri a inizio paragrafo, variare l'interlinea, aggiungere bordi e sfondi

3.2.3 Per migliorare la leggibilità del testo è talvolta necessario inserire rientri o distanziare le righe una dall'altra. È bene evitare di inserire spazi bianchi per creare i rientri, o di premere ripetutamente il tasto Invio per separare le righe. Esistono invece apposite funzioni che permettono di ottenere lo stesso risultato in modo molto più efficace.

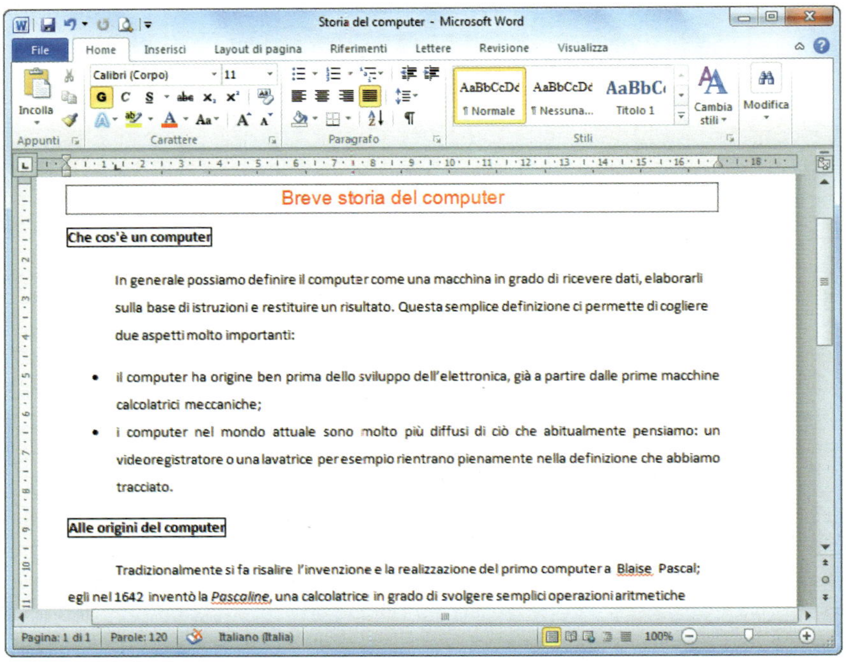

Figura 25 Il documento *Storia del computer* con le formattazioni di questa scheda

3.2.5 **Rientri e tabulazioni.** Apri il file **Storia del computer**. Per far *rientrare* rispetto al margi-
3.2.6 ne del testo la prima riga di ciascun paragrafo, trascina con il mouse l'indicatore superiore del righello, come qui a fianco. Se invece volessi far *sporgere a sinistra* il testo della prima riga, dovresti trascinare verso destra l'indicatore inferiore «rientro sporgente».

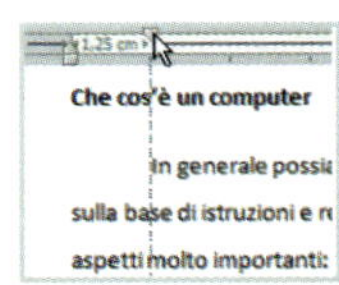

Con l'indicatore inferiore a forma di quadratino puoi impostare il rientro sinistro dell'intero paragrafo; per il rientro destro usa l'indicatore all'estrema destra del righello.

In alternativa puoi fare clic sulla freccetta posta al piede del gruppo **Paragrafo** della scheda **Home**: appare la finestra della figura 26, dove puoi modificare i rientri sinistro o destro, specificandone l'entità nelle rispettive caselle.

Per incolonnare il testo si usano le *tabulazioni*. Per prima cosa posiziona il cursore a sinistra del testo da incolonnare; poi fai clic sul punto del righello in cui vuoi impostare la tabulazione: vi apparirà un simbolo a forma di **L**. Ora per incolonnare il testo in quel punto basterà premere il tasto Tab.

A seconda dell'aspetto dell'icona a sinistra del righello, che puoi cambiare con un clic, il testo sarà allineato a sinistra, a destra o centrato. L'opzione decimale fa sì che i numeri siano incolonnati tenendo fissa la posizione della virgola.

Per intervenire con più precisione, fai clic sul pulsante **Tabulazioni** nella finestra **Paragrafo** (o doppio clic sul righello). Nella finestra di dialogo che compare potrai anche personalizzare gli eventuali caratteri di riempimento dello spazio bianco che si crea fra una tabulazione e l'altra. Per rendere effettive le modifiche, fai clic su **Imposta**. Puoi rimuovere una tabulazione impostata selezionandola e facendo clic su **Cancella**, oppure direttamente dal righello, trascinando semplicemente il simbolo **L** fuori dal righello.

L'icona della scheda **Home** fa sì che *l'intero testo* di un paragrafo appaia rientrato della misura stabilita nella casella **Tabulazioni predefinite** della finestra **Tabulazioni**, come nell'esempio qui a fianco. Con l'icona puoi invece *ridurre* il rientro, riportando l'intero paragrafo verso il margine di sinistra. Puoi impostare rientri anche con le caselle del gruppo **Paragrafo** nella scheda **Layout di pagina**.

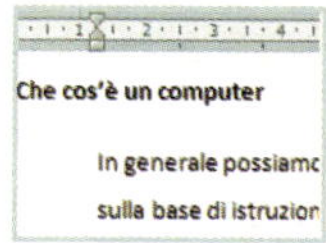

3.2.8 **Modificare l'interlinea.** L'*interlinea* è l'altezza dello spazio che separa una riga dall'altra. Per modificarla puoi fare clic sull'icona del gruppo **Paragrafo** della scheda **Home**, che apre un menu con alcune scelte predefinite, o clic sulla freccetta al piede dello stesso gruppo.

Si apre allora la finestra della figura 26, dove puoi modificare la formattazione dei paragrafi, e in particolare definire il valore dell'interlinea.

Seleziona ora tutto il testo con **Seleziona tutto** nel menu dell'icona della scheda **Home**. Apri la finestra della figura 26, nel menu **Interlinea** scegli il valore **1,5 righe** e fai clic su **OK**: otterrai il risultato della figura 25. Puoi anche aumentare lo spazio prima o dopo un paragrafo impostando i due menu corrispondenti.

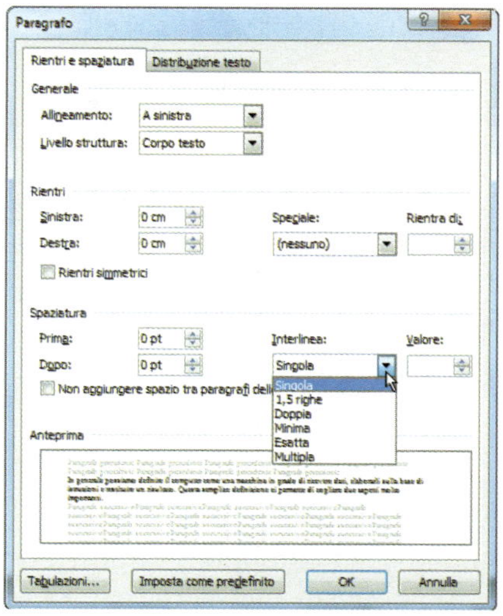

Figura 26
La finestra di dialogo *Paragrafo*

3.2.10 **Aggiungere bordi e sfondo.** Vediamo come mettere in risalto un paragrafo riquadrandolo. Seleziona con il mouse il titolo rosso del documento, poi apri il menu dell'icona nel gruppo **Paragrafo** della scheda **Home**.

Scegli al fondo del menu la voce **Bordi e sfondo**; si aprirà la finestra della figura 27. Seleziona l'opzione **Riquadro**, lasciando nel menu a discesa **Applica a** la voce di default **Paragrafo**; facendo clic su **OK** otterrai il risultato della figura 25: intorno al paragrafo apparirà un riquadro che si estende fino al margine destro della pagina. Se invece nel menu **Applica a** della figura 27 scegli **Testo**, il riquadro si fermerà alla fine del testo selezionato, come nei titoletti della figura 25.

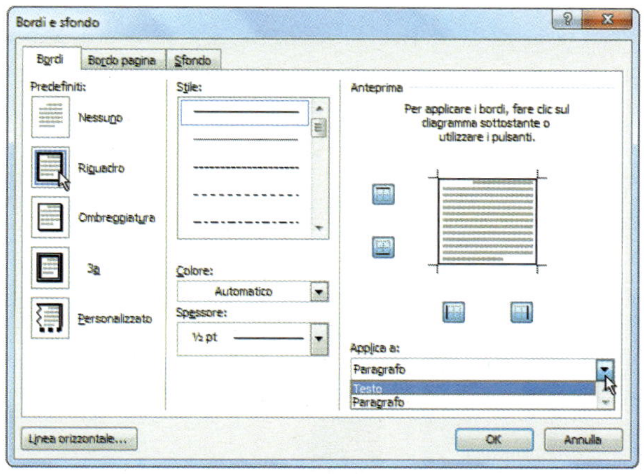

Figura 27
La finestra *Bordi e sfondo*

Con la scheda **Sfondo** della figura 27 puoi personalizzare, scegliendolo da una tavolozza, lo sfondo del testo selezionato. Puoi evidenziare in colore un testo selezionato anche con il menu dell'icona del gruppo **Paragrafo**. Se nessun testo è selezionato, al clic sull'icona il puntatore del mouse diventa un evidenziatore, che puoi trascinare su qualsiasi parte del testo. Per disattivarlo, fai di nuovo clic sull'icona.

3.3.3 **Copiare le formattazioni.** Per copiare le proprietà di formattazione di un testo, selezionalo (o posiziona il cursore al suo interno) e fai clic sull'icona **Copia formato** del gruppo **Appunti**, a sinistra nella scheda **Home**. Il puntatore del mouse assumerà la forma di un pennello: ora basta fare clic su una parola, o selezionare una parte del testo, per applicare loro la formattazione copiata. Se fai *doppio* clic sull'icona potrai applicare in più punti la formattazione copiata; fai poi ancora clic sull'icona per disattivare la copia del formato. Copia ora la formattazione del titoletto *Che cos'è un computer* e applicala ai titoletti successivi, come nella figura 25.

ESERCIZI

1 Riproduci in un nuovo file di Word il testo della figura, usando il font Arial con corpo 14. Lo sfondo colorato deve riempire l'intero riquadro.

2 Salva il file in **C:\informatica\testi** con il nome **M3-10-esercizio.rtf**.

Esempio di testo in colore bianco inserito in un riquadro largo 7 cm. Il margine destro è stato impostato trascinando l'indicatore destro del righello. All'intero paragrafo è stato poi assegnato uno sfondo rosso.

▶ Altri esercizi a pagina 108

11 Usare modelli e stili

Come utilizzare i modelli di documento forniti da Word e come applicare gli stili predefiniti per il testo

In questa scheda faremo una digressione per esaminare la procedura di creazione di nuovi documenti sulla base di *modelli* predefiniti dal programma.

Useremo un modello di Word per la preparazione di un *curriculum*, il tipo di documento che si usa per inviare a possibili datori di lavoro informazioni relative alle proprie esperienze di studio e di lavoro.

1.1.2 **Scegliere un modello.** Apri il menu **File** e seleziona l'opzione **Nuovo**.

Si apre in questo modo la finestra visibile a destra nella figura 28: qui si può creare un **Documento vuoto** standard, oppure scegliere tra i modelli installati con il programma sul computer, oppure – se si è collegati a Internet – scegliere tra i modelli disponibili sul sito office.com. Quando si è trovato il modello che interessa, lo si seleziona e poi si fa clic su **Scarica** per scaricarlo da Internet sul proprio computer.

Ora fai clic sulla voce **Modelli di esempio**: appare l'elenco dei modelli di documenti (lettere, fax, relazioni e così via) già presenti nel tuo computer.

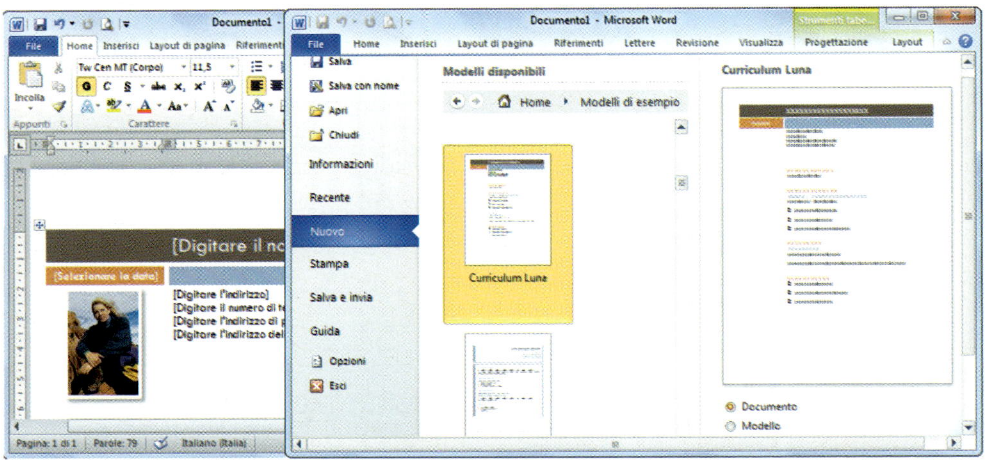

Figura 28
L'apertura di un documento-modello

Sempre nella finestra della figura 28, in basso a destra, si può scegliere se creare un nuovo **Documento** o un nuovo **Modello**; in questo secondo caso si potrà memorizzare per usi futuri il nuovo modello che si va a creare.

Ora creeremo invece un documento basato su un modello già esistente. Se apri per esempio il modello Curriculum Luna, apparirà il documento a sinistra nella figura 28.

Il contenuto di questo file è già formattato per quanto riguarda lo stile (il tipo e le dimensioni del carattere, i rientri, l'inserimento di linee), mentre è completamente modificabile per ciò che riguarda il testo scritto.

Sarà sufficiente fare clic sulle varie etichette e digitare il testo sostitutivo (in questo caso il nome, l'indirizzo, il numero di telefono, l'indirizzo di posta elettronica, l'elenco dei titoli di studio e così via).

3.3.1 **Lavorare con gli stili.** Nel gruppo **Stili** della sche-
3.3.2 da **Home** sono sempre evidenziati il nome e un'anteprima dello stile applicato al testo in cui si trova il cursore (**Stili veloci**), come nella figura 29a.

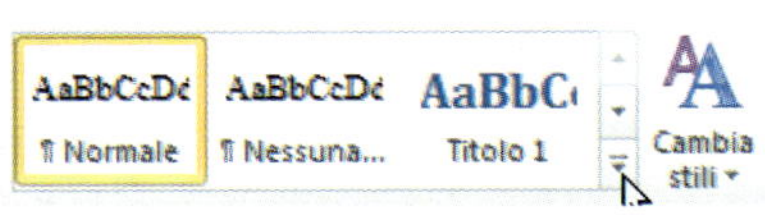

Figura 29a

Per visualizzare in anteprima l'aspetto che un testo selezionato avrebbe con un altro stile, basta fermare il puntatore del mouse su quello stile; facendo clic sullo stile, lo si applica al testo selezionato.

Un clic sulla freccetta **Altro**, in basso a destra degli **Stili veloci**, consente di espandere la raccolta visualizzando l'elenco di tutti gli stili utilizzati nel documento, come nell'esempio della figura 29b.

Questo elenco può essere molto lungo e in generale è diverso per ogni documento.

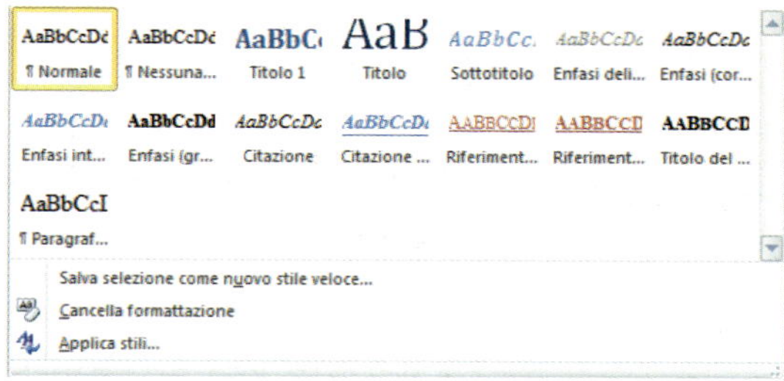

Figura 29b L'elenco degli stili usati nel documento

Usare gli stili è conveniente, perché consente di modificare rapidamente la formattazione di un documento.

Gli *stili paragrafo* permettono di controllare le caratteristiche relative all'aspetto di un paragrafo, come l'allineamento del testo, le tabulazioni, l'interlinea, i bordi e la formattazione dei caratteri.

Puoi riconoscere gli stili paragrafo perché sono contrassegnati a destra dal simbolo del paragrafo, ¶.

Lo stile su cui si fa clic sarà applicato al paragrafo in cui si trova il cursore, o a tutti i paragrafi selezionati.

Gli *stili carattere* (che sono contrassegnati dalla lettera **a**) agiscono invece soltanto su alcune particolari caratteristiche del testo che si è selezionato, come il tipo di carattere e la dimensione o le formattazioni grassetto e corsivo.

È possibile visualizzare le impostazioni di uno stile del menu e modificarle, oppure aggiungere nuovi stili. Vediamo per esempio come far sì che nel curriculum le caselle relative a indirizzo, numero di telefono, indirizzo di posta elettronica e del sito web appaiano in colore verde anziché marrone.

Fai clic per esempio sulla casella **[Digitare l'indirizzo]** a sinistra nella figura 28, che ha lo stile **Indirizzo mittente2**. Poi fai clic sulla freccetta al piede del gruppo **Stili**: apparirà la finestrella **Stili**, riprodotta qui a lato, dove lo stile della casella è selezionato.

In basso fai clic sull'icona **Gestisci stili**. Nella finestra che apparirà, fai clic al centro sul pulsante **Modifica...** (in alternativa puoi fare clic con il tasto destro del mouse nella raccolta **Stili veloci** sullo stile che desideri modificare, e poi scegliere la voce **Modifica**).

A questo punto apparirà la finestra mostrata nella figura 29c, che al centro visualizza l'attuale colore marrone.

Apri la tavolozza dei colori, con un clic sulla freccetta a fianco del colore attuale, poi fai clic sul colore verde per sostituirlo al marrone. Quindi fai clic sul pulsante **OK** (due volte, per chiudere tutte le finestre aperte).

Dopo questa modifica, tutti i testi che nel documento sono basati sullo stile **Indirizzo mittente2** ora appariranno in colore verde, anziché marrone.

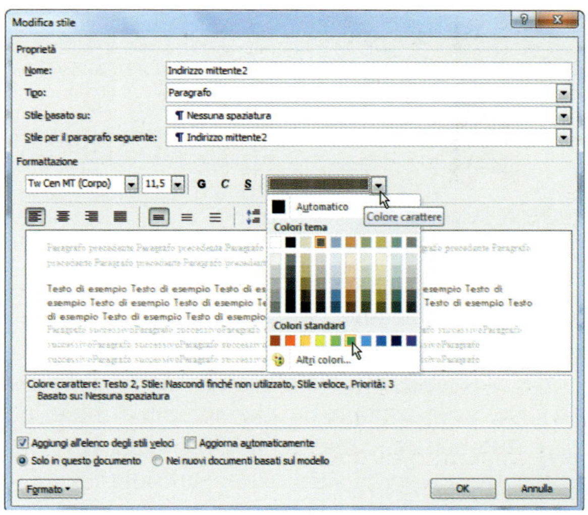

Figura 29c Modificare gli stili

ESERCIZI

1 Usa il modello **Fax Universo** di Word per creare un *fax*.

2 Tieni presente che puoi selezionare e cancellare dal modello eventuali voci che non ti interessano.

3 Salva il file nella cartella **C:\informatica\testi** assegnandogli il nome **fax.rtf**.

▶ Altri esercizi a pagina 108

12 Rivedere e rifinire un documento

Come sillabare le parole, correggere gli errori, aggiungere intestazioni e piè di pagina

In questa scheda vedremo come si possano usare le funzioni di Word per migliorare l'impaginazione del testo, correggere gli eventuali errori di ortografia e dare al documento un aspetto più professionale.

3.1.6 **Giustificare e sillabare il testo.** Le righe del testo di **Storia del computer** hanno lunghezza diversa tra loro: sono infatti allineate al margine di sinistra, ma non al margine di destra; quando una parola è troppo lunga per essere contenuta in una riga, infatti, Word la sposta all'inizio della riga successiva.

Dopo aver selezionato un testo, lo puoi *giustificare* con un clic sull'icona del gruppo **Paragrafo** della scheda **Home**: il word processor allora distanzia le parole una dall'altra, facendo in modo che ogni riga termini esattamente al margine destro, come nella figura 30 (ottenuta selezionando tutto il testo, a esclusione del titolo).

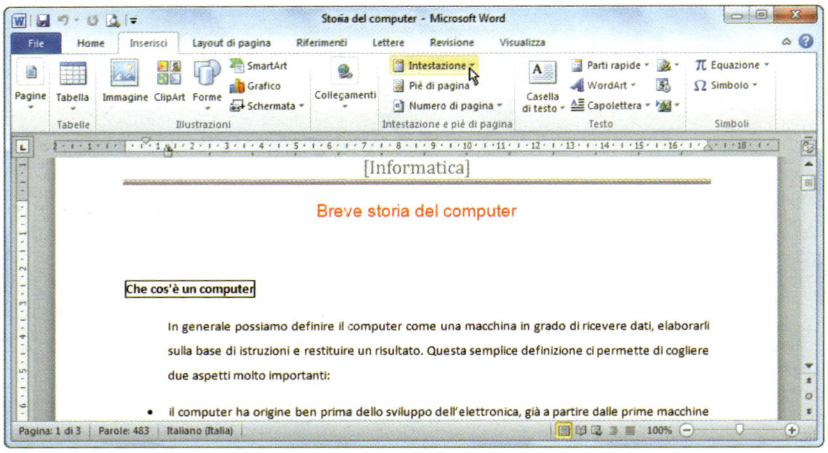

Figura 30 Il documento *Storia del computer* con la scheda **Inserisci** aperta e un'intestazione

Non sempre però il risultato è del tutto soddisfacente: in alcune righe infatti le parole appaiono molto distanziate fra loro.

Si può rimediare chiedendo al programma di usare meglio lo spazio disponibile con la *sillabazione*, cioè la divisione in sillabe che consente di andare a capo spezzando le parole lunghe a fine riga.

Per sillabare un documento in modo automatico scegli la scheda **Layout di pagina** e nel gruppo **Imposta pagina** apri il menu dell'icona **Sillabazione** e fai clic sulla voce **Automatica**, come nella figura qui a lato.

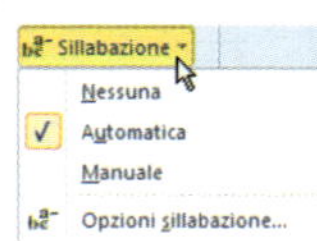

Per rimuovere la sillabazione automatica, fai clic su **Nessuna**. Se scegli **Manuale**, Word proporrà ogni volta le possibili sillabazioni, lasciando la possibilità di accettarle o meno.

La voce **Opzioni sillabazione** fa comparire la finestra di dialogo della figura 31: qui, oltre a decidere se sillabare automaticamente l'intero documento, e se sillabare le parole maiuscole, puoi anche definire la distanza dal margine destro entro cui applicare la sillabazione.

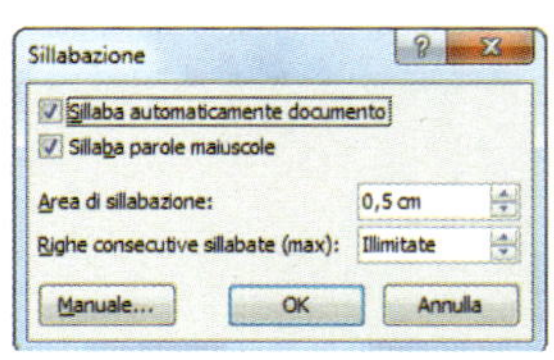

Figura 31 La finestra di dialogo *Sillabazione*

6.2.1
6.2.2 **Correggere ortografia e grammatica.** Word confronta automaticamente tutte le parole del documento con il vocabolario che ha in dotazione, e segnala – evidenziandoli con una sottolineatura ondulata rossa – i termini che non riconosce; i possibili errori grammaticali sono segnalati invece da una sottolineatura ondulata verde.

Puoi avviare manualmente il controllo dell'ortografia e della grammatica premendo il tasto F7 della tastiera o con l'icona **Controllo ortografia e grammatica** nel gruppo **Strumenti di correzione** della scheda **Revisione**.

Apparirà allora la finestra della figura 32, che evidenzia in rosso il primo termine non riconosciuto, *Blaise*. Puoi accettare le correzioni proposte da Word e fare clic sul pulsante **Cambia**, oppure rifiutarle con **Ignora questa volta**. Puoi anche aggiungere una parola al dizionario con un clic su **Aggiungi al dizionario**: così non sarà evidenziata in futuro.

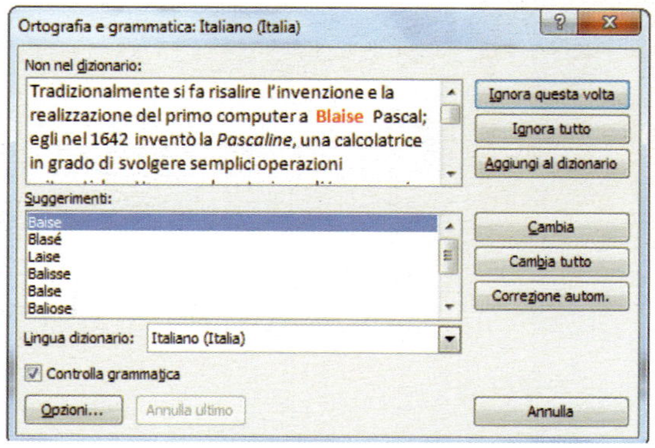

Figura 32
La finestra di dialogo *Ortografia e grammatica*

Quando un termine appare sottolineato in rosso nel documento, lo si può aggiungere al dizionario anche facendo clic su di esso con il tasto destro del mouse e scegliendo la voce **Aggiungi**. Per eliminare le parole ripetute per sbaglio puoi scegliere **Elimina** quando la correzione ortografica le individua, oppure fare clic con il tasto destro e selezionare **Elimina parola ripetuta** dal menu contestuale.

6.1.7 **Numerare le pagine.** Fai clic sull'icona **Numero di pagina** del gruppo **Intestazione e piè di pagina** nella scheda **Inserisci**. Comparirà il menu sulla destra della figura 33, che consente di far apparire sulle pagine del documento una numerazione progressiva.

Con la voce **Formato pagina Numeri** puoi scegliere l'aspetto del numero di pagina. Fai clic su **In alto**, **In basso** o **Nel margine** per indicare dove dovranno apparire i numeri di pagina. Si aprirà un nuovo menu (a sinistra nella figura 33) dove con un clic puoi scegliere lo stile della numerazione. Automaticamente nella barra multifunzione si aprirà la scheda **Progettazione** e vedrai l'impaginazione complessiva del documento, compresi l'intestazione (per ora vuota) e il piè di pagina.

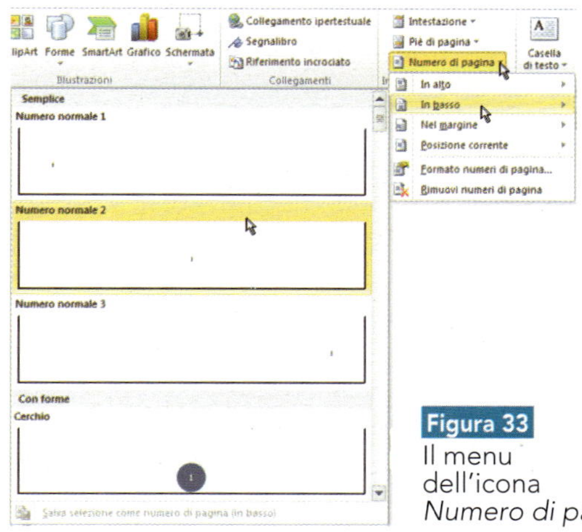

Figura 33
Il menu dell'icona *Numero di pagina*

6.1.5
6.1.6 **L'intestazione e il piè di pagina.** L'intestazione e il piè di pagina sono aree esterne al testo principale. Vi si accede con le icone e del gruppo **Intestazione e piè di pagina** della scheda **Inserisci**: appare un menu con modelli pronti all'uso (figura 34). Scelto un modello, nella barra multifunzione appaiono gli **Strumenti intestazione e piè di pagina**. Nel gruppo **Inserisci** si può usare la voce **Parti rapide**, scegliendo **Campo** e poi **Informazioni documento**, per inserire in modo automatico nell'intestazione o nel piè di pagina campi standard come la data, il numero di pagina o il nome del file.

Con un clic sull'icona puoi passare dall'intestazione al piè di pagina, e viceversa. In entrambe le aree puoi digitare un testo qualsiasi e formattarlo (per la figura 30 abbiamo scelto l'intestazione di tipo **Alfabeto** e digitato la parola «Informatica»).

Quando stamperai, l'intestazione e il piè di pagina appariranno automaticamente su tutte le pagine del documento.

Al termine del lavoro, per uscire da questa particolare modalità di visualizzazione, fai clic sul pulsante **Chiudi intestazione e piè di pagina**.

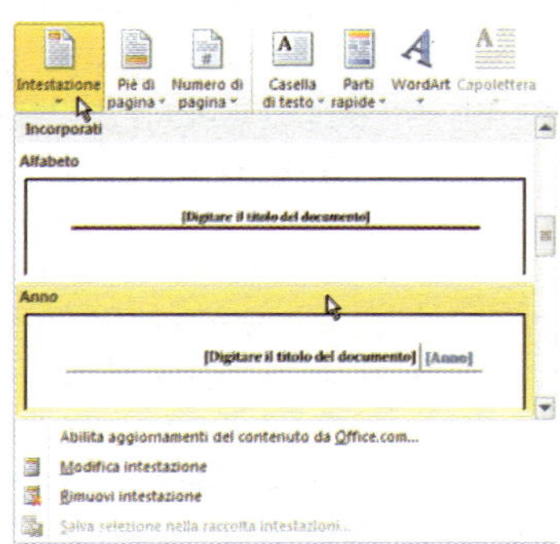

Figura 34

ESERCIZI

1. Apri il file **Storia del computer**.
2. Inserisci nell'intestazione il titolo «Breve storia del computer», assegnandogli lo stile grassetto, e la data, usando il menu **Proprietà documento**.
3. Fai apparire nel piè di pagina il numero di pagina come numero romano maiuscolo (I, II, e così via) insieme al nome del file.
4. Salva il file in **C:\informatica\testi** con il nome **M3-12-esercizio.rtf**.

▶ Altri esercizi a pagina 108

13 Creare tabelle

Come inserire tabelle in un documento, come personalizzarle e come aggiungere righe e colonne a una tabella

4.1.1 **Creare una tabella standard.** Una tabella è una struttura utile per presentare in modo ordinato testi e dati. Apri il file **Storia del computer**, posiziona il cursore al termine del paragrafo della sezione *Il personal computer* e fai clic sull'icona **Tabella** della scheda **Inserisci**.

Vogliamo inserire nel documento una tabella con due righe e tre colonne. Puoi farlo scegliendo la voce **Inserisci tabella**, che fa apparire la finestra di dialogo della figura 35: digita il numero delle righe e delle colonne e poi fai clic su **OK**. Oppure puoi puntare il mouse direttamente sulla griglia vuota, come nella figura 35 a destra: basta posizionarsi in modo da indicare la struttura desiderata e poi fare clic.

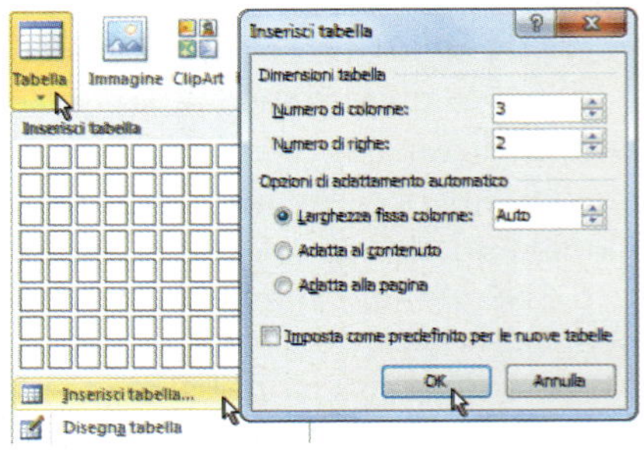

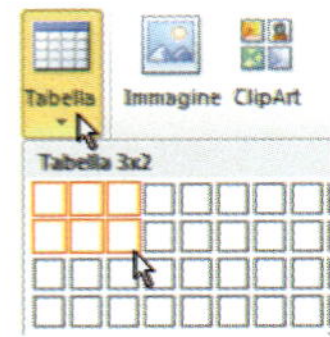

Figura 35
La finestra di dialogo *Inserisci tabella*

In entrambi i casi, nel foglio apparirà una tabella vuota con tre colonne e due righe, uniformemente spaziate.

Nel menu dell'icona **Tabella** l'opzione **Tabelle veloci** offre varie tabelle preformattate per usi specifici, come i calendari della figura 36.

Quando crei una tabella, o quando in seguito lavori al suo interno, nella barra multifunzione compaiono gli **Strumenti tabella** con le due nuove schede **Progettazione** e **Layout**, che consentono di personalizzare vari aspetti della tabella.

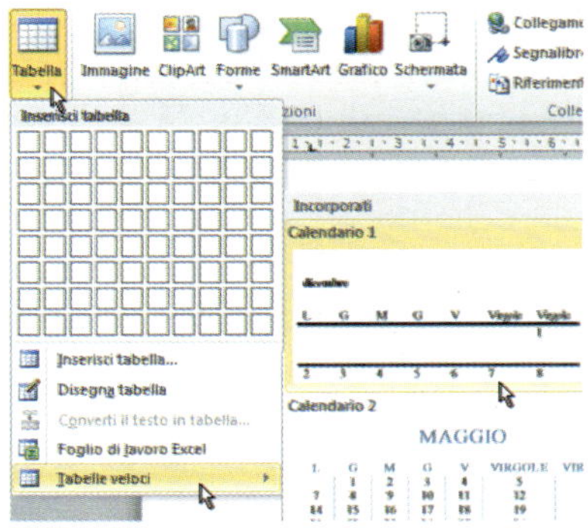

Figura 36
Altri modi per creare una tabella

4.1.2
4.1.3
4.2.1
4.2.2
4.2.3
Inserire testi nella tabella e modificarla. Per inserire i titoli nella prima riga della tabella, fai clic sulla prima cella e digita «ANNO»; poi premi il tasto Tab per spostarti nella seconda colonna e digita «EVENTO» (puoi spostarti da una cella all'altra anche usando il mouse o i tasti cursore); premi ancora Tab e digita «CURIOSITÀ».

Ora un'ulteriore pressione del tasto Tab ti farà passare alla seconda riga: digita i testi della figura 37. Noterai che la prima colonna è troppo larga per le date che deve contenere. Puoi restringerla portando il mouse sul *bordo destro* della colonna: quando il puntatore cambia forma, fai clic e trascina il bordo verso sinistra, fino a ottenere la larghezza desiderata. Puoi modificare la larghezza della colonna anche trascinando sul righello il cursore, quando esso assume la forma di una doppia freccia (↔).

ANNO	EVENTO	CURIOSITÀ
1971	invenzione del microprocessore	Per questo Jack S. Kilby riceverà il premio Nobel nel 2000
1972	realizzazione del primo floppy disk	ha una capacità di soli 120 kilobyte
1973	realizzazione del primo processore pensato per i computer domestici	è il modello Intel 8080
1974	messo in commercio il primo personal computer	è l'Altair 8800, che viene venduto in scatole di montaggio
1974	sul mercato i primi computer con disco fisso	usano gli hard disk Winchester, che hanno una capacità di 1 megabyte
1979	realizzato uno dei primi personal computer portatili	si chiama M10 ed è prodotto dall'Olivetti

Figura 37
La tabella inserita nel documento in questa scheda

Per agire con maggior precisione su una colonna selezionata, fai clic su di essa con il tasto destro (o selezionala e specifica la dimensione nella casella **Larghezza colonna tabella** del gruppo **Dimensioni cella** della scheda **Layout**). In alternativa puoi aprire la finestra **Proprietà tabella** (facendo clic con il tasto destro del mouse sulla colonna selezionata, o agendo sulla freccina in basso a destra nel gruppo **Dimensioni cella**, o ancora selezionando nella scheda **Layout**, gruppo **Tabella**, la voce **Proprietà**) e poi intervenire sulla scheda **Colonna**.

Per modificare l'altezza delle righe puoi procedere con modalità simili. Adatta ora anche la larghezza della seconda colonna, come nella figura 37.

Nel gruppo **Dimensioni cella** della scheda **Layout** (qui a lato) puoi impostare valori fissi per l'altezza delle righe e la larghezza delle colonne. Puoi anche adattare la larghezza delle colonne al loro contenuto, con l'opzione **Adatta** o più rapidamente con un doppio clic del mouse sulla riga verticale che separa le colonne.

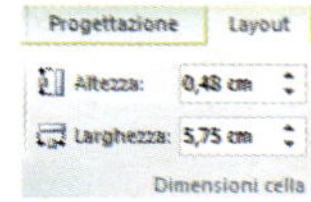

Per selezionare gli elementi di una tabella, fai clic su di essa con il tasto destro e nel menu contestuale scegli Seleziona e poi **Cella**, **Colonna**, **Riga** o l'intera **Tabella**.

In alternativa, con il mouse puoi selezionare gli elementi in questo modo:

- una *cella*: porta il puntatore nell'angolo in basso a sinistra della cella e fai clic quando esso diventa una freccia nera orientata verso l'alto a destra
- una *riga*: porta il puntatore alla sinistra della riga e fai clic
- una *colonna*: porta il puntatore in cima alla colonna e fai clic quando esso diventa una freccia nera orientata verso il basso
- l'intera *tabella*: fai clic sul simbolo di una croce con quattro frecce che appare portando il puntatore sull'angolo in alto a sinistra della tabella.

La selezione si può effettuare anche dal menu dell'icona Seleziona nel gruppo **Tabella** della scheda **Layout**, scegliendo l'elemento che interessa. Come già accennato, l'icona Proprietà nella scheda **Layout** apre una finestra in cui puoi regolare con precisione le dimensioni dei vari elementi e impostare altre caratteristiche.

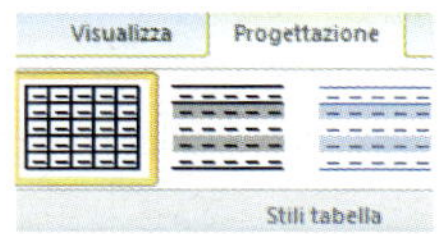

Il gruppo **Stili tabella** della scheda **Progettazione**, mostrato qui a lato, propone alcune formattazioni predefinite per la tabella nel suo complesso, ma ogni elemento di una tabella è personalizzabile.

Per esempio con il menu dell'icona Bordi della figura 38 (presente sia nella scheda **Home** sia nella scheda **Progettazione**) puoi scegliere quali bordi applicare alla parte di tabella selezionata. Con l'icona **Sfondo** puoi impostare il colore di sfondo.

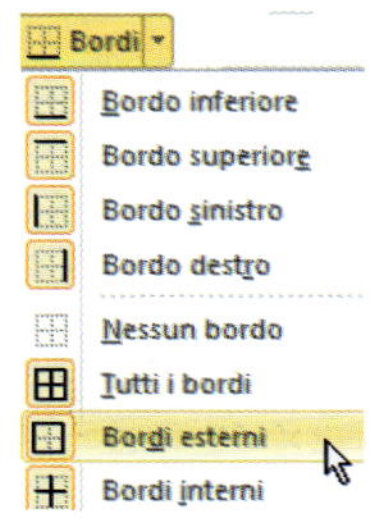

Figura 38

La voce **Bordi e sfondo** del menu dell'icona Bordi (o del menu contestuale che appare al clic con il tasto destro sulla tabella) apre la finestra della precedente figura 27, ma con opzioni specifiche per le tabelle: **Riquadro** dà soltanto un bordo esterno alla tabella, **Tutti** dà a tutte le celle bordi con le stesse caratteristiche e **Griglia** mantiene sottile la griglia delle celle, anche se si dà spessore al riquadro.

Per sperimentare con un esempio, seleziona l'intera tabella, poi fai clic sull'icona ¼ pt e dal menu scegli uno spessore pari a 1 punto e ½. Ora devi specificare a quali bordi applicare la modifica: fai clic sull'icona **Bordi** e scegli il bordo esterno, come nella figura 38. Adesso quel bordo diventerà più spesso, come nella figura 37.

L'orientamento e l'allineamento del testo negli elementi della tabella si modifica con le icone del gruppo **Allineamento** della scheda **Layout**, mostrate qui a lato.

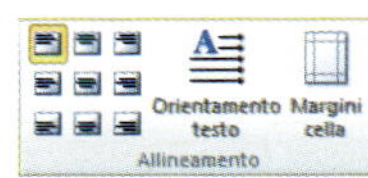

4.1.4 **Inserire ed eliminare righe e colonne.** Per completare la tabella devi ora aggiungere cinque nuove righe. Puoi inserire una nuova riga vuota dopo una riga esistente facendo clic sulla destra di quest'ultima (fuori dalla tabella) e poi premendo il tasto Invio.

Più in generale, per inserire nuove righe o colonne si porta il cursore nella cella vicino a cui si vuol fare l'inserimento, poi si usano le icone del gruppo **Righe e colonne** della scheda **Layout**. L'inserimento di righe (o colonne) può essere fatto anche selezionando una riga (o una colonna), facendo clic con il tasto destro del mouse al suo interno e poi scegliendo nel menu contestuale la voce **Inserisci** e specificando se si deve inserire una riga o una colonna sopra o sotto, a sinistra o a destra.

Per eliminare una riga (o una colonna) si usa il menu dell'icona **Elimina** nel gruppo **Righe e colonne** della scheda **Layout**. In alternativa si seleziona la riga o la colonna da eliminare, si fa clic con il tasto destro e poi si sceglie la voce **Elimina**.

ESERCIZI

1. Introduci una nuova colonna nella tabella del file **Storia del computer**, a destra della colonna EVENTO.
2. Intesta la nuova colonna con «LUOGO», poi scrivi «USA» nelle quattro celle sottostanti e «Italia» nell'ultima riga.
3. Ridimensiona le colonne così che che la tabella non oltrepassi i margini del documento.
4. Salva il file in **C:\informatica\testi** con il nome **M3-14-esercizio.rtf**.

▶ Altri esercizi a pagina 108

14 Lavorare con le immagini

Come inserire e come manipolare immagini e altri oggetti grafici in un documento di testo

Vogliamo ora inserire un'immagine nel nostro documento, come nella figura 39.

A questo scopo puoi scaricare l'immagine **Pascaline** della cartella **foto** nel sito web che accompagna il libro, o usare una qualsiasi immagine dal tuo computer.

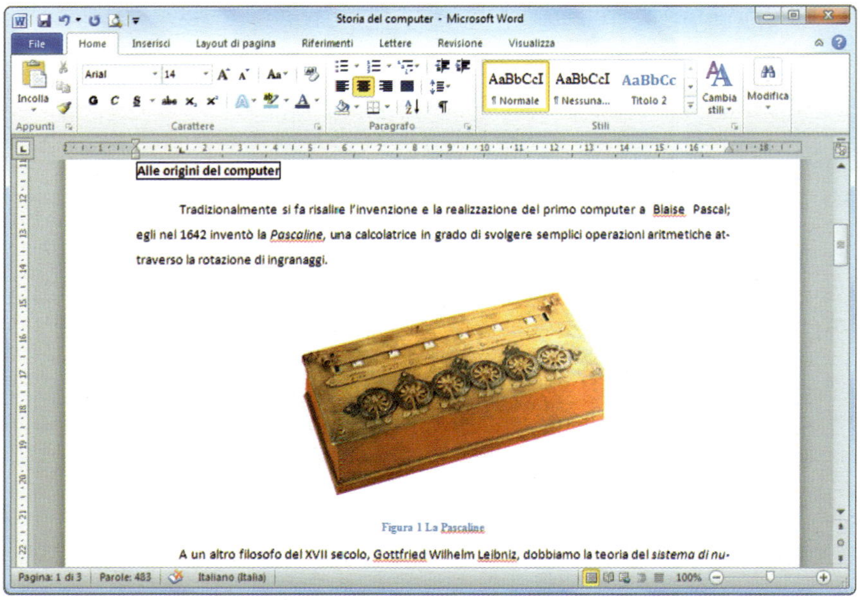

Figura 39 L'immagine aggiunta in questa scheda al documento *Storia del computer*

4.3.1 **Inserire un'immagine o una *ClipArt*.** Apri il file **Storia del computer**. Apri la scheda **Inserisci** della barra multifunzione e nel gruppo **Illustrazioni** fai clic sull'icona **Immagine**. Si aprirà una finestra di dialogo: sfoglia le risorse del computer, trova il file **Pascaline** e selezionalo. Fai clic sul pulsante **Inserisci** e nel documento apparirà l'immagine. Contemporaneamente nella barra multifunzione si aggiungerà la scheda **Formato**, che contiene icone utili per modificare caratteristiche dell'immagine come altezza, larghezza, luminosità e contrasto.

Se fai clic invece sull'icona **ClipArt**, nel **Riquadro attività** sulla destra del documento appariranno varie opzioni di ricerca tra le categorie dei disegni forniti dal programma, come quello della figura 40. Nella casella **Cerca** puoi digitare una parola che descrive la ClipArt desiderata. Una volta che l'hai trovata, puoi inserirla nel documento con un doppio clic, per trascinamento oppure selezionando la voce **Inserisci** dal menu che si apre al clic sulla freccia nera a destra dell'immagine.

Figura 40

4.3.2
4.3.3 **Copiare, spostare e cancellare immagini.** Word inserisce le immagini nel punto in cui si trova il cursore. Nel nostro caso, ciò avverrà all'inizio del documento.

Crea una nuova riga bianca alla fine del primo paragrafo della sezione *Alle origini del computer*, dove vogliamo collocare l'immagine (figura 39). Ora fai clic sull'immagine per selezionarla: intorno alla fotografia apparirà un riquadro, come qui a fianco.

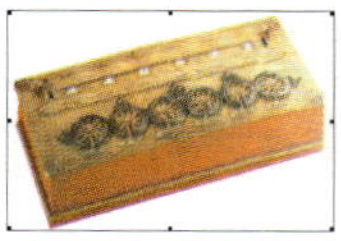

Per spostare l'immagine puoi usare le funzioni *taglia-e-incolla* oppure semplicemente *trascinarla* con il mouse: un cursore grigio indicherà la destinazione del trascinamento; quando esso sarà nel punto desiderato, rilascia il tasto del mouse.

Per avere più copie di un'immagine nello stesso file, o per copiare un'immagine in un altro documento, basta selezionarla con il mouse e usare le icone **Copia** e **Incolla** del gruppo **Appunti** della scheda **Home**. Per cancellare un'immagine, la si seleziona e si preme il tasto Canc.

4.3.4 **Adattare l'immagine.** Per *centrare* l'immagine rispetto al testo, fai clic sull'icona della scheda **Home**.

Per aggiungere una didascalia, fai clic sull'immagine con il *tasto destro* e scegli **Inserisci dascalia**. Nella finestra che compare, digita «La Pascaline» dopo la scritta di default «Figura 1», poi fai clic su **OK**.

Puoi *ridimensionare* la fotografia, modificandone altezza e larghezza, con le caselle del gruppo **Dimensioni** della scheda **Formato**.

In alternativa puoi fare clic sulla freccetta al piede del gruppo **Dimensioni**, o con il tasto destro sull'immagine, scegliendo poi la voce **Dimensioni e posizione**: apparirà la finestra della figura 41.

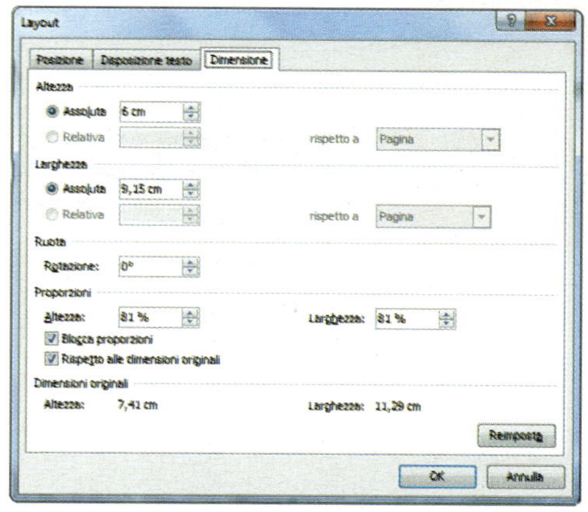

Figura 41 La finestra di dialogo *Dimensioni*

Nella scheda **Dimensioni** attiva l'opzione **Blocca proporzioni** e assegna per esempio il valore 6 cm all'**Altezza** dell'immagine, poi fai clic su **OK**. Anche la larghezza sarà ridotta automaticamente in proporzione, come nella figura 39.

Le immagini selezionate si possono ridimensionare anche con il mouse: se si trascina uno dei quadratini che compaiono ai vertici del riquadro rettangolare di selezione, l'immagine manterrà la propria forma; verrà invece deformata se si trascina uno dei quadratini che compaiono a metà dei lati del rettangolo.

4.3.1 **Inserire e manipolare disegni e grafici.** Oltre ai file-immagine puoi inserire nei documenti anche disegni e grafici.

Per creare un disegno fai clic sull'icona **Forme** nel gruppo **Illustrazioni** della scheda **Inserisci**: si aprirà un menu con un ricco elenco di forme geometriche, come mostra la figura 42. Per inserire nel documento una forma, fai clic su di essa. Il puntatore del mouse assumerà la forma di una crocetta e potrai disegnare la forma selezionata trascinando il mouse sul foglio. Nel contempo la barra multifunzione è automaticamente sostituita da una barra con numerosi strumenti per il disegno.

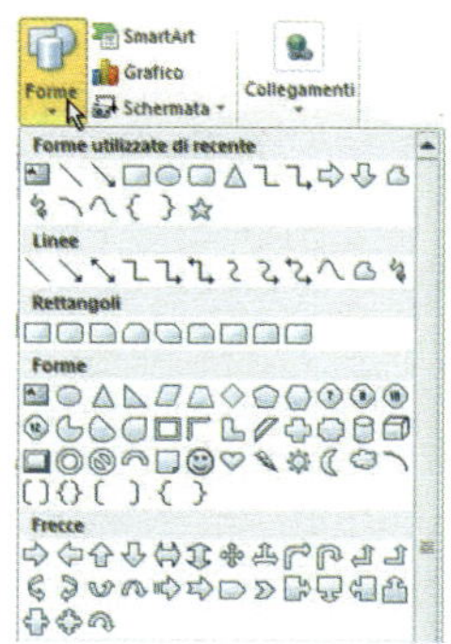

Figura 42

L'icona **SmartArt** della figura 42 serve per inserire organigrammi o altre forme di diagramma.

Per inserire un grafico invece si fa clic sull'icona ; appare una finestra in cui scegliere il tipo di grafico (**Istogramma**, **Barre**, **Torta** e così via). Poi apparirà un grafico di esempio del tipo scelto, con una finestra del foglio elettronico Excel in cui inserire i dati (figura 43). Una volta terminata l'immissione dei dati, si chiude la finestra di Excel e il grafico appare nel documento di Word.

Quando un grafico è selezionato, nella barra multifunzione appaiono le schede di Excel per la sua formattazione, descritte nel MODULO *Spreadsheet*. Per selezionare, ridimensionare, copiare, spostare e cancellare disegni e grafici si segue una procedura analoga a quella vista per le immagini.

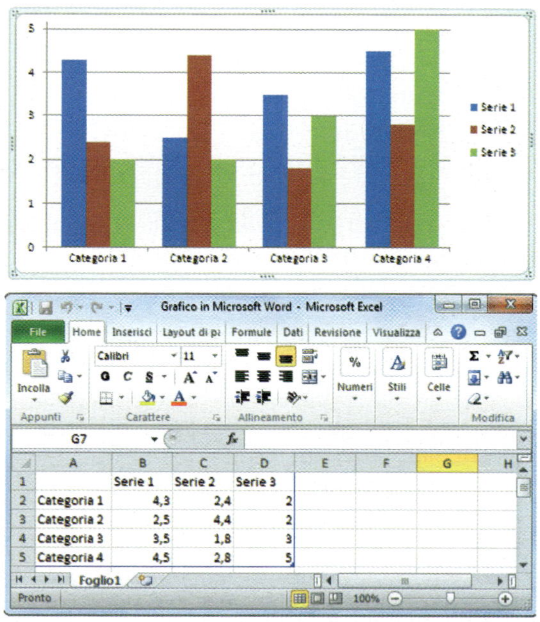

	A	B	C	D
1		Serie 1	Serie 2	Serie 3
2	Categoria 1	4,3	2,4	2
3	Categoria 2	2,5	4,4	2
4	Categoria 3	3,5	1,8	3
5	Categoria 4	4,5	2,8	5

Figura 43 Inserire un grafico

ESERCIZI

1. Apri il file **Storia del computer**.
2. Inserisci una nuova immagine (usando un qualsiasi file-immagine presente sul tuo computer) sotto il titoletto *Cronologia*, e un'altra sotto *Per saperne di più*.
3. Ridimensiona l'immagine, mantenendo le proporzioni, a un'altezza di 5 cm.
4. Salva il file in **C:\informatica\testi** con il nome **M3-15-esercizio.docx**.

▶ Altri esercizi a pagina 108

15 Stampare i documenti

Come impostare le numerose opzioni disponibili quando si prepara un documento per la stampa su carta

La maggior parte dei documenti che scriviamo con un elaboratore di testi è destinata alla stampa su carta. In questa scheda vedremo come preparare un documento per la stampa impostando i margini, l'orientamento e le dimensioni della pagina, il numero di copie da stampare e così via.

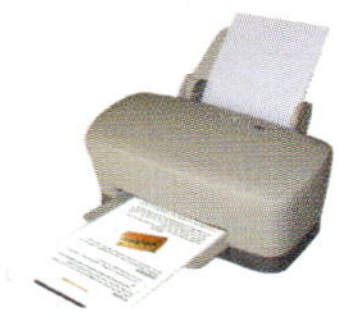

6.1.1 6.1.2 **Impostare i margini.** Apri il file **Storia del computer** e seleziona la scheda **Layout di pagina** della barra multifunzione. Con le icone del gruppo **Imposta pagina** puoi modificare con formati predefiniti l'orientamento, i margini e le dimensioni del documento.

Se vuoi effettuare altri tipi di modifiche, fai clic sulla freccetta posta al piede del gruppo, come qui a lato. Apparirà allora la finestra della figura 44a.

Le tre linguette in alto nella finestra di dialogo della figura 44a aprono altrettante schede, che consentono di impostare numerosi parametri che influenzano l'impaginazione del documento stampato.

Con la scheda **Margini** (figura 44a) per esempio puoi definire la dimensione dei margini e, nella scheda **Layout**, anche lo spazio da riservare, al loro interno, all'intestazione e al piè di pagina.

La possibilità di definire separatamente il margine sinistro (o *interno*) e quello destro (o *esterno*) è utile quando si vuole stampare un documento su due facciate e farne un fascicolo: essa permette infatti di evitare che la rilegatura copra parte del testo scritto.

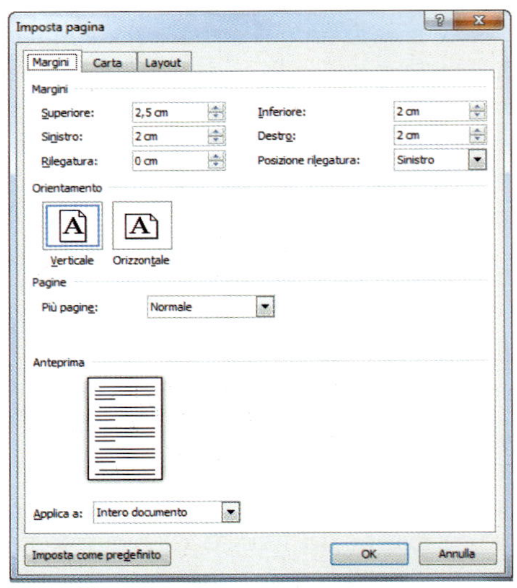

Figura 44a La scheda *Margini* della finestra di dialogo *Imposta pagina*

Sempre all'interno della scheda **Margini** puoi anche decidere se stampare le pagine sui fogli di carta in senso verticale oppure orizzontale, facendo clic sulle corrispondenti icone della voce **Orientamento**. Se vuoi sostituire i valori di default di questa scheda con quelli che hai impostato, fai clic sul pulsante **Imposta come predefinito**.

Word chiederà di confermare questa scelta: se la confermi, in futuro ogni documento sarà impaginato con le caratteristiche che hai stabilito.

In visualizzazione **Layout di stampa** si possono modificare i margini anche ponendo il puntatore al confine tra la zona chiara e quella scura del righello, e trascinando orizzontalmente il mouse quando il puntatore ha la forma di una doppia freccia (↔).

Nella scelta dei margini occorre fare particolare attenzione: infatti, poiché la maggior parte delle stampanti utilizza circa 1,5 centimetri per «catturare» il foglio di carta, quando si impostano i margini è bene scegliere un valore pari a 1,5 cm più lo spazio necessario per le intestazioni.

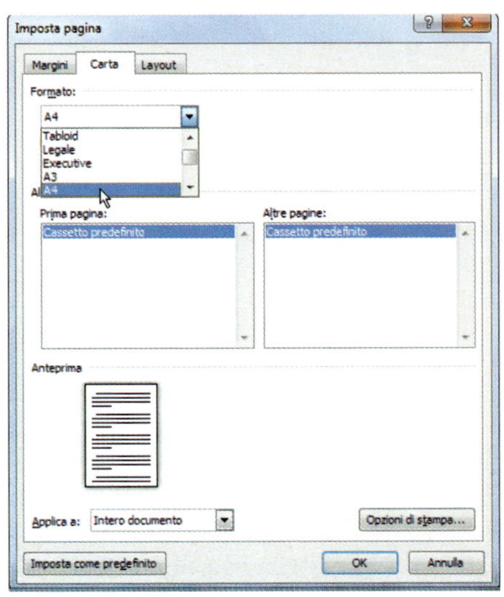

Figura 44b La scheda *Carta* della finestra di dialogo *Imposta pagina*

Ora fai clic sulla linguetta **Carta** per cambiare scheda, come nella figura 44b.

Nel menu a discesa **Formato** fai clic sul formato corrispondente alla carta inserita nella tua stampante (nel formato A4, che è il più diffuso in Italia, le pagine misurano 21 cm x 29,7 cm).

6.2.3 **L'anteprima di stampa.** Prima di passare alla stampa vera e propria, verifica il risultato delle impostazioni scelte con l'anteprima di stampa, che appare automaticamente sulla destra quando nel menu File selezioni **Stampa** (figura 44c).

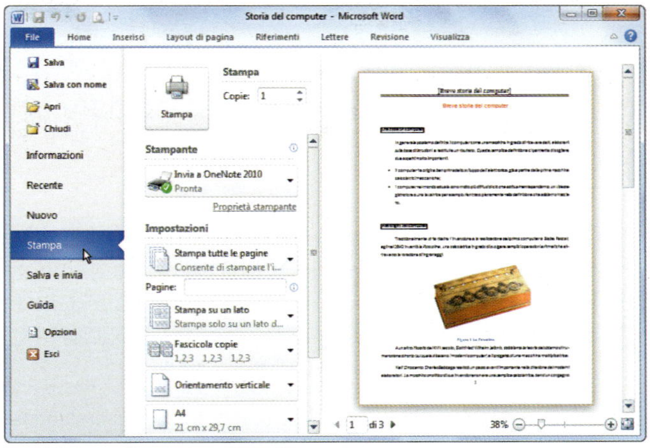

Figura 44c
Attivare l'anteprima di stampa

Potrai così verificare sullo schermo l'aspetto che il documento avrà una volta stampato. Per far scorrere le pagine, usa la barra di scorrimento o fai clic sulle freccette in basso. Per variare l'ingrandimento, fai clic sui pulsanti «+» o «–» o fai scorrere il cursore che si trova in basso a destra.

6.2.4 **Stampare un documento.** Il modo più rapido per stampare un documento aperto è fare clic sull'opzione **Stampa** della figura 44c. In tal caso il documento sarà stampato per intero, in singola copia, con le impostazioni predefinite, compresa la stampante, senza che sia richiesta alcuna scelta ulteriore.

In molti casi però è utile specificare particolari impostazioni di stampa. Per farlo puoi selezionare le varie opzioni che si trovano sotto la voce **Impostazioni** (figura 45):

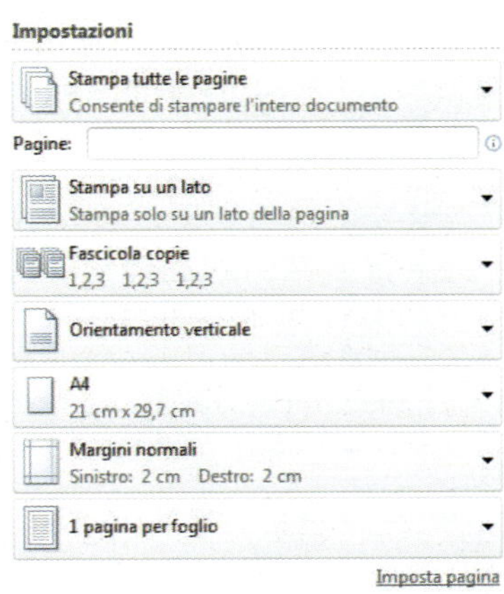

Figura 45
Le impostazioni per la stampa

- puoi scegliere se usare la stampante predefinita oppure un'altra (nel caso che al tuo computer siano collegate più stampanti);
- con **Stampa tutte le pagine** puoi scegliere di stampare l'intero documento; se invece vuoi stampare soltanto alcune pagine, fai clic su **Stampa intervallo personalizzato** e digita nella casella **Pagine** i numeri delle pagine che ti interessano (per esempio digitando «1,3» stamperai le pagine 1 e 3 saltando la 2; se invece digiti «1-3», stamperai la 1, la 2 e la 3);
- puoi scegliere se stampare soltanto una parte di testo precedentemente selezionata, spuntando la voce **Stampa selezione**;
- puoi scegliere di stampare soltanto le pagine pari oppure quelle dispari (un'opzione utile quando si intende stampare un documento, in due «passate», sulle due facce di ciascun foglio di carta);
- nella casella **Copie** (in alto) puoi specificare il numero di copie da stampare;
- se stampi più copie, infine, puoi usare l'opzione **Fascicola copie** per far stampare consecutivamente le pagine di ogni copia.

Una volta completate le scelte, fai clic su **Stampa** per comunicare alla stampante le impostazioni adottate e dare così inizio al processo di stampa su carta.

ESERCIZI

1 Stampa il documento **Storia del computer** con le impostazioni standard.

2 Prova poi a stampare le due pagine di quello stesso file sulle due facce di un unico foglio, assegnando un margine interno pari a 3 cm, un margine esterno di 2 cm e lasciando uno spazio di 1,5 cm per la *rilegatura*.

▶ Altri esercizi a pagina 108

16 La *stampa unione*

Come creare un indirizzario per far sì che su ogni copia di un documento stampato appaia un diverso destinatario

Spesso si ha l'esigenza di inviare uno stesso documento a numerosi destinatari abituali.

Attraverso la *stampa unione* Word consente di memorizzare un indirizzario: così si può evitare di riscrivere ogni volta le intestazioni delle lettere e delle buste.

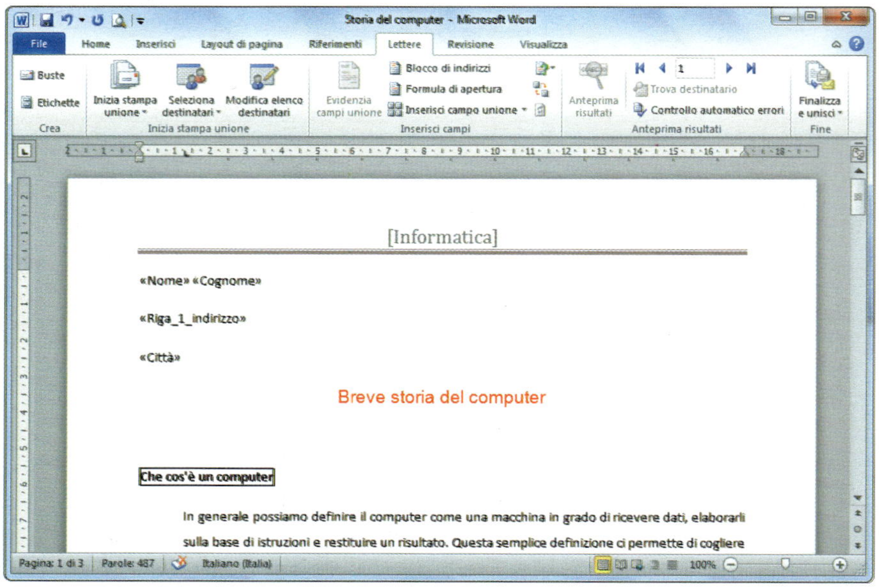

Figura 46
Il documento *Storia del computer* preparato per la *Stampa unione*

Immagina per esempio di voler inviare agli amici il documento creato nelle schede precedenti. Dopo aver aperto il file **Storia del computer**, scegli nella barra multifunzione la scheda **Lettere**, che contiene icone utili per gestire il procedimento della stampa unione. Ma esiste anche una procedura guidata che illustra il processo nel dettaglio. La si attiva con il menu dell'icona **Inizia stampa unione**, nel gruppo omonimo, scegliendo la voce **Creazione guidata Stampa unione**.

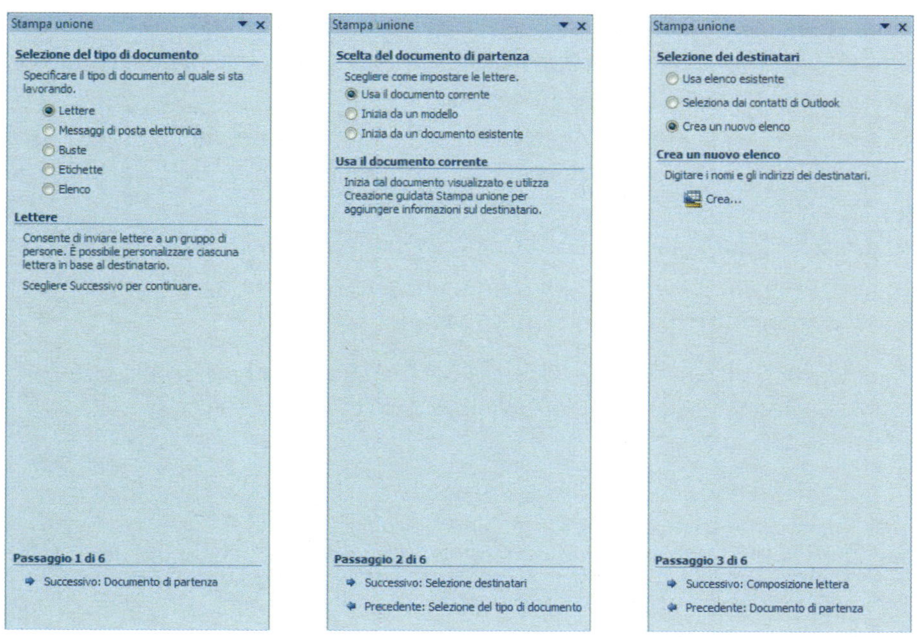

Figura 47
I primi tre passaggi della *Creazione guidata Stampa unione*

Questa procedura di stampa unione, che è costituita da sei fasi, consente di:

- creare (o scegliere da un file esistente) un documento, per esempio una lettera;
- creare (o scegliere da un file esistente) un elenco dei destinatari;
- unire il documento da inviare con l'elenco dei destinatari.

5.1.1 **La scelta del documento di partenza.** Il primo passaggio della creazione guidata è la scelta del tipo di documento. Particolarmente utili sono le lettere (che potrai personalizzare con i dati contenuti nell'elenco dei destinatari) e le buste o le etichette (che potrai indirizzare in modo automatico, sempre usando i dati di quell'elenco).

Scegli **Lettere**, poi procedi facendo clic su **Successivo** in fondo al riquadro.

Ora dovrai indicare se usare il documento già aperto, se aprirne uno utilizzando un modello o se impiegarne uno esistente. Se vuoi aprirne uno esistente, scegli l'ultima voce in basso e poi fai doppio clic su **Altri file** o su **Apri**: apparirà la finestra che permette di selezionare il file da aprire. Nel nostro caso puoi proseguire invece usando come lettera il documento corrente, Storia del computer.

5.1.2 **La selezione dei destinatari.** Ora devi indicare al programma dove trovare gli indirizzi dei destinatari. Se hai già un elenco (per esempio in un foglio elettronico o in un file di testo) scegli l'opzione **Usa elenco esistente** e fai clic su **Sfoglia** per selezionare il file.

Se non hai ancora l'elenco, seleziona **Crea un nuovo elenco** e fai clic su **Crea**...: si aprirà la finestra **Nuovo elenco indirizzi** in cui inserire i dati del primo destinatario (figura 48). Per aggiungere destinatari, fai clic su **Nuova voce** e inserisci i nuovi dati.

Quando hai completato l'elenco dei destinatari, fai clic su **Chiudi**: dovrai specificare il nome da dare al file e la cartella in cui salvarla (il file avrà l'estensione dei database di Microsoft Access, .mdb). Apparirà una finestra **Destinatari Stampa unione** con una tabella riassuntiva di tutti i dati: fai clic su **OK**.

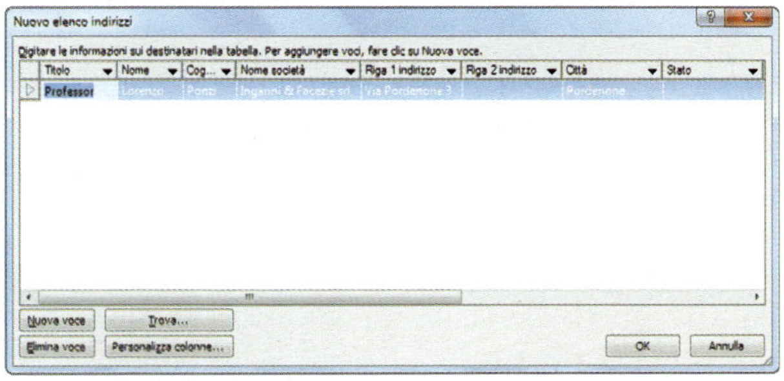

Figura 48
La finestra *Nuovo elenco indirizzi*

Quando crei e salvi l'elenco dei destinatari, o lo prelevi da un file esistente, Word aggiornerà automaticamente la scheda **Lettere** della barra multifunzione, attivando i gruppi di icone della figura 49.

Figura 49

Se vuoi apportare correzioni ai dati, riapri il database dei destinatari usando l'icona **Modifica elenco destinatari**  della scheda **Lettere**: facendo clic su **Modifica**, dopo aver selezionato il file da modificare, potrai cambiare il contenuto di qualsiasi campo. Puoi eliminare del tutto un destinatario già inserito facendo clic su **Elimina voce**. Con un clic su **Filtro** inoltre puoi inserire criteri per selezionare i destinatari in base al contenuto dei vari campi: se per esempio scegli il campo **Città** nel campo **Valore** e digiti «Roma», vedrai soltanto i destinatari che abitano nella capitale.

Potrai anche effettuare ricerche, facendo clic su **Trova destinatario**, e in modalità **Modifica** potrai aggiungere, eliminare, rinominare o spostare i campi facendo clic sull'opzione **Personalizza colonne**.

Se i destinatari sono tutti italiani, per esempio, puoi selezionare il campo **Stato** e poi fare clic su **Elimina**, perché il dato è superfluo (figura 50).

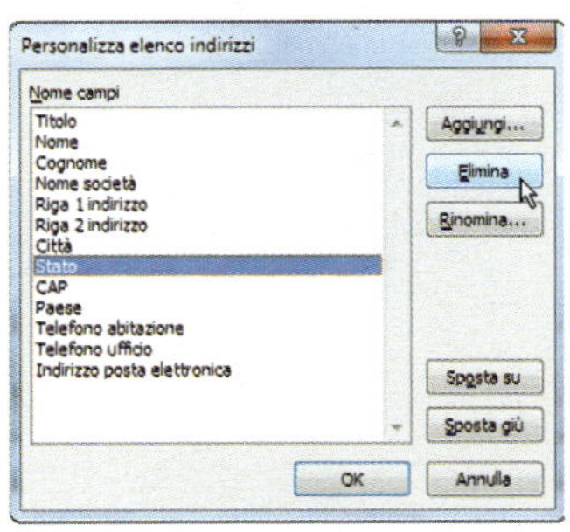

Figura 50
Eliminare un campo dall'Elenco *indirizzi*

ESERCIZI In quale tra queste situazioni vale la pena di utilizzare la ***stampa unione***?

A se si inviano numerose copie di un documento a una persona
B se si inviano numerosi documenti diversi a una stessa persona
C se si invia una tantum un lungo documento a numerose persone
D se si inviano spesso brevi documenti a numerose persone

▶ Altri esercizi a pagina 108

17 La composizione e l'unione

Come creare il documento, inserire i campi da unire e stamparli oppure salvarli in un nuovo file

Vogliamo inviare a diversi destinatari una lettera costituita da una copia del file **Storia del computer** che contiene, nell'intestazione, il nome e l'indirizzo del destinatario (come mostra la figura 46 della scheda precedente).

Dopo aver scelto il tipo di documento e dopo aver selezionato o creato l'elenco dei destinatari, dobbiamo ora comporre il documento da inviare.

L'ultima fase del lavoro consisterà poi nell'unione della lettera creata con l'elenco dei destinatari.

5.1.3 **La composizione della lettera.** Ora devi inserire all'interno della lettera i campi da unire: questi contengono le informazioni standard sul destinatario, ossia i dati che la stampa unione inserirà in ciascuna copia del documento da inviare.

Fai clic sull'icona **Inserisci campo unione** della scheda **Lettere**, o in modo equivalente sull'opzione **Altro**... nel **Riquadro attività** corrispondente al quarto passaggio della procedura guidata (visibile a sinistra nella figura 52).

Si aprirà la finestra **Inserisci campo unione** della figura 51, in cui sono elencati i campi disponibili.

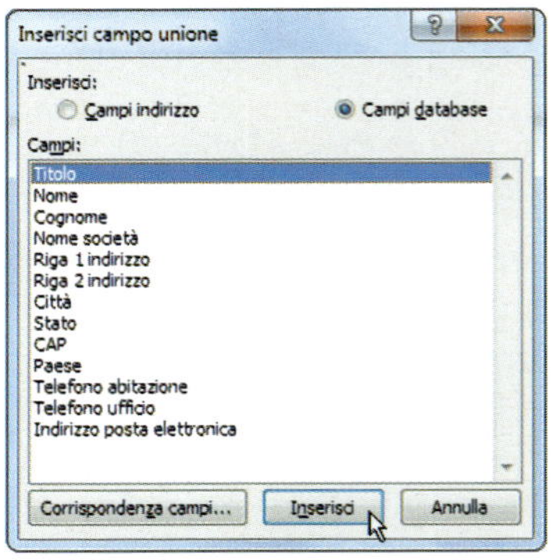

Figura 51 La finestra in cui si scelgono i campi da unire al documento

In questa finestra puoi selezionare qualsiasi campo, in qualsiasi ordine. Quando poi fai clic su **Inserisci**, il campo selezionato sarà inserito nel punto in cui si trova in quel momento il cursore.

Se i campi sono inseriti dentro il testo, occorre aver cura di lasciare uno spazio fra il testo e il campo, altrimenti le scritte risulteranno attaccate.

Scegli e disponi i campi in modo che essi appaiano come mostrato nella figura 46 della scheda precedente.

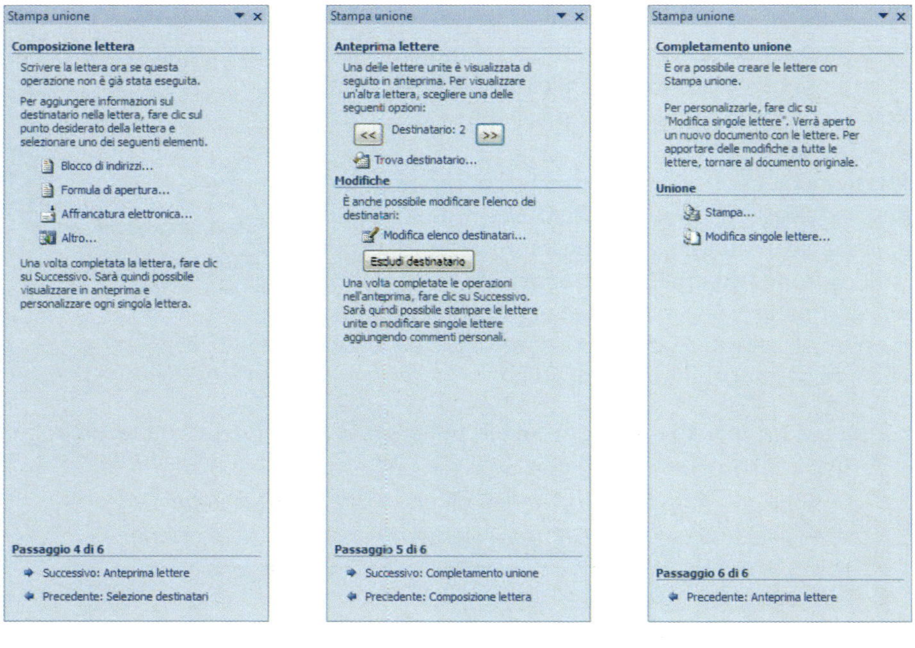

Figura 52 Gli ultimi tre passaggi della *Creazione guidata Stampa unione*

L'anteprima della lettera. Il quinto passaggio della procedura (al centro della figura 52) ti consente di visualizzare l'anteprima delle lettere vere e proprie, con il contenuto effettivo dei singoli campi.

Per passare da un destinatario al successivo oppure al precedente, fai clic sui due pulsanti [>>] oppure [<<] che vedi nel **Riquadro attività** al centro della figura 52.

Puoi ottenere un risultato del tutto equivalente facendo clic sull'icona **Anteprima risultati** della scheda **Lettere** e poi sulle frecce dei pulsanti, oppure digitando direttamente nella casella centrale il numero del record (cioè del destinatario) che ti interessa.

In questo passaggio è anche possibile modificare l'elenco dei destinatari o escluderne qualcuno, con le opzioni presenti in basso nel **Riquadro attività**.

5.2.1 **L'unione della lettera con l'elenco dei destinatari.** A questo punto il lavoro è pronto
5.2.2 per la stampa, ma prima di stampare è anche possibile salvare in un nuovo file tutte le lettere con i dati dei singoli destinatari. Ciò può essere utile, per esempio, se si desidera poter modificare in seguito soltanto alcune fra le lettere che il programma ha automaticamente predisposto.

Per salvare il nuovo file devi fare clic sull'icona [Modifica singole lettere...], specificare nella finestra che compare quali record si vogliono salvare e infine scegliere dal menu **File** la voce **Salva con nome**.

Se invece non ti interessa salvare le singole lettere in un file ma soltanto stamparle, fai clic sull'icona **Stampa** nell'ultimo passaggio della procedura (a destra nella figura 52), e poi specifica a quali destinatari vuoi inviare le lettere.

Le stesse scelte sono proposte nel menu dell'icona **Finalizza e unisci** della scheda **Lettere**, come mostra la figura 53.

Figura 53

Ricorda infine che in ogni fase della procedura guidata puoi tornare indietro e fare modifiche al lavoro già svolto con un clic sul pulsante **Precedente** posto in fondo al **Riquadro attività**.

Tutte le fasi della procedura che abbiamo seguito nel percorso della creazione guidata della stampa unione possono essere replicate utilizzando la barra multifunzione.

I vari gruppi di icone presenti nella scheda **Lettere** della barra multifunzione permettono di svolgere le stesse funzioni previste dalla procedura guidata.

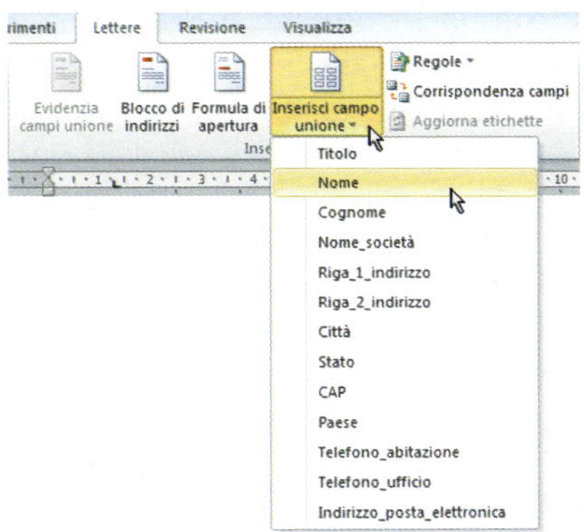

Figura 54

La figura 54 mostra per esempio come il menu dell'icona **Inserisci campo unione** sia equivalente alla finestra della figura 51.

La creazione delle etichette. Per creare etichette la procedura è simile a quella per la creazione delle lettere; ci sono però alcune piccole variazioni che ora descriveremo.

Nel primo passaggio della creazione guidata bisogna scegliere la voce **Etichette**.

Al secondo passaggio si può scegliere il tipo di etichetta da utilizzare facendo clic su **Opzioni etichette**.

Al quarto passaggio, oltre a inserire i campi che interessano, bisogna fare clic su **Aggiorna tutte le etichette** per far sì che l'impostazione utilizzata per la prima etichetta sia applicata anche a tutte le altre.

ESERCIZI Soltanto due tra le seguenti affermazioni sono vere. Quali?
Il salvataggio come file del documento con i dati uniti:

- **A** è indispensabile, perché da quel file si parte per effettuare la stampa delle lettere da spedire
- **B** serve soltanto se si vuole modificare qualche lettera particolare
- **C** viene fatto automaticamente dal programma
- **D** può riguardare anche soltanto i dati di alcuni fra i destinatari

▶ Altri esercizi a pagina 108

Verifica le tue conoscenze – *Esercizi sui punti del Syllabus*

Quando le risposte sono etichettate da cerchietti, significa che il quesito ha una sola risposta esatta; quando invece sono etichettate da quadratini, significa che più di una risposta è corretta.

1.1.1 Per chiudere un documento di Word 2010 lasciando il programma in esecuzione si può:

- Ⓐ fare clic su ✕ o selezionare **Esci da Word** utilizzando il menu **File**
- Ⓑ fare clic su ✕
- Ⓒ selezionare **Chiudi** dal menu **File**
- Ⓓ selezionare **Esci da Word** dal menu **File**

1.1.2 Se si fa clic sulla voce **Nuovo** del menu **File**:

- Ⓐ si apre la finestra in cui si può scegliere il modello da utilizzare
- Ⓑ si crea un nuovo documento basato sullo stesso modello del documento attualmente in uso
- Ⓒ si apre sempre un documento vuoto
- Ⓓ si cancella tutto il contenuto del documento in uso

1.1.3 Per salvare con un altro nome un documento già aperto bisogna:

- Ⓐ fare clic su in qualsiasi momento
- Ⓑ fare clic su dopo che il documento è stato salvato una prima volta
- Ⓒ fare clic su e scegliere **Salva con nome** dal menu **File**
- Ⓓ scegliere necessariamente **Salva con nome** dal menu **File**

1.1.4 Quale estensione hanno i file modello di documento in Word 2010?

- Ⓐ .docx
- Ⓑ .dotx
- Ⓒ .doc
- Ⓓ .dot

1.1.5 Per spostarsi fra documenti aperti si può utilizzare:

- Ⓐ soltanto l'icona della scheda **Visualizza**
- Ⓑ soltanto l'icona della scheda **Visualizza** selezionando il nome del file da visualizzare
- Ⓒ soltanto la barra delle applicazioni
- Ⓓ la barra delle applicazioni o l'icona della scheda **Visualizza** selezionando il nome del file da visualizzare

1.2.1 Quale tra queste è la sequenza corretta per modificare la cartella predefinita per il salvataggio dei file?

- Ⓐ Menu **File → Opzioni → Impostazioni avanzate → Sfoglia...**
- Ⓑ Menu **File → Opzioni → Salvataggio → Percorso predefinito → Sfoglia...**
- Ⓒ Menu **File → Salva con nome** e indicare come formato di salvataggio **Modello di documento**
- Ⓓ Menu **File → Opzioni → Risorse → Sfoglia...**

1.2.2 Per utilizzare la *Guida in linea* di Word, quale tra le seguenti procedure *non* è corretta?

- Ⓐ Premere il tasto **F1**
- Ⓑ Fermare per qualche secondo il puntatore sull'icona in merito alla quale si vogliono avere informazioni
- Ⓒ Fare clic sull'icona della barra multifunzione
- Ⓓ Fare clic sull'icona ? delle finestre di dialogo che appaiono mentre si lavora con il programma

1.2.3 La visione ingrandita della pagina:

- A incrementa automaticamente la dimensione dei caratteri
- B si ottiene scegliendo una dimensione maggiore dei caratteri
- C può essere attivata dalla scheda **Visualizza**
- D può essere personalizzata

1.2.4 Quale tra le seguenti affermazioni relative alle schede della barra multifunzione *non* è corretta?

- Ⓐ Si possono nascondere utilizzando la barra di accesso rapido
- Ⓑ Consentono un accesso immediato alle funzioni del programma
- Ⓒ In alcuni casi si attivano in modo automatico
- Ⓓ È possibile visualizzare solo i nomi delle singole schede

2.1.1 Quale tra le seguenti icone è quella corrispondente al **Layout di stampa**?

- Ⓐ
- Ⓑ
- Ⓒ
- Ⓓ

2.1.2 Quando si inserisce testo in un documento:

- A è necessario battere il tasto Invio per andare a capo
- B è necessario battere il tasto Invio per iniziare un nuovo paragrafo
- C il testo viene inserito nel punto in cui si trova il cursore
- D il testo viene sempre inserito alla fine del documento

2.1.3 I caratteri speciali:

- A normalmente sono assenti sulla tastiera
- B si inseriscono premendo il tasto Alt insieme ad altri tasti della tastiera
- C si inseriscono come se fossero immagini
- D si inseriscono utilizzando l'icona **Simbolo** della scheda **Inserisci**

2.2.1 Collega ogni simbolo a sinistra con ciò che esso rappresenta.

a	¶	**1** interruzione di riga	**a**	....
b	·	**2** tabulazione	**b**	....
c	→	**3** fine paragrafo	**c**	....
d	↵	**4** spazi bianchi	**d**	....

2.2.2 Collega ogni procedimento con il tipo di selezione che permette di effettuare.

- **a** clic a sinistra della riga
- **b** doppio clic su una parola
- **c** triplo clic su una parola
- **d** clic sul testo con Ctrl premuto

1 paragrafo	**a**	....
2 parola	**b**	....
3 riga	**c**	....
4 frase	**d**	....

2.2.3 Per sovrascrivere il testo esistente in un documento:

- A bisogna per prima cosa selezionarlo
- B è sufficiente digitare il nuovo testo
- C è necessario cancellare il testo esistente dopo averlo selezionato
- D è sufficiente digitare il nuovo testo dopo aver selezionato il testo esistente che si vuole sostituire

2.2.4 La ricerca automatica:

- Ⓐ si attiva dal gruppo **Modifica** della scheda **Home**
- Ⓑ si attiva dalla scheda **Strumenti** selezionando l'icona **Ricerche**
- Ⓒ si può fare utilizzando un solo termine per volta
- Ⓓ incomincia sempre dall'inizio del documento

2.2.5 Collega ogni comando presente nella finestra di sostituzione con la funzione che esso svolge.

- **a** **Sostituisci**
- **b** **Sostituisci tutto**
- **c** **Trova successivo**
- **d** **Annulla**

a	b	c	d
....	....	....	....

1 non effettua la sostituzione e cerca in avanti nel documento

2 chiude la finestra

3 effettua la sostituzione soltanto nella circostanza trovata

4 effettua la sostituzione automatica in tutto il documento

2.2.6 Quale sequenza di comandi permette di spostare un testo in un altro punto del documento attivo, o in un altro documento?

Ⓐ Prima **Copia**, poi **Incolla**
Ⓑ Prima **Incolla**, poi **Taglia**
Ⓒ Prima **Copia**, poi **Taglia**
Ⓓ Prima **Taglia**, poi **Incolla**

2.2.7 Che differenza esiste fra cancellare un testo e tagliare un testo?

A Nessuna
B Il testo cancellato può essere poi incollato una sola volta
C Il testo tagliato può essere incollato molte volte, mentre il testo cancellato è soltanto eliminato
D Il testo cancellato non può essere incollato

2.2.8 L'annullamento e il ripristino delle operazioni:

A possono essere fatti dalla barra di accesso rapido
B possono applicarsi con un unico clic a numerose operazioni
C permettono di annullare (o ripristinare) soltanto le ultime 10 operazioni compiute
D possono essere fatti anche su un file appena riaperto; in tal caso si riferiscono alle modifiche effettuate prima dell'ultima chiusura del file

3.1.1 Il cambiamento della dimensione dei caratteri:

A avviene soltanto sul testo selezionato
B interessa sempre tutto il paragrafo
C si può effettuare con un clic sulla freccetta al piede del gruppo **Carattere** della scheda **Home**
D non si può effettuare dalla finestra contestuale che si attiva con il tasto destro del mouse

3.1.2 Le formattazioni di grassetto, corsivo e sottolineato:

A servono per evidenziare parti di un testo
B possono essere fatte soltanto dalla scheda **Home**
C possono essere fatte anche utilizzando il tasto destro e scegliendo **Carattere**
D non possono essere applicate contemporaneamente a uno stesso testo

3.1.3 La formattazione apice:

A dà come risultato un testo scritto più in basso rispetto al normale
B si può attivare anche dalla scheda **Visualizza**
C è utile se si deve scrivere l'esponente di una potenza
D mostra un carattere di dimensioni minori rispetto al normale

3.1.4 Il colore del testo:

A si può modificare dalla scheda **Lettere**
B si può modificare dalla finestra **Carattere** che si apre facendo clic con il tasto destro del mouse
C nella scheda **Home** è indicato da un'icona con la lettera **A** sottolineata nel colore utilizzato
D è modificabile soltanto dalla scheda **Revisione**

3.1.5 Il comando **Maiuscole/minuscole**:

A permette di trasformare tutte le lettere maiuscole in minuscole
B permette di trasformare tutte le lettere minuscole in maiuscole
C si può raggiungere utilizzando il tasto destro del mouse
D si trova nella finestra di dialogo **Carattere**

3.1.6 La sillabazione automatica:

A è attiva automaticamente appena si avvia il programma
B si applica automaticamente quando si sceglie di allineare il testo a destra
C si attiva dalla scheda **Layout di pagina**
D spezza le parole seguendo le corrette regole grammaticali

3.2.1 I paragrafi:

A sono sempre frasi di senso compiuto
B iniziano e terminano con un punto
C iniziano e terminano con un ¶
D si possono unire cancellando il simbolo ¶

3.2.2 Le interruzioni di riga:

A sono equivalenti all'andare a capo
B si possono creare dalla scheda **Layout di pagina**
C si possono creare battendo il tasto Invio
D consentono di andare a capo mantenendo invariate le formattazioni del paragrafo

3.2.3 I rientri:

A sono un modo diverso per indicare i margini
B possono applicarsi a un intero paragrafo
C possono essere inseriti anche utilizzando la scheda **Layout di pagina**
D si possono fare in modo ideale inserendo molti spazi bianchi a inizio riga

3.2.4 L'allineamento:

A si chiama *centrato* quando è fatto da entrambi i lati
B quando è *giustificato* fa aumentare uniformemente lo spazio fra le parole
C se è *giustificato* si può attivare facendo clic sull'icona
D può essere fatto anche dalla finestra di dialogo **Paragrafo**

3.2.5 Un rientro:

A si può attivare dalla finestra di dialogo **Paragrafo**
B può interessare una qualsiasi tra le righe di un paragrafo
C si può inserire usando il righello
D si può inserire utilizzando il tasto , con il cursore in qualsiasi posizione dentro il paragrafo

3.2.6 Collega ogni icona della tabulazione con l'allineamento corrispondente.

a — 1 decimale
b — 2 centrato
c — 3 a sinistra
d — 4 a destra

a	....
b	....
c	....
d	....

3.2.7 L'inserimento di spazio bianco tra paragrafi successivi:

A si effettua in ogni caso premendo il tasto Invio
B si può effettuare variando l'interlinea
C si effettua allo scopo di evidenziare i singoli paragrafi
D può essere effettuato soltanto alla fine o all'inizio del paragrafo

3.2.8 L'interlinea:

A indica lo spazio fra una qualsiasi riga e la successiva
B si può modificare dalla finestra di dialogo **Carattere**
C si applica a interi paragrafi
D assume sempre valori interi

3.2.9 Gli elenchi puntati e numerati:

A possono essere attivati soltanto dalla scheda **Home**
B si possono applicare a singole righe di un paragrafo
C determinano un rientro automatico del margine sinistro del paragrafo
D si possono modificare facendo clic sul testo con il tasto destro del mouse

3.2.10 Il contorno e lo sfondo di un paragrafo:

A si possono attivare entrambi dalla scheda **Home**
B devono applicarsi all'intero paragrafo, non a singole righe
C si possono attivare dalla finestra di dialogo **Paragrafo**

D si possono attivare dalla finestra di dialogo **Bordi e sfondo**

3.3.1 Lo stile carattere:
- A si può applicare a una qualsiasi porzione del testo
- B si può applicare solo a interi paragrafi
- C si può applicare solo scegliendo tra quelli predefiniti
- D quando viene applicato consente di modificare anche il tipo di carattere

3.3.2 Lo stile paragrafo:
- A è identificato da un'icona che contiene il simbolo ¶
- B si può applicare a singole righe di un paragrafo
- C si può applicare soltanto scegliendo tra quelli predefiniti
- D quando viene applicato consente di modificare anche l'interlinea

3.3.3 Le caratteristiche di formattazione di un testo:
- A possono essere copiate da un testo a un altro
- B si possono modificare utilizzando i comandi **Copia** e **Incolla**
- C si possono copiare facendo clic sull'icona
- D si possono modificare in un solo punto per volta

4.1.1 Per creare una tabella:
- A si può fare clic sull'icona
- B si possono utilizzare le ClipArt
- C bisogna specificare il numero di righe e di colonne
- D bisogna specificare la larghezza delle colonne e l'altezza delle righe

4.1.2 In una tabella:
- A si può passare da una cella all'altra battendo il tasto
- B si può passare da una cella all'altra mediante il mouse
- C si possono inserire soltanto numeri o soltanto testi
- D si possono digitare numeri o testo soltanto se le colonne sono sufficientemente ampie

4.1.3 Quale tra le seguenti affermazioni sulle tabelle è sbagliata?
- A Le righe si possono selezionare facendo clic alla loro sinistra
- B Le colonne si possono selezionare facendo clic in cima a esse quando il puntatore assume la forma di una freccia nera rivolta verso il basso
- C L'intera tabella può essere selezionata esclusivamente dal menu dell'icona
- D Una cella si può selezionare facendo clic quando il puntatore assume la forma di una freccia nera rivolta in alto a destra

4.1.4 In una tabella di Word 2010:
- A non si possono eliminare righe o colonne se esse contengono dati al loro interno
- B si possono eliminare righe o colonne scegliendo **Cancella** nel menu contestuale dopo averle selezionate
- C le nuove righe vengono inserite sopra o sotto quella in cui si trova il puntatore del mouse, a seconda del comando scelto
- D le colonne vengono inserite sempre a sinistra della cella in cui si trova il puntatore del mouse

4.2.1 La larghezza delle colonne e l'altezza delle righe:
- A si possono modificare per trascinamento solo dopo aver selezionato la colonna, la riga o la cella che interessa
- B si possono modificare dalla finestra di dialogo **Proprietà tabella**, ma soltanto dopo aver selezionato la colonna, la riga o la cella che interessa
- C si possono modificare dal righello per trascinamento
- D si possono modificare dalla scheda **Home**

4.2.2 Scrivi accanto a ognuna delle seguenti operazioni un numero da 1 a 4, in modo da ordinarle nella sequenza più usuale per modificare lo spessore del bordo di un gruppo di celle.
- .... si seleziona lo spessore preferito
- .... si attiva la scheda **Progettazione**
- .... si fa clic sull'icona
- .... si selezionano le celle

4.2.3 Il colore di sfondo delle celle si può modificare:
- A dalla scheda **Inserisci**
- B dalla scheda **Home** con l'icona
- C dalla scheda **Home** con l'icona dopo aver selezionato parte della tabella
- D dalla scheda **Home** con l'icona anche senza aver selezionato parte della tabella

4.3.1 Un grafico:
- A può essere inserito in un documento di Word, ma non modificato
- B può essere inserito dalla scheda **Inserisci** con l'icona
- C può essere inserito dalla scheda **Inserisci** con l'icona
- D può essere inserito dalla scheda **Inserisci** con l'icona

4.3.2 Un oggetto inserito in un documento di Word:
- A si seleziona facendo clic su di esso
- B una volta selezionato, è contornato dal cosiddetto rettangolo di selezione
- C può essere modificato senza selezionarlo
- D può essere selezionato dalla scheda **Revisione** scegliendo l'icona **Modifica**

4.3.3 Scrivi accanto a ognuna delle seguenti operazioni un numero da 1 a 5, in modo da ordinarle nella sequenza necessaria per spostare un oggetto in un altro documento.
- .... si seleziona la voce **Incolla** dalla scheda **Home**
- .... si seleziona la voce **Taglia** dalla scheda **Home**
- .... si seleziona l'oggetto
- .... si passa al nuovo documento
- .... si fa clic nel punto in cui dev'essere messo l'oggetto

4.3.4 Il ridimensionamento:
- A può essere fatto soltanto sui disegni
- B può causare la deformazione dell'oggetto ridimensionato
- C si può fare soltanto per trascinamento
- D si può fare sia per trascinamento, sia a partire da un clic con il tasto destro

5.1.1 Il documento principale da utilizzare per la stampa unione:
- A non può essere un modello
- B dev'essere necessariamente un documento nuovo
- C contiene gli indirizzi di tutti i destinatari
- D nessuna delle precedenti affermazioni è corretta

5.1.2 La lista degli indirizzi da utilizzare per la stampa unione:
- A dev'essere necessariamente creata al momento
- B dev'essere necessariamente un file con estensione **.accdb**
- C si sceglie durante la procedura guidata
- D dev'essere presente nella rubrica della propria casella di posta

5.1.3 I campi di dati nel documento principale di una lettera si inseriscono:
- A utilizzando l'icona
- B scegliendo la voce **Altro** al quarto passaggio della procedura guidata
- C digitando il nome del campo nel punto in cui si vuole che compaia
- D automaticamente nel corso della procedura guidata

5.2.1 L'unione degli indirizzi con le lettere o le etichette:
- A dev'essere necessariamente effettuata creando un nuovo file con i dati uniti

B si può fare solo in fase di stampa

C va effettuata utilizzando necessariamente tutti gli indirizzi presenti nel file

D può essere vista in anteprima anche senza stampare le lettere o le etichette

5.2.2 Per stampare le lettere o le etichette in una stampa unione:

A bisogna selezionare la voce **Stampa** dal pulsante Office

B è necessario creare un file con i dati uniti e poi stamparlo

C si può fare clic su **Stampa** nell'ultimo passaggio della procedura guidata

D si può fare clic sull'icona **Finalizza e unisci** della scheda **Lettere**

6.1.1 Scrivi accanto alle seguenti operazioni un numero da 1 a 5, ordinandole nella sequenza necessaria per cambiare le dimensioni della carta.

.... nel riquadro **Formato** si fa clic sulla freccia accanto alla dimensione della carta

.... si seleziona la scheda **Layout di pagina** e si fa clic sulla freccetta al piede del gruppo **Imposta pagina**

.... si sceglie il formato della carta

.... nella finestra che si apre si seleziona la scheda **Carta**

.... si conferma facendo clic su **OK**

6.1.2 I margini del documento:

A dipendono dalle dimensioni della carta

B si possono modificare nella finestra di dialogo **Formato**

C si possono modificare dalla scheda **Layout di pagina** selezionando l'icona **Margini**

D si possono modificare per trascinamento sul righello

6.1.3 Per interrompere una pagina:

Ⓐ è meglio premere più volte il tasto Invio fino a che non si arriva alla pagina successiva

Ⓑ è preferibile usare l'apposita icona nella scheda **Inserisci**

Ⓒ è preferibile utilizzare l'apposita funzione nella finestra di dialogo **Imposta pagina**

Ⓓ è preferibile intervenire modificando i margini inferiori della pagina

6.1.4 Che cosa si può fare per eliminare un'interruzione di pagina?

Ⓐ Cancellare la riga tratteggiata che è visibile in visualizzazione **Bozza**

Ⓑ Cancellare la riga tratteggiata che è visibile soltanto in visualizzazione **Layout di stampa**

Ⓒ Cancellare l'ultimo segno di paragrafo ¶ presente nella pagina

Ⓓ Nessuna delle operazioni descritte in precedenza

6.1.5 Per inserire testo in un piè di pagina:

Ⓐ si attiva l'apposita funzione presente nella finestra di dialogo **Imposta pagina**

Ⓑ si seleziona la scheda **Inserisci** e nel menu dell'icona **Piè di pagina** si sceglie la voce **Modifica piè di pagina**

Ⓒ basta fare doppio clic nella parte bassa della pagina e digitare il testo

Ⓓ si seleziona nella scheda **Visualizza** l'icona **Intestazione e piè di pagina**

6.1.6 Le seguenti icone sono presenti nella scheda **Progettazione** del piè di pagina. Collega ciascuna icona con il relativo significato.

a	1 numero di pagina		a	....
b	2 vai all'intestazione		b	....
c	3 ora e data		c	....
d	4 parti rapide		d	....

6.1.7 La numerazione di pagina automatica:

Ⓐ è inserita automaticamente da Word e non richiede alcun comando

Ⓑ si attiva dalla scheda **Inserisci** con l'icona **Numero di pagina**

Ⓒ inserisce i numeri sempre a centro pagina

Ⓓ si può inserire soltanto passando per l'inserimento del piè di pagina

6.2.1 Quando si usa lo strumento di correzione ortografica, quale pulsante bisogna usare se *non* si vuole accettare il suggerimento proposto dal programma correttore?

Ⓐ **Ignora questa volta**

Ⓑ **Trascura questa volta**

Ⓒ **Cambia**

Ⓓ **Aggiungi**

6.2.2 L'aggiunta di nuove parole al dizionario interno al programma:

A avviene in modo automatico quando si usa di frequente un termine che manca nel dizionario

B si effettua selezionando la voce **Aggiungi al dizionario** durante la correzione ortografica

C si può effettuare facendo clic con il tasto destro del mouse su un termine sottolineato in rosso e scegliendo la voce **Aggiungi**

D si può effettuare premendo insieme i due tasti Invio + Ctrl dopo aver selezionato il termine da aggiungere

6.2.3 L'anteprima di stampa di un documento:

A permette di verificare sullo schermo l'aspetto che il documento avrà una volta stampato

B appare selezionando **Stampa** dal menu **File**

C si può attivare dalla scheda **Visualizza** facendo clic sull'icona

D si attiva dalla scheda **Revisione**

6.2.4 Se nella casella **Pagine** della finestra **Stampa** si digita «1-3,5-7,9», il programma stamperà:

Ⓐ le pagine 1,3,5,7,9

Ⓑ le pagine 1,3,4,5,7,8,9

Ⓒ le pagine 1,2,3,5,6,7,9

Ⓓ le pagine 1,2,3,4,5,6,7,8,9

Verifica le tue abilità – *Esercitazioni per l'esame ECDL*

Per avere i file necessari per queste Esercitazioni, scarica dal sito del libro e decomprimi sul tuo desktop la cartella testECDL/modulo3.

ESERCITAZIONE 1

Soluzione filmata — Tempo a disposizione: 45 minuti

1 Apri il programma Microsoft Word. 1.1.1

2 Apri il documento **test** contenuto nella cartella **testECDL/modulo3** del tuo desktop utilizzando il menu **File**. 1.1.1

3 Utilizzando il menu **File**, salva nel disco fisso del tuo computer o su un disco rimovibile il file **test** con il nome **ECDL** e in formato Rich Text Format (***.rtf**). 1.1.4

4 Seleziona tutto il testo del documento utilizzando la scheda **Home**. 2.2.2

5 Cambia il carattere di tutto il testo trasformandolo in Arial; utilizza il tasto destro del mouse. 3.1.1

6 Cambia la dimensione del carattere del testo di tutto il documento portandola a 16; utilizza la scheda **Home**. 3.1.1

7 Centra il titolo utilizzando la scheda **Home**. 3.2.4

8 Metti il titolo in grassetto utilizzando la scheda **Home**. 3.1.2

9 Inserisci un bordo nero intorno al paragrafo che contiene il titolo utilizzando la scheda **Home**. 3.2.10

10 Applica il colore giallo allo sfondo all'interno della cornice utilizzando la scheda **Home**. 3.2.10

11 Metti la scritta del titolo in rosso utilizzando la scheda **Home**. 3.1.4

12 Giustifica tutto il resto del testo utilizzando la scheda **Home**. 3.2.4

13 Sostituisci, utilizzando l'apposito comando, la parola «elaboratore» con la parola «computer». 2.2.5

14 Trasforma automaticamente tutto in maiuscole, dove non lo è già, il testo «moduli Ecdl». 3.1.5

15 Inserisci una spaziatura di 18 punti prima del paragrafo «MODULI ECDL» e prima del paragrafo «Per ottenere l'ECDL...» usando il tasto destro del mouse. 3.2.8

16 Sposta in fondo al documento il testo compreso tra le due spaziature appena inserite, utilizzando la scheda **Home**. 2.2.6

17 Imposta l'interlinea 1,5 per la stessa parte di testo utilizzando la scheda **Home**. 3.2.8

18 Numera i titoli dei moduli ECDL utilizzando l'apposito pulsante della scheda **Home**. 3.2.9

19 Cambia la numerazione attuale in modo che abbia un formato di tipo «1)». 3.2.9

20 Cambia il margine destro del documento portandolo a 2,5 centimetri; usa la scheda **Layout di pagina**. 6.1.2

21 Visualizza le interruzioni di paragrafo. 2.2.1

22 Fondi i paragrafi che iniziano con: «L'uso del computer...» e con: «Per questo è stata creata l'ECDL». 3.2.1

23 Inserisci un'interruzione di riga dove prima si trovava l'interruzione di paragrafo. 3.2.2

24 Inserisci il numero di pagina nel documento in basso, al centro della pagina. 6.1.7

25 Inserisci la scritta «La patente europea del computer» nell'intestazione del documento e allineala al centro. 6.1.5

26 Inserisci il campo con il nome del file nel piè di pagina del documento allineandolo a destra. 6.1.6

27 Cancella la frase «Gli esami possono essere svolti in qualsiasi ordine». 2.2.7

28 Inserisci un'interruzione di pagina prima del titolo «MODULI ECDL». 6.1.4

29 Imposta una tabulazione centrata sul titolo del paragrafo «MODULI ECDL» a 3,5 centimetri; utilizza il righello. 3.2.6

30 Sposta al tabulatore appena fissato il titolo «MODULI ECDL». 3.2.6

31 Copia lo stile del paragrafo «MODULI ECDL» e applicalo alla parte iniziale del testo. Copia poi lo stile del titolo del documento e applicalo al titolo «MODULI ECDL». 3.3.3

32 Annulla l'operazione effettuata sul titolo «MODULI ECDL» utilizzando la barra di accesso rapido. 2.2.8

33 Applica uno stile paragrafo a tua scelta ai paragrafi con l'elenco dei moduli. 3.3.2

34 Visualizza la pagina al 90% utilizzando la scheda **Visualizza**. 1.2.3

35 Passa dalla visualizzazione **Layout di stampa** a quella **Bozza**. 2.1.1

36 Utilizzando il menu **File** chiudi il documento e salva le modifiche lasciando il programma in esecuzione. 1.1.1

ESERCITAZIONE 2

Soluzione filmata — Tempo a disposizione: 45 minuti

1 Apri il programma Microsoft Word. 1.1.1

2 Apri contemporaneamente il documento **test** e il documento **condomini** contenuti nella cartella **testECDL/modulo3** del tuo desktop; utilizza il menu **File**. 1.1.1

3 Passa al documento **condomini** (se non è già in primo piano) e poi torna al documento **test** utilizzando la barra delle applicazioni. 1.1.5

4 Riporta in primo piano il documento **condomini** utilizzando la scheda **Visualizza**. 1.1.5

5 Inserisci in questo documento il titolo «Elenco condomini». 2.1.2

6 Esci dal programma senza salvare le modifiche. 1.1.1

7 Modifica le impostazioni del programma in modo che la cartella predefinita per salvare i file diventi il desktop. 1.2.1

8 Modifica le impostazioni del programma in modo che il nome dell'utente sia il tuo. 1.2.1

9 Apri il documento **convocazione** contenuto nella cartella **testECDL/modulo3** del tuo desktop; usa il menu **File**. 1.1.1

10 Inserisci alla fine del paragrafo che inizia: «Con la presente...» il testo seguente: «Allego l'elenco delle ditte che hanno risposto alla richiesta di preventivo e i relativi importi». 2.1.2

11 Inserisci di seguito una tabella di 4 righe e 3 colonne utilizzando la scheda **Inserisci**. 4.1.1

12 Vai alla scheda **Layout** della barra multifunzione. 1.2.4

13 Seleziona la prima riga della tabella utilizzando la scheda **Layout**. 4.1.3

14 Utilizzando le icone presenti nella scheda **Progettazione** modifica lo spessore dei bordi di questa riga portandolo a 2 $^{1}/_{4}$ punti; annulla poi quest'ultima modifica. 4.2.2

15 Utilizzando le icone presenti nella scheda **Progettazione** imposta per questa riga uno sfondo grigio chiaro a tua scelta. 4.2.3

16 Inserisci nella prima cella della prima riga il testo: «Denominazione». 4.1.2

17 Passa alla seconda cella della prima riga e inserisci al suo interno il testo: «Telefono». 4.1.2

18 Inserisci nella cella successiva della prima riga il testo: «Importo preventivo». 4.1.2

19 Inserisci una colonna vuota a destra della colonna «Telefono» e digita al suo interno: «Indirizzo». 4.1.4

20 Elimina la colonna «Indirizzo». 4.1.4

21 Completa la tabella inserendo i dati seguenti:

Denominazione	*Telefono*	*Importo preventivo*
Costruzioni & restauri	02345678912	12500.00 €
Bianchi restauri	02567890123	15600.00 €
Rossi costruzioni	02456789101	13800.00 €

4.1.2

22 Imposta per la prima colonna una larghezza di 5 centimetri. 4.2.1

23 Restringi per trascinamento la seconda colonna in modo che abbia una larghezza sufficiente per contenere i numeri senza andare a capo. 4.2.1

24 Riduci a icona la barra multifunzione, poi visualizza la scheda **Home**. 1.2.4

25 Salva il file **convocazione** con lo stesso nome ma in formato Rich Text Format (***.rtf**) nel disco fisso del tuo computer o su un disco rimovibile. 1.1.4

26 Avvia il processo di stampa unione e usa il file **convocazione.docx** contenuto nella cartella **testECDL/modulo3** del tuo desktop come documento di partenza per creare lettere da predisporre per la stampa unione. 5.1.1

27 Usa il file **condomini** contenuto nella cartella **testECDL/modulo3** del tuo desktop per prelevare le informazioni sui destinatari delle lettere. 5.1.2

28 Sostituisci nel file **condomini** il nome dell'ing. Antoni Davide con Antoni Giovanni, e poi inserisci i tre campi in alto a sinistra nella lettera. 5.1.3

29 Applica solo ai nomi e ai cognomi uno stile a tuo piacere. 3.3.1

30 Sillaba automaticamente il documento. 3.1.6

31 Salva sul desktop il documento risultante dall'unione con il nome **lettere_condomini**. 5.2.1

32 Salva il documento principale sul desktop con il nome **lettera**, poi unisci alla stampante le prime tre lettere e chiudi il documento. 5.2.2

33 Crea delle etichette da attaccare sulle buste selezionando il modello «Avery A4/A5» tipo «L7159». 5.1.1

34 Utilizza gli stessi nominativi presenti nel file **condomini** per inserirli dentro le etichette. 5.1.2

35 Unisci alla stampante le etichette con i nominativi. 5.2.2

36 Salva sul desktop con il nome **etichette** il documento con i dati uniti delle etichette. 5.2.1

ESERCITAZIONE 3

Soluzione filmata — Tempo a disposizione: 45 minuti

1 Apri il programma di elaborazione di testi Microsoft Word. 1.1.1

2 Crea un nuovo documento basato sul modello **Fax Universo**. 1.1.2

3 Inserisci sopra alla scritta FAX la forma «Sole» presente nelle forme del programma. 4.3.1

4 Salva il file con il nome **fax** utilizzando il formato standard di Word nel disco fisso del tuo computer o su un disco rimovibile. 1.1.3

5 Cerca nella *Guida in linea* informazioni sui «disegni». 1.2.2

6 Riduci al 90% le dimensioni del disegno inserito, senza deformarlo, utilizzando il tasto destro. 4.3.4

7 Riduci ulteriormente le sue dimensioni al 75% utilizzando la scheda **Formato**. 4.3.4

8 Elimina la riga relativa al **Telefono** e alla **Data**. 2.2.7

9 Dopo averlo selezionato, sovrascrivi il termine «FAX» che si trova alla seconda riga sostituendolo con «Telefono e fax» con dimensione 14. 2.2.3

10 Cancella tutta la parte delle caselle **Urgente**, **Da approvare**, **Vs. commenti** e così via utilizzando la tastiera. 2.2.7

11 Inserisci come oggetto «Offerta». 2.1.2

12 Come testo del messaggio inserisci: «La informiamo che nel nostro negozio in via Cimarosa, 18 è disponibile il nuovo orologio modello Beltempo». 2.1.2

13 Applica uno stile carattere a tuo piacere al termine «Beltempo». 3.3.1

14 Porta su un nuovo paragrafo la parte che inizia con l'indirizzo del negozio. 3.2.1

15 Visualizza i caratteri non stampabili presenti nel documento. 2.2.1

16 Nascondi i caratteri non stampabili presenti nel documento. 2.2.1

17 Visualizza la scheda **Inserisci** della barra multifunzione. 1.2.4

18 Inserisci alla fine del messaggio, al centro pagina, una faccia sorridente (*smile*) che puoi trovare fra i disegni del programma. 4.3.1

19 Seleziona il disegno appena inserito. 4.3.2

20 Sposta vicino al margine destro della pagina il disegno selezionato. 4.3.3

21 Usa il comando di ricerca per trovare il termine «beltempo». 2.2.4

22 Inserisci dopo il termine «Beltempo» il simbolo «®». 2.1.3

23 Usa un'interlinea esatta per il testo del messaggio. 3.2.8

24 Fai rientrare il margine sinistro dei paragrafi che contengono il testo del messaggio di 2 centimetri utilizzando il righello. 3.2.5

25 Fai rientrare il margine destro dei paragrafi che contengono il testo del messaggio di 2 centimetri utilizzando la finestra di dialogo **Paragrafo**. 3.2.5

26 Disponi la pagina del fax in orizzontale. 6.1.1

27 Modifica le dimensioni della carta impostandole nel formato A5. 6.1.1

28 Rimetti il foglio in verticale e la carta nel formato A4. 6.1.1

29 Inserisci un'interruzione di pagina prima del disegno che hai inserito per ultimo. 6.1.4

30 Elimina l'interruzione di pagina che hai appena inserito. 6.1.4

31 Aggiungi il termine «Cimarosa» al dizionario interno al programma usando il tasto destro del mouse. 6.2.2

32 Esegui la correzione automatica del documento. 6.2.1

33 Salva le modifiche fatte al documento utilizzando il menu **File**. 1.1.3

34 Visualizza l'anteprima di stampa del documento. 6.2.3

35 Stampa 2 copie del documento sulla stampante predefinita utilizzando il menu **File**. 6.2.4

36 Chiudi il programma Microsoft Word. 1.1.1

SPREADSHEET
Il foglio elettronico

Questo MODULO illustra il concetto di foglio elettronico e guida all'uso del programma di foglio elettronico per produrre dei risultati accurati.

Per superare l'esame ECDL relativo a questo MODULO, dovrai essere in grado di:

- lavorare con i fogli elettronici e salvarli in diversi formati;
- scegliere le funzionalità disponibili per migliorare la produttività, quali la Guida in linea;
- inserire dati nelle celle e applicare modalità appropriate per creare elenchi. Selezionare, riordinare e copiare, spostare ed eliminare i dati;
- modificare righe e colonne in un foglio elettronico. Copiare, spostare, eliminare e cambiare nome ai fogli di calcolo in modo appropriato;
- creare formule matematiche e logiche utilizzando funzioni standard del programma. Applicare modalità appropriate per la creazione delle formule ed essere in grado di riconoscere i codici di errore nelle formule;
- formattare numeri e contenuto testuale in un foglio di calcolo;
- scegliere, creare e formattare grafici per trasmettere informazioni in modo significativo;
- modificare le impostazioni di pagina di un foglio di calcolo e controllare e correggere errori nel contenuto prima della stampa finale.

Questo MODULO è disponibile online anche nella versione per Windows 10.

Sezione	Tema	Rif.	Argomento	Pagina
1 Utilizzo dell'applicazione	1.1 Lavorare con il foglio elettronico	1.1.1	Aprire, chiudere un programma di foglio elettronico. Aprire, chiudere dei fogli elettronici.	120-121
		1.1.2	Creare un nuovo foglio elettronico basato sul modello predefinito.	120
		1.1.3	Salvare un foglio elettronico all'interno di un'unità disco. Salvare un foglio elettronico con un altro nome all'interno di un'unità disco.	120
		1.1.4	Salvare un foglio elettronico in un altro formato, quale: modello, file di testo, formato specifico del tipo di software, numero di versione.	123
		1.1.5	Spostarsi tra fogli elettronici aperti.	120
	1.2 Migliorare la produttività	1.2.1	Impostare le opzioni di base del programma: nome dell'utente, cartelle predefinite per aprire o salvare fogli elettronici.	121
		1.2.2	Usare la funzione di Guida in linea (help) del programma.	121
		1.2.3	Usare gli strumenti di ingrandimento/zoom.	124
		1.2.4	Mostrare, nascondere le barre degli strumenti. Minimizzare, ripristinare la barra multifunzione.	121
2 Celle	2.1 Inserire, selezionare	2.1.1	Comprendere che una cella di un foglio di calcolo dovrebbe contenere un solo dato (per esempio, il nome dovrebbe essere in una cella, mentre il cognome dovrebbe essere nella cella adiacente).	122
		2.1.2	Conoscere la buona prassi nel creare elenchi: evitare righe e colonne vuote nel corpo principale dell'elenco, inserire una riga vuota prima di quella dei totali, accertarsi che i bordi delle celle siano assenti.	122
		2.1.3	Inserire un numero, una data o del testo in una cella.	122, 128
		2.1.4	Selezionare una cella, un insieme di celle adiacenti, un insieme di celle non adiacenti, un intero foglio di lavoro.	124
	2.2 Modificare, ordinare	2.2.1	Modificare il contenuto di una cella, sostituire i dati esistenti.	122
		2.2.2	Usare i comandi Annulla e Ripristina.	134
		2.2.3	Usare il comando Cerca per trovare dati in un foglio di lavoro.	130
		2.2.4	Usare il comando Sostituisci per trovare dati in un foglio di lavoro.	130
		2.2.5	Ordinare un insieme di celle applicando un solo criterio in ordine numerico e alfabetico crescente o decrescente.	131
	2.3 Copiare, spostare, cancellare	2.3.1	Copiare il contenuto di una o più celle all'interno di un foglio di lavoro, tra fogli di lavoro diversi e tra fogli elettronici aperti.	134
		2.3.2	Usare lo strumento di riempimento automatico per copiare o incrementare dati.	138
		2.3.3	Spostare il contenuto di una cella o di un insieme di celle all'interno di un foglio di lavoro, tra fogli di lavoro diversi e tra fogli elettronici aperti.	134
		2.3.4	Cancellare il contenuto di una cella.	138
3 Gestione di fogli di lavoro	3.1 Righe e colonne	3.1.1	Selezionare una riga, un insieme di righe adiacenti, un insieme di righe non adiacenti.	124
		3.1.2	Selezionare una colonna, un insieme di colonne adiacenti, un insieme di colonne non adiacenti.	124
		3.1.3	Inserire, eliminare righe e colonne.	125
		3.1.4	Modificare la larghezza delle colonne, l'altezza delle righe portandole a un valore specificato, alla larghezza e all'altezza ottimali.	122
		3.1.5	Bloccare, sbloccare titoli di righe e/o colonne.	125
	3.2 Fogli di lavoro	3.2.1	Spostarsi tra diversi fogli di lavoro.	120
		3.2.2	Inserire un nuovo foglio di lavoro, eliminare un foglio di lavoro.	122
		3.2.3	Individuare buoni esempi nell'attribuzione di nomi ai fogli di lavoro: usare nomi significativi invece di accettare il nome predefinito.	123
		3.2.4	Copiare, spostare, rinominare un foglio di lavoro all'interno di un foglio elettronico.	123,138
4 Formule e funzioni	4.1 Formule aritmetiche	4.1.1	Conoscere la buona prassi nel creare formule: fare riferimento alle celle invece di inserire dei numeri nelle formule.	118
		4.1.2	Creare formule usando i riferimenti di cella e gli operatori aritmetici (addizione, sottrazione, moltiplicazione, divisione).	132

		4.1.3	Riconoscere e capire i valori di errore più comuni associati all'uso delle formule: #NOME!, #DIV/0!, #RIF!.	133
		4.1.4	Capire e usare nelle formule i riferimenti relativi e assoluti.	134,139
	4.2 Funzioni	4.2.1	Usare le funzioni di somma, media, minimo, massimo, conteggio, conteggio delle celle non vuote di un intervallo, arrotondamento.	136-137
		4.2.2	Usare la funzione logica SE (che restituisce uno dei due valori specificati) con l'operatore di confronto: =, >, <.	137
5 Formattazione	5.1 Numeri e date	5.1.1	Formattare le celle così da visualizzare i numeri con una quantità specificata di decimali, con o senza il punto che indica le migliaia.	128
		5.1.2	Formattare le celle in modo da visualizzare un formato specifico di data, visualizzare un simbolo di valuta.	128
		5.1.3	Formattare le celle per visualizzare i numeri come percentuali.	129
	5.2 Contenuto	5.2.1	Modificare l'aspetto del contenuto di una cella: tipo e dimensioni dei caratteri.	127
		5.2.2	Applicare una formattazione al contenuto delle celle, quale: grassetto, corsivo, sottolineatura, doppia sottolineatura.	127
		5.2.3	Applicare colori diversi al contenuto, allo sfondo delle celle.	126-127
		5.2.4	Copiare la formattazione da una cella a un'altra, da un insieme di celle a un altro.	135
	5.3 Allineamento, bordi ed effetti	5.3.1	Applicare la proprietà di andare a capo al contenuto di una cella, di un insieme di celle.	129
		5.3.2	Allineare il contenuto di una cella: in orizzontale, in verticale. Impostare l'orientamento del contenuto di una cella.	127
		5.3.3	Unire più celle e collocare un titolo al centro delle celle unite.	126
		5.3.4	Aggiungere effetti di bordi a una cella, a un insieme di celle.	126
6 Grafici	6.1 Creazione	6.1.1	Creare differenti tipi di grafici a partire dai dati di un foglio elettronico: grafici a colonne, a barre, a linee e a torta.	140
		6.1.2	Selezionare un grafico.	140
		6.1.3	Modificare il tipo di grafico.	140
		6.1.4	Spostare, ridimensionare, cancellare un grafico.	140
	6.2 Modifica	6.2.1	Inserire, eliminare, modificare il titolo di un grafico.	141
		6.2.2	Inserire etichette ai dati di un grafico: valori/numeri, percentuali.	141
		6.2.3	Modificare il colore dello sfondo dell'area di un grafico, il colore di riempimento della legenda.	141
		6.2.4	Modificare il colore di colonne, barre, righe, fette di torta.	141
		6.2.5	Modificare le dimensioni e il colore dei caratteri del titolo di un grafico, degli assi di un grafico, del testo della legenda di un grafico.	141
7 Preparazione della stampa	7.1 Impostazione	7.1.1	Modificare i margini del foglio di lavoro: superiore, inferiore, sinistro, destro.	142, 145
		7.1.2	Modificare l'orientamento del foglio di lavoro: orizzontale o verticale. Cambiare le dimensioni della carta.	142
		7.1.3	Modificare le impostazioni in modo che il contenuto del foglio di lavoro sia presentato su un numero specifico di pagine.	142
		7.1.4	Inserire, modificare, eliminare del testo nelle intestazioni e nei piè di pagina di un foglio di lavoro.	143
		7.1.5	Inserire ed eliminare campi nelle intestazioni e nei piè di pagina: informazioni sui numeri di pagina, data, ora, nome del file e del foglio di lavoro.	143
	7.2 Verifica e stampa	7.2.1	Controllare e correggere i calcoli e i testi nei fogli elettronici.	144
		7.2.2	Mostrare o nascondere la griglia e le intestazioni di riga e colonna durante la stampa.	143
		7.2.3	Stampare automaticamente le righe di titolo su ogni pagina di un foglio di lavoro.	143
		7.2.4	Visualizzare l'anteprima di un foglio di lavoro.	145
		7.2.5	Stampare un insieme di celle selezionate su un foglio di lavoro, un intero foglio di lavoro, un numero di copie specificato di un foglio di lavoro, l'intero foglio elettronico, un grafico selezionato.	144

1 Che cos'è un foglio elettronico

Un foglio elettronico è un potente strumento di calcolo, elaborazione e presentazione grafica dei dati

Calcolare quanto costerà un computer acquistato a rate, convertire gli euro in altre valute, fare la media dei voti in un registro scolastico: questi sono esempi di elaborazioni di dati numerici che possiamo fare con diversi strumenti, da carta e matita alla calcolatrice elettronica. Spesso però risulta molto più conveniente, in termini di rapidità e precisione, usare un computer e un foglio elettronico.

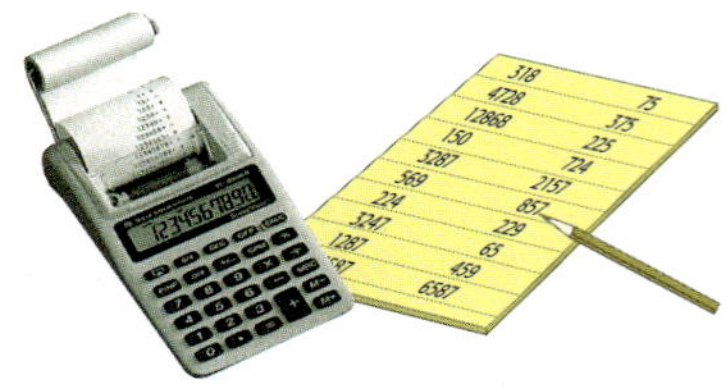

Fare calcoli ripetitivi, ieri e oggi

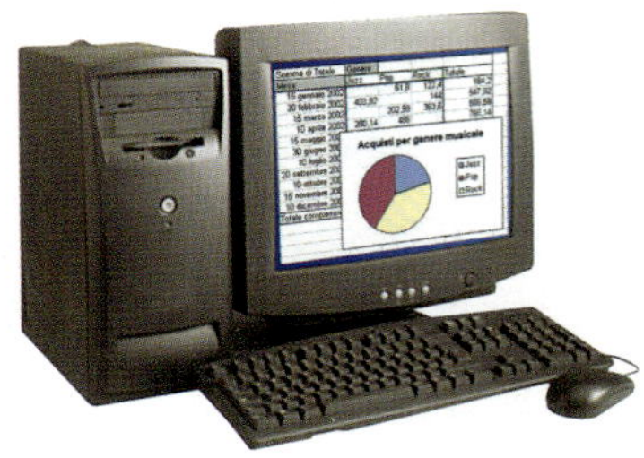

Tuttavia le potenzialità del foglio elettronico vanno ben oltre l'esecuzione di semplici calcoli. Esso infatti si presta alla creazione di programmi complessi (per esempio quelli destinati alla gestione di un magazzino o di un'attività commerciale) e offre sofisticati strumenti di calcolo e previsione, nonché funzioni di archiviazione e interrogazione di una consistente mole di dati.

Il foglio elettronico. Il foglio elettronico o foglio di calcolo (in inglese *spreadsheet*) è una tabella che contiene parole e numeri che possono essere elaborati applicando formule matematiche e funzioni statistiche.

Mediante un foglio elettronico possiamo organizzare dati, impostare calcoli e personalizzare la visualizzazione dei risultati, per esempio creando grafici di vario tipo. Possiamo inoltre creare particolari modelli di calcolo, in modo da avere un documento standard utilizzabile più volte semplicemente inserendo nuovi dati, per esempio per generare fatture commerciali.

Un foglio elettronico si compone di *colonne* (identificate da una lettera) e di *righe* (identificate da un numero). All'incrocio tra le righe e le colonne vi sono le *celle*, che sono le unità fondamentali di un foglio elettronico.

Come nel gioco della *battaglia navale*, le celle vengono identificate con la lettera e il numero corrispondenti alla colonna e alla riga cui appartengono. Nella figura 1, per esempio, la cella evidenziata è chiamata cella C4.

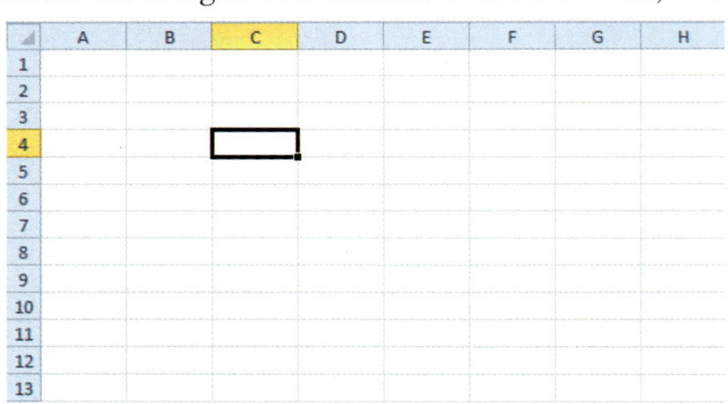

Figura 1 Un foglio elettronico

4.1.1 **Come «ragiona» un foglio elettronico.** Ogni dato che inseriamo in un foglio elettronico, sia esso testo, numero oppure formula matematica, sarà contenuto in una singola cella e il programma lo identificherà con le coordinate della cella stessa.

Nella figura 2, per esempio, la cella B3 ha la funzione di *sommare* i dati contenuti nelle celle B1 e B2 e di visualizzare il risultato della somma.

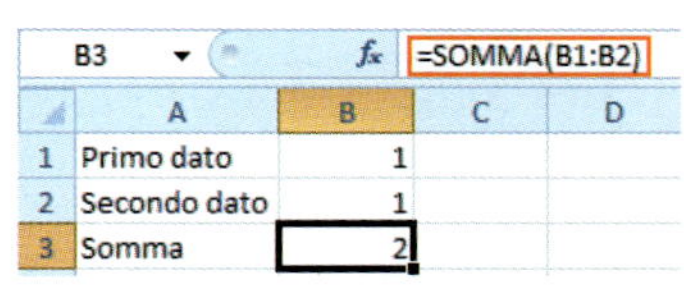

Figura 2 *La barra della formula*

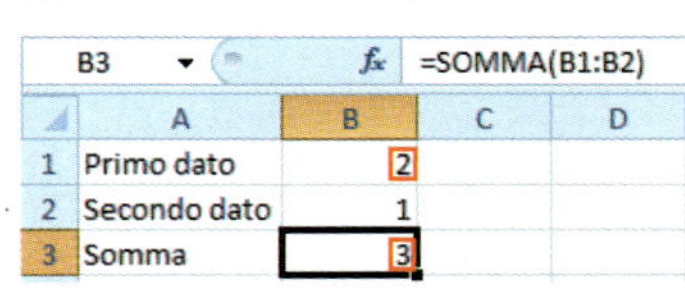

Figura 3

Una formula rappresenta una relazione *astratta* fra le celle, valida cioè indipendentemente dai dati specifici che le celle contengono. Nel caso della cella B3, per esempio, se vogliamo conoscere il risultato di un'altra somma (diciamo 2+1) non dobbiamo reimpostare l'intero calcolo: è sufficiente sostituire il dato della cella B1, come mostrato dalla figura 3. Per questo motivo, quando si definisce una formula associata alle celle è opportuno evitare di inserire numeri e utilizzare invece i riferimenti alle celle.

Che cosa contiene realmente una cella. Non sempre ciò che vediamo in una cella è il suo reale contenuto: è quindi importante imparare a distinguere ciò che una cella visualizza da ciò che essa realmente contiene. La cella B3, pur visualizzando un numero, in realtà contiene una formula. Inoltre, se inseriamo in una cella dati che eccedono la sua larghezza, per esempio un testo molto lungo, i dati sono memorizzati interamente nella cella nella quale li abbiamo inseriti, ma risultano visualizzati soltanto in parte.

In ogni caso, per conoscere il reale contenuto di una cella è sufficiente fare clic su di essa: il suo contenuto apparirà automaticamente nella *barra della formula*, come evidenziato nella figura 2.

Creare grafici. I moderni fogli elettronici non si limitano a elaborare i dati che inseriamo, ma permettono anche di presentarli graficamente in modo efficace e attraente. Con poche semplici operazioni è possibile creare grafici di vario genere (ed eventualmente in seguito modificarli), come esemplificato nella figura 4.

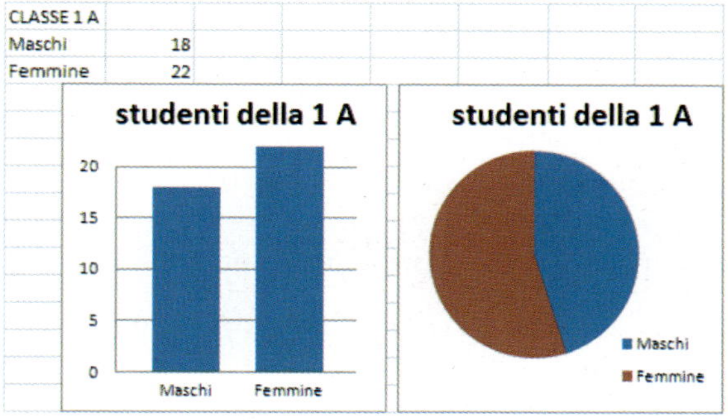

Figura 4

L'interfaccia di Excel. In questo corso per costruire i nostri fogli elettronici useremo il programma Microsoft Excel, che è l'applicazione commerciale più diffusa.

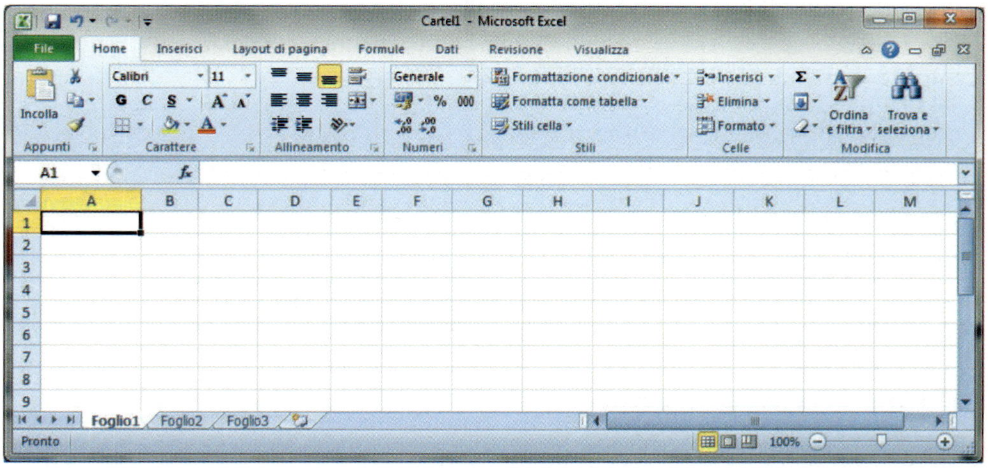

Figura 5
L'interfaccia di Microsoft Excel 2010

L'interfaccia di Excel 2010, come già quella della versione 2007, è caratterizzata dalla *barra multifunzione* (in alto nella figura 5) che sostituisce le barre dei menu e degli strumenti. Rispetto a Excel 2007 è stato di nuovo esplicitato il menu **File**.

Le funzioni a disposizione sono rappresentate da gruppi di icone che vengono attivati con un clic del mouse. Al posto dei vecchi menu sono ora presenti le linguette delle diverse schede (**Home**, **Inserisci** e così via); per aprire una scheda si fa clic sulla linguetta corrispondente.

ESERCIZI A che cosa serve la *barra della formula* in Excel?

A permette di visualizzare il contenuto di una cella
B permette di visualizzare le coordinate di una cella
C permette di visualizzare le formule contenute in una cella
D permette di scrivere le formule per diverse celle

► Altri esercizi a pagina 168

2 Primi passi con Excel

Aprire il programma, creare, salvare e chiudere la prima cartella di lavoro, utilizzare la Guida in linea

Nel corso delle prossime schede creeremo numerosi fogli elettronici per simulare la gestione di un negozio di CD musicali. Per ritrovare facilmente i fogli creati, converrà salvarli tutti all'interno di una stessa directory. Se il tuo computer non contiene ancora la directory **informatica**, creala per prima cosa nel disco rigido **C:**. Al suo interno crea poi una nuova sottodirectory e assegnale il nome **fogli**.

1.1.1 **Iniziare a lavorare con Excel.** Per aprire Excel dal desktop di Windows fai clic sul
1.1.2 pulsante che si trova in basso a sinistra. Nel menu che appare seleziona la voce
1.1.5 **Tutti i programmi** e quindi, nel sottomenu, **Microsoft Excel**.
3.2.1 Il programma si presenta come nella figura 5 della scheda precedente, con un *foglio elettronico* già aperto. Un foglio elettronico, che è formato da uno o più fogli di lavoro, è chiamato in Excel *cartella di lavoro*. Per default Excel usa un modello predefinito di cartella con tre fogli di lavoro. Per passare da un foglio di lavoro all'altro, fai clic sulle linguette Foglio1 Foglio2 Foglio3 visibili in basso a sinistra.

Per creare una nuova cartella fai clic su **File** e scegli la voce **Nuovo**. Apparirà una finestra che consente di creare una nuova cartella di lavoro vuota, o di scegliere tra numerosi **Modelli di esempio** disponibili sul computer o anche sul sito **office.com**.

Per ogni tipo di foglio elettronico apparirà un elenco di modelli, come nella figura 6; facendo clic su un modello, si vedrà la sua anteprima sulla destra. Quando si è trovato il modello che si desidera usare, si fa clic su **Download** per scaricarlo sul proprio computer.

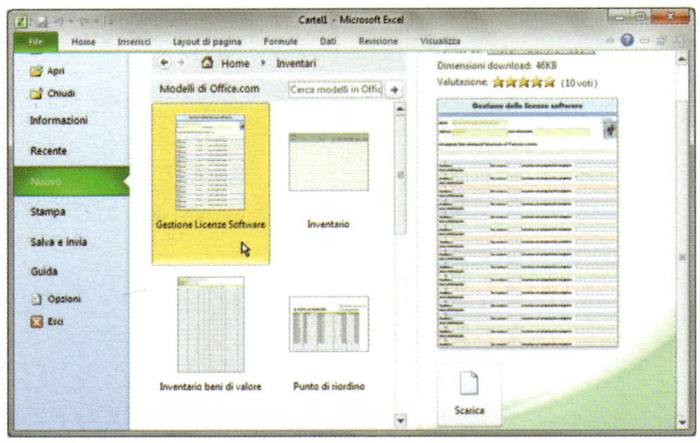

Figura 6
Scaricare un modello di foglio elettronico

Per aprire file già esistenti, fai clic su **File** e scegli **Apri**: si aprirà una finestra ove puoi selezionare il file o i file da aprire, poi fai clic su **Apri** o premi il tasto Invio.

Se apri più cartelle, le loro finestre risulteranno sovrapposte. Puoi passare da una all'altra con le icone sulla barra delle applicazioni o con l'opzione **Cambia finestra** della scheda **Visualizza**; per vedere simultaneamente diversi file, usa l'opzione **Disponi tutto**.

1.1.3 **Salvare una cartella di lavoro.** Per salvare la cartella di lavoro appena aperta, scegli dal menu **File** la voce **Salva**. Trattandosi di un nuovo file, apparirà la finestra **Salva con nome** della figura 7a. Rinomina il file digitando «**Prova.xlsx**» nella casella **Nome file**. L'estensione **.xlsx** è assegnata da Windows ai documenti creati con Excel 2007 o 2010.

Usa il menu ad albero sulla sinistra per posizionarti nella cartella **informatica\fogli** e infine fai clic sul pulsante **Salva.** In questo modo il computer ha creato e memorizzato nel disco rigido il file (per ora vuoto) chiamato **Prova.xlsx**.

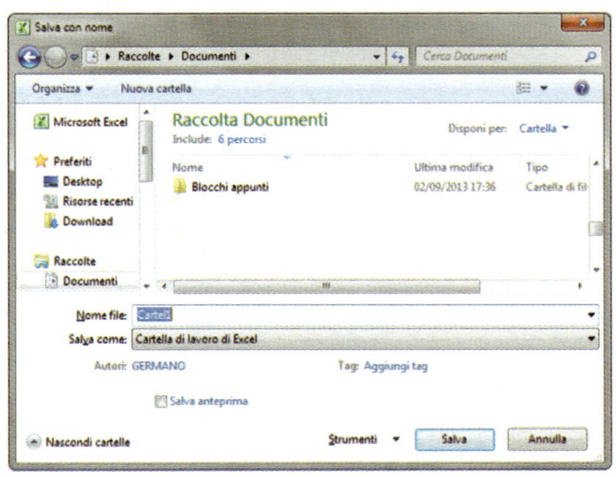

L'opzione **Salva con nome** appena descritta serve anche per salvare una copia di una cartella di lavoro con un nome diverso o su un supporto diverso (scelto nel menu ad albero sulla sinistra). Invece per il normale sal-

Figura 7a
Salvare un file

vataggio delle modifiche apportate basta fare clic sull'icona posta in alto nella barra di accesso rapido.

Il formato predefinito dei file (.xlsx) non è compatibile con le versioni meno recenti di Excel: da Excel 2003 per esempio non è possibile aprire un file .xlsx per modificarlo.

Per condividere un documento con chi usa versioni precedenti di Excel, si deve salvare il file in un formato compatibile: per farlo, si può scegliere nel menu **File** la voce **Salva con nome** e poi il formato **Cartella di lavoro di Excel 97-2003**; oppure si può usare l'opzione **Salva e invia** del menu **File**, come nella figura 7b.

Figura 7b
Salvare un file per Excel 2003

1.2.2 **La Guida in linea.** L'*help* in linea fornisce informazioni sulle procedure e sulle funzioni del programma. La Guida di Excel (figura 8) si apre premendo il tasto F1 della tastiera oppure facendo clic sull'icona in alto a destra nella finestra del programma.

Per visualizzare un argomento si digita una parola chiave nella casella in alto e poi si fa clic su **Cerca**, oppure si fa clic su una delle voci di sommario mostrate nella finestra.

Se si dispone di un collegamento a Internet, è possibile consultare la Guida on line, sul sito Microsoft **office.com**, facendo clic sul collegamento evidenziato nella figura 8.

In questo modo si può avere accesso a informazioni aggiornate, che il produttore può avere integrato o corretto rispetto a quelle presenti nella Guida memorizzata sul computer al momento dell'installazione del programma.

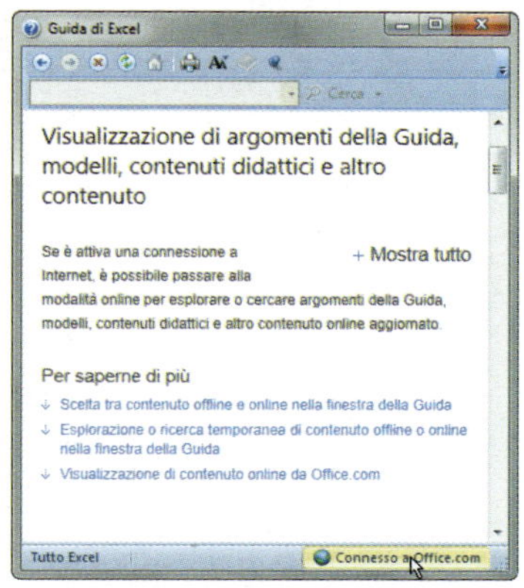

Figura 8
La Guida di Excel

1.2.4 **Mostrare e nascondere la barra multifunzione.** Si può nascondere la barra multifunzione, riducendola a icona, o ripristinarla, facendo clic sulla freccetta vicina all'icona della Guida. In alternativa si può fare doppio clic sulla scheda attiva: resteranno visibili le linguette, e un doppio clic su di esse riaprirà la barra multifunzione. O ancora si può fare clic con il tasto destro sulla *barra di accesso rapido* in alto nell'interfaccia del programma, spuntando la voce **Riduci a icona** del menu contestuale, oppure togliendo la spunta per ripristinare la barra.

La barra di accesso rapido contiene per default le icone **Salva**, **Annulla** e **Ripeti**. Con un clic sulla freccetta a destra delle icone si apre il menu della figura 9: con un clic su una voce puoi aggiungere o rimuovere la relativa icona, personalizzando la barra di accesso rapido.

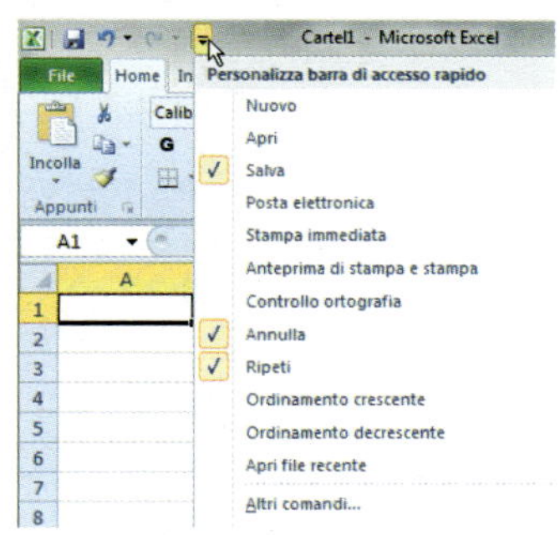

Figura 9
Personalizzare la barra di accesso rapido

1.1.1 **Chiudere il foglio elettronico e chiudere il programma.** Per chiudere una cartella di lavoro puoi fare clic su **File** e poi su **Chiudi**, oppure fare clic sull'icona della barra dei menu. Analogamente si può chiudere l'intero programma facendo clic su **File** e selezionando e la voce **Esci**, oppure con il pulsante della barra del titolo.

1.2.1 **Le opzioni di Excel.** La voce **Opzioni di Excel** del menu **File** consente di scegliere tra le numerose opzioni contenute in Excel. Nella scheda **Impostazioni generali** per esempio puoi specificare il nome dell'utente, nella scheda **Salvataggio** la directory di default da cui saranno aperti o salvati i file.

ESERCIZI Esercitati nell'uso delle funzionalità di Excel svolgendo questa procedura:

1. Crea una nuova cartella di lavoro.
2. Aggiungi un nuovo foglio di lavoro ai tre che già esistono per default.
3. Salva il file nella directory **C:\informatica\fogli** con il nome **M4-02-esercizio.xlsx**.

▶ Altri esercizi a pagina 168

3 Gestire una cartella di lavoro

Inserire i primi dati, personalizzare la dimensione di colonne e righe, usare i diversi formati di salvataggio

Incominciamo ora a creare il nostro file per la gestione di un negozio di prodotti musicali: inseriremo per prima cosa le voci di spesa fissa (ossia indipendente dal volume di affari) che sono tipiche di un esercizio commerciale.

Lancia Excel, fai clic in alto a sinistra su **File** e scegli **Apri**; poi seleziona il file **Prova.xlsx** presente nella sottocartella **fogli** e infine fai clic su **Apri**.

2.1.2 **Organizzare i dati in tabelle.** Nei fogli elettronici i dati sono organizzati in *tabelle*. In una tabella la prima riga contiene i nomi dei campi, che rappresentano le etichette o intestazioni delle colonne. Le righe sottostanti costituiscono i *record* della tabella.

Conviene sempre inserire in ogni colonna un solo dato, in modo da poterlo gestire indipendentemente dagli altri; se per esempio devi inserire il cognome e il nome di una persona, è preferibile metterli in due colonne separate.

Bisogna evitare di mettere righe vuote sotto la prima riga delle intestazioni, e anche tra un record e l'altro. Una colonna può essere vuota, purché abbia l'intestazione.

Se si intende calcolare totali basati sugli elenchi di dati presenti nelle colonne, è bene inserire una riga vuota tra i dati e i totali: ciò faciliterà la selezione automatica dell'elenco in caso di ordinamento. Per facilitare la leggibilità è inoltre opportuno che le singole celle di una tabella siano prive di bordi.

2.1.1 **Inserire testi nelle celle.** Per poter scrivere in una cella devi per prima cosa selezio-
2.1.3 narla facendo clic con il mouse su di essa. Fai clic sulla cella A2 e digita «Affitto», che
2.2.1 sarà la prima voce di spesa che prenderemo in considerazione. Premi il tasto tabulazione per spostarti nella cella B2 (puoi anche usare il tasto oppure fare direttamente clic nella cella B2) e poi digita «mensile».

Ora fai clic sulla cella A3 e in questa cella digita «Bollette», quindi spostati nella cella B3 e digita «bimestrale». Ripeti poi la procedura per inserire nelle celle successive le voci: «Assicurazione» («mensile»), «Consulenza» («mensile»), «Ammortamento» («mensile»), «Varie» («mensile»).

Se inserisci un contenuto errato in una cella, puoi rimediare facendo clic sulla cella e digitando nuovamente. Attenzione, però: in questo modo il testo precedente sarà cancellato e sostituito. Se invece vuoi soltanto *modificare* il contenuto già esistente nella cella, fai *doppio clic* su di essa per entrare direttamente in modalità scrittura.

Puoi modificare il contenuto di una cella anche scrivendo nella *barra della formula* sotto la barra multifunzione a fianco del pulsante *fx*. Per inserire un numero basta digitarlo; per inserire le date si usano barre o trattini (17/02/2010 o 17-02-2010).

3.1.4 **Modificare la larghezza delle colonne e l'altezza delle righe.** A questo punto i termini «Assicurazione», «Consulenze» e «Ammortamento» eccedono la larghezza standard della cella in cui sono contenuti; perciò sono visualizzati solo parzialmente. Puoi però modificare la larghezza delle colonne portando il puntatore fra le intestazioni, finché esso assume la forma mostrata nella figura 10, poi trascinando il mouse verso sinistra o verso destra. Se invece fai doppio clic, la larghezza della colonna sarà adattata automaticamente in modo da visualizzare il contenuto più lungo presente nelle sue celle. Il risultato finale sarà simile a quello mostrato nella successiva figura 11.

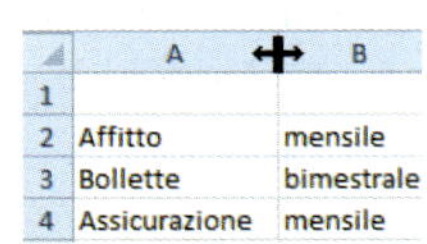

Figura 10

A volte può essere necessario definire in modo preciso la dimensione delle righe e delle colonne. In tal caso nella scheda **Home** fai clic sul pulsante **Formato**, poi sulla voce **Larghezza colonne** o **Altezza righe** (figura 12). Nella finestra che apparirà po-

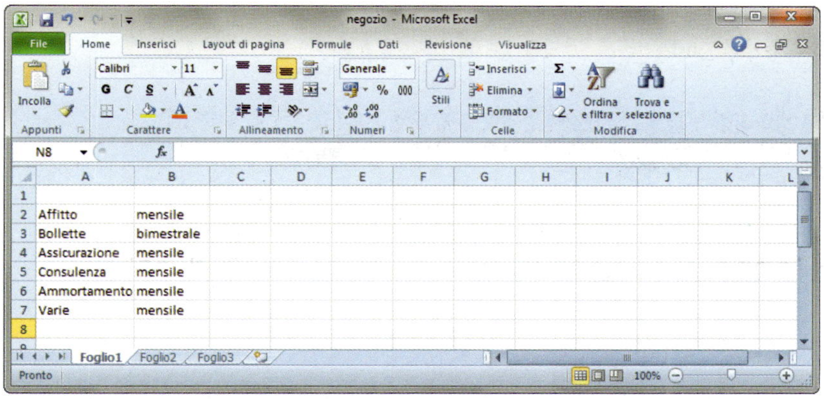

Figura 11 I primi dati inseriti nel foglio elettronico

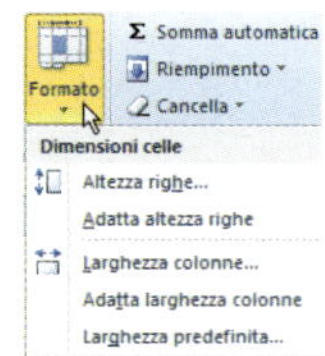

Figura 12 Il menu *Formato*

trai inserire l'esatto numero di caratteri standard che la colonna deve visualizzare; per le righe il numero da inserire determina l'altezza in *punti* (l'unità di misura delle lunghezze usata in tipografia). Altre voci del menu sono descritte nella tabella 1.

La finestra che consente di specificare il valore esatto di larghezza o altezza si può attivare anche dal menu contestuale che si apre facendo clic con il tasto destro su una riga o su una colonna selezionata, scegliendo **Altezza righe** o **Larghezza colonne**.

Per salvare le modifiche apportate al file, usa l'icona in alto o la voce **Salva** del menu che si apre con un clic su **File**.

Ora salva il documento rinominandolo: apri il menu **File** e scegli **Salva con nome**; scrivi negozio.xlsx nella casella **Nome file** e infine fai clic su **Salva**.

Tabella 1 Le altre voci del menu *Formato per Colonna* e *Riga*.

Adatta larghezza colonne	adatta la larghezza della colonna in base alla cella con il contenuto più grande
Adatta altezza righe	adatta l'altezza della riga in base alla cella con il carattere di corpo più grande
Nascondi e scopri	nasconde/visualizza la colonna/riga oppure il foglio di lavoro
Larghezza predefinita	fissa una larghezza standard per tutte le colonne del foglio)

1.1.4 **Salvare in altri formati.** Excel offre la possibilità di salvare il proprio lavoro con formati diversi da quello standard.

Per esempio puoi salvare un foglio elettronico come testo semplice (.txt) o nel formato .html delle pagine web. Puoi anche scegliere versioni precedenti di Excel, come abbiamo già visto, o salvare come **Modello**, nel qual caso il file avrà l'estensione .xltx.

Per vedere tutti i formati di salvataggio fai clic su **File**, poi su **Salva con nome** e nella finestra apri il menu a discesa **Salva come**.

3.2.2 **Aggiungere, eliminare, rinominare fogli di lavoro.** Per aggiungere nuovi fogli a una
3.2.3 cartella fai clic sull'icona a destra delle linguette dei fogli, oppure usa la com-
3.2.4 binazione di tasti ⇧ + F11, o fai clic sull'icona **Inserisci** nel gruppo **Celle** della scheda **Home** e scegli **Inserisci foglio**; il nuovo foglio apparirà a sinistra del foglio attivo. Per rimuovere un foglio esistente, fai clic su **Elimina** e seleziona **Elimina foglio**.

Un metodo ulteriore per aggiungere un nuovo foglio è fare clic con il tasto destro del mouse sulla linguetta di un foglio esistente, scegliere **Inserisci** nel menu contestuale, poi nella scheda **Generale** fare clic su **Foglio di lavoro** e quindi su **OK**.

È buona pratica assegnare ai fogli nomi che aiutino a individuarne il contenuto. Per rinominare un foglio si fa doppio clic sulla sua linguetta e poi si digita il nome nuovo. Puoi rinominare o eliminare un foglio anche facendo clic con il tasto destro sulla sua linguetta e scegliendo le opportune voci del menu di scelta rapida.

ESERCIZI

1 Apri una nuova cartella di Excel e riproduci questa tabella a partire dalla cella **A1**.

NAZIONE	CAPITALE
Francia	Parigi
Gran Bretagna	Londra
Spagna	Madrid

2 Imposta la larghezza della colonna A adattandola al contenuto, della colonna B a 15 caratteri e l'altezza delle righe a 15 punti.

3 Salva in C:\informatica\fogli con il nome M4-03-esercizio.xlsx.

► Altri esercizi a pagina 168

4 Operare su celle, righe e colonne

Usare lo *zoom*, selezionare più celle insieme, inserire ed eliminare righe e colonne

Completiamo l'impostazione del foglio elettronico aggiungendo titoli, da te e celle per il calcolo dei totali.

Apri il file **negozio** e digita «Uscite» nella cella A1 e «Periodi» nella cella B1.

Poiché le spese fisse hanno scadenze che si susseguono nell'arco dell'anno, nelle celle da C1 a N1 scrivi i nomi dei mesi come nella figura 13.

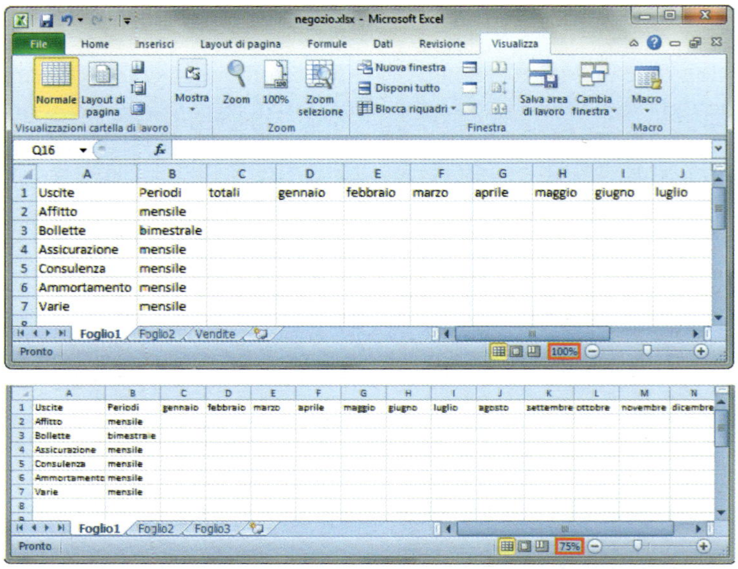

Figura 13 Il foglio elettronico *negozio.xlsx* visualizzato in dimensioni normali e ridotte

1.2.3 **Usare lo zoom.** Come puoi vedere nella parte superiore della figura 13, non sempre la schermata standard di Excel consente di visualizzare interamente l'area di lavoro.

Per evitare di ricorrere alle barre di scorrimento, puoi usare il pulsante **Zoom** della scheda **Visualizza** che permette di ridurre o ingrandire il foglio, con la finestra della figura 15a. In alternativa puoi spostare il cursore sulla barretta al piede della finestra; con un clic sui pulsanti «più» e «meno» posti agli estremi della barretta si ottiene direttamente un ingrandimento o un rimpicciolimento del 10%; anche la percentuale visualizzata è un pulsante, che al clic apre la finestra di dialogo della figura 14.

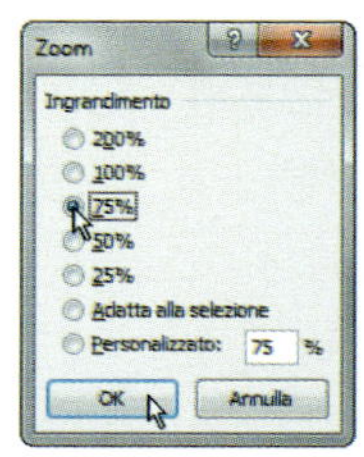

Figura 14

Per esempio, la parte inferiore della figura 13 mostra come appare il file **negozio.xlsx** al 75% della sua dimensione originale.

La figura 15 mostra invece il pulsante della scheda **Visualizza** che consente di ritornare alla visualizzazione della cartella in dimensione standard (zoom 100%).

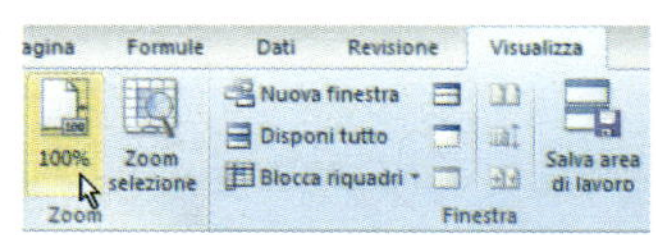

Figura 15

2.1.4 **Selezionare un gruppo di celle.** Ora vogliamo aggiungere un titolo in alto a sinistra
3.1.1 del foglio. Per poterlo fare, però, occorre liberare lo spazio per il titolo spostando più
3.1.2 in basso le celle già scritte. Fai clic sulla cella A1 e – tenendo premuto il tasto sinistro del mouse – sposta il puntatore sulla cella N7; l'intera area selezionata apparirà con uno sfondo scuro, come nella figura 16.

Rilascia il tasto del mouse e sposta il puntatore sul bordo dell'area selezionata, fino a che esso assume la forma di una croce con 4 frecce; ora fai clic e trascina l'intera area tre righe più in basso. Adesso puoi digitare il titolo «Spese fisse» nella cella A1; la parte di sinistra del foglio ora avrà l'aspetto della figura 17.

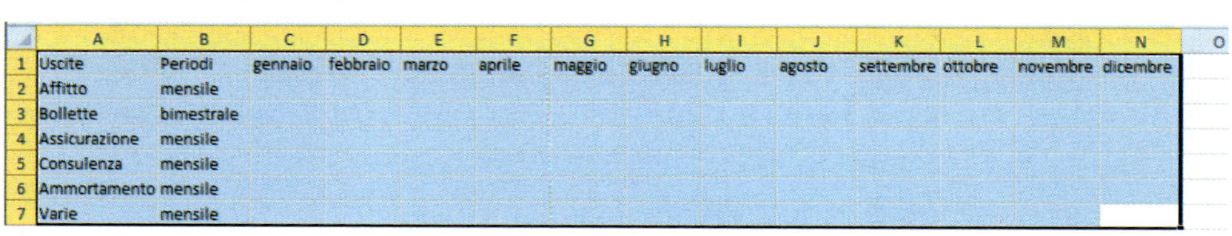

Figura 16 Un insieme di celle selezionate

Excel permette di selezionare celle, righe e colonne *adiacenti* e anche *non adiacenti*.

Per selezionare elementi adiacenti basta fare clic sui due elementi estremi della zona da selezionare mentre si tiene premuto il tasto . La selezione di righe o colonne adiacenti si può effettuare facendo clic su una loro intestazione e trascinando mentre si tiene premuto il tasto sinistro del mouse.

Per selezionare elementi non adiacenti basta tenere premuto il tasto Ctrl mentre si fa clic rispettivamente sulle celle, oppure sulle intestazioni di riga o di colonna.

Per selezionare un'intera riga o colonna, fai clic sulla sua intestazione (dove il puntatore del mouse diventa una freccia nera). Se vuoi selezionare l'intero foglio, fai clic sulla casella posta nell'angolo in alto a sinistra.

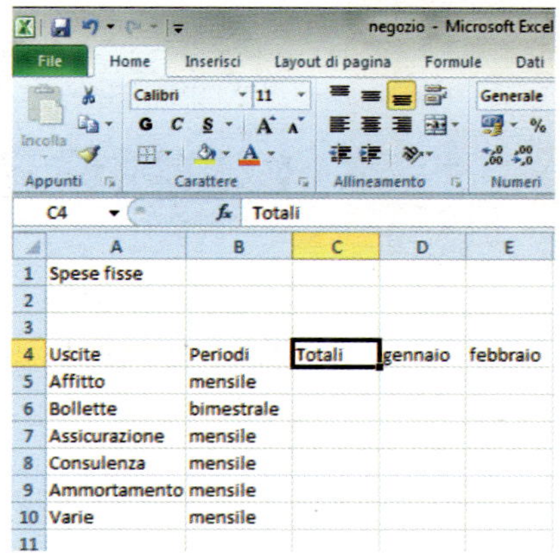

Figura 17

3.1.3 **Inserire nuove colonne o righe.** Ora inseriremo una colonna per il conteggio dei totali di spesa, subito dopo le voci di spesa a cui si riferiscono (colonna B).

Seleziona la colonna C e fai clic sul pulsante **Inserisci** della scheda **Home**. Il programma inserirà una colonna a sinistra della cella selezionata, rinominando le colonne successive. Ora digita «Totali» nella cella C4, come nella figura 17.

In modo simile è possibile inserire nel foglio nuove righe, che appariranno sopra la cella attiva o la riga selezionata. Puoi inserire righe o colonne anche facendo clic con il tasto destro del mouse e scegliendo la voce **Inserisci**. Se hai selezionato una riga o una colonna, l'inserimento sarà automatico. Se invece hai selezionato una cella, si aprirà una finestra in cui scegliere se inserire una **Riga intera** o una **Colonna intera**.

Le nuove colonne sono sempre inserite a sinistra della cella o colonna selezionata; le nuove righe sono sempre inserite al di sopra della posizione del cursore.

3.1.3 **Eliminare celle, righe e colonne.** Per cancellare il contenuto di una cella, di una riga o di una colonna, seleziona l'area interessata e premi il tasto Canc, oppure fai clic nella scheda **Home** sul pulsante Cancella e nel menu scegli **Cancella tutto** o **Cancella contenuto**, o ancora fai clic con il tasto destro e scegli **Cancella contenuto**.

Per eliminare del tutto una riga o una colonna, selezionala e fai clic nella scheda **Home** sul pulsante **Elimina** (o sulla voce **Elimina** del menu contestuale che si apre al clic con il tasto destro). Per eliminare singole celle usa la stessa procedura, poi nella finestra di dialogo che appare (figura 18) scegli l'opzione voluta e fai clic su **OK**.

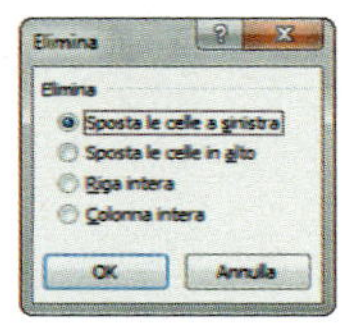

Figura 18

3.1.5 **Usare la funzione *Blocca riquadri*.** Spesso è utile poter mantenere visualizzati in permanenza alcuni dati. Per farlo si usa il pulsante **Blocca riquadri** della scheda **Visualizza**, che apre il menu della figura 19. Le opzioni consentono di bloccare la riga (o le righe) al di sopra della cella attualmente selezionata, la colonna (o le colonne) alla sua sinistra, o entrambe. Se per esempio scegli la voce **Blocca riquadri** dopo aver selezionato la cella C3, resteranno sempre visibili le righe 1 e 2 e le colonne A e B; se invece avevi selezionato la cella A3, resteranno bloccate soltanto le righe 1 e 2. Per bloccare la prima riga o la prima colonna basta selezionare **Blocca riga superiore** o **Blocca prima colonna**, ovunque sia posizionato il cursore.

Attenzione: se selezioni un gruppo di celle il programma considererà soltanto la prima cella che hai selezionato, cioè quella che resta con lo sfondo bianco.

Per annullare il blocco si usa l'opzione **Sblocca riquadri** che appare nella scheda **Visualizza** quando un riquadro è bloccato.

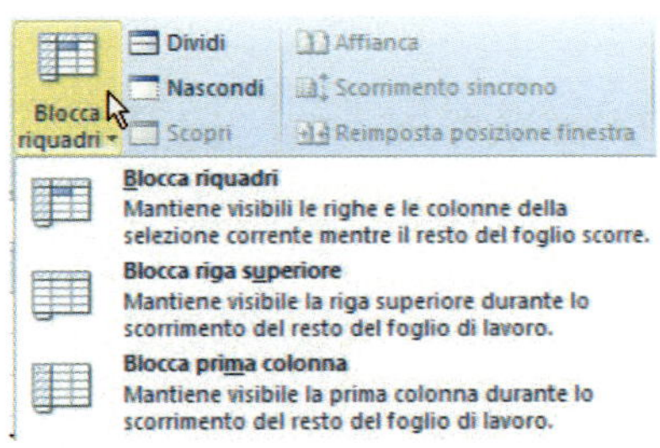

Figura 19

ESERCIZI

1. Apri il file **M4-03-esercizio.xlsx** creato nell'esercizio della scheda precedente.
2. Inserisci una nuova riga contenente i dati del Portogallo (capitale: Lisbona), in modo tale che le nazioni rimangano elencate in ordine alfabetico.
3. Sposta in basso le celle così da poter scrivere in A1 il titolo «Nazioni europee».
4. Salva e chiudi la cartella di lavoro.

▶ Altri esercizi a pagina 168

5 Formattare i testi

Modificare i caratteri e la posizione del testo, utilizzare il correttore automatico e la barra multifunzione

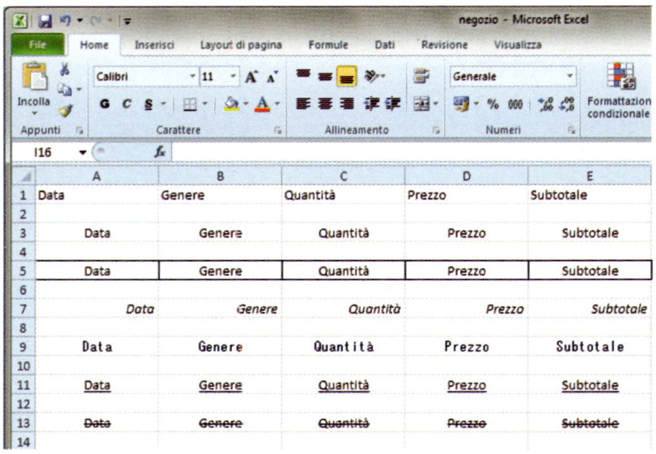

Figura 20a
Esempi di formattazione del testo

Ora useremo il secondo foglio di lavoro per gestire gli acquisti del negozio di dischi. Inizieremo sperimentando le possibilità offerte da Excel nel trattamento del testo.

Apri la cartella **negozio.xlsx** e fai clic sulla linguetta **Foglio2** in basso a sinistra. Nel foglio che appare riporta le seguenti intestazioni sulla riga 1, a partire dalla cella A1: **Data**, **Genere**, **Quantità**, **Prezzo**, **SubTotale**, **Iva**, **Totale**.

Adesso impareremo a formattare il testo come illustrato dagli esempi nella figura 20a, usando le icone della scheda **Home** della barra multifunzione.

Excel offre anche, come strumento di formattazione rapida dei testi, la finestrella contestuale della figura 20b, che appare ogniqualvolta si seleziona una cella o un gruppo di celle: basta spostare lateralmente su di essa il puntatore del mouse per poter scegliere con un clic le formattazioni da applicare.

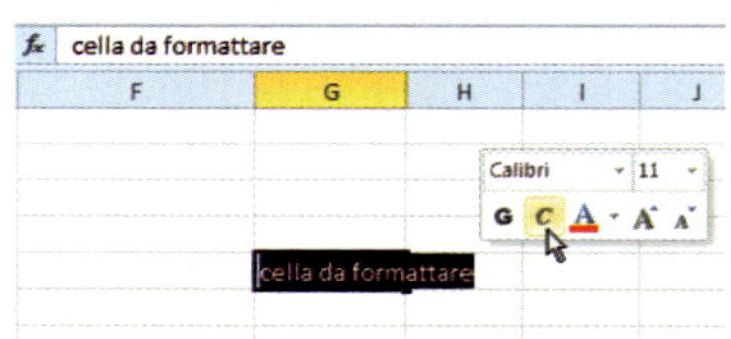

Figura 20b
La finestra di formattazione rapida

5.2.3 **Allineare il testo, aggiungere bordi alle celle e cambiare lo sfondo.** Per dare un
5.3.3 maggiore risalto alle intestazioni appena create, puoi attribuire loro una formattazio-
5.3.4 ne differente da quella che avranno i dati che inserirai.

Per esempio puoi *centrare* le intestazioni rispetto alle celle che le contengono, selezionando le celle e premendo l'icona ≣. Sempre con le celle selezionate, fai clic sull'icona **Bordi**, come nella figura 21; nel menu a discesa scegli l'opzione ⊞ **Tutti i bordi**, che aggiungerà un bordo a ogni cella. Con le altre opzioni puoi modificare i singoli bordi delle celle selezionate, le linee interne del foglio e così via.

Per applicare un bordo a un insieme di celle selezionate, fai clic su di esse con il tasto destro e nel menu contestuale scegli **Formato celle**; nella finestra che si apre scegli la scheda **Bordo**, poi seleziona il colore e lo spessore della linea che desideri, applica il tipo di bordatura scelto e infine fai clic su **OK**.

Per cambiare lo sfondo delle celle selezionate, fai clic sulla freccetta dell'icona e poi scegli un nuovo colore.

Puoi anche centrare il contenuto di una cella in un insieme di celle adiacenti: seleziona l'insieme di celle entro le quali centrare e poi fai clic sull'icona Unisci e centra (o spunta **Unione celle** e scegli come allineamento orizzontale **Al centro** nella figura 22b della prossima pagina); in tal modo le celle selezionate saranno unite e il testo sarà centrato al loro interno. Puoi inserire il testo prima o dopo aver effettuato questa ope-

Figura 21
Le opzioni per i bordi delle celle

razione; esso risulterà appartenere alla prima cella in alto a sinistra dell'insieme, indipendentemente dalla cella in cui l'hai digitato.

Il menu che si apre con la freccetta di **Unisci e centra** permette di unire le celle anche senza allineare il testo al centro, oppure di dividere celle che erano state unite.

5.2.1 5.2.2 5.2.3 5.3.2 **Il formato delle celle.** Fai clic sulla freccetta presente al piede del gruppo **Carattere** nella scheda **Home**, come nella figura 22a (o con il tasto destro scegli **Formato celle** nel menu contestuale): la finestra di dialogo che appare, mostrata nella figura 22b, contiene alcune schede – **Numero**, **Allineamento**, **Carattere**, **Bordo**, **Riempimento** e **Protezione** – che raccolgono le varie formattazioni disponibili per le celle.

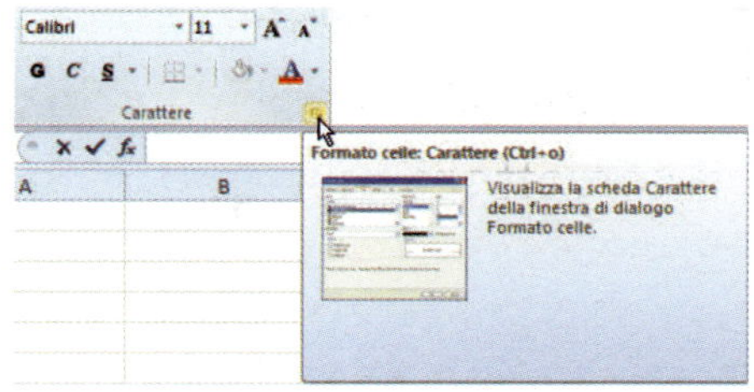

Figura 22a

Nella scheda **Allineamento** della figura 22b puoi scegliere come allineare il testo rispetto ai bordi orizzontali e verticali della cella che lo contiene.

Inoltre puoi modificare l'orientamento stesso del testo. Per sperimentare questa possibilità vai al **Foglio1** e seleziona le celle contenenti i nomi dei mesi, poi nella scheda **Allineamento** digita «45» nella casella **gradi** e fai clic su **OK**.

Per allineare il testo in verticale mantenendo le lettere in orizzontale bisogna fare clic sul riquadro **Orientamento** che contiene la scritta «Testo» disposta in verticale.

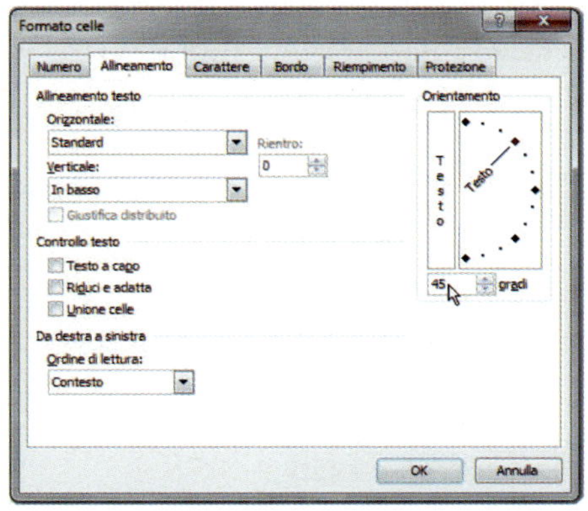

Figura 22b La scheda *Allineamento* della finestra Formato celle

A questo punto puoi intervenire ulteriormente sui caratteri per migliorarne la leggibilità: seleziona di nuovo le celle, apri la finestra **Formato celle** e seleziona la scheda **Carattere**.

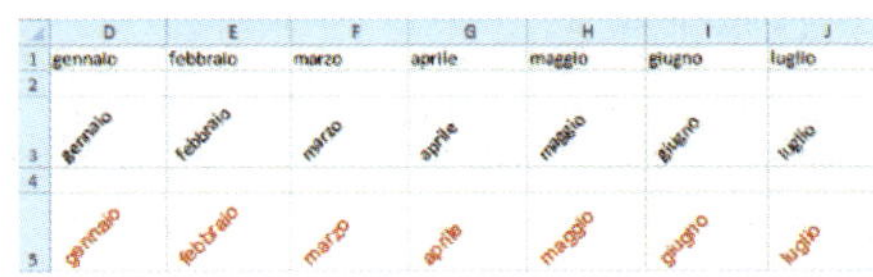

Figura 23

Imposta il carattere come Arial, grassetto, e attribuiscigli 12 punti di dimensione e il colore rosso. Otterrai così il risultato mostrato nella parte inferiore della figura 23.

La scheda **Carattere** della finestra **Formato celle** consente di gestire anche le altre formattazioni standard tipiche degli elaboratori di testo, come il tipo di carattere, la sua dimensione, il colore, gli attributi (corsivo, grassetto, sottolineato). Questa scheda consente di applicare sia la singola sia la doppia sottolineatura.

La scheda **Bordo** consente di intervenire in maniera più dettagliata nella modifica dei bordi rispetto al semplice uso della barra multifunzione, intervenendo anche sul colore e sullo stile della linea.

La scheda **Riempimento** consente invece di modificare il colore di sfondo delle celle, con un metodo alternativo rispetto a quello descritto sopra.

Alcune caratteristiche di formattazione del testo (come tipo, dimensione, colore e attributi del carattere, allineamento orizzontale e verticale del testo, orientamento del testo e colore di sfondo delle celle) possono essere modificate anche usando le icone dei gruppi **Carattere** e **Allineamento** della scheda **Home**.

In particolare le icone A A consentono di ingrandire o rimpicciolire con un clic il corpo del testo selezionato, senza dover scegliere un valore numerico in un menu.

ESERCIZI

1 Crea un nuovo file **M4-05-esercizio.xlsx** che riproduca questa tabella, a partire dalla cella A1.

Anno	1971	1981	1991
Famiglie	15.981	18.632	19.909
componenti	3,3	3,0	2,8

2 Formatta in grassetto le celle della riga 1 e quelle della colonna A, e centra il testo delle colonne B, C, D.

3 Rendi grigio lo sfondo dell'area B1-D1, utilizzando la scheda **Riempimento** della finestra **Formato celle**.

► Altri esercizi a pagina 168

6 Operare con i numeri

Utilizzare i diversi formati disponibili per i dati numerici inseriti nel foglio elettronico

In Excel dal gruppo **Numeri** della scheda **Home** si può attivare un menu a discesa che consente di scegliere rapidamente tra i più comuni formati numerici (figura 24). Ora vedremo come occorre agire per far visualizzare a Excel i dati in altri formati specifici.

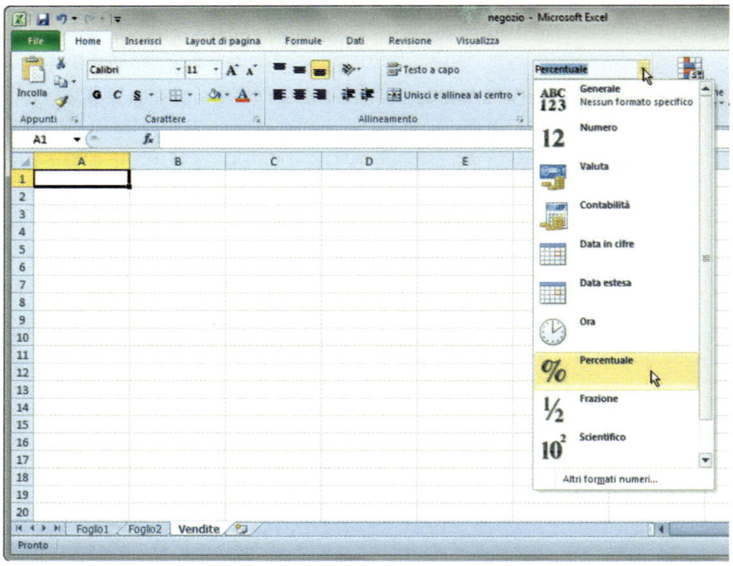

Figura 24
La formattazione rapida dei dati numerici

2.1.3 **Inserire numeri in una cella.** Seleziona il **Foglio2** del file **negozio.xlsx** e digita nella riga 2 questi valori:
(Data) «15-gennaio-2012»;
(Genere) «Rock»;
(Quantità) «10»;
(Prezzo) «10,20».

Scoprirai che Excel trasforma la data in «15-gen-12» e mostra nella colonna Prezzo il valore «10,2» invece del valore con due cifre decimali «10,20» che avevi digitato.

5.1.1
5.1.2 **Formattare le celle per le date e i decimali.** Per formattare le celle che devono ospitare date, o modificare il formato assegnato da Excel alle date, fai clic sulla cella A2 e trascina il mouse fino alla cella A20: così a tutta l'area selezionata sarà assegnata la stessa formattazione.

Ora fai clic sulla freccetta al piede del gruppo **Numeri** nella barra multifunzione. Se non è già selezionata, scegli la scheda **Numero** con un clic sulla sua linguetta: qui c'è l'elenco di tutte le categorie di formattazione. Fai clic su **Data** e vedrai comparire nella casella Tipo diversi formati di data applicabili (figura 25); scegli il formato desiderato e fai clic su **OK**.

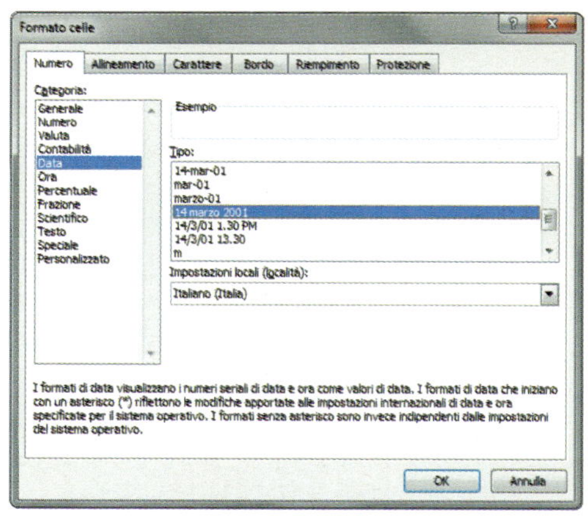

Figura 25
Il formato *Data*

Ora sperimenta un altro metodo per aprire la finestra della figura 25: seleziona una cella, fai clic con il tasto *destro* e scegli **Formato celle**; poi scegli la *Categoria* **Numero**. Se nella casella *Posizioni decimali* scegli il valore 3, Excel mostrerà tre cifre decimali anche quando inserisci un numero intero (se per esempio scrivi «15», il programma visualizzerà «15,000»).

Il numero delle cifre decimali si può variare anche con le icone del gruppo **Numeri** della scheda **Home**; l'icona invece fa apparire il punto separatore per le migliaia (che si può inserire anche dalla finestra della figura 25, scegliendo la *Categoria* **Numero**).

5.1.2 **I simboli di valuta e i formati personalizzati.** Seleziona le celle D2-D20, apri la finestra **Formato celle** e scegli la Categoria **Valuta**. Nel menu a discesa *Simbolo*, che contiene numerosi simboli di valute, scegli quello dell'euro, che per default verrà visualizzato prima dei valori numerici, e premi **ok**. Nella cella D2 ora leggerai: «€ 10,20».

In modo simile è possibile inserire i simboli di qualsiasi valuta. Per inserire il simbolo di valuta predefinito, nel nostro caso l'euro, basta fare clic sull'icona nel gruppo **Numeri** della scheda **Home**.

Con la freccetta a fianco dell'icona si accede a un menu a discesa che permette di selezionare altri tipi di valuta, come il dollaro o la sterlina (ma attenzione: in questo modo si modifica soltanto il simbolo, il programma non converte i valori numerici in base al cambio corrente!).

Se preferisci invece che la valuta appaia *dopo* il valore numerico del prezzo, puoi creare un formato personalizzato così che la cella D2 visualizzi «10,20 €».

Nel menu *Simbolo* (figura 26) scegli la voce **Nessuno**, poi fai clic sulla *Categoria* **Personalizzato** (che permette di modificare alcuni tipi di formato esistenti, adattandoli alle proprie esigenze).

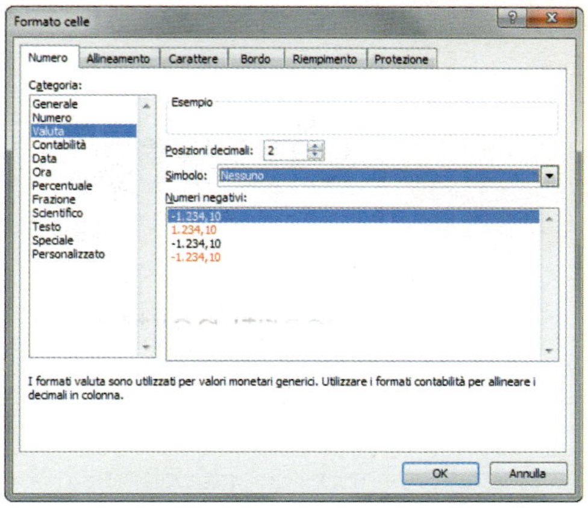

Figura 26
Il formato *Valuta*

Ora fai clic sul *Tipo* **0,00** che rappresenta un qualsiasi numero seguito da due decimali; esso apparirà nella cella superiore, dove potrai ora digitare il simbolo dell'euro dalla tastiera (figura 27).

Fai clic su **OK** per definire questo formato personalizzato; Excel lo memorizzerà come «0,00 €» e potrai usarlo ogni volta che ti serve.

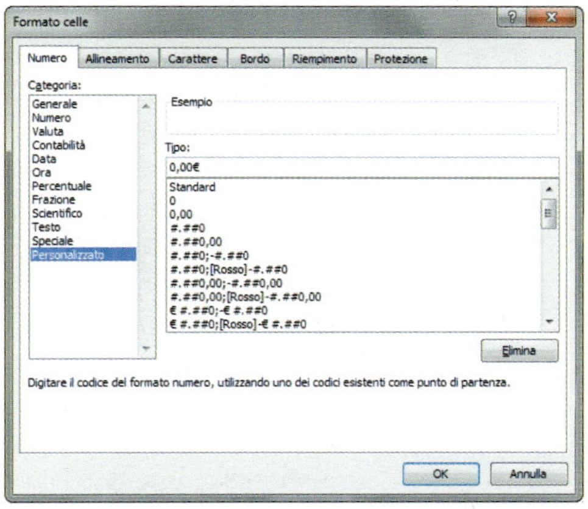

Figura 27
Il formato *Personalizzato*

5.1.3 **Il formato percentuale.** Per effettuare calcoli con le percentuali, Excel mette a disposizione un apposito formato. Se nella finestra della figura 26 scegli la categoria **Percentuale**, o in alternativa usi l'icona % della barra multifunzione, nelle celle selezionate Excel aggiungerà il simbolo % ai valori numerici che inserirai.

Attenzione, però: se le celle a cui applichi un formato percentuale contengono già numeri, questi saranno moltiplicati per 100. Per esempio, se formatti una cella contenente «1», il programma visualizzerà «100%» (figura 28).

Dato inserito	Visualizzazione di default	Formato percentuale
1	1	100%

Figura 28

In realtà Excel accetta anche la scrittura della percentuale direttamente dalla tastiera. Se per esempio in una cella scrivi «20%», questo non sarà considerato come testo ma come valore numerico percentuale: Excel lo riconosce come numero e lo allinea a destra nella cella.

Puoi usare questa grafia anche nelle formule: se per esempio in una cella scrivi «=A1*20%», il risultato sarà identico a quello ottenuto con la formula «=A1*0,20».

5.3.1 **Il formato testuale.** Se alle celle si applica il formato **Testo**, esse sono trattate come testo anche se contengono numeri o formule; il loro contenuto sarà visualizzato esattamente come è stato immesso. Si può anche far sì che il contenuto di una cella sia organizzato su più righe, se una singola riga non è sufficiente, con l'icona Testo a capo del gruppo **Allineamento** della scheda **Home**, oppure facendo clic sulla freccetta al piede del gruppo **Allineamento** e selezionando la casella **Testo a capo** nella scheda **Allineamento**. Se si selezionano più celle, questa formattazione viene applicata contemporaneamente a tutte.

In alternativa, mentre si digita testo in una cella si può andare a capo usando la combinazione di tasti Alt + Invio.

ESERCIZI In una cella hai inserito il valore 0,25. Se applichi il formato **Percentuale** dopo aver digitato il numero, che cosa visualizzerà la cella?

A 0,25%
B 0,0025
C 2,5%
D 25%

▶ Altri esercizi a pagina 168

7 Trovare e ordinare i dati

Usare i comandi *Trova* e *Sostituisci* e alcune semplici funzioni per l'ordinamento dei dati

Spesso i fogli elettronici (specialmente se servono a gestire la contabilità o un elenco di prodotti) hanno dimensioni molto grandi. In questi casi si rivelano particolarmente utili le funzioni di ricerca e ordinamento dei dati, che ora esamineremo.

Prima di procedere, àrmati di pazienza e inserisci nel **Foglio2** del file **negozio.xlsx** i dati riportati nella figura 29; in alternativa puoi copiarli dal file **dati.xlsx** che trovi nella sezione **materiali per il corso** del sito web associato al libro.

	A	B	C	D
1	Data	Genere	Quantità	Prezzo
2	15 gennaio 2012	Pop	25	€ 10,30
3	15 gennaio 2012	Rock	10	€ 10,20
4	20 febbraio 2012	Jazz	34	€ 9,90
5	20 febbraio 2012	Rock	12	€ 10,00
6	15 marzo 2012	Pop	17	€ 9,95
7	15 marzo 2012	Rock	30	€ 10,10
8	10 aprile 2012	Jazz	23	€ 10,15
9	10 aprile 2012	Pop	45	€ 9,00
10	15 maggio 2012	Rock	21	€ 9,50
11	30 giugno 2012	Pop	12	€ 10,40
12	10 luglio 2012	Jazz	18	€ 8,95
13	10 luglio 2012	Rock	26	€ 10,15
14	20 settembre 2012	Pop	20	€ 9,70
15	10 ottobre 2012	Jazz	35	€ 10,05
16	10 ottobre 2012	Pop	29	€ 10,00
17	15 novembre 2012	Rock	15	€ 9,60
18	10 dicembre 2012	Jazz	10	€ 10,15
19	10 dicembre 2012	Pop	33	€ 10,10
20	10 dicembre 2012	Rock	23	€ 9,95

Figura 29 Il *Foglio2* prima dell'ordinamento

2.2.3 **Trovare dati.** Apri la cartella **negozio.xlsx**, seleziona il **Foglio2** e posizionati sulla cella A1. Poi nel gruppo **Modifica** della scheda **Home** fai clic sull'icona **Trova e seleziona**; nel menu scegli **Trova**, poi nella scheda **Trova** fai clic su **Opzioni**. Apparirà la finestra della figura 30.

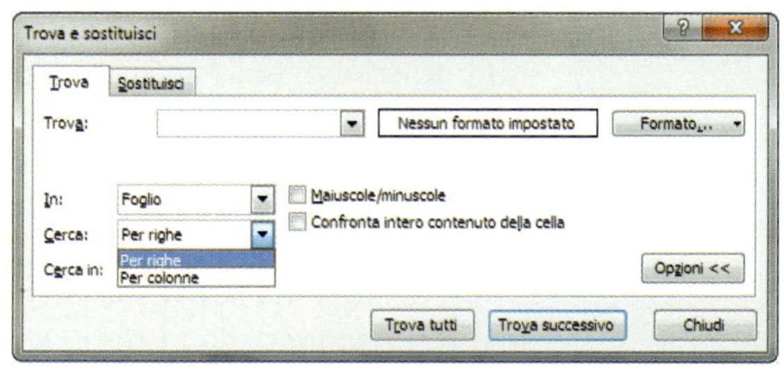

Figura 30 La finestra *Trova e sostituisci*

Nella casella *Trova* digita il dato (o parte del dato) che vuoi cercare. Per esempio, se digiti «10» e poi fai clic più volte sul pulsante **Trova successivo**, Excel evidenzierà via via le celle in cui la data contiene il numero 10, ma anche quelle in cui il numero 10 rappresenta la quantità di dischi comprati o il loro prezzo (o parte di esso).

Il menu a discesa Cerca permette di definire se la ricerca debba svolgersi per righe o per colonne. Nel caso del foglio della figura 29, per esempio, se selezioni nella cella **Cerca** l'opzione **Per righe**, la prima cella trovata sarà la cella C2 e soltanto dopo sei ricerche (ossia dopo aver premuto altre cinque volte il pulsante **Trova successivo**) verrà evidenziata la cella A8. Se invece scegli l'opzione **Per colonne**, la cella A8 sarà evidenziata subito, ma soltanto dopo una decina di ricerche si arriverà alla cella C2.

Un'altra opzione importante della finestra Trova è **Confronta intero contenuto della cella**, che restringe la ricerca alle celle il cui contenuto è *esattamente* quello digitato nella casella **Trova**. Se digiti «10» selezionando questa opzione, per esempio, il programma troverà soltanto le celle che contengono il numero 10 nella colonna **Quantità** e quelle che contengono 10,00 nella colonna **Prezzo**.

2.2.4 **Sostituire dati esistenti.** La finestra di dialogo *Sostituisci* (figura 31, attivabile sia dall'interno della finestra *Trova*, sia dal menu dell'icona) funziona in modo analogo al comando **Trova**, ma offre in più la possibilità di sostituire automaticamente il contenuto delle celle trovate con quello digitato nella casella **Sostituisci con**. Se si fa clic su **Sostituisci tutto**, il programma sostituirà tutte le occorrenze (senza chiedere ulteriore conferma).

Figura 31 La scheda *Sostituisci*

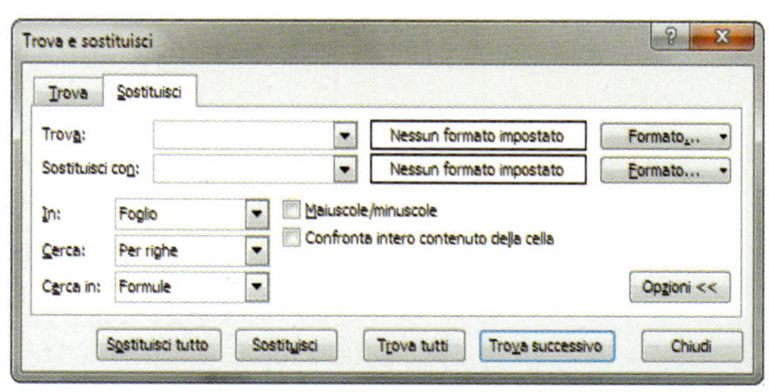

2.2.5 **Ordinare i dati.** Prima di fare ordinamenti in una tabella del foglio elettronico, bisogna identificare la colonna di dati in base a cui si vuole ordinare l'intera tabella; si posiziona il cursore in una cella di quella colonna e si fa clic sull'icona **Ordina** della scheda **Dati**, per poi scegliere il tipo di ordinamento desiderato (ordinare una singola colonna ha senso soltanto se essa non fa parte di una tabella; in tal caso si può usare nella scheda **Dati** l'icona , per ordinare in modo crescente i dati della colonna, oppure per avere un ordinamento decrescente).

In alternativa puoi fare clic sull'icona **Ordina e filtra** nel gruppo **Modifica** della scheda **Home** e poi scegliere l'opzione **Ordinamento personalizzato**, come nella figura 32.

In entrambi i casi l'area dati verrà identificata e selezionata automaticamente dal programma.

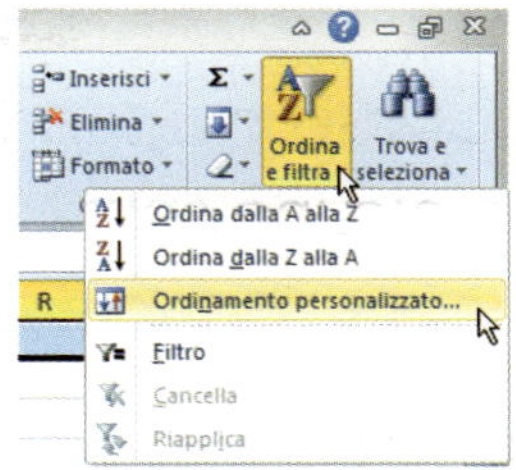

Figura 32

Apparirà allora la finestra di dialogo della figura 33, ove puoi impostare un gran numero di criteri di ordinamento gerarchici.

Vediamo per esempio come si possono ordinare i dati della figura 29 (all'inizio della scheda) per *Genere* e per *Quantità*.

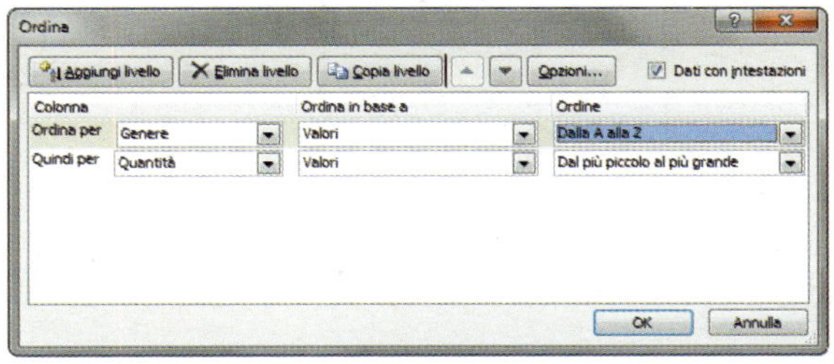

Figura 33

Nella casella *Ordina per* seleziona il campo **Genere**, poi aggiungi un'altra colonna in base a cui effettuare l'ordinamento, facendo clic su **Aggiungi livello** e scegliendo **Quantità**: in questo modo i dati saranno ordinati in ordine alfabetico per genere e inoltre, all'interno del singolo genere, saranno ordinati in ordine di quantità.

Siccome **Genere** è un dato testuale, Excel ora proporrà automaticamente, nella colonna **Ordine**, l'ordinamento alfabetico crescente **Dalla A alla Z** (dal menu si può scegliere l'ordinamento inverso).

In modo analogo per il dato numerico **Quantità** è proposto l'ordinamento numerico crescente **Dal più piccolo al più grande** (anche qui il menu consente di scegliere l'ordinamento inverso).

Per i valori di **Data** e **Ora** puoi selezionare **Dal meno recente al più recente** o l'inverso.

La colonna **Ordina in base a** permette di selezionare il tipo di ordinamento.

Per ordinare in base a testo, numeri o data e ora, si seleziona **Valori**; invece si seleziona **Colore cella**, **Colore carattere** o **Icona cella** per ordinare in base al formato.

La casella di opzione **Dati con intestazioni** determina se l'ordinamento debba essere effettuato su tutte le righe, oppure se la prima riga funga da intestazione e non debba perciò essere spostata.

La figura 34 mostra il risultato dell'ordinamento appena impostato. Ora puoi salvare il lavoro e chiudere la cartella di Excel.

	A	B	C	D	
1	Data	Genere	Quantità	Prezzo	
2	10 dicembre 2012	Jazz	10	€	10,15
3	10 luglio 2012	Jazz	18	€	8,95
4	10 aprile 2012	Jazz	23	€	10,15
5	20 febbraio 2012	Jazz	34	€	9,90
6	10 ottobre 2012	Jazz	35	€	10,05
7	15 gennaio 2012	Pop	25	€	10,30
8	30 giugno 2012	Pop	12	€	10,40
9	15 marzo 2012	Pop	17	€	9,95
10	20 settembre 2012	Pop	20	€	9,70
11	10 ottobre 2012	Pop	29	€	10,00
12	10 dicembre 2012	Pop	33	€	10,10
13	10 aprile 2012	Pop	45	€	9,00
14	15 gennaio 2012	Rock	10	€	10,20
15	20 febbraio 2012	Rock	12	€	10,00
16	15 novembre 2012	Rock	15	€	9,60
17	15 maggio 2012	Rock	21	€	9,50
18	10 dicembre 2012	Rock	23	€	9,95
19	10 luglio 2012	Rock	26	€	10,15
20	15 marzo 2012	Rock	30	€	10,10

Figura 34
Il *Foglio2* dopo l'ordinamento per *Genere* e per *Quantità*

ESERCIZI

1. Usa il comando **Sostituisci** per cambiare nel **Foglio2** tutte le voci *Pop* in *Musica leggera*.
2. Ordina i dati contenuti nel **Foglio2** in modo tale da visualizzarli in ordine *decrescente* in base al prezzo d'acquisto.
3. Salva il documento in **C:\informatica\fogli** con il nome **M4-07-esercizio.xlsx**.

▶ Altri esercizi a pagina 168

8 Calcolare

Come inserire semplici formule matematiche nelle celle e come usarle per eseguire calcoli

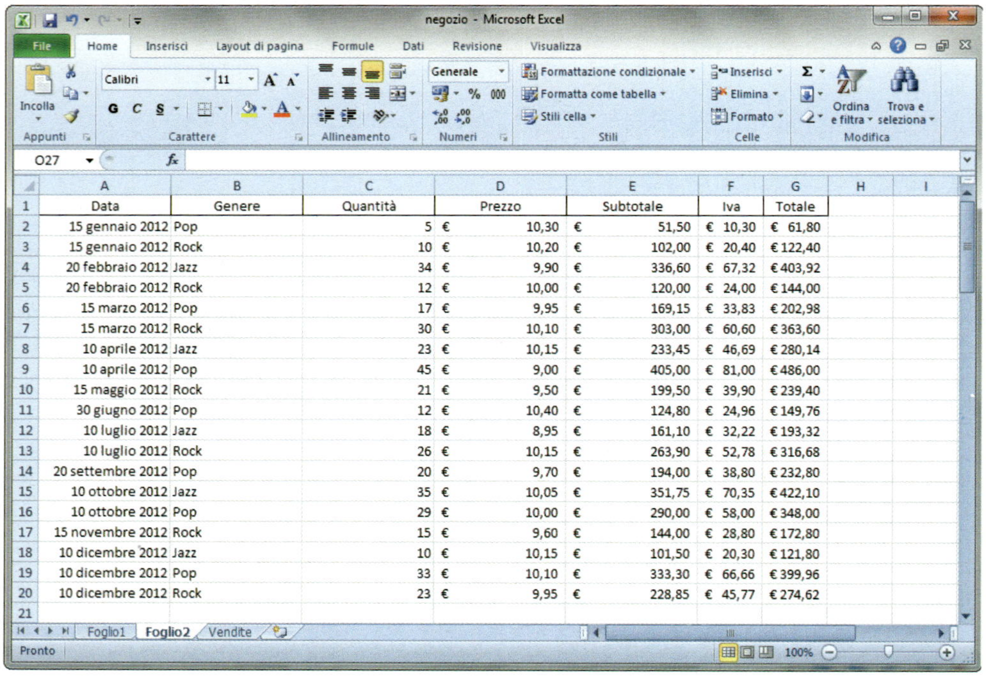

	A	B	C	D	E	F	G
1	Data	Genere	Quantità	Prezzo	Subtotale	Iva	Totale
2	15 gennaio 2012	Pop	5	€ 10,30	€ 51,50	€ 10,30	€ 61,80
3	15 gennaio 2012	Rock	10	€ 10,20	€ 102,00	€ 20,40	€ 122,40
4	20 febbraio 2012	Jazz	34	€ 9,90	€ 336,60	€ 67,32	€ 403,92
5	20 febbraio 2012	Rock	12	€ 10,00	€ 120,00	€ 24,00	€ 144,00
6	15 marzo 2012	Pop	17	€ 9,95	€ 169,15	€ 33,83	€ 202,98
7	15 marzo 2012	Rock	30	€ 10,10	€ 303,00	€ 60,60	€ 363,60
8	10 aprile 2012	Jazz	23	€ 10,15	€ 233,45	€ 46,69	€ 280,14
9	10 aprile 2012	Pop	45	€ 9,00	€ 405,00	€ 81,00	€ 486,00
10	15 maggio 2012	Rock	21	€ 9,50	€ 199,50	€ 39,90	€ 239,40
11	30 giugno 2012	Pop	12	€ 10,40	€ 124,80	€ 24,96	€ 149,76
12	10 luglio 2012	Jazz	18	€ 8,95	€ 161,10	€ 32,22	€ 193,32
13	10 luglio 2012	Rock	26	€ 10,15	€ 263,90	€ 52,78	€ 316,68
14	20 settembre 2012	Pop	20	€ 9,70	€ 194,00	€ 38,80	€ 232,80
15	10 ottobre 2012	Jazz	35	€ 10,05	€ 351,75	€ 70,35	€ 422,10
16	10 ottobre 2012	Pop	29	€ 10,00	€ 290,00	€ 58,00	€ 348,00
17	15 novembre 2012	Rock	15	€ 9,60	€ 144,00	€ 28,80	€ 172,80
18	10 dicembre 2012	Jazz	10	€ 10,15	€ 101,50	€ 20,30	€ 121,80
19	10 dicembre 2012	Pop	33	€ 10,10	€ 333,30	€ 66,66	€ 399,96
20	10 dicembre 2012	Rock	23	€ 9,95	€ 228,85	€ 45,77	€ 274,62

Figura 35
Il *Foglio2* modificato con le operazioni di questa scheda e della successiva

4.1.2 **Inserire semplici formule in una cella.** Apri il file **negozio.xlsx** e fai clic sulla cella E2 del **Foglio2**. Vogliamo che le celle della colonna E (intitolata *Subtotale*) contengano il prodotto della quantità di dischi comprati (dato contenuto nelle celle della colonna C) per il prezzo unitario (dato contenuto nelle celle della colonna D). Per impostare questa moltiplicazione è sufficiente digitare nella cella E2 l'espressione «=C2*D2».

Se premi il tasto [Invio] vedrai immediatamente comparire il risultato numerico del prodotto, come nella figura 36. Di solito Excel inserisce automaticamente il simbolo dell'euro nel risultato dei calcoli con dati in euro; se così non fosse, per avere il risultato della figura 36 dovrai personalizzare il formato delle celle (scheda 6).

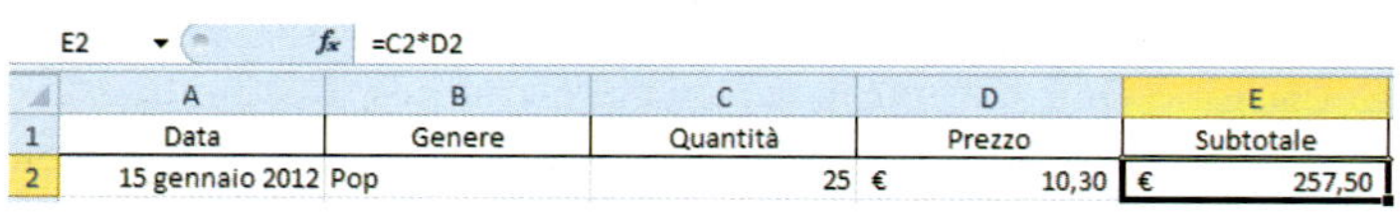

E2 =C2*D2

	A	B	C	D	E
1	Data	Genere	Quantità	Prezzo	Subtotale
2	15 gennaio 2012	Pop	25	€ 10,30	€ 257,50

Figura 36

Excel interpreta come formula ogni cella in cui si digita il segno = (*uguale*) seguito da riferimenti a celle (come nella formula appena creata) oppure da valori numerici. Per esempio, se in una cella digiti «=2+2» e premi [Invio], la cella visualizzerà il numero 4. Per la sottrazione si usa il trattino «-» e per la divisione la barra «/». Le parentesi si utilizzano seguendo le regole dell'algebra. Se per esempio devi sommare due numeri (14 e 4) e dividere la loro somma per 3, digiterai: «=(14+4)/3».

Calcolare una percentuale. Nella colonna F (intitolata Iva) vogliamo inserire una formula che mostri quanto incide il 20% di Iva calcolata sul *Subtotale* del prezzo dei CD. Per eseguire questo calcolo, fai clic sulla cella F2 e digita «=E2*20%», poi premi [Invio]. Il risultato dell'operazione è mostrato nella figura 37.

Come dimostra questo esempio, Excel permette di scrivere formule che si riferiscono anche a celle che, come la E2, a loro volta contengono formule.

F2 fx =E2*20%

	A	B	C	D	E	F
1	Data	Genere	Quantità	Prezzo	Subtotale	Iva
2	15 gennaio 2012	Pop	25	€ 10,30	€ 257,50	€ 51,50

Figura 37

Aggiornare automaticamente i calcoli. Nella cella G2 vogliamo sommare il *Subtotale* all'*Iva* per ottenere il costo totale dei CD acquistati. A questo scopo fai clic sulla cella G2, digita «=E2+F2» e premi Invio.

Come abbiamo già sottolineato, le formule di un foglio elettronico sono operazioni astratte sui dati contenuti nelle celle: se si cambia il valore numerico di una cella, il risultato dell'operazione si aggiornerà automaticamente. Se per esempio digiti «5» nella cella C2 (al posto di «25»), vedrai che i dati delle celle E2, F2 e G2 si aggiornano automaticamente, come nella figura 38, senza che vi sia bisogno di reimpostare le relative formule.

	A	B	C	D	E	F	G
1	Data	Genere	Quantità	Prezzo	Subtotale	Iva	Totale
2	15 gennaio 2012	Pop	5	€ 10,30	€ 51,50	€ 10,30	€ 61,80

Figura 38

Tabella 2 Excel permette di inserire direttamente in una formula gli operatori matematici di base (somma, sottrazione, divisione, moltiplicazione, percentuale ed elevazione a potenza). La formula associata a una cella può consistere in una qualsiasi combinazione di queste operazioni.

Operazione	Esempio simbolico	Esempio numerico	Operazione	Esempio simbolico	Esempio numerico
Addizione	=A1+B1	=2+2	**Sottrazione**	=A1-B1	=3-2
Moltiplicazione	=A1*B1	=2*2	**Divisione**	=A1/B1	=4/2
Percentuale	=A1*10%	=100*10%	**Elevazione a potenza**	=A1^B1	=2^3

4.1.3 **I messaggi di errore.** Se si commette un errore nel digitare una formula, Excel avverte dell'errore visualizzando, invece del risultato, un messaggio preceduto dal simbolo «#». I messaggi di errore più comuni sono:

- **#DIV/0!** indica che il divisore è una cella vuota o contenente il numero 0; questo messaggio apparirà, per esempio, se in una qualsiasi cella del **Foglio2** scriviamo la formula «=G2/H2» (perché la cella H2 è vuota)

I2 fx =G2/H2

	G	H	I
1	Totale		
2	€ 61,80		#DIV/0!

Figura 39

- **#NOME!** indica che il testo di una formula (o di una funzione) è sbagliato; se per esempio nella cella E2, invece di digitare «=C2*D2», digitiamo per sbaglio «=CC*D2», riceveremo questo messaggio di errore
- **#RIF!** indica che una delle celle cui la formula fa riferimento non esiste più; questo messaggio apparirebbe nelle celle E2, F2, G2, per esempio, se nel **Foglio2** eliminassimo la colonna C (*Quantità*), perché queste celle usano il valore della C2. Al manifestarsi di questi errori viene visualizzato un simbolo di segnalazione in prossimità della cella, come nella cella H2 della figura 39; se fai clic sul rombo giallo verrà visualizzato un menu di analisi e controllo approfondito dell'inconveniente che si è verificato.

Un messaggio particolare è **######**: non si tratta di un avviso di errore, ma soltanto della segnalazione del fatto che il risultato di una formula non è interamente visualizzabile nella cella. In tal caso basta aumentare la larghezza della cella.

ESERCIZI

1 Riproduci questa tabella con Excel, a partire dalla cella A1.

Popolazione	Maschi	Femmine
Italia	28.003.302	29.676.653

2 Calcola nella cella D2 la popolazione totale dei residenti in Italia e nelle celle E2 ed F2 la percentuale dei cittadini maschi e femmine.

3 Salva il documento in **C:\informatica\fogli** con il nome **M4-08-esercizio.xlsx**.

► Altri esercizi a pagina 168

9 Velocizzare l'immissione dei dati

Come utilizzare i comandi *Taglia, Copia, Incolla, Incolla speciale* e *Annulla* di Excel

2.3.1 **Copiare e incollare dati.** La procedura più semplice per inserire più volte uno stesso dato è usare la procedura *copia-e-incolla*.

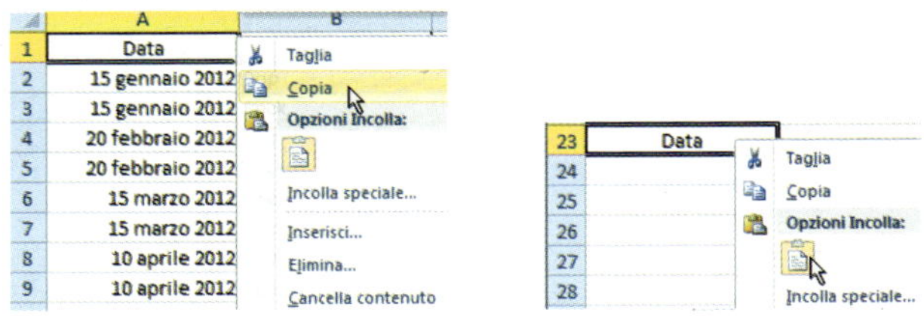

Figura 40
La procedura *copia-e-incolla*

Per esempio (figura 40) apri il file **negozio.xlsx** e seleziona la cella A1 del **Foglio2**, che contiene la parola Data. Fai clic sull'icona del gruppo **Appunti** della scheda **Home**, oppure fai clic con il tasto destro e scegli **Copia**. Poi fai clic su una cella vuota, per esempio la A23, e usa l'icona oppure il comando **Incolla** del menu contestuale. La parola *Data* ora appare anche nella cella A23.

Puoi incollare lo stesso contenuto anche in più celle, per esempio selezionando l'area da A22 ad A25 prima di utilizzare il comando **Incolla**. Puoi anche copiare intere aree (se scegli un'area di destinazione multipla di quella da copiare).

Seleziona per esempio l'area da A1 ad A3 e fai clic su **Copia**.

Poi seleziona la cella A22 e fai clic su **Incolla**: il risultato è che l'area da A1 ad A3 verrà duplicata nell'area da A22 ad A27, come mostra la figura 41.

Puoi utilizzare la procedura anche per copiare contenuti tra fogli di una stessa cartella o di cartelle diverse.

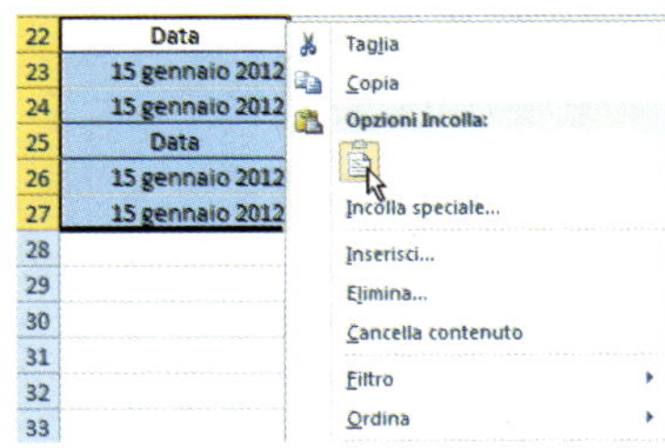

Figura 41

2.3.3 2.2.2 **I comandi *Taglia* e *Annulla*.** Se anziché copiare il contenuto di una cella vuoi *spostarlo*, invece del comando **Copia** dovrai usare il comando **Taglia** nel gruppo **Appunti** della scheda **Home**, oppure nel menu contestuale che si attiva facendo clic con il tasto destro del mouse sulle celle che hai selezionato per spostarle.

Puoi anche fare clic su uno dei bordi della regione di celle selezionate e, quando appare una croce nera con 4 frecce, trascinarle con il mouse direttamente nella posizione desiderata. Se trascini tenendo premuto il tasto Ctrl, apparirà una piccola croce e le celle verranno copiate anziché spostate. Oltre che nello stesso foglio, lo spostamento può avvenire tra fogli di una stessa cartella o di cartelle diverse.

Se hai compiuto un'operazione errata, puoi annullarla con un clic sull'icona nella barra di accesso rapido posta in alto. Excel memorizza le ultime operazioni effettuate: verificalo ripetendo più volte il comando **Annulla**, per cancellare le operazioni effettuate nel paragrafo precedente. Il comando **Ripeti**, invece, permette di ripristinare un'operazione precedentemente annullata.

4.1.4 **Copiare e incollare formule.** La procedura *copia-e-incolla* in Excel si rivela particolarmente utile quando si tratta di copiare formule: in tal caso infatti il programma aggiorna automaticamente tutti i riferimenti contenuti nella formula, in base alla cella in cui essa viene incollata (per questa ragione, tali riferimenti sono detti *relativi*).

Per vedere un esempio concreto, fai clic sulla cella G2 (che contiene la formula =E2+F2, con riferimenti relativi a celle delle colonne E e F), poi copiala e incollala nella cella G5: vedrai che la formula diventa automaticamente =E5+F5, come mostra la parte di destra della figura 42.

Grazie a questa funzionalità di Excel potrai anche copiare la formula contenuta in una cella (per esempio F2) in un'intera area (per esempio quella formata dalle celle

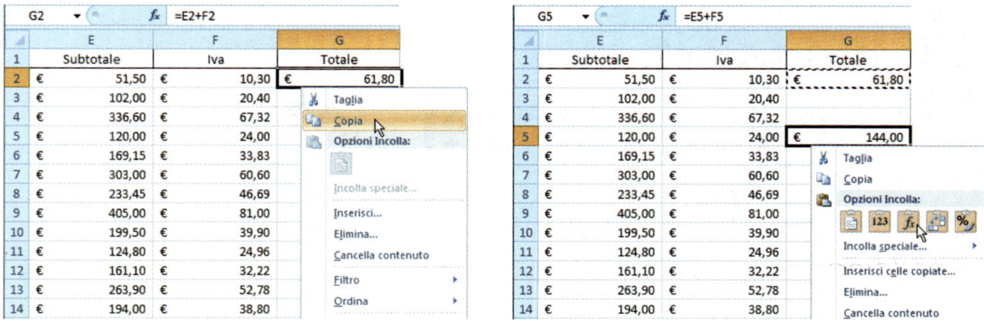

Figura 42 La procedura *copia-e-incolla* applicata a una formula

F3:F20): senza alcun intervento manuale, i riferimenti per il calcolo si aggiorneranno automaticamente in ogni singola cella in cui la formula è stata copiata.

Usa ora questa tecnica anche nella colonna G, così da ottenere il risultato mostrato nella figura 35 posta all'inizio della scheda 8.

5.2.4 **Copiare le formattazioni.** Per copiare la formattazione di una cella o di un insieme di celle selezionate si fa clic sull'icona del gruppo **Appunti** della scheda **Home**: il puntatore del mouse assume la forma di un pennello; per applicare la formattazione basta fare clic sulla cella o trascinare il mouse su tutte le celle a cui la si vuole applicare. Se sull'icona si fa *doppio* clic, sarà possibile applicare la formattazione in più punti del foglio, fino a quando si fa di nuovo clic sull'icona oppure si preme il tasto Esc.

In Excel il pulsante **Incolla** con l'icona apre un menu a discesa che consente di incollare soltanto specifici attributi dei dati copiati: con l'opzione **Formule** si incollano soltanto le formule immesse nella barra della formula, ma non le formattazioni; con l'opzione **Incolla valori** si incollano soltanto i valori dei dati visualizzati nelle celle copiate, ma non le relative formule; l'opzione **Nessun bordo** consente di incollare tutto il contenuto e la formattazione della cella copiata, a eccezione dei bordi.

Questi comandi, e altri relativi a operazioni matematiche da applicare ai dati selezionati, sono anche presenti nell'opzione **Incolla speciale**, che apre la finestra di dialogo della figura 43. Qui puoi scegliere di copiare soltanto una parte del contenuto della cella-origine (la formula, il valore o la formattazione applicata alla cella) e anche di effettuare calcoli con i dati contenuti nella cella-origine e nella cella-destinazione.

Se per esempio si copia una cella che contiene il numero 10 e la si incolla in un'altra cella che contiene il numero 5, usando l'opzione **Addiziona** della finestra **Incolla speciale**, nella seconda cella apparirà il numero 15.

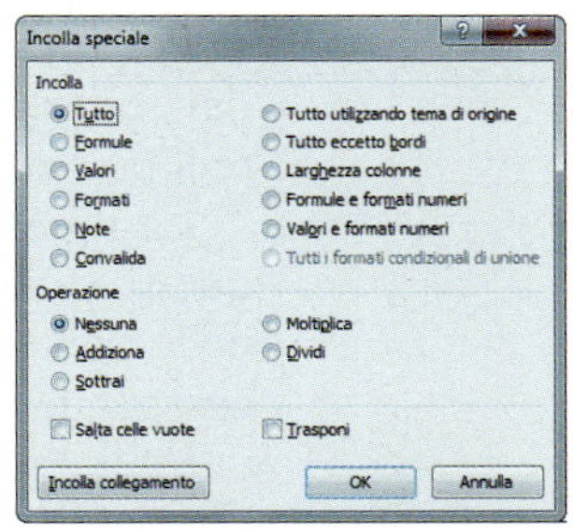

Figura 43 La finestra di dialogo *Incolla speciale*

Oltre a quella di singole celle, si può copiare anche la formattazione di insiemi di celle. Quando si incolla verranno applicate le stesse impostazioni dell'insieme di partenza.

Tabella 3 Metodi equivalenti per applicare i comandi *Copia*, *Incolla*, *Taglia*, *Annulla* e *Ripeti*.

Comando da menu contestuale	Combinazione di tasti	Icona
Copia	Ctrl + C	
Incolla	Ctrl + V	
Taglia	Ctrl + X	
Annulla	Ctrl + Z	
Ripeti	Ctrl + Y	

ESERCIZI

1 Riproduci questa tabella modificando il file **M4-08-esercizio.xlsx**.

	A	B	C	D
1	Popolazione	Maschi	Femmine	Totale
2	Nord	12.464.093	13.249.313	
3	Centro	5.356.323	5.740.683	
4	Mezzogiorno	10.182.886	10.686.657	
5	Italia	28.003.302	29.676.653	57.679.955

2 Copia la formula usata in D5 nelle celle D2, D3 e D4.

3 Salva il risultato in **C:\informatica\fogli** con il nome **M4-09-esercizio.xls.**

► Altri esercizi a pagina 168

10 Utilizzare le funzioni fornite da Excel

Come effettuare calcoli sfruttando le funzioni predefinite del programma

Per sperimentare l'uso delle funzioni predefinite di Excel useremo il **Foglio1** del file **negozio.xlsx**.

Digita «500» nella riga *Affitto* in corrispondenza dei mesi di gennaio, febbraio e marzo, poi nelle righe *Bollette* e *Varie* aggiungi gli altri dati che vedi nella figura 44; usa il formato personalizzato creato nella scheda 6.

Figura 44

4.2.1 **La funzione Somma.** Seleziona ora la cella *Totale* della riga *Affitto* e fai clic sull'icona *fx* nella barra della formula: apparirà così la finestra di dialogo della figura 45.

Il menu a tendina elenca le categorie in cui Excel suddivide le funzioni: fai clic su **Matematiche e trigonometriche** e appariranno le funzioni di quella categoria. Se ora fai clic su una funzione, ne vedrai la descrizione in basso.

Per calcolare il totale delle spese di affitto devi selezionare la funzione **Somma** e premere il pulsante **OK**.

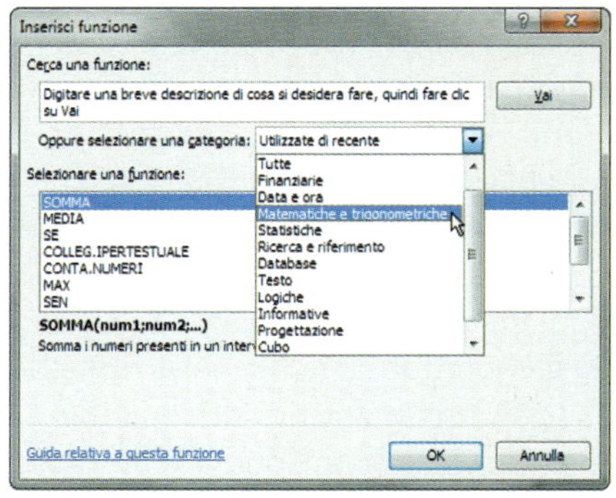

Figura 45 La finestra *Inserisci funzione* di Excel

La nuova finestra di dialogo che appare a questo punto (figura 46) permette di scrivere, nelle righe contrassegnate con *Num1*, *Num2* e così via, le coordinate delle celle da sommare.

Puoi aprire questa finestra anche facendo direttamente clic sull'icona Σ del gruppo **Modifica**, sulla destra della scheda **Home**.

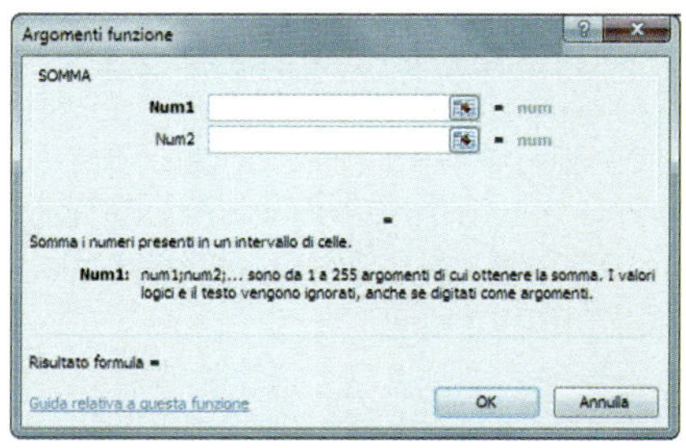

Figura 46

Poiché le tre celle a cui vuoi applicare l'operazione sono consecutive, digita «D5:F5» (anche in minuscolo) nella riga **Num1** e poi fai clic su **OK**. In questo modo la casella C5 visualizzerà la somma dei dati contenuti nelle *tre* caselle consecutive D5, E5 e F5.

Puoi inserire la stessa funzione anche digitando direttamente nella cella C5 il seguente testo: «=somma(D5:F5)».

Il simbolo «:» (due punti) in Excel indica un intervallo di celle contigue.

Se le celle non sono adiacenti, bisogna elencarle una dopo l'altra separando le coordinate delle celle con punti e virgola.

Se per esempio volessi sommare le celle da D5 a F5 aggiungendo anche le celle D6 e F6, dovresti scrivere in questo modo: «=somma(D5:F5;D6;F6)».

Scrivi ora «Totali mensili» nella cella A12 e usa di nuovo nelle celle D12, E12 e F12 la funzione **Somma** per calcolare la spesa totale di gennaio, febbraio e marzo (i valori in basso nella figura 47).

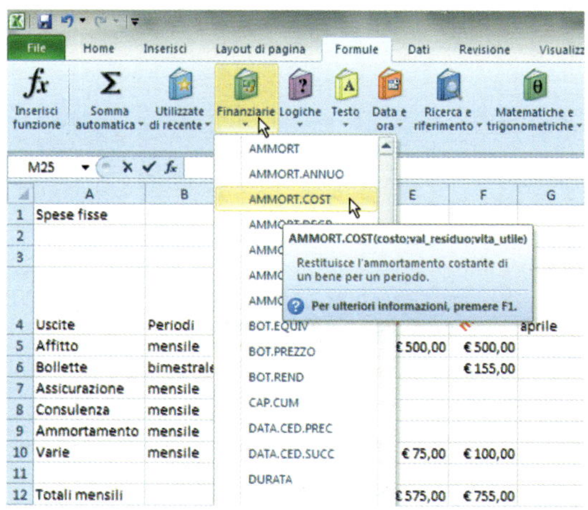

Figura 47 Un esempio di uso delle categorie di funzioni di Excel

La barra multifunzione di Excel ha anche, nella scheda **Formule**, un gruppo **Libreria di funzioni** che semplifica l'accesso alle varie categorie di funzioni predefinite, come illustra l'esempio della figura 47 (funzioni utili per calcoli finanziari).

L'icona Σ permette di inserire direttamente la funzione **Somma**, e un clic sulla freccetta associata (qui come nel gruppo **Modifica** della scheda **Home**) apre un menu con altre funzioni comuni come **Media**, **Conta.Numeri**, **Max** e **Min**.

4.2.1 **La funzione Media.** Scrivi ora «Media mensile» nella cella A14, poi seleziona la cella B14 e fai clic sull'icona *fx* nella barra della formula o nella scheda **Formule**. Trova la funzione **Media** nella categoria **Statistiche** e premi **OK**. Ora digita «D12:F12» nella casella **Num1** e premi **OK**. Il programma calcolerà la media mensile delle spese del negozio e la mostrerà nella casella B14, così: 14 Media mensile € 681,67.

Puoi ottenere lo stesso risultato digitando direttamente nella cella B14 il testo «=media(D12:F12)»; oppure puoi digitare «=media(», quindi selezionare con il mouse le celle da D12 a F12, e infine digitare la parentesi chiusa «)».

Se le celle non sono adiacenti, durante la selezione tieni premuto il tasto Ctrl.

4.2.1 **Le funzioni Minimo, Massimo, Conta e Arrotonda.** In modo simile puoi usare le funzioni **Max** e **Min**, che trovano il valore più alto o più basso in un insieme di celle, e le funzioni **Conta**, che contano le celle con una certa caratteristica. **Conta.Vuote** restituisce il numero di celle vuote nell'intervallo selezionato, **Conta.Valori** fornisce il conteggio delle celle non vuote e **Conta.Numeri** il numero dei valori numerici presenti.

La funzione **Arrotonda(X,N)** permette di arrotondare un valore (X) a un numero determinato di cifre (N). Così «=arrotonda(4,154;2)» restituirà «4,15», valore arrotondato alla seconda cifra decimale; invece «=arrotonda(4,154;1)» restituirà «4,2».

4.2.2 **Gli operatori logici.** Gli *operatori logici* confrontano i dati e restituiscono come risultato il valore *Vero* oppure *Falso (tabella 4)*. Per usarli si può fare clic sull'icona *fx*, scegliere la categoria **Logiche** e inserire i dati nella finestra **Argomenti funzione**. In alternativa si può digitare direttamente da tastiera o selezionare le funzioni **Logiche** nella scheda **Formule** della barra multifunzione.

Tabella 4 Excel permette di inserire direttamente in una formula sei diversi operatori logici. La tabella illustra i risultati nel caso in cui la cella A1 contiene un valore *minore* di quello della cella B1.

Operatore	Formula	Risultato	Operatore	Formula	Risultato
maggiore (>)	=A1>B1	Falso	minore o uguale (<=)	=A1<=B1	Vero
maggiore o uguale (>=)	=A1>=B1	Falso	uguale (=)	=A1=B1	Falso
minore (<)	=A1<B1	Vero	diverso (<>)	=A1<>B1	Vero

Vediamo qualche esempio nel caso della funzione **SE**. Se in una cella digiti «=se(B2=C2;E3;G4)», quella cella assumerà il valore di E3 se B2 e C2 sono uguali, quello di G4 se sono diverse.

La funzione **SE** consente anche di inserire direttamente nella formula i termini che devono comparire nella cella nei due possibili casi (vero oppure falso).

Per esempio, se nella cella C4 c'è il punteggio percentuale di un esame ECDL, per vedere l'esito in un'altra cella basta scrivervi: «=se(C4>=75;"Superato";"Non superato")». Le stringhe di testo vanno sempre racchiuse tra doppie virgolette alte.

In questo caso nella cella in cui è stata inserita la funzione comparirà il testo «Superato» se il valore presente in C4 è maggiore o uguale a 75 (punteggio d'esame pari almeno al 75%), e «Non superato» se il valore è minore di 75.

ESERCIZI

1 Calcola il numero di CD musicali acquistati in un anno e il loro costo totale, usando i dati contenuti nelle colonne C e D del **Foglio2** del file **negozio.xlsx**.

2 Calcola il costo medio di un ordine utilizzando i dati contenuti nella colonna G del **Foglio2**.

3 Calcola il costo medio unitario dei CD acquistati (ma attenzione: questo calcolo richiede più di una operazione!).

▶ Altri esercizi a pagina 168

11 Operazioni avanzate con le formule

Come gestire i fogli e le cartelle di lavoro e come utilizzare i riferimenti contenuti nelle formule

3.2.4 **Copiare e spostare fogli di lavoro.** Ora per archiviare le *entrate* derivanti dalla *vendita* dei prodotti ci serve uno schema del tutto simile a quello del **Foglio2**: anziché ripetere il lavoro, possiamo allora copiarne l'intero contenuto in un altro foglio.

Per spostare un foglio di lavoro nella stessa cartella basta trascinarne la linguetta con il mouse nella posizione voluta.

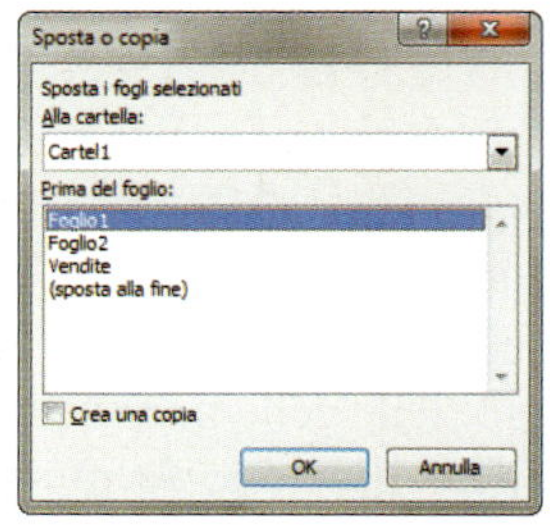

Figura 48

Si può spostare o duplicare un foglio anche facendo clic con il tasto destro sulla linguetta con il suo nome, oppure usando la voce **Sposta o copia foglio** nel menu dell'icona **Formato** nel gruppo **Celle** della scheda **Home**.

Nella finestra che compare (figura 48) dovrai specificare nella casella **Prima del foglio** la posizione in cui intendi spostare il foglio, rispetto agli altri fogli già presenti.

Se vuoi *copiare* il foglio anziché spostarlo, spunta in basso la casella **Crea una copia**. Puoi spostare o copiare un foglio di lavoro anche tra cartelle di lavoro diverse, selezionando nella casella **Alla cartella** il nome della cartella di destinazione.

Noi vogliamo far sì che il **Foglio3** sia una copia del **Foglio2**. Fai clic con il tasto destro su **Foglio2** e nel menu contestuale scegli **Sposta o copia**. Nella finestra della figura 48 indica di posizionarlo prima del **Foglio3** e spunta la voce **Crea una copia**: ora vedrai prima del **Foglio3** un nuovo foglio chiamato **Foglio2 (2)**. Elimina il **Foglio3**, che è vuoto: fai clic con il tasto destro su di esso, seleziona la voce **Elimina** e conferma. Poi rinomina l'attuale **Foglio2 (2)**: fai clic con il tasto destro sul suo nome, scegli la voce **Rinomina** dal menu contestuale e infine digita nella linguetta il nome **Vendite**.

Si può spostare o copiare un foglio di lavoro anche in una nuova cartella di lavoro, che in tal caso verrà creata automaticamente dal programma.

2.3.4 **Cancellare il contenuto di un gruppo di celle.** Ora modificheremo il nuovo foglio per farne il registro delle vendite. Lasciamo immutata la colonna C, supponendo di aver venduto tutti i dischi acquistati. Invece eliminiamo il prezzo d'acquisto contenuto nella colonna D, per sostituirlo con una formula che calcoli il ricavo della vendita.

Per cancellare i dati, seleziona con il mouse l'area da D2 a D20 e premi il tasto Canc o scegli dal menu dell'icona Cancella, nel gruppo **Modifica** della scheda **Home**, la voce **Cancella tutto**; in alternativa scegli **Cancella contenuto** dopo aver fatto clic con il tasto destro sulle celle selezionate.

Supporremo di aver venduto i CD con un *ricarico* del 40%, cioè a un prezzo superiore del 40% rispetto al nostro prezzo di acquisto. Vogliamo allora scrivere una formula che calcoli il 140% del prezzo contenuto nelle celle della colonna D del **Foglio2**.

Excel permette di riferirsi a celle di altri fogli di lavoro in maniera molto semplice: è sufficiente anteporre alle coordinate della cella il nome del foglio a cui essa appartiene, seguito da un punto esclamativo.

Fai clic sulla cella D2 del foglio **Vendite** e digita l'espressione: «=Foglio2!D2*140%». Poi premi il tasto Invio: otterrai il risultato della figura 49.

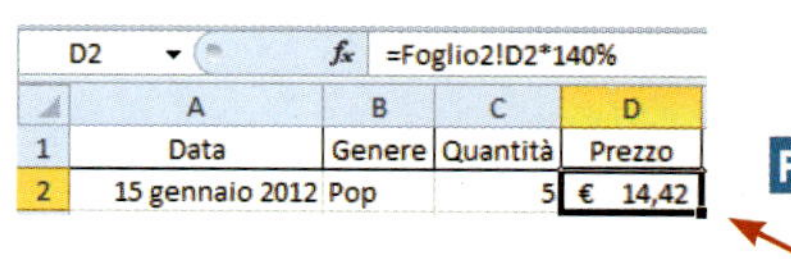

Figura 49

2.3.2 **Usare lo strumento di riempimento automatico.** Adesso bisogna estendere la stessa formula alle altre celle della colonna. Per evitare di dover digitare la formula in ogni singola cella, puoi utilizzare lo strumento chiamato *riempimento automatico*.

Seleziona la cella D2 e sposta il puntatore del mouse sul quadratino nero in basso a destra (indicato dalla freccetta nella figura 49) fino a fargli assumere la forma di una

	A	B	C	D	E	F	G
1	Data	Genere	Quantità	Prezzo	Subtotale	Iva	Totale
2	15 gennaio 2012	Pop	5	€ 14,42	€ 72,10	€ 14,42	€ 86,52
3	15 gennaio 2012	Rock	10	€ 14,28	€ 142,80	€ 28,56	€ 171,36
4	20 febbraio 2012	Jazz	34	€ 13,86	€ 471,24	€ 94,25	€ 565,49
5	20 febbraio 2012	Rock	12	€ 14,00	€ 168,00	€ 33,60	€ 201,60
6	15 marzo 2012	Pop	17	€ 13,93	€ 236,81	€ 47,36	€ 284,17
7	15 marzo 2012	Rock	30	€ 14,14	€ 424,20	€ 84,84	€ 509,04
8	10 aprile 2012	Jazz	23	€ 14,21	€ 326,83	€ 65,37	€ 392,20
9	10 aprile 2012	Pop	45	€ 12,60	€ 567,00	€ 113,40	€ 680,40
10	15 maggio 2012	Rock	21	€ 13,30	€ 279,30	€ 55,86	€ 335,16
11	30 giugno 2012	Pop	12	€ 14,56	€ 174,72	€ 34,94	€ 209,66
12	10 luglio 2012	Jazz	18	€ 12,53	€ 225,54	€ 45,11	€ 270,65
13	10 luglio 2012	Rock	26	€ 14,21	€ 369,46	€ 73,89	€ 443,35
14	20 settembre 2012	Pop	20	€ 13,58	€ 271,60	€ 54,32	€ 325,92
15	10 ottobre 2012	Jazz	35	€ 14,07	€ 492,45	€ 98,49	€ 590,94
16	10 ottobre 2012	Pop	29	€ 14,00	€ 406,00	€ 81,20	€ 487,20
17	15 novembre 2012	Rock	15	€ 13,44	€ 201,60	€ 40,32	€ 241,92
18	10 dicembre 2012	Jazz	10	€ 14,21	€ 142,10	€ 28,42	€ 170,52
19	10 dicembre 2012	Pop	33	€ 14,14	€ 466,62	€ 93,32	€ 559,94
20	10 dicembre 2012	Rock	23	€ 13,93	€ 320,39	€ 64,08	€ 384,47

Figura 50

croce nera. Fai clic e trascina la selezione fino alla cella D20: in questo modo Excel inserirà automaticamente la formula in ogni cella della selezione (figura 50).

Se applichi questo stesso metodo a una cella che contiene una data (o un'ora), il programma incrementerà automaticamente i valori di un giorno (o un'ora) alla volta. Se selezioni due o più celle che hanno un incremento particolare, il programma manterrà questo incremento anche per le celle successive. Così, se in una cella digiti «1» e in una cella adiacente «2», e poi selezioni entrambe le celle e trascini il mouse, i valori delle celle successive saranno incrementati automaticamente.

4.1.4 **Formule con riferimenti relativi, assoluti o misti.** La procedura ora vista *aggiorna automaticamente i riferimenti alle celle contenuti nelle formule*, tenendo conto della cella in cui la formula è stata inserita. Se per esempio fai clic sulla cella D20, constaterai che la formula è diventata: «=Foglio2!D20*140%».

In altre parole, per default Excel tratta i riferimenti nelle formule come *relativi*: dipendono cioè dalla posizione, nel foglio, della cella in cui la formula viene a trovarsi.

Il meccanismo dei riferimenti relativi è molto utile. Tuttavia, a volte servono *riferimenti assoluti*, che cioè non cambiano quando la formula è copiata in celle diverse.

Supponi di voler applicare ai dischi jazz un ricarico diverso da quello standard, per esempio il 30% invece del 40%. Per prima cosa, digita «130%» nella cella H2.

D8 =Foglio2!D8*$H$2

	A	B	C	D	E	F	G	H
1	Data	Genere	Quantità	Prezzo	Subtotale	Iva	Totale	
2	15 gennaio 2012	Pop	5	€ 14,42	€ 72,10	€ 14,42	€ 86,52	130%
3	15 gennaio 2012	Rock	10	€ 14,28	€ 142,80	€ 28,56	€ 171,36	
4	20 febbraio 2012	Jazz	34	€ 13,86	€ 471,24	€ 94,25	€ 565,49	
5	20 febbraio 2012	Rock	12	€ 14,00	€ 168,00	€ 33,60	€ 201,60	
6	15 marzo 2012	Pop	17	€ 13,93	€ 236,81	€ 47,36	€ 284,17	
7	15 marzo 2012	Rock	30	€ 14,14	€ 424,20	€ 84,84	€ 509,04	
8	10 aprile 2012	Jazz	23	€ 13,20	€ 303,49	€ 60,70	€ 364,18	

Figura 51

Poi scrivi nella cella D4 l'espressione: «=Foglio2!D4*$H$2». Infine copia la formula in tutte le altre celle che si riferiscono al prezzo di vendita dei dischi di jazz.

Come mostra la figura 51, anteponendo nella formula il simbolo $ a entrambe le coordinate della cella H2, questa cella è diventata un riferimento assoluto, che resterà cioè immutato in tutte le celle in cui la formula viene copiata.

In una formula è possibile bloccare soltanto il riferimento alla riga (esempio: H$2) oppure alla colonna (esempio: $H2); in tal caso si parla di riferimenti misti.

ESERCIZI

1 Inserisci i numeri 1, 2, 3, 4 nella prima colonn duci la tabella usando il *riempimento automatico*. Nelle prime due righe usa una formula basata solo su riferimenti *relativi*. Nelle ultime due righe usa anche un riferimento *assoluto*.

1	2	3	4	5	6	7	8
2	4	6	8	10	14	14	16
3	6	9	12	15	18	21	24
4	8	12	16	20	24	28	32

2 Salva il foglio come **M4-11-esercizio.xlsx** in **C:\informatica\fogli**.

► Altri esercizi a pagina 168

12 Creare e modificare i grafici

Come si possono elaborare graficamente gli insiemi di dati contenuti in un foglio elettronico

6.1.1 **Creare un grafico.** Apri il **Foglio2** del file **negozio.xlsx** e inserisci i dati della tabella mostrata nella figura 52, a partire dalla cella A43. Poi seleziona come dati da utilizzare per il grafico le celle dalla A43 fino alla D49.

Apri ora la scheda **Inserisci** della barra multifunzione. Nel gruppo **Grafici** le varie icone al clic aprono menu a discesa con miniature dei principali stili 2D (figure piane) e 3D (tridimensionali). Per esempio fai clic sul tipo **Grafico a barre** e seleziona il sottotipo **Barre in pila 100%**, come nella figura 52. Il grafico apparirà subito sul foglio di lavoro.

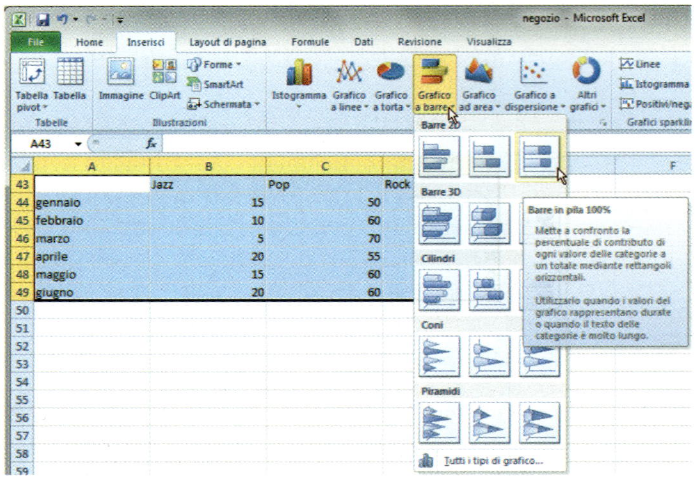

Figura 52

6.1.2
6.1.3
6.1.4 **Manipolare un grafico.** Un grafico si seleziona facendo clic sull'area del grafico (lo sfondo bianco); la cornice assume l'aspetto della figura 53 e nella barra multifunzione appaiono tre nuove schede con strumenti utili per apportare modifiche: **Progettazione**, **Layout** e **Formato**.

Per spostare l'intero grafico, fai clic sull'area del grafico e trascinalo. Per ridimensionarlo, fai clic sui puntini negli angoli o sui lati della cornice, poi trascina fino alla dimensione voluta.

Puoi anche usare il metodo copia-e-incolla o taglia-e-incolla per copiare o spostare il grafico in altri fogli (facendo clic sulle linguette in basso a sinistra) o in altre cartelle aperte.

Per eliminare un grafico, selezionalo e premi il tasto Canc o fai clic sull'icona Cancella nella scheda **Home** e scegli **Cancella tutto**.

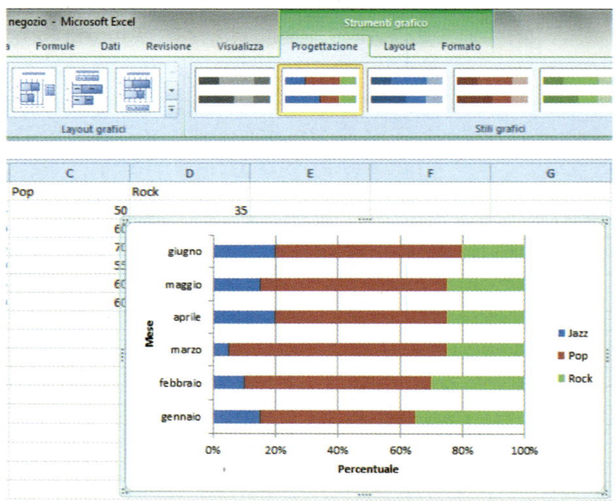

Figura 53

Per cambiare il tipo di grafico, selezionalo e fai clic sull'icona **Cambia tipo di grafico** nella scheda **Progettazione**: apparirà una finestra in cui scegliere tra istogrammi, grafici a barre o a torta, e così via. La finestra si apre anche facendo clic sul grafico con il tasto destro e scegliendo **Cambia tipo di grafico**.

L'icona **Sposta grafico** apre una finestra che consente di scegliere se creare un foglio nuovo per il grafico oppure se inserirlo in uno dei fogli esistenti.

Cambiare la selezione dei dati. Se vuoi ridefinire l'area che contiene i dati da raffigurare nel grafico, fai clic sull'icona **Seleziona dati** nella scheda **Progettazione**. Apparirà la finestra **Seleziona origine dati** della figura 54, dove la casella **Intervallo dati grafico** mostra i dati attualmente rappresentati (=Foglio2!$A$43:$D$49).

Per cambiare la selezione dei dati, riduci a icona la finestra con il pulsantino (a destra di **Intervallo dati grafico**) e trascina il mouse sull'area del foglio desiderata; usa poi lo stesso pulsantino per riaprire la finestra.

Per aggiungere una nuova serie di dati, fai clic su Aggiungi. Per ogni serie di dati dovrai indicare in quale foglio si trova il **Nome serie** e in quale parte del foglio si trovano i **Valori serie**. Sempre da questa finestra puoi eliminare singole serie di dati e specificare le celle che contengono le etichette da riportare nel grafico lungo l'asse delle categorie.

Con il pulsante **Scambia righe/colonne** puoi ordinare i dati per colonne oppure per righe (ma attenzione: una scelta errata qui può produrre un grafico incomprensibile!). La stessa operazione si può effettuare con l'icona **Inverti righe/colonne** della scheda **Progettazione**.

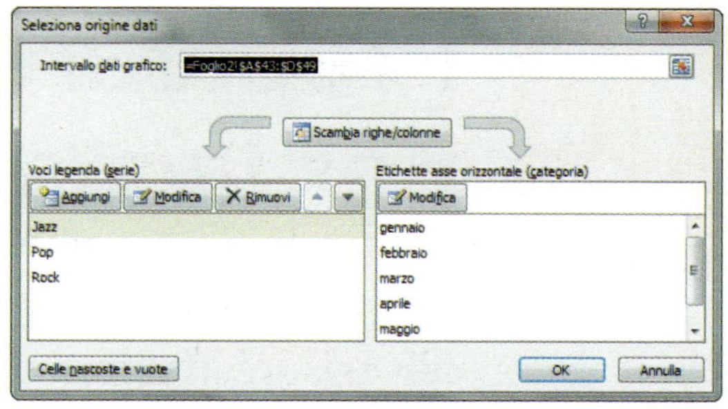

Figura 54

6.2.1 6.2.2 **Inserire e modificare etichette e titoli.** Puoi personalizzare un grafico inserendo titoli, griglie o etichette per i dati. I gruppi **Layout grafici** e **Stili grafici** della scheda **Progettazione** offrono opzioni predefinite. In alternativa puoi inserire manualmente il titolo con l'icona **Titolo del grafico** della scheda **Layout**: scegli l'opzione **Sopra il grafico** e digita «Acquisti per genere musicale» nella casella di testo. In seguito puoi tornare qui se hai bisogno di modificare il titolo.

Per inserire etichette lungo gli assi del grafico si usa l'icona **Titoli degli assi**. Aggiungi per esempio un titolo all'asse delle categorie: fai clic su **Titolo asse verticale principale**, scegli **Titolo ruotato** e scrivi «Mese» nella casella. Aggiungi un titolo anche all'asse dei valori: fai clic su **Titolo asse orizzontale principale**, scegli **Titolo sotto l'asse** e scrivi «Percentuale». Otterrai il risultato della figura 55.

Figura 55

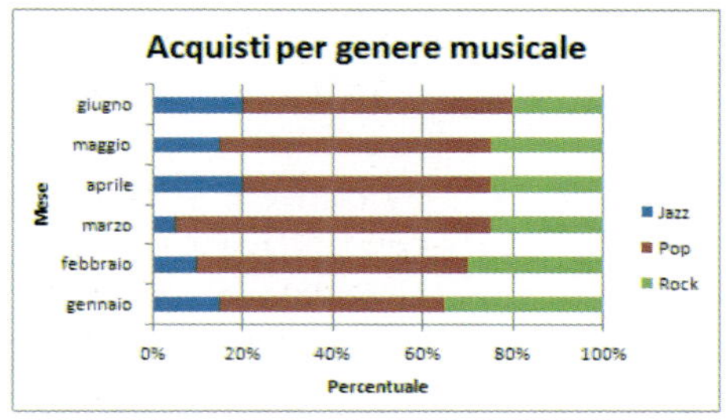

Con l'icona **Legenda** puoi scegliere se visualizzare la legenda per il grafico e in quale posizione collocarla.

Con l'icona **Etichette dati** puoi scegliere di visualizzare in cima alle colonne (per gli istogrammi) o vicino agli spicchi (per i grafici a torta) il valore numerico assoluto o percentuale che rappresentano, come nella figura 56.

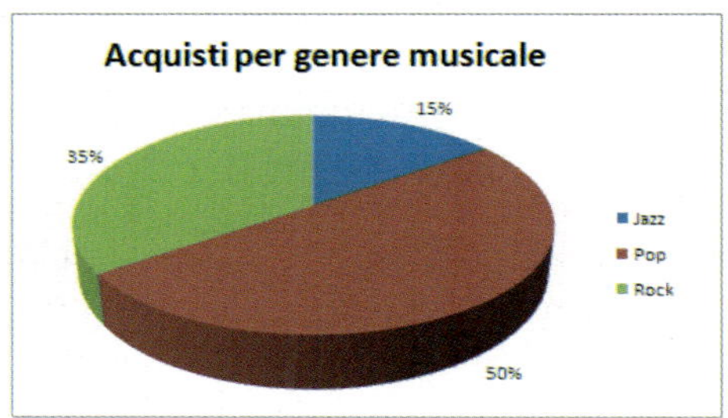

Figura 56

Per cancellare titoli o etichette di un grafico basta selezionarli e premere il tasto Canc, o fare clic su di essi con il tasto destro e scegliere **Elimina** nel menu di scelta rapida.

6.2.3 6.2.4 6.2.5 **Modificare il colore degli elementi di un grafico.** Per cambiare il colore degli elementi di un grafico (lo sfondo dell'area del grafico, l'area del tracciato o di una serie di dati, singole colonne o fette di torta, il carattere dei testi e così via) trovi molte combinazioni di colori nel gruppo **Stili grafici** della scheda **Progettazione**.

Per modificare in modo manuale un elemento, fai clic sull'icona Formato selezione del gruppo **Selezione corrente** della scheda **Formato**. La finestra che appare offre varie formattazioni a seconda dell'elemento selezionato. La stessa finestra si apre facendo clic con il tasto destro sull'elemento da modificare e selezionando nel menu contestuale le voci **Formato legenda**, **Formato serie di dati**, **Formato asse** e così via.

Con le icone del gruppo **Stili forma** della scheda **Formato** puoi modificare la forma di un elemento selezionato, il suo colore di riempimento, il tipo di contorno o gli effetti grafici. Puoi anche usare i pulsanti del gruppo **Carattere** della scheda **Home**.

Per modificare il colore di una singola colonna di un grafico o fetta di una torta, seleziona con un clic l'intera serie, poi fai di nuovo clic sul singolo elemento da colorare.

ESERCIZI

1. Crea un foglio che sommi tutti i CD acquistati in ciascun mese.
2. Crea un grafico a barre con i dati del nuovo foglio, ordinandoli *per righe*.
3. Crea un altro grafico a barre ordinando i dati *per colonne*; quale dei due grafici è più significativo?
4. Inserisci il titolo «CD acquistati» e visualizza i valori su ogni barra.
5. Salva il foglio come **M4-12-esercizio.xlsx** in **C:\informatica\fogli**.

▶ Altri esercizi a pagina 168

13 Preparare il foglio per la stampa

Come creare un documento pronto per essere trasferito alla stampante

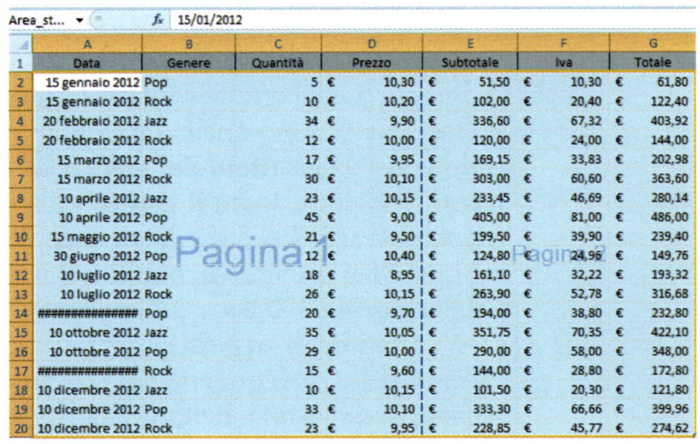

	A	B	C	D	E	F	G
1	Data	Genere	Quantità	Prezzo	Subtotale	Iva	Totale
2	15 gennaio 2012	Pop	5	€ 10,30	€ 51,50	€ 10,30	€ 61,80
3	15 gennaio 2012	Rock	10	€ 10,20	€ 102,00	€ 20,40	€ 122,40
4	20 febbraio 2012	Jazz	34	€ 9,90	€ 336,60	€ 67,32	€ 403,92
5	20 febbraio 2012	Rock	12	€ 10,00	€ 120,00	€ 24,00	€ 144,00
6	15 marzo 2012	Pop	17	€ 9,95	€ 169,15	€ 33,83	€ 202,98
7	15 marzo 2012	Rock	30	€ 10,10	€ 303,00	€ 60,60	€ 363,60
8	10 aprile 2012	Jazz	23	€ 10,15	€ 233,45	€ 46,69	€ 280,14
9	10 aprile 2012	Pop	45	€ 9,00	€ 405,00	€ 81,00	€ 486,00
10	15 maggio 2012	Rock	21	€ 9,50	€ 199,50	€ 39,90	€ 239,40
11	30 giugno 2012	Pop	12	€ 10,40	€ 124,80	€ 24,96	€ 149,76
12	10 luglio 2012	Jazz	18	€ 8,95	€ 161,10	€ 32,22	€ 193,32
13	10 luglio 2012	Rock	26	€ 10,15	€ 263,90	€ 52,78	€ 316,68
14	################	Pop	20	€ 9,70	€ 194,00	€ 38,80	€ 232,80
15	10 ottobre 2012	Jazz	35	€ 10,05	€ 351,75	€ 70,35	€ 422,10
16	10 ottobre 2012	Pop	29	€ 10,00	€ 290,00	€ 58,00	€ 348,00
17	################	Rock	15	€ 9,60	€ 144,00	€ 28,80	€ 172,80
18	10 dicembre 2012	Jazz	10	€ 10,15	€ 101,50	€ 20,30	€ 121,80
19	10 dicembre 2012	Pop	33	€ 10,10	€ 333,30	€ 66,66	€ 399,96
20	10 dicembre 2012	Rock	23	€ 9,95	€ 228,85	€ 45,77	€ 274,62

Figura 57

Impostare l'area di stampa. Supponiamo di voler stampare soltanto l'area da A1 a G20 del **Foglio2** del file **negozio.xlsx**. Seleziona quest'area con il mouse, poi fai clic sull'icona **Area di stampa** nella scheda **Layout di pagina** e quindi scegli **Imposta area di stampa**. Ora Excel evidenzierà con un bordo tratteggiato l'area selezionata.

Per avere una visione globale dell'area di stampa (figura 57), puoi fare clic nella scheda **Visualizza** sull'icona **Layout di pagina**.

Qui noterai per esempio che ci sono date troppo lunghe: la loro colonna andrà allargata. Inoltre la linea tratteggiata verticale blu, che appare al clic su **Anteprima interruzioni di pagina** indica che la stampa è prevista su due pagine, con le colonne A-D nella prima e le colonne E-G nella seconda; se vuoi modificare questa suddivisione, fai clic sul tratteggio blu e trascinalo lateralmente.

Per uscire dall'anteprima, fai clic sull'icona **Normale** della scheda **Visualizza**. Per eliminare un'area di stampa che hai selezionato, fai clic sull'icona nella scheda **Layout di pagina** e scegli **Cancella area di stampa**.

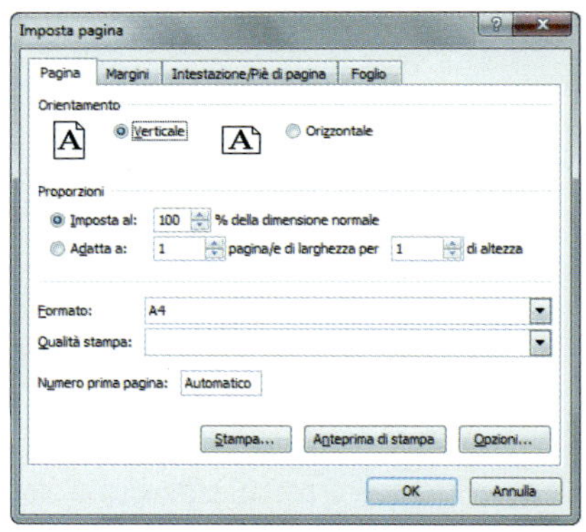

Figura 58a

7.1.3 **Adattare alla pagina.** Puoi far sì che l'area da stampare stia in un numero prestabilito di pagine scegliendolo nei menu delle icone Larghezza: Automatica e Altezza: Automatica del gruppo **Adatta alla pagina** della scheda **Layout di pagina**. Se nei menu scegli **Altre pagine**, si aprirà la finestra **Imposta pagina** della figura 58a (visualizzabile anche con un clic sulle freccette al piede dei gruppi **Imposta pagina** e **Opzioni del foglio**). Qui nella scheda **Pagina** hai due modi per cambiare le proporzioni della pagina stampata: spunta **Imposta al:** e indica la percentuale di riduzione o ingrandimento (in alternativa usa l'icona Proporzioni: 100%), oppure spunta **Adatta a:** e indica le pagine in larghezza e in altezza su cui stampare; la casella **Imposta al:** mostrerà la riduzione necessaria per adattare l'area da stampare al numero di pagine scelto.

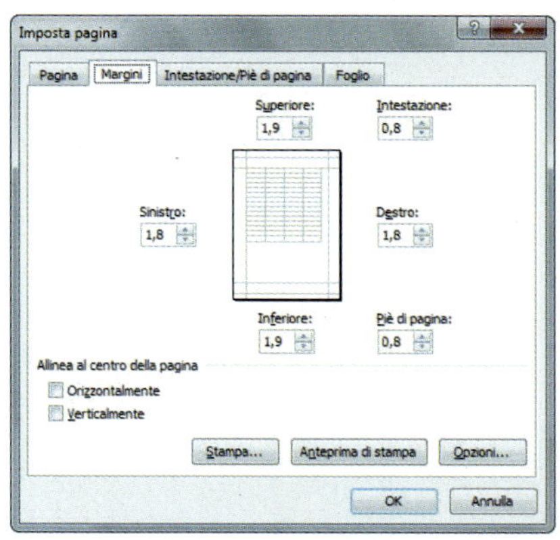

Figura 58b

7.1.1
7.1.2 **Cambiare l'orientamento, i margini e le dimensioni della carta.** Sempre dalla scheda **Pagina** della finestra **Imposta pagina** puoi cambiare l'orientamento di stampa, che per default è verticale: scegli l'opzione **Orizzontale** e fai clic su **OK**, oppure usa l'icona **Orientamento** della scheda **Layout di pagina**.

Dalla scheda **Pagina** puoi anche modificare le dimensioni della carta scegliendo tra le opzioni nella casella **Formato**, presenti anche nell'icona **Dimensioni**.

Per ampliare l'area di stampa puoi ridurre i margini: per scegliere valori pre-impostati usa l'icona **Margini**; nella scheda **Margini** della finestra **Imposta pagina** (figura 58b) puoi definire la misura in cm dei margini superiore/inferiore e destro/sinistro (i margini, come vedremo, si possono modificare anche dall'anteprima di stampa).

7.1.4 7.1.5 **Intestazioni e piè di pagina.** La terza scheda della finestra **Imposta pagina** permette di aggiungere al foglio intestazioni e piè di pagina (figura 58c).

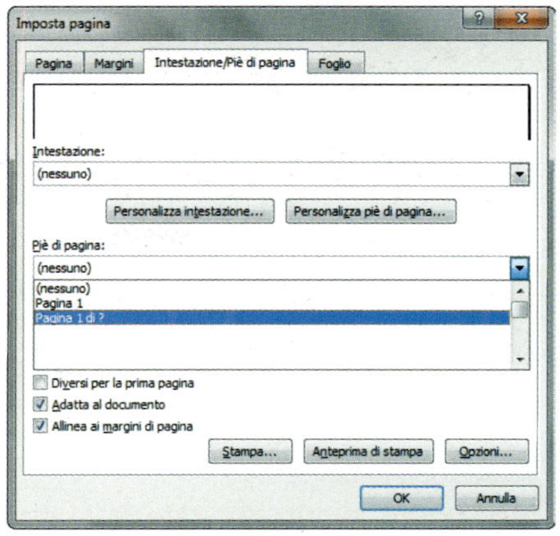

Figura 58c

Con i menu **Intestazione** e **Piè di pagina** puoi scegliere tra impostazioni predefinite.

In basso puoi spuntare le opzioni **Diversi per pagine pari e dispari**, **Diversi per la prima pagina**, **Adatta al documento** e **Allinea ai margini di pagina**.

Per personalizzare l'intestazione fai clic su **Personalizza intestazione**: si aprirà allora la finestra della figura 58d.

Qui puoi inserire vari tipi di dati:

- il numero di pagina
- la data
- l'ora
- il nome del file
- il nome del foglio.

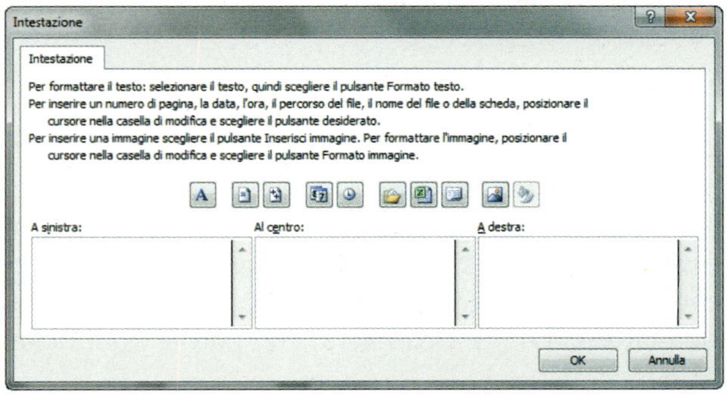

Figura 58d

Per inserirli fai clic sulle rispettive icone dopo aver posizionato il cursore nella zona (**A sinistra**, **Al centro**, **A destra**) ove desideri che appaiano.

Potrai poi definirne la posizione, modificare le formattazioni, inserire immagini o digitare un testo libero.

Un discorso analogo vale per l'opzione **Personalizza piè di pagina**.

7.2.2 7.2.3 **Altre opzioni di stampa.** Nella finestra **Imposta pagina** l'ultima scheda, **Foglio**, consente di scegliere se stampare la **Griglia** e le **Intestazioni di riga e di colonna**, come mostra la figura 58e (la scheda **Foglio** si può aprire anche con un clic sull'icona **Stampa titoli**).

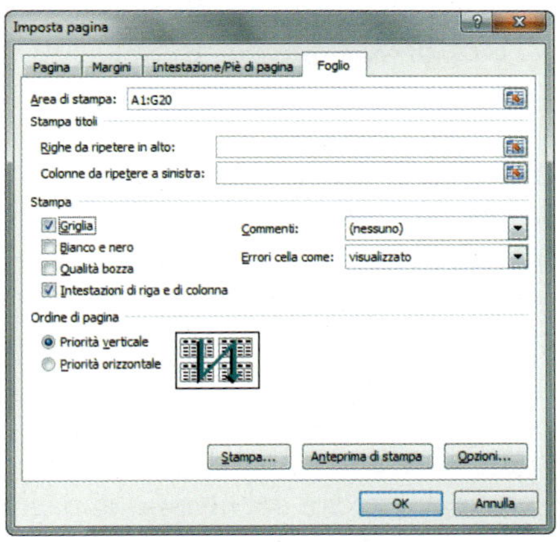

Figura 58e

Se desideri che una o più righe consecutive siano stampate all'inizio di pagina, indicalo nella casella **Righe da ripetere in alto** (se per esempio digiti: «$2:$3», a inizio pagina si ripeteranno le righe 2 e 3); in alternativa porta sul foglio il puntatore e trascina il mouse per selezionare le righe, poi torna alla finestra della figura 58e e fai clic su **OK**.

Un discorso analogo vale per l'opzione **Colonne da ripetere a sinistra**. Le righe o le colonne ripetute servono dunque per visualizzare quelle intestazioni che si desidera siano ripetute su tutte le pagine.

Nella barra multifunzione il gruppo **Opzioni del foglio** della scheda **Layout di pagina** ha caselle di controllo che consentono di nascondere o visualizzare, e di stampare o meno, le griglie e le intestazioni di riga e di colonna.

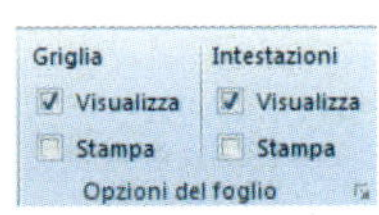

ESERCIZI

1 Imposta il foglio **Vendite** del file **negozio.xlsx** in una pagina a orientamento orizzontale, in maniera tale che l'intero contenuto sia stampabile su una pagina sola.

2 Imposta il foglio **Vendite** del file **negozio.xlsx** in modo tale che a piè di pagina venga stampata la data.

► Altri esercizi a pagina 168

14 Stampare un file

Come utilizzare l'anteprima di stampa e le altre funzioni di stampa di Excel

7.2.1 **Controllare la correttezza dei calcoli e dei testi.** Prima di procedere con la stampa o di distribuire il foglio elettronico è sempre bene controllare con attenzione la correttezza dei dati e delle formule, per non rischiare di mettere in circolazione un foglio contenente errori.

Per verificare i calcoli puoi effettuare un controllo automatico mediante l'icona **Controllo errori** della scheda **Formule**, o anche eseguirli manualmente per controllare se corrispondono a quelli forniti dal foglio elettronico.

Per verificare la correttezza ortografica dei testi puoi selezionare l'icona della scheda **Revisione** o premere il tasto F7. Excel evidenzierà i vocaboli che non conosce e proporrà di sostituirli; potrai scegliere se ignorare (**Ignora questa volta**) oppure accettare (**Cambia**) le alternative proposte, e potrai usare il pulsante **Aggiungi al dizionario** per integrare il vocabolario con parole aggiuntive.

Opzioni di base. Per accedere alle opzioni di stampa, apri il menu **File**. Le diverse opzioni vengono visualizzate nel momento in cui porti il puntatore del mouse sulla voce **Stampa** del menu a discesa.

L'opzione **Stampa** (figura 59) invia il documento alla stampante con le impostazioni attuali del sistema. La casella **Copie** permette di definire quante copie del lavoro stampare.

Nella sezione **Impostazioni** trovi tutte le opzioni che è possibile modificare in base alle tue esigenze.

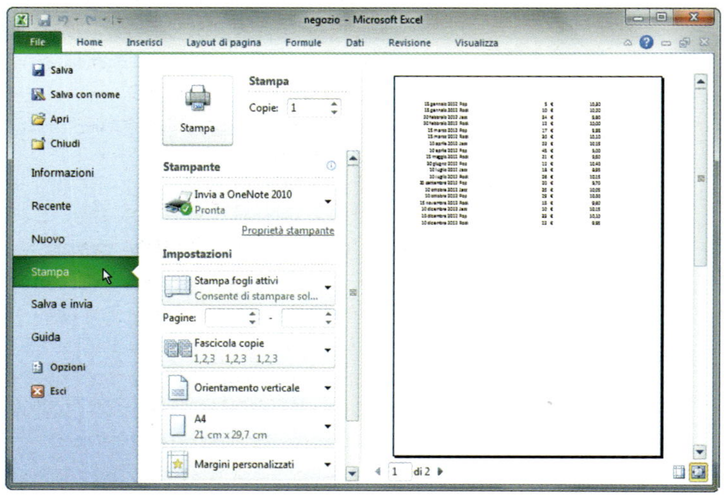

Figura 59
Le opzioni di stampa in Excel

In primo luogo puoi scegliere se stampare l'intero foglio di lavoro oppure soltanto alcune sue pagine, specificate indicando gli estremi del gruppo di pagine nelle caselle poste a destra della voce **Pagine**.

L'ordine di stampa delle pagine può essere stabilito selezionando una delle due voci che si presentano facendo clic su **Fascicola copie**: se selezioni questa voce, l'intero documento verrà stampato prima di iniziare la seconda copia; se invece selezioni **Non fascicolare**, tutte le copie di ogni singola pagina saranno stampate di seguito, prima di procedere alla stampa della pagina successiva.

7.2.5 **Stampare fogli o cartelle.** Facendo clic sulla prima voce delle **Impostazioni**, potrai scegliere se stampare:

- soltanto i **Fogli attivi**, vale a dire l'intero foglio attualmente aperto e gli altri eventualmente selezionati (per selezionare altri fogli si fa clic sulle relative linguette tenendo premuto il tasto Ctrl)
- **Tutta la cartella** di cui il foglio attualmente aperto fa parte
- soltanto una parte del foglio di lavoro precedentemente selezionata, oppure ignorare l'**Area di stampa**
- oppure un grafico che è stato selezionato in precedenza (in tal caso apparirà attiva l'opzione **Grafico selezionato** al posto di **Fogli attivi**).

L'anteprima di stampa. Selezionando **File** e poi **Stampa** è possibile visualizzare, sulla parte destra della finestra, l'anteprima di stampa.

Come mostra la figura 60, questa modalità permette di vedere come apparirà il lavoro una volta stampato.

È importante utilizzare l'anteprima di stampa per verificare il contenuto e l'aspetto grafico di un documento, per poter correggere eventuali errori e migliorare l'impaginazione prima di andare in stampa.

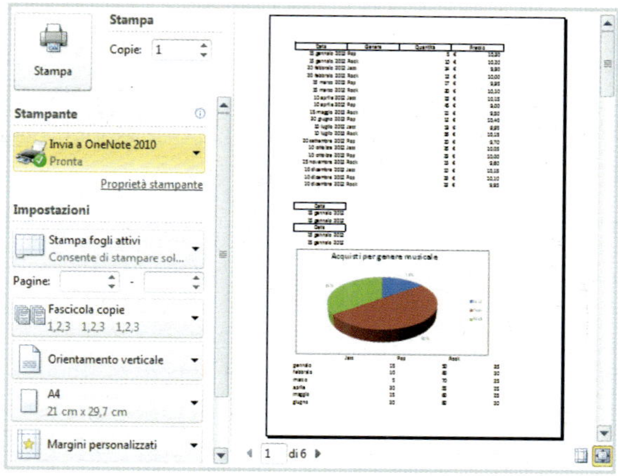

Figura 60 *L'Anteprima di stampa di Excel*

In questa modalità di visualizzazione, facendo clic sulle iconcine in basso a destra, potrai visualizzare e modificare i margini o attivare lo zoom sulla pagina.

7.1.1
7.2.4
Aree di stampa multiple. Talvolta può essere utile *suddividere* il foglio di lavoro in modo che esso appaia su più pagine.

In un elaboratore di testo come Word il modo più semplice per ottenere questo risultato è utilizzare l'opzione **Interruzione di pagina** della scheda **Inserisci**. Questo metodo però non è vantaggioso nel caso delle tabelle dei fogli elettronici, perché non permette di selezionarne i contenuti. Il problema si risolve usando *aree di stampa multiple*.

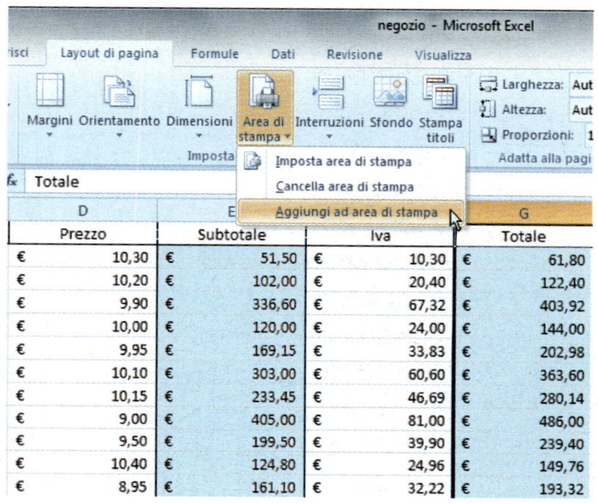

D	E	F	G
Prezzo	Subtotale	Iva	Totale
€ 10,30	€ 51,50	€ 10,30	€ 61,80
€ 10,20	€ 102,00	€ 20,40	€ 122,40
€ 9,90	€ 336,60	€ 67,32	€ 403,92
€ 10,00	€ 120,00	€ 24,00	€ 144,00
€ 9,95	€ 169,15	€ 33,83	€ 202,98
€ 10,10	€ 303,00	€ 60,60	€ 363,60
€ 10,15	€ 233,45	€ 46,69	€ 280,14
€ 9,00	€ 405,00	€ 81,00	€ 486,00
€ 9,50	€ 199,50	€ 39,90	€ 239,40
€ 10,40	€ 124,80	€ 24,96	€ 149,76
€ 8,95	€ 161,10	€ 32,22	€ 193,32

Figura 61 Impostare aree di stampa multiple

Apri per esempio il file **negozio.xlsx** e posizionati sul **Foglio2**. Immagina di voler stampare soltanto la colonna *Subtotale* e la colonna *Totale*, su pagine diverse. Questo è possibile, ma occorre per prima cosa definire due diverse aree di stampa.

Seleziona le celle della colonna *Subtotale* e poi – tenendo premuto il tasto Ctrl – le celle della colonna *Totale*.

Ora fai clic sull'icona **Area di stampa** della scheda **Layout di pagina** e scegli **Imposta area di stampa**, come mostrato nella figura 61. In alternativa puoi selezionare la prima area di stampa, poi fare clic su **Area di stampa** e scegliere **Imposta area di stampa**; quindi seleziona la seconda area di stampa, fai di nuovo clic su **Area di stampa** e scegli **Aggiungi ad area di stampa**.

A questo punto il programma collocherà automaticamente su pagine diverse le due aree selezionate: puoi verificarlo per esempio visualizzando l'anteprima di stampa con il procedimento descritto sopra.

ESERCIZI

1 Effettua un controllo automatico dei calcoli nel file **negozio.xlsx** e verifica la correttezza ortografica dei testi

2 Stampa il solo foglio **Vendite** del file **negozio.xlsx**, assicurandoti che sia impostato in modo da far apparire a piè di pagina la data.

▶ Altri esercizi a pagina 168

Verifica le tue conoscenze – *Esercizi sui punti del Syllabus*

Quando le risposte sono etichettate da cerchietti, significa che il quesito ha una sola risposta esatta; quando invece sono etichettate da quadratini, significa che più di una risposta è corretta.

1.1.1 Per chiudere il programma di foglio elettronico in Excel 2010 si può:
- [A] fare clic su nella barra multifunzione
- [B] fare clic su nella barra del titolo
- [C] selezionare **Chiudi** dal menu **File**
- [D] selezionare **Esci da Excel** dal menu **File**

1.1.2 Per creare una nuova cartella di lavoro:
- [A] basta fare clic su nella barra multifunzione
- [B] si può fare clic dal menu **File** su **Nuovo** e selezionare **Cartella di lavoro vuota**
- [C] si può fare clic su **Nuovo** dal menu **File** e poi scegliere un modello
- [D] occorre che non vi siano altre cartelle di lavoro già aperte

1.1.3 Per salvare le modifiche apportate a una cartella di lavoro:
- [A] è sufficiente fare clic su anche se il file non è stato ancora salvato
- [B] basta fare clic su se il documento è già stato salvato una prima volta
- [C] basta scegliere **Salva** dal menu **File** se il documento è già stato salvato una prima volta
- [D] occorre scegliere necessariamente **Salva con nome** dal pulsante Office

1.1.4 Quale estensione hanno i file modello di Excel 2010?
(A) .xltx (B) .dot (C) .rtf (D) .txt

1.1.5 Per spostarsi fra documenti aperti si può utilizzare:
- (A) soltanto l'icona **Cambia finestra** della scheda **Visualizza** scegliendo la voce **Disponi**
- (B) soltanto l'icona **Cambia finestra** della scheda **Visualizza** selezionando il nome del file da visualizzare
- (C) soltanto la barra delle applicazioni selezionando il nome del file da visualizzare
- (D) l'icona **Cambia finestra** della scheda **Visualizza** o la barra delle applicazioni, selezionando il nome del file da visualizzare

1.2.1 Qual è la sequenza corretta per modificare il nome dell'utente?
- (A) **File → Opzioni** e poi selezionare la scheda **Info utente**
- (B) **File → Personalizza**, poi selezionare la scheda **Opzioni** e specificare il nome dell'utente nella casella corrispondente
- (C) **File → Salva con nome** e indicare come formato di salvataggio **Modello di documento** specificando il nome dell'utente
- (D) **File → Opzioni**, poi fare clic su **Generale** e specificare il nome dell'utente nella casella corrispondente

1.2.2 Quali tra queste affermazioni sulla *Guida in linea* sono corrette?
- [A] Si può attivare premendo il tasto F1
- [B] Fornisce informazioni se si ferma il puntatore del mouse su un'icona
- [C] Si può attivare facendo clic sull'icona della barra multifunzione
- [D] Può assumere la forma dell'*assistente di Office*

1.2.3 Una visione ingrandita o rimpicciolita dell'area di lavoro:
- [A] si ottiene modificando la dimensione dei caratteri
- [B] si può attivare con la barretta presente nella cornice inferiore del foglio o dalla scheda **Visualizza**
- [C] si ottiene modificando la dimensione delle celle
- [D] può essere personalizzata

1.2.4 La barra multifunzione:
- [A] è fatta di schede con linguette cliccabili
- [B] può essere ridotta a icona
- [C] si trova sotto la barra dei menu
- [D] si può nascondere usando l'icona **Visualizza**

2.1.1 In una cella di un foglio elettronico:
- (A) è possibile inserire più tipi di dati (per esempio, cognome e data di nascita)
- (B) è meglio inserire un solo tipo di dato (per esempio, cognome e nome)
- (C) è meglio inserire un solo dato (per esempio, soltanto il cognome o il nome)
- (D) non è possibile inserire più di un dato (per esempio, sia il cognome sia il nome)

2.1.2 Quando si crea un elenco è meglio:
- (A) lasciare una riga vuota fra una riga e l'altra per separare meglio i dati
- (B) lasciare righe vuote soltanto in casi particolari (per esempio alla fine, prima dei totali)
- (C) non lasciare mai righe vuote
- (D) evidenziare le righe e le colonne colorando tutti i bordi delle celle

2.1.3 La formattazione di una cella:
- (A) è necessaria prima di inserire una data nella cella
- (B) è necessaria prima di inserire un numero nella cella
- (C) è necessaria prima di inserire del testo nella cella
- (D) non è necessaria prima di inserire una data, un numero o del testo nella cella

2.1.4 Collega il tipo di selezione con il procedimento utilizzato per effettuarla.

a la colonna A
b l'intero foglio
c la riga 1
d una cella

1 clic nella cella
2 clic sull'intestazione A
3 clic sul riquadro a sinistra dell'intestazione di A
4 clic sull'intestazione 1

a	....
b	....
c	....
d	....

2.2.1 Per modificare i dati in una cella:
- [A] è necessario cancellare il contenuto della cella e riscrivere il dato corretto
- [B] occorre fare clic nella cella
- [C] si può scrivere nella barra della formula
- [D] si può fare doppio clic nella cella e poi digitare al suo interno

2.2.2 Il ripristino di un'operazione:
- [A] si fa utilizzando la barra di accesso rapido
- [B] non è attivo se si è appena riaperto il file
- [C] permette di ripristinare esclusivamente l'ultima operazione che si era annullata
- [D] può essere fatto soltanto se il file non è ancora stato salvato

2.2.3 Per trovare dati in un foglio elettronico:
- (A) si può utilizzare l'icona **Trova e seleziona** della scheda **Home**
- (B) si può selezionare l'icona **Ricerche** nella scheda **Dati**
- (C) è necessario specificare il tipo di dati da trovare (numeri, testo e così via)
- (D) è necessario specificare l'intero contenuto della cella

2.2.4 La sostituzione:
Ⓐ deve sempre essere fatta sull'intero contenuto di una cella
Ⓑ può essere attivata selezionando l'icona **Sostituisci** nella scheda **Home**
Ⓒ può essere fatta soltanto su dati di tipo testo
Ⓓ si può avviare dal menu dell'icona **Trova e seleziona** della scheda **Home**

2.2.5 L'ordinamento:
A si può fare sia sui dati numerici sia sui dati di testo
B si attiva dalla scheda **Dati**
C si può fare solo su dati numerici
D si può fare solo su dati di testo

2.3.1 La copia di una o più celle:
A può avvenire soltanto all'interno dello stesso foglio di lavoro
B può avvenire solo tra fogli appartenenti alla stessa cartella di lavoro
C può avvenire anche tra fogli di lavoro di cartelle diverse
D si può attivare con il tasto destro del mouse o dalla scheda **Home**

2.3.2 Il riempimento automatico:
A permette soltanto di copiare il contenuto di una cella nelle altre sulle quali si estende il trascinamento
B può essere usato per riportare una formula in altre celle senza digitarla
C può avvenire anche selezionando più di una cella
D può avvenire soltanto lungo le colonne

2.3.3 Come può avvenire lo spostamento del contenuto di una o più celle?
Ⓐ Solo per trascinamento
Ⓑ Solo utilizzando la scheda **Home**
Ⓒ Solo con il tasto destro del mouse
Ⓓ In uno qualsiasi dei tre modi indicati nelle risposte precedenti

2.3.4 Quali tra i seguenti procedimenti *non* sono corretti per cancellare il contenuto di una o più celle?
A Selezionare le celle e fare clic su ✂
B Selezionare le celle e battere il tasto [Canc]
C Selezionare le celle e dal menu dell'icona **Cancella**, della scheda **Home**, selezionare **Cancella tutto**
D Selezionare le celle, fare clic su di esse con il tasto destro e scegliere **Elimina**

3.1.1 La selezione di più righe adiacenti può avvenire:
A per trascinamento sulle intestazioni
B soltanto facendo clic sulle intestazioni tenendo premuto il tasto [Ctrl]
C facendo clic sulla prima e sull'ultima intestazione dell'intervallo tenendo premuto il tasto [⇧]
D dalla scheda **Home** scegliendo l'icona **Seleziona**

3.1.2 La selezione di più colonne non adiacenti può avvenire:
Ⓐ per trascinamento in senso orizzontale partendo da una qualsiasi cella delle colonne che devono essere selezionate
Ⓑ facendo clic sulle intestazioni agli estremi dell'intervallo mentre si tiene premuto il tasto [⇧]
Ⓒ facendo clic sulle intestazioni in qualsiasi ordine tenendo premuto il tasto [Ctrl]
Ⓓ facendo clic in una cella per ciascuna colonna che si vuole selezionare

3.1.3 Per eliminare un'intera colonna, dopo averla selezionata occorre:
Ⓐ battere il tasto [Canc]
Ⓑ accedere al menu dell'icona **Cancella** nella scheda **Home** e scegliere **Cancella tutto**
Ⓒ accedere al menu dell'icona **Cancella** nella scheda **Home** e scegliere **Cancella contenuto**
Ⓓ fare clic sull'icona **Elimina** del gruppo **Celle** nella scheda **Home**

3.1.4 Per dare un valore preciso di larghezza a una colonna si può:
A utilizzare il tasto destro del mouse dopo aver selezionato la colonna
B utilizzare il tasto destro del mouse in una qualsiasi cella della colonna
C selezionare **Larghezza colonne** dal menu dell'icona **Formato** della scheda **Home**
D trascinare quando il puntatore del mouse si trova sull'intestazione

3.1.5 Il blocco dei titoli delle righe:
A può essere utile per vedere le intestazioni di tabelle anche quando il foglio scorre a destra
B si può attivare dal menu dell'icona **Blocca riquadri** della scheda **Visualizza**
C blocca le righe sopra, inclusa quella selezionata
D si può attivare soltanto selezionando l'intera riga

3.2.1 Per spostarsi fra diversi fogli di lavoro:
Ⓐ si seleziona l'icona **Cambia finestra** della scheda **Visualizza**
Ⓑ si fa clic con il tasto destro del mouse sul nome del foglio di lavoro desiderato e si seleziona **Sposta o copia**
Ⓒ si fa un normale clic sul nome del foglio di lavoro desiderato
Ⓓ si può utilizzare il tasto [Ctrl]

3.2.2 Per eliminare un foglio di lavoro:
A si fa clic con il tasto destro del mouse sul suo nome e dal menu contestuale si seleziona la voce **Elimina**
B si fa doppio clic sul suo nome e si batte il tasto [Canc]
C si seleziona dal menu dell'icona **Elimina** nella scheda **Home** la voce **Elimina foglio**
D si seleziona dal menu **Modifica** la voce **Cancella tutto**

3.2.3 Il nome del foglio di lavoro:
Ⓐ viene assegnato dal programma ed è meglio non modificarlo
Ⓑ è opportuno che dia informazioni sul contenuto del foglio
Ⓒ dev'essere assegnato in ogni caso dall'utente che crea il foglio
Ⓓ può essere modificato solo prima che vi si inseriscano dei dati

3.2.4 Per copiare un foglio di lavoro in coda a tutti gli altri bisogna:
A selezionare tutto il foglio, scegliere **Copia** nella scheda **Home**, e incollarlo
B fare clic con il tasto destro del mouse sul nome del foglio e dal menu contestuale scegliere **Sposta o copia**
C selezionare **Sposta o copia foglio** dal menu dell'icona **Formato** della scheda **Home**
D selezionare nella scheda **Inserisci** l'icona **Copia foglio**

4.1.1 All'interno delle formule è preferibile inserire:
Ⓐ se possibile valori numerici: rende più difficile sbagliare
Ⓑ se possibile riferimenti a celle: rende più semplice l'aggiornamento
Ⓒ sempre riferimenti a celle: le formule non accettano numeri
Ⓓ sempre valori numerici: le formule non accettano riferimenti ad altre celle

4.1.2 Quali tra le seguenti formule sono sbagliate?
A =A1x2 C =A1:2
B =A1+2 D =A1-2

4.1.3 Collega ogni errore con la descrizione corrispondente.
a #DIV0!
b #RIF!
c #NOME!
d #VALORE!

a	....
b	....
c	....
d	....

1 nella formula c'è un errore di battitura
2 c'è una divisione per 0
3 la cella non contiene valori numerici
4 il riferimento è fatto a una cella che non esiste

4.1.4 Quale tra le seguenti formule contiene soltanto riferimenti relativi?

Ⓐ =A1+$B1-2 Ⓒ =H1+J5-3
Ⓑ =C$4*4 Ⓓ =$E$1/A1

4.2.1 Quale tra le seguenti funzioni restituisce il numero di celle non vuote presenti nell'intervallo da P1 a P8?

Ⓐ =conta.non.vuote(P1:P8)
Ⓑ =conta.numeri(P1:P8)
Ⓒ =conta.valori(P1:P8)
Ⓓ =conta.numeri(P1;P8)

4.2.2 Nella cella A2 è inserito un numero. Quale formula, inserita nella cella A3, ci dice se tale numero è negativo?

Ⓐ =se(A2<0;"Negativo";"Non negativo")
Ⓑ =se(A2<=0;"Negativo";"Non negativo")
Ⓒ =se(A2<=0;"Non negativo";"Negativo")
Ⓓ =se(A3<=0;"Negativo";"Non negativo")

5.1.1 Per formattare una cella che contiene un numero intero in modo tale che compaiano due cifre decimali si può:

A fare clic due volte di seguito su
B fare clic due volte di seguito su
C fare clic due volte di seguito su 000
D fare clic sulla freccetta al piede del gruppo **Numeri** della scheda **Home**, aprire la scheda **Numero**, selezionare **Numero** e specificare il numero di decimali

5.1.2 Per fare in modo che in una cella compaia una data nel formato GG/MM/AA:

Ⓐ si può digitare la data direttamente in tale forma senza formattare la cella
Ⓑ si può digitare la data e poi modificarla dalla finestra che appare con un clic sulla freccetta al piede del gruppo **Numeri** della scheda **Home**
Ⓒ si possono modificare le impostazioni del programma selezionando le **opzioni** dal menu **File**
Ⓓ non occorre fare nulla; quello è il formato predefinito per le date

5.1.3 Quali tra i seguenti procedimenti sono corretti per calcolare il 30% del valore contenuto nella cella A1?

A Si usa la formula: =A1*30%
B Si usa la formula: =A1*0,30%
C Si usa la formula: =A1*0,30
D Si assegna alla cella A1 il formato percentuale e poi si usa la formula: =A1*0,30

5.2.1 Numera ogni operazione da 1 a 4, in modo da ricostruire la sequenza necessaria per modificare il tipo o le dimensioni dei caratteri.

.... si sceglie la scheda **Carattere**
.... si fa clic sulla freccetta al piede del gruppo **Carattere** della scheda **Home**
.... si selezionano le celle da modificare
.... si effettua la modifica e si conferma facendo clic su **OK**

5.2.2 Per inserire la doppia sottolineatura si può:

A fare clic sull'icona S
B fare doppio clic sull'icona S
C scegliere dal menu dell'icona S la voce **Sottolineato doppio**
D attivare la scheda **Formato celle** dal menu contestuale che si attiva con il tasto destro del mouse e scegliere la scheda **Carattere**

5.2.3 Per applicare colori allo sfondo delle celle si può usare:

A l'icona della scheda **Home**
B l'icona A della scheda **Home**
C la scheda **Carattere** con un clic sulla freccetta al piede del gruppo **Carattere** della scheda **Home**
D la scheda **Riempimento** con un clic sulla freccetta al piede del gruppo **Carattere** della scheda **Home**

5.2.4 La copia della formattazione da una cella all'altra si può fare:

Ⓐ facendo clic su mentre ci si trova sulla cella dalla quale si vuole copiare il formato e poi facendo clic su mentre ci si trova sulla cella alla quale si vuole applicare il formato
Ⓑ facendo clic su mentre ci si trova sulla cella da cui si vuole copiare il formato e poi facendo clic sulla cella a cui si vuole applicare la formattazione
Ⓒ con l'icona Stili cella della scheda **Home** dopo essersi posizionati sulla cella da cui si vuole copiare il formato
Ⓓ con l'icona della scheda **Home** dopo essersi posizionati sulla cella a cui si vuole applicare il formato

5.3.1 Per andare a capo all'interno di una cella:

Ⓐ si può battere il tasto Invio dopo aver posizionato il cursore nel punto desiderato
Ⓑ si può selezionare la scheda **Allineamento** nella finestra **Formato celle** che appare con un clic sulla freccetta al piede del gruppo **Carattere** della scheda **Home**, quindi spuntare **Testo a capo**
Ⓒ non occorre fare nulla, perché quando si raggiunge il margine destro della cella si va a capo automaticamente
Ⓓ si può fare doppio clic al margine destro dell'intestazione della colonna nella quale si sta digitando il testo

5.3.2 L'allineamento e l'orientamento del testo:

A si possono fare dalla scheda **Layout di pagina**
B si possono fare dalla scheda **Allineamento** nella finestra **Formato celle** che appare con un clic sulla freccetta al piede del gruppo **Carattere** della scheda **Home**
C permettono di orientare il testo secondo un'angolazione a piacere
D impongono comunque che il testo sia orizzontale o verticale

5.3.3 L'unione di più celle:

A permette di farne un'unica cella e centrare un testo al suo interno
B può essere fatta facendo clic su dopo aver selezionato le celle
C può essere fatta utilizzando l'icona Unisci e centra della scheda **Home**
D si può attivare solamente dopo aver inserito il testo e selezionato le celle

5.3.4 I bordi alle celle:

A vengono aggiunti automaticamente spuntando la voce **Griglia** dalla finestra **Imposta pagina** attivabile dalla scheda **Layout di pagina**
B si possono aggiungere facendo clic su ⊞
C possono essere colorati in modo diverso facendo clic su nella scheda **Home** dopo aver selezionato la cella a cui appartengono
D possono essere personalizzati nello stile utilizzando dalla finestra **Formato celle** la scheda **Bordo**

6.1.1 Numera ogni operazione da 1 a 4, in modo da ordinare i procedimenti necessari per costruire un grafico.

.... si sceglie il tipo di grafico
.... si seleziona l'area che contiene i dati da rappresentare
.... si seleziona la scheda **Inserisci**
.... con le schede **Progettazione** e **Layout** si inseriscono o si modificano elementi come il titolo del grafico e degli assi

6.1.2 Gli elementi che compongono un grafico possono essere:

A selezionati indipendentemente l'uno dall'altro
B modificati soltanto prima di salvare il grafico
C selezionati soltanto dopo aver salvato il grafico
D modificati indipendentemente l'uno dall'altro

6.1.3 Il tipo di grafico può essere modificato:

- A anche dopo aver creato il grafico, ma soltanto se esso non è stato ancora salvato
- B soltanto se si tratta di un grafico di tipo particolare
- C dal menu contestuale che si attiva con il tasto destro del mouse selezionando la voce **Cambia tipo di grafico**
- D dalla scheda **Progettazione** selezionando l'icona **Cambia tipo di grafico**

6.1.4 Lo spostamento di un grafico si può effettuare:

- A per trascinamento puntando il mouse sugli angoli della sua cornice
- B per trascinamento puntando il mouse sull'area del grafico
- C per trascinamento puntando il mouse in un punto qualsiasi, purché sia interno al grafico
- D con il metodo *taglia-e-incolla*

6.2.1 La modifica del titolo di un grafico può essere fatta:

- A soltanto durante la creazione del grafico
- B con due clic successivi su di esso
- C con la voce **Modifica testo** del menu contestuale attivato con il tasto destro del mouse sul titolo
- D solo cancellandolo e poi reinserendolo

6.2.2 Le etichette ai dati di un grafico a torta possono:

- A indicare i valori numerici corrispondenti a ogni fetta
- B essere inserite digitando i loro valori nel corso della creazione del grafico
- C essere inserite dalla scheda **Inserisci** scegliendo l'icona **Etichette**
- D essere espresse in percentuale

6.2.3 Il colore di riempimento di una legenda:

- A si riferisce al testo della legenda
- B si può modificare facendo doppio clic in un punto qualsiasi del grafico e selezionando la voce **Legenda**
- C si può modificare facendo clic sulla legenda e scegliendo il colore mediante l'icona della scheda **Home**
- D non può essere modificato se si è già salvato il grafico

6.2.4 In un grafico di tipo *Torta* il colore di una singola fetta di torta:

- A è diverso da quello delle altre fette
- B è modificabile in ogni momento
- C diventa bianco se si fa doppio clic sulla fetta
- D può essere cambiato soltanto se si cambia anche quello delle altre fette

6.2.5 Il colore dei caratteri presenti in un elemento di un grafico si può modificare:

- A dalla scheda **Home** con la relativa icona nel gruppo **Carattere**
- B facendo clic con il tasto destro del mouse sull'elemento che contiene il testo
- C dalla scheda **Layout** con la relativa icona nel gruppo **Sfondo**
- D dalla scheda **Inserisci** selezionando l'icona **Contenuto**

7.1.1 I margini del foglio di stampa possono essere modificati:

- A dalla scheda **Home** selezionando **Imposta pagina** e poi la scheda **Foglio**
- B dalla scheda **Layout di pagina** selezionando l'icona **Area di stampa**
- C dall'anteprima di stampa per trascinamento
- D dalla scheda **Layout di pagina** selezionando l'icona **Margini**

7.1.2 L'orientamento del foglio di lavoro:

- A per default è impostato in verticale
- B può essere modificato dalla scheda **Home** selezionando l'icona **Imposta pagina** e poi la scheda **Foglio**
- C può essere modificato dalla scheda **Layout di pagina** selezionando l'icona **Orientamento**
- D può essere modificato dall'anteprima di stampa facendo clic su **Margini**

7.1.3 Se il contenuto di un foglio di lavoro supera di poco le dimensioni del foglio di carta da stampare:

- A è necessario ridurre manualmente le dimensioni delle celle oppure dei caratteri
- B si può impostare la riduzione automatica delle dimensioni della pagina, ma soltanto in larghezza
- C si può impostare la riduzione automatica delle dimensioni della pagina, ma soltanto in altezza
- D si può impostare la riduzione automatica delle dimensioni della pagina in altezza e/o in larghezza

7.1.4 Il testo nel piè di pagina:

- A può essere inserito facendo clic su **Imposta pagina** dopo aver selezionato **File** e poi **Stampa**
- B può essere inserito dalla scheda **Layout di pagina** facendo clic sulla freccetta accanto alla voce **Imposta pagina**
- C può essere digitato facendo doppio clic nella casella posta sopra **Personalizza piè di pagina** dalla finestra **Imposta pagina**
- D non può essere inserito; è consentito solo l'inserimento di campi predefiniti

7.1.5 Collega ogni icona con il campo corrispondente.

a	1 nome file	a	....
b	2 data	b	....
c	3 numero di pagina	c	....
d	4 ora	d	....

7.2.1 La correzione degli errori:

- A di calcolo avviene in modo automatico con la segnalazione di un apposito messaggio
- B ortografici può essere fatta facendo clic su nella scheda **Revisione**
- C ortografici può essere attivata premendo il tasto F7
- D di calcolo può essere attivata dalla scheda **Dati**

7.2.2 La griglia che delimita le celle del foglio di lavoro:

- A viene stampata automaticamente perché è già presente nel foglio
- B viene stampata soltanto se sono stati inseriti i bordi alle celle
- C può essere stampata se si è attivata un'apposita funzione dalla finestra **Imposta pagina** selezionando la scheda **Foglio**
- D non può essere stampata

7.2.3 Per far sì che in ogni pagina stampata vengano ripetute righe in alto:

- A è necessario copiarle e incollarle all'inizio di ogni pagina
- B si deve selezionare la riga sotto la quale c'è quella da ripetere e poi fare clic sull'icona **Blocca riquadri** della scheda **Visualizza**
- C dopo aver selezionato **File** e poi **Stampa** si deve selezionare **Imposta pagina**, quindi la scheda **Foglio** dove è possibile indicare le righe da ripetere
- D dalla scheda **Layout di pagina** si deve fare clic sull'icona **Stampa titoli**

7.2.4 Si può vedere l'anteprima di stampa:

- A selezionando **File** e poi **Stampa**
- B dalla scheda **Layout di pagina** facendo clic su **Area di stampa**
- C dalla scheda **Visualizza**
- D soltanto dopo aver selezionato le dimensioni della pagina dalla finestra **Imposta pagina**

7.2.5 È possibile stampare:

- A un insieme di celle selezionate
- B un grafico selezionato, ma non la legenda
- C un'intera cartella di lavoro
- D sempre e soltanto un intero foglio

Verifica le tue abilità – *Esercitazioni per l'esame ECDL*

Per avere i file necessari per queste Esercitazioni, scarica dal sito del libro e decomprimi sul tuo desktop la cartella testECDL/modulo4.

ESERCITAZIONE 1

Soluzione filmata — Tempo a disposizione: 45 minuti

1 Apri il programma Microsoft Excel. 1.1.1

2 Crea un nuovo foglio elettronico basato sul modello predefinito utilizzando il menu **File**. 1.1.2

3 Apri il file **Corsi_ecdl_1.xlsx** che trovi nella cartella **testECDL/modulo4** del tuo desktop. 1.1.1

4 Chiudi il foglio elettronico vuoto lasciando aperto il programma, mediante il menu **File**. 1.1.1

5 Salva il foglio elettronico **Corsi_ecdl_1.xlsx** con lo stesso nome sul desktop del computer utilizzando il menu **File**. 1.1.3

6 Modifica le opzioni del programma indicando **C:** come cartella predefinita per il salvataggio del file. 1.2.1

7 Cerca, utilizzando la *Guida in linea*, informazioni su «Modificare la cartella predefinita». 1.2.2

8 Sostituisci nella cella G5 il numero 73 con il numero 83. 2.2.1

9 Seleziona le celle A1 e B1 e l'intervallo da E1 a K1. 2.1.4

10 Applica la formattazione grassetto alle celle selezionate utilizzando la scheda **Home**. 5.2.2

11 Porta la dimensione dei caratteri delle celle da E1 a K1 a 12 punti. 5.2.1

12 Adatta automaticamente la larghezza delle celle da E1 a K1 in modo tale che possano contenere per intero il testo che è stato ingrandito; utilizza la scheda **Home**. 3.1.4

13 Annulla le ultime due operazioni che hai eseguito. 2.2.2

14 Applica uno sfondo di colore grigio alle celle selezionate. 5.2.3

15 Copia la formattazione della cella E1 e applicala alle celle A1 e B1 utilizzando la scheda **Home**. 5.2.4

16 Disponi in ordine alfabetico crescente per cognome i candidati degli esami; usa la scheda **Home**. 2.2.5

17 Blocca i titoli delle righe in modo che, se devi prolungare l'elenco, le intestazioni della tabella non scorrano; poi sbloccali di nuovo. 3.1.5

18 Inserisci una riga vuota in cima alla tabella utilizzando il tasto destro del mouse. 3.1.3

19 Digita nella cella A1 il testo «Conteggio degli esami dei corsi ECDL». 2.1.3

20 Unisci le celle da A1 a K1 e centra la scritta al loro interno utilizzando la scheda **Home**. 5.3.3

21 Digita nella cella D13 il testo «Numero esami svolti». 2.1.3

22 Porta a capo nella cella D13 la scritta appena inserita utilizzando la scheda **Home**. 5.3.1

23 Metti in grassetto la scritta che si trova nella cella D13. 5.2.2

24 Inserisci nella cella E13, digitandola dalla tastiera, una formula che permetta di sapere quanti esami del modulo 1 sono stati svolti. 4.2.1

25 Copia la formula nelle celle che si trovano alla sua destra (fino alla cella K13) utilizzando il metodo del riempimento automatico. 2.3.2

26 Inserisci nella cella L12 la scritta «Totale esami svolti». 2.1.3

27 Inserisci nella cella L13 la formula che sommi le celle da E13 a K13 utilizzando la scheda **Home**. 4.2.1

28 Metti un bordo spesso intorno alla cella L13 utilizzando la scheda **Home**. 5.3.4

29 Colora in rosso il bordo appena applicato. 5.3.4

30 Cambia lo stile del bordo appena applicato utilizzando la doppia linea. 5.3.4

31 Inserisci nella cella L15 la scritta «Totale esami da svolgere». 2.1.3

32 Inserisci nella cella L16 la formula che conta in tutti i moduli quante sono le celle vuote utilizzando la scheda **Home**. 4.2.1

33 Rinomina il **Foglio1** denominandolo **Conteggio_esami**; utilizza il doppio clic del mouse. 3.2.4

34 Copia il foglio **Conteggio_esami** mettendolo dopo il **Foglio3**; utilizza il tasto destro del mouse. 3.2.4

35 Assegna al foglio **Conteggio_esami (2)** il nome **Punteggio_esami** e spostalo subito dopo il foglio **Conteggio_esami**. 3.2.4

36 Salva il foglio elettronico sul desktop nel formato caratteristico di Excel con il nome **Corsi_ecdl_2**. Salvalo poi con lo stesso nome ma in formato **.csv** sempre sul desktop ed esci dal programma. 1.1.4

ESERCITAZIONE 2

Soluzione filmata — Tempo a disposizione: 45 minuti

1 Apri il file **Corsi_ecdl_2.xlsx**, creato con l'**esercitazione 1**, che trovi anche nella cartella **testECDL/modulo4** del tuo desktop, usando il menu **File**. 1.1.1

2 Elimina il **Foglio3** utilizzando la scheda **Home**. 3.2.2

3 Torna al foglio denominato **Punteggio_esami**. 3.2.1

4 Cancella il contenuto della cella A1 del foglio **Punteggio_esami** utilizzando l'icona **Cancella** della scheda **Home**. 2.3.4

5 Inserisci nella cella A1 del foglio **Punteggio_esami** il testo «Punteggi degli esami ECDL». 2.1.3

6 Seleziona le righe da 12 a 16 di questo foglio. 3.1.1

7 Elimina le righe selezionate utilizzando il tasto destro del mouse. 3.1.3

8 Inserisci nella cella L11 la funzione per calcolare la media dei punteggi dell'ultimo candidato della lista; utilizza la scheda **Home**. 4.2.1

9 Copia la formula nelle celle sovrastanti relative a tutti gli altri candidati con il metodo del riempimento automatico. 2.3.2

10 Inserisci nella cella L2 la scritta «Media». 2.1.3

11 Inserisci nella cella L13 la scritta «Media complessiva». 2.1.3

12 Inserisci nella cella L14 la media complessiva dei punteggi utilizzando la scheda **Home**. 4.2.1

13 Riduci contemporaneamente a 1 il numero di cifre decimali presenti nelle celle L4, L8 e L14 utilizzando la scheda **Home**. 5.1.1

14 Inserisci, digitandola dalla tastiera, nella cella M3 una funzione che faccia comparire la scritta «Buono» se lo studente ha una media superiore a quella complessiva, presente nella cella L14; se lo studente ha un punteggio inferiore deve invece comparire la scritta «Migliorare». 4.2.2

15 Trasforma questa funzione in modo che il riferimento alla cella L14 diventi un riferimento assoluto. 4.1.4

16 Copia la formula presente nella cella M3 nelle righe sottostanti in modo da poterla utilizzare per tutti gli studenti. 2.3.1

17 Inserisci nella cella A15 la scritta «Media complessiva», nella cella A16 la scritta «Punteggio massimo», nella cella A17 la scritta «Punteggio più basso». 2.1.3

18 Copia nella cella C15 il valore della media complessiva e arrotondala all'intero mediante il tasto destro del mouse. 2.3.1

19 Inserisci nella cella C16 la funzione che indica il punteggio massimo fra tutti gli studenti utilizzando la barra multifunzione. 4.2.1

20 Inserisci nella cella C17 la funzione che indica il punteggio minimo fra tutti gli studenti digitandola dalla tastiera. 4.2.1

21 Usa la funzione di ricerca automatica per trovare tutti i punteggi uguali a 73 nella tabella. 2.2.3

22 Esegui il controllo ortografico del foglio utilizzando la barra multifunzione. 7.2.1

23 Costruisci un istogramma 2D a colonne raggruppate che mostri il cognome di ogni studente e la media dei suoi punteggi. 6.1.1

24 Modifica il tipo di diagramma in uno di tipo a barre 3D raggruppate utilizzando il tasto destro del mouse. 6.1.3

25 Sposta il grafico in basso in modo che il suo vertice superiore sinistro si trovi in corrispondenza della cella A20 e ridimensionalo in modo che il suo vertice inferiore destro vada a finire nella cella F40. 6.1.4

26 Imposta il foglio in modo che, in caso di stampa, la riga 1 venga stampata su ogni pagina. 7.2.3

27 Visualizza l'anteprima di stampa della zona da A2 a K11. 7.2.4

28 Modifica le impostazioni in modo che la zona selezionata sia stampata in una pagina di larghezza e in una di altezza, per orizzontale. 7.1.3

29 Modifica le impostazioni in modo da stampare la griglia e le intestazioni di riga e colonna. 7.2.2

30 Nascondi nella stampa le intestazioni di riga e colonna senza utilizzare la finestra **Imposta pagina**. 7.2.2

31 Copia le celle da A15 a C17 del foglio **Punteggio_esami** nel **Foglio2**, incollando solo il valore numerico (non le formule) a partire dalla cella A2. 2.3.3

32 Rinomina il **Foglio2** con il nome **Riepilogo_generale** utilizzando il tasto destro del mouse. 3.2.4

33 Unisci e centra le celle da A1 a C1 utilizzando la scheda **Home**. 5.3.3

34 Digita nelle celle unite da A1 a C1 il testo «Riepilogo generale» e nella cella A5 il testo «Totale esami svolti». 2.1.3

35 Utilizzando la scheda **Home**, copia il contenuto della cella L13 del foglio **Conteggio_esami** all'interno della cella C5 del foglio **Riepilogo_generale** incollando solo il valore numerico. 2.3.1

36 Salva sul desktop il foglio elettronico con il nome **Corsi_ecdl_3** ed esci dal programma utilizzando il menu **File**. 1.1.3

ESERCITAZIONE 3

Soluzione filmata Tempo a disposizione: 45 minuti

1 Apri prima il file **Corsi_ecdl_3.xlsx** e poi il file **Corsi_ecdl_2.csv** presenti nella cartella **testECDL/modulo4** del tuo desktop, utilizzando il menu **File**. 1.1.1

2 Passa al file **Corsi_ecdl_3.xlsx** già aperto utilizzando la barra delle applicazioni. 1.1.5

3 Torna al file **Corsi_ecdl_2.csv** utilizzando la scheda **Visualizza**. 1.1.5

4 Chiudi il file **Corsi_ecdl_2.csv** utilizzando il pulsante di chiusura. 1.1.1

5 Spostati al foglio **Conteggio_esami** e poi al foglio **Riepilogo_generale**. 3.2.1

6 Ingrandisci il foglio al 110% utilizzando la scheda **Visualizza**. 1.2.3

7 Sostituisci, utilizzando l'apposito comando, i termini «più basso» con «minimo». 2.2.4

8 Elimina la riga 5. 3.1.3

9 Digita nella cella A5 «Totale esami previsti», nella cella A6 «Totale esami svolti», nella cella A7 «Totale esami non svolti», nella cella A8 «Esami svolti %», nella cella A9 «Somme incassate». 2.1.3

10 Imposta a 20 la larghezza della colonna A utilizzando il tasto destro del mouse. 3.1.4

11 Digita nella cella C5 la formula per calcolare il numero totale degli esami che devono svolgere i 9 candidati. 4.1.2

12 Incolla nella cella C6 il valore numerico che indica il numero di esami svolti dagli studenti prelevandolo dalla cella L13 del foglio **Conteggio_esami**. 2.3.1

13 Formatta la cella C8 in modo che visualizzi i numeri come percentuali, mostrando solo una cifra decimale mediante il tasto destro del mouse. 5.1.3

14 Digita nella cella C7 la formula per calcolare il numero degli esami non svolti rispetto al totale e nella cella C8 la formula per calcolare la percentuale di esami svolti. 4.1.2

15 Digita nella cella C9 la formula per calcolare le somme incassate tenendo conto che ciascun esame costa 22,00 €. 4.1.2

16 Formatta la cella C9 in modo che visualizzi il simbolo di valuta dell'euro e due cifre decimali mediante la scheda **Home**. 5.1.2

17 Elimina, mediante il tasto destro del mouse, prima la riga 1 e poi la colonna B. 3.1.3

18 Inserisci una colonna a sinistra della colonna A. 3.1.3

19 Digita nella cella A1 il testo «Riepilogo». 2.1.3

20 Unisci le celle da A1 ad A8 utilizzando il tasto destro del mouse e poi riduci a 8 la dimensione del carattere. 5.3.3

21 Disponi il testo contenuto nella cella A1 in verticale con le lettere in orizzontale. 5.3.2

22 Inserisci un grafico a torta che metta a confronto il numero di esami svolti con quelli non svolti, selezionando le celle che contengono le etichette e quelle con i valori. Posiziona il grafico in questa pagina a partire dalla cella A10. 6.1.1

23 Deseleziona e poi riseleziona il grafico che hai creato. 6.1.2

24 Ridimensiona a tuo piacere il grafico che hai appena selezionato. 6.1.4

25 Inserisci in questo grafico il titolo di tipo sovrapposto e centrato con il testo «Riepilogo generale». 6.2.1

26 Visualizza le etichette percentuali per ogni fetta della torta utilizzando il tasto destro del mouse. 6.2.2

27 Modifica il colore dell'area del grafico facendolo diventare giallo chiaro, usando il tasto destro del mouse. 6.2.3

28 Modifica il colore della fetta relativa agli esami svolti assegnando un colore a tuo piacere diverso da quello attuale; utilizza la scheda **Home**. 6.2.4

29 Modifica il colore dei caratteri della legenda rendendoli in verde servendoti del tasto destro del mouse. 6.2.5

30 Riduci a icona e poi visualizza di nuovo la barra multifunzione. 1.2.4

31 Visualizza l'anteprima di stampa del grafico appena creato utilizzando il menu **File**. 7.2.4

32 Modifica i margini destro e sinistro del foglio portandoli a 1,5 centimetri mediante l'**Anteprima di stampa**. 7.1.1

33 Disponi il foglio in orizzontale, utilizzando carta di formato A5, a partire dall'anteprima di stampa. Poi rimettilo in verticale. 7.1.2

34 Inserisci nel piè di pagina, a destra, il nome del file. 7.1.5

35 Inserisci nell'intestazione di pagina, al centro, il testo seguente: «Esami svolti e non svolti», partendo dalla scheda **Layout di pagina**. 7.1.4

36 Stampa 2 copie del grafico usando il menu **File**. 7.2.5

PRESENTATION
Presentare con il computer

Questo MODULO guida all'uso del software di presentazione.

Per superare l'esame ECDL relativo a questo MODULO, dovrai essere in grado di:

- lavorare con le presentazioni e salvarle in formati di file diversi;
- scegliere le funzionalità disponibili per migliorare la produttività, quali la Guida in linea;
- comprendere i diversi tipi di viste per le presentazioni e quando utilizzarli, scegliere diversi layout e disegni e modificare le diapositive;
- inserire, modificare e formattare il testo nelle presentazioni. Riconoscere le metodologie corrette assegnando titoli univoci alle diapositive;
- scegliere, creare e formattare grafici per trasmettere informazioni in modo significativo;
- inserire e modificare figure, immagini e disegni;
- applicare effetti di animazione e transizioni alle presentazioni; controllare e correggere il contenuto di una presentazione prima della stampa finale e della presentazione al pubblico.

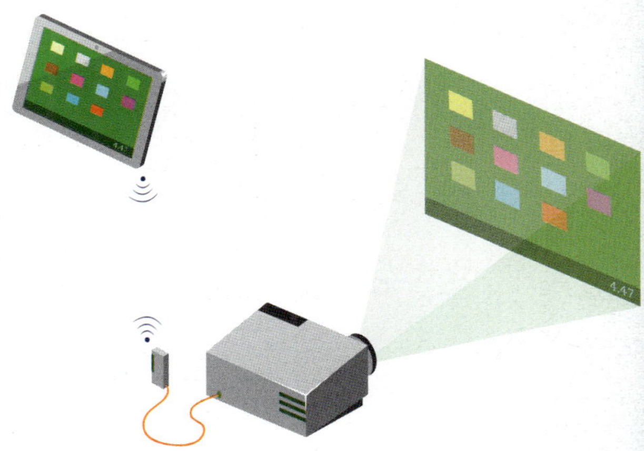

Questo MODULO è disponibile online anche nella versione per Windows 10.

Sezione	Tema	Rif.	Argomento	Pagina
1 Utilizzo dell'applicazione	1.1 Lavorare con le presentazioni	1.1.1	Aprire, chiudere un programma di presentazione. Aprire, chiudere delle presentazioni.	157, 159, 160
		1.1.2	Creare una nuova presentazione basata sul modello predefinito.	158
		1.1.3	Salvare una presentazione all'interno di un'unità disco. Salvare una presentazione con un altro nome.	159
		1.1.4	Salvare una presentazione in altro formato: file RTF, modello, dimostrazione, immagine, versione specifica del software.	161
		1.1.5	Spostarsi fra presentazioni aperte.	161
	1.2 Migliorare la produttività	1.2.1	Impostare le opzioni di base del programma: nome dell'utente, cartelle predefinite per aprire o salvare file.	162
		1.2.2	Usare le funzioni di Guida in linea (help) del programma.	162
		1.2.3	Usare gli strumenti di ingrandimento/zoom.	162
		1.2.4	Mostrare e nascondere le barre degli strumenti. Minimizzare, ripristinare la barra multifunzione.	157,163
2 Sviluppare una presentazione	2.1 Visualizzare le presentazioni	2.1.1	Comprendere l'uso delle diverse modalità di visualizzazione: vista normale, vista sequenza diapositive, vista note, vista presentazione.	160
		2.1.2	Conoscere la buona prassi nell'attribuire un titolo alle diapositive: usare un titolo diverso per ogni diapositiva per distinguerla nella vista in sequenza, durante la navigazione in vista presentazione.	159
		2.1.3	Cambiare modalità di visualizzazione della presentazione: vista normale, vista sequenza diapositive, vista presentazione.	160
	2.2 Diapositive	2.2.1	Scegliere un layout predefinito diverso per una diapositiva.	167
		2.2.2	Applicare un modello di struttura disponibile a una presentazione.	163
		2.2.3	Modificare il colore dello sfondo di specifiche diapositive, di tutte le diapositive.	166
		2.2.4	Aggiungere una nuova diapositiva con layout specifico: diapositiva titolo, grafico e testo, elenchi puntati, tabella/foglio di calcolo.	158, 160, 174
		2.2.5	Copiare, spostare diapositive all'interno di una presentazione, tra presentazioni aperte.	169, 174
		2.2.6	Eliminare una o più diapositive.	174
	2.3 Schemi della diapositiva	2.3.1	Inserire e rimuovere un oggetto grafico (fotografia, immagine, disegno) in uno schema diapositiva.	174
		2.3.2	Inserire del testo nel piè di pagina di specifiche diapositive, di tutte le diapositive di una presentazione.	186
		2.3.3	Applicare la numerazione automatica, una data aggiornata automaticamente o una data fissa al piè di pagina di specifiche diapositive, di tutte le diapositive di una presentazione.	186
3 Testi	3.1 Gestione dei testi	3.1.1	Conoscere la buona prassi nel creare il contenuto delle diapositive: usare frasi brevi e concise, elenchi puntati e numerati.	156
		3.1.2	Inserire del testo in una presentazione in visualizzazione normale o struttura.	159
		3.1.3	Modificare del testo in una presentazione.	159
		3.1.4	Copiare, spostare del testo all'interno di una presentazione, tra presentazioni aperte.	165
		3.1.5	Cancellare del testo.	164
		3.1.6	Usare i comandi Annulla e Ripristina.	163
	3.2 Formattazione	3.2.1	Cambiare la formattazione del testo: tipo e dimensioni dei caratteri.	164
		3.2.2	Applicare formattazioni al testo: grassetto, corsivo, sottolineatura, ombreggiatura.	164
		3.2.3	Applicare colori diversi al testo.	164
		3.2.4	Applicare la modifica di maiuscole/minuscole al testo.	164
		3.2.5	Allineare un testo in una cornice di testo.	167
	3.3 Elenchi	3.3.1	Indentare un elenco puntato. Eliminare l'indentazione.	167
		3.3.2	Adattare l'interlinea prima o dopo gli elementi di elenchi puntati e numerati.	167

		3.3.3	Modificare lo stile dei punti e dei numeri in un elenco.	167
	3.4 Tabelle	3.4.1	Inserire, modificare del testo in una diapositiva con tabella.	172
		3.4.2	Selezionare righe, colonne, intera tabella.	172
		3.4.3	Inserire, eliminare righe e colonne.	172
		3.4.4	Modificare l'ampiezza di una colonna, l'altezza di una riga.	172
4 Grafici e oggetti	4.1 Usare i grafici	4.1.1	Inserire dati per creare i vari tipi di grafici disponibili in una presentazione: colonne, barre, righe, torta.	172
		4.1.2	Selezionare un grafico.	172
		4.1.3	Cambiare il tipo di grafico.	172
		4.1.4	Inserire, eliminare, modificare il titolo di un grafico.	173
		4.1.5	Inserire etichette per i dati di un grafico: valori/numeri, percentuali.	173
		4.1.6	Modificare il colore di sfondo di un grafico.	173
		4.1.7	Modificare il colore di colonne, barre, righe e fette di torte in un grafico.	173
	4.2 Organigrammi	4.2.1	Creare un organigramma con etichette disposte in ordine gerarchico, usando una funzione integrata per la creazione di organigrammi.	182
		4.2.2	Modificare la struttura gerarchica di un organigramma.	183
		4.2.3	Aggiungere, eliminare collaboratori, dipendenti in un organigramma.	183
5 Oggetti grafici	5.1 Inserire, manipolare	5.1.1	Inserire un oggetto grafico (immagine, disegno) in una diapositiva.	168, 170
		5.1.2	Selezionare un oggetto grafico.	168, 171
		5.1.3	Copiare, spostare oggetti, grafici all'interno di una presentazione o tra le presentazioni aperte.	171
		5.1.4	Ridimensionare, eliminare oggetti, grafici in una presentazione.	168, 170
		5.1.5	Ruotare, traslare un oggetto grafico.	168, 179
		5.1.6	Allineare un oggetto grafico rispetto alla diapositiva: a sinistra, al centro, a destra, in alto o in basso.	168, 179
	5.2 Disegnare oggetti	5.2.1	Inserire oggetti di diversi tipi in una diapositiva: linee, frecce, frecce a blocchi, rettangoli, quadrati, cerchi, ovali, caselle di testo.	176-177
		5.2.2	Inserire del testo in una casella di testo, freccia a blocchi, rettangolo, quadrato, ovale, cerchio.	177
		5.2.3	Modificare il colore di sfondo dell'oggetto, il colore, lo spessore e lo stile delle linee.	176-177
		5.2.4	Modificare lo stile del punto di inizio e di arrivo delle frecce.	176
		5.2.5	Applicare un'ombreggiatura a un oggetto.	177
		5.2.6	Raggruppare, separare oggetti disegnati in una diapositiva.	178
		5.2.7	Portare un oggetto disegnato avanti e indietro di un livello, in primo piano, sullo sfondo rispetto ad altri oggetti disegnati.	178
6 Preparazione alla presentazione	6.1 Preparazione	6.1.1	Inserire, eliminare effetti di transizione fra le diapositive.	180
		6.1.2	Inserire, eliminare effetti di animazione predefiniti sui diversi elementi di una diapositiva.	181
		6.1.3	Inserire delle note di presentazione alle diapositive.	186
		6.1.4	Selezionare il corretto formato della presentazione, quale: lavagna luminosa, volantino, presentazione su schermo.	188
		6.1.5	Nascondere, mostrare diapositive.	174
	6.2 Controllo ortografico e rilascio	6.2.1	Usare gli strumenti di controllo ortografico ed eseguire le modifiche, quali: correggere gli errori, cancellare le ripetizioni.	187
		6.2.2	Modificare l'orientamento della diapositiva: in orizzontale o in verticale. Cambiare le dimensioni della carta.	188
		6.2.3	Stampare un'intera presentazione, diapositive specifiche, volantini, pagine di note, visualizzazione in sequenza delle diapositive, più copie di una presentazione.	189
		6.2.4	Avviare una presentazione dalla prima diapositiva, dalla diapositiva corrente.	175
		6.2.5	Spostarsi sulla diapositiva successiva, sulla diapositiva precedente, su una diapositiva specifica durante una presentazione.	175

1 Che cos'è un programma di presentazione

Le applicazioni software per organizzare e presentare in pubblico informazioni multimediali

I programmi per la creazione di presentazioni aiutano a costruire documenti informatici multimediali formati da numerose «diapositive», ciascuna corrispondente a una schermata del computer, che possono contenere testo, immagini, animazioni e suoni.

Le presentazioni così organizzate possono poi essere mostrate a un gruppetto di persone sullo schermo del computer, oppure a un pubblico numeroso mediante un proiettore collegato al computer. Naturalmente, è possibile anche stamparle su carta.

Che cos'è una presentazione. Se al ritorno dalle vacanze mostriamo agli amici le fotografie e raccontiamo le avventure che ci sono capitate, stiamo facendo una presentazione: articoliamo un contenuto complesso (il viaggio, i luoghi visitati, i nostri ricordi) in unità narrative più piccole (le singole immagini) collegate tra loro da un filo logico (il nostro racconto) per condividere con gli amici la nostra esperienza.

3.1.1 **Come si imposta una presentazione.** Un «racconto multimediale» di questo genere è molto più efficace di quanto non sarebbero singolarmente le immagini, la narrazione o il testo scritto che lo compongono.

Naturalmente, però, una presentazione dev'essere *preparata*, decidendo in anticipo il messaggio che vogliamo comunicare, scegliendo i materiali più adatti per illustrarlo e ordinandoli in una sequenza efficace. È inoltre importante adeguare lo stile di scrittura: dev'essere snello e conciso, vanno evitate le frasi lunghe (che sarebbero difficili da leggere per il pubblico) e il testo va strutturato il più possibile (con elenchi puntati e numerati e schemi di varia natura).

Per imparare a usare il software per la creazione di presentazioni, nelle prossime schede svilupperemo un esempio pratico: prepareremo una presentazione che ha l'obiettivo di illustrare il programma di una gita alla reggia sabauda di Venaria e al limitrofo parco La Mandria, vicino a Torino.

L'impostazione della presentazione che costruiremo nelle prossime pagine è riassunta nello schema della figura 1.

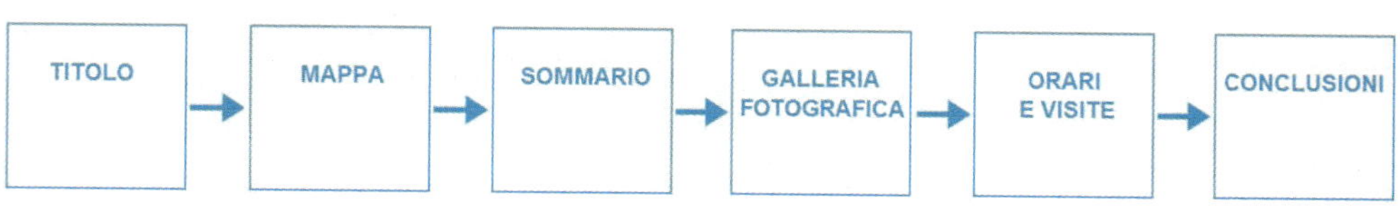

Figura 1 La scaletta della presentazione di questo modulo

Come si compone una presentazione. L'unità fondamentale di una presentazione informatica è la *diapositiva*: il termine in questo contesto indica non una semplice immagine, ma un contenitore di dati multimediali.

Una presentazione è formata da una sequenza di diapositive.

Da una diapositiva visualizzata sullo schermo del computer si passa alla diapositiva successiva con un semplice clic del mouse, oppure usando i tasti-freccia della tastiera (che consentono anche di ritornare alle diapositive precedenti, vedi scheda 10).

Per ogni diapositiva, il software di presentazione permette di assegnare i contenuti, lo stile grafico (*layout*), l'ordine nella sequenza e la durata della visualizzazione.

Le migliori applicazioni software sfruttano le potenzialità multimediali e ipertestuali del personal computer, consentendo per esempio di inserire nelle diapositive:

- filmati e file sonori, oltre alle immagini fisse;
- testi, disegni e grafici creati usando altre applicazioni;
- effetti visivi speciali all'apertura e all'interno di ogni diapositiva.

I possibili impieghi di una presentazione. Al di là delle applicazioni utili nella vita privata, le presentazioni hanno una grande importanza nell'ambito della scuola e nel mondo del lavoro.

I programmi informatici di presentazione si rivelano molto utili, per esempio, quando si vuole mostrare il risultato di una ricerca, tenere una lezione oppure illustrare l'organigramma o il bilancio di un'azienda (figura 2).

La struttura tipica di una presentazione è basata su diapositive collegate fra loro anche in modo non strettamente sequenziale.

Nelle schede di questo MODULO esamineremo in dettaglio i diversi aspetti della creazione di una presentazione e impareremo a utilizzare la versione 2010 del programma PowerPoint di Microsoft, che è il software applicativo più diffuso tra quelli attualmente in commercio in questo settore.

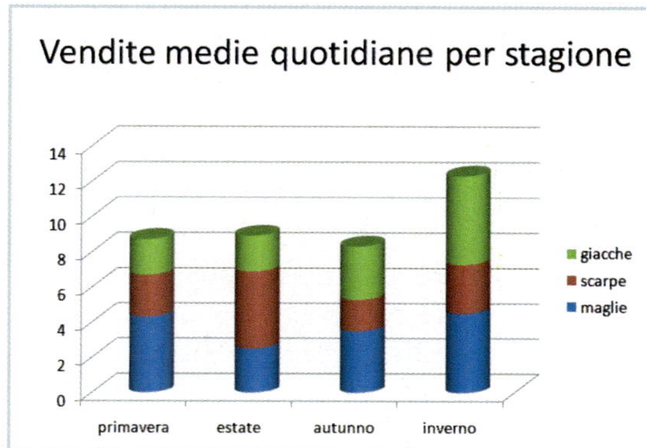

Figura 2 Un esempio di diapositiva per presentazioni aziendali

1.1.1
1.2.4
L'interfaccia di PowerPoint. Per avviare il programma, dal desktop di Windows fai clic sul pulsante e nel **menu Avvio** seleziona la voce **Tutti i programmi**, poi la cartella **Microsoft Office** e quindi **PowerPoint 2010**. Come nelle altre applicazioni della suite Office, anche in PowerPoint le vecchie barre dei menu e degli strumenti sono state sostituite dalla *barra multifunzione* della figura 3.

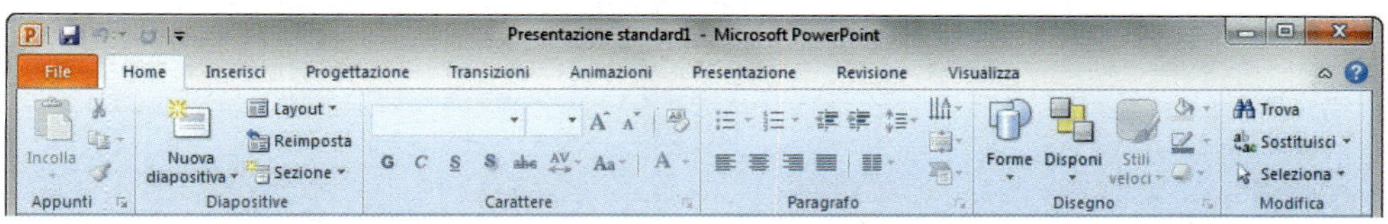

Figura 3 La barra multifunzione di PowerPoint

Le funzioni a disposizione sono rappresentate da gruppi di icone che si attivano con un clic del mouse, raggruppate in modo tematico in schede (**Home**, **Inserisci**, **Progettazione** e così via). Per passare da una scheda all'altra si fa clic sulle relative linguette. Rispetto a PowerPoint 2007 è stato di nuovo esplicitato il menu **File**.

Si può nascondere la barra multifunzione, riducendola a icona, o ripristinarla, facendo clic sulla freccetta accanto all'icona della Guida, oppure con il tasto destro sulla barra di accesso rapido in alto a sinistra, selezionando (o deselezionando) poi **Riduci a icona**. In alternativa si può fare doppio clic (o clic con il tasto destro del mouse) sulla scheda attiva in quel momento; resteranno visibili soltanto le linguette, su cui fare di nuovo doppio clic quando si desidera riaprire la barra multifunzione.

ESERCIZI Che cosa rappresenta in una presentazione una *diapositiva*?

A un contenitore di dati multimediali
B un contenitore di immagini
C una singola immagine
D una pagina web.

► Altri esercizi a pagina 250

2 Primi passi con PowerPoint

Aprire il programma, creare, salvare e chiudere la prima presentazione, scegliere un *layout*

Prepara una cartella in cui salvare i file di presentazione, così da poterli poi ritrovare facilmente. Se il tuo computer non contiene ancora la cartella **informatica**, crea per prima cosa una cartella con questo nome nel disco rigido **C:**. Al suo interno crea poi una nuova sottocartella e assegnale il nome **presentazioni**.

1.1.2 **Creare una nuova presentazione.** All'apertura PowerPoint propone una nuova presentazione vuota con diapositive a sfondo bianco, come nella figura 4a.

Come alternativa puoi fare clic sul menu **File** in alto a sinistra e scegliere l'opzione **Nuovo**: si aprirà la finestra della figura 4b, ove puoi creare un file vuoto come nella figura 4a, utilizzare un modello già presente sul computer oppure, collegandoti a Internet, scaricare un modello dal sito Microsoft **office.com**.

Scelta una tipologia, la finestra mostrerà un elenco di modelli. Al clic su un modello, lo vedrai in anteprima sulla destra e con un clic su **Crea** o **Scarica** potrai aprirlo sul tuo computer.

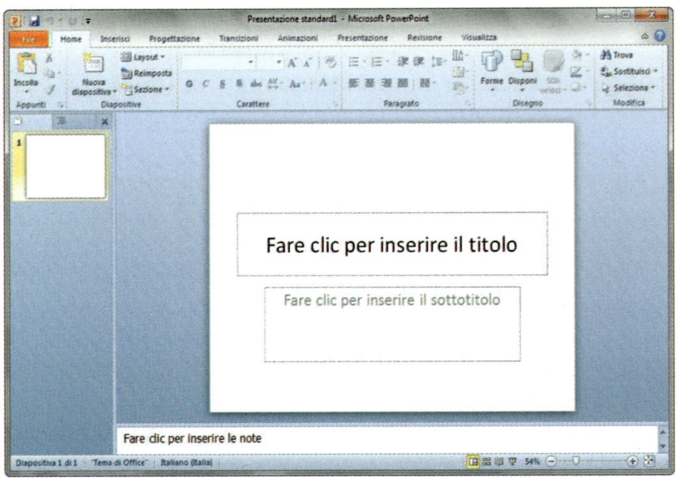

Figura 4a La videata di apertura di PowerPoint

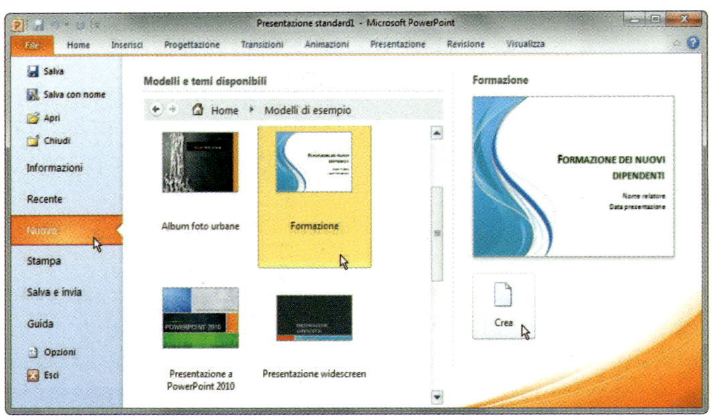

Figura 4b La finestra *Nuova presentazione*

2.2.4 **Scegliere un layout.** PowerPoint propone una serie di *layout*, cioè modelli di impaginazione validi per ogni singola diapositiva. Per vederli, fai clic sull'icona **Layout** del gruppo **Diapositive** nella scheda **Home** della barra multifunzione (figura 5). Puoi selezionare uno qualsiasi dei layout disponibili con un semplice clic del mouse.

A ciascun layout corrisponde una particolare organizzazione dei testi e delle immagini all'interno della diapositiva. I testi possono essere digitati sulla tastiera oppure copiati e incollati da un word processor o da un altro programma.

Le immagini possono essere *ClipArt*, singoli file di formati standard, oppure tabelle o grafici creati con altri programmi Microsoft.

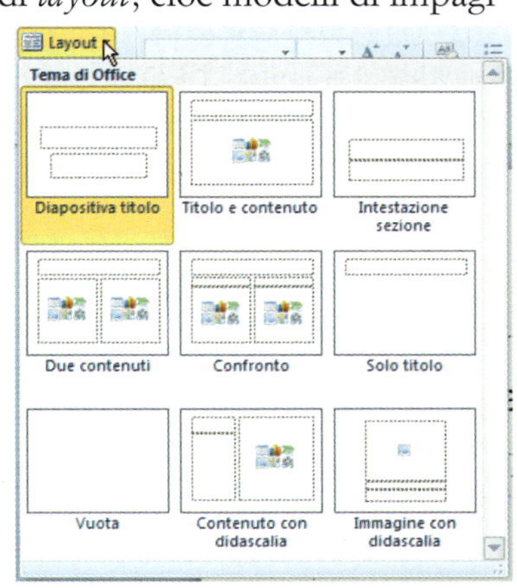

Figura 5 La scelta del *layout*

Quando si inizia una nuova presentazione il programma propone come default il layout **Diapositiva titolo**, che è predisposto per ospitare un titolo e un sottotitolo, come nella figura 4a. Noi inizieremo la presentazione proprio da questa diapositiva.

2.1.2 3.1.2 3.1.3 **Inserire il testo.** Ora è il momento di dare un titolo e un sottotitolo alla presentazione. Per inserire ciascun testo è sufficiente fare clic nel relativo rettangolo tratteggiato della figura 4a (chiamato *segnaposto*) e digitare il testo sulla tastiera; se non si digita nulla, il segnaposto non apparirà nella diapositiva.

Digita il titolo «La Venaria Reale e il parco La Mandria» nel segnaposto superiore e il sottotitolo «Una giornata sulle orme dei Savoia cacciatori» in quello inferiore.

Per default il programma assegnerà ai testi un carattere di grandi dimensioni e li allineerà centrandoli nei segnaposto.

Puoi modificare il testo inserito facendo clic sul segnaposto e usando poi il mouse e la tastiera come in un elaboratore di testi.

Per inserire un nuovo segnaposto si apre la scheda **Inserisci** della barra multifunzione, si fa clic sull'icona **Casella di testo** , e poi si trascina il mouse sulla diapositiva.

Si può inserire o modificare il testo anche visualizzando la struttura della diapositiva (con un clic sulla linguetta presente a sinistra della pagina in visualizzazione normale) e digitando il testo direttamente nella colonna a sinistra, accanto alla diapositiva ove lo si vuole inserire.

Oltre a dare un titolo alla presentazione, è opportuno inserirne uno (ogni volta diverso) anche nelle singole diapositive. Ciò faciliterà il lavoro di chi crea le diapositive e aiuterà il relatore, durante la presentazione, a identificare le singole diapositive e a seguire meglio il filo del discorso.

1.1.3 **Salvare una presentazione.** Per salvare questa prima diapositiva, fai clic su **File** e scegli la voce **Salva con nome**. Apparirà la classica finestra di salvataggio dei programmi Windows.

Assegna al file il nome **Venaria e La Mandria.pptx** nella casella **Nome file**, poi posizionati nella cartella **C:\informatica\presentazioni** e fai clic sul pulsante **Salva**: il computer in questo modo ha memorizzato nel disco rigido il file.

L'opzione **Salva con nome** appena descritta serve anche per salvare una copia di una presentazione con un nome diverso o su un supporto di memoria diverso.

Invece per il normale salvataggio delle modifiche apportate alla presentazione basta fare clic su o selezionare **Salva** dal menu **File**.

La figura 6 mostra come salvare un file in formato compatibile con le versioni precedenti di PowerPoint.

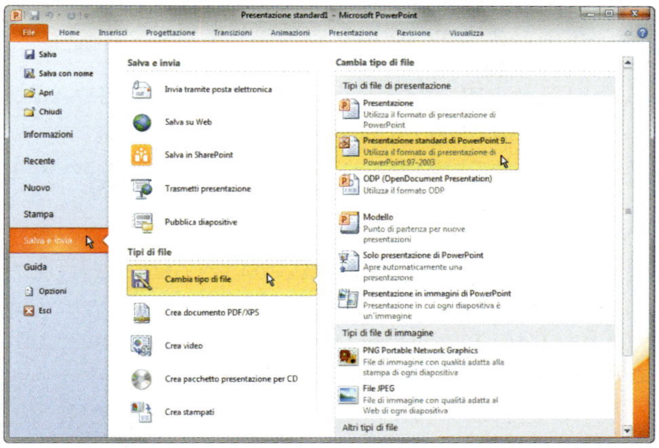

Figura 6
Salvare in un formato compatibile con le vecchie versioni di PowerPoint

1.1.1 **Chiudere la sessione di lavoro e chiudere il programma.** Per chiudere una presentazione, usa la voce **Chiudi** del menu **File**. Per chiudere l'intero programma, utilizza la voce **Esci** oppure fai clic sul pulsante della barra del titolo.

ESERCIZI

1 Crea una nuova presentazione utilizzando il layout **Solo titolo**.

2 Digita come titolo la parola «Città», poi inserisci nella diapositiva una casella di testo (facendo clic sull'icona della scheda **Inserisci** e poi trascinando il mouse) e al suo interno digita il nome di almeno cinque città, premendo il tasto Invio dopo ogni nome.

3 Salva il file in **C:\informatica\presentazioni** con il nome **città.pptx**.

► Altri esercizi a pagina 250

3 Gestire una presentazione

Aprire e salvare documenti in formati diversi; modificare la visualizzazione sullo schermo

1.1.1 **Aprire una o più presentazioni.** Se hai usato PowerPoint di recente, troverai il programma in alto nel **menu Avvio** di Windows 7, che si apre al clic su .

Fermando il puntatore del mouse sull'icona o sul nome del programma, a destra apparirà un elenco di file **Recenti**: fai clic sul nome di una presentazione per lanciare PowerPoint e aprirla.

Se PowerPoint è già aperto, anche al clic su **File** vedrai sulla destra un elenco di **Documenti recenti**.

Come alternativa puoi scegliere la voce **Apri** del menu **File**: apparirà allora la finestra della figura 7.

Posizionati nella cartella **informatica\presentazioni** del disco rigido, poi seleziona la presentazione **Venaria e La Mandria.pptx** e fai clic su **Apri**.

Per aprire contemporaneamente più presentazioni di un elenco, fai clic sui loro nomi tenendo premuto il tasto Ctrl se non sono contigue, come nella figura 7, o il tasto ⇧ se sono contigue, poi fai clic su **Apri**.

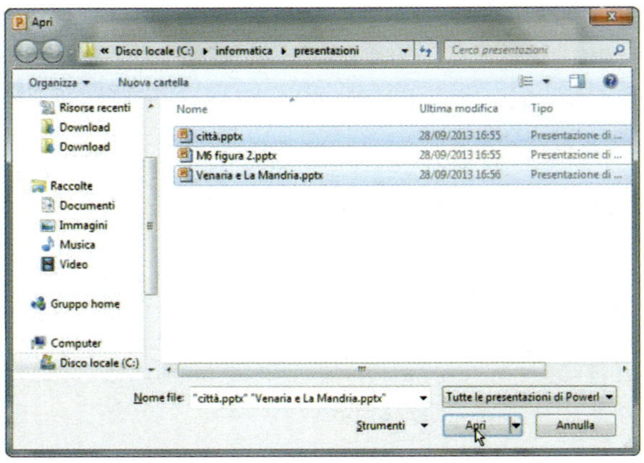

Figura 7 La finestra di dialogo per aprire documenti di PowerPoint

2.2.4 **Inserire una nuova diapositiva.** È il momento di aggiungere una seconda diapositiva alla presentazione. Fai clic sull'icona **Nuova diapositiva** del gruppo **Diapositive** nella scheda **Home** (oppure fai clic con il tasto destro del mouse in un'area vuota del colonnino delle miniature a sinistra e poi scegli **Nuova diapositiva**). In alternativa puoi selezionare una miniatura e premere il tasto Invio: la nuova diapositiva sarà aggiunta dopo quella che avevi selezionato.

Titolo e contenuto

Il programma sceglierà automaticamente il layout **Titolo e contenuto**, che è quello più comunemente usato per le diapositive interne delle presentazioni.

Fai clic sul segnaposto in alto e digita «Il programma della giornata», che sarà il titolo di questa diapositiva.

Poi fai clic nel segnaposto inferiore e digita «mattino:», quindi vai a capo con il tasto Invio e scrivi «visita alla reggia», vai di nuovo a capo e scrivi «visita ai giardini», infine vai a capo e scrivi «pranzo», poi fai clic in alto sull'icona **Salva** per salvare le modifiche (in alternativa potresti fare clic su **File** e scegliere **Salva** nel menu).

Nota che, con questo layout, PowerPoint fa apparire automaticamente un nuovo punto dell'elenco quando si va a capo.

Osserva inoltre che, anche se digiti testi con caratteri minuscoli, la lettera iniziale di ogni punto diventa automaticamente maiuscola nel momento in cui premi la barra spaziatrice o vai a capo.

2.1.1
2.1.3 **Modificare la visualizzazione sullo schermo.** La *visualizzazione normale* di PowerPoint (figura 4a della scheda precedente) è quella solitamente utilizzata per la creazione delle singole diapositive e consente di gestire il testo e le immagini della presentazione, nonché di copiare, spostare ed eliminare diapositive.

Un clic sulla linguetta in alto nel colonnino di sinistra visualizza la *struttura* della presentazione (figura 8); qui si può modificare il testo di qualsiasi diapositiva.

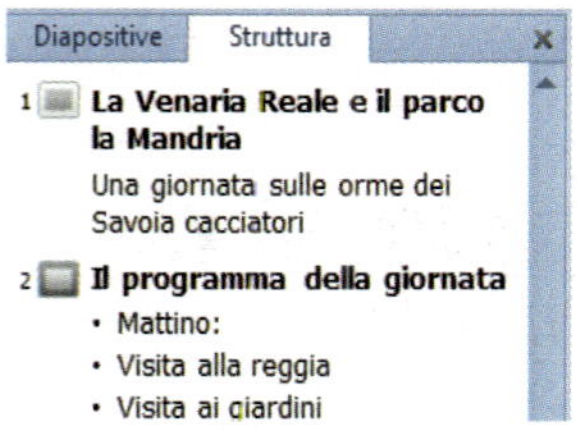

Figura 8
Visualizzazione della *struttura* delle diapositive

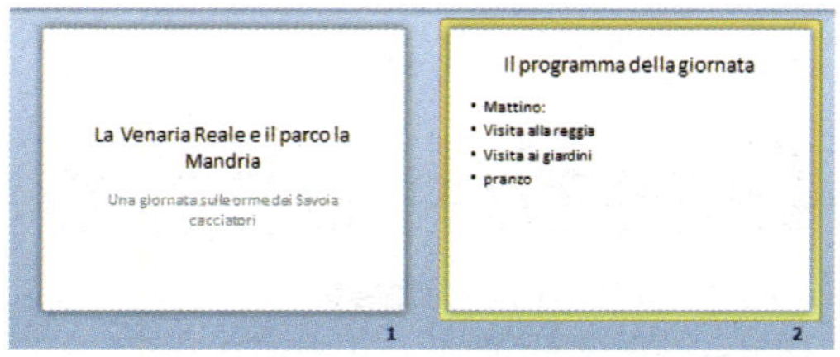

Figura 9
Visualizzazione della sequenza delle diapositive

Altre modalità di visualizzazione sono attivabili con la scheda **Visualizza** della barra multifunzione o con le icone della pulsantiera in basso a destra:

- visualizza le miniature delle diapositive in sequenza, come nella figura 9; è la modalità più comoda in cui fare spostamenti per riorganizzare la presentazione
- avvia la presentazione dalla diapositiva corrente; per ritornare alla visualizzazione normale si usa il tasto Esc.
- permette di leggere il contenuto della diapositiva corrente a schermo intero.

Dalla scheda **Visualizza** si può attivare anche la **Pagina note** per visualizzare tutte le annotazioni sulle singole diapositive.

Nella scheda **Presentazione** due pulsanti consentono di avviare la presentazione partendo dalla prima diapositiva (equivalente all'uso del tasto F5) oppure di avviarla dalla diapositiva corrente (equivalente all'uso dei tasti ⇧+F5).

Durante la presentazione, per passare da una diapositiva alla successiva è sufficiente fare clic ovunque con il mouse o premere il tasto Invio o la barra spaziatrice. In alternativa è comodo usare i tasti-freccia della tastiera, che consentono inoltre di tornare alle diapositive precedenti. Esistono anche altre modalità di interazione, che esamineremo in dettaglio più avanti.

1.1.4 **Salvare i file in formati diversi.** Se apri il menu **File** e fai clic sull'opzione **Salva con nome**, apparirà la finestra di dialogo della figura 10.

Dal menu a tendina della casella **Salva come** puoi salvare la presentazione in vari formati, per esempio in formato compatibile con le versioni precedenti di PowerPoint, oppure come file-immagine (**.gif**, **.png** oppure **.jpg**) o ancora in formato **.xml** per il web.

Particolarmente utile è il formato **Solo presentazione** **.ppsx**: aprendo un file salvato in questo modo, inizierà automaticamente la presentazione a tutto schermo, senza passare per l'interfaccia di PowerPoint.

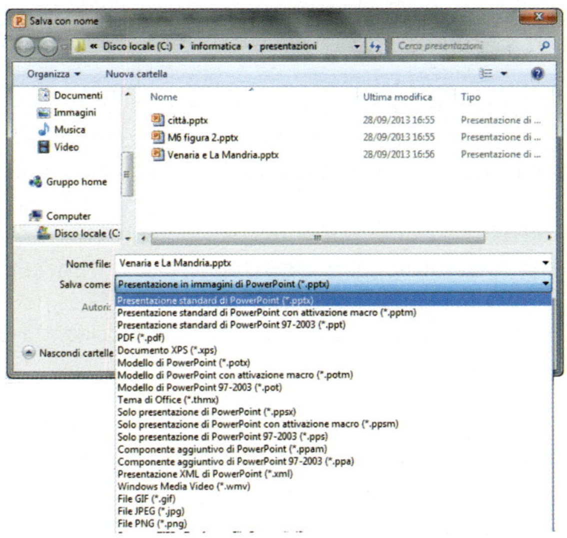

Figura 10
La finestra di salvataggio

1.1.5 **Spostarsi fra presentazioni aperte.** Se hai aperto più presentazioni puoi passare da una presentazione all'altra con le icone sulla barra delle applicazioni a fondo schermo oppure con l'icona **Cambia finestra** del gruppo **Finestra** nella scheda **Visualizza** della barra multifunzione.

Nello stesso gruppo le icone **Disponi tutto** e **Sovrapponi**, mostrate dalla figura qui a fianco, permettono di vedere simultaneamente tutte le presentazioni aperte.

ESERCIZI Se si deve inviare una presentazione a un amico che intende mostrarla in pubblico senza modificarla, conviene salvare la presentazione in formato:

A .pptx
B .ppsx
C .jpg
D .rtf

▶ Altri esercizi a pagina 250

4 Funzioni utili

Consultare la Guida in linea, ingrandire e rimpicciolire, usare le *opzioni*, i *temi* e la *barra di accesso rapido*

1.2.2 **Usare la Guida in linea.** La *Guida* di PowerPoint si apre premendo il tasto F1 della tastiera oppure facendo clic con il mouse sull'icona in alto a destra sulla barra multifunzione.

Per visualizzare un argomento della Guida si digita una parola chiave nella casella in alto e poi si fa clic sul pulsante **Cerca**, oppure si fa clic direttamente su uno degli argomenti elencati nel riquadro. La Guida è un ipertesto al cui interno si naviga con i pulsanti della barra in alto, in modo analogo a quanto avviene con un browser.

Se si è collegati a Internet si può fare clic sul pulsante **Offline**, in basso a destra nella figura 11, per andare a consultare su Internet una Guida più completa e aggiornata, nel sito Microsoft **office.com**.

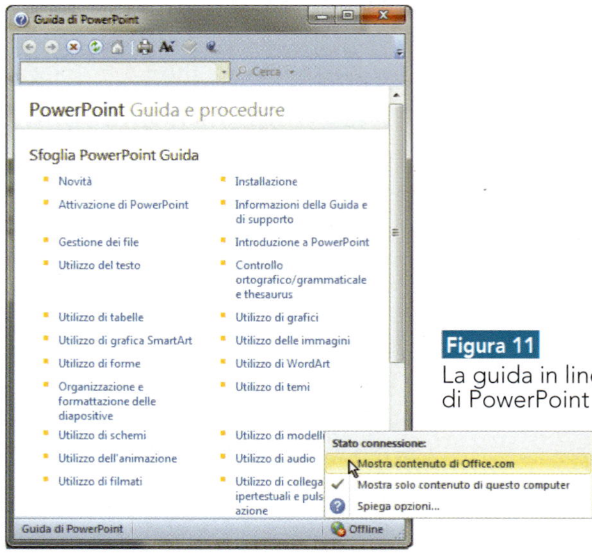

Figura 11 La guida in linea di PowerPoint

1.2.3 **Usare lo zoom.** Per visualizzare bene il contenuto delle diapositive è utile la barretta nell'angolo in basso a destra della finestra del programma. Il cursore si può trascinare con il mouse per ingrandire o rimpicciolire a piacere, mentre un clic sui pulsanti agli estremi della barretta (con i segni «meno» e «più») consente di ridurre o aumentare del 10% l'ingrandimento. La finestra **Zoom**, che si apre dalla scheda **Visualizza** della barra multifunzione, consente anche di impostare un valore numerico specifico per la percentuale di ingrandimento.

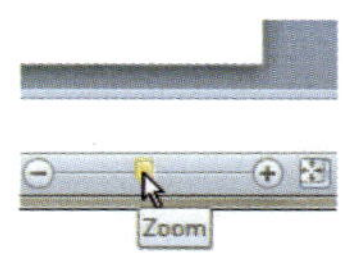

L'icona sulla destra della barretta adatta la diapositiva alle dimensioni della finestra attualmente aperta.

1.2.1 **Le opzioni di PowerPoint.** Il pulsante **Opzioni**, al fondo del menu **File** (vedi precedente figura 6), consente di impostare numerose caratteristiche del programma.

Nella scheda **Generale** che si apre per default, per esempio, puoi specificare il nome dell'utente o cambiare la combinazione di colori dell'interfaccia.

Nella scheda **Salvataggio** (figura 12) puoi modificare le impostazioni di default per il salvataggio dei file, salvando poi le personalizzazioni con un clic su **OK**.

Puoi digitare un **Percorso predefinito** diverso da quello standard, specificando in quale cartella vadano salvati i nuovi documenti.

Puoi anche modificare il formato di default dei file e l'intervallo di tempo tra i salvataggi automatici effettuati dal programma.

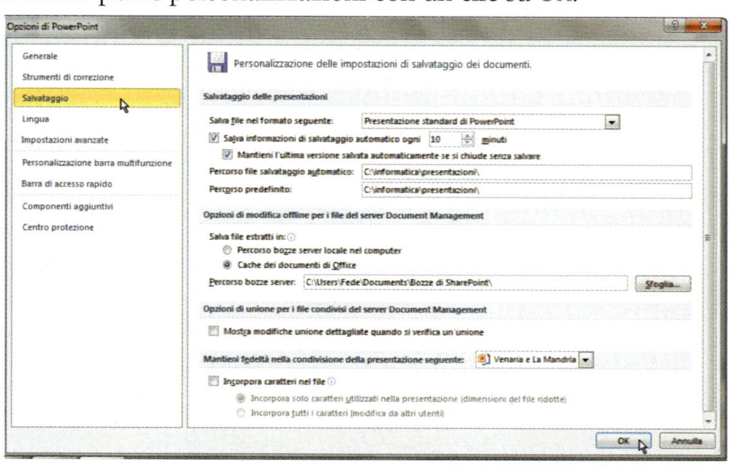

Figura 12 L'uso delle *Opzioni* di PowerPoint

2.2.2 **I modelli di struttura.** Nella scheda **Progettazione** della barra multifunzione, il gruppo **Temi** consente di cambiare lo stile grafico della presentazione scegliendo tra i molti *temi*, o modelli di struttura, offerti da PowerPoint. Per default il programma assegna alle nuove presentazioni il **Tema di Office** che abbiamo usato finora.

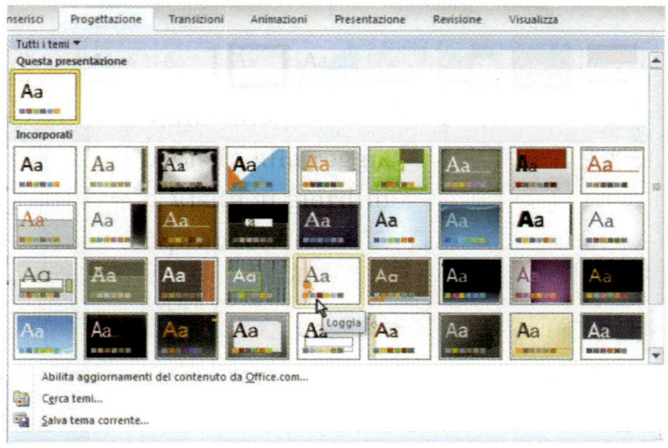

Figura 13a La scelta di un *tema* di PowerPoint

Puoi visualizzare l'elenco completo dei temi disponibili facendo clic sulla freccetta in basso a destra delle miniature (figura 13a). Se fermi il mouse su una delle miniature, nella finestra principale comparirà l'anteprima del tema applicato alla diapositiva corrente.

Quando hai scelto un modello, basta fare clic sulla miniatura perché il tema sia applicato all'intera presentazione. Per applicarlo a un'unica diapositiva, si deve invece fare clic con il tasto destro del mouse e nel menu contestuale scegliere **Applica a diapositive selezionate**.

Oltre che dagli sfondi grafici (uno per la diapositiva-titolo e uno per le diapositive interne) ogni tema è caratterizzato da una combinazione di colori e di caratteri per i testi.

Puoi modificare queste caratteristiche usando le icone **Colori** e **Tipi di carattere** .

Ora scegli per la nostra presentazione il tema **Loggia**, come nella figura 13a; la diapositiva-titolo avrà ora l'aspetto mostrato dalla figura 13b.

Figura 13b

1.2.4
3.1.6 **Annullare e ripristinare le operazioni.** La *barra di accesso rapido* a fianco dell'icona di PowerPoint sulla barra del titolo mostra sempre, qualunque sia la scheda della barra multifunzione visualizzata, un insieme di icone con le funzioni di uso più frequente.

Per default nella barra di accesso rapido, insieme al pulsante di salvataggio, troverai le icone **Annulla** e **Ripristina** che al clic permettono di annullare o ripristinare un'operazione.

PowerPoint memorizza la sequenza delle operazioni, e se fai clic sulla freccetta a destra dell'icona **Annulla** ne vedrai l'elenco.

Puoi annullare con un solo clic numerose operazioni posizionando il puntatore del mouse sull'elenco prima di fare clic, come nell'esempio qui a lato.

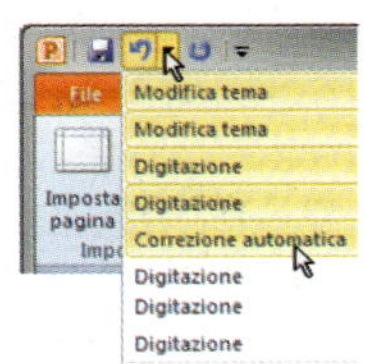

Se vuoi personalizzare la barra di accesso rapido, fai clic sulla freccetta alla sua destra: apparirà un menu dove puoi spuntare vari comandi per aggiungerli alla barra (o per rimuoverli, se sono già presenti).

Per nascondere la barra multifunzione, riducendola a icona, o per ripristinarla, si può fare clic sulla freccetta in alto a destra accanto all'icona della Guida . Lo stesso risultato si ottiene con un doppio clic sull'etichetta della scheda attiva.

ESERCIZI

1. Apri la presentazione **Venaria e La Mandria.pptx.**
2. Visualizzala in modalità **Struttura.**
3. Applica un tema diverso da quello attuale.
4. Applica un altro tema ancora, diverso dal precedente.
5. Annulla con un unico clic le ultime due operazioni che hai effettuato.

▶ Altri esercizi a pagina 250

5 Formattare il testo

Come creare testi personalizzati e come copiarli da una diapositiva a un'altra

Modificare il testo. In generale i testi in PowerPoint si modificano con una tecnica del tutto analoga a quella usata nei word processor; vediamolo con un paio di esempi.

Per distribuire meglio su due righe il titolo della prima diapositiva, fai clic appena a sinistra della congiunzione «E» e poi premi il tasto : il titolo ora andrà a capo come mostrato qui a fianco.

Può essere comodo anche modificare i testi in modalità **Struttura**. Come esempio, fai clic sulla linguetta e poi nella colonna di sinistra lavora sui contenuti della seconda diapositiva. Per rendere minuscole le iniziali dei punti con le attività del mattino, seleziona con il mouse la lettera iniziale maiuscola V e poi sostituiscila digitando sulla tastiera una v minuscola.

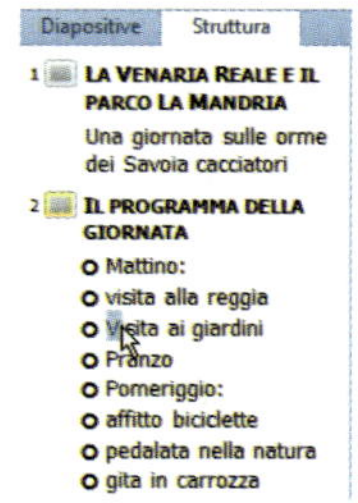

Aggiungi anche l'elenco delle attività del pomeriggio, come mostrato qui a fianco. Noterai che, mentre digiti i nuovi punti, essi appaiono anche nell'anteprima della diapositiva sulla destra. Inoltre, come risultato dell'opzione impostata nella scheda precedente, le iniziali dei punti non vengono più trasformate in maiuscole dal programma: per avere l'iniziale maiuscola di «Pomeriggio» dovrai usare il tasto .

3.1.5 **Cancellare il testo.** Per cancellare un testo, basta selezionarlo con il mouse e poi premere il tasto . Puoi anche eliminare un intero segnaposto. Per prima cosa devi selezionarlo facendo clic su un punto qualsiasi della sua cornice, che da tratteggiata diventerà continua; se poi cancelli premendo il tasto , tutto il testo contenuto nel segnaposto sarà eliminato. Come esempio seleziona il segnaposto inferiore della seconda diapositiva, eliminalo e poi usa l'icona della barra di accesso rapido per annullare l'operazione appena effettuata.

3.2.1
3.2.2
3.2.3
3.2.4
Modificare le formattazioni del testo. Vogliamo ora modificare la seconda diapositiva mettendo in evidenza le due scritte «Mattino:» e «Pomeriggio:». A questo scopo useremo le funzioni di formattazione di PowerPoint, che sono generalmente molto simili a quelle dei word processor.

Per prima cosa seleziona con il mouse il testo «Mattino:». Vedrai apparire vicino al testo selezionato una finestra contestuale, come nell'esempio qui a fianco: se sposti su di essa il puntatore del mouse, potrai applicare in modo molto rapido le principali formattazioni.

Usa per esempio il menu della prima casella in alto per cambiare il tipo di carattere: scorri l'elenco e scegli il font Verdana. Poi fai clic sull'icona per formattare il testo in grassetto, quindi usa il menu dell'icona per assegnare al testo il colore **Blu**.

A fianco della casella del font è indicata la dimensione (o *corpo*) del carattere; puoi modificarla scegliendo un valore numerico dal menu, oppure digitandolo nella casella. Le icone consentono invece di ingrandire o rimpicciolire il testo con un solo clic, senza dover scegliere il valore numerico del corpo; usa ora l'icona di sinistra per ingrandire il testo selezionato.

Queste formattazioni si possono assegnare anche con le icone e i menu del gruppo **Carattere** nella scheda **Home** della barra multifunzione; oltre alle icone per il corsivo e la sottolineatura , il gruppo **Carattere** contiene anche ulteriori opzioni di formattazione, per esempio l'icona per ombreggiare il testo.

La freccetta al piede del gruppo apre la finestra **Carattere** che offre altre opzioni ancora, per esempio la possibilità di formattare il testo in *maiuscoletto* (come nei titoli delle nostre diapositive, con il tema che abbiamo scelto) oppure come *apice* o *pedice*.

Per formattare con le icone del gruppo **Carattere** una singola parola è sufficiente posizionare il cursore al suo interno, senza doverla necessariamente selezionare. Se invece selezioni un intero segnaposto, le formattazioni saranno applicate a tutto il testo che esso contiene. Con l'icona puoi cancellare tutte le formattazioni già assegnate al testo selezionato o alla parola in cui si trova il cursore.

Puoi assegnare a un testo la formattazione già assegnata a un altro testo, *copiandola* con l'icona **Copia formato** del gruppo **Appunti** della scheda **Home**.

Per sperimentarne l'uso, porta il cursore nel testo formattato «Mattino:» (o selezionalo) e poi fai clic sull'icona .

A questo punto il puntatore del mouse prenderà la forma di un pennello: se ora lo usi per selezionare il testo «Pomeriggio:», anche questo testo diventerà più grande e sarà formattato in Verdana grassetto blu.

Adesso la seconda diapositiva della presentazione avrà l'aspetto mostrato nella figura 14.

Figura 14

3.1.4 Copiare o spostare i testi tra le diapositive.

Fai clic nella scheda **Home** su **Nuova diapositiva**, poi scegli il layout **Confronto** e digita come titolo «Galleria fotografica». Questa nuova diapositiva ci servirà per presentare fotografie della reggia (sulla sinistra) e del parco (sulla destra).

Per assegnare i titoli alle due colonne, invece di digitarli possiamo copiarli dalla diapositiva-titolo.

Sempre in modalità **Struttura**, seleziona in alto a sinistra la prima riga del titolo della diapositiva 1, poi fai clic con il tasto destro del mouse e nel menu contestuale scegli **Copia**, come nella figura 15.

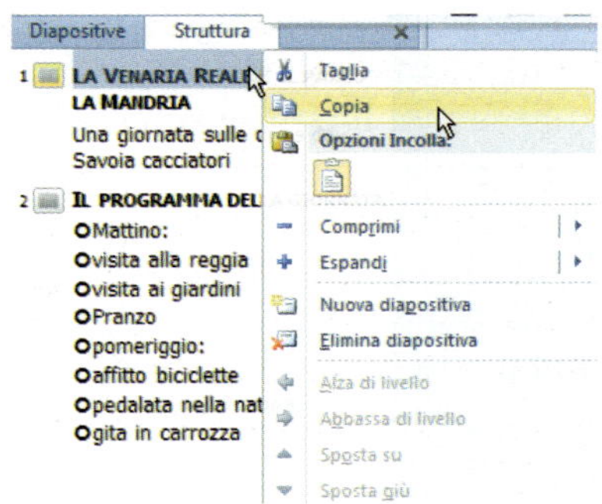

Figura 15
Copiare un testo usando il menu di scelta rapida

Quindi fai clic sulla diapositiva numero 3 per visualizzarla di nuovo, porta il mouse sul segnaposto di sinistra sotto il titolo, fai clic con il tasto destro e nel menu contestuale scegli **Incolla**: il testo che hai copiato ora apparirà nel segnaposto.

Procedendo allo stesso modo, copia ora la scritta «il parco La Mandria» dalla diapositiva 1 nel segnaposto di destra della diapositiva 3, poi metti in maiuscolo la lettera iniziale: otterrai il risultato della figura 16. Nelle prossime pagine vedremo come inserire fotografie sotto i due titoli.

Figura 16

Per *spostare* un testo selezionato, invece di copiarlo, si sceglie nel menu contestuale la voce **Taglia** invece di **Copia**. In alternativa si può copiare o spostare un testo selezionandolo e usando le icone o del gruppo **Appunti** della scheda **Home**, per poi posizionare il cursore nel segnaposto di destinazione e fare clic sull'icona .

Ancora, si può copiare un testo selezionato con la combinazione di tasti Ctrl + C, o tagliarlo con Ctrl + X, per poi incollarlo altrove con Ctrl + V.

Tutti questi metodi consentono di copiare o spostare un testo, o anche un intero segnaposto, non soltanto all'interno della stessa presentazione ma anche tra diapositive che appartengono a presentazioni diverse.

Ora salva il lavoro fatto e chiudi la presentazione uscendo da PowerPoint.

ESERCIZI

Collega i testi della prima colonna con la formattazione che contengono:

a Gentile Sig.[ra] — 1 ombreggiatura
b H_2O — 2 apice
c *word processor* — 3 corsivo
d **giornata afosa** — 4 pedice

A	B	C	D
....	....	....	....

▶ Altri esercizi a pagina 250

6 Lavorare con paragrafi e segnaposto

Modificare la formattazione dei paragrafi, cambiare layout e personalizzare i segnaposto

Lancia PowerPoint, apri la presentazione **Venaria e La Mandria.pptx** e posizionati sulla terza diapositiva (figura 16 della scheda precedente).

Modificare i segnaposto. Fai clic sul segnaposto a sfondo arancione con il titolo «La Venaria Reale». Se porti il mouse sulla cornice del segnaposto, il puntatore assumerà la forma di una croce di frecce ✥: ora volendo puoi *spostare* il segnaposto nella diapositiva, semplicemente trascinandolo con il mouse in una nuova posizione (prova a farlo, poi usa l'icona **Annulla** per tornare alla situazione di partenza).

Se invece il mouse si ferma su uno dei pallini o dei quadratini posti sulla cornice del segnaposto, il puntatore assumerà una delle forme ⤢ ↕ ↔ ⤡ e trascinando con il mouse potrai *ridimensionare* il segnaposto. Come esempio restringi da destra il segnaposto selezionato, come nella figura 17.

Figura 17

Il pallino verde posto sopra il riquadro selezionato, se lo trascini con il mouse, fa ruotare il segnaposto.

Altre caratteristiche del segnaposto si possono variare facendo clic su di esso con il tasto destro del mouse e scegliendo nel menu contestuale l'ultima opzione in basso, **Formato forma**.

Si aprirà allora la finestra della figura 18: qui la scheda **Riempimento** consente di reimpostare lo sfondo del segnaposto, rendendolo trasparente (**Nessun riempimento**), sfumato o a trama, oppure colorandolo come lo sfondo della diapositiva.

Con il menu **Colore** puoi assegnare un colore a piacere: scegli un blu come nella figura 18.

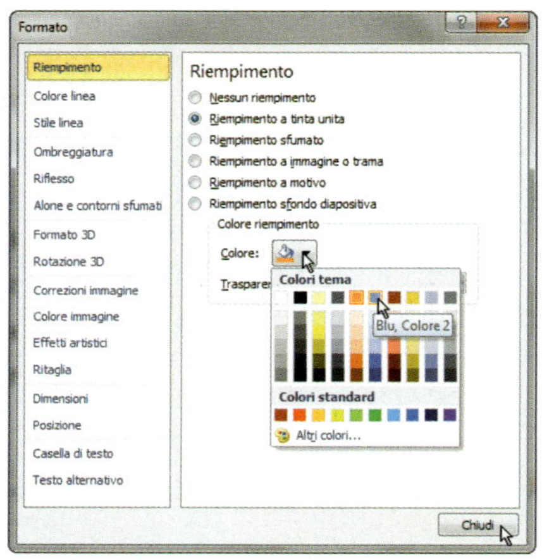

Figura 18 La finestra *Formato*

Puoi eseguire le stesse azioni descritte sopra anche con le icone del gruppo **Disegno** della scheda **Home**. Per esempio l'icona **Riempimento forma** consente di modificare il colore di sfondo. La finestra della figura 18 si apre anche con un clic sulla freccetta al piede del gruppo **Disegno**.

2.2.3 **Cambiare lo sfondo delle diapositive.** Per modificare lo sfondo di una diapositiva, fai clic con il tasto destro in un suo punto libero e nel menu contestuale scegli **Formato sfondo**. La finestra che appare ha un riquadro identico a quello della figura 18, ma con in basso un pulsante addizionale **Applica a tutte**. Scegli il colore grigio più leggero a sinistra e poi fai clic su **Chiudi**: in questo modo la modifica si applicherà soltanto alla diapositiva corrente. Il pulsante **Applica a tutte** permette invece di estendere il riempimento a tutte le diapositive. Lo stesso risultato si può ottenere usando l'icona **Stili sfondo** del gruppo **Sfondo** nella scheda **Progettazione** della barra multifunzione e selezionando **Formato sfondo**.

Ora ripeti per il segnaposto con il titolo «Il parco La Mandria» le operazioni di ridimensionamento (riduzione della larghezza da destra) e di cambiamento del colore di sfondo che abbiamo descritto sopra. Otterrai così il risultato mostrato nella figura 19.

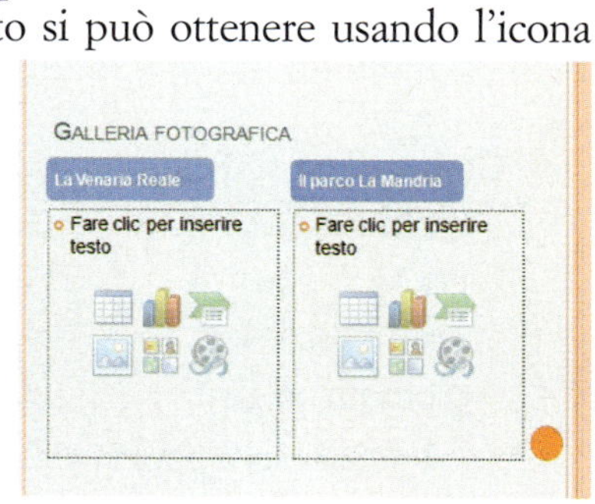

Figura 19 La terza diapositiva modificata

2.2.1 **Cambiare layout a una diapositiva.** Torna ora alla seconda diapositiva della presentazione. Supponiamo di voler separare in due elenchi affiancati il programma del mattino e quello del pomeriggio. Un modo semplice per farlo consiste nel modificare il layout della diapositiva. Fai clic sull'icona **Layout** del gruppo **Diapositive** della scheda **Home**, poi nel menu che si apre scegli il layout **Due contenuti**. Il layout verrà cambiato e sulla destra della diapositiva apparirà un nuovo segnaposto.

Taglia dal segnaposto di sinistra le ultime quattro righe di testo, poi incollale nel segnaposto di destra. Ora il testo della diapositiva apparirà su due colonne.

3.2.5 **Modificare l'allineamento del testo.** Vogliamo ora *centrare* il titolo della diapositiva: basta fare clic su di esso e poi sull'icona del gruppo **Paragrafo** della scheda **Home**. L'icona allinea il testo a sinistra, l'icona lo allinea a destra e l'icona lo giustifica. In generale i comandi di questo gruppo si applicano all'intero paragrafo in cui si trova il cursore (o a tutti i paragrafi selezionati). Per un intero segnaposto si possono utilizzare invece le due icone e , che consentono di ruotare il testo e di allinearlo rispetto ai bordi del segnaposto che lo contiene.

3.3.1
3.3.2
3.3.3 **Modificare gli elenchi e l'interlinea.** Posizionati ora sul segnaposto di sinistra sotto il titolo e seleziona tutto l'elenco puntato (o l'intero segnaposto, con un clic sulla sua cornice). Vogliamo distanziare maggiormente tra loro i punti dell'elenco: fai clic sull'icona del gruppo **Paragrafo** e nel menu che appare scegli il valore **1,5**; vedrai che come risultato i punti dell'elenco saranno più separati rispetto a prima.

La voce **Opzioni interlinea** del menu (come pure la freccetta al piede del gruppo **Paragrafo**) apre la finestra di dialogo della figura 20. Qui puoi regolare sia l'allineamento del testo sia l'interlinea, introducendo spaziature prima o dopo i paragrafi. Puoi anche indentare i punti dell'elenco, indicando il valore dei **Rientri** e applicandoli a tutto il testo (**Sporgente**) o soltanto alla **Prima riga** di ciascun punto.

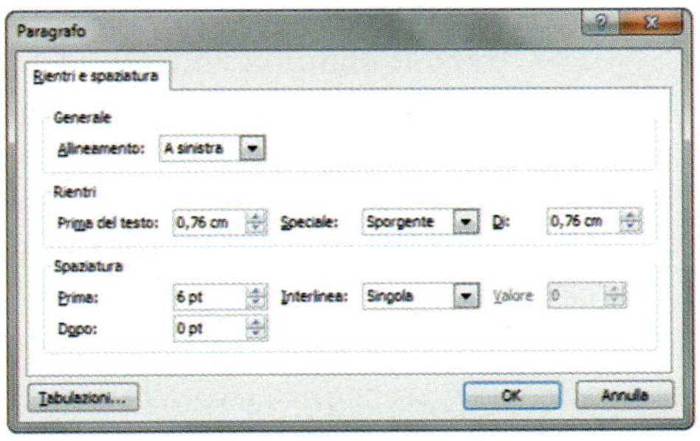

Figura 20 La finestra *Paragrafo*

Con il *righello*, che appare spuntando la casella **Righello** nel gruppo **Mostra** della scheda **Visualizza**, puoi assegnare rientri agli elenchi trascinando con il mouse l'indicatore superiore (per indentare la prima riga) o anche quello inferiore, come mostrato qui a lato (per indentare tutto il testo).

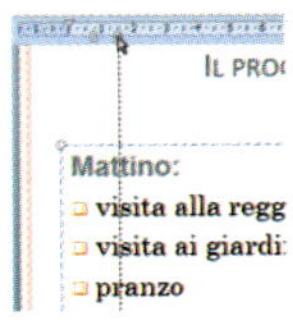

Con il menu dell'icona **Elenchi puntati** del gruppo **Paragrafo** puoi cambiare i simboli dei punti elenco: nel nostro caso scegli i quadratini vuoti.

Per usare lettere o numeri invece dei simboli, apri il menu dell'icona **Elenchi numerati** . L'opzione **Elenchi puntati e numerati** al fondo di questi menu apre una finestra che ti permette di personalizzare ogni aspetto dei punti elenco.

Per completare il lavoro su questo segnaposto, vogliamo ora *rimuovere* il primo punto elenco, così che la prima riga funga da titolo per il resto dell'elenco. Basterà portare il cursore nel testo «Mattino:» (o selezionarlo) e poi fare clic sull'icona .

Questa icona è dunque una sorta di interruttore: se si fa clic su di essa quando la formattazione è attiva, la disattiva.

Ripeti ora le stesse operazioni nel segnaposto di destra sotto il titolo, in modo da ottenere il risultato della figura 21.

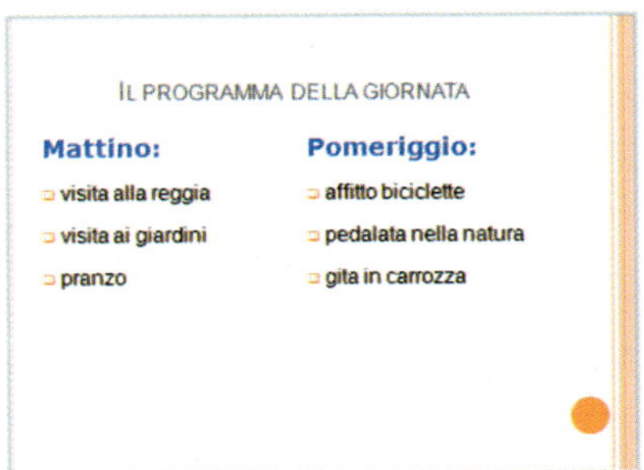

Figura 21 La seconda diapositiva modificata

ESERCIZI

1 Modifica così la formattazione della diapositiva *Il programma della giornata*:
- centra tutti i testi
- per i punti-elenco usa il simbolo «segno di spunta»
- per lo sfondo della diapositiva imposta il colore verde chiaro.

2 Salva il file in **C:\informatica\presentazioni** con il nome **M6-06-esercizio.pptx.**

▶ Altri esercizi a pagina 250

7

Gestire le immagini

Come inserire immagini all'interno delle diapositive, come spostarle e come modificarne le caratteristiche

5.1.1 5.1.2 **Importare immagini.** Ora vogliamo inserire due fotografie nei segnaposto ancora vuoti della diapositiva «Galleria fotografica».

Il layout usato in questa diapositiva prevede la possibilità di inserire (oltre al testo) *oggetti multimediali* creati con programmi diversi da PowerPoint.

Se fermi il mouse sulle icone al centro dei segnaposto, vedrai comparire i nomi dei diversi tipi di oggetto che essi possono ospitare: tabella, grafico, *SmartArt*, immagine, *ClipArt* e filmato o clip multimediale.

Per avviare la procedura di inserimento, fai clic nel segnaposto di sinistra sull'icona dell'immagine, come nella figura 22a, oppure scegli la stessa icona **Immagine** nella scheda **Inserisci** della barra multifunzione.

Figura 22a

Si aprirà la finestra di dialogo **Inserisci immagine** della figura 22b, che permette di cercare nel modo consueto tra le risorse del computer il file da inserire.

Puoi usare qualsiasi immagine presente nel tuo computer; per le nostre figure useremo fotografie scaricate dal sito www.lavenaria.it.

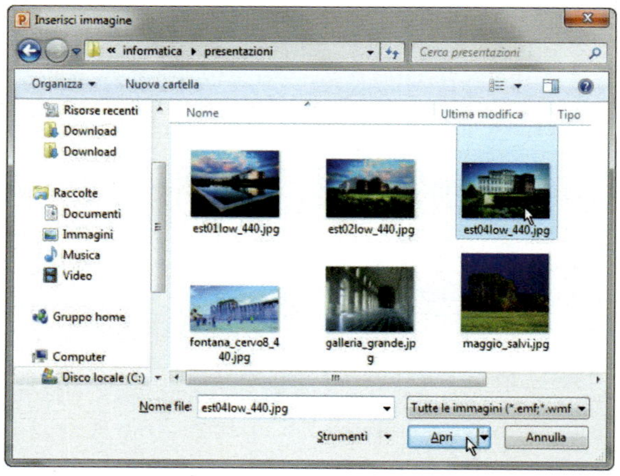

Figura 22b La finestra *Inserisci immagine*

Dopo aver selezionato il file, quando fai clic su **Inserisci** nella finestra della figura 22b, l'immagine sarà *importata* da PowerPoint.

Ciò significa che il programma farà una copia dell'immagine, che diventerà così parte integrante della presentazione.

La fotografia apparirà sulla diapositiva centrata nel segnaposto e con le dimensioni massime consentite da quelle del segnaposto. Inoltre sarà circondata dalla cornice di selezione, come nella figura 23.

Figura 23 L'immagine, appena inserita, appare selezionata

Puoi deselezionarla facendo clic in un punto qualsiasi della diapositiva al di fuori dell'immagine. Per selezionarla di nuovo, basta fare clic in un punto qualsiasi dell'immagine.

5.1.4 5.1.5 5.1.6 **Spostare e ridimensionare le immagini.** Quando un'immagine è selezionata, puoi *spostarla* semplicemente trascinandola con il mouse; durante il trascinamento vedrai muoversi un «fantasma» dell'immagine, mentre l'originale resta visibile nella sua posizione precedente; l'immagine si sposterà nella sua nuova posizione quando rilasci il mouse. Se mentre trascini l'immagine tieni premuto il tasto ⇧, il movimento dell'immagine sarà vincolato: potrà soltanto traslare in orizzontale o in verticale (traslazione che puoi ottenere anche usando i tasti-freccia della tastiera).

Inoltre puoi *ridimensionare* un'immagine selezionata facendo clic sui cerchietti o sui quadratini bianchi che appaiono sul bordo e trascinandoli fino a ottenere la dimensione voluta. Se usi i cerchietti l'immagine manterrà le sue proporzioni; se invece usi i quadratini, potrai deformarla.

Per *ruotare* un'immagine, fai clic sul pallino verde in alto e trascina il mouse fino a ottenere la rotazione desiderata.

Puoi manipolare un'immagine anche con le icone del gruppo **Dimensioni** della scheda **Formato**, che si aggiunge automaticamente alla barra multifunzione quando l'immagine è selezionata (figura 24).

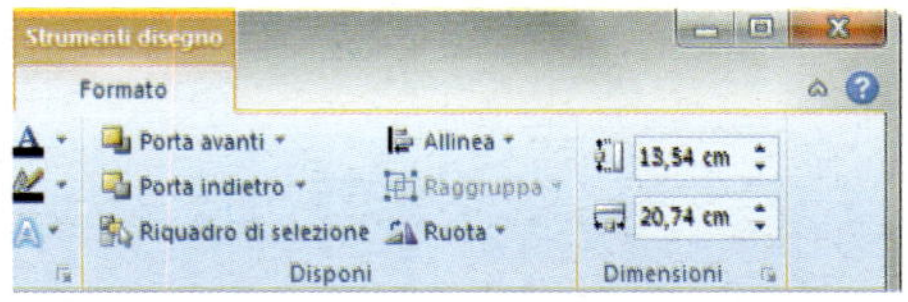

Figura 24 Parte della scheda *Formato* per le immagini

Con la freccetta al piede del gruppo puoi aprire la finestra della figura 25, che si apre anche facendo clic con il tasto destro sull'immagine e scegliendo **Dimensioni e posizione**.

Con le opzioni della scheda **Dimensioni** puoi ridimensionare, ruotare o ritagliare l'immagine, oppure riportarla alle dimensioni originali con un clic su **Reimposta**.

La scheda **Posizione** della stessa finestra ti permette di regolare l'allineamento dell'immagine rispetto ai bordi o al centro della diapositiva.

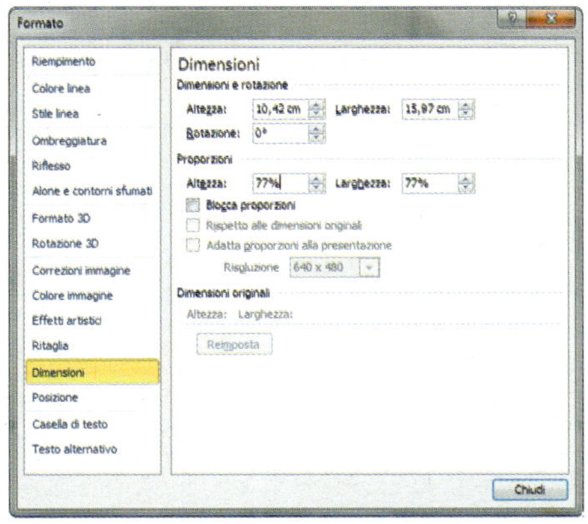

Figura 25 La finestra *Dimensioni* e posizione

Altre operazioni sulle immagini. La scheda **Formato** della barra multifunzione permette di fare molte altre operazioni utili sulle immagini selezionate.

Per esempio puoi variare la luminosità e il contrasto di un'immagine, o ricolorarla in varie tonalità, con le icone del gruppo **Regola** (o anche facendo clic con il tasto destro sull'immagine e scegliendo **Formato immagine**).

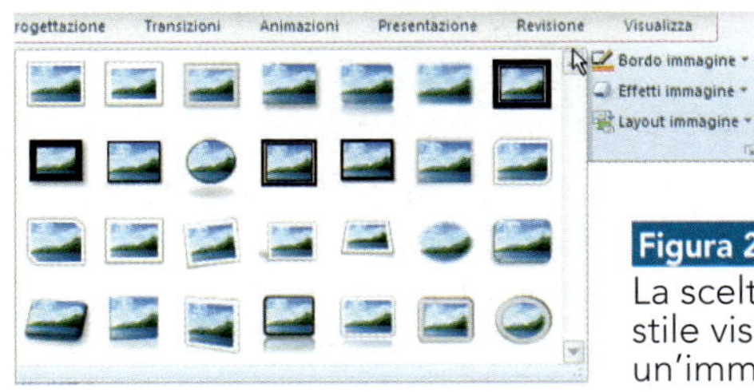

Figura 26 La scelta dello stile visivo per un'immagine

Nel gruppo **Stili immagini** puoi scegliere tra molti diversi tipi di cornice, ritagli ed effetti di prospettiva, come nella figura 26, mentre con l'icona **Effetti immagine** puoi applicare effetti visivi come ombreggiature, aloni o riflessi.

Se dopo aver provato diversi effetti vuoi ritornare all'immagine originale, puoi eliminare tutte le modifiche apportate alla sua formattazione facendo clic su **Reimposta immagine** nel gruppo **Regola**, a sinistra nella barra multifunzione.

2.2.5 **Completare la galleria di immagini.** Inserisci adesso una seconda immagine nel segnaposto di destra della diapositiva, così da ottenere un risultato come quello della figura a lato.

Ora vogliamo aggiungere altre due diapositive del tutto simili, ma con immagini diverse.

In **Visualizzazione normale** fai clic con il tasto destro del mouse sulla diapositiva 3 e scegli **Copia**. Quindi fai clic con il tasto destro subito sotto la diapositiva e scegli una delle due prime **Opzioni incolla**. Hai così creato una nuova diapositiva identica alla precedente.

Per sostituire l'immagine di sinistra, fai clic su di essa con il tasto destro e scegli **Cambia immagine** (o fai clic su **Cambia immagine** nel gruppo **Regola** della scheda **Formato**). Si aprirà la finestra della figura 22b: inserisci l'immagine sostitutiva e ridimensionala come opportuno. Fai poi lo stesso per l'immagine di destra. Infine ripeti ancora tutte le operazioni, creando una diapositiva numero 5 con due nuove immagini, come mostrato nella figura 27.

Figura 27 Le diapositive della *Galleria di immagini*

Durante la presentazione si avrà l'effetto di una carrellata di immagini.

ESERCIZI

1. Crea una presentazione e inserisci nella prima diapositiva quattro fotografie.
2. Posiziona le immagini (ridimensionandole e ritagliandole) così che i loro bordi si tocchino, formando un unico rettangolo al centro della diapositiva.
3. Salva il file in **C:\informatica\presentazioni** con il nome **M6-07-esercizio.pptx**.

▶ Altri esercizi a pagina 250

8 Usare filmati e *ClipArt*

Come inserire sequenze audio-video, disegni e vignette all'interno di una presentazione

Inserire un filmato. Ora aggiungeremo una diapositiva destinata a ospitare un filmato. Usa il menu dell'icona e scegli il layout **Titolo e contenuto**. Come titolo digita «Un filmato della reggia».

Fai clic sull'icona **Inserisci clip multimediale** nel segnaposto, come nella figura 28, oppure su **Video** o nella scheda **Inserisci**: si aprirà una finestra simile alla precedente figura 22b, in cui selezionare un file video.

Puoi usare il filmato Venaria.wmv che trovi nella sezione modulo-6 dei materiali per il corso nel sito web del libro, o un tuo filmato presente nel computer, oppure un video campione che troverai dentro la cartella Raccolte.

Figura 28

Quando scegli il file e fai clic su **OK**, apparirà il filmato con sotto i pulsanti per la sua gestione (avvio, navigazione, regolazione audio) e l'indicazione dei tempi di avanzamento, come nella figura 29.

Se vuoi che il filmato si avvii automaticamente all'apertura della diapositiva, selezionalo, fai clic sulla scheda **Riproduzione** e nel gruppo **Opzioni video**, per la voce **Inizio**, scegli **Automaticamente** (figura 30).

Il filmato appena inserito apparirà sulla diapositiva come un fotogramma nero selezionato, come nella figura 29, e nella barra multifunzione si aggiungerà una nuova scheda **Opzioni** con intestazione **Strumenti filmato** (figura 30).

Figura 29

Puoi spostare il filmato trascinandolo con il mouse, e ridimensionarlo trascinando i pallini e i quadratini bianchi, proprio come avveniva per le immagini. In alternativa puoi regolare la posizione e le dimensioni del filmato con le icone del gruppo **Dimensioni** della scheda **Formato**, oppure selezionando **Formato video** dal menu contestuale che si apre al clic con il tasto destro del mouse sul filmato.

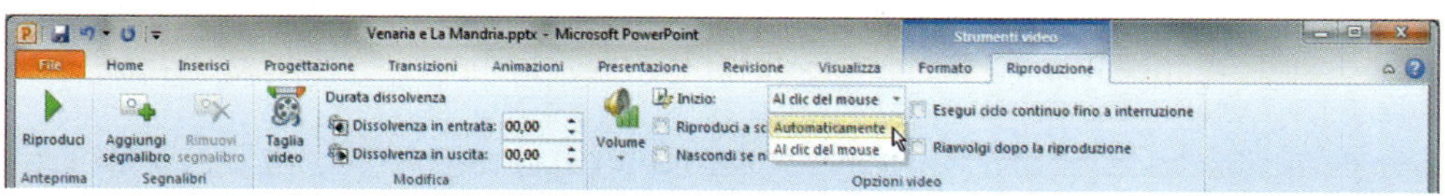

Figura 30 Le opzioni di *Riproduzione*

Con le icone del gruppo **Riproduzione** puoi scegliere anche se riprodurre il filmato a schermo intero durante la presentazione, se farlo girare a ciclo continuo fino a un clic di interruzione e se farlo tornare all'inizio quando termina.

All'estrema sinistra delle schede **Formato** e **Riproduzione**, l'icona **Riproduci** permette di vedere il filmato mentre lavori sulla diapositiva. Se con l'icona **Dall'inizio** del gruppo **Presentazione** passi alla modalità presentazione e hai scelto l'impostazione manuale, potrai far partire il filmato (e metterlo in pausa durante la visione) con un clic sul pulsante che appare quando il puntatore del mouse passa sul filmato.

Quando un filmato è in esecuzione, per uscire dalla modalità presentazione e tornare alla visualizzazione normale occorre premere il tasto Esc due volte.

Non ti stupire se quando lavori in PowerPoint con i filmati noti un rallentamento del computer: è dovuto al fatto che i file da gestire possono «pesare» anche molte centinaia di megabyte.

5.1.1 **Inserire una ClipArt.** Vogliamo ora inserire a lato del film due copie di un disegno, in
5.1.4 posizioni diverse sulla diapositiva, come nella figura 31.

Useremo le immagini chiamate *ClipArt* fornite con i programmi Microsoft, che sono suddivise in *insiemi* in base al tema raffigurato.

Per inserire una ClipArt in una diapositiva, fai clic sull'icona nel segnaposto o nella scheda **Inserisci** della barra multifunzione.

Sulla destra apparirà il *riquadro attività* della figura 32, che contiene gli strumenti per cercare nell'archivio delle ClipArt l'immagine desiderata.

Figura 31 La diapositiva con filmato e ClipArt

Spunta la casella **Includi contenuto di Office.com**; in questo modo collegandoti a Internet avrai a disposizione anche migliaia di immagini che potrai scaricare dal sito Microsoft.

Digita «film» nella casella **Cerca** e poi fai clic su **Vai**: in basso compariranno le immagini trovate.

Ora puoi inserire una ClipArt trascinandola sulla diapositiva, o semplicemente facendo clic su di essa, o ancora facendo clic sulla barretta a destra dell'immagine e scegliendo **Inserisci**. In questi ultimi casi la ClipArt apparirà al centro della diapositiva e dovrai poi usare il mouse per trascinarla nella posizione desiderata.

Adesso trascina la ClipArt che è evidenziata nella figura 32 e posizionala in alto a sinistra nella diapositiva, poi ridimensionala come nella figura 31 (con la stessa tecnica già descritta per le immagini fotografiche).

Figura 32 La scelta delle ClipArt

5.1.2 **Copiare, incollare e cancellare le immagini.** Adesso devi duplicare l'immagine, per
5.1.3 averne una copia da collocare in basso a destra nella diapositiva.

Fai clic con il tasto destro del mouse sulla ClipArt e scegli **Copia**. Se a questo punto passi a un'altra diapositiva (anche di una diversa presentazione), fai clic con il tasto destro del mouse e scegli **Incolla** (selezionando l'opzione **Usa tema destinazione**), avrai creato in quella diapositiva una copia della ClipArt, nella stessa posizione dell'originale. E se dal menu contestuale scegli **Taglia** anziché **Copia**, *sposterai* l'immagine anziché copiarla.

Questa tecnica permette di copiare o spostare non soltanto le ClipArt ma *qualsiasi oggetto grafico*, e perfino i segnaposto contenenti testo.

Invece di usare il tasto destro del mouse, come sempre, potresti usare le icone del gruppo **Appunti** della scheda **Home** oppure le combinazioni di tasti della tastiera (Ctrl + C per copiare, Ctrl + X per tagliare e Ctrl + V per incollare).

Se ora effettui l'operazione copia-e-incolla all'interno della medesima diapositiva contenente il filmato, la copia della ClipArt apparirà parzialmente sovrapposta all'immagine di origine: trascinala in basso a destra, così da ottenere il risultato che vedi nella figura 31.

All'interno di una stessa diapositiva puoi creare una copia di un oggetto anche selezionandolo con il mouse e poi trascinandolo mentre tieni premuto il tasto Ctrl.

Per cancellare un oggetto (che sia un'immagine ClipArt, una fotografia, un filmato o altro) basta sempre selezionarlo e poi premere il tasto Canc.

ESERCIZI

1 Aggiungi alla presentazione una nuova diapositiva vuota.

2 Inserisci nella nuova diapositiva una ClipArt a tema **viaggi.**

3 Fai una copia della ClipArt e affiancala all'originale. Poi ingrandisci la copia e rimpicciolisci l'originale.

4 Elimina le due ClipArt e poi anche la diapositiva.

► Altri esercizi a pagina 250

9 Inserire e gestire grafici e tabelle

Come procedere per inserire grafici e tabelle e per modificarne in seguito le caratteristiche

3.4.1 3.4.2 3.4.3 3.4.4 **Inserire e gestire le tabelle.** Se fai clic sull'icona nel layout della diapositiva, come a destra nella figura 33, puoi inserire una tabella specificando nella finestrella che appare il numero delle righe e delle colonne. In alternativa puoi usare il menu della stessa icona della scheda **Inserisci**: indica il numero di righe e di colonne trascinando il mouse su una griglia, come a sinistra nella figura 33, e poi fai clic.

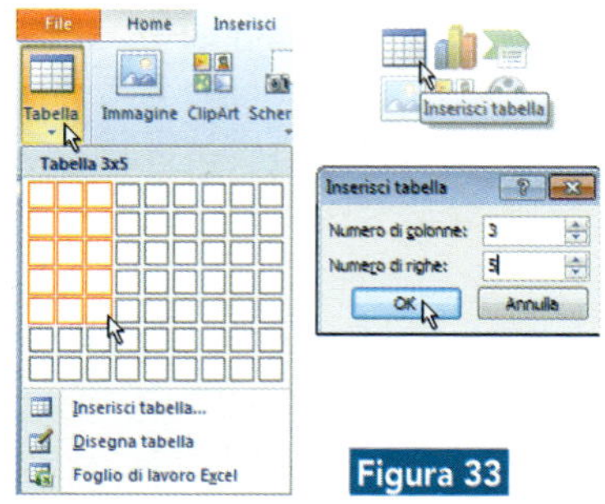

Figura 33

La tabella apparirà nella diapositiva con l'aspetto grafico caratteristico del tema che stai usando e circondata da una cornice di selezione (figura 34). Se selezioni l'intera tabella, facendo clic sulla sua cornice, potrai spostarla trascinandola con il mouse o ridimensionarla trascinando in corrispondenza dei puntini sulla cornice.

Per inserire testo in una cella basta fare clic al suo interno e poi digitare (o incollare testo copiato o tagliato da qualche altra fonte). Per spostarsi da una cella all'altra si usa il mouse o il tasto .

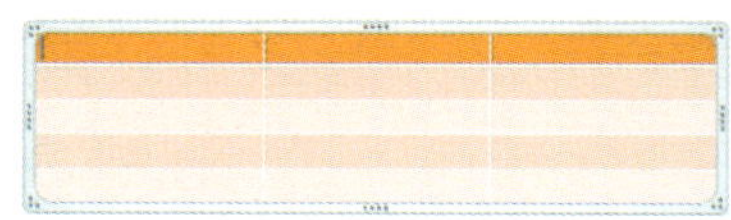

Figura 34 La tabella 3x5 appena creata

Per selezionare righe, colonne o gruppi di celle basta tracciarne l'area trascinando il mouse. Si può selezionare una colonna o una riga anche portando il puntatore appena fuori della tabella e facendo clic quando assume la forma di una freccia nera; se tieni premuto il tasto , trascinando puoi selezionare più colonne o righe adiacenti.

Per inserire righe o colonne in una tabella fai clic con il tasto destro, scegli la voce **Inserisci** nel menu contestuale e poi specifica se inserire la riga o la colonna sopra o sotto, a sinistra o a destra della cella in cui ti trovi.

Per eliminare una riga o una colonna posizionati su una loro cella, poi fai clic con il tasto destro e scegli la voce **Elimina righe** o **Elimina colonne**.

Per modificare l'altezza di una riga o la larghezza di una colonna usa le caselle del gruppo **Dimensioni tabella** della scheda **Layout**, o porta il mouse su uno dei bordi e trascina quando il puntatore assume la forma .

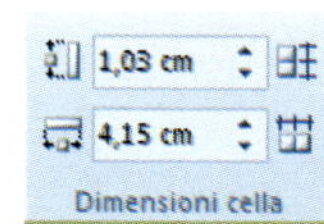

Per adattare automaticamente la larghezza della colonna al suo contenuto, puoi fare doppio clic sulla linea verticale che separa le colonne.

Ogni volta che fai clic su una tabella, nella barra multifunzione appare una nuova area **Strumenti tabella** con due schede: la scheda **Progettazione** consente di variare lo stile grafico della tabella, mentre la scheda **Layout** consente di effettuare tutte le operazioni descritte sopra e altre ancora.

4.1.1 4.1.2 4.1.3 **Inserire un grafico.** Per inserire un grafico in PowerPoint si usa l'icona nel segnaposto o nella scheda **Inserisci** della barra multifunzione. Apparirà la finestra della figura 35, dove puoi scegliere con un clic il tipo di grafico (a colonne, a barre, a linee o a torta).

Sulla diapositiva apparirà allora un grafico del tipo scelto, insieme a un foglio elettronico contenente i dati, come nella figura 36.

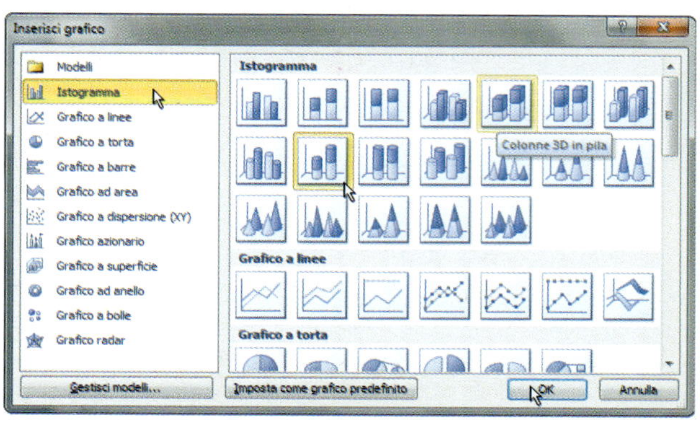

Figura 35 La scelta del tipo di grafico

Per spostare o ridimensionare il grafico, selezionalo con un clic sulla cornice. Nella barra multifunzione apparirà una nuova area **Strumenti grafico** con le schede **Progettazione** e **Layout**. Nella scheda **Progettazione** l'icona consente di cambiare la tipologia del grafico anche dopo che hai già lavorato sui dati. Il gruppo **Stili grafici** permette di variare lo stile generale del grafico (combinazione di colori, sfondo e forma delle barre).

Con l'icona puoi riaprire il foglio elettronico per modificare i dati.

Se modifichi il contenuto di una cella, facendo clic su di essa e e digitando un nuovo valore, il grafico sulla diapositiva si aggiornerà automaticamente nell'istante in cui passi a una cella diversa. Se occorre ridurre il numero delle serie dei dati presenti nella tabella di Excel, bisogna *eliminare* le righe o le colonne con le serie eccedenti (non è sufficiente cancellare i contenuti delle relative celle).

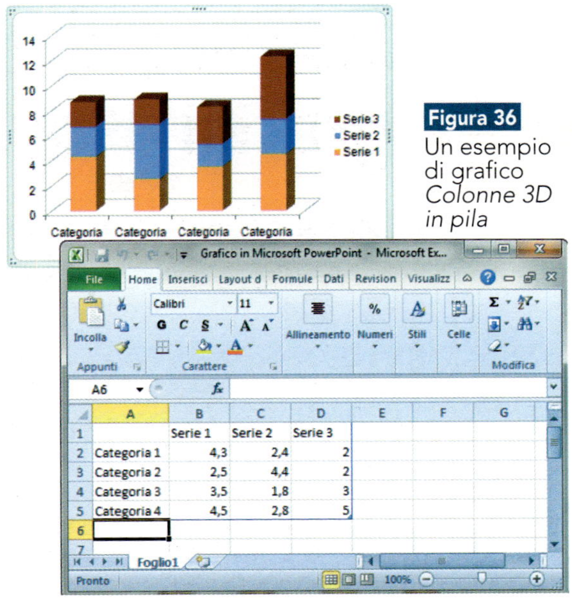

Figura 36
Un esempio di grafico Colonne 3D in pila

4.1.4 4.1.5 4.1.6 4.1.7 **Modificare un grafico.** Puoi cambiare il colore dello sfondo, chiamato *area del grafico* in PowerPoint, facendo clic con il tasto destro su una parte vuota del grafico e poi scegliendo nel menu di scelta rapida **Formato area grafico**. Si aprirà una finestra ove nella scheda **Riempimento** puoi impostare un colore di sfondo, a tinta unita o sfumato, come già visto nella figura 18 per i segnaposto.

La stessa finestra si può aprire anche dalla scheda **Layout**: nel menu **Elementi grafico** in alto scegli **Area del grafico** e poi fai clic sull'icona **Formato selezione**.

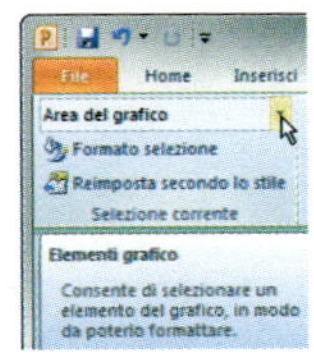

Qualsiasi elemento del grafico si può selezionare direttamente con il mouse oppure con il menu **Elementi grafico** della scheda **Layout**. Per formattare l'elemento si può poi fare clic con il tasto destro e usare il menu contestuale, oppure fare clic su **Formato selezione** nella scheda **Layout**.

Come esempio, supponiamo di voler cambiare nella figura 36 il colore della seconda serie di dati. Basta fare clic sulla parte blu in una colonna qualsiasi e poi aprire la finestra **Formato serie di dati** della figura 37, dove si sceglie il colore e si fa clic su **Chiudi** (per cambiare il colore in una sola delle colonne, all'inizio fai un secondo clic su di essa).

Se vuoi annullare le modifiche apportate a un elemento di un grafico, selezionalo e poi fai clic su **Reimposta secondo lo stile** nel gruppo **Selezione corrente** della scheda **Layout**.

Per inserire un **Titolo del grafico** si usa l'icona del gruppo **Etichette** della scheda **Layout**: nel menu che si apre si può scegliere dove posizionare il titolo, dopo di che basterà digitare il testo del titolo nella casella che compare. Lo stesso vale per l'icona **Titoli degli assi**.

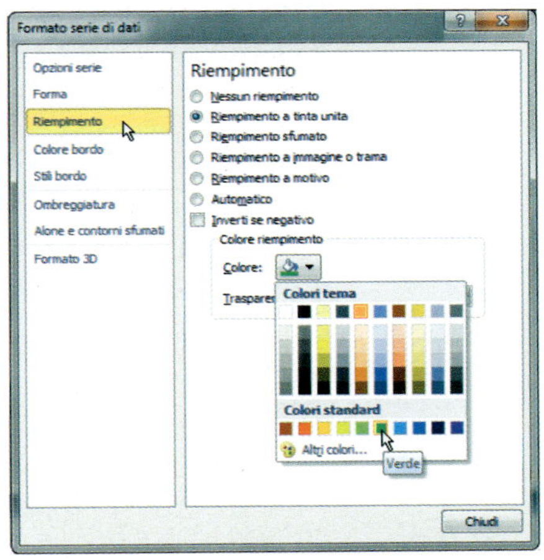

Figura 37

Per eliminare il titolo, o qualsiasi altro elemento del grafico, fai clic su di esso per selezionarlo e premi il tasto Canc.

Sempre dal gruppo **Etichette** della scheda **Layout** puoi usare l'icona **Etichette dati** (figura 38) per far comparire etichette relative ai dati. Se scegli **Altre opzioni etichette dati** apparirà la finestra **Formato etichette dati**, ove puoi far sì che le etichette contengano i nomi delle categorie o delle serie di dati, anziché i valori numerici. Nel caso dei grafici a torta potrai scegliere di far apparire in formato percentuale i valori associati alle singole fette del grafico.

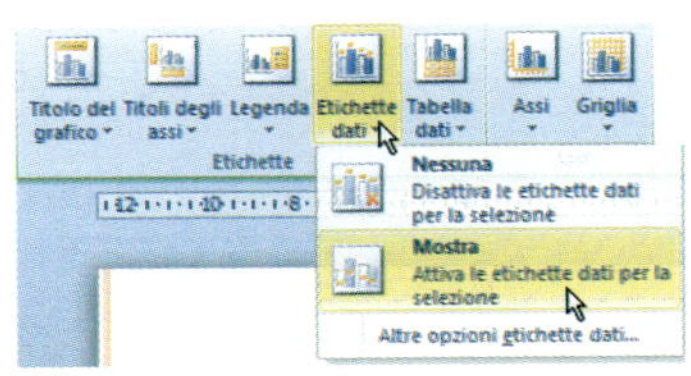

Figura 38

ESERCIZI

1. Crea una nuova presentazione e una diapositiva con titolo «Sette».
2. Inserisci nella diapositiva una tabella con 7 righe e 3 colonne.
3. Digita nella prima colonna i numeri da 1 a 7, nella seconda i giorni della settimana, nella terza i nomi delle note musicali.
4. Aggiungi una quarta colonna e riempila con i nomi dei colori dell'iride.
5. Salva la presentazione con il nome **M6-09-esercizio.pptx**.

▶ Altri esercizi a pagina 250

10 Sceneggiare una presentazione

Come organizzare la presentazione, personalizzare la grafica, nascondere o eliminare diapositive

2.2.4 2.2.5 2.2.6 **Copiare, spostare ed eliminare le diapositive.** A questo punto ci rendiamo conto che è bene chiarire dove si trovino i luoghi di cui parla la presentazione.

Aggiungi alla fine una diapositiva con layout **Titolo e contenuto**; intitolala «Dove si trovano?» e inserisci l'immagine di una mappa, come nella figura 39 (la trovi nella sezione **modulo-6** dei materiali per il corso nel sito web del libro).

Figura 39 La nuova diapositiva

Vogliamo però che questa diapositiva appaia all'inizio della presentazione, subito dopo il titolo: dobbiamo perciò spostarla.

In **Visualizzazione normale** oppure **Sequenza diapositive** fai clic su una diapositiva per selezionarla; tieni premuto il tasto Ctrl se vuoi selezionare altre diapositive insieme alla prima (se sono contigue, basterà fare clic sulla prima e sull'ultima tenendo premuto il tasto ⇧).

Puoi spostare, copiare o eliminare una o più diapositive selezionate, come segue:

- per *spostarle*, trascinale fino al punto desiderato (nello spazio tra due diapositive, ove apparirà un segmento colorato) e rilascia il tasto del mouse
- per *copiarle* usa la stessa tecnica, ma trascinando il mouse tieni premuto il tasto Ctrl
- per *eliminarle*, premi semplicemente il tasto Canc.

In alternativa, come sempre, puoi usare le icone del gruppo **Appunti** della scheda **Home**, o le combinazioni di tasti, o il menu contestuale che si attiva al clic con il tasto destro sulle diapositive selezionate, per spostarle o copiarle all'interno della presentazione attiva o di qualsiasi altra presentazione aperta con PowerPoint.

Le diapositive selezionate possono essere eliminate anche facendo clic con il tasto destro e scegliendo la voce **Elimina diapositiva** nel menu contestuale.

Passa ora alla visualizzazione **Sequenza diapositive** e sposta la nuova diapositiva al secondo posto, subito dopo la diapositiva-titolo.

6.1.5 **Nascondere e mostrare le diapositive.** Posizionati sulla diapositiva *Un filmato della reggia* e fai clic sull'icona **Nascondi diapositiva** della scheda **Presentazione** o dal menu contestuale che si apre al clic con il tasto destro.

Figura 40 Una diapositiva nascosta

A questo punto, se visualizzi l'anteprima della presentazione, troverai che la diapositiva è scomparsa.

In modalità **Sequenza diapositive** (o nelle miniature che compaiono a sinistra nella visualizzazione normale) il numero che etichetta la diapositiva apparirà barrato, come nella figura 40.

In realtà la diapositiva è soltanto nascosta. Per renderla di nuovo visibile è sufficiente posizionarsi su di essa e fare nuovamente clic su **Nascondi diapositiva** nella scheda **Presentazione** o nel menu di scelta rapida.

2.3.1 **Lo schema della diapositiva.** Lo *schema diapositiva* è il modello su cui sono basate le diapositive; definisce il posizionamento dei segnaposto, dei testi e degli oggetti grafici, gli stili del testo, i colori degli sfondi, e così via.

Se fai clic sull'icona **Schema diapositiva** della scheda **Visualizza**, apparirà il layout della diapositiva attualmente selezionata. Nel riquadro di sinistra vai a posizionarti sulla prima miniatura, un po' più grande delle altre, che è lo schema valido per l'intera presentazione (figura 41). Nella barra multifunzione compare una nuova scheda dedicata, con icone utili per apportare modifiche allo schema.

Se per esempio vuoi mostrare un'immagine fissa (come un logo) o un testo fisso (come il nome di una scuola o di un'azienda) in tutte le diapositive, ti conviene inserirli nello schema, così non dovrai ripetere l'operazione più volte.

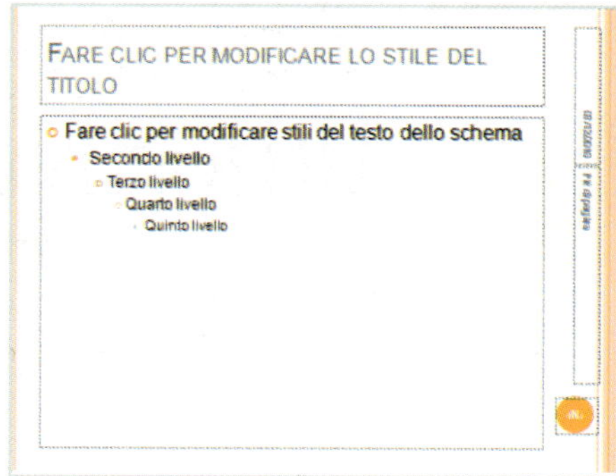

Figura 41 Lo schema di una diapositiva

Usa per esempio la scheda **Inserisci** per inserire una foto o una ClipArt, poi trascinala sullo schema nella posizione desiderata. Quando esci dallo schema diapositiva (con un clic sull'icona **Chiudi** o semplicemente ritornando alla visualizzazione normale) l'immagine apparirà su tutte le diapositive della presentazione.

Per rimuovere l'immagine inserita dovrai ritornare allo schema diapositiva, selezionare l'immagine e premere il tasto Canc.

6.2.4
6.2.5 **Effettuare una presentazione.** Se avvii una presentazione con l'icona **Dall'inizio** del gruppo **Presentazione** (o con il tasto F5) essa avrà inizio dalla prima diapositiva, qualunque sia la diapositiva selezionata in quel momento.

Per fare invece sì che la presentazione abbia inizio da una particolare diapositiva, selezionala e poi fai clic sull'icona in basso.

Un'altra possibilità è scegliere **Imposta presentazione** nel gruppo **Imposta**. Apparirà la finestra di dialogo della figura 42: se nella casella **Da:** per esempio digiti «3», la presentazione partirà sempre dalla terza diapositiva.

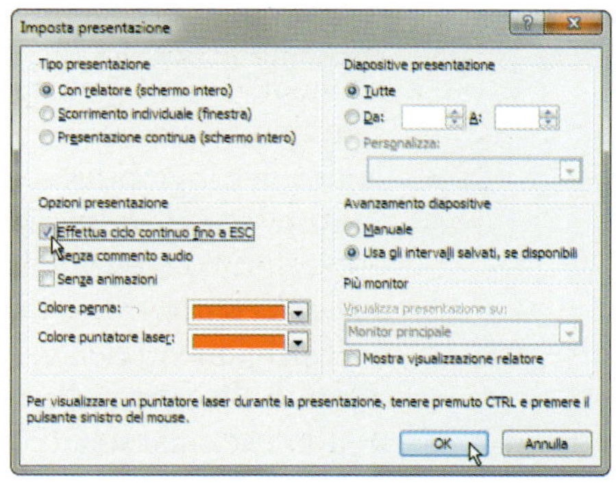

Figura 42 La scheda *Imposta presentazione*

Se spunti la casella **Effettua ciclo continuo fino a ESC.**, come nella figura 42, alla fine delle diapositive il programma ricomincerà dal principio (anziché mostrare la videata nera finale che precede l'uscita dalla presentazione). Per interrompere il ciclo continuo si preme il tasto Esc.

Le impostazioni scelte tramite questa finestra si applicano esclusivamente alla presentazione su cui stai lavorando; se con PowerPoint apri un'altra presentazione, troverai che per essa valgono le impostazioni di default.

Una volta avviata la presentazione, puoi passare alla diapositiva successiva con un clic del mouse oppure, tramite la tastiera, premendo la barra spaziatrice o uno qualsiasi dei tasti Invio, Pag↓, ↓ o →. Per ritornare alla diapositiva precedente puoi usare uno qualsiasi dei tasti ←, Pag↑, ↑ o ←.

In alternativa puoi spostarti fra le diapositive con le icone che appaiono in basso a sinistra quando muovi il mouse sullo schermo durante la presentazione (figura 43) oppure facendo clic sullo schermo con il tasto destro del mouse e scegliendo poi nel menu contestuale la voce **Successiva**, **Precedente**, **Ultima diapositiva visualizzata** oppure **Vai a diapositiva** (per passare direttamente a una specifica diapositiva).

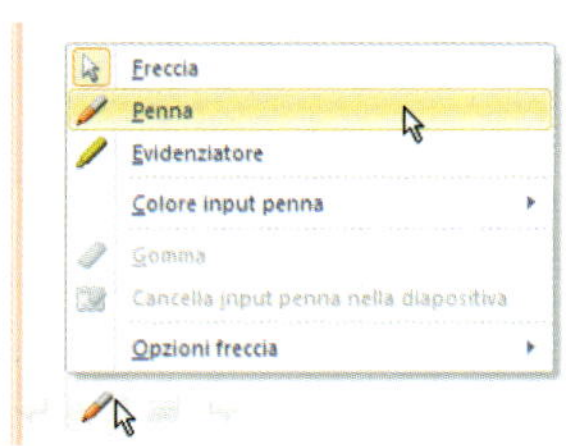

Figura 43 Impostare il puntatore come penna

La voce **Opzioni puntatore** permette di trasformare il puntatore del mouse in una freccia che non lascia segno, in una penna (figura 43) o in un evidenziatore con cui scrivere sulle diapositive durante la presentazione.

Se usi questa funzione, quando esci dalla presentazione il programma ti chiederà se vuoi mantenere le annotazioni fatte oppure eliminarle; scegliendo **Mantieni** le linee tracciate resteranno registrate sulle diapositive come oggetti grafici, che potrai in seguito eliminare, modificare o spostare.

ESERCIZI

1. Nascondi la diapositiva-titolo usando la scheda **Presentazione.**
2. Imposta la presentazione **Venaria e La Mandria.pptx** a ciclo continuo.
3. Esegui la presentazione e verifica che la prima diapositiva non compaia mai.
4. Interrompi e mostra di nuovo la diapositiva-titolo utilizzando il tasto destro.

► Altri esercizi a pagina 250

11 Creare disegni

Come usare gli strumenti di PowerPoint per fare disegni e modificarli

In questa scheda modificheremo la seconda diapositiva della presentazione.

Sovrapporremo alla mappa alcuni elementi grafici, come nella figura 44, così da mettere in evidenza la posizione geografica della destinazione della nostra gita.

Per aggiungere i disegni e la casella di testo useremo le cosiddette *forme* di PowerPoint.

Figura 44 La seconda diapositiva modificata in questa scheda

5.2.1 **Disegnare con le forme.** Apri la seconda diapositiva e usa lo
5.2.3 zoom per ingrandirne la parte centrale, dove si trova la città di
5.2.4 Torino, così da poter lavorare più comodamente su quell'area.

Per prima cosa vogliamo evidenziare con un cerchietto la reggia di Venaria.

Apri il menu dell'icona **Forme** (nella scheda **Inserisci** o nel gruppo **Disegno** della scheda **Home**) e scegli la forma **Ovale** facendo clic sulla sua icona, come nella figura 45.

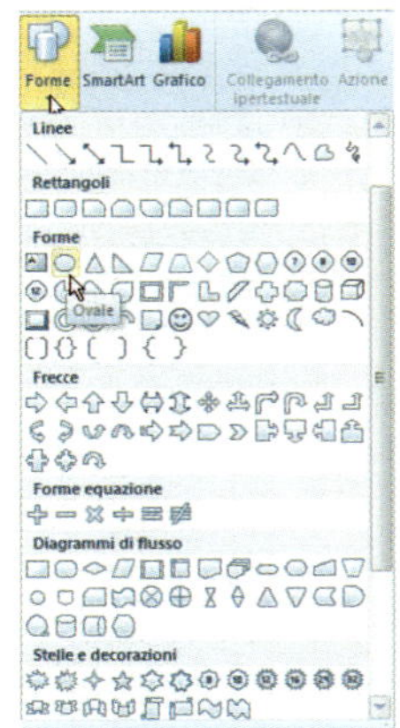

Figura 45 Scegliere una *forma*

A questo punto il menu scomparirà e il puntatore del mouse assumerà la forma di una croce +.

Trascinalo sull'immagine della diapositiva in modo da tracciare un quadrato intorno al simbolo della reggia.

Mentre trascini il mouse vedrai apparire un cerchio semitrasparente, come nella figura 46 a sinistra.

Quando rilasci il mouse, la forma apparirà invece in colore pieno, con il colore caratteristico del tema di PowerPoint che stai usando, come nella figura 46 a destra.

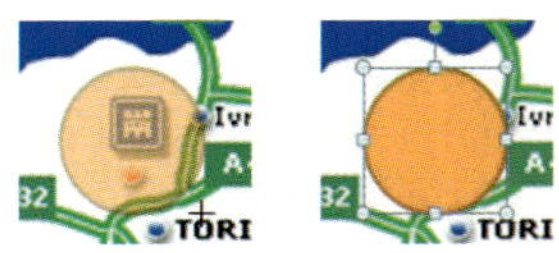

Figura 46 Disegnare la forma

La forma che hai disegnato è già selezionata e, se occorre, puoi spostarla o ridimensionarla trascinando con il mouse, con la tecnica già vista, che si applica alle immagini in generale.

Intanto nella barra multifunzione si è aggiunta la scheda **Formato** degli **Strumenti disegno**, e ora puoi agire sulla forma per cambiarne i colori e per renderla trasparente.

Nella scheda **Formato** fai clic sulla freccetta al piede del gruppo **Stili forma** (o, in modo equivalente, fai clic con il tasto destro sul disegno e scegli **Formato forma**).

Si aprirà la finestra della figura 47: scegli come colore di riempimento il giallo standard, poi imposta la trasparenza al 60% trascinando il cursore oppure digitando il valore nella casella.

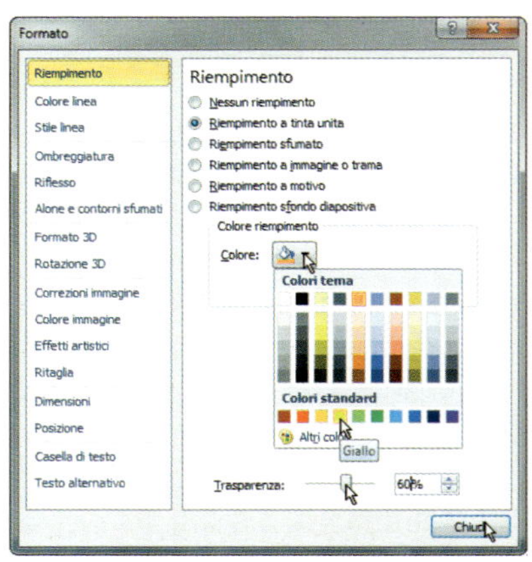

Figura 47 Cambiare il colore e la trasparenza

Apri poi la scheda **Colore linea** e imposta il rosso standard come colore per la linea di contorno del cerchietto. A questo punto il disegno avrà l'aspetto mostrato nella figura 48. Fai clic su **Chiudi** e salva il lavoro fatto fin qui.

Figura 48

Passa ora alla creazione della freccia che vedi nella figura 44. Apri di nuovo il menu dell'icona **Forme** e scegli tra le **Linee** la freccia con punta a un'estremità.

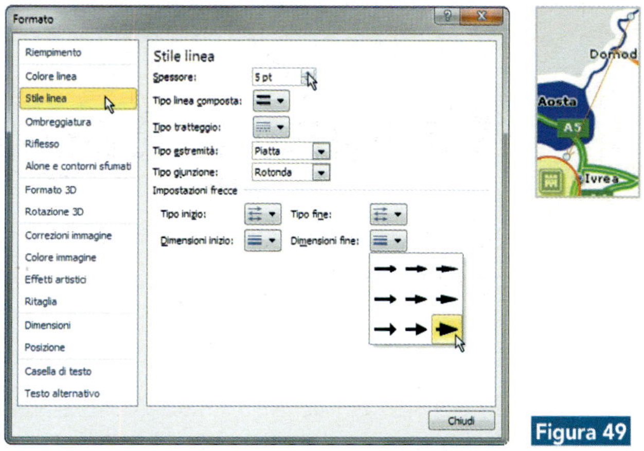

Figura 49

Trascina il puntatore + dal bordo della mappa verso il cerchietto, poi rilascia il mouse: apparirà la freccia selezionata, come in alto a destra della figura 49. Anche la freccia ha le caratteristiche del tema grafico della diapositiva; siccome è troppo sottile e poco evidente, apri di nuovo la finestra **Formato forma**, imposta come colore il rosso standard e poi nella scheda **Stile linea** assegna come spessore 5 punti. Usa i menu grafici **Tipo fine** e **Dimensioni fine** per far sì che la punta della freccia sia piena e ben evidente (figura 49).

Quando hai finito, fai clic su **Chiudi**: ora la freccia apparirà come nella figura 44 all'inizio di questa scheda.

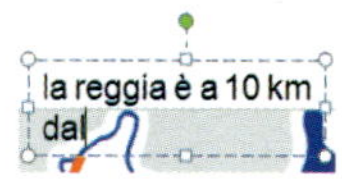

Figura 50

5.2.1
5.2.2
5.2.3

Inserire caselle di testo. Rimane da aggiungere il box con il testo in alto a destra. Per inserirlo puoi usare nella scheda **Inserisci** il solito menu dell'icona **Forme**, oppure direttamente l'icona **Casella di testo** del gruppo **Testo**.

Questa volta il puntatore del mouse prende la forma di una freccetta diretta verso il basso; trascinalo per tracciare il rettangolo al cui interno intendi scrivere. Nel momento in cui rilasci il mouse, apparirà il consueto segnaposto rettangolare dove puoi digitare il testo (figura 50).

La casella per default avrà uno sfondo trasparente; noi vogliamo invece che sia a sfondo bianco, con un contorno rosso.

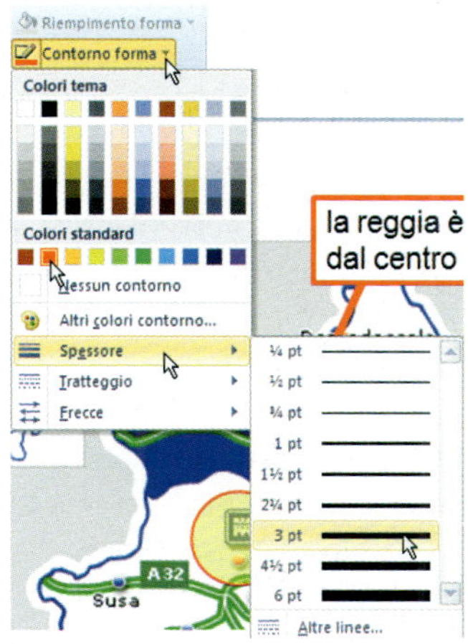

Figura 51

Potresti aprire la solita finestra **Formato forma**, ma in questo caso è più rapido usare invece le icone del gruppo **Disegno** della scheda **Formato**: con **Riempimento forma** assegna il colore bianco, poi con **Contorno forma** modifica il colore del bordo e assegnagli uno spessore di 3 punti (figura 51).

Puoi inserire testi anche all'interno di tutte le forme non lineari: quando la forma è selezionata basta digitare il testo sulla tastiera. Se in seguito vuoi modificare il testo, puoi fare doppio clic sulla forma, oppure clic con il tasto destro del mouse e selezionare **Modifica testo** nel menu contestuale.

5.2.5 **Aggiungere le ombreggiature.** La casella di testo ora è ancora attiva, e vogliamo aggiungerle un effetto di ombreggiatura. Apri il menu dell'icona **Effetti forma** del gruppo **Disegno** e scegli **Ombreggiatura**. Quando passi con il mouse sulle varie opzioni del sottomenu, vedrai apparire in tempo reale sulla diapositiva un'anteprima dell'effetto corrispondente. Scegli il primo effetto di ombra esterna facendo clic sulla sua icona. Se ora provi la diapositiva in modalità presentazione, essa avrà l'aspetto della figura 44 a inizio scheda.

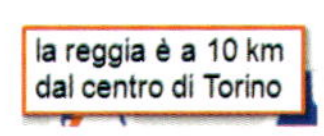

Con il menu **Effetti forma** si possono impostare anche molti altri effetti come riflessi di luce, contorni sfumati o rilievo tridimensionale.

ESERCIZI

1. Crea una nuova presentazione con una diapositiva vuota.
2. Inserisci una faccina, colorala in verde con bordo blu e rendila «perplessa» trasformando la bocca in una linea orizzontale (trascina il rombo giallo).
3. Aggiungi un fumetto che parta dalla bocca, con all'interno il testo «Boh?».
4. Salva il file nella directory **C:\informatica\presentazioni** con il nome **M6-11-esercizio.pptx**.

▶ Altri esercizi a pagina 250

12 Manipolare gli elementi grafici

Come modificare i disegni, allinearli, ruotarli, raggrupparli e portarli in primo o in secondo piano

Modificare le forme. Quando le forme sono disegni dotati di una struttura interna, questa può essere facilmente modificata con il mouse. Se per esempio inserisci la forma **Smile**, vedrai un piccolo rombo giallo su cui puoi fare clic: trascinandolo verso l'alto con il mouse, il sorriso si trasformerà nel broncio mostrato a destra nella figura 52.

Figura 52

5.2.6 **Raggruppare gli oggetti.** Vogliamo ora *raggruppare* i tre oggetti grafici creati nella scheda precedente, così da poterli manipolare come un unico oggetto. Questa operazione può essere utile quando si desidera spostare o ridimensionare «in blocco» un insieme di oggetti oppure, come vedremo, applicargli effetti di animazione.

Apri la seconda diapositiva della presentazione **Venaria e La Mandria.pptx** e trascina il mouse in modo da tracciare un rettangolo che inglobi i tre oggetti, come nella figura 53 a sinistra. È importante iniziare il trascinamento da un punto della diapositiva in cui il puntatore del mouse abbia la normale forma di freccia, *non* di croce di frecce (nel qual caso non faresti che selezionare il singolo oggetto su cui si trova il puntatore). Nel nostro caso, perciò, il trascinamento dovrà iniziare in alto a destra.

Dopo aver trascinato il mouse, i tre oggetti appariranno evidenziati, come nella figura 53 al centro. Ora apri il menu dell'icona **Disponi** nel gruppo **Disegno** della scheda **Home**, oppure fai clic con il tasto destro su uno qualsiasi degli oggetti selezionati, e scegli la voce **Raggruppa**.

I tre oggetti verranno raggruppati e intorno a essi apparirà un'unica cornice di selezione, come nella figura 53 a destra.

Figura 53 Raggruppare più oggetti

Adesso puoi agire sull'insieme dei tre oggetti come se fosse un oggetto unico; puoi spostarli tutti con una sola azione del mouse ma anche, per esempio, ricolorarli assegnando a tutti uno stesso nuovo colore.

Puoi ancora modificare i singoli oggetti (per esempio cambiando il testo nella casella, o il colore della freccia, o la posizione del cerchio) selezionandoli individualmente con un ulteriore clic; a fine modifica i tre oggetti rimarranno comunque raggruppati insieme.

Se vuoi separare di nuovo gli oggetti che avevi raggruppato, dovrai selezionare il gruppo e poi dal menu dell'icona **Disponi**, o dal menu di scelta rapida che si apre al clic con il tasto destro, scegliere la voce **Separa**.

5.2.7 **Cambiare il livello degli oggetti.** Crea una nuova diapositiva vuota e inserisci e colora tre forme, in quest'ordine: una nuvola scura, un'altra nuvola chiara e infine un sole giallo. Sposta poi i tre disegni così che siano parzialmente sovrapposti uno all'altro.

Noterai che il sole, essendo l'ultimo disegno inserito, appare in primo piano rispetto alle nuvole, come a sinistra nella figura 54.

Figura 54 Portare da primo a secondo piano

Vogliamo che il sole invece faccia capolino *dietro* le nuvole. Seleziona allora il sole e nel menu dell'icona **Disponi** fai clic su **Porta indietro**; ora il sole apparirà tra le due nuvole, come al centro nella figura 54. Se ripeti la stessa operazione, con un nuovo clic su **Porta indietro** otterrai il risultato desiderato (a destra nella figura 54). Lo puoi ottenere in un unico passaggio scegliendo l'opzione **Porta in secondo piano**, che mette l'oggetto selezionato sullo sfondo, dietro tutti gli altri oggetti presenti. Con le opzioni **Porta avanti** e **Porta in primo piano** puoi effettuare gli ordinamenti opposti a quelli appena sperimentati.

5.1.6 **Allineare gli oggetti.** Sempre con il menu dell'icona **Disponi** puoi impostare una varietà di allineamenti per l'insieme di oggetti che hai selezionato.

Seleziona per esempio i tre oggetti della figura 54 (tracciando con il mouse un rettangolo che li contiene, o facendo clic su di essi in sequenza mentre tieni premuto il tasto Ctrl).

Se ora apri il menu dell'icona **Disponi** e scegli **Allinea**, apparirà un sottomenu che ti permette di allineare con un clic gli oggetti in tutti i modi possibili. Nel sottomenu è accesa la voce **Allinea oggetti selezionati**, il che significa che l'allineamento avverrà rispetto all'area occupata dall'insieme degli oggetti stessi. Se per esempio scegli **Allinea in alto**, otterrai il risultato che vedi in basso nella figura 55.

Se invece nel sottomenu fai clic su **Allinea rispetto alla diapositiva**, aprendo di nuovo il sottomenu potrai allineare l'insieme degli oggetti rispetto alla diapositiva nel suo complesso. Le opzioni **Distribuisci orizzontalmente** e **Distribuisci verticalmente** distanziano tra loro, separandoli, gli oggetti che erano sovrapposti.

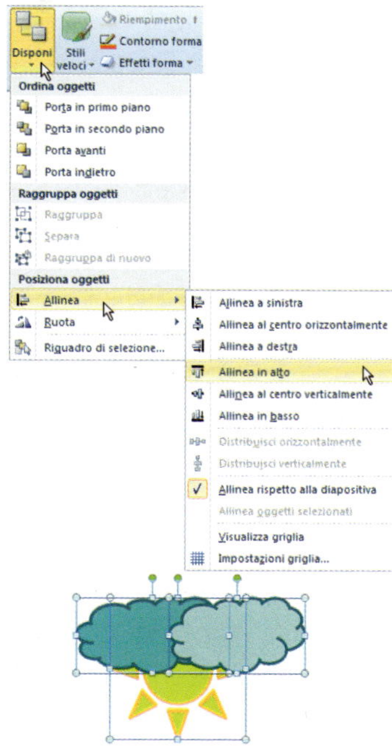

Figura 55 Allineare più oggetti

Se invece vuoi effettuare allineamenti manuali, spostando gli oggetti con il mouse, puoi far apparire sulla diapositiva una griglia di riferimento spuntando nella scheda **Visualizza** (gruppo **Mostra**) la voce **Griglia**.

5.1.5 **Ruotare gli oggetti.** Abbiamo già visto che in generale, per ruotare un oggetto dopo averlo selezionato, si può trascinare con il mouse il pallino verde che appare sopra il riquadro di selezione.

La voce **Ruota** del menu dell'icona **Disponi** offre altre comode opzioni: come mostra la figura 56, con un clic sul sottomenu puoi far ruotare l'oggetto (o il gruppo di oggetti) di 90° in senso orario o antiorario, oppure rifletterlo specularmente in orizzontale o in verticale.

La voce **Altre opzioni rotazione** apre la finestra di dialogo **Dimensioni e posizione** che abbiamo già incontrato nella precedente figura 25.

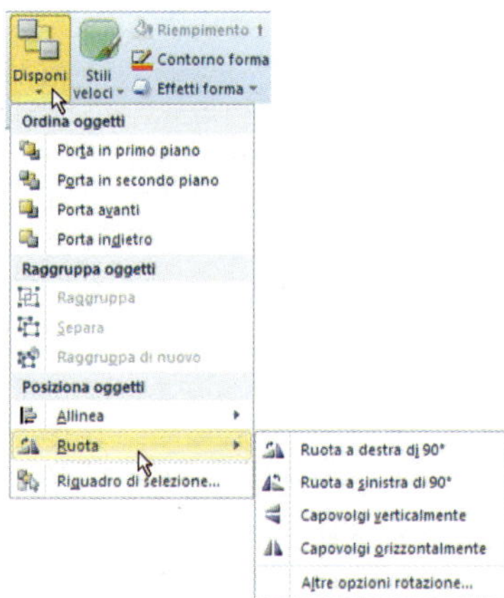

Figura 56 Le opzioni per ruotare un oggetto selezionato

ESERCIZI

1. Crea una nuova presentazione con una diapositiva vuota.
2. Inserisci tre forme in modo da riprodurre la figura 54. Raggruppa gli oggetti, ingrandisci l'insieme e centralo nella diapositiva, poi separa gli oggetti.
3. Aggiungi due fulmini sopra le nubi. Lasciane uno in primo piano e inserisci l'altro tra le due nubi.
4. Salva il file in **C:\informatica\presentazioni** con il nome **M6-12-esercizio.pptx.**

▶ Altri esercizi a pagina 250

13 Usare effetti multimediali

Come inserire animazioni, suoni e dissolvenze nelle diapositive della presentazione

6.1.1 **Aggiungere transizioni e animazioni preimpostate.** In questa scheda sperimenteremo l'uso degli effetti di transizione e di animazione che si possono aggiungere alle diapositive di PowerPoint.

Il metodo più semplice per associare un effetto di transizione a una diapositiva consiste nell'utilizzare gli effetti messi a disposizione dal programma attraverso la scheda **Transizioni** della barra multifunzione (figura 57).

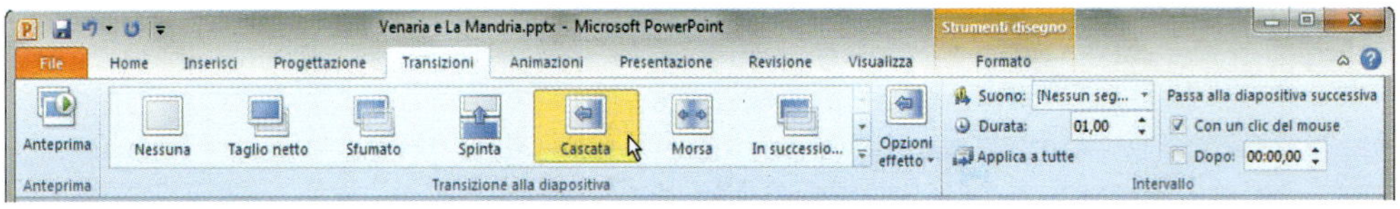

Figura 57 La scheda *Transizioni* della barra multifunzione

Visualizza la seconda diapositiva della nostra presentazione e nel gruppo **Transizione alla diapositiva** fai clic sull'effetto **Cascata**, come nella figura 57 qui sopra: subito vedrai sulla diapositiva un'anteprima della corrispondente transizione, cioè dell'effetto animato che si vedrà quando, durante la presentazione, passerai a questa particolare diapositiva.

Puoi stabilire ora le opzioni di questo effetto facendo clic su **Opzioni effetto**. Scegliamo, per esempio, **Da sinistra** e vedremo immediatamente il risultato della nostra scelta. Ora questa transizione è stata applicata alla seconda diapositiva; mentre sei in visualizzazione normale puoi rivederla facendo clic sull'icona **Anteprima**, oppure a schermo intero con il pulsante .

Figura 58 La scelta della transizione

Se adesso guardi la presentazione dall'inizio, usando il tasto F5 o il pulsante , noterai che la transizione è stata applicata soltanto alla diapositiva su cui hai lavorato.

Per applicare la transizione all'intera presentazione, ora basta tornare alla seconda diapositiva e fare clic su **Applica a tutte** nella scheda **Transizioni**.

Nel gruppo **Intervallo** c'è anche un menu che permette di scegliere la velocità dell'effetto, specificando la durata in secondi nella casella **Durata**: digita per esempio «02,00» e fai clic su **Anteprima** per vedere il risultato. Di nuovo l'effetto così impostato sarà applicato soltanto alla seconda diapositiva; fai clic su **Applica a tutte** per estenderlo anche alle altre.

In alto c'è un menu che permette di associare un effetto sonoro alla transizione. Passa alla prima diapositiva della *Galleria fotografica* e scegli il suono **Fotocamera**. Poi ripeti l'operazione per le due diapositive successive, ma in questo caso non applicare l'effetto alle altre diapositive.

Con le tecniche appena descritte puoi modificare in ogni momento gli effetti di transizione applicati a ogni singola diapositiva, e poi decidere se estendere o meno la modifica al resto della presentazione.

Sulla destra della scheda **Transizioni** è attiva per default l'impostazione **Con un clic del mouse**: ciò significa che durante la presentazione si avanzerà da una diapositiva alla successiva facendo clic in un punto qualsiasi della diapositiva corrente.

In alternativa puoi spuntare la casella **Dopo** e impostare nel menu a lato un intervallo in secondi: in questo modo, quando darai inizio alla presentazione, le diapositive avanzeranno in modo automatico agli intervalli di tempo stabiliti; questa modalità è utile per esempio quando si vuole presentare una sequenza di fotografie.

6.1.2 **Personalizzare le animazioni.** Oltre a definire le transizioni tra le diapositive, puoi impostare anche effetti che si applicano ai singoli elementi di ciascuna diapositiva.

Torna per esempio alla seconda diapositiva; qui abbiamo già raggruppato i tre disegni, e ora desideriamo che durante la presentazione essi si sovrappongano all'immagine soltanto quando vogliamo noi.

Seleziona allora il gruppo di disegni e poi fai clic su **Entrata veloce** nel gruppo **Animazione** (figura 59).

Fai clic su **Aggiungi effetto** e anche qui scegli **Da sinistra**. Vedrai subito un'anteprima dell'effetto scelto; se vuoi ripeterla, fai clic sul pulsante **Anteprima** in alto a sinistra.

Se vuoi cambiare l'animazione, scegli un diverso effetto nel gruppo **Animazione** della figura 59. Se vuoi eliminare l'animazione, fai clic su **Nessuna**.

Anche qui per default l'effetto viene associato a un clic del mouse: fai clic in basso su **Presentazione** per vedere in anteprima a schermo intero che cosa succederà durante la presentazione.

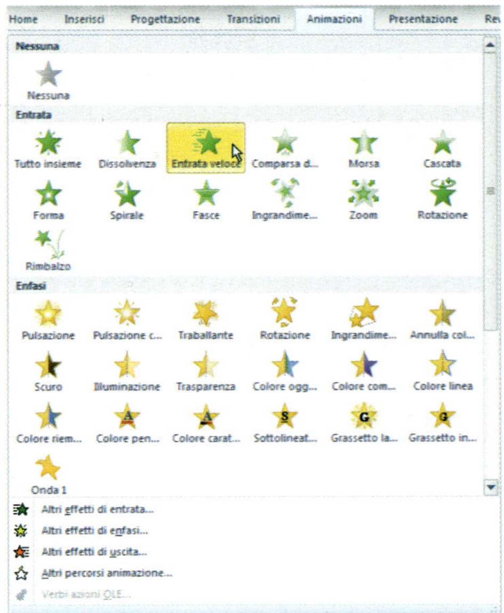

Figura 59 La scelta di un'animazione personalizzata

Per sperimentare un'altra modalità di impostazione di un'animazione personalizzata, passa ora alla terza diapositiva e seleziona il segnaposto di sinistra, che contiene un elenco di testi.

In questo caso vogliamo far sì che l'elenco puntato non appaia tutto insieme quando si apre la diapositiva, bensì gradualmente, una riga dell'elenco per volta, e in modo automatico.

Seleziona allora il primo punto elenco e nel gruppo **Animazione** scegli come entrata **Dissolvenza**. Ripeti l'operazione per i punti successivi, poi lancia la presentazione: ora i punti elenco appariranno uno alla volta, al clic del mouse.

Se desideri invece che la loro comparsa sia automatica, senza richiedere l'uso del mouse, selezionali tutti insieme e poi scegli nel gruppo **Intervallo**, per la voce **Inizio**, l'opzione **Dopo precedente**.

Puoi modificare l'intervallo di tempo tra la comparsa dei punti elenco digitando nel campo **Durata** un valore in secondi. Lancia nuovamente la presentazione per vedere il risultato.

Per modificare le impostazioni fatte, o sceglierne altre, puoi fare clic su **Riquadro animazione** nel gruppo **Animazione avanzata**: sulla destra si aprirà un riquadro che mostra tutte le animazioni attive. Facendo clic sulla freccetta nera posta a destra di ciascuna animazione, potrai scegliere dal menu tutte le opzioni relative. In particolare, al clic su **Opzioni effetto** si aprirà la finestra della figura 60, dove potrai modificare le principali impostazioni scelte in precedenza.

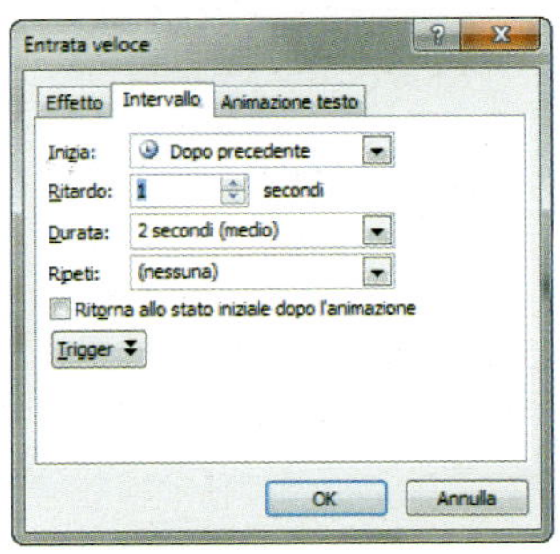

Figura 60 Impostare il ritardo

Infine salva il lavoro fatto e chiudi la presentazione e il programma.

ESERCIZI

1. Modifica le tre diapositive della *Galleria fotografica* così che la foto di destra appaia in dissolvenza 2 secondi dopo quella di sinistra.
2. Imposta la presentazione così che le diapositive avanzino automaticamente a intervalli di 2 secondi.
3. Elimina le altre diapositive, imposta la presentazione a ciclo continuo e provane il funzionamento.
4. Salva il file in formato **.ppsx** in **C:\informatica\presentazioni** con il nome **M6-13-esercizio.ppsx.**

▶ Altri esercizi a pagina 250

14 Creare organigrammi

Come usare le funzioni di PowerPoint per la creazione di diagrammi

Un *organigramma* è uno schema grafico costituito da riquadri di testo collegati fra loro e usato tipicamente per visualizzare la struttura gerarchica di un'azienda.

In PowerPoint 2010 gli organigrammi sono diventati un sottoinsieme di una più generale categoria di oggetti chiamati *SmartArt*, che si possono inserire nelle diapositive usando l'icona dei segnaposto oppure della scheda **Inserisci** nella barra multifunzione.

Al clic si apre la finestra della figura 61, dove puoi scegliere tra varie categorie di oggetti che sono progettati per comunicare efficacemente informazioni in modo visivo.

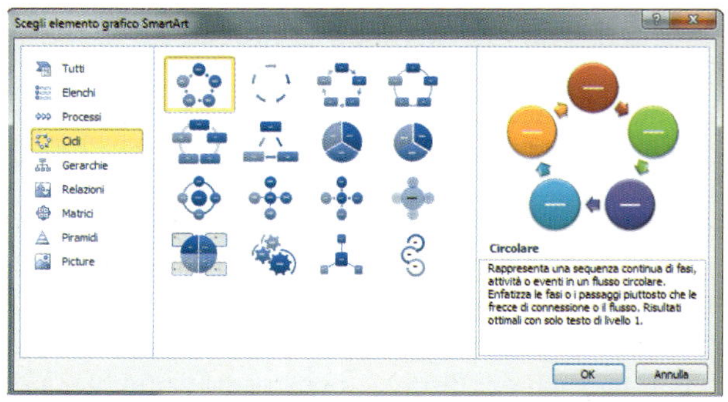

Figura 61 La scelta degli *SmartArt*

Si tratta di strutture grafiche pronte all'uso, al cui interno è semplice inserire testi e immagini con il risultato di evidenziare il flusso delle informazioni o le relazioni tra esse.

Possono servire per esempio per descrivere in modo grafico la struttura interna di un'organizzazione, ma anche le fasi di un processo che evolve nel tempo, per esempio un ciclo produttivo.

Quando inserisci in una diapositiva un oggetto SmartArt, nella barra multifunzione si aggiungono gli **Strumenti SmartArt**, con due nuove schede **Progettazione** e **Formato** contenenti comandi specifici per la gestione di questi oggetti.

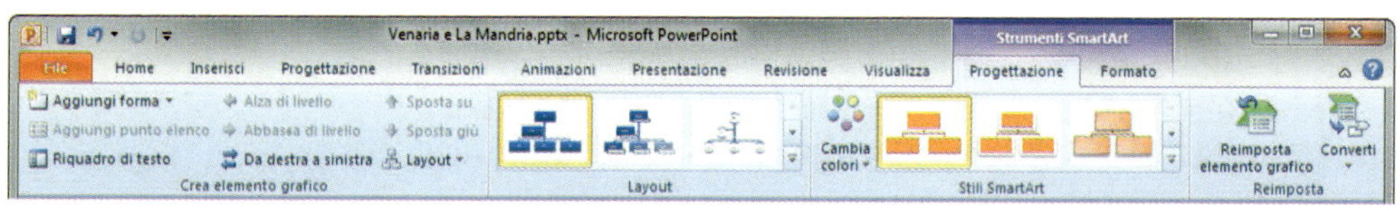

Figura 62 La scheda *Progettazione* degli Strumenti *SmartArt*

4.2.1 **Creare un organigramma.** Per inserire un organigramma si sceglie la prima opzione della sezione **Gerarchie** degli SmartArt, come nella figura 63 a sinistra.

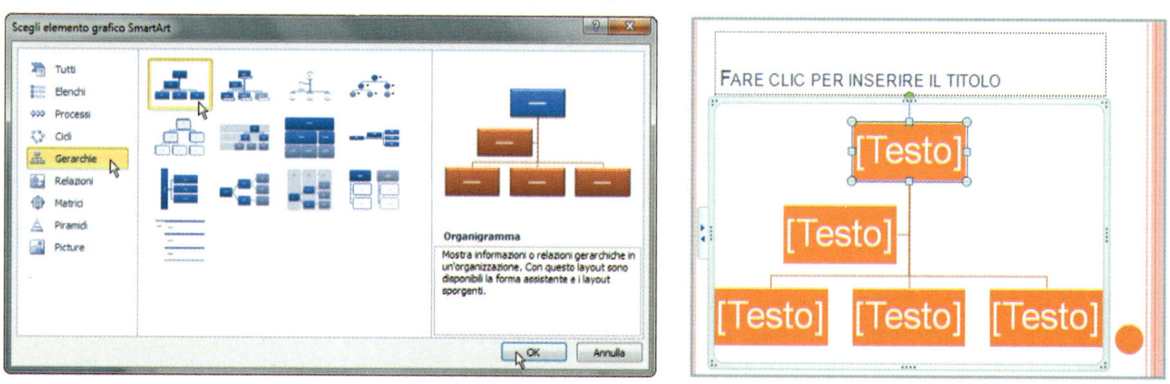

Sulla diapositiva appare una serie di caselle organizzate in forma gerarchica, come nella figura 63 a destra. Questo è il modello di base di organigramma che, come ora vedremo, può essere adattato alle proprie esigenze specifiche.

Figura 63 Inserire un organigramma

Come di consueto, la cornice che circonda l'organigramma può essere trascinata per spostarlo o ridimensionarlo. Le singole caselle e le linee di connessione possono essere selezionate individualmente e modificate (per esempio cambiandone spessore, colori e bordi) con le tecniche che abbiamo già visto per le caselle di testo e per le forme grafiche. Se modifichi un oggetto, in ogni momento puoi ritornare alla sua versione originale con l'icona **Reimposta elemento grafico** della scheda **Progettazione**.

Per scrivere dentro una casella è sufficiente fare clic su di essa e poi digitare (o incollare un testo copiato da una qualsiasi applicazione). Il corpo dei caratteri viene regolato dal programma in base alla lunghezza del testo: se in una casella inserisci un testo più lungo, le dimensioni del carattere verranno ridotte automaticamente nell'intero organigramma, per mantenerne l'uniformità grafica.

Sulla sinistra della cornice di selezione ci sono due freccette che al clic aprono una finestrella (figura 64) in cui puoi inserire o modificare i testi in modo simile a quanto avviene nella modalità **Struttura** delle diapositive; questo sistema può essere più comodo e rapido rispetto allo spostamento con il mouse tra le caselle.

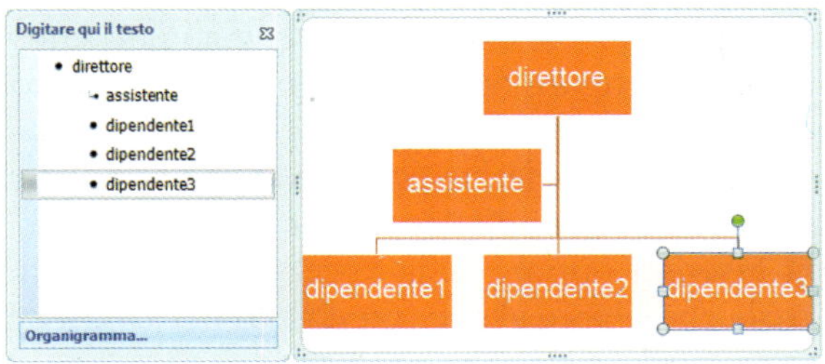

Figura 64 Usare il riquadro di testo

Il riquadro di testo si può aprire e chiudere anche con l'icona del gruppo **Crea elemento grafico** sulla sinistra della scheda **Progettazione**.

4.2.2
4.2.3
Modificare la struttura di un organigramma. Per aggiungere caselle nello schema gerarchico puoi selezionare una casella e usare il menu dell'icona **Aggiungi forma** del gruppo **Crea elemento grafico**, oppure fare clic con il tasto destro del mouse sulla casella e poi nel menu contestuale scegliere **Aggiungi forma**. Poi, come qui a fianco, puoi specificare se la nuova casella debba essere al livello di quella selezionata (a sinistra, **prima**, o a destra, **dopo**) oppure a livello superiore (**sopra**) o inferiore (**sotto**). Puoi anche introdurre una nuova casella **Assistente**.

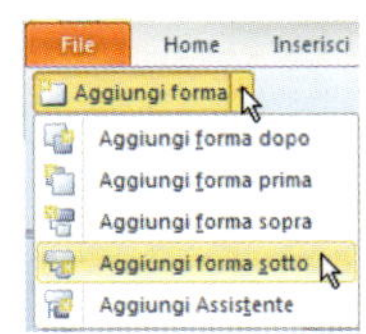

Se vuoi aggiungere un nuovo livello in basso a sinistra nell'organigramma, puoi fare clic sull'icona **Aggiungi forma** anche se non hai selezionato alcuna casella.

Puoi spostare una casella selezionata cambiando il suo livello gerarchico puoi usare le icone **Alza di livello** e **Abbassa di livello** del gruppo **Crea elemento grafico**.

Puoi eliminare una casella selezionandola e poi premendo il tasto Canc. In tal caso il programma eliminerà automaticamente anche le linee che connettevano quella casella al resto dell'organigramma.

Se vuoi modificare il layout dell'organigramma, seleziona la sua casella d'origine e poi nella scheda **Progettazione** usa il menu dell'icona del gruppo **Crea elemento grafico** per scegliere un nuovo allineamento.

Per esempio, la figura 65 mostra come trasformare il layout **Standard** della figura 64 in un layout **Allineato a sinistra**.

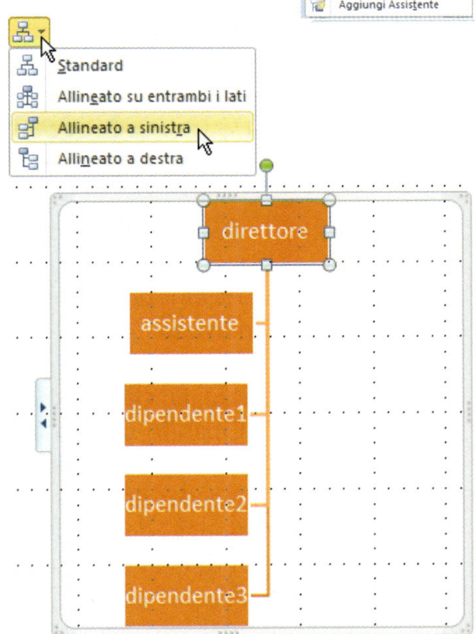

Figura 65 Cambiare il layout

ESERCIZI

1. Crea una nuova presentazione e una diapositiva intitolata «Vertici dell'azienda» nel **Tema di Office.**
2. Crea sotto il titolo un organigramma con un Presidente da cui dipendono un Direttore produzione e un Direttore vendite (al livello di Assistenti). Dal Direttore produzione dipendono tre Capi area, mentre dal Direttore vendite dipendono altri due Capi area.
3. Salva in **C:\informatica\presentazioni** come **M6-14-esercizio.pptx.**

▶ Altri esercizi a pagina 250

15 Inserire collegamenti

Come inserire link a Internet nelle diapositive e come collegare tra loro diapositive non consecutive

Inserire un link a Internet. Crea una diapositiva conclusiva come nella figura 66. Nell'ultima riga vogliamo rimandare al sito Internet **www.lavenaria.it**.

Basta allora selezionare il testo che si desidera linkare e fare clic sull'icona **Collegamento ipertestuale** nella scheda **Inserisci** oppure sulla voce omonima del menu contestuale che si apre al clic con il tasto destro del mouse sul testo selezionato.

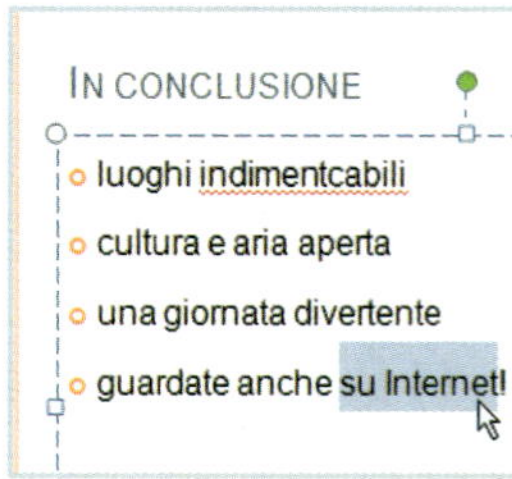

Figura 66 La diapositiva finale

Appare allora la finestra della figura 67, dove puoi digitare l'indirizzo web di destinazione in basso nella casella **Indirizzo** (non è necessario scrivere i caratteri iniziali **http://**, verranno aggiunti automaticamente non appena digiti **www.**).

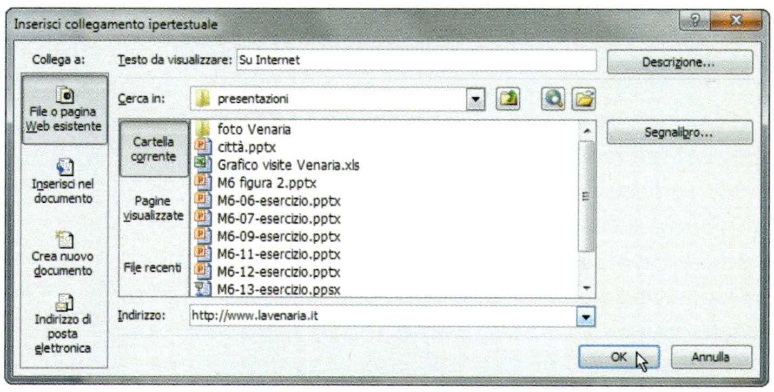

Figura 67 La finestra *Inserisci collegamento ipertestuale*

Se hai consultato di recente con il browser Internet Explorer la pagina di destinazione, puoi fare clic al centro della finestra su **Pagine visualizzate** e scegliere la pagina di destinazione direttamente con un clic dall'elenco, evitando così di dover digitare l'indirizzo.

Per salvare la scelta fatta e chiudere la finestra, fai clic su **OK**.

Quando eseguirai la presentazione il testo collegato apparirà sottolineato come è tipico dei link nei siti web (figura 68) e al passaggio del mouse su di esso il puntatore prenderà la forma di una manina.

Al clic sul link verrà lanciato il browser predefinito del tuo computer, che aprirà la pagina di destinazione scelta.

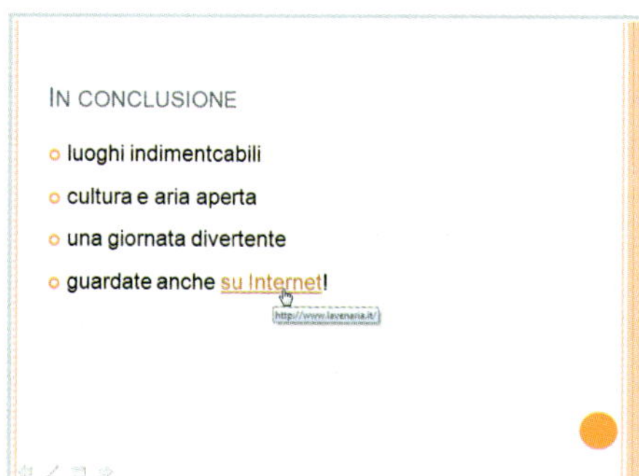

Figura 68 Il link attivo durante la presentazione

Creare collegamenti tra diapositive. Supponiamo adesso invece di voler introdurre la possibilità di «saltare» direttamente, quando diamo inizio alla presentazione, dalla diapositiva-titolo alla Galleria fotografica.

Ci serve dunque un rimando che, quando sceglieremo di utilizzarlo, porti direttamente dalla prima diapositiva alla quarta, senza visualizzare la mappa né il programma della giornata.

Visualizza la diapositiva-titolo e usa le **Forme** per disegnare una frecciona in basso a destra nella diapositiva, come nella figura 69.

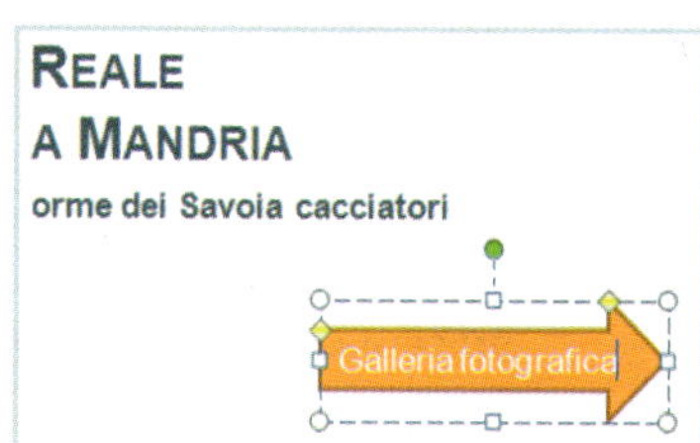

Figura 69 La forma usata per collegare le diapositive

Per scrivere dentro la freccia, come già abbiamo visto, fai clic su di essa con il tasto destro e scegli **Modifica testo**.

Accertati che la freccia rimanga poi in secondo piano rispetto al testo.

A questo punto devi selezionare l'oggetto con un clic sul suo riquadro di selezione, così che il bordo diventi una linea continua (in caso contrario verrà linkato soltanto il testo, come nel paragrafo precedente, e non anche il disegno della freccia, come invece desideriamo che avvenga).

Usa poi l'icona della scheda **Inserisci**, o il tasto destro del mouse, per aprire la finestra **Inserisci collegamento ipertestuale** come già descritto sopra.

Questa volta però scegli sulla sinistra l'opzione **Inserisci nel documento**. Al centro apparirà allora l'elenco delle diapositive della presentazione, come nella figura 70.

Fai clic nell'elenco sulla prima diapositiva della Galleria fotografica e poi su **OK**.

Se ora esegui la presentazione a tutto schermo, troverai che la freccia (e con essa il testo che contiene) è diventata un oggetto attivo: al passaggio del mouse su di essa il puntatore diventa una manina e al clic passi direttamente alla Galleria fotografica.

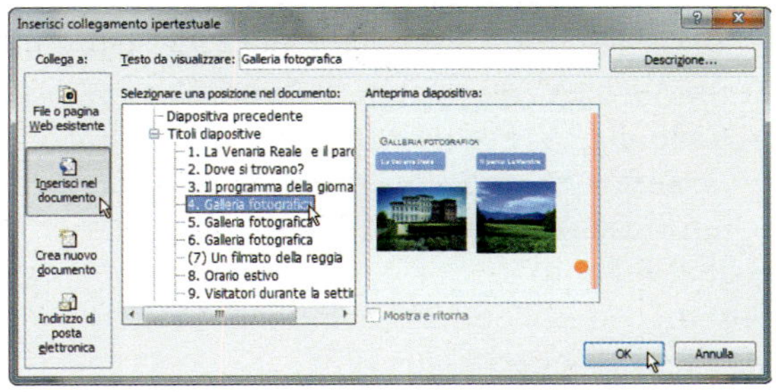

Figura 70
La scelta del collegamento

Se invece fai clic su un qualsiasi altro punto della diapositiva-titolo, dove il puntatore ha la consueta forma di una freccia, passerai alla seconda diapositiva seguendo il percorso canonico della presentazione.

Copiare i collegamenti. Visualizza adesso la prima diapositiva della *Galleria fotografica* e inserisci in basso a destra una freccia «di ritorno» che riporti alla diapositiva-titolo, come nella figura 71. Verifica il funzionamento del meccanismo di ritorno, poi seleziona e copia la freccia che hai appena impostato.

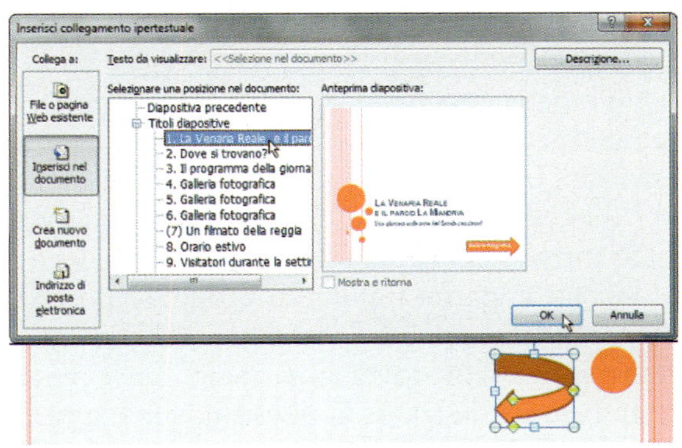

Figura 71
Il collegamento «di ritorno»

Visualizza la seconda diapositiva della Galleria fotografica e incolla la freccia usando l'icona della scheda **Home** o i tasti Ctrl + V.

Ora anche in questa diapositiva hai una freccia di ritorno, nella stessa posizione della precedente, e se passi alla modalità presentazione potrai verificare che essa «funziona», cioè ti riporta alla diapositiva-titolo.

Impostazioni come i collegamenti ipertestuali, dunque, si possono copiare insieme agli oggetti a cui sono associate.

Copia ancora la freccia di ritorno nella terza diapositiva della Galleria fotografica, prima di salvare il lavoro e uscire dal programma.

ESERCIZI

1 Aggiungi alla diapositiva-titolo di **Venaria e La Mandria.pptx** una ClipArt a tema Internet e, subito sotto, una casella di testo con dentro la scritta «il sito web della reggia».

2 Collega ciascuno dei due oggetti al sito **www.lavenaria.it.**

3 Elimina tutte le altre diapositive e poi salva la presentazione in **C:\informatica\presentazioni** con il nome **M6-15-esercizio.pptx.**

▶ Altri esercizi a pagina 250

16 Completare la presentazione

Come inserire note, commenti, piè di pagina e come controllare l'ortografia

2.3.2 2.3.3 **Utilizzare il piè di pagina.** Come gli elaboratori di testo e altri programmi, PowerPoint predispone sulle diapositive due aree speciali chiamate *intestazione e piè di pagina*, in cui si possono inserire informazioni standard o personalizzate.

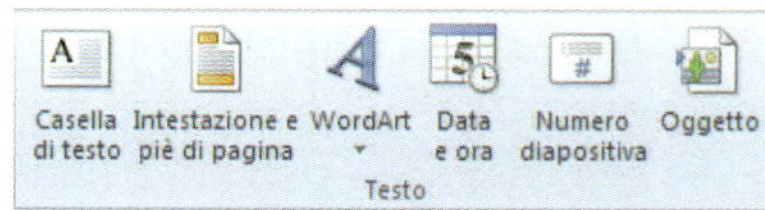

Figura 72 Il gruppo Testo della scheda *Inserisci*

Il contenuto di queste aree si può impostare con le icone del gruppo **Testo** della scheda **Inserisci** (figura 72).

Con un clic sull'icona **Intestazione e piè di pagina** si apre la finestra di dialogo della figura 73. Qui puoi scegliere quali informazioni far apparire sulla diapositiva, e puoi personalizzarle.

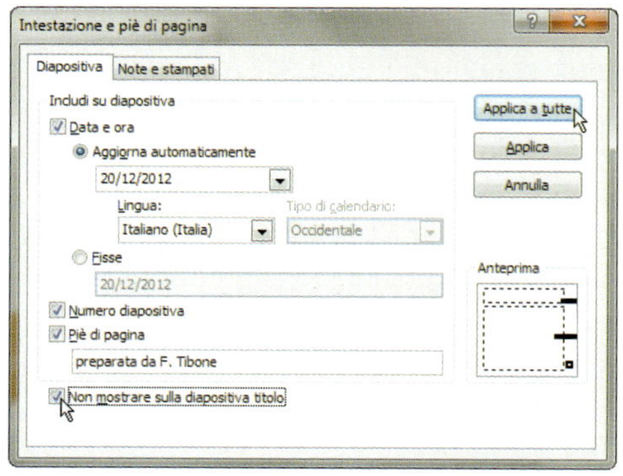

Figura 73 La finestra *Intestazione e piè di pagina*

Se spunti la casella **Data e ora**, potrai scegliere di mostrare una data e un orario, chiedendo che il computer li aggiorni automaticamente ogni volta che mostri la presentazione, oppure inserendo una data fissa, selezionando l'opzione **Fisse** (per esempio, la data in cui hai finito di preparare la presentazione).

Se scegli **Aggiorna automaticamente**, un menu ti consente di scegliere tra vari possibili formati per la data e l'ora.

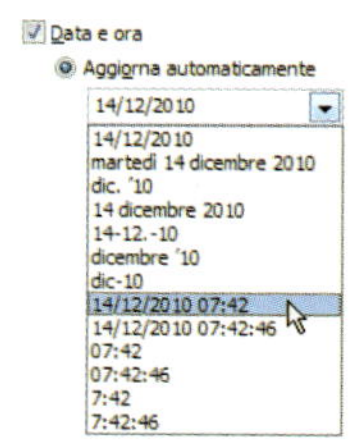

Per far apparire il numero progressivo della diapositiva, spunta la casella **Numero diapositiva**. Se spunti il checkbox **Piè di pagina**, puoi poi digitare nella casella sottostante il testo che dovrà apparire in quella parte della diapositiva.

In basso a destra nella finestra della figura 73 puoi vedere un'anteprima schematica della diapositiva corrente, con la posizione in cui appariranno le diverse informazioni, man mano che le inserisci.

Con un clic sul pulsante **Applica** le impostazioni verranno applicate soltanto alla diapositiva su cui stai lavorando; se vuoi invece applicarle all'intera presentazione, fai clic su **Applica a tutte** (in tal caso l'ultima casella di spunta in basso a sinistra consente di evitare che le informazioni appaiano sulla diapositiva-titolo, se preferisci che questa rimanga «pulita»).

Nei word processor l'intestazione compare sempre in testa alla pagina, e il piè di pagina sempre in basso, al piede come dice il nome. In PowerPoint invece la posizione di queste informazioni sulle diapositive non è prefissata: può variare invece con l'impostazione grafica del particolare tema scelto.

Con il tema **Loggia** usato per la nostra presentazione, per esempio, i testi dell'intestazione e del piè di pagina sono collocati entrambi sulla destra, ruotati di 90° in senso orario (figura 74).

Con il **Tema di Office**, che è il default di PowerPoint, entrambi appaiono invece al piede della pagina.

Figura 74 La diapositiva con intestazione e piè di pagina

6.1.3 **Aggiungere note alle diapositive.** Durante la creazione di una presentazione può essere utile prendere appunti, senza farli comparire sulle diapositive.

Quando lavori in visualizzazione normale, sotto la diapositiva è sempre visibile un riquadro in cui puoi scrivere gli appunti, come nella figura 75; puoi ingrandire l'area disponibile del riquadro portando il mouse sul suo bordo superiore e trascinando verso l'alto quando il puntatore prende la forma ‡.

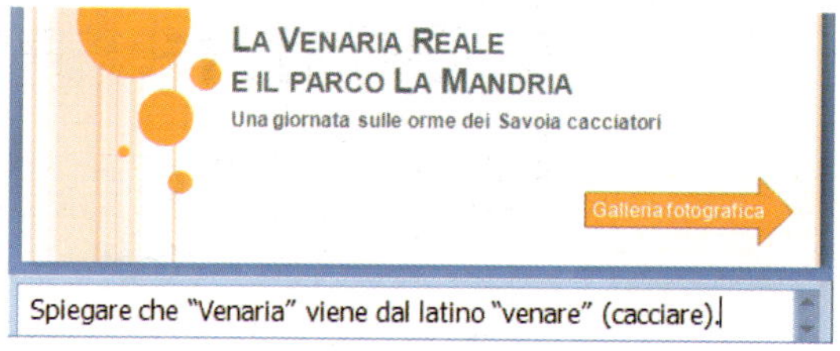

Figura 75

Per inserire una nota basta fare clic nel riquadro e digitare il testo, oppure incollarlo dopo averlo copiato da un altro documento.

Per avere una visione globale della diapositiva e delle note, usa l'icona **Pagina note** della scheda **Visualizza**, come nella figura 76.

Come vedremo nella prossima scheda, se si desidera poter consultare le note durante la presentazione, si può scegliere di stamparle su carta insieme alle diapositive.

Con la scheda **Note e stampati** della finestra della figura 73 è possibile aggiungere intestazioni e piè di pagina anche alle pagine delle note.

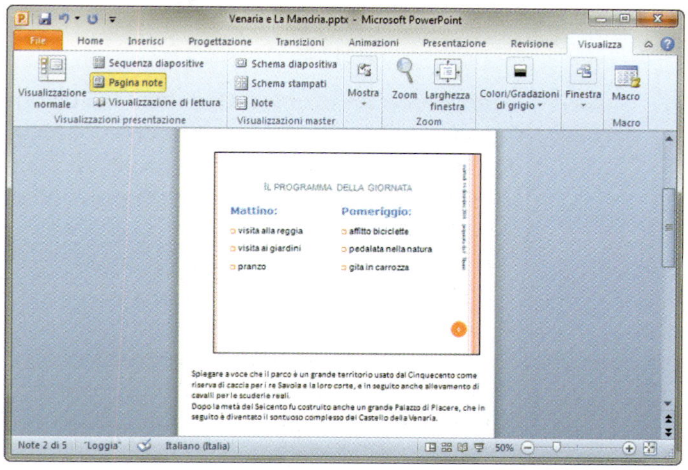

Figura 76

È anche possibile aggiungere commenti alle diapositive utilizzando l'icona **Nuovo commento** della scheda **Revisione**. Appare una finestrella in cui si può digitare un testo, e che si chiude quando si fa clic al suo esterno. Se è attivata l'icona **Mostra commenti**, mentre si lavora sulle diapositive i commenti appaiono come piccole etichette in alto a sinistra: fermando il mouse su di esse, appare a fianco il testo del commento (figura 77). Per poterlo editare si deve fare doppio clic sull'etichetta.

Figura 77
Una diapositiva con commento

6.2.1 **Correggere l'ortografia.** L'ultimo accorgimento prima di pubblicare la presentazione riguarda la revisione dell'ortografia. Il correttore automatico di PowerPoint si attiva premendo il tasto F7 della tastiera, oppure facendo clic sull'icona **Controllo ortografia** nella scheda **Revisione** della barra multifunzione.

In modo analogo a ciò che avviene negli elaboratori di testo, PowerPoint suggerisce la sostituzione dei vocaboli che non sono presenti nel suo dizionario interno (e che in visualizzazione normale appaiono con una sottolineatura ondulata rossa).

Nella finestra del correttore automatico (figura 78) puoi fare clic su **Ignora** per non tenere conto dei suggerimenti, oppure su **Cambia** per accettare la sostituzione proposta, dopo averla selezionata nell'elenco a sinistra.

Se una parola o sigla è scritta correttamente, ma PowerPoint non la conosce, fai clic su **Aggiungi** per aggiungerla al vocabolario del programma, come nella figura 78.

Il correttore segnalerà come errori anche le parole ripetute più volte; in tal caso fai clic su **Elimina** per eliminare la ripetizione, o su **Ignora** per conservarla.

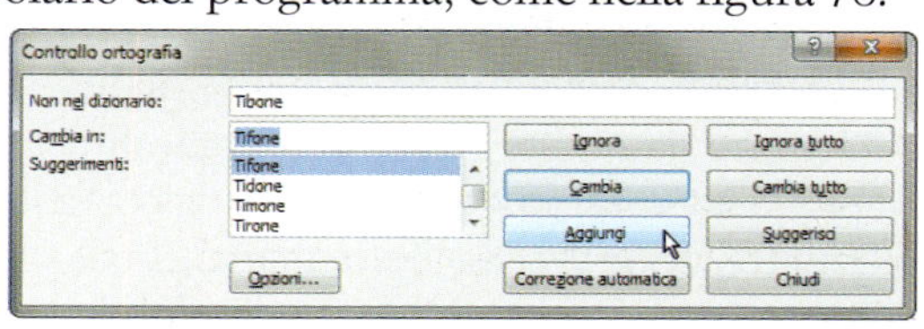

Figura 78

ESERCIZI

1. Inserisci intenzionalmente qualche errore ortografico nelle diapositive di **Venaria e La Mandria.pptx**, poi verifica che il correttore automatico lo trovi.
2. Modifica l'intestazione così che la data aggiornata automaticamente includa anche il nome del giorno della settimana.
3. Salva la presentazione modificata in **C:\informatica\presentazioni** con il nome **M6-16-esercizio.pptx**.

► Altri esercizi a pagina 250

17 Stampare una presentazione

Come scegliere le opzioni per stampare in diversi formati le diapositive di una presentazione

6.1.4 6.2.2 **Selezionare un formato di uscita.** Fai clic sull'icona **Schema stampati** della scheda **Visualizza**. Nella barra multifunzione si aggiungerà la nuova scheda della figura 79, con cui si possono gestire le principali formattazioni del documento da stampare, il cui schema apparirà nella finestra principale sotto la barra.

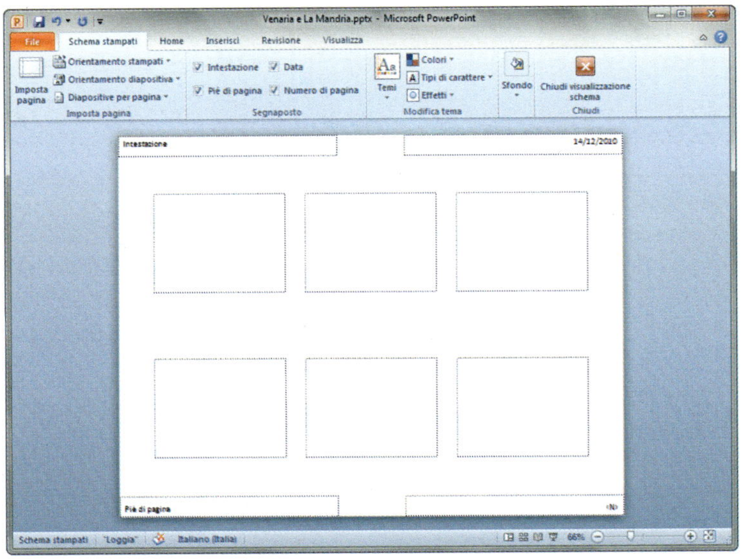

Figura 79

L'icona **Imposta pagina**, che è disponibile anche nella scheda **Progettazione** della barra multifunzione, apre la finestra di dialogo della figura 80.

Qui in primo luogo puoi stabilire in quale formato stampare le diapositive, scegliendo tra quelli elencati nel menu a discesa **Formato diapositive**.

La scelta del formato delle diapositive dipende dall'uso specifico che si vuole fare della presentazione.

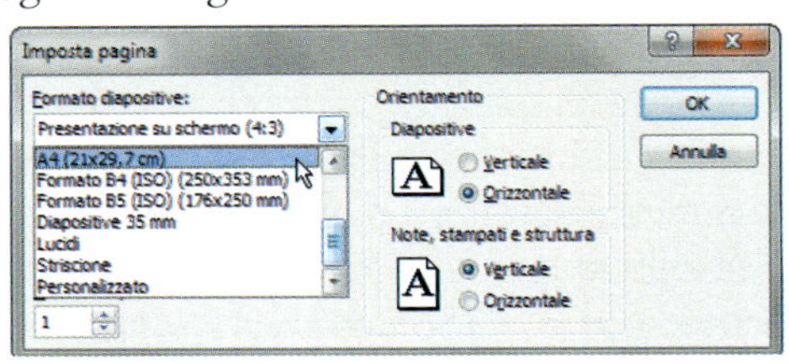

Figura 80
La finestra *Imposta pagina*

Il formato di default è quello ideale per la presentazione sul monitor di un computer. Se invece prevedi di presentare il lavoro usando una lavagna luminosa, potrai usare l'opzione **Lucidi**.

Il formato di stampa più usuale è quello su carta A4.

Sempre da questa finestra puoi modificare anche le dimensioni della carta da usare per la stampa, specificandone i valori nelle apposite caselle **Larghezza** e **Altezza**.

Inoltre puoi variare l'orientamento sia delle diapositive (il default è **Orizzontale**, come nella visione a schermo) sia del documento che verrà stampato (per questo il default è **Verticale**).

Queste ultime impostazioni si possono gestire anche con le icone **Orientamento stampati** e **Orientamento diapositiva** della scheda **Schema stampati**. Il menu **Diapositive per pagina** consente di scegliere quante diapositive impaginare su ciascun foglio.

Con le caselle di spunta del gruppo **Segnaposto** puoi decidere se far comparire sui fogli stampati la data, il numero di pagina, l'intestazione e il piè di pagina; a ciascuna di queste voci corrisponde un segnaposto nello schema del documento da stampare, e su ogni segnaposto puoi fare clic per digitarvi un testo.

L'anteprima di stampa. Varie caratteristiche della stampa, tra cui alcune già descritte sopra, si possono impostare anche passando all'**Anteprima di stampa** attraverso il menu **File**, facendo clic su **Stampa** (figura 81).

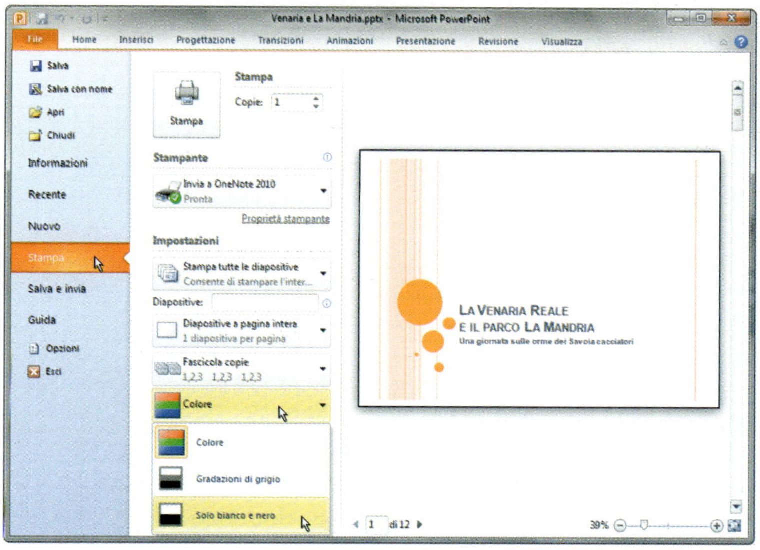

Figura 81
L'anteprima di stampa

Nella colonna a sinistra dell'anteprima, partendo dall'alto, si può specificare il numero di copie da stampare, scegliere la **Stampante** tra quelle disponibili e impostarne le **Proprietà**.

Segue poi una sezione **Impostazioni** che contiene numerosi menu a tendina: con il primo si può scegliere se stampare tutte le diapositive o soltanto alcune (elencandole nella casella **Diapositive**), con il successivo si può stabilire quante diapositive stampare in ogni pagina (e se includere o meno le note, figura 82).

Si può quindi indicare come fascicolare gli stampati, modificare l'orientamento del foglio e con il menu **Colore** (figura 81) stabilire se stampare a colori oppure in scala di grigio o in bianco e nero.

Figura 82
Stampare le diapositive con le note

6.2.3 **Stampare la presentazione.** Un clic sull'icona **Stampa** della figura 81 avvia immediatamente la stampa sulla stampante predefinita. Per usare una stampante diversa devi intervenire prima, selezionandola nell'elenco di quelle disponibili, che appare facendo clic sull'icona nella sezione **Stampante**.

ESERCIZI

1 Apri la presentazione **Venaria e La Mandria.pptx.**
2 Stampa una diapositiva in formato «striscione».
3 Stampa un'altra diapositiva in bianco e nero.
4 Stampa una terza diapositiva con orientamento verticale. In tutti e tre i casi, accertati che l'intero contenuto delle diapositive venga trasferito sulla carta stampata.

▶ Altri esercizi a pagina 250

Verifica le tue conoscenze - *Esercizi sui punti del Syllabus*

Quando le risposte sono etichettate da cerchietti, significa che il quesito ha una sola risposta esatta; quando invece sono etichettate da quadratini, significa che più di una risposta è corretta.

1.1.1 Se una singola presentazione è aperta, si può chiudere il programma:
- A facendo clic su ×
- B facendo clic sul pulsante **Chiudi** nella barra multifunzione
- C selezionando **Esci** dopo aver fatto clic su **File**
- D selezionando **Chiudi** dopo aver fatto clic su **File**

1.1.2 La creazione di una presentazione sulla base del modello predefinito dal programma può avvenire:
- (A) con l'opzione **Nuovo** del menu **File**
- (B) scegliendo **Crea** nella scheda **Home**
- (C) scegliendo dalla scheda **Home** il layout **Vuoto**
- (D) aprendo la directory **C:\modelli\PowerPoint**

1.1.3 Quando si salva una presentazione:
- (A) le si può assegnare un nuovo nome
- (B) non la si può memorizzare in un disco rimovibile
- (C) occorre prima aver inserito una nuova diapositiva
- (D) è necessario cambiare l'estensione del file

1.1.4 Il salvataggio in formati diversi può essere fatto:
- A scegliendo **Esporta** dalla scheda **Home**
- B scegliendo **Salva con nome** dal menu **File**
- C anche in formato immagine
- D soltanto in formato **.ppsx**

1.1.5 Per spostarsi fra presentazioni aperte si può selezionare il nome del file al quale passare:
- A nella barra di accesso rapido
- B nella scheda **Presentazione**
- C nel menu dell'icona **Cambia finestra** della scheda **Visualizza**
- D sulla barra delle applicazioni

1.2.1 Le opzioni di base del programma:
- (A) si possono impostare dal menu **Avvio**
- (B) si possono modificare dal menu **File** selezionando **Opzioni**
- (C) consentono di modificare soltanto il nome dell'utente e la cartella predefinita per il salvataggio
- (D) si impostano soltanto al momento dell'installazione del programma

1.2.2 La *Guida in linea:*
- (A) si consulta esclusivamente tramite l'*assistente di Office*
- (B) permette di effettuare soltanto ricerche per parole chiave
- (C) si può attivare dalla tastiera
- (D) si può attivare dalla scheda **Home**

1.2.3 L'ingrandimento:
- (A) permette di scegliere solo ingrandimenti predeterminati
- (B) si può utilizzare soltanto nella modalità di visualizzazione **Normale**
- (C) si può attivare dalla scheda **Visualizza**
- (D) si può attivare dalla scheda **Home**

1.2.4 Quali affermazioni sulla barra multifunzione sono corrette?
- A Si può nascondere usando il tasto destro del mouse
- B Si può ripristinare con un clic su
- C Si può attivare o nascondere mediante la scheda **Visualizza**
- D Si può spostare con il mouse in diverse parti dello schermo

2.1.1 La visualizzazione **Normale**:
- (A) consente di apportare modifiche alla presentazione
- (B) mostra le diapositive soltanto come miniature
- (C) è quella che si utilizza per mostrare al pubblico la presentazione
- (D) si può avviare facendo clic su

2.1.2 Il titolo delle diapositive:
- A è utile per identificarle e distinguerle in vista sequenza
- B è utile per identificarle e distinguerle in vista presentazione
- C viene inserito automaticamente dal programma
- D deve obbligatoriamente essere diverso per ciascuna diapositiva

2.1.3 Per cambiare la modalità di visualizzazione della presentazione:
- (A) si può intervenire soltanto dalla scheda **Visualizza**
- (B) si può intervenire soltanto dalla scheda **Presentazione**
- (C) si può intervenire dalla barra di accesso rapido
- (D) si possono utilizzare le iconcine poste in basso a destra nella finestra

2.2.1 Il layout diapositiva si può modificare:
- (A) soltanto quando la diapositiva è vuota
- (B) soltanto se non sono state inserite immagini
- (C) in qualsiasi momento
- (D) soltanto dalla scheda **Home**

2.2.2 Un modello struttura:
- A si può applicare a singole diapositive
- B va necessariamente applicato a tutte le diapositive
- C può essere modificato per l'intera presentazione
- D dev'essere applicato prima di creare la presentazione

2.2.3 Il colore dello sfondo:
- A può essere modificato anche soltanto in singole diapositive
- B può essere modificato in tutte le diapositive contemporaneamente
- C può essere modificato soltanto dalla scheda **Progettazione**
- D dev'essere impostato prima di creare la presentazione

2.2.4 L'inserimento di una nuova diapositiva:
- A viene fatto dopo quella selezionata
- B viene fatto dopo l'ultima diapositiva esistente
- C si può attivare dalla scheda **Revisione**
- D si può attivare con il tasto destro del mouse

2.2.5 Per spostare una diapositiva:
- A è necessario essere nella modalità di visualizzazione **Sequenza diapositive**
- B si può intervenire anche in visualizzazione **Normale**
- C si può intervenire per trascinamento
- D si può intervenire soltanto con il metodo *taglia-e-incolla*

2.2.6 Per eliminare una diapositiva:
- A si può utilizzare il tasto Canc
- B bisogna necessariamente selezionare la voce **Elimina** dalla scheda **Home**
- C si può usare il tasto destro del mouse selezionando dal menu contestuale la voce **Elimina diapositiva**
- D si può fare clic sull'icona presente nella barra di accesso rapido, dopo aver selezionato la diapositiva da eliminare

2.3.1 Lo schema diapositiva:
- (A) si modifica selezionando **Struttura diapositiva** dalla scheda **Revisione**
- (B) si applica sempre soltanto a singole diapositive
- (C) viene applicato a tutta la presentazione

D dev'essere modificato prima di inserire elementi nella diapositiva

2.3.2 Il testo nel piè di pagina viene inserito:
A spuntando la voce **Piè di pagina** nell'apposita finestra
B soltanto nella diapositiva attualmente selezionata
C selezionando l'icona **Piè di pagina** nella scheda **Animazioni**
D soltanto dalla scheda **Formato** scegliendo la voce **Layout diapositiva**

2.3.3 Una data nel piè di pagina può essere inserita:
A soltanto in modo che si aggiorni automaticamente
B anche in forma fissa
C selezionando l'icona **Intestazione e piè di pagina** dalla scheda **Inserisci**
D soltanto se si inserisce anche la numerazione automatica della pagina

3.1.1 Quando si inserisce il testo nelle diapositive:
A è opportuno essere brevi e concisi
B è opportuno scrivere molto, purché durante la presentazione si lasci il tempo di leggere quanto si è scritto
C è opportuno essere schematici e utilizzare elenchi puntati e numerati
D non occorre che il testo sia chiaro, perché lo si potrà spiegare meglio a voce

3.1.2 Per inserire testo in una diapositiva priva di segnaposto:
A si può digitarlo direttamente in modalità **Struttura**
B si può selezionare la voce **Casella di testo** dalla scheda **Inserisci**
C si può fare doppio clic nel punto in cui lo si vuole inserire e poi digitarlo dalla tastiera
D basta fare clic nel punto in cui lo si vuole inserire e poi digitarlo

3.1.3 La modifica del testo può essere fatta:
A dopo aver selezionato la voce **Segnaposto** dalla scheda **Inserisci**
B anche dalla modalità **Struttura**
C dopo aver fatto clic sul segnaposto da modificare
D soltanto eliminando il segnaposto che lo contiene

3.1.4 La copia di un testo:
A può essere fatta con il metodo *copia-e-incolla* dopo aver selezionato il testo da copiare
B non può essere fatta selezionando un intero segnaposto
C può essere fatta solo fra diapositive diverse della stessa presentazione
D può essere fatta esclusivamente fra diapositive di presentazioni diverse

3.1.5 La cancellazione del testo:
A può essere fatta esclusivamente tramite l'eliminazione del segnaposto che lo contiene
B può essere fatta selezionando il testo e poi battendo il tasto Canc
C può essere fatta selezionando il testo e poi battendo il tasto ←
D porta sempre all'eliminazione del segnaposto se viene cancellato interamente il suo contenuto

3.1.6 L'annullamento (oppure il ripristino):
A si può effettuare soltanto con le ultime 10 operazioni effettuate
B può applicarsi a molte operazioni insieme
C si può effettuare dalla barra di accesso rapido
D si può effettuare usando il tasto destro del mouse

3.2.1 Le modifiche del tipo e della dimensione dei caratteri:
A si possono effettuare usando le icone della scheda **Home**
B si possono effettuare anche dalla scheda **Inserisci**
C possono riguardare anche singole parti del testo contenuto in un segnaposto
D riguardano sempre l'intero segnaposto

3.2.2 Un'ombreggiatura al testo può essere applicata:
A usando l'apposita icona della scheda **Home**
B anche a singole parole
C esclusivamente al contenuto dell'intero segnaposto
D soltanto se il testo è in grassetto

3.2.3 Il colore del testo può essere modificato:
A soltanto dalla scheda **Home**
B anche avviando la procedura con il tasto destro del mouse
C anche dalla barra di formattazione rapida
D soltanto per l'intero segnaposto

3.2.4 L'inversione di maiuscole e minuscole può essere effettuata:
A avviando la procedura con il tasto destro del mouse
B utilizzando le icone della scheda **Home**
C soltanto per singole parole, come sigle o acronimi
D soltanto se l'obiettivo è quello di far stare una quantità maggiore di testo in una diapositiva

3.2.5 L'allineamento del testo:
A può essere modificato utilizzando le icone della barra di formattazione rapida
B può essere modificato utilizzando le icone della scheda **Formato**
C riguarda sempre l'intero segnaposto
D può applicarsi anche soltanto a singole righe del testo contenuto in un segnaposto

3.3.1 L'indentazione di un punto elenco:
A determina un rientro del punto elenco indentato
B si può attivare con il tasto Invio
C si può attivare dalla scheda **Home**
D non può essere disattivata perché un punto elenco è sempre necessariamente indentato

3.3.2 Per cambiare l'interlinea in un elenco puntato bisogna selezionare l'icona:
A **Interlinea** dalla scheda **Home**, quindi scegliere il valore
B **Elenchi puntati e numerati** dal menu contestuale che si apre facendo clic con il tasto destro sull'elenco
C **Paragrafo** dalla scheda **Formato** e indicare nella casella **Interlinea** il valore
D **Formato segnaposto** dal menu contestuale che si apre facendo clic con il tasto destro del mouse sul segnaposto selezionato

3.3.3 La modifica dello stile dei punti e dei numeri di un elenco può essere fatta:
A con il tasto destro del mouse, selezionando la voce **Elenchi puntati** o **Elenchi numerati**
B dalla scheda **Home**, con l'icona **Elenchi puntati** o **Elenchi numerati**
C soltanto per l'intero elenco, non per i singoli punti
D soltanto per i punti di primo livello

3.4.1 Per inserire testo in una tabella:
A è sufficiente digitarlo nella cella nella quale si trova il cursore
B si può utilizzare la tecnica del *copia-e-incolla*
C è necessario selezionare prima la cella utilizzando il tasto destro del mouse
D bisogna selezionare la voce **Casella di testo** dal menu **Inserisci** e digitare il testo nella casella creata

3.4.2 Per selezionare una riga di una tabella:
A si può scegliere la voce **Seleziona riga** dal menu contestuale che compare facendo clic su di essa

B si fa clic quando il puntatore del mouse, portato a lato della riga, assume la forma di una freccia nera
C bisogna necessariamente trascinare il mouse lungo la riga
D bisogna mettersi nella riga da selezionare e poi scegliere **Seleziona riga** dalla scheda **Home**

3.4.3 Per eliminare una colonna di una tabella bisogna:
A fare clic con il tasto destro del mouse in ogni cella della colonna da eliminare, scegliendo ogni volta dal menu contestuale la voce **Elimina celle**
B fare clic su una cella della colonna da eliminare e poi scegliere dal menu contestuale la voce **Elimina colonne**
C selezionare la colonna da eliminare e poi scegliere, dal menu contestuale che si attiva con il tasto destro del mouse, la voce **Elimina colonne**
D selezionare la colonna e poi scegliere **Cancella** dalla scheda **Home**

3.4.4 L'altezza di una riga di una tabella si modifica:
A selezionandola e poi scegliendo, dal menu contestuale che si apre con un clic con il tasto destro del mouse, la voce **Altezza riga**
B per trascinamento su uno dei bordi dopo aver selezionato la riga
C trascinando il suo bordo inferiore, anche senza aver selezionato la riga
D aprendo la scheda **Progettazione** e scegliendo la voce **Altezza riga**

4.1.1 È possibile inserire un grafico in una presentazione?
A Sì, basta fare clic sull'icona nel segnaposto
B Sì, ma soltanto importandolo come un'immagine
C No, per visualizzare un grafico durante una presentazione occorre aprire un altro file
D Sì, si può fare clic sull'icona nella scheda **Inserisci**

4.1.2 Per selezionare un grafico:
A bisogna fare clic su di esso
B bisogna fare doppio clic su di esso
C non bisogna fare nulla, si seleziona automaticamente aprendo la diapositiva che lo contiene
D bisogna scegliere la voce **Seleziona tutto** dopo essersi posizionati sulla diapositiva che lo contiene

4.1.3 Il cambiamento del tipo di grafico può essere fatto:
A in qualunque momento
B dopo la sua creazione con un clic su di esso selezionando poi la voce **Tipo di grafico** dalla scheda **Grafico**
C dopo la sua creazione con un clic su di esso selezionando poi **Cambia tipo di grafico** dalla scheda **Progettazione**
D soltanto prima della sua creazione

4.1.4 Scrivi a sinistra di ognuno dei procedimenti indicati un numero da 1 a 4, in modo da ordinare le operazioni necessarie per inserire un titolo in un grafico già esistente.
.... si va alla scheda **Layout**
.... si digita il titolo da inserire
.... si seleziona il tipo di titolo dal menu del pulsante **Titolo del grafico**
.... si seleziona il grafico

4.1.5 L'inserimento di etichette in un grafico può essere fatto:
A soltanto durante la sua creazione
B con il pulsante **Etichette dati** della scheda **Layout**
C dal menu contestuale che si apre con un clic con il tasto destro del mouse su una colonna del grafico
D soltanto sulla totalità delle serie di dati presenti

4.1.6 Si può modificare il colore di sfondo di un grafico?
A Sì, facendo clic con il tasto destro del mouse sull'area del grafico e selezionando la voce **Colore sfondo**
B Sì, selezionando **Riempimento forma** della scheda **Formato**
C Sì, selezionando dalla scheda **Formato** la voce **Sfondo del grafico**
D No, il colore di sfondo di un grafico non può essere modificato

4.1.7 Il colore delle colonne di un grafico può essere modificato:
A soltanto dopo aver selezionato la serie di dati alla quale si vuole modificare il colore
B contemporaneamente a tutte le serie di dati
C dalla scheda **Formato**
D esclusivamente con il tasto destro del mouse

4.2.1 L'inserimento di un organigramma può essere fatto:
A dalla scheda **Inserisci** scegliendo la voce **Organigramma**
B scegliendo un layout diapositiva che contiene gli oggetti **SmartArt**
C dalla barra di accesso rapido
D soltanto creandolo sulla diapositiva come disegno

4.2.2 La struttura gerarchica di un organigramma può essere modificata:
A con il tasto destro del mouse
B soltanto dalla scheda **Organigramma**
C con le icone **Alza di livello** e **Abbassa di livello** della scheda **Progettazione**
D eliminando le singole caselle con il tasto Canc

4.2.3 L'inserimento di un nuovo collaboratore in un organigramma può essere effettuato:
A con il tasto destro del mouse
B utilizzando il menu dell'icona **Aggiungi forma** della scheda **Progettazione**
C dalla scheda **Inserisci** selezionando la voce **Collaboratore**
D soltanto al momento della creazione dell'organigramma

5.1.1 Per inserire un'immagine in una diapositiva è possibile:
A usare l'icona nella scheda **Inserisci**
B fare clic in un segnaposto che contiene l'icona
C usare l'icona **Inserisci** della scheda **Disegno**
D usare il tasto destro del mouse

5.1.2 La selezione di un oggetto grafico:
A lo evidenzia mediante cerchietti e quadratini posti sul suo perimetro
B lo evidenzia attribuendogli uno sfondo nero con colori invertiti
C si può effettuare facendo clic su di esso
D può essere fatta dalla scheda **Home**

5.1.3 Per spostare una ClipArt in una stessa diapositiva:
A si può usare il metodo *taglia-e-incolla*
B si può trascinarla con il mouse
C è conveniente usare il metodo *copia-e-incolla*
D si può aprire la finestra **Dimensioni e posizione** con il tasto destro

5.1.4 Il ridimensionamento di un disegno:
A provoca quasi sempre una sua deformazione
B può essere fatto soltanto per trascinamento dei suoi bordi
C può essere fatto con il tasto destro del mouse selezionando dal menu contestuale la voce **Dimensioni e posizione**
D può essere effettuato con i menu **Dimensioni** della scheda **Formato**

5.1.5 Un oggetto grafico selezionato può essere ruotato:
A trascinando il pallino rosso che si trova in basso a destra
B dalla scheda **Formato**
C dal menu contestuale che si apre al clic con il tasto destro sull'oggetto
D soltanto di angoli multipli di 90°

5.1.6 L'allineamento di un singolo oggetto selezionato:

- A può essere fatto dalla scheda **Home**, facendo clic sulle icone dell'allineamento del gruppo **Paragrafo**
- B può essere fatto sia rispetto alla diapositiva sia rispetto ad altri oggetti
- C può essere fatto facendo clic su **Disponi** dalla scheda **Home**
- D non può essere fatto, perché non si può fare riferimento ad altri oggetti

5.2.1 Si può inserire un triangolo in una diapositiva?

- A Sì, selezionando l'apposita forma nella scheda **Home**
- B Sì, ma è necessario averlo prima salvato in un'immagine
- C Sì, selezionando l'apposita forma nella scheda **Inserisci**
- D No, non è possibile

5.2.2 L'inserimento di testo in una forma può essere fatto:

- A solo dalla scheda **Inserisci** dopo aver selezionato la forma in cui inserire il testo
- B selezionandola e digitando sulla tastiera
- C anche sulle linee
- D soltanto se si tratta di caselle di testo

5.2.3 Per modificare lo spessore delle linee di una forma si può intervenire:

- A soltanto dalla scheda **Home**
- B dalla scheda **Progettazione**
- C dalla scheda **Formato**
- D con il tasto destro del mouse

5.2.4 Lo stile dell'inizio e della fine di una freccia si può modificare:

- A facendo clic sulla freccia con il tasto destro del mouse
- B dalla scheda **Revisione**
- C dalla finestra **Modifica freccia**
- D dalla finestra **Formato forma**

5.2.5 L'applicazione di un'ombreggiatura a un oggetto grafico può essere fatta:

- A dalla scheda **Visualizza** della barra multifunzione
- B dal menu dell'icona **Effetti forma** del gruppo **Stili forma**
- C dalla scheda **Progettazione**
- D soltanto con il tasto destro del mouse

5.2.6 Il raggruppamento di più oggetti grafici:

- A consente di applicare le stesse modifiche a tutti gli oggetti del gruppo
- B si può effettuare soltanto dalla scheda **Home**
- C si può effettuare dal menu contestuale attivabile con il tasto destro del mouse
- D si può effettuare dalla scheda **Progettazione**

5.2.7 Cambiare il livello degli oggetti:

- A consente di ordinare gli elementi selezionati disponendoli in modo allineato
- B consente di portare un elemento selezionato direttamente sullo sfondo
- C consente di far avanzare un singolo elemento di un livello
- D è possibile soltanto dalla scheda **Formato**

6.1.1 La transizione diapositiva:

- A permette di scegliere l'effetto da applicare al passaggio tra una diapositiva e l'altra
- B si può applicare facendo clic con il tasto destro del mouse
- C si può applicare all'intera presentazione
- D dev'essere applicata di volta in volta a ogni singola diapositiva

6.1.2 Scrivi a sinistra dei procedimenti indicati un numero da 1 a 4, in modo da ordinare le operazioni necessarie per inserire un'animazione a scacchiera all'entrata di un disegno selezionato.

- .... si fa clic sulla scheda **Animazioni**
- .... si fa clic su **Aggiungi animazioni**
- .... si fa clic su **OK**
- .... si cerca **Scacchiera** fra gli effetti di entrata

6.1.3 Le note del relatore:

- A servono come promemoria per chi mostra la presentazione
- B si possono inserire solo dalla scheda **Visualizza**
- C si possono digitare in **Visualizzazione normale**
- D sono sempre visibili nelle diapositive proiettate

6.1.4 Il formato della presentazione:

- A permette di scegliere anche la dimensione del foglio di stampa
- B si può impostare dall'anteprima di stampa
- C si imposta dalla scheda **Home**
- D si imposta dalla scheda **Progettazione**

6.1.5 Le diapositive nascoste:

- A con il salvataggio vengono eliminate del tutto dalla presentazione
- B appaiono con una barra trasversale sulla diapositiva stessa
- C non vengono visualizzate durante la presentazione
- D si possono mostrare di nuovo intervenendo dalla scheda **Visualizza**

6.2.1 Il correttore ortografico del programma:

- A evidenzia sempre e soltanto termini che non sono presenti nel suo dizionario
- B si può attivare soltanto dalla scheda **Revisione**
- C può segnalare come errati termini che sono corretti ma che non sono presenti nel suo dizionario
- D permette di aggiungere termini al dizionario

6.2.2 L'orientamento delle diapositive si può modificare:

- A scegliendo un apposito layout della diapositiva
- B dall'anteprima di stampa
- C solo dallo schema diapositiva
- D dalla scheda **Progettazione**

6.2.3 La stampa di 4 diapositive per pagina:

- A si può attivare tramite la voce **Stampa** del menu **File**
- B si può attivare usando il comando **Stampa** nella scheda **Home**
- C diventa visibile nell'anteprima di stampa
- D si può effettuare soltanto se si selezionano per ciascuna pagina le 4 diapositive da stampare

6.2.4 La presentazione da una diapositiva diversa dalla prima:

- A si avvia premendo il tasto F5
- B si può avviare facendo clic su [icona] dalla diapositiva in questione
- C si avvia dalla scheda **Presentazione** selezionando **Dall'inizio**
- D si può ottenere esclusivamente nascondendo le diapositive che la precedono

6.2.5 Durante una presentazione:

- A è possibile spostarsi su una diapositiva qualsiasi
- B è possibile passare soltanto alla diapositiva precedente o a quella successiva
- C è possibile spostarsi tra le diapositive utilizzando il tasto destro del mouse
- D è possibile spostarsi soltanto sulla diapositiva successiva

Verifica le tue abilità – *Esercitazioni per l'esame ECDL*

Per avere i file necessari per queste Esercitazioni, scarica dal sito del libro e decomprimi sul tuo desktop la cartella testECDL/modulo6.

ESERCITAZIONE 1

Soluzione filmata — Tempo a disposizione: 45 minuti

1 Avvia il programma Microsoft PowerPoint. 1.1.1

2 Crea una presentazione basata sul tema di default. 1.1.2

3 Modifica le opzioni di base del programma in modo che il nome utente risulti «Istituto Galileo Galilei». 1.2.1

4 Inserisci nella prima diapositiva il titolo «Corsi ECDL». 3.1.2

5 Inserisci il sottotitolo «Istituto Galileo Galilei» utilizzando la visualizzazione **Struttura**. 3.1.2

6 Sempre in visualizzazione **Struttura**, modifica il titolo nel modo seguente: «Corsi ECDL per gli studenti». 3.1.3

7 Annulla la modifica appena effettuata utilizzando la barra di scelta rapida in alto. 3.1.6

8 Metti un'ombreggiatura al titolo in visualizzazione **Normale**. 3.2.2

9 Annulla la modifica appena effettuata usando di nuovo la medesima icona nella barra multifunzione. 3.2.2

10 Metti uno sfondo colorato al segnaposto contenente il titolo in visualizzazione **Normale** utilizzando il tasto destro del mouse. 5.2.3

11 Inserisci la ClipArt di un computer nello schema diapositiva. 2.3.1

12 Sposta la ClipArt appena inserita in basso a destra nello schema. 5.1.5

13 Riduci la ClipArt al 50%, senza deformarla, utilizzando il tasto destro del mouse; poi chiudi la visualizzazione dello schema diapositiva. 5.1.4

14 Inserisci la data fissa «12/09/2013» solo sulla prima diapositiva. 2.3.3

15 Inserisci una nuova diapositiva con layout **Titolo e contenuto** utilizzando la barra multifunzione. 2.2.4

16 Inserisci il titolo «Giorni e orari di lezione» in modalità **Struttura**. 3.1.2

17 Inserisci una tabella di 2 colonne e 3 righe utilizzando l'icona già presente nel layout selezionato e digita al suo interno il seguente contenuto: 3.4.1

Lunedì	8,30 - 10,30
Mercoledì	10,30 - 12,30
Venerdì	8,30 - 10,30

18 Restringi le 2 colonne della tabella in modo che essa possa occupare la stessa larghezza del titolo. 3.4.4

19 Inserisci una riga in cima alla tabella. 3.4.3

20 Inserisci nella nuova riga i seguenti dati: 3.4.1

Giorno Orario

21 Seleziona la riga appena creata. 3.4.2

22 Centra le scritte al suo interno. 3.2.5

23 Modifica l'altezza dell'intera tabella in modo che occupi in altezza circa due terzi della diapositiva. 5.1.4

24 Passa al tema **Astro** e applicalo a tutte le diapositive della presentazione con la barra multifunzione. 2.2.2

25 Metti in azzurro l'intestazione della tabella. 3.2.3

26 Inserisci una nuova diapositiva come terza diapositiva, utilizzando il tasto destro del mouse nel riquadro delle miniature a sinistra. 2.2.4

27 Cambia il layout di questa diapositiva, scegliendo il layout **Due contenuti**. 2.2.1

28 Inserisci come titolo della nuova diapositiva «Calendario degli esami» in visualizzazione **Normale**. 3.1.2

29 Inserisci nel segnaposto a sinistra le date: 30 ottobre, 20 dicembre e 30 gennaio, e nel segnaposto a destra le date: 28 marzo, 20 maggio e 30 giugno. 3.1.2

30 Cerca nella *Guida in linea* le informazioni su «Elenchi puntati e numerati». 1.2.2

31 Applica un'interlinea di 1,5 righe all'elenco puntato del segnaposto di sinistra. 3.3.2

32 Modifica lo stile dei punti elenco del segnaposto di destra, così che diventi un quadratino pieno. 3.3.3

33 Inserisci in tutte le diapositive il piè di pagina «Anno scolastico 2014-2015». 2.3.2

34 Inserisci al centro della terza diapositiva la forma **Esplosione1** facente parte del gruppo **Stelle e decorazioni**. 5.1.1

35 Inserisci nella forma appena introdotta la scritta: «Effettuare l'iscrizione almeno 15 giorni prima dell'esame». 5.2.2

36 Salva la presentazione nella cartella C:\informatica\presentazioni assegnandole come nome Corsi ECDL.pptx. 1.1.3

ESERCITAZIONE 2

Soluzione filmata — Tempo a disposizione: 45 minuti

1 Apri la presentazione **Corsi ECDL** contenuta nella cartella **testECDL/modulo6** del tuo desktop utilizzando il menu **File**. 1.1.1

2 Seleziona la forma presente nella terza diapositiva. 5.1.2

3 Modifica il colore dello sfondo della forma trasformandolo in azzurro; utilizza il gruppo **Disegno** della barra multifunzione. 5.2.3

4 Aggiungi una nuova diapositiva alla fine della presentazione con il layout **Titolo e contenuto**; usa la scheda **Home** della barra multifunzione. 2.2.4

5 Inserisci il titolo «Organizzazione Test Center ECDL» in visualizzazione **Normale**. 3.1.2

6 Inserisci un organigramma utilizzando l'icona del segnaposto. 4.2.1

7 Digita nel primo riquadro in alto «Responsabile Test Center»; digita nel primo riquadro in basso a sinistra «Esaminatore». 3.1.2

8 Copia il testo «Esaminatore» negli altri due riquadri vuoti in basso. 3.1.4

9 Elimina il riquadro Assistente attualmente presente utilizzando la tastiera e poi aggiungilo di nuovo usando il tasto destro del mouse. 4.2.3

10 Digita all'interno di questo riquadro «Responsabile amministrativo». 3.1.2

11 Applica all'organigramma il layout **Gerarchico orizzontale**. 4.2.2

12 Ridimensiona per trascinamento l'organigramma in modo da scoprire del tutto la ClipArt che si trova in basso a destra. 5.1.4

13 Aggiungi una nuova diapositiva alla fine usando la barra multifunzione. Usa il layout **Titolo e contenuto**. 2.2.4

14 Inserisci un grafico per rappresentare i valori mostrati nella seguente tabella eliminando la Categoria che rimane vuota. 4.1.1

	Alunni iscritti	In regola con gli esami	In ritardo con gli esami
Classe I	25	20	5
Classe II	28	24	4
Classe III	24	20	4

15 Inserisci il titolo «Situazione esami» in visualizzazione **Normale**. 3.1.2

16 Seleziona il grafico presente nella diapositiva corrente. 4.1.2

17 Cambialo in un grafico del tipo **Colonne in pila 100%**. 4.1.3

18 Aggiungi in cima al grafico il titolo «Situazione esami per classe». 4.1.4

19 Per la serie dati «Alunni iscritti» mostra al centro l'etichetta con i valori corrispondenti utilizzando la barra multifunzione. 4.1.5

20 Modifica il colore di sfondo del grafico trasformandolo in celeste mediante il tasto destro del mouse. 4.1.6

21 Modifica il colore di sfondo della serie dati «In regola con gli esami» trasformandolo in giallo mediante la barra multifunzione. 4.1.7

22 Allinea a sinistra rispetto alla diapositiva il grafico appena creato. 5.1.6

23 Ridimensiona per trascinamento il grafico in modo da scoprire del tutto la ClipArt che si trova in basso a destra. 5.1.4

24 Inserisci un effetto di transizione **Sfumato** con durata 1,5 secondi e applicalo a tutte le diapositive. 6.1.1

25 Aggiungi alla forma presente nella terza diapositiva una **Enfasi** di tipo **Ingrandimento/Riduzione** che parta al clic del mouse. 6.1.2

26 Avvia la presentazione dalla seconda diapositiva. 6.2.4

27 Passa direttamente all'ultima diapositiva. 6.2.5

28 Avvia la correzione ortografica della presentazione utilizzando la barra multifunzione. 6.2.1

29 Passa alla modalità visualizzazione **Sequenza diapositive** utilizzando le icone in basso a destra. 2.1.3

30 Inverti la posizione della quarta e della quinta diapositiva. 2.2.5

31 Passa alla modalità visualizzazione **Normale** utilizzando la barra multifunzione. 2.1.3

32 Inverti di nuovo la posizione della quarta e della quinta diapositiva agendo con il mouse sulle miniature a sinistra della diapositiva. 2.2.5

33 Nascondi la quinta diapositiva utilizzando il tasto destro del mouse. 6.1.5

34 Salva la presentazione nella cartella **C:\informatica\presentazioni** assegnandole come nome **Corsi ECDL1** nel formato tipico di PowerPoint. 1.1.3

35 Salva la presentazione nella cartella **C:\informatica\presentazioni** assegnandole come nome **Corsi ECDL1** usando il formato **Solo presentazione di PowerPoint** (.ppsx). 1.1.4

36 Chiudi il programma. 1.1.1

ESERCITAZIONE 3

Soluzione filmata — Tempo a disposizione: 45 minuti

1 Crea con il programma Microsoft PowerPoint una nuova presentazione basata sul tema di default. 1.1.2

2 Usa per la prima diapositiva il layout **Vuota**. 2.2.1

3 Inserisci al centro della diapositiva la forma **Onda1** presente nel raggruppamento **Stelle e decorazioni**. 5.2.1

4 Cambia il colore del suo sfondo in arancione utilizzando il gruppo **Disegno** della barra multifunzione. 5.2.3

5 Porta la visualizzazione al 45% utilizzando la barra multifunzione. 1.2.3

6 Inserisci all'interno della forma il testo «Resoconto della festa». 5.2.2

7 Trasforma la scritta appena inserita tutta in maiuscole, aprendo la finestra **Carattere** con il tasto destro del mouse. 3.2.4

8 Cambia il tipo di carattere della scritta trasformandolo in Comic Sans MS dimensione 28 punti; utilizza la barra multifunzione. 3.2.1

9 Colora in azzurro la scritta utilizzando la barra multifunzione. 3.2.3

10 Cambia in azzurro lo sfondo della diapositiva. 2.2.3

11 Inserisci nella diapositiva la forma **Stella a 5 punte** presente nel raggruppamento **Stelle e decorazioni**. 5.2.1

12 Fai altre tre copie della stella utilizzando la barra multifunzione. 5.1.3

13 Sposta le quattro stelle nella parte alta della diapositiva. 5.1.5

14 Raggruppa le stelle utilizzando il trascinamento e poi il tasto destro del mouse. 5.2.6

15 Colora in arancione le stelle raggruppate utilizzando la scheda **Formato** della barra multifunzione. 5.2.3

16 Aggiungi una nuova diapositiva utilizzando il tasto destro del mouse. 2.2.4

17 Copia la prima diapositiva e incollala prima di quella appena aggiunta utilizzando le icone della barra multifunzione. 2.2.5

18 Cancella nella seconda diapositiva il testo «Resoconto della festa». 3.1.5

19 Inserisci al posto della scritta appena eliminata il testo «N. INVITATI». 3.1.2

20 Sposta la forma centrale in alto a un centimetro in orizzontale e in verticale dall'angolo superiore sinistro. 5.1.5

21 Porta in primo piano la forma. 5.2.7

22 Riduci la dimensione della forma del 50% mantenendo le proporzioni attuali; usa la scheda **Formato** della barra multifunzione. 5.1.4

23 Inserisci una casella di testo con il seguente elenco puntato: 3.3.1

- Amici
  - Ragazzi (8)
  - Ragazze (9)
- Parenti
  - Ragazzi (3)
  - Ragazze (2)

24 Inserisci una freccia. 5.2.1

25 Rendi la freccia di colore giallo con uno spessore di 20 punti utilizzando il tasto destro del mouse. 5.2.3

26 Modifica lo stile del punto di inizio e di fine della freccia scegliendoli a tuo piacere. 5.2.4

27 Elimina la terza diapositiva. 2.2.6

28 Passa alla visualizzazione **Pagina note**. 2.1.3

29 Inserisci la nota «Festa di compleanno di Mario» e torna alla visualizzazione **Normale**. 6.1.3

30 Seleziona il formato **Lucidi** per le diapositive usando la barra multifunzione. 6.1.4

31 Modifica l'orientamento della diapositiva prima in verticale e poi riportalo in orizzontale. 6.2.2

32 Stampa due copie della presentazione. 6.2.3

33 Apri la presentazione **Corsi ECDL** contenuta nella cartella **testECDL/modulo6** del tuo desktop utilizzando il menu **File**. 1.1.1

34 Torna alla presentazione non ancora salvata utilizzando la barra delle applicazioni. 1.1.5

35 Riduci a icona la barra multifunzione. 1.2.4

36 Chiudi la presentazione **Corsi ECDL.pptx** senza uscire dal programma. 1.1.1

ONLINE COLLABORATION
Collaborare via Internet

Questo MODULO definisce i concetti e le competenze fondamentali per l'impostazione e l'uso di strumenti per la collaborazione online, quali memorie di massa, applicazioni di produttività, calendari, reti sociali, riunioni via web, ambienti per l'apprendimento e tecnologie mobili.

Per superare l'esame ECDL relativo a questo MODULO, dovrai essere in grado di:

- comprendere i concetti fondamentali relativi alla collaborazione online e al *cloud computing*;
- impostare gli account necessari agli strumenti di collaborazione online;
- usare memorie di massa remote e applicazioni di produttività basate sul web per collaborare con altri;
- usare calendari online e su dispositivi mobili per gestire e pianificare le attività;
- collaborare e interagire usando reti sociali, blog e wiki;
- pianificare e ospitare riunioni online e usare ambienti per l'apprendimento online;
- comprendere i concetti fondamentali relativi alle tecnologie mobili e usare strumenti quali posta elettronica, applicazioni e sincronizzazione.

Sezione	Tema	Rif.	Argomento	Pagina
1 Concetti di collaborazione	1.1 Concetti fondamentali	1.1.1	Riconoscere che l'ICT (Tecnologia dell'Informazione e della Comunicazione) può supportare e promuovere la collaborazione online.	200
		1.1.2	Identificare i principali tipi di servizi che supportano la collaborazione online. Identificare i principali tipi di strumenti che supportano la collaborazione online.	200
		1.1.3	Identificare le principali caratteristiche degli strumenti di collaborazione, quali utenti multipli, real time, diffusione su scala globale, accessi concorrenti.	200
		1.1.4	Illustrare i vantaggi di utilizzo degli strumenti per la collaborazione online.	200
		1.1.5	Riconoscere i rischi associati all'uso degli strumenti di collaborazione.	201
		1.1.6	Conoscere l'importanza dei diritti di proprietà intellettuale (copyright) e il corretto uso dei contenuti quando si utilizzano strumenti di collaborazione online.	201
	1.2 Cloud computing	1.2.1	Comprendere in quali modi il cloud computing facilita la collaborazione online e mobile.	202
		1.2.2	Illustrare i vantaggi del cloud computing: costi ridotti, migliore mobilità, scalabilità, aggiornamenti automatici.	202
		1.2.3	Illustrare i rischi del cloud computing.	202
2 Preparazione per la collaborazione online	2.1 Impostazione delle funzioni comuni	2.1.1	Comprendere che può essere necessario installare applicazioni, plug-in addizionali per poter usare determinati strumenti di collaborazione online.	202
		2.1.2	Identificare i comuni apparati usati come supporto alla collaborazione online, quali webcam, microfono, altoparlanti.	202
		2.1.3	Riconoscere che le restrizioni sui firewall possono provocare problemi di accesso a uno strumento di collaborazione.	202
	2.2 Impostazione	2.2.1	Scaricare il software di supporto agli strumenti di collaborazione online, quali VOIP, IM, condivisione documenti.	203
		2.2.2	Registrare e/o impostare un account utente per uno strumento di collaborazione. Disattivare, eliminare/chiudere un account utente.	203
3 Uso di strumenti di collaborazione online	3.1 Memoria di massa online e produttività	3.1.1	Comprendere il concetto di soluzioni di memoria di massa online e identificarne esempi comuni.	204
		3.1.2	Identificare le limitazioni delle memorie di massa online.	204
		3.1.3	Caricare, scaricare, eliminare file, cartelle online.	204
		3.1.4	Comprendere che è possibile accedere a comuni applicazioni di produttività via web. Identificare esempi di comuni applicazioni di produttività basate sul web.	204
		3.1.5	Identificare le caratteristiche delle applicazioni di produttività basate sul web: possibilità di aggiornamento dei file in tempo reale da parte di più utenti, possibilità di condivisione di file.	204
		3.1.6	Creare, modificare e salvare file online.	204
		3.1.7	Gestire la condivisione di un file, di una cartella per consentire ad altri utenti di modificare, assumere la proprietà di un file, cartella.	205
		3.1.8	Visualizzare, ripristinare versioni precedenti di un file.	205
	3.2 Calendari online	3.2.1	Condividere un calendario. Concedere il permesso di vedere, modificare un calendario condiviso.	206, 211
		3.2.2	Mostrare, nascondere calendari condivisi.	206, 211
		3.2.3	Usare un calendario condiviso per creare un evento.	207
		3.2.4	Impostare un promemoria per un evento.	207
		3.2.5	Invitare, annullare l'invito verso persone, risorse per un evento. Accettare, rifiutare un invito.	207
		3.2.6	Modificare, annullare un evento esistente.	207
	3.3 Media sociali	3.3.1	Identificare gli strumenti di media sociali che supportano la collaborazione online.	208
		3.3.2	Impostare, modificare permessi/opzioni di privacy disponibili.	208

		3.3.3	Trovare, collegarsi a utenti, gruppi di media sociali. Eliminare le connessioni.	208
		3.3.4	Usare uno strumento di media sociale per pubblicare un commento, un link.	209
		3.3.5	Usare uno strumento di media sociale per rispondere a, inoltrare un commento.	209
		3.3.6	Usare uno strumento di media sociale per caricare contenuti, quali immagini, video, documenti.	209
		3.3.7	Eliminare post da media sociali. Essere consapevoli che l'eliminazione definitiva di post e foto potrebbe essere difficile.	209
		3.3.8	Usare un wiki per aggiungere o aggiornare un determinato argomento.	209
	3.4 Riunioni online	3.4.1	Aprire, chiudere un'applicazione di riunione online. Creare una riunione: ora, data, argomento. Annullare la riunione.	210
		3.4.2	Gestire l'invito a partecipanti, impostare i diritti di accesso.	210
		3.4.3	Avviare, concludere una riunione.	210
		3.4.4	Condividere, bloccare la condivisione del desktop, di file in una riunione online.	211
		3.4.5	Usare le funzioni di chat disponibili in una riunione online.	210
		3.4.6	Usare le funzioni video, audio in una riunione online.	210
	3.5 Ambienti di apprendimento online	3.5.1	Comprendere il concetto di ambiente di apprendimento online. Identificare diversi ambienti di apprendimento online, quali VLE e LMS.	212
		3.5.2	Comprendere le caratteristiche, funzioni disponibili in un ambiente di apprendimento online.	212
		3.5.3	Accedere a un corso in un ambiente di apprendimento online.	213
		3.5.4	Caricare, scaricare un file in un ambiente di apprendimento online.	213
		3.5.5	Usare un'attività di un corso, quale quiz, forum.	213
4 Collaborazione mobile	4.1 Concetti fondamentali	4.1.1	Identificare i tipi di dispositivi mobili, quali smartphone, tablet.	214
		4.1.2	Comprendere che i dispositivi mobili usano un sistema operativo e identificarne i comuni sistemi operativi.	214
		4.1.3	Comprendere il termine «bluetooth» e il suo utilizzo.	214
		4.1.4	Comprendere quali opzioni di connessione non cablata sono disponibili per i dispositivi mobili: wireless (WLAN), Internet mobile (3G, 4G). Conoscerne le caratteristiche.	214
		4.1.5	Comprendere le considerazioni fondamentali di sicurezza per i dispositivi mobili.	215
	4.2 Uso di dispositivi mobili	4.2.1	Collegarsi a Internet in modo sicuro usando tecnologie wireless su dispositivi mobili.	215
		4.2.2	Effettuare ricerche sul web.	215
		4.2.3	Inviare, ricevere messaggi di posta elettronica.	215
		4.2.4	Aggiungere, modificare, eliminare un evento di calendario.	215
		4.2.5	Condividere immagini, video usando opzioni diverse, quali posta elettronica, messaggistica, media sociali, bluetooth.	215
	4.3 Applicazioni	4.3.1	Identificare applicazioni comuni, quali notizie, media sociali, produttività, mappe, giochi, ebook.	216
		4.3.2	Comprendere che le applicazioni si ottengono a partire da «app store». Identificare i più comuni «app store».	216
		4.3.3	Cercare un'applicazione per un dispositivo mobile in un «app store» consapevoli dei possibili costi di acquisto, uso associati all'applicazione.	216
		4.3.4	Installare, disinstallare un'applicazione su un dispositivo mobile.	216
		4.3.5	Aggiornare applicazioni su un dispositivo mobile.	216
		4.3.6	Usare un'applicazione su un dispositivo mobile.	216
	4.4 Sincronizzazione	4.4.1	Comprendere lo scopo della sincronizzazione dei contenuti.	217
		4.4.2	Impostare le opzioni di sincronizzazione.	217
		4.4.3	Sincronizzare i dispositivi mobili con posta elettronica, calendario, altri dispositivi.	217

1 I vantaggi della collaborazione online

Come la condivisione di file e programmi aiuta a comunicare e a lavorare meglio

1.1.1 1.1.2 **Un nuovo modo di lavorare insieme.** Le odierne ICT, Tecnologie dell'informazione e della comunicazione, rendono possibili forme di *collaborazione online* che non erano realizzabili in passato.

Fino a qualche anno fa, per esempio, due collaboratori residenti in città diverse potevano lavorare a uno stesso documento elettronico, ma con una serie di vincoli: ciascuno doveva apportare le modifiche sul proprio computer, poi inviare il file con la posta elettronica all'altro; questi faceva le proprie modifiche, poi rispediva il documento come e-mail al primo; e così via. Soltanto certe reti private di grandi aziende, grazie a speciali applicazioni software, potevano consentire una collaborazione online in tempo reale.

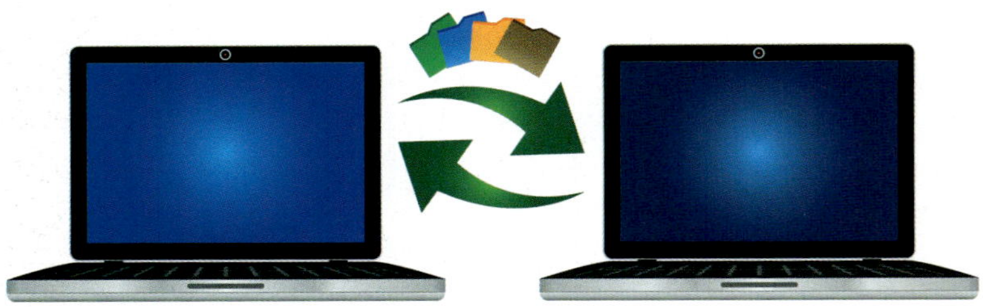

Oggi la situazione è cambiata, perché è diventato possibile per tutti condividere *applicazioni e file che non risiedono sui singoli computer degli utenti, bensì in rete*, dove sono disponibili 24 ore al giorno e accessibili collegandosi a Internet da qualunque località.

Inoltre l'accesso ai file e ai programmi non richiede più necessariamente l'uso di personal computer, ma è aperto anche a chi usa *dispositivi mobili* come i tablet o gli smartphone.

Si parla di «nuvola», in inglese *cloud computing*, per indicare questo insieme di risorse disponibili per tutti via Internet, anziché vincolate ai singoli supporti.

Grazie alla nuvola si possono per esempio creare in modo collaborativo online, senza dover scaricare applicazioni o file, documenti tipici delle applicazioni di produttività come testi, fogli elettronici o presentazioni.

Si possono inoltre condividere i *calendari* dei propri impegni, organizzare *riunioni* ed effettuarle online anche in forma di videoconferenza, o studiare a distanza usando *ambienti di apprendimento e formazione* online.

Più in generale si possono condividere online contenuti testuali, immagini, video e audio, attraverso i cosiddetti *social media* che includono le reti sociali, i siti di condivisione di filmati e così via.

1.1.3 1.1.4 **Gli strumenti per la collaborazione online.** Le tecnologie informatiche che permettono il nuovo tipo di collaborazione online si differenziano da quelle caratteristiche dei personal computer tradizionali per alcuni aspetti importanti:

- sono diffuse su *scala globale*: l'accesso alle risorse non è limitato a luoghi particolari, ma è possibile ovunque si disponga di comunicazione in rete per accedere alla nuvola;

- le applicazioni sono predisposte per avere *utenti multipli*: più persone possono usare contemporaneamente lo stesso programma;
- sono possibili *accessi concorrenti* ai file: utenti diversi possono lavorare contemporaneamente sullo stesso documento;
- la collaborazione ha luogo *in tempo reale*: gli utenti possono interagire tra loro «in diretta» e le modifiche ai documenti sono registrate in modo istantaneo.

La condivisione dei documenti e di applicazioni come i calendari, che consentono di prendere appuntamenti e convocare riunioni online (anche in voce, con i sistemi VoIP), semplifica la comunicazione tra le persone, ovunque si trovino e qualunque sia il dispositivo mobile che utilizzano.

La facilità del collegamento tra le persone migliora il lavoro di gruppo a distanza, senza che si debba viaggiare, consentendo così notevoli risparmi di tempo e denaro.

1.1.5 **I possibili problemi.** L'uso degli strumenti per la collaborazione online espone anche ad alcuni rischi. Il primo è che l'attività diventa impossibile se non si è in grado di collegarsi a Internet (vuoi per problemi del proprio dispositivo, vuoi per l'assenza della rete nel luogo in cui ci si trova) o se le applicazioni online sono indisponibili, per esempio a causa di lavori di manutenzione del software.

Un altro possibile problema è che le applicazioni online possono non funzionare correttamente. Un aspetto delicato per esempio è la gestione del controllo della versione dei documenti: ogni volta che un utente salva una modifica, il sistema deve tenerne conto e creare una nuova versione del documento, così che gli altri utenti possano lavorare sulla versione più aggiornata.

I file condivisi inoltre devono essere accessibili soltanto agli utenti autorizzati; ma se questo controllo funziona male, anche utenti non autorizzati potrebbero visualizzare, modificare o rubare i dati.

Anche il *furto d'identità* è sempre un rischio contro cui stare in guardia: malintenzionati potrebbero usare le informazioni personali degli utenti per eseguire attività vietate o fraudolente online.

Infine quando si lavora in rete è sempre in agguato il malware: bisogna tenere costantemente attive e aggiornate le difese contro le infezioni da Virus, worm, Trojan o spyware.

1.1.6 **L'uso di materiali altrui.** Anche nell'ambito delle collaborazioni online, quando si utilizza materiale di terze parti – come testi copiati da siti web, o immagini scaricate da Internet – bisogna sempre esplicitare le fonti e le attribuzioni, nel rispetto del *copyright* degli autori. Per qualsiasi diffusione pubblica o uso commerciale dei contenuti, occorre l'autorizzazione esplicita di chi possiede i diritti d'autore.

ESERCIZI Quale tra questi è un vantaggio offerto dalla collaborazione online rispetto a quella tradizionale?

A Il fatto che non è necessario interagire con altre persone.
B La possibilità di accedere a dati e applicazione ovunque ci si trovi.
C La possibilità di usare applicazioni specializzate per la produttività.
D La sicurezza al 100% delle comunicazioni via Internet.

▶ Altri esercizi a pagina 218

2 Il *cloud computing*

I vantaggi e i rischi dell'uso della «nuvola» e gli strumenti di base per la collaborazione online

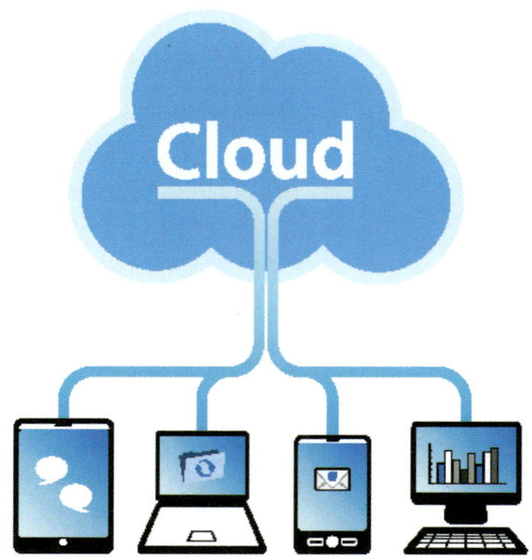

1.2.1 1.2.2 **I vantaggi della nuvola.** Come abbiamo visto, il *cloud computing* rende possibili nuove forme di collaborazione online, via computer o anche attraverso i dispositivi mobili, grazie a due innovazioni: la possibilità di accedere ad applicazioni e strumenti che risiedono online, anziché sui singoli dispositivi, e quella di memorizzare in rete anche i file, che sono così sempre disponibili e possono essere condivisi da più utenti.

Oltre alla facilità di comunicazione, i vantaggi per gli utenti del cloud computing sono:

- la *mobilità*, perché file e applicazioni sono a disposizione di chiunque abbia un accesso a Internet, ovunque si trovi;
- la *riduzione dei costi*, perché non occorre acquistare e installare il software sui singoli computer, e si possono usare dispositivi mobili più economici;
- la *scalabilità*, perché lo spazio di memoria a disposizione può essere adattato alle esigenze di ogni fase del lavoro;
- e infine l'*aggiornamenti automatico* del software, che non è più a carico del singolo utente ma viene effettuato in rete.

1.2.3 **I rischi del cloud computing.** L'uso della nuvola per le attività di collaborazione online comporta anche alcuni rischi. Si è totalmente dipendenti dal collegamento a Internet, e quindi dal proprio provider, nonché dai gestori delle applicazioni software in rete; perciò possono verificarsi interruzioni del servizio senza preavviso.

I dati residenti in rete inoltre vanno protetti dal pericolo di intrusione, per evitare gli accessi non autorizzati, e ci si deve difendere da possibili infezioni da malware.

Infine esiste un pericolo di perdita della privacy, sia perché molte persone possono accedere ai dati, sia perché il traffico di informazioni online può essere intercettato e fatto oggetto di sorveglianza.

2.1.1 2.1.2 2.1.3 **Hardware e software per la collaborazione online.** La collaborazione online normalmente si basa, oltre che sullo scambio di messaggi e sull'elaborazione di documenti, su conversazioni in voce e conferenze in video. Se si usa un personal computer, occorrono dotazioni hardware come una telecamera o *webcam*, un microfono e altoparlanti o cuffie; queste dotazioni sono integrate nei dispositivi mobili come tablet o smartphone.

Inoltre per usare gli strumenti di collaborazione online può essere necessario installare *plug-in*, cioè componenti software che aggiungono particolari funzionalità al browser, oppure programmi addizionali, come vedremo più sotto nel caso del VoIP.

Va anche tenuto presente che i *firewall*, strumenti hardware o software che proteggono il computer dalle intrusioni, limitano gli accessi degli altri utenti con cui si collabora; può essere perciò necessario modificare le impostazioni del firewall.

2.2.1 **Scaricare software di supporto.** La collaborazione online può richiedere l'uso di particolare software di supporto, per esempio per la messaggistica istantanea o IM (che consente lo scambio di messaggi testuali in tempo reale via Internet) o per la condivisione di documenti (così che siano modificabili da diversi utenti).

Vediamo per esempio come si installa Skype, un'applicazione che consente di comunicare a voce e in video tramite Internet, usando il protocollo VoIP.

Da un dispositivo mobile è sufficiente andare in un «negozio delle app» (come Google Play per i dispositivi che usano il sistema operativo Android, o App Store per i prodotti Apple) e scaricare la app gratuita di Skype.

Da un computer ci si collega al sito www.skype.com, si fa clic su **Download** e poi si indica dove salvare il programma. Poi si fa doppio clic sul file eseguibile per lanciare il programma di installazione: apparirà la finestra di dialogo a sinistra nella figura 1. Con un clic sul pulsante **Confermo - installa** si dà inizio alla procedura di installazione, accettando anche l'accordo di licenza e l'informativa sulla privacy.

Il programma installerà i file necessari per il funzionamento di Skype sul computer, e alla fine apparirà la finestra mostrata a destra nella figura 1: un clic su **Fine** completa l'installazione.

Verrà poi chiesto di *creare un account* scegliendo un proprio nome utente, che permetterà agli altri utenti Skype di trovarci, e una password per proteggere l'accesso al sistema di comunicazione.

Al termine dell'installazione ci potrà essere la richiesta di riavviare il computer: questo serve a far sì che il software di sistema possa reimpostarsi per far funzionare correttamente la nuova applicazione.

Figura 1 L'inizio e la fine della procedura di installazione di Skype

Con il software così installato diventa possibile usare il computer, o il dispositivo mobile, per videotelefonate gratuite a qualsiasi altro dispositivo su cui è installato lo stesso software. È anche possibile fare gratuitamente conferenze telefoniche, parlando simultaneamente con più interlocutori. Per chiamare telefoni fissi o cellulari, o per fare videoconferenze con più persone, il servizio è invece a pagamento.

2.2.2 **Registrare e disattivare gli account utente.** In generale, quando si accede per la prima volta a uno strumento di collaborazione online bisogna impostare un proprio account, scegliendo un nome-utente e una password, come nell'esempio appena visto.

Esistono anche opzioni specifiche (in genere tra le impostazioni del programma) che consentono di disattivare o eliminare definitivamente un account. I dettagli di queste procedure cambiano a seconda del fornitore del servizio.

Per esempio, nella rete sociale Google+ si apre il menu **Home**, si sceglie **Impostazioni** e al fondo della pagina si segue il link **Disabilita Google+**: apparirà una pagina in cui confermare la decisione (accettando di perdere i dati associati al proprio profilo).

ESERCIZI Quale tra queste dotazioni hardware *non* è particolarmente importante per la collaborazione online?

- **A** Il microfono.
- **B** La webcam.
- **C** La stampante.
- **D** Le cuffie.

▶ Altri esercizi a pagina 218

3 Creare e salvare file online

Come si memorizzano dati sulla rete usando applicazioni online in modo collaborativo

3.1.1
3.1.2 **Usare memorie di massa online.** Per «memoria di massa online» si intende la possibilità di archiviare file e cartelle su server remoti, messi a disposizione da provider o aziende e accessibili via Internet.

Questo tipo di servizio – anche detto *cloud storage*, cioè «immagazzinamento di dati sulla nuvola» – è alla base dei sistemi per la collaborazione online ma può anche servire per i backup o per trasferire file di grandi dimensioni, troppo pesanti per allegarli a un messaggio e-mail.

In genere il fornitore del servizio mette a disposizione gratuitamente uno spazio di memoria di alcuni gigabyte; per avere uno spazio superiore, bisogna abbonarsi a pagamento.

Spesso inoltre esistono limiti di tempo (i file archiviati online rimangono disponibili soltanto per alcuni giorni o settimane) e restrizioni alla condivisione (possono accedere ai file soltanto alcune persone specificate da chi li ha caricati).

Esempi di servizi di cloud storage sono Dropbox, SkyDrive di Microsoft, Cloud Drive di Amazon e iCloud per chi usa prodotti Apple.

Nelle prossime pagine esamineremo più in dettaglio Google Drive, un servizio che alla memoria di massa online associa anche una suite di applicazioni utili per collaborare via Internet.

3.1.3 **Archiviare file con Google Drive.** Nel MODULO *Online Essentials* abbiamo visto come creare un account Google per usare il gestore di posta elettronica Gmail. Se si possiede un account Google si può anche accedere, con la stessa password, al sistema Google Drive, raggiungibile all'indirizzo web **https://drive.google.com.**

Per caricare un file dal computer al proprio spazio di memoria online, si fa clic sul pulsante vicino a **CREA** e si sceglie **File** , come nella figura 2: apparirà la finestra in cui scegliere il file da caricare tra le risorse del computer.

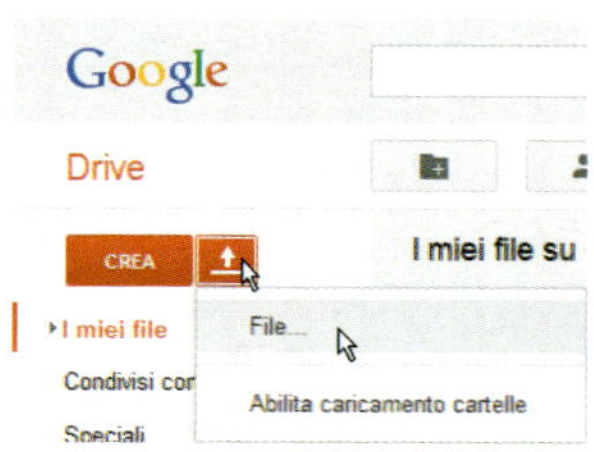

Figura 2
Caricare un file in Google Drive

Se si usa il browser Chrome, o se si installa un plug-in per gli altri browser, è possibile caricare anche intere cartelle. In ogni caso si possono creare nuove cartelle online con il pulsante : apparirà un riquadro in cui digitare il nome da dare alla cartella, per poi fare clic su **Crea**.

Per scaricare uno o più file o cartelle, li si seleziona facendo clic sulle caselle di spunta poste a sinistra del loro nome, poi si sceglie **Scarica** nel menu dell'icona Altro, oppure nel menu contestuale che appare facendo clic con il tasto destro del mouse su un file selezionato.

Allo stesso modo, ma scegliendo nel menu l'opzione **Rimuovi** (o l'icona), si eliminano file o cartelle dopo averli selezionati.

3.1.4
3.1.5
3.1.6 **Usare le applicazioni online di Google Drive.** Con un clic sul pulsante **CREA** si apre il menu della figura 3, in cui si può scegliere l'applicazione da usare per creare online un nuovo documento.

Le applicazioni standard di Google Drive comprendono tutti i programmi tipici delle suite di produttività: elaboratore di testi, presentazione a slide, foglio elettronico, un programma di disegno grafico e anche un preparatore di moduli con cui fare questionari o sondaggi online.

Queste applicazioni sono ideali per la collaborazione in rete perché, a differenza delle tradizionali suite offline, permettono la condivisione dei file tra più utenti, ciascuno dei quali può aggiornarli in tempo reale collegandosi a Internet.

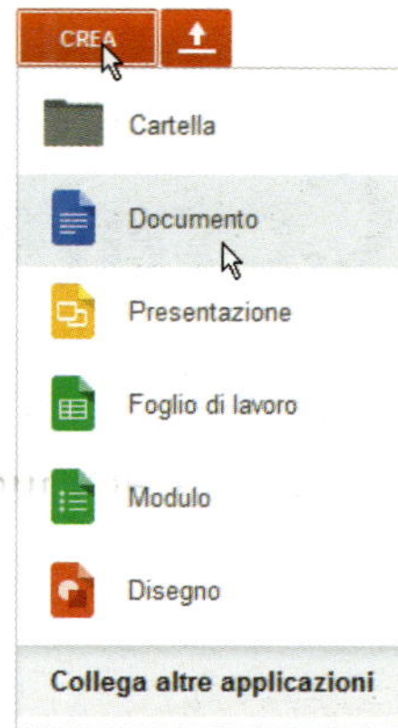

Figura 3
Le applicazioni di Google Drive

Al clic esemplificato nella figura 3 si apre una nuova scheda del browser con un nuovo documento di testo vuoto e l'interfaccia di un elaboratore di testi. In alto compare la scritta *Documento senza titolo*: al clic permette di assegnare al nuovo file il nome desiderato, che così appare nell'elenco **I miei file** in Google Drive.

Mentre si lavora online al documento, tutte le modifiche apportate sono salvate istantaneamente. A fine lavoro si chiude la scheda del browser; quando occorre, poi si può riaprire il documento facendo clic sul suo nome nell'elenco **I miei file**.

3.1.7 **Condividere file e cartelle.** Per condividere gli oggetti creati con Google Drive, li si seleziona e si fa clic sull'icona , o si sceglie **Condividi...** nel menu Altro o dopo aver fatto clic con il tasto destro del mouse.

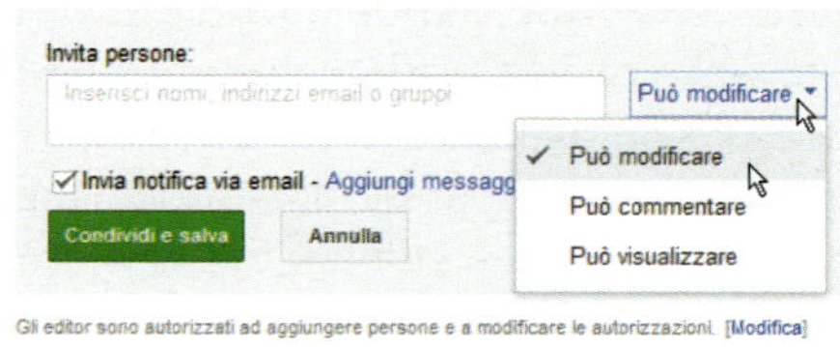

Figura 4

Nella parte inferiore del riquadro che appare, un clic fa comparire le opzioni della figura 4: nella casella si digitano o incollano gli indirizzi e-mail delle persone con cui condividere il file, e con il menu a destra si sceglie il tipo di accesso da dare loro (solo visualizzazione o possibilità di commentare, o anche di modificare il file).

Dopo il clic di conferma su **Condividi e salva**, le persone riceveranno un messaggio e-mail che contiene, per ogni oggetto condiviso, un link che dà loro accesso all'oggetto.

Ora i nomi delle persone con cui si condivide compariranno nel riquadro che si apre al clic sull'icona ; per cancellare la condivisione con una persona, basta fare clic sulla **X** a fianco del suo nome.

Quando una persona che condivide un oggetto fa parte del nostro stesso dominio (cioè, tipicamente, ha un indirizzo e-mail che termina con gmail.com), possiamo anche trasferirle la proprietà dell'oggetto: basta scegliere **È proprietario** nel menu **Può modificare** a fianco del suo nome, e poi salvare la modifica.

3.1.8 **Gestire le versioni di un file.** Quando un file è condiviso Google Drive tiene traccia delle *revisioni*, creando una nuova versione del documento ogni volta che un utente lo modifica.

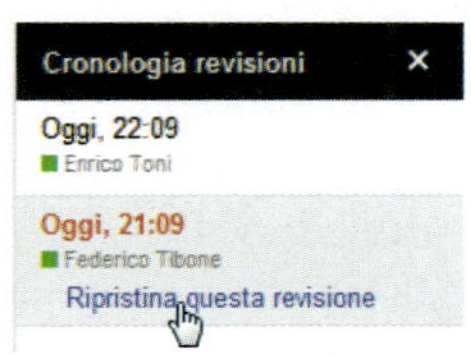

Figura 5

Per vedere le versioni precedenti si deve aprire il documento, poi fare clic sul menu **File** e scegliere **Cronologia delle revisioni**: sulla destra apparirà il riquadro della figura 5, dove con un clic si può visualizzare una qualsiasi delle versioni precedenti. Se lo si desidera, si può scegliere **Ripristina questa revisione** per farne di nuovo la versione standard del documento.

ESERCIZI Quando si condivide un file con Google Drive, è possibile riservare soltanto a sé stessi il diritto di modificarlo?

- **A** No, quando un file è condiviso tutti possono modificarlo.
- **B** No, quando un file è condiviso nessuno può modificarlo.
- **C** Sì, questa è la situazione di default in caso di condivisione.
- **D** Sì, basta scegliere **Può visualizzare** nel menu **Può modificare**.

► Altri esercizi a pagina 218

4 Condividere il calendario

Come coordinare la propria agenda con i collaboratori, gestire gli inviti e impostare promemoria per gli eventi

3.2.1 3.2.2 **Gestire calendari condivisi.** Alla fine del MODULO *Online Essentials* abbiamo visto come si crea un calendario nel sito **https://www.google.com/calendar**, usando per l'accesso – come in Gmail e Drive – il proprio account Google. Da qualsiasi applicazione Google, si può aprire il calendario facendo clic sull'icona ▦ e scegliendo **Calendar**.

Per condividere un calendario si fa clic sulla freccetta che appare a fianco del suo nome al passaggio del mouse, poi nel menu si sceglie **Condividi questo calendario**, come nella figura 6.

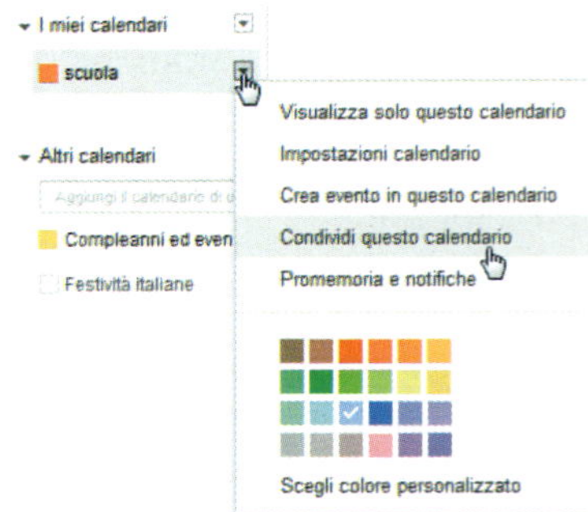

Figura 6

Appare allora una pagina con le opzioni della figura 7. Le caselle di spunta in alto permettono di rendere pubblico il calendario, nel qual caso tutte le informazioni sugli eventi (oppure soltanto lo stato libero/occupato) saranno visibili a chiunque faccia ricerche in Google Calendar.

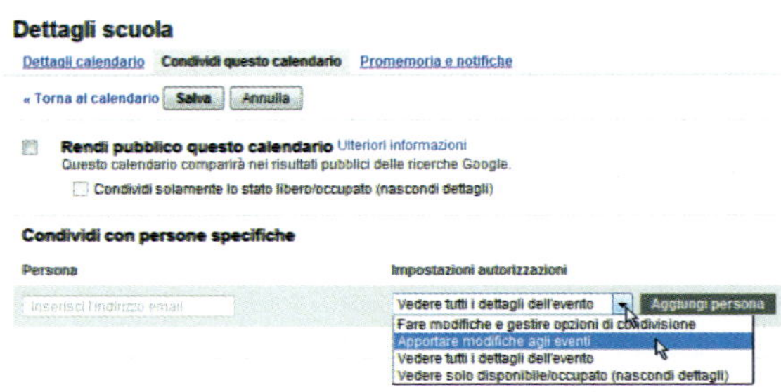

Figura 7

In alternativa, nella casella in basso si possono digitare o incollare gli indirizzi e-mail delle specifiche persone con cui si vuole condividere il calendario; con il menu a destra si sceglie se consentire soltanto di vedere gli eventi, o anche di modificarli e di gestire la condivisione del calendario con terze persone; infine si fa clic su **Aggiungi persona**, e le persone riceveranno via e-mail la notifica della condivisione.

I calendari condivisi di norma sono visibili nella sezione **Altri calendari**, sulla sinistra di Google Calendar. Per scegliere se mostrarli o nasconderli, si fa clic sull'icona ⚙, quindi si sceglie **Impostazioni** e poi l'etichetta **Calendari**: qui si spunta o meno la casella a destra del calendario che interessa.

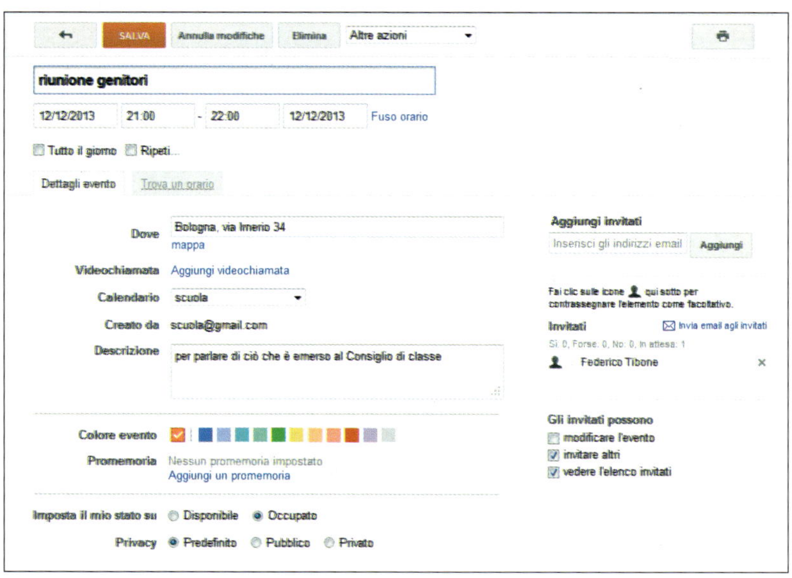

Figura 8a

3.2.3 **Creare eventi ed eventi ripetuti.** Con il pulsante **CREA** di Google Calendar si può creare un nuovo evento assegnandogli varie proprietà, come abbiamo visto nel MODULO *Online Essentials* (figura 8a).

Si può creare un evento anche facendo clic direttamente sull'ora del giorno desiderato nel calendario, digitando un titolo dell'evento e poi facendo clic su **Crea evento**. In tal caso bisogna poi fare clic su **Modifica** per andare a cambiare le proprietà dell'evento.

Se si vuole che l'evento si ripeta periodicamente, per esempio perché è una riunione settimanale o mensile, si deve spuntare la casella **Ripeti**... posta sotto la data e l'ora dell'evento.

Appare allora il riquadro della figura 8b: nel primo menu **Si ripete:** si sceglie l'unità di misura temporale (ogni settimana, ogni giorno, ogni anno e così via); il menu **Ripeti ogni:** consente di impostare la frequenza della ripetizione, e le altre caselle permettono di stabilire l'inizio e la fine della ripetizione.

Completate le impostazioni, si fa clic su **Fine**.

Figura 8b

3.2.4 **Impostare promemoria per gli eventi.** Con un clic su **Aggiungi un promemoria**, in basso nella finestra delle proprietà dell'evento, si può chiedere di ricevere un avviso che ci ricordi l'evento.

Nel menu **Promemoria** si sceglie tra l'avviso in forma di finestra pop-up o di un messaggio e-mail, e nella casella a fianco si specifica l'anticipo richiesto rispetto all'ora dell'evento.

Si possono anche richiedere più promemoria diversi per lo stesso evento, come nella figura 9. Alla fine si fa clic su **SALVA**.

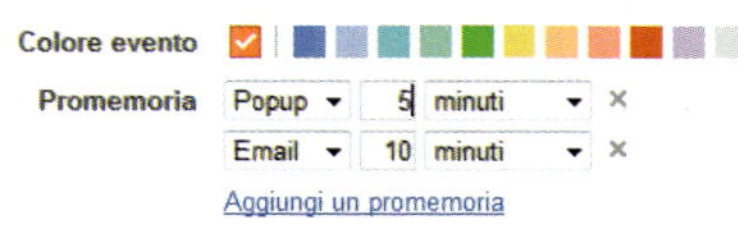

Figura 9

3.2.5 **Gestire gli inviti per un evento.** Come abbiamo visto nel MODULO *Online Essentials*, la sezione **Aggiungi invitati**, sulla destra nella finestra delle proprietà di un evento, consente di specificare gli indirizzi e-mail delle persone che si vogliono invitare a partecipare. Al clic su **SALVA**, verrà data l'opzione di inviare gli inviti per e-mail.

Chi riceve l'invito risponderà facendo clic, a fianco della domanda *Ci vai?*, su **Sì** oppure **No**.

Le risposte ricevute si accumuleranno nella sezione **Aggiungi invitati**, come mostrato nella figura 10.

Figura 10

Per annullare un invito si fa clic sulla **X** a destra del nome dell'invitato. Il programma permetterà poi di inviare via e-mail una notifica dell'annullamento dell'invito.

3.2.6 **Eliminare o modificare un evento.** Per cancellare un evento, basta fare clic su di esso nel calendario e poi, in basso nel riquadro che appare, fare clic su **Elimina**. Se l'evento era condiviso, si potrà fare clic su **Elimina e notifica invitati** per notificare via e-mail a tutti l'annullamento.

Per modificare le proprietà dell'evento, nel riquadro si fa clic su **Modifica evento**; riappare allora la finestra delle proprietà dell'evento, dove si possono fare le modifiche e poi clic su **SALVA**.

ESERCIZI Con i promemoria di Google Calendar è possibile chiedere di:

A ricevere un messaggio sonoro 10 minuti prima dell'evento.
B ricevere un SMS 10 minuti prima dell'evento.
C ricevere un'e-mail 10 minuti prima dell'evento.
D ricevere un'e-mail 10 minuti dopo l'inizio dell'evento.

▶ Altri esercizi a pagina 218

5 I *media* sociali

Come comunicare attraverso una rete sociale facendo attenzione alla difesa della privacy

3.3.1 **I vari tipi di media sociali.** Abbiamo già visto nel MODULO *Online Essentials* quanti strumenti software esistono per comunicare e collaborare in rete:

- *forum* e *gruppi* a cui si iscrivono persone con interessi in comune,
- *blog* con cui si presentano esperienze e opinioni,
- *microblog* in cui si colloquia con brevi messaggi,
- *siti di condivisione dei contenuti* come quelli che raccolgono i video degli utenti,
- *wiki* in cui gli utenti raccolgono e aggiornano informazioni in modo cooperativo.

Grande popolarità hanno le *reti sociali* come Facebook, MySpace o Google+, di cui ora esploreremo le principali funzioni.

3.3.2 **Iscriversi a Google+ e usare le impostazioni.** Per iscriversi basta avere un account Google, andare nel sito **https://plus.google.com** e creare con tre rapidi passaggi un proprio *profilo* con dati anagrafici (nome e cognome, sesso e data di nascita) e una foto (opzionale).

Per «catalogare» le altre persone con cui si entra in contatto attraverso la rete, le si può associare a gruppi chiamati *cerchie*. Alcune cerchie esistono per default (*Amici*, *Famiglia*, *Conoscenti*, *Persone che seguo*), ma se ne possono creare altre a proprio piacimento.

Un clic su **Home** in alto a sinistra nella home page di Google+ apre il menu con tutte le funzioni (figura 11). Scegliendo **Impostazioni**, si apre una pagina in cui si possono impostare opzioni relative alla privacy, attraverso menu e caselle di spunta.

Si può scegliere per esempio da quali cerchie accettare notifiche e inviti ai cosiddetti *hangout* (cioè chat o videoconferenze), se accettare o meno messaggi da persone che non sono nelle nostre cerchie, se consentire o meno ai visitatori di scaricare le nostre foto.

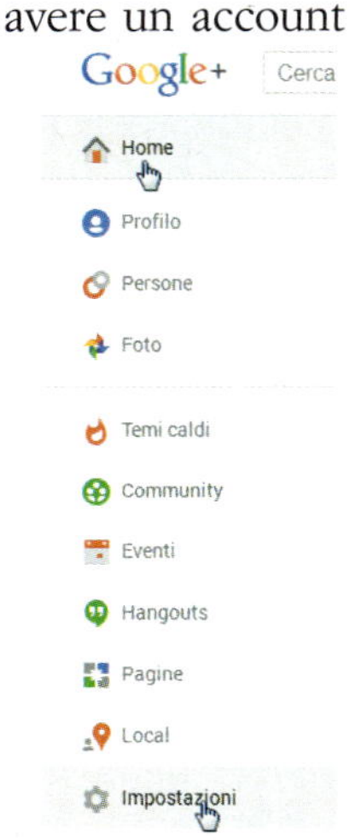

Figura 11

3.3.3 **Collegarsi ad altri utenti.** Per cercare utenti o gruppi di Google+ si digita una parola-chiave nella casella in alto e si fa clic sull'icona 🔍. Per collegarsi alla persona o al gruppo trovato si fa clic su **Aggiungi alle cerchie**, come nella figura 12, poi si sceglie la cerchia in cui inserirlo.

Per vedere tutte le persone con cui si è in contatto, nel menu **Home** della figura 11 si sceglie **Persone**, poi si fa clic in alto su **Le tue cerchie**: compare un elenco di tutti i contatti già creati.

Per eliminare il collegamento a una persona o gruppo, basta passare con il mouse sulla sua icona e fare clic sulla **X** che appare in alto a destra.

Figura 12

3.3.4 3.3.5 3.3.6 **Pubblicare post con link e oggetti multimediali.** Per preparare un *post*, cioè un proprio messaggio o annuncio, si fa clic nella home page di Google+ su *Condividi le ultime novità*. Il riquadro allora si espande come nella figura 13: nel fumetto si digita il testo, mentre con un clic sulle icone sottostanti si può allegare al commento un **Link** a un sito web (digitandolo nella casella che appare), oppure una **Foto** o un **Video**, o un **Evento** di Google Calendar.

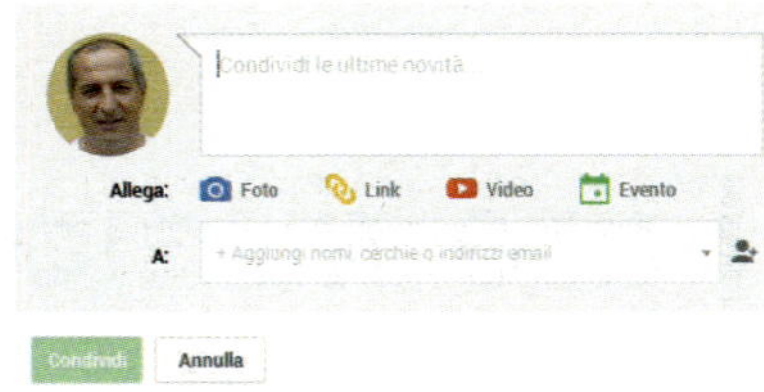

Figura 13

Un clic nella casella **A:** permette di definire con chi sarà condiviso il post: appare un menu in cui scegliere tra le proprie cerchie, o indicare singoli nomi di utenti di Google+, oppure indirizzi e-mail. Per pubblicare («postare») il messaggio, si fa clic su **Condividi**.

Quando si chiede di allegare immagini o filmati, appare un riquadro come quello mostrato qui a fianco: si può trascinare l'oggetto da caricare direttamente con il mouse, oppure fare clic su **Scegli** per andare a cercarlo tra le risorse del computer.

Per allegare un documento di Google Drive, bisogna aprirlo in una scheda separata del browser, poi copiare l'URL che appare nella barra degli indirizzi e incollarlo nella casella che si apre nel post al clic su **Link**.

Per commentare un post che si è letto su Google+, si fa clic al suo piede nella casella **Aggiungi un commento...**, poi si digita nella casella della figura 14 e infine si fa clic su **Pubblica commento**.

Figura 14

Per inoltrare un post e condividerlo con altri utenti, si fa clic invece sull'icona ↗: apparirà il consueto menu che permette di scegliere tra le cerchie, o di indicare singoli destinatari dell'inoltro; infine si fa clic su **Condividi**.

3.3.7 **Eliminare post e commenti.** Nell'angolo in alto a destra dei post c'è una freccetta. Se il post è stato creato da noi, al clic sulla freccetta appare un menu con le opzioni mostrate qui a fianco: si può andare a modificare il post, disabilitare commenti e inoltri oppure eliminarlo del tutto, con un clic su **Elimina post**. I propri commenti si possono eliminare invece con un clic sull'icona ⊗ che appare in alto a destra.

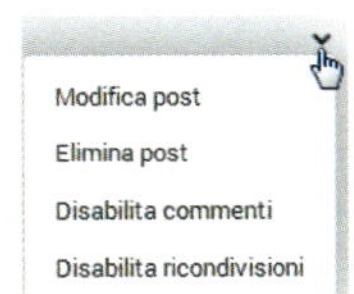

È bene però tenere presente che le reti sociali in generale si riservano il diritto di usare le informazioni che carichiamo; inoltre i contenuti spesso circolano con grande rapidità tra gli altri utenti. Non è quindi affatto certo che basti cancellare post, commenti, foto o video per eliminarli in modo definitivo dalla rete.

3.3.8 **Usare un wiki.** Per sperimentare il funzionamento di un wiki, la «palestra» migliore è Wikipedia: sulla destra della home page http://it.wikipedia.org, nella sezione *Cosa posso fare?*, si può scegliere **modifica la pagina di prova** per andare a sperimentare il modo in cui si aggiorna una voce.

WIKIPEDIA
L'enciclopedia libera

La sequenza è semplice: si fa clic su **Modifica sorgente**, si interviene sul testo, si fa clic su **Anteprima** per verificare che il risultato sia quello voluto e infine fa clic su **Salva la pagina**

In questo stesso modo si possono modificare, oltre alla pagina di prova, anche le effettive voci dell'enciclopedia. In tal caso però le modifiche apportate sono soggette al controllo di redattori, che possono approvarle oppure eliminarle.

ESERCIZI Un post di una rete sociale come Google+ può contenere:

A esclusivamente testo.
B esclusivamente immagini.
C testo e una sola immagine, ma in forma di link.
D un foglio elettronico, ma soltanto in forma di link.

▶ Altri esercizi a pagina 218

6 Fare riunioni online

Come usare gli strumenti di Google per organizzare e condurre incontri via Internet

3.4.1
3.4.3 **Gli *hangout* di Google+.** Nel linguaggio di Google+, le riunioni online si chiamano *hangout*. Nella home page della rete sociale si può in ogni momento proporre una riunione ad altre persone – se anch'esse sono online – facendo clic sul segno **+** a fianco della scritta **Nuovo hangout**, sulla destra.

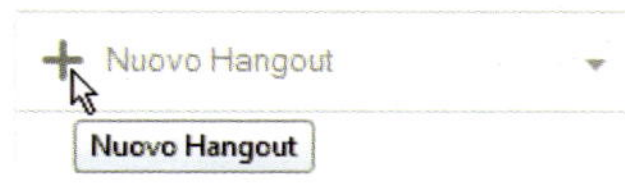

Appare allora una casella in cui aggiungere gli interlocutori della riunione, scegliendoli mediante una spunta dall'elenco di persone e cerchie che appare nella colonna sottostante.

Una volta completata la scelta, come nella figura 15, si fa clic sull'icona per avviare la riunione in modalità chat (scambio di messaggi istantanei) oppure sull'icona per la modalità videoconferenza.

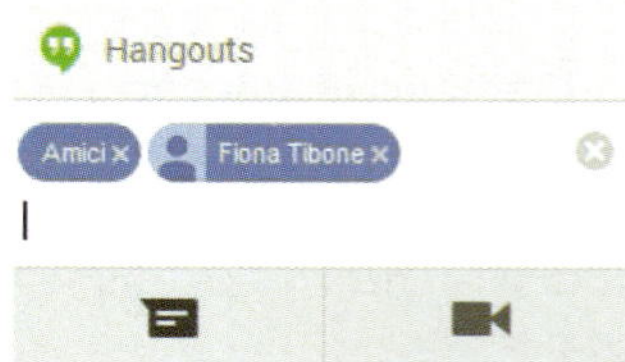

Figura 15

Per concludere la riunione si fa clic sulla **X** in alto a destra del riquadro della chat, oppure si fa clic sull'icona della videoconferenza o si chiude la relativa finestra.

3.4.1
3.4.2 **Convocare e annullare una riunione.** Il modo più efficace per indire una riunione è inserirla come evento in un calendario condiviso di Google Calendar, con la procedura vista nella scheda 4.

Si specificano l'ora, la data e l'argomento creando un nuovo evento del calendario, poi nella sezione **Aggiungi invitati** sulla destra (figura 10) si stabilisce chi invitare e come notificare l'invito.

Nella sezione **Gli invitati possono** si possono anche impostare i diritti di accesso delle persone invitate, dando loro la possibilità di modificare le proprietà dell'evento (per esempio cambiando la data o l'ora) e stabilendo se possano o meno vedere l'elenco degli invitati e invitare a loro volta altre persone.

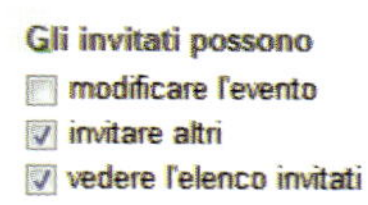

L'evento del calendario si può anche condividere attraverso un post di Google+, tramite il pulsante **Evento** della figura 13 della scheda precedente.

All'occorrenza, poi, la riunione può essere annullata facendo clic sull'evento nel calendario e scegliendo **Elimina e notifica invitati**.

3.4.5
3.4.6 **Usare le funzioni di chat e video.** Come abbiamo visto, l'icona permette di avviare una riunione in modalità chat, con l'interfaccia della figura 16.

Nella casella in basso si digitano i messaggi, premendo poi il tasto Invio per inviarli. I messaggi scambiati si accumulano via via nel riquadro, dal basso verso l'alto, ciascuno con l'immagine dell'autore.

Figura 16

L'icona avvia invece una riunione in videoconferenza. Per questa modalità, tutti i partecipanti devono avere un computer dotato di webcam, microfono e altoparlanti o cuffie.

Inoltre, a seconda del browser che si sta usando, può essere necessario installare un apposito plug-in.

In tal caso apparirà un avviso come quello mostrato qui a fianco: con un clic su **Installa plug-in** si scaricherà il software aggiuntivo, che si installerà in modo automatico e darà poi avvio alla trasmissione video, come nella figura 17.

3.2.1
3.2.2

Figura 17

È possibile convocare e avviare una videoconferenza anche direttamente da Google Calendar: nel definire le proprietà dell'evento-riunione, basta fare clic su **Aggiungi videochiamata**.

Figura 18

Così facendo, al clic sull'evento nel calendario appare anche il campo **Videochiamata**, (figura 18).

Basta allora fare clic su **Partecipa alla videochiamata** per aprire la finestra di comunicazione audio-video della figura 17.

3.4.4 **Condividere il desktop durante una riunione online.** Durante le videoconferenze i partecipanti possono scambiare informazioni di ogni genere, usando i pulsanti visibili sulla sinistra nella figura 17 (se non appaiono, per visualizzarli basta passare con il mouse su quell'area).

Per esempio con l'icona si può aggiungere la modalità chat oltre a quella video, con l'icona si possono mostrare video di YouTube e con l'icona ci si può scambiare documenti di Google Drive.

Particolarmente utile può essere l'icona **Condivisione schermo**, che consente di condividere ciò che vediamo sul computer: apparirà un riquadro in cui scegliere il proprio desktop, o la finestra che si vuole mostrare, per poi fare clic su **Condividi finestra selezionata**.

In questo modo gli altri partecipanti alla videoconferenza potranno vedere direttamente, senza dover scaricare nulla, i documenti che appaiono sullo schermo del nostro computer.

Per interrompere la condivisione dello schermo, si fa di nuovo clic sull'icona.

ESERCIZI Durante una videoconferenza con gli hangout di Google+:

A si può comunicare al massimo con una persona alla volta.

B per mostrare una foto agli altri partecipanti, bisogna condividere il proprio desktop.

C per mostrare agli altri partecipanti le icone presenti sul proprio desktop, bisogna condividerlo.

D si può chattare, ma soltanto interrompendo la comunicazione video.

▶ Altri esercizi a pagina 218

7 Studiare online

Gli ambienti di apprendimento accessibili via Internet e gli strumenti didattici caratteristici dell'*e-learning*

3.5.1 **Gli ambienti di apprendimento online.** Il termine inglese *e-learning* indica l'apprendimento a distanza reso possibile dalla comunicazione via Internet: si possono seguire corsi scolastici, universitari o di formazione professionale usando un personal computer o un dispositivo mobile.

L'e-learning oggi è una tecnologia ancora in fase di sviluppo. I vantaggi che offre sono quelli dell'accesso globale (si può accedere ai corsi ovunque ci si trovi nel mondo) e della personalizzazione (non ci sono orari prefissati, perciò si può studiare quando lo si desidera, e i contenuti possono essere «tagliati su misura» del singolo studente).

Gli ambienti di apprendimento online o OLE (*Online Learning Environment*) offrono strumenti software per insegnare e apprendere in rete. Di solito hanno due componenti integrate tra loro:

- i VLE, *Virtual Learning Environments* («ambienti di apprendimento virtuali») sono applicazioni software che consentono di impartire corsi online; permettono agli studenti di accedere a testi, lezioni video, dati, gruppi di discussione, strumenti di verifica come test e quiz;
- gli LMS, *Learning Management Systems* («sistemi di gestione dell'apprendimento») sono applicazioni di tipo amministrativo, che consentono di gestire la somministrazione dei corsi online.

3.5.2 **Gli strumenti generali per l'e-learning.** Tutti i sistemi per l'e-learning hanno in comune alcune funzioni generali:

- un *calendario* per gestire le scadenze, come l'inizio e la fine dei corsi, le date entro cui consegnare i compiti e le date degli esami;
- una *bacheca* che ospita annunci e notizie importanti per chi usa l'ambiente di apprendimento o segue specifici corsi;
- un sistema di *chat* che consente lo scambio di messaggi (anche in tempo reale) tra gli studenti e i docenti;
- un *registro elettronico* che i docenti usano per memorizzare voti e valutazioni date al lavoro degli studenti delle varie classi virtuali.

Tra i sistemi per l'e-learning più diffusi c'è *moodle*, un'applicazione open source che si può scaricare gratuitamente dal sito **https://moodle.org** (figura 19). Per visitare la versione italiana del sito, si può cambiare la lingua con il menu in alto a destra.

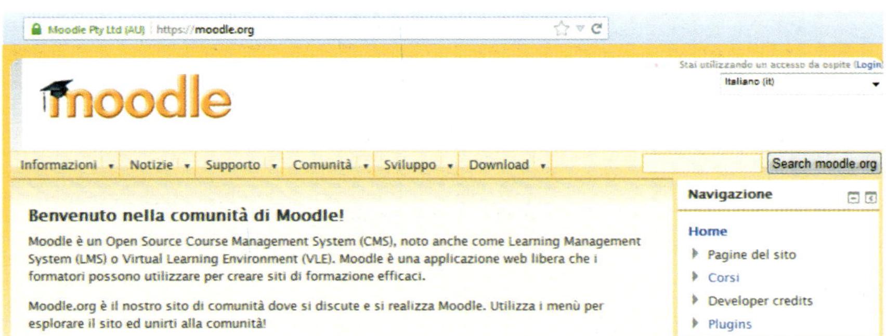

Figura 19

Per avere un'idea precisa di come funziona l'ambiente di moodle, si può fare clic su **Informazioni** e poi, nella sezione *Sito demo*, su **Mount Orange School**: si entra così in una scuola virtuale fittizia, che contiene alcune simulazioni dimostrative di corsi.

Facendo clic su **Sandbox** in alto, e poi facendo login con nome-utente **student** e password **moodle**, si può andare a sperimentare interattivamente il funzionamento del sistema; i corsi esemplificativi però sono in lingua inglese.

3.5.3
3.5.4 **Accedere a un corso, scaricare e caricare file.** In generale l'accesso ai sistemi di e-learning è riservato a chi si è iscritto e possiede un nome-utente e una password, che vanno inseriti all'inizio di ogni sessione, come nella figura qui a fianco per un corso moodle.

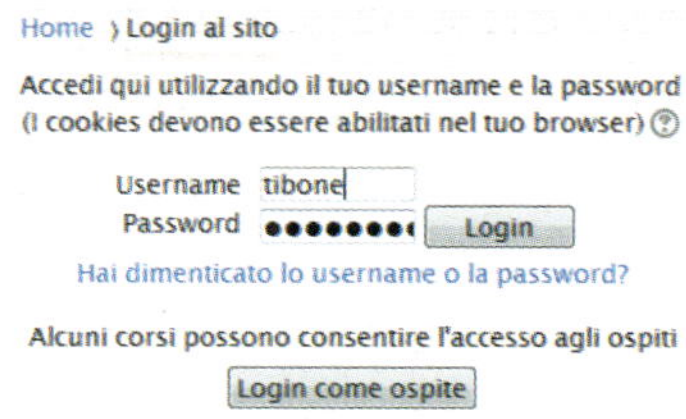

Una volta entrati nel sistema, si trova un elenco di corsi e si fa clic sul proprio corso per iniziare il lavoro.

Per scaricare i file forniti come materiali per lo studio (documenti di testo, Pdf, presentazioni) basta fare clic su di essi e poi salvarli sul computer, nel modo consueto.

Per caricare file (per esempio, compiti svolti) si fa clic sul link di caricamento e appare la pagina della figura 20: qui si può trascinare direttamente l'icona del file nel riquadro, oppure scegliere **Aggiungi**... e poi **Upload** per cercare il file nel computer. Infine si fa clic su **Salva modifiche**.

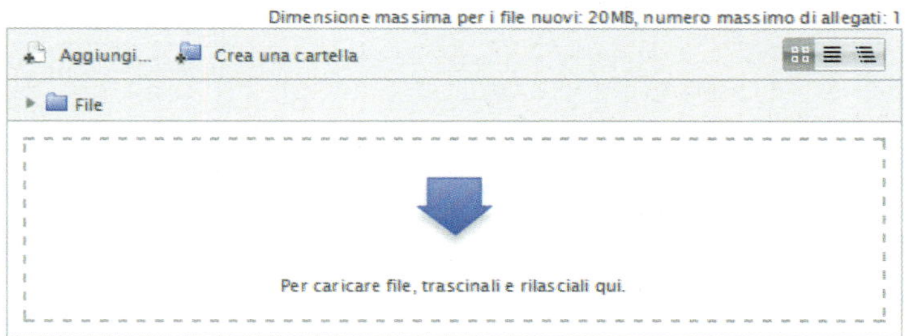

Figura 20

3.5.5 **Partecipare ai forum e svolgere i quiz.** I forum in genere sono elencati sulla destra. Selezionandone uno, appaiono i messaggi più recenti. Per rispondere a un post si fa clic su **Rispondi** (figura 21), poi si digita il testo nel modulo della nuova pagina che appare, e infine si fa clic su **Invia al forum**. In alternativa si può fare clic su **Aggiungi un argomento di discussione** per dare inizio a un nuovo tema nel forum.

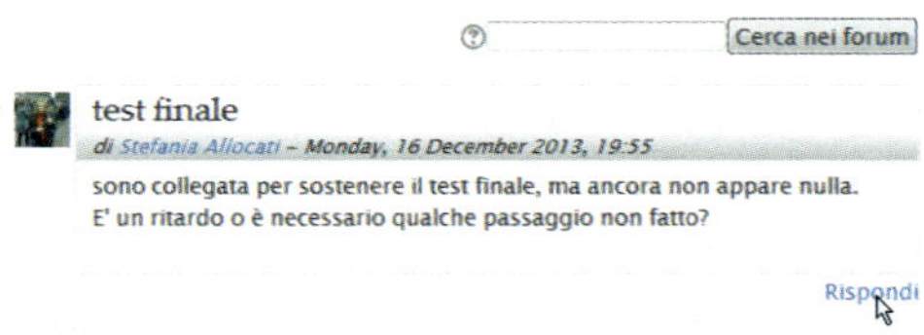

Figura 21

Nei corsi sono presenti di solito verifiche in forma di quiz costituiti da quesiti di vario formato (domande a scelta multipla, Vero/Falso, testi da completare scegliendo da menu, e così via). I quiz in genere sono disponibili soltanto in date e orari scelti dai docenti, come per un esame scolastico, ma li si può affrontare più di una volta, così da migliorare i risultati nei nuovi tentativi.

Selezionato il quiz che si vuole affrontare, si fa clic su **Tenta il quiz adesso** e appaiono i quesiti: bisogna rispondere a tutti per avere il responso del programma. Completate le risposte, si fa clic su **Successivo** e appare l'elenco dei quesiti a cui si è risposto. Per cambiare una risposta si fa clic su **Torna al tentativo**, quindi di nuovo su **Successivo**.

Alla fine, quando si è convinti delle risposte date, si fa clic su **Invia tutto e termina**; il programma chiederà di confermare, dopo di che appare il risultato, come nella figura 22. A seconda delle impostazioni scelte dal docente, questo può essere seguito dal dettaglio delle risposte date, ognuna con un feedback che spiega gli errori commessi.

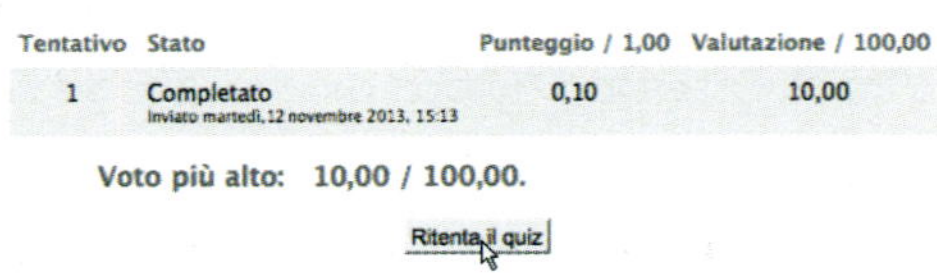

Figura 22

Per riprovare il test di verifica, si fa clic su **Ritenta il quiz**.

ESERCIZI Nei sistemi per l'apprendimento online, in generale:

- **A** si può comunicare con i docenti in forma di chat.
- **B** si può comunicare con i docenti tramite un link video.
- **C** per comunicare con i docenti si deve usare l'e-mail.
- **D** non esistono docenti.

▶ Altri esercizi a pagina 218

8 Collaborare usando dispositivi mobili

L'uso di smartphone e tablet per comunicare via Internet e condividere contenuti multimediali

4.1.1
4.1.2 **I dispositivi mobili.** I *dispositivi mobili* sono apparecchi elettronici con funzionalità simili a quelle di un personal computer, ma progettati per essere molto più facili da trasportare. I due principali tipi sono:

- gli *smartphone*, telefoni cellulari che consentono anche di navigare su Internet, di scambiare messaggi di posta elettronica e di eseguire applicazioni («app») di ogni genere, con una memoria di massa di molti gigabyte;
- i *tablet*, apparecchi più grandi ma ancora leggeri e maneggevoli; non si usano per telefonare, ma per il resto hanno tutte le caratteristiche «da computer» degli smartphone, con uno schermo più grande.

Entrambi i tipi di dispositivi hanno schermi *touchscreen*, cioè sensibili al tatto, su cui all'occorrenza si può far apparire una tastiera quando è necessario digitare testi, per esempio la password per entrare in un servizio.

Trattandosi di veri e propri computer, sia gli smartphone sia i tablet hanno un *sistema operativo* che gestisce la memorizzazione dei dati, l'esecuzione delle app e la comunicazione con gli altri dispositivi.

I sistemi operativi più diffusi per i dispositivi mobili oggi sono Android, Windows8 e iOS per i prodotti della Apple.

4.1.3
4.1.4 **Comunicare con i dispositivi mobili.** Esistono varie opzioni tecniche per la connessione *wireless*, cioè senza cavi, dei dispositivi mobili tra loro e con la rete Internet:

- il *Bluetooth* è uno standard tecnologico di comunicazione basata su microonde, che consente lo scambio di dati su distanze fino a qualche metro; lo si può usare per esempio per ascoltare musica attraverso cuffie senza fili, o per trasferire file tra due dispositivi posandoli semplicemente vicini su un tavolo;
- la WLAN, rete locale wireless, usa onde radio e consente a computer e dispositivi mobili di collegarsi in rete in un raggio di qualche decina di metri; sono di questo tipo i comuni sistemi wi-fi per le abitazioni o i locali pubblici;
- le sigle 3G e 4G indicano gli standard tecnologici di terza e quarta generazione per la comunicazione wireless basata sulla rete della telefonia cellulare; si possono usare, ovunque ci si trovi, con gli smartphone, con i tablet dotati di scheda SIM e con i notebook con uno speciale modem in forma di chiave USB.

La comunicazione 4G è oggi quella che offre la banda più larga e quindi la connessione più veloce, ma ha i costi più alti e non è ancora disponibile dappertutto, quindi espone al rischio di interruzioni del servizio.

4.1.5 **La sicurezza della comunicazione mobile.** Come per i personal computer, anche per i dispositivi mobili è bene seguire alcune regole di sicurezza: impostare una password o un PIN per impedire l'accesso al dispositivo a persone non autorizzate, fare periodicamente copie di sicurezza dei dati, per evitare di perderli in caso di smarrimento o furto del dispositivo, e disattivare la connettività wireless o Bluetooth quando non è necessaria, per limitare il rischio di intrusioni nel proprio dispositivo attraverso la rete.

4.2.1
4.2.2 **Collegarsi a Internet con un dispositivo mobile.** I sistemi operativi dei dispositivi mobili hanno tutti in comune alcune funzioni generali.

Tra le **Impostazioni**, a cui si accede toccando l'icona omonima, c'è la possibilità di scegliere tra le reti wireless disponibili, che l'apparecchio riconosce automaticamente.

Per collegarsi a una rete basta selezionarla e poi digitare la password (se la tastiera non è visibile, apparirà quando si tocca la casella della password).

Se non si conosce la password, bisogna chiederla all'amministratore della rete; è importante usare soltanto reti protette in questo modo, per la sicurezza delle comunicazioni.

Quando si è collegati, per navigare in Internet basta toccare l'icona del browser. Per fare ricerche sul web, come di consueto, si digitano nella casella in alto le parole-chiave, poi si tocca il tasto **Invia** o **Vai** della tastiera.

4.2.3
4.2.4 **Usare la posta elettronica e il calendario.** Tra le funzioni generali dei dispositivi mobili (icone che in genere appaiono in basso sullo schermo) c'è un programma di gestione dell'e-mail. Aprendolo con un tocco, si vedono i messaggi arrivati nella cartella **In arrivo**; per ricevere nuovi messaggi, si tocca **Aggiorna**.

Con **Componi** si può scrivere un nuovo messaggio, digitando l'indirizzo dei destinatari nel campo **A** e l'argomento nel campo **Oggetto**. Nel riquadro principale si digita il testo del messaggio, poi si usa **Invia** per spedirlo.

Aprendo invece l'applicazione **Calendario** si può aggiungere un nuovo evento con **Inserisci**, digitando poi titolo e luogo e scegliendo la data e l'orario.

Toccando sul calendario un evento già esistente lo si può modificare, salvando poi le modifiche con **Salva**, oppure eliminare, con **Cancella evento**.

4.2.5 **Condividere foto e video.** Toccando l'applicazione **Foto** oppure **Video**, appare l'elenco delle immagini o dei filmati memorizzati. Selezionando un oggetto e poi toccando **Condividi**, sarà possibile scegliere se trasmettere l'oggetto via Bluetooth, via e-mail o tramite una rete sociale. Per inviare, si inseriscono gli indirizzi dei destinatari e si tocca di nuovo **Condividi**.

ESERCIZI Se si vuole vedere su un tablet un contenuto multimediale molto pesante, come un film, qual è la connessione ideale?

- **A** Bluetooth.
- **B** 3G.
- **C** 4G.
- **D** WLAN.

▶ Altri esercizi a pagina 218

9 Le applicazioni mobili e la sincronizzazione

Come usare programmi con smartphone e tablet e come avere sempre dati aggiornati sui diversi dispositivi

4.3.1 4.3.2 **Le app per dispositivi mobili.** I programmi per dispositivi mobili sono chiamati *app* (breve per «applicazioni»). Ne esistono di ogni tipo, gratuite o a pagamento: possono servire per ricevere informazioni (come le app di quotidiani o canali televisivi), per comunicare (le app delle reti sociali), per lavorare (app di produttività), per spostarsi (le mappe dei navigatori satellitari), per leggere (gli e-book) o semplicemente per giocare.

Per acquistare e aggiornare le app bisogna visitare i «negozi» online da cui le si può scaricare, come Google Play, Amazon Appstore, Windows Store o l'App Store per chi usa i prodotti Apple.

4.3.3 4.3.4 4.3.5 **Installare, aggiornare e rimuovere le app.** Per scaricare una app sul proprio dispositivo mobile si tocca l'icona **App Store** (o nome simile) e poi si scrive nella casella **Cerca** il nome della app o una parola-chiave. Come esempio puoi cercare «skype», per trovare la app gratuita che consente di fare videochiamate dal dispositivo mobile.

Dopo qualche secondo appaiono le icone delle app trovate, che possono essere gratuite (*free*) o a pagamento (nel qual caso appare il prezzo). Per acquistare una app non gratuita bisogna comunicare all'app store i dati di una propria carta di credito.

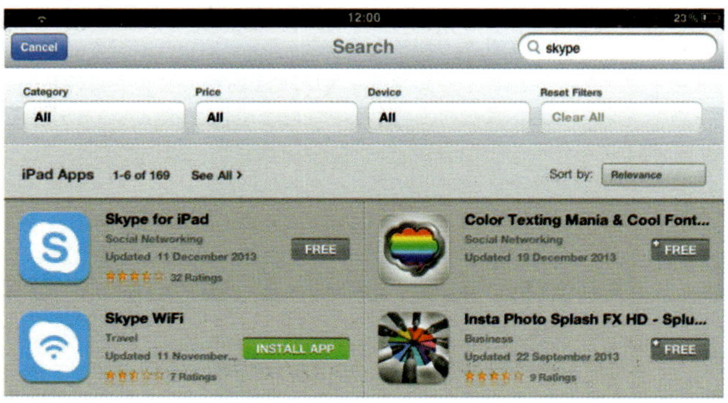

Per installare una app gratuita basta toccare la sua icona, poi toccare di nuovo **Installa**. Al termine dell'installazione, l'icona apparirà sul proprio dispositivo e basterà toccarla per lanciare la app.

Alcune app, specialmente di giochi, si possono installare e usare gratuitamente fino a un certo punto, ma è poi necessario acquistarle se si vuole procedere oltre, o avere a disposizione determinate funzionalità aggiuntive.

Per aggiornare una app installata si seleziona la sua icona e si sceglie **Aggiorna**. Per disinstallarla, si sceglie invece **Cancella** o si tocca la **X**. In alcuni casi per rimuovere un'applicazione bisogna ricorrere al tasto **Disinstalla** dell'interfaccia del dispositivo.

4.3.6 **Usare le app.** Le app generalmente funzionano come le omologhe applicazioni per personal computer, ma con le azioni del mouse sostituite dal tocco delle dita.

Se per esempio tocchi l'icona **Skype** scaricata sopra, dopo l'inserimento di username e password apparirà un'interfaccia simile a quella caratteristica dello stesso programma usato sul Pc.

Per esempio, con le icone oppure puoi chiamare in voce (utilizzando il sistema VoIP) oppure in videochiamata i tuoi contatti che sono online; per terminare la chiamata, basterà poi toccare l'icona .

La situazione è analoga per l'uso dei media sociali: se per esempio scarichi la app gratuita di **Google+**, basterà toccare la sua icona per entrare nella propria area del social network, inserendo nome-utente e password.

E per visualizzare una località in una app come **Mappe**, basterà digitare il suo nome nella casella di ricerca.

4.4.1 **Sincronizzare i dispositivi e le app.** Con l'avvento dei dispositivi mobili è diventato
4.4.2 possibile accedere con frequenza – anche nel corso della stessa giornata – a molte ap-
4.4.3 plicazioni con dispositivi diversi, dal desktop computer allo smartphone, a seconda di dove ci si trova e dell'attività che si sta svolgendo.

A ogni accesso alla rete, tramite i diversi dispositivi, si possono modificare dati importanti, per esempio inserendo nuovi contatti nella rubrica telefonica.

Per assicurare che i dati risultino sempre aggiornati, qualunque sia il dispositivo con cui vi si accede, si usa la funzionalità del sistema operativo chiamata *sincronizzazione*. Questa mantiene sempre «allineati» i dati memorizzati nella nuvola e così garantisce, per esempio, che la modifica alla rubrica telefonica fatta con lo smartphone la mattina sia visibile anche quando, la sera, ci si collega alla rete con il notebook.

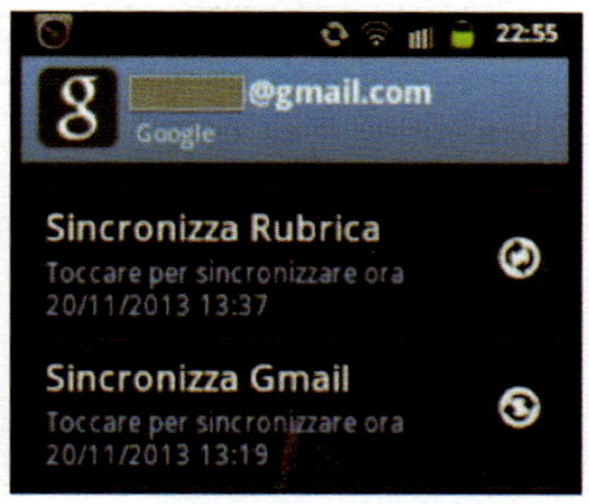

Per impostare le opzioni di sincronizzazione in un dispositivo mobile si usano le **Impostazioni**. In Android per esempio si può sincronizzare la rubrica con la posta elettronica Gmail scegliendo **Account e sincronizzazione** e impostando su **ON** la levetta relativa alla sincronizzazione dei dati, in alto a destra.

Poi si seleziona il proprio account Google, si spunta l'opzione **Gmail** e si avvia la sincronizzazione dei dati premendo il tasto **Menu** del telefono e poi il pulsante **Sincronizza adesso** in basso.

In generale le app come come posta elettronica e calendario vengono sincronizzate in modo automatico quando le si apre; se ciò non avvenisse, le si può sincronizzare manualmente scegliendo **Aggiorna**.

ESERCIZI La *sincronizzazione* serve per:

A trasferire molto rapidamente dati da un dispositivo a un altro.

B non doversi preoccupare di aggiornare i dati trasferendoli da un dispositivo a un altro.

C connettersi alla rete ovunque ci si trovi.

D vedere sempre la stessa data e ora su tutti i dispositivi.

► Altri esercizi a pagina 218

Verifica le tue conoscenze – *Esercizi sui punti del Syllabus*

Quando le risposte sono etichettate da cerchietti, significa che il quesito ha una sola risposta esatta; quando invece sono etichettate da quadratini, significa che più di una risposta è corretta.

1.1.1 Le tecnologie ICT si occupano:
- [A] delle tecnologie dell'informazione, ma non di quelle della comunicazione
- [B] delle tecnologie della comunicazione, ma non di quelle dell'informazione
- [C] sia delle tecnologie della comunicazione sia di quelle dell'informazione
- [D] anche dei sistemi per consentire la collaborazione online

1.1.2 Quale tra i seguenti servizi *non* riguarda la collaborazione online?
- (A) Cloud computing
- (B) Calendari online
- (C) Home banking
- (D) E-learning

1.1.3 Quale delle seguenti affermazioni sugli strumenti di collaborazione online *non* è corretta?
- (A) Permettono di modificare file in tempo reale e mostrare il risultato a tutti gli utenti connessi
- (B) Danno accesso alle stesse risorse a più utenti contemporaneamente
- (C) Consentono di collaborare anche se si risiede in luoghi geograficamente distanti
- (D) Tutte le risposte precedenti sono corrette

1.1.4 Quale tra i seguenti *non* è un vantaggio offerto dalla collaborazione online?
- (A) Si possono realizzare incontri in videoconferenza
- (B) Si possono condividere stampanti
- (C) Si possono condividere calendari
- (D) Si possono ridurre le spese per viaggi e spostamenti

1.1.5 Quale tra questi *non* è un rischio legato al lavoro mediante collaborazione online?
- (A) Maggiore esposizione ai virus
- (B) Blocco del lavoro del gruppo in caso di interruzione del servizio per problemi del provider
- (C) Blocco del lavoro del gruppo in caso di interruzione del lavoro da parte di un singolo componente
- (D) Furto di dati

1.1.6 I diritti di proprietà intellettuale:
- (A) in ambito informatico riguardano solo le licenze d'uso dei programmi
- (B) non valgono quando si condividono materiali online
- (C) valgono soltanto per i diritti d'autore dei privati cittadini
- (D) si applicano anche alla proprietà da parte di aziende

1.2.1 Il cloud computing:
- [A] non consente di condividere documenti già realizzati localmente
- [B] è un servizio a pagamento accessibile, per via del costo, soltanto a grandi aziende
- [C] consente di usare programmi per preparare, per esempio, fogli elettronici direttamente online
- [D] consente di salvare sul proprio computer documenti preparati online

1.2.2 Usando il cloud computing:
- [A] le modifiche a un documento risultano aggiornate soltanto sul computer da cui le si è effettuate
- [B] le modifiche a un documento sono aggiornate in automatico su tutti i computer dello stesso utente
- [C] in alcuni casi si potrebbe fare a meno di programmi per la creazione di documenti
- [D] bisogna salvare i file nei formati specifici di ogni singola piattaforma

1.2.3 Quale delle seguenti affermazioni relative all'uso del cloud computing *non* è corretta?
- (A) I propri file diventano accessibili ai gestori della piattaforma
- (B) Si diventa vincolati al gestore della piattaforma
- (C) È meglio non inserire nei file dati riservati
- (D) Tutte le risposte precedenti sono corrette

2.1.1 Per usufruire di servizi di cloud computing:
- (A) è necessario stipulare un contratto e pagare il servizio
- (B) è necessario registrarsi
- (C) si può accedere con qualunque browser e non occorre mai installare appositi plug-in o programmi
- (D) tutte le risposte precedenti sono corrette

2.1.2 Quale tra i seguenti dispositivi *non* è necessario per la fruizione dei servizi di cloud computing?
- (A) Webcam
- (B) Microfono
- (C) Casse acustiche
- (D) Stampante

2.1.3 Quando si usano strumenti di collaborazione online:
- (A) è necessario attivare al massimo le protezioni dei firewall, per prevenire i virus e le intrusioni
- (B) potrebbe essere necessario intervenire sui firewall per consentire il transito dei dati
- (C) bisogna disattivare del tutto i firewall, altrimenti questo tipo di servizi non funziona
- (D) è sufficiente avere installato un antivirus aggiornato, poi si può disattivare del tutto il firewall

2.2.1 Quale tra i seguenti software è il meno necessario nella collaborazione online?
- (A) Software che permette di comunicare tramite VoIP
- (B) Software di messaggistica istantanea
- (C) Software per la gestione dei filmati
- (D) Software per la condivisione dei documenti

2.2.2 Per usufruire di uno strumento di collaborazione online:
- [A] è sempre necessario effettuare una registrazione
- [B] bisogna disporre di un nome utente e di una password
- [C] bisogna essere invitati da altri utenti che già usufruiscono del servizio
- [D] si deve disporre di un computer potente, per la gestione del software necessario

3.1.1 Quale tra i seguenti *non* è un servizio che mette a disposizione memoria di massa online?
- (A) Sky Drive
- (B) Dropbox
- (C) Facebook
- (D) Google Drive

3.1.2 Nell'uso delle memorie di massa online:
- (A) non ci sono limiti di spazio
- (B) è possibile ampliare lo spazio a disposizione dietro pagamento
- (C) non è possibile restringere gli accessi ai file
- (D) non ci sono mai limiti nella dimensione dei singoli file da memorizzare

3.1.3 Quale delle seguenti operazioni *non* è consentita quando si utilizza Google Drive operando attraverso un browser?
- (A) Eliminare cartelle
- (B) Rinominare file
- (C) Recuperare file precedentemente eliminati
- (D) Tutte le operazioni precedenti sono consentite

3.1.4 Quale delle seguenti operazioni *non* è consentita quando si utilizza

Google Drive operando attraverso un browser?

Ⓐ Creare fogli elettronici
Ⓑ Creare documenti di testo
Ⓒ Creare database
Ⓓ Tutte le operazioni precedenti sono consentite

3.1.5 Utilizzando applicazioni di produttività via web, quale vantaggio *non* si ha rispetto al normale lavoro sul computer locale?

Ⓐ Poter lavorare sugli stessi file in più persone
Ⓑ Poter condividere i file fra più utenti
Ⓒ Avere a disposizione tutte le funzioni dei programmi
Ⓓ Fare a meno di acquistare le licenze dei programmi

3.1.6 La creazione di nuovi documenti in Google Drive:

A si avvia facendo clic su **Crea**
B non consente il successivo salvataggio nei formati usati dalle comuni applicazioni di elaborazione testi
C non consente l'inserimento di immagini
D non consente la stampa unione

3.1.7 Ordina le operazioni per condividere un file in Google Drive.

.... si indicano le operazioni di condivisione consentite
.... si seleziona dal menu contestuale **Condividi** e poi si sceglie **Condividi...**
.... si fa clic con il tasto destro del mouse sul file o sulla cartella da condividere
.... nel riquadro **Invita persone** si inseriscono gli indirizzi di posta elettronica delle persone con le quali si vuole condividere il file
.... si fa clic su **Condividi e salva**

3.1.8 Ordina le operazioni necessarie per ripristinare una vecchia versione di un file in Google Drive.

.... si fa clic su **File**
.... si fa clic su **Ripristina questa revisione**
.... si seleziona **Cronologia delle revisioni**
.... si fa doppio clic sul nome del file
.... si fa clic sulla versione desiderata

3.2.1 Indica se le seguenti affermazioni riferite a Google Calendar sono vere o false.

a Gli invitati, se autorizzati, possono gestire le opzioni di condivisione V F
b Gli invitati, se autorizzati, possono vedere tutti i dettagli dell'evento V F
c Gli invitati, se autorizzati, possono modificare gli eventi V F
d Tutti gli invitati devono avere gli stessi privilegi V F
e Un calendario può essere reso pubblico V F

3.2.2 I calendari di Google Calendar:

A vengono mostrati con colori diversi sotto la voce **I miei calendari**
B vengono mostrati in automatico sotto la voce **I miei calendari**
C possono essere nascosti facendo clic con il tasto destro sul loro nome
D non possono essere nascosti, si possono soltanto eliminare

3.2.3 Quando si crea un evento in Google Calendar bisogna:

Ⓐ specificare prima di tutto il nome
Ⓑ specificare il calendario in cui esso deve essere inserito
Ⓒ inserire almeno un invitato
Ⓓ iniziare sempre facendo clic su **Crea**

3.2.4 In Google Calendar un promemoria:

A si può ricevere solo per posta elettronica
B può essere contraddistinto da un colore
C va impostato necessariamente
D si può impostare specificando l'intervallo di tempo

3.2.5 Un invito per un evento in Google Calendar:

Ⓐ si può inviare solo per e-mail
Ⓑ può avere privilegi diversi per i diversi invitati
Ⓒ può essere annullato con un clic con il tasto destro sul nome dell'invitato
Ⓓ parte senza conferma soltanto quando si salva la modifica

3.2.6 Un invito per un evento in Google Calendar:

Ⓐ si può annullare facendo clic sulla «X» posta accanto al nominativo dell'invitato
Ⓑ una volta annullato non si può più ripristinare, se non ridigitando l'indirizzo di posta elettronica dell'invitato
Ⓒ se viene annullato, invia automaticamente un messaggio di posta elettronica alla persona rimossa
Ⓓ una volta inviato non può più essere annullato, se non intervenendo manualmente via posta elettronica o con altri mezzi

3.3.1 Collega ogni *social media* con la corretta definizione.

a social network
b wiki
c forum
d blog
e microblog

a	b	c	d	e
....	....	....	....	....

1 comunità virtuale formata da utenti che hanno un interesse comune e comunicano in modo asincrono
2 struttura che gestisce via Internet relazioni sociali fra persone che si scambiano opinioni o materiali di lavoro
3 forma di pubblicazione di contenuti in Rete sotto forma di brevi messaggi di testo, visibili a tutti o soltanto alla propria comunità
4 sito che contiene informazioni inserite, modificate e aggiornate dai propri utenti
5 sito gestito in genere da singoli individui che inseriscono periodicamente informazioni sotto forma di post, visualizzate in forma cronologica

3.3.2 Ordina la sequenza di operazioni da compiere per modificare permessi in Google+.

.... si seleziona **Impostazioni**
.... si seleziona **Modifica visibilità sul profilo**
.... nella finestra **Persone** si selezionano le impostazioni della privacy
.... si fa clic su **Home**
.... si fa clic su **Profilo e privacy**
.... si fa clic su **Salva**

3.3.3 Ordina la sequenza di operazioni da compiere per aggiungere nuovi contatti in Google+.

.... nella casella di ricerca si digita il nome della persona cercata
.... si fa clic su **OK**
.... nella sezione **Persone e pagine** si porta il puntatore del mouse su **Aggiungi**
.... si spunta la cerchia in cui si vuole aggiungere
.... si fa clic su 

3.3.4 Un post su Google+:

A può essere indirizzato a una cerchia a nostra scelta
B può avere allegato un video
C non può essere indirizzato a persone che non fanno parte delle nostre cerchie
D non può essere modificato dopo la pubblicazione

3.3.5 Indica se le seguenti affermazioni su Google+ sono vere o false.

a Si può commentare qualsiasi post V F
b Si possono inserire commenti facendo clic su  V F
c Si possono inserire commenti facen-

do clic nel campo **Aggiungi un commento** V F

3.3.6 In Google+:

Ⓐ si possono caricare soltanto filmati autoprodotti

Ⓑ si possono caricare filmati presi da YouTube

Ⓒ si possono caricare filmati presi da YouTube, ma soltanto se sono stati caricati dall'utente stesso

Ⓓ non si possono caricare filmati

3.3.7 La cancellazione di un proprio post:

Ⓐ si può fare con il tasto destro del mouse

Ⓑ può lasciare tracce del post stesso

Ⓒ è possibile, ma soltanto se il post non è stato ancora commentato

Ⓓ normalmente non è possibile

3.3.8 La modifica di un wiki:

A è consentita soltanto se si è registrati

B è consentita a tutti, ma per gli utenti non registrati ci sono restrizioni

C in Wikipedia si può fare soltanto per le voci in via di definizione

D è consentita, ma non bisogna violare i diritti d'autore

3.4.1 Ordina le operazioni necessarie per creare una riunione in Google Calendar.

....si fa clic su **Crea**

....si fa clic su **Salva**

....si accede a Google Calendar

....si indicano i dettagli dell'evento

3.4.2 In Google Calendar:

A gli invitati possono confermare l'accettazione attraverso la posta elettronica

B gli invitati hanno tutti gli stessi diritti

C gli invitati possono sempre modificare l'evento

D gli invitati non possono mai invitare altre persone

3.4.3 Ordina da 1 a 5 le operazioni necessarie per aprire una riunione in Google+.

.... si fa clic su **Inizia un party video**

.... si fa clic su **Hangouts**

.... si fa clic su **+ Nuovo Hangout**

.... si spuntano i nomi delle persone da invitare

.... si attende la risposta degli invitati

3.4.4 Indica se le seguenti affermazioni relative alla condivisione in Google+ sono vere o false.

a La condivisione dello schermo avviene in modo automatico appena si avvia una riunione online V F

b La condivisione dello schermo si può attivare con il tasto destro del mouse sulla finestra in cui avviene la videochiamata V F

c La condivisione dello schermo si disattiva soltanto al termine della videochiamata V F

d Se attiva compare l'icona sul riquadro in basso sullo schermo V F

e In Google+ è possibile condividere soltanto l'intero desktop e non singole finestre V F

3.4.5 In Google+:

A è possibile attivare una chat con gli invitati

B la chat si attiva usando le funzioni presenti nella parte alta della finestra

C la chat si chiude facendo clic sulla «X» in alto sulla sua finestra

D si può soltanto comunicare con una persona alla volta

3.4.6 Le funzioni audio e video, in una riunione online:

Ⓐ per default non sono attive

Ⓑ sono attivabili e disattivabili singolarmente

Ⓒ se sono circondate da un riquadro rosso, sono attive

Ⓓ se hanno una barra obliqua sopra la loro icona, non sono attive

3.5.1 Indica se le seguenti affermazioni sono vere o false.

a Il *Virtual Learning Environment* è un ambiente di apprendimento che simula la situazione di una classe reale ma si svolge online V F

b Il *Virtual Learning Environment* è un ambiente di apprendimento in cui la comunicazione può avvenire in tempo reale V F

c Il *Virtual Learning Environment* è un ambiente di apprendimento collaborativo in cui non è prevista la presenza della figura del docente V F

d Il *Learning Management System* è un software per la gestione degli ambienti di e-learning V F

3.5.2 Collega ogni termine con la corretta definizione.

a calendario

b bacheca

c chat

d registrazioni delle valutazioni

a	....
b	....
c	....
d	....

1 contiene gli avvisi più importanti per gli studenti

2 contiene gli esiti delle varie prove e degli esami

3 contiene informazioni sugli orari, il contenuto dei corsi, i compiti assegnati e così via.

4 strumento per comunicare in forma testuale fra discenti e con i docenti

3.5.3 L'accesso a un corso in un ambiente di apprendimento online di Moodle:

A è sempre a pagamento

B richiede sempre un nome utente e una password

C può essere consentito agli utenti ospiti ma con funzioni limitate

D consente agli utenti registrati di usare tutti gli strumenti a disposizione

3.5.4 Ordina le operazioni necessarie per effettuare l'upload di materiali in un ambiente Moodle.

.... si accede al corso che interessa

.... si seleziona il file

.... si fa clic su **Aggiungi**

.... si fa clic sul link che attiva il caricamento del file

3.5.5 In un ambiente di apprendimento di Moodle:

A è possibile intervenire in un forum anche se non si è registrati

B è possibile rispondere, ma non proporre nuovi argomenti

C quando si svolge un quiz, si può modificare una risposta già data

D si può ritentare un quiz

4.1.1 Indica se le seguenti affermazioni relative ai dispositivi mobili sono vere o false.

a Sia i tablet sia gli smartphone possono disporre della funzione di navigazione con GPS V F

b In uno smartphone non è possibile utilizzare schede SD per espandere la memoria V F

c Esistono sistemi operativi per dispositivi mobili che sono di tipo *open source* V F

d Un tablet ha generalmente una potenza di calcolo superiore a quella di un laptop V F

4.1.2 Quale tra i seguenti *non* è un sistema operativo creato appositamente per i dispositivi mobili?

Ⓐ Android

Ⓑ BlackBerry OS

Ⓒ Windows7

Ⓓ Symbian OS

4.1.3 Con il bluetooth:

A si può raggiungere una velocità di trasmissione superiore a quella del Wi-Fi

B si possono collegare stampanti

C si collegano dispositivi posti a breve distanza tra loro

D ogni dispositivo è in grado di collegare simultaneamente altri 16 dispositivi

4.1.4 Indica se le seguenti affermazioni sulle connessioni senza fili per dispositivi mobili sono vere o false.

a Per avere una connessione Wi-Fi è necessario sottoscrivere un abbonamento con un operatore di telefonia mobile V F
b La connessione Wi-Fi è presente su tutti i tablet V F
c Ci sono tablet che possono utilizzare soltanto la connessione 3G V F
d La connessione 4G è più veloce della 3G V F

4.1.5 Per la sicurezza dei dati sui dispositivi mobili:
A bisogna dotare i dispositivi di PIN, per impedirne l'uso alle persone non autorizzate
B non serve disattivare il bluetooth, visto il suo limitato raggio d'azione
C non esistono applicazioni antivirus
D è bene fare copie di riserva dei dati importanti

4.2.1 Il collegamento a Internet mediante un dispositivo mobile:
A è sempre attivo
B può avvenire tramite Wi-Fi
C negli smartphone può avvenire soltanto mediante reti 3G o 4G
D se si basa sulla connessione di tipo 3G o 4G, richiede l'inserimento di una scheda SIM

4.2.2 Le ricerche sul web mediante un dispositivo mobile:
A si possono effettuare senza utilizzare il browser
B se si tratta di un dispositivo Android, si possono fare soltanto mediante Google
C provocano l'occupazione di diversi GB di memoria
D tutte le risposte precedenti sono sbagliate

4.2.3 L'invio dei messaggi di posta elettronica mediante uno smartphone:
A si può gestire soltanto dopo aver installato un'apposita applicazione
B si può gestire soltanto se si tratta di un BlackBerry
C si può effettuare soltanto se si ha un account di posta presso il proprio gestore di telefonia mobile
D si può gestire anche come la webmail su un normale computer

4.2.4 Quali tra queste affermazioni sono corrette riguardo alla gestione dei calendari su un dispositivo mobile?
A Se il sistema operativo è Android, si può usare soltanto l'applicazione Google Calendar
B Un evento si può modificare soltanto cancellandolo e poi riscrivendolo
C Il dispositivo può segnalare l'imminenza di un evento con un segnale acustico
D Ogni evento è identificato da un titolo

4.2.5 Su un dispositivo mobile si possono condividere:
A immagini, anche mediante la posta elettronica
B filmati, ma solo mediante bluetooth
C file multimediali, ma soltanto mediante i *social media*
D filmati, ma si è automaticamente bloccati se si sta violando il copyright

4.3.1 Le applicazioni:
A *ebooks* permettono di leggere testi in formato epub
B *mappe* svolgono le stesse funzioni di un navigatore satellitare senza bisogno di una connessione a Internet
C *produttività* comprendono anche i calendari
D *giochi* sono generalmente a pagamento

4.3.2 Indica se le seguenti affermazioni relative agli app store sono vere o false.
a BlackBerry World è un app store che propone soltanto prodotti a pagamento V F
b L'app store Google Play è specializzato nella distribuzione dei giochi per Android V F
c Nell'App Store della Apple si possono comprare anche applicazioni compatibili con dispositivi Android V F
d Nell'app store di Amazon si possono comprare applicazioni compatibili anche con dispositivi Apple V F

4.3.3 Indica se le seguenti affermazioni, relative alle app per dispositivi mobili, sono vere o false.
a Certe app a pagamento hanno anche una versione gratuita, ridotta o limitata nel funzionamento V F
b Negli app store le app hanno sempre indicato il prezzo di acquisto V F
c Le app possono essere scaricate su un computer e poi installate sul dispositivo che interessa V F
d Negli app store si possono cercare le app facendo una ricerca per categorie V F

4.3.4 Ordina le operazioni necessarie per installare un'applicazione gratuita dal sito di Google Play.
.... si effettua il login
.... si cerca l'applicazione che interessa
.... si fa clic su **Installa**
.... ci si collega all'app store

4.3.5 L'aggiornamento delle applicazioni su un dispositivo mobile:
A avviene in modo automatico, purché il dispositivo sia collegato alla Rete
B è sempre necessario, altrimenti l'applicazione smette di funzionare
C va fatto cancellando e poi reinstallando l'applicazione, ma in questo caso non è richiesto un nuovo pagamento
D non richiede alcun pagamento

4.3.6 Indica se le seguenti affermazioni sono vere o false.
a Un'applicazione VoIP permette di sentire la voce, ma non di vedere la persona con cui si comunica V F
b Mediante Google+ si possono avviare comunicazioni in videoconferenza V F
c L'applicazione Google+ fa parte della categoria dei social network V F
d L'applicazione Maps offre informazioni anche in forma vocale V F

4.4.1 La sincronizzazione tra dispositivi diversi:
A può provocare il passaggio di virus
B non permette di trasferire i dati su un nuovo dispositivo acquistato
C permette di sincronizzare i dati presenti nelle rubriche dei dispositivi
D permette di sincronizzare i messaggi di posta elettronica

4.4.2 Indica se le seguenti affermazioni, relative alla sincronizzazione fra dispositivi mobili, sono vere o false
a Permette di sincronizzare i dati di altre applicazioni oltre alla posta elettronica V F
b In fase di impostazione, permette di scegliere che cosa sincronizzare V F
c In Google Chrome è possibile la sincronizzazione di schede tra dispositivi diversi V F
d Avviene in modo automatico se si attiva il bluetooth e si accostano i dispositivi da sincronizzare V F

4.4.3 Su un dispositivo mobile, la sincronizzazione di Google Calendar:
A con il server di Google avviene in modo automatico
B avviene soltanto se la casella di controllo *Auto-sync* è deselezionata
C avviene anche se il dispositivo è in «modalità aereo»
D si può disattivare

Verifica le tue abilità – *Esercitazioni per l'esame ECDL*

Quando le risposte sono etichettate da cerchietti, significa che il quesito ha una sola risposta esatta; quando invece sono etichettate da quadratini, significa che più di una risposta è corretta.

ESERCITAZIONE 1

Tempo a disposizione: 45 minuti

1 Collega ogni forma di collaborazione online con la funzione principale che essa permette di svolgere. 1.1.2

a Cloud computing
b Riunioni online
c Tecnologie mobili
d Calendari online

a	b	c	d
....	....	....	....

1 Comunicare con uno o più utenti in tempo reale utilizzando audio e video
2 Accedere a Internet e svolgere tutte le funzioni connesse anche mentre si è in viaggio
3 Condividere e aggiornare impegni con altri utenti
4 Utilizzare software non residenti sul proprio computer e salvare file in remoto

2 Quale dei seguenti *non* è un vantaggio offerto dalla collaborazione online? 1.1.4

Ⓐ Riservatezza dei dati
Ⓑ Sicurezza di non perdere i dati
Ⓒ Accessibilità ai dati
Ⓓ Condivisione dei dati

3 Quale dei seguenti *non* è un rischio legato alla collaborazione online? 1.1.5

Ⓐ Incompatibilità fra sistemi operativi o programmi
Ⓑ Maggiore esposizione a virus
Ⓒ Furto di identità
Ⓓ Furto di dati

4 Nella collaborazione online: 1.1.6

Ⓐ i materiali prodotti sono di proprietà di tutti coloro che vi collaborano
Ⓑ ognuno è proprietario della parte di materiale che ha realizzato
Ⓒ i materiali prodotti sono di proprietà del gestore della piattaforma
Ⓓ i materiali frutto di collaborazione non godono dei diritti di proprietà intellettuale

5 Il cloud computing consente di: 1.2.1

[A] salvare i propri documenti in remoto
[B] usare programmi senza installarli sul proprio computer
[C] fare a meno di antivirus
[D] usare contenuti di proprietà di chi gestisce la piattaforma

6 Il cloud computing permette: 1.2.2

[A] di utilizzare gli stessi programmi anche se si usano computer diversi, purché abbiano lo stesso sistema operativo
[B] di accedere ai programmi anche da un Internet point
[C] di accedere ai programmi da un dispositivo mobile
[D] agli utenti di disporre di uno spazio di memoria illimitato

7 Utilizzando il cloud computing si rischia: 1.2.3

[A] che i programmi in piattaforma non siano aggiornati
[B] che i gestori della piattaforma possano accedere ai dati
[C] che il gestore della piattaforma possa trasmettere virus
[D] perché si è dipendenti da un singolo provider

8 Gli strumenti di collaborazione online: 2.1.1

Ⓐ sono utilizzabili solo se si usa il sistema operativo Windows
Ⓑ possono richiedere l'uso di plug-in aggiuntivi
Ⓒ richiedono sempre l'installazione di programmi aggiuntivi
Ⓓ tutte le risposte precedenti sono corrette

9 Per quale di queste forme di comunicazione è necessario utilizzare webcam, microfono e altoparlanti? 2.1.2

Ⓐ Forum
Ⓑ Cloud computing
Ⓒ Riunioni online
Ⓓ Chat

10 Per poter chiamare utilizzando il protocollo VoIP, che cosa bisogna installare? 2.2.1

[A] Skype
[B] WhatsApp
[C] Viber
[D] Google Chrome

11 I servizi di memoria di massa online: 3.1.2

Ⓐ sono sempre a pagamento
Ⓑ non possono essere utilizzati per fare un backup dei dati
Ⓒ offrono uno spazio di memoria che può essere ampliato
Ⓓ offrono sempre software per creare o modificare documenti

12 In Google Drive, operando con un browser: 3.1.3

Ⓐ si possono caricare cartelle con il *copia-e-incolla*
Ⓑ si possono caricare file per trascinamento
Ⓒ si possono scaricare file usando il tasto destro del mouse
Ⓓ tutte le risposte precedenti sono sbagliate

13 In Google Drive il programma per la creazione di documenti: 3.1.4

[A] permette di convertire un documento direttamente in PDF
[B] permette di effettuare le stesse operazioni indipendentemente dal browser utilizzato
[C] ha la funzione di correzione ortografica
[D] ha funzioni meno avanzate di programmi tipo *WordPad*

14 In Google Drive i documenti: 3.1.5

[A] sono modificabili anche da utenti non registrati su Google
[B] possono essere inviati direttamente dalla piattaforma anche a utenti non registrati su Google
[C] modificati online vengono aggiornati in tempo reale per tutti gli utenti con i quali sono condivisi
[D] condivisi possono essere sempre modificati da tutti coloro che li condividono

15 I documenti in Google Drive: 3.1.6

Ⓐ possono essere caricati in vari formati e convertiti per essere aperti con il programma della piattaforma
Ⓑ devono essere creati direttamente nel formato usato dalla piattaforma
Ⓒ se sono originariamente in PDF si possono leggere ma non modificare
Ⓓ se sono in PDF non si possono né leggere né modificare

16 In Google Drive si possono condividere: 3.1.7

Ⓐ solo file
Ⓑ solo cartelle
Ⓒ sia file sia cartelle
Ⓓ solo file, ma con utenti di Google+

17 In Google Drive: 3.1.8

[A] se vengono cancellati file memorizzati non è più possibile ripristinarli, perché non esiste l'equivalente del Cestino
[B] utilizzando il tasto destro del mouse si possono ripristinare dal Cestino i file memorizzati
[C] si possono ripristinare versioni precedenti dei file memorizzati, ma solo se non si è usciti da Google Drive

D si possono ripristinare versioni precedenti di documenti in ogni caso

18 In una scuola, per tenere i docenti aggiornati sulle riunioni è meglio creare: 3.2.1
- A una mailing list e inviare un messaggio di posta elettronica tutte le volte che c'è una nuova riunione
- B un calendario condiviso, non modificabile dai docenti, nel quale il dirigente aggiorna le riunioni
- C un calendario condiviso, modificabile dai docenti, nel quale il dirigente aggiorna le riunioni
- D un documento condiviso con tutti i docenti nel quale il dirigente aggiorna le riunioni

19 Un evento in Google Calendar: 3.2.4
- A permette di scegliere il tipo di promemoria
- B prevede un solo tipo di promemoria per ogni evento
- C può essere impostato in modo che tutti gli invitati abbiano lo stesso tipo di promemoria
- D prevede l'attivazione automatica del promemoria

20 Un micro blog: 3.3.1
- A è un normale blog ma con uno spazio di memoria limitato perché viene fornito gratuitamente
- B si può aggiornare solo tramite telefono cellulare
- C in genere prevede post di massimo 140 caratteri
- D tutte le risposte precedenti sono corrette

21 Il *Learning Management System*: 3.5.1
- A identifica una situazione di apprendimento che si svolge in una classe virtuale
- B è un tipo di software per la realizzazione delle classi virtuali
- C è l'organizzazione che dà indicazioni sugli standard da rispettare se si realizzano corsi di apprendimento online
- D è una piattaforma per la realizzazione e la gestione di corsi di apprendimento online

22 Un tablet, rispetto a un laptop, in genere: 4.1.1
- A ha un processore più veloce
- B ha un hard disk più capiente
- C ha più alternative di connessione
- D tutte le risposte precedenti sono sbagliate

23 Il bluetooth: 4.1.3
- A collega dispositivi diversi utilizzando segnali radio
- B è il principale sistema impiegato nelle reti Wi-Fi
- C spesso si usa per connettere al computer periferiche senza fili
- D si può utilizzare con i dispositivi mobili ma non con i computer desktop

24 La connessione 3G: 4.1.4
- A ha una copertura più limitata delle normali connessioni Wi-Fi
- B consente di trasferire dati e fare normali telefonate
- C è conveniente da usare dal punto di vista economico anche se si ha una connessione Wi-Fi a cui accedere
- D è acronimo di 3rd Generation

25 Disattivare il bluetooth su un dispositivo mobile: 4.1.5
- A riduce il consumo di energia
- B protegge dalle intrusioni
- C riduce i costi di connessione
- D non è possibile

26 Per condividere un filmato di 30 MB con un amico che si trova insieme a te usando dispositivi mobili: 4.2.5
- A è meglio usare un social network
- B è meglio inviarlo per posta elettronica
- C è più economico trasferirlo tramite bluetooth
- D è più veloce trasferirlo tramite bluetooth

27 Quale dei seguenti tipi di applicazioni *non* rientra nella categoria «produttività»? 4.3.1
- A Applicazioni per digitalizzare documenti cartacei
- B Applicazioni per gestire gli appunti
- C Applicazioni per accedere ai cloud
- D Applicazioni per leggere gli ebook

28 App store indica: 4.3.2
- A un negozio online dove si comprano esclusivamente le applicazioni per i dispositivi mobili della Apple
- B un negozio online dove si comprano solo i dispositivi mobili della Apple
- C una piattaforma dove è possibile scaricare solo a pagamento le applicazioni per i diversi dispositivi mobili
- D una piattaforma dove è possibile scaricare, gratis o a pagamento, le applicazioni per i diversi dispositivi mobili

29 I dispositivi mobili: 4.1.2
- A usano gli stessi sistemi operativi dei computer
- B usano gli stessi sistemi operativi dei computer ma con funzionalità più limitate
- C usano sistemi operativi creati apposta per le loro funzioni
- D non hanno sistemi operativi specifici

30 La sincronizzazione di dispositivi mobili: 4.4.1
- A può essere utile quando si acquista un nuovo dispositivo per trasferirvi le applicazioni presenti sul vecchio
- B può essere effettuata solo fra dispositivi della stessa marca e dello stesso modello
- C si può utilizzare per sincronizzare gli account di posta
- D si può utilizzare per sincronizzare calendari

31 In Google Play, quale delle seguenti ricerche *non* è possibile effettuare per trovare le applicazioni? 4.3.3
- A Per nome
- B Per categorie
- C Per gratuità
- D Per data di creazione

32 La connessione a Internet da un dispositivo mobile: 4.2.1
- A avviene in modalità wireless
- B non richiede di digitare password dopo il primo accesso
- C non richiede mai di digitare una password
- D può avvenire utilizzando un cavo ethernet

33 Un ambiente di apprendimento online: 3.5.2
- A è sempre gratuito
- B è sempre aperto senza registrazioni
- C favorisce il contatto fra i corsisti
- D è in genere più economico di un corso in presenza

34 Nelle videoconferenze di Google+ le funzioni audio e video: 3.4.6
- A non si possono mai disattivare
- B si disattivano accedendo alle impostazioni
- C si disattivano facendo clic con il tasto destro sulle rispettive icone e selezionando la voce **Disattiva**
- D si disattivano facendo clic con il tasto sinistro sulle loro icone

35 Ordina le operazioni per disinstallare un'applicazione in uno smartphone con sistema operativo Android. 4.3.4

.... si seleziona **Gestione attività**
.... si sceglie **Scaricato**
.... si seleziona **Disinstalla** accanto all'applicazione da disinstallare e si dà conferma
.... si seleziona **Applicazioni**

36 La condivisione del desktop in Google+: 3.4.4
- A si attiva in modo automatico all'avvio della conferenza
- B si attiva dalle impostazioni
- C consente di mostrare singole finestre aperte sul proprio computer a scelta dell'utente
- D consente di mostrare solo la finestra attiva

ESERCITAZIONE 2

Soluzione filmata — Tempo a disposizione: 45 minuti

1 Collegati al sito **www.google.it**, seleziona Google Drive e avvia la procedura per attivare un nuovo account; se non lo possiedi già, completa la procedura. 2.2.2

2 Collegati a Google Drive e crea due documenti di testo nello spazio a te riservato, denominandoli **prova1** e **prova2**. 3.1.6

3 Crea con *Blocco note* un file di testo e salvalo sul desktop del tuo computer con il nome **prova3.txt**, poi caricalo su Google Drive. 3.1.3

4 In Google Drive crea una cartella denominata **nuovi_documenti**, metti al suo interno i file **prova1** e **prova2** e poi scarica l'intera cartella sul tuo computer. 3.1.3

5 Elimina il file **prova3.txt** presente su Google Drive. 3.1.3

6 Condividi il file **prova1** con una persona a tuo piacere, che deve avere la possibilità di visualizzare il documento ma non di modificarlo. 3.1.7

7 Dai alla persona con cui hai condiviso il documento la possibilità di modificarlo. 3.1.7

8 Blocca del tutto la condivisione dello stesso documento con la persona che hai specificato. 3.1.7

9 Modifica il testo del documento **prova1**, poi esci dallo stesso; visualizza infine la vecchia versione del documento. 3.1.8

10 Accedi a Google Calendar e condividi uno dei calendari esistenti. 3.2.1

11 Condividi un calendario con una persona a cui consenti di apportare modifiche agli eventi. 3.2.1

12 Nascondi un calendario, poi visualizzalo ancora. 3.2.2

13 Utilizza uno dei calendari condivisi di Google Calendar per creare un evento denominato **Incontro**. 3.2.3

14 Aggiungi un promemoria che segnali l'evento per posta elettronica ogni giorno. 3.2.4

15 Invita una persona all'evento **Incontro** e poi elimina l'invito. 3.2.5

16 Torna al calendario ed elimina l'evento **Incontro** già programmato. 3.2.6

17 Accedi a Google+. Modifica le opzioni di privacy in modo che possano vedere il tuo profilo solo le persone che fanno parte delle tue cerchie. 3.3.2

18 Collegati a Google+, cerca una persona da contattare e aggiungila alla cerchia degli amici. 3.3.3

19 Elimina un contatto da una cerchia. 3.3.3

20 Crea un post all'interno di Google+ denominato **Festa**. 3.3.4

21 Pubblica un link con un video di YouTube. 3.3.4

22 Rispondi a un commento. 3.3.5

23 Carica un'immagine. 3.3.6

24 Carica un documento. 3.3.6

25 Elimina il post **Festa**. 3.3.7

26 Collegati a un wiki per modificare un determinato argomento, fai la modifica e alla fine esci senza salvare la modifica effettuata. 3.3.8

27 Crea una riunione online in Google Calendar e salvala con il nome **Organizzazione incontro**. 3.4.1

28 Invita un partecipante impostando i diritti di accesso in modo da dargli la possibilità di modificare l'evento. 3.4.2

29 Annulla la riunione **Organizzazione incontro**, precedentemente creata in Google Calendar, indicando di avvertire per posta elettronica dell'annullamento della stessa. 3.4.1

30 Avvia la funzione che permette di effettuare una riunione online in Google+. 3.4.1

31 Chiudi la riunione online. 3.4.1

32 Avvia una riunione in Google+ invitando due persone per posta elettronica. 3.4.3

33 Condividi il desktop del tuo computer nel corso di una riunione online. 3.4.4

34 Condividi una singola finestra nel corso di una riunione online. 3.4.4

35 Avvia una chat nel corso di una riunione in Google+, invia un messaggio e poi chiudila. 3.4.5

36 Disattiva e riattiva il microfono e la webcam nel corso di una riunione online di Google+. 3.4.6

IT SECURITY
La sicurezza informatica

Questo MODULO definisce i concetti e le competenze fondamentali per comprendere l'uso sicuro dell'ICT nelle attività quotidiane e per utilizzare tecniche e applicazioni rilevanti che consentono di gestire una connessione di rete sicura, usare Internet in modo sicuro e senza rischi e gestire in modo adeguato dati e informazioni.

Per superare l'esame ECDL relativo a questo MODULO, dovrai essere in grado di:

- conoscere i concetti fondamentali relativi alla sicurezza dei sistemi informatici e dei dati, alla difesa della privacy e alla protezione da minacce come il furto di identità;
- saper usare antivirus, password e cifratura per proteggere dispositivi, file e reti dal malware e dagli accessi non autorizzati;
- conoscere i diversi tipi di rete e le relative problematiche di sicurezza, compreso l'uso di firewall e hotspot personali;
- navigare nel World Wide Web e comunicare in modo sicuro su Internet, anche attraverso i dispositivi mobili;
- comprendere i problemi di sicurezza associati alle comunicazioni (posta elettronica, messaggistica istantanea, reti sociali, VoIP);
- effettuare copie di sicurezza e ripristinare i dati in modo corretto e sicuro, ed eliminare dati e dispositivi in modo sicuro.

Sezione	Tema	Rif.	Argomento	Pagina
1. Concetti di sicurezza	1.1 Minacce ai dati	1.1.1	Distinguere tra dati e informazioni.	228
		1.1.2	Comprendere i termini "crimine informatico" e "hacking".	228
		1.1.3	Riconoscere le minacce dolose e accidentali ai dati provocate da individui, fornitori di servizi, organizzazioni esterne.	228
		1.1.4	Riconoscere le minacce ai dati provocate da circostanze straordinarie, quali fuoco, inondazioni, guerre, terremoti.	228
		1.1.5	Riconoscere le minacce ai dati causate dal cloud computing.	228
	1.2 Valore delle informazioni	1.2.1	Comprendere le caratteristiche fondamentali della sicurezza delle informazioni: confidenzialità, integrità, disponibilità.	228
		1.2.2	Comprendere perché proteggere le informazioni personali.	229
		1.2.3	Comprendere i motivi per proteggere informazioni di lavoro.	229
		1.2.4	Identificare i principi comuni per la protezione, conservazione e controllo dei dati e della riservatezza.	229
		1.2.5	Capire i termini "soggetti dei dati" e "controllori dei dati".	229
		1.2.6	Comprendere l'importanza di attenersi alle linee guida e alle politiche per l'uso dell'ICT e come fare per ottenerle.	229
	1.3 Sicurezza personale	1.3.1	Comprendere il termine "ingegneria sociale".	230
		1.3.2	Identificare i metodi applicati dall'ingegneria sociale.	230
		1.3.3	Comprendere il termine "furto di identità".	230
		1.3.4	Identificare i metodi applicati per il furto di identità.	230
	1.4 Sicurezza dei file	1.4.1	Comprendere gli effetti di attivare/disattivare le impostazioni di sicurezza relative alle macro.	231
		1.4.2	Comprendere i vantaggi e i limiti della cifratura. Comprendere l'importanza di non divulgare o di non perdere la password, la chiave o il certificato di cifratura.	231
		1.4.3	Cifrare un file, una cartella, una unità disco.	231
		1.4.4	Impostare una password per file.	231
2. Malware	2.1 Tipi e metodi	2.1.1	Comprendere il termine "malware". Riconoscere diversi modi con cui il malware si può nascondere nei computer.	232
		2.1.2	Riconoscere i malware e comprendere come funzionano.	232
		2.1.3	Riconoscere i tipi di malware usati per furto di dati, profitto/estorsione e comprendere come operano.	232
	2.2 Protezione	2.2.1	Comprendere funzionamento e limiti del software antivirus.	233
		2.2.2	Comprendere che il software antivirus dovrebbe essere installato su tutti i sistemi informatici.	233
		2.2.3	Comprendere perché aggiornare regolarmente i software.	233
		2.2.4	Eseguire e pianificare scansioni usando un software antivirus.	233
		2.2.5	Sapere i rischi dell'uso di software obsoleto e non supportato.	233
	2.3 Risoluzione e rimozione	2.3.1	Comprendere il termine "quarantena".	233
		2.3.2	Mettere in quarantena, eliminare file infetti/sospetti.	233
		2.3.3	Comprendere che un attacco da malware può essere diagnosticato e risolto usando risorse online.	233
3. Sicurezza in rete	3.1 Reti e connessioni	3.1.1	Comprendere il termine "rete" e riconoscere i più comuni tipi di rete (LAN, WLAN, WAN, VPN).	234
		3.1.2	Comprendere che la connessione a una rete ha implicazioni di sicurezza.	234
		3.1.3	Comprendere il ruolo dell'amministratore di rete.	234
		3.1.4	Comprendere la funzione e i limiti di un firewall in ambiente domestico e di lavoro.	234
		3.1.5	Attivare, disattivare un firewall personale. Consentire o bloccare l'accesso attraverso un firewall personale a un'applicazione, servizio/funzione.	234
	3.2 Sicurezza su reti wireless	3.2.1	Riconoscere i tipi di sicurezza per reti wireless e i loro limiti.	236
		3.2.2	Conoscere i rischi di una rete wireless non protetta.	236
		3.2.3	Comprendere il termine "hotspot personale".	237
		3.2.4	Attivare, disattivare un hotspot personale sicuro, connettere in modo sicuro e disconnettere dispositivi informatici.	237

4. Controllo di accesso	4.1 Metodi	4.1.1	Sapere come impedire accessi non autorizzati ai dati.	238
		4.1.2	Comprendere il termine "one-time password".	238
		4.1.3	Comprendere lo scopo di un account di rete.	238
		4.1.4	Comprendere che per accedere alla rete sono necessari un nome utente e una password, e che è importante disconnettere l'account al termine del collegamento.	238
		4.1.5	Identificare le comuni tecniche di sicurezza biometrica usate per il controllo degli accessi.	239
	4.2 Gestione delle password	4.2.1	Riconoscere buone linee di condotta per la password.	239
		4.2.2	Comprendere la funzione e le limitazioni dei software di gestione delle password.	239
5. Uso sicuro del web	5.1 Impostazioni del browser	5.1.1	Selezionare impostazioni adeguate per completamento e il salvataggio automatico quando si compila un modulo.	240
		5.1.2	Eliminare dati privati da un browser.	240
	5.2 Navigazione sicura in rete	5.2.1	Sapere che alcune attività in rete vanno eseguite solo su pagine web sicure e con una connessione di rete sicura.	241
		5.2.2	Sapere come confermare la autenticità di un sito web.	241
		5.2.3	Comprendere il termine "pharming".	241
		5.2.4	Conoscere i software per il controllo del contenuto.	241
6. Comunicazioni	6.1 Posta elettronica	6.1.1	Comprendere lo scopo di cifrare, decifrare un e-mail.	241
		6.1.2	Comprendere il termine "firma digitale".	241
		6.1.3	Identificare i possibili messaggi fraudolenti o indesiderati.	241
		6.1.4	Identificare le più comuni caratteristiche del phishing.	241
		6.1.5	Sapere che è possibile denunciare tentativi di phishing.	241
		6.1.6	Essere consapevoli del rischio di infettare un computer o un dispositivo con malware attraverso l'apertura di un allegato contenente una macro o un file eseguibile.	241
	6.2 Reti sociali	6.2.1	Comprendere l'importanza di non divulgare su siti di reti sociali informazioni riservate o informazioni personali.	242
		6.2.2	Sapere perché applicare e rivedere con regolarità le impostazioni del proprio account su una rete sociale.	242
		6.2.3	Applicare le impostazioni degli account di reti sociali: riservatezza dell'account e propria posizione.	242
		6.2.4	Comprendere i pericoli connessi all'uso di siti di reti sociali.	242
		6.2.5	Essere consapevoli che è possibile denunciare usi o comportamenti inappropriati della rete sociale.	242
	6.3 VoIP e messaggistica istantanea	6.3.1	Sapere le vulnerabilità di messaggistica istantanea e VoIP.	242
		6.3.2	Riconoscere i metodi per assicurare la confidenzialità durante l'uso della messaggistica istantanea e del VoIP.	242
	6.4 Dispositivi mobili	6.4.1	Comprendere le possibili implicazioni dell'uso di applicazioni provenienti da "app store" non ufficiali.	243
		6.4.2	Comprendere il termine "autorizzazioni dell'applicazione".	243
		6.4.3	Essere consapevoli che le applicazioni mobili possono estrarre informazioni private dal dispositivo mobile.	243
		6.4.4	Essere consapevoli delle misure precauzionali e di emergenza da adottare in caso di perdita di un dispositivo mobile.	243
7. Gestione sicura dei dati	7.1 Messa in sicurezza e salvataggio dei dati	7.1.1	Riconoscere i modi per assicurare la sicurezza fisica di computer e dispositivi mobili.	244
		7.1.2	Conoscere l'importanza di una procedura di copie di sicurezza.	244
		7.1.3	Identificare le caratteristiche di una procedura di copie di sicurezza.	244
		7.1.4	Effettuare la copia di sicurezza di dati su un supporto.	244
		7.1.5	Ripristinare i dati da una copia di sicurezza.	244
	7.2 Cancellazione e distruzione sicura	7.2.1	Distinguere tra cancellare i dati ed eliminarli in modo permanente.	245
		7.2.2	Comprendere i motivi per eliminare in modo permanente i dati dalle memorie di massa o dai dispositivi mobili.	245
		7.2.3	Essere consapevoli che l'eliminazione del contenuto dai servizi potrebbe non essere permanente.	245
		7.2.4	Sapere come distruggere i dati in modo permanente.	245

1 Garantire la sicurezza dei dati e delle informazioni

Quali rischi corrono i dati nei nostri dispositivi digitali e perché è importante proteggerli

1.1.1 **I dati e le informazioni.** In informatica un *dato* è un elemento (come un testo o un numero) che non ha un significato autonomo finché non viene elaborato e interpretato. L'elaborazione dei dati produce *informazioni*.

Per esempio il dato «Bianchi» può esprimere un cognome, il dato «Marco» un nome, il dato «06 1234567» un numero di telefono. Se in un file **rubrica telefonica** troviamo questi tre dati uno vicino all'altro, il loro insieme costituirà un'informazione.

1.1.2 **I crimini informatici.** Nell'ambito della sicurezza informatica i rischi che corre un utente, soprattutto quando il suo computer è connesso a Internet, sono essenzialmente di due tipi: la modifica e il furto dei dati.

Più in particolare, rientrano tra i *crimini informatici* l'accesso non autorizzato a un database, l'intercettazione illecita delle comunicazioni, il danneggiamento, la cancellazione, l'alterazione di dati informatici, l'interferenza con il funzionamento di sistemi informatici, i furti di identità e le frodi elettroniche.

Spesso si usa il termine *hacker* come sinonimo di «criminale informatico». In realtà *hacking* ha un significato più generale: indica l'insieme dei metodi, delle tecniche e delle operazioni informatiche che un hacker utilizza per accedere a un sistema hardware o software e per esplorarlo o modificarlo. Esiste anche un *hacking etico*, che sfrutta le competenze degli hacker per scopi leciti, come migliorare la sicurezza di un sistema evidenziandone le falle.

1.1.3
1.1.4
1.1.5 **Le minacce ai dati.** Le minacce ai dati dovute ad azioni umane possono provenire per un'azienda da personale interno, da fornitori di servizi o da soggetti esterni. Di solito si tratta di minacce dolose, cioè deliberate, come il furto di apparecchiature o software proprietario, l'accesso illegale alla rete, l'uso illegale di password e software, la copia non autorizzata di dati. In alcuni casi le minacce umane possono anche essere accidentali, come nel caso di errori involontari commessi da utenti, personale operativo o addetti alla manutenzione.

I dati informatici possono essere a rischio anche a causa di eventi straordinari come fulmini, allagamenti, incendi o terremoti, oppure di guerre o attentati.

Una minaccia particolare è legata alla diffusione del *cloud computing*, cioè la memorizzazione ed elaborazione dei dati «nella nuvola», un servizio fornito da *provider* che mettono a disposizione i propri *data center* e gestiscono le risorse di calcolo. Le aziende così possono risparmiare sui costi dell'infrastruttura informatica, ma perdono il controllo sui propri dati, che risiedono fisicamente su server lontani, e si espongono a possibili violazioni della privacy: un provider scorretto può accedere a dati sensibili e utilizzarli per attività non autorizzate o fraudolente.

1.2.1 **La sicurezza delle informazioni.** Ogni programma destinato a preservare la sicurezza dei dati persegue tre obiettivi fondamentali: la confidenzialità, la disponibilità e l'integrità delle informazioni.

La *confidenzialità* (o *riservatezza*) consiste nel limitare l'accesso alle informazioni e alle risorse informatiche alle sole persone autorizzate: si applica sia all'archiviazione sia alla comunicazione dei dati.

La *disponibilità* fa sì che le informazioni e le risorse informatiche siano sempre accessibili agli utenti che ne hanno diritto, nel momento in cui servono.

L'*integrità* indica la correttezza, completezza, coerenza e affidabilità delle informazioni, nonché del funzionamento delle risorse informatiche che si usano.

1.2.2
1.2.3
Perché è importante proteggere le informazioni. Tra i rischi maggiori per chi usa privatamente Internet c'è il «furto di identità»: se un malintenzionato riesce a carpire dati sensibili come le nostre password, può compiere a nostro nome azioni illecite con la posta elettronica o sulle reti sociali, oppure può derubarci, per esempio facendo acquisti online con i nostri conti bancari.

Proteggere i propri dati personali è perciò un'esigenza prioritaria per chiunque usi computer collegati alla rete, o anche dispositivi mobili come tablet e smartphone.

Le aziende, oltre a difendere le proprie informazioni finanziarie, devono proteggere i dati relativi ai loro clienti, che sono un capitale prezioso per le attività di promozione e marketing. Un criminale informatico che ne entri in possesso potrebbe farne un uso illegale di cui l'azienda sarebbe penalmente responsabile, per esempio contattando i clienti con offerte truffaldine.

1.2.4
1.2.5
1.2.6
La difesa della privacy. In Italia il decreto legislativo 196/2003 o *Codice della privacy* (che si rifà alla direttiva europea nota come *1995 European Data Protection Directive)* stabilisce che chiunque raccolga e tratti dati personali – il «controllore dei dati» – deve garantire la protezione dei soggetti ai quali i dati si riferiscono.

Tra i principi di base che ispirano la difesa della privacy ci sono (articolo 4):

- la *trasparenza*: la raccolta dei dati dev'essere manifesta e dichiarata, spiegandone la finalità e dichiarando le procedure adottate per il rispetto delle regole;
- gli *scopi legittimi*: la raccolta e il trattamento dei dati devono perseguire fini legittimi, senza violare i diritti del soggetto;
- la *proporzionalità delle misure*: i dati raccolti devono essere pertinenti, accurati e aggiornati, e non devono eccedere le finalità per cui sono raccolti.

Ai sensi dell'articolo 7, il soggetto dei dati ha il diritto di:

- venire informato in modo chiaro sull'esistenza dei dati personali;
- conoscere l'origine dei dati e le finalità e modalità del loro trattamento;
- sapere chi detiene i dati personali e a chi potranno essere comunicati;
- opporsi al trattamento dei propri dati personali a fini commerciali.

Il controllore dei dati, cioè l'ente o l'azienda che li raccoglie, ha il dovere di:

- conservare i dati soltanto per il tempo necessario per gli scopi per cui sono stati raccolti;
- garantire che i dati siano conservati al riparo da intrusioni esterne, attuando tutte le opportune misure di sicurezza.

Di solito le aziende analizzano la sicurezza delle proprie risorse e procedure informatiche e raccolgono in un documento le politiche e le linee-guida a cui i dipendenti devono attenersi. Il documento viene poi reso disponibile a ciascun dipendente su carta o attraverso la rete aziendale.

ESERCIZI La sicurezza dei nostri dati informatici è potenzialmente in pericolo ogni volta che:

A usiamo un personal computer, ma non quando usiamo un tablet
B usiamo uno smartphone, ma non quando usiamo un personal computer
C usiamo un dispositivo digitale collegato a Internet
D usiamo un dispositivo digitale in «modalità aereo»

► Altri esercizi a pagina 246

2 Evitare i furti d'identità e proteggere i file

Come difendere sé stessi e i propri documenti dagli attacchi informatici

1.3.1 1.3.2 **L'«ingegneria sociale».** La minaccia più temuta, soprattutto dai privati e dalle aziende che eseguono molte transazioni economiche online, è legata alla cosiddetta *ingegneria sociale* (*social engineering* in inglese).

Questa espressione indica l'insieme delle pratiche messe in atto da malintenzionati per procurarsi password e codici utili per avere accesso a informazioni sensibili. Prima di compiere il gesto criminoso vero e proprio, un *social engineer* studia i sistemi di comunicazione aziendali, manda e-mail o telefona fingendo di essere un utente inesperto, che magari ha smarrito una password.

In generale il metodo più semplice per appropriarsi di un codice d'accesso è spiare un utente, un collega o un cliente di un internet cafè mentre digita la password, standogli dietro le spalle (in inglese *shoulder surfing*) o usando telecamere a circuito chiuso.

Un'altra tecnica, più sofisticata e molto diffusa, è quella del *phishing* («andare a pesca di dati»). Per un bravo hacker è abbastanza semplice spedire un'e-mail mascherando il reale indirizzo di provenienza, o realizzare una copia pressoché identica dei messaggi di un sito del quale ci fidiamo, per esempio quello della nostra banca (*pretexting*).

Una tipica azione di phishing è un messaggio con cui la finta banca chiede di inserire in un modulo username e password del nostro conto corrente online (cosa che la vera banca non farebbe mai). Se incautamente inseriamo i dati del conto – non bisogna mai farlo! – essi vengono inviati all'hacker, che si impossessa così dei nostri codici.

1.3.3 1.3.4 **Il furto d'identità.** Come abbiamo già visto, tra i crimini informatici più comuni c'è il *furto d'identità*: ottenere indebitamente le informazioni personali di un soggetto, al fine di sostituirsi in tutto o in parte al soggetto stesso e compiere azioni illecite in suo nome o ottenere vantaggi tramite false credenziali.

Per mettere in atto un furto d'identità, un criminale ha bisogno di dati come il nome, il cognome, l'indirizzo della vittima, il suo codice fiscale, il luogo e la data di nascita, il numero della sua carta di credito e gli estremi del suo conto corrente.

Per raccogliere queste informazioni una tecnica tradizionale e «analogica», che è efficace anche se può apparire sorprendente, è rovistare nella spazzatura della vittima (*information* o *dumpster diving*): dettagli a prima vista irrilevanti, come vecchie bollette, estratti conto o lettere personali, possono fornire informazioni preziose circa la nostra identità. Per non parlare del furto o dello smarrimento del portafogli o del telefonino.

Esistono poi tecniche più raffinate da un punto di vista informatico, come il phishing e il pretexting cha abbiamo già descritto, oppure lo *skimming* (dall'inglese per «scremare» una transazione), che in genere consiste nella clonazione di un bancomat o di una carta di credito attraverso l'apparecchiatura elettronica usata nei POS degli esercizi commerciali per pagare i beni acquistati.

1.4.1 **La sicurezza dei file e le macro.** Le nostre informazioni personali viaggiano sempre più spesso via computer, perciò la sicurezza personale oggi è legata a quella dei nostri file.

Gran parte dei programmi che utilizziamo quotidianamente per scrivere documenti di testo, fogli di calcolo o presentazioni utilizzano funzioni chiamate *macro*, che automatizzano le attività eseguite più di frequente. Alcune macro però rappresentano
1.4.2 un possibile rischio per la sicurezza; un utente malintenzionato può infatti inserire
1.4.3 una macro dannosa, in grado di diffondere un virus nel nostro computer.

1.4.4 Perciò è consigliabile impostare i programmi disattivando le macro e, se un programma ci chiede l'autorizzazione ad attivarne una, prima di procedere occorre accertarsi dell'attendibilità del file che stiamo usando.

La cifratura e le password. Per proteggere i contenuti di un computer dagli accessi non autorizzati si usa la *cifratura*, di solito definendo una *password* che bisogna conoscere per poter accedere ai dati.

In Windows per esempio si può cifrare un file o una cartella facendo clic sulla sua icona con il tasto destro del mouse e scegliendo **Proprietà** nel menu contestuale; nella scheda **Generale** si sceglie **Avanzate**, poi nella finestra che appare si attiva la casella **Crittografa contenuto**: si potrà allora impostare la password che da quel momento andrà inserita per poter accedere al file o alla cartella.

Alcune versioni di Windows consentono di proteggere intere unità disco tramite il sistema di cifratura BitLocker: vi si accede dal **Pannello di controllo** scegliendo **Sistema e sicurezza** e quindi **Crittografia unità BitLocker**.

La protezione con password dei documenti Word o Excel si attiva tramite l'opzione **Salva con nome** del menu **File**.

Nella finestra **Salva con nome** si sceglie **Strumenti** e quindi **Opzioni generali**: appare allora la finestra della figura 1, ove si può impostare la password che andrà poi inserita per poter aprire il file.

Nel caso della compressione dei file, si può impostare una password per esempio con il programma open source *7-zip* (scaricabile gratuitamente dal sito www.7-zip.org).

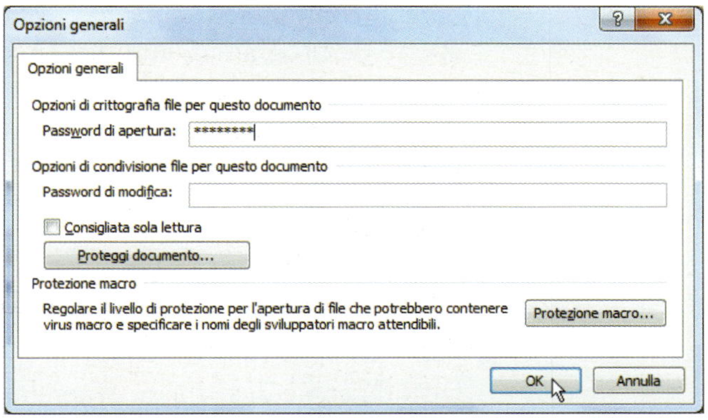

Figura 1 Proteggere un file con una password

Dopo aver selezionato i file da comprimere, si fa clic su **Aggiungi** per inserirli nell'archivio compresso. A quel punto appare la finestra **Aggiungi all'archivio**, dove nella sezione *Cifratura* si può digitare la password, che andrà poi digitata una seconda volta per conferma. Al clic su **OK** verrà creato un file compresso (con estensione .7z) che si potrà aprire soltanto inserendo la password che è stata impostata.

Queste tecniche di cifratura hanno il vantaggio di impedire l'accesso ai dati da parte di malintenzionati (a patto che le password scelte siano difficili da indovinare, e siano mantenute segrete). Il rischio è quello di perdere l'accesso ai dati qualora si dimentichi la password; è indispensabile perciò accertarsi di avere un backup dei dati protetti.

Per mettere in sicurezza il trasferimento di dati tra due soggetti, si usano invece le tecniche della *crittografia*: con opportune applicazioni software si converte ogni messaggio in una sequenza apparentemente casuale di caratteri; soltanto la persona in possesso della corretta «chiave» per decifrare la sequenza potrà riconvertirla nel messaggio originale.

ESERCIZI Se ci si trova in un locale pubblico e tramite un computer si accede a un servizio protetto da password, quale tra queste precauzioni bisogna adottare?

- **A** Cambiare la password prima di entrare nel servizio.
- **B** Accertarsi che nessuno ci osservi mentre digitiamo la password.
- **C** Cambiare la password appena si è usciti dal servizio.
- **D** Spegnere il computer dopo che si è finito di usarlo.

► Altri esercizi a pagina 246

3 I malware

Che cosa sono i «software malvagi», come ci attaccano e come difendersi

2.1.1 **Le origini dei malware.** La maggior parte dei criminali informatici sfrutta Internet per diffondere il cosiddetto *malware* (dall'inglese *malicious software*), «software malvagio» creato appositamente per danneggiare il nostro computer, alterare i nostri dati o sottrarci informazioni.

A seconda della strategia che usano per nascondersi nel nostro computer, i malware si suddividono in almeno tre famiglie:

- *Trojan* («cavalli di Troia»), software nocivi che si annidano all'interno di programmi che l'utente di solito installa volontariamente, per esempio videogiochi «piratati» scaricati da Internet, ma contengono istruzioni dannose che vengono poi eseguite sul computer all'insaputa dell'utente;
- *backdoor* (letteralmente «porta sul retro»), programmi che consentono di accedere al computer su cui sono in esecuzione utilizzando porte, cioè connessioni, aperte da programmi autorizzati come i software *peer-to-peer*, usati per esempio in rete per condividere file audio o video;
- *rootkit*, applicazioni software che permettono di ottenere il controllo di un computer o di un sistema informatico eludendo i normali strumenti di amministrazione e controllo, per esempio impedendo al sistema operativo di attivarsi contro Trojan o backdoor;

2.1.2
2.1.3 **Alcuni tipi di malware.** I malware di tipo infettivo più comuni sono due:

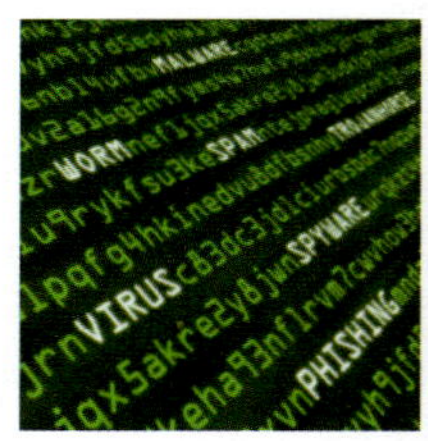

- *virus*, applicazioni parassite che rallentano il sistema operativo e infettano i file facendo copie di se stessi, generalmente senza che l'utente se ne renda conto;
- *worm*, simili ai virus ma con la differenza che i worm sono programmi a sé stanti, che cioè non hanno bisogno di agganciarsi ad altri file; la loro specialità è propagarsi via Internet, spesso come allegati alle e-mail.

Tra i malware utilizzati per il furto di dati, i più comuni sono:

- gli *spyware*, simili ai Trojan, ma con la funzione di raccogliere informazioni riservate presenti sul computer (come siti visitati, password e indirizzi e-mail della rubrica) e inviarle all'esterno;
- gli *adware*, programmi simili agli spyware ma che non inviano informazioni all'esterno, bensì visualizzano messaggi pubblicitari nel computer della vittima;
- i *keylogger*, programmi solitamente installati sul computer da Trojan o da worm, che sono in grado di registrare tutto ciò che un utente digita sulla tastiera, rendendo così possibile il furto di password o di dati sensibili;
- i *dialer* sono malware che deviano la connessione del modem da un provider a un altro, per esempio verso servizi a pagamento o fraudolenti;
- i *ransomware* bloccano il funzionamento di una o più applicazioni, allo scopo di chiedere un pagamento (riscatto, ransom in inglese) per sbloccare i programmi.

Un caso estremo è rappresentato dalla cosiddetta *botnet*, una rete di computer connessi a Internet che sono stati «reclutati» infettandoli con malware, e che rispondono agli ordini di un unico *botmaster*. Costui vende poi i servizi della botnet a clienti che vogliono compiere azioni illegali, come effettuare massicce campagne pubblicitarie («spam») per vendere prodotti, o carpire credenziali a scopo di furto (*phishing*).

2.2.1 **L'antivirus.** Gli *antivirus* sono programmi in grado di prevenire, rilevare ed elimina-
2.2.2 re software nocivi. I malware possono attaccare qualsiasi sistema informatico, anche
2.2.3 mobile, perciò è importante proteggere con antivirus tutti i propri dispositivi.
2.2.5 Un programma antivirus confronta i file da analizzare con un archivio di tutti i malware conosciuti, con le loro specifiche «firme» (*signature* in inglese). C'è il rischio però che i malware creati più di recente non siano rilevati, perciò il software usa altre due tecniche di rilevamento: il riconoscimento generico e la ricerca euristica.

Il *riconoscimento generico* analizza caratteristiche meno specifiche della firma. Alcuni malware per esempio sono creati da programmi di generazione automatica, ai quali l'antivirus dà la caccia: così, anche se non è possibile identificare con precisione il software nocivo, se ne rileva comunque la potenziale minaccia.

La *ricerca euristica* si basa invece sull'analisi del comportamento dei file. Se un programma si nasconde nel sistema operativo, modifica o cancella dei file, o ancora invia dati verso l'esterno attraverso la rete, ci sono buone probabilità che si tratti di un malware. Anche in questo caso l'identificazione della minaccia non è precisa, ma consente all'antivirus di mettersi in allerta nei confronti di un dato file.

Gli antivirus sono efficaci soltanto se vengono aggiornati di frequente. Per garantirsi una protezione dai malware di recente introduzione, è bene aggiornare settimanalmente i file di riconoscimento dei virus e periodicamente il software antivirus.

È importante aggiornare regolarmente anche le applicazioni, come il browser e i relativi plug-in, e lo stesso sistema operativo, ogni volta che i produttori ne rendono disponibili nuove versioni più sicure. Molti malware infatti fanno leva proprio su vulnerabilità scoperte nelle applicazioni meno recenti od obsolete.

2.2.4 **Confinare ed eliminare software infetto.** Gene-
2.3.1 ralmente all'installazione il software antivirus ha le op-
2.3.2 zioni di base già attivate: aggiornamento automatico del
2.3.3 software quando si è collegati a Internet, scansione sistematica di tutti i file scaricati da Internet o allegati alle e-mail, e scansione dell'intero computer a intervalli regolari. È possibile anche impostare manualmente una pianificazione delle scansioni, richiedendo per esempio che una volta alla settimana tutte le unità disco siano analizzate in dettaglio.

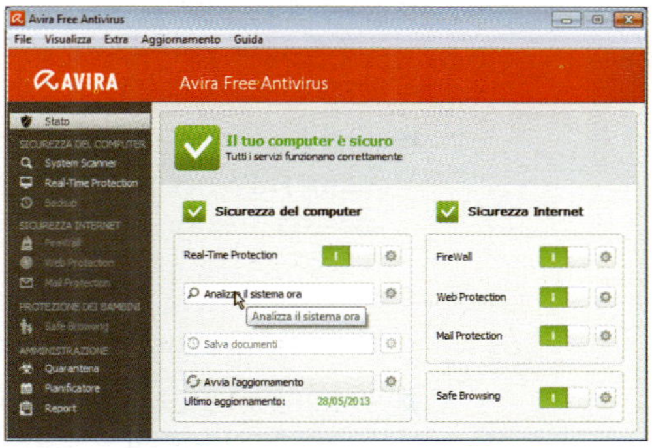

Figura 2 Un'applicazione antivirus

Se si usa come sistema operativo Windows, in ogni momento si può scansionare un file o una cartella specifica facendo clic sulla sua icona con il tasto destro del mouse e scegliendo poi l'opzione di scansione nel menu di scelta rapida.

Quando un antivirus rileva la presenza di un malware, solitamente ci consente di decidere che cosa fare, offrendo diverse opzioni. La scelta più sicura è sempre quella di eliminare del tutto i file infetti.

A volte l'antivirus raccomanderà di mettere un file *in quarantena*, perché l'ha riconosciuto come sospetto e potenzialmente pericoloso, ma non ha potuto identificare uno specifico malware. Il file in tal caso sarà trasferito in una zona confinata della memoria, per essere analizzato di nuovo quando l'antivirus verrà aggiornato.

I file messi in quarantena si possono comunque recuperare e utilizzare: il programma antivirus avvertirà del pericolo e chiederà una conferma prima dell'apertura del file.

Esistono anche risorse online per identificare il malware presente sul proprio computer; le si trova per esempio nei siti web dei produttori di antivirus, di browser o di sistemi operativi. Questi programmi possono aiutare a diagnosticare e risolvere un attacco da virus, ma non forniscono una protezione quotidiana in tempo reale.

ESERCIZI Un file che è stato messo in quarantena da un programma antivirus:

A può essere utilizzato normalmente dall'utente.
B contiene sicuramente un virus fatale per il computer.
C sicuramente non contiene più virus.
D non può provocare danni al computer.

▶ Altri esercizi a pagina 246

4 Le reti e il firewall

Che cosa sono le reti di computer e come si deve procedere per utilizzarle in modo sicuro

3.1.1 **Le reti più comuni.** Una *rete di computer* è un insieme di calcolatori autonomi, cioè indipendenti tra loro, e interconnessi, cioè in grado di scambiarsi dati e informazioni.

Le reti si possono classificare in base a molti criteri diversi: il tipo di segnale, il supporto fisico e la tecnologia usata per la trasmissione dei dati, o la topologia della rete, o ancora la sua estensione geografica o amministrativa. Per esempio:

- una *rete locale* o *LAN* (*Local Area Network*) ha un'estensione limitata a uno o più edifici vicini tra loro; le *intranet* per esempio di solito sono reti locali private che collegano i computer di un'organizzazione o di un'azienda; se i computer della rete locale sono collegati senza fili, la rete si chiama *WLAN* (*Wireless LAN*);
- una r*ete metropolitana* o *MAN* (*Metropolitan Area Network*) si estende sull'area di una città;
- una *rete geografica* o *WAN* (*Wide Area Network*) collega computer diffusi su un'ampia area geografica ed è spesso utilizzata per connettere tra loro diverse «sottoreti»; Internet è il più noto esempio di WAN;
- una *rete VPN* (*Virtual Private Network*) è una rete privata che utilizza la rete pubblica Internet per lo scambio dei dati; così per esempio gli uffici di un'azienda in diverse nazioni comunicano tra loro come se stessero usando una LAN.

3.1.2 **Connessioni di rete.** Per poter navigare in Internet o accedere a una rete locale, ogni computer utilizza una *connessione di rete*. Attualmente ne esistono di due tipi:

- la connessione *via cavo* (o cablata), basata su un collegamento fisico tra il computer e la rete tramite un cavo per la trasmissione dei dati;
- la connessione *wireless* (o *wi-fi*), che non fa uso di cavi ma trasmette i dati mediante onde radio.

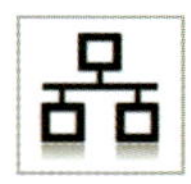
rete cablata

rete wireless

I criminali informatici usano Internet per cercare di infettare i computer con malware, per accedere senza autorizzazione ai dati e per violare la privacy degli utenti. Per difendersi da queste minacce informatiche, perciò, è fondamentale accertasi che la propria connessione di rete sia *sicura*.

3.1.3 **L'amministratore della rete.** Nel caso delle reti locali di un ufficio, di una scuola o di una biblioteca, e più in generale delle reti private o aziendali, ha un ruolo fondamentale l'*amministratore* della rete: gestisce l'assegnazione degli account per accedere alla rete, l'identificazione e l'autenticazione degli utenti, tiene sotto controllo il traffico dei dati e, in caso di problemi, interviene per risolverli.

Per esempio, l'amministratore ha accesso a tutte le informazioni sugli *username* (per l'identificazione) e le *password* (per l'autenticazione dell'identità) degli utenti che hanno accesso al sistema tramite la funzione *login*.

3.1.4
3.1.5 **Il firewall.** In tutte le reti aziendali, ma anche nel caso di singoli utenti privati, ogni computer connesso a Internet deve essere dotato di un *firewall* («barriera di fuoco» in inglese). Si tratta di un hardware o software che si interpone tra il computer (o una rete locale) e la Rete, controllando che i dati in entrata e in uscita non contengano minacce per il sistema.

Purtroppo, quando il firewall è un software, fa parte dello stesso sistema operativo che deve proteggere; perciò è soggetto al rischio di essere disabilitato, qualora un malware dovesse prendere il controllo del computer.

Questo pericolo evidenzia ancora una volta l'importanza dell'installazione di un'applicazione antivirus efficace e aggiornata.

In Windows il firewall (che è attivato per default all'installazione del sistema operativo) si può impostare dal **Pannello di controllo**, selezionando **Sistema e sicurezza** e poi **Windows Firewall**, come nella figura 3a.

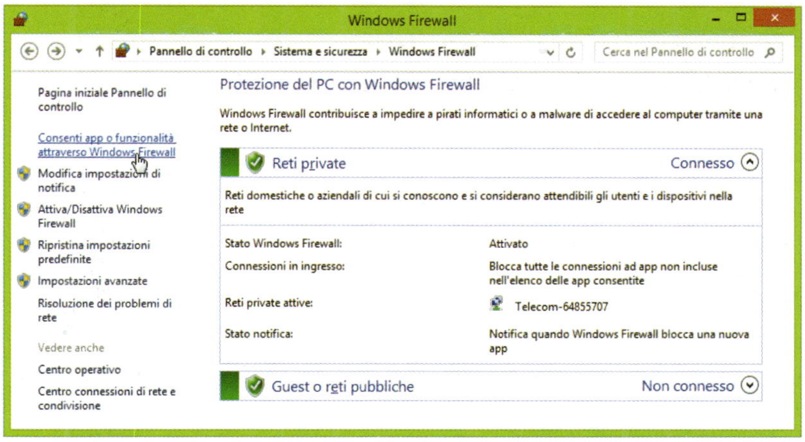

Figura 3a
Le opzioni del *firewall* di Windows 8

Qualora si voglia attivare un firewall diverso, l'opzione **Attiva/Disattiva Windows Firewall** sulla sinistra permette di disattivare quello di Windows: si apre una finestra **Personalizza impostazioni** in cui spuntare l'opzione **Disattiva Windows Firewall** per i tipi di rete desiderati, per poi fare clic su **OK**. In modo analogo si può poi riattivare il firewall di Windows.

Se un programma bloccato dal firewall ha bisogno di comunicare attraverso il firewall per funzionare correttamente, lo si può sbloccare usando l'opzione **Consenti app o funzionalità** evidenziata nella figura 3a.

Appare allora la finestra della figura 3b, che mostra l'elenco dei programmi con le relative impostazioni. Se qui si fa clic su **Modifica Impostazioni**, diventa poi possibile spuntare le caselle di controllo delle applicazioni che si desidera attivare. Se l'applicazione che interessa non fa parte dell'elenco, si dovrà fare clic in basso su **Consenti un'altra app...** per andarla a selezionare. Infine le nuove impostazioni si confermano con **OK**.

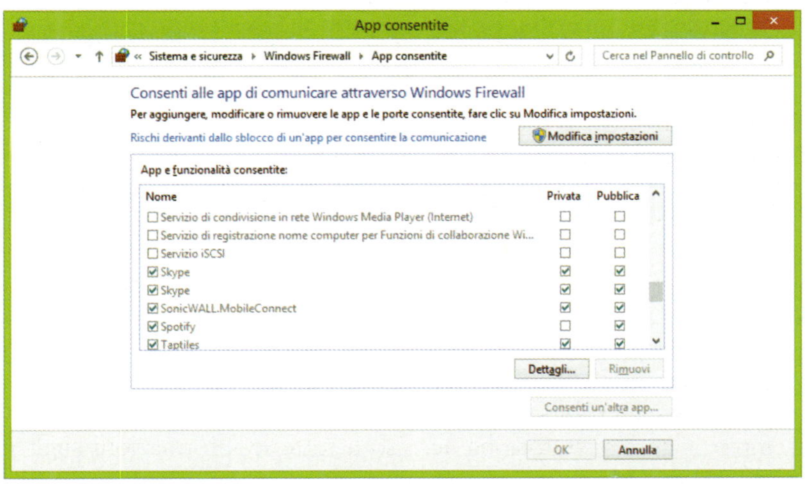

Figura 3b
Consentire alle applicazioni di comunicare attraverso il *firewall* di Windows

ESERCIZI Il firewall di un personal computer:

A è un software che, come gli altri, può essere attaccato dal malware.
B è un dispositivo hardware da collegare al computer.
C blocca qualsiasi scambio di dati tra il computer e il mondo esterno.
D se è attivato, rende inutile l'uso di un programma antivirus.

▶ Altri esercizi a pagina 246

5 La sicurezza nelle reti wireless

Come si proteggono le comunicazioni in una rete locale senza fili

3.2.1 **Le vulnerabilità delle reti wireless.** Il segnale radio radio emesso dal router wire-
3.2.2 less può essere captato da qualsiasi dispositivo che si trovi nel suo raggio d'azione. Se la rete non è adeguatamente protetta, può essere attaccata da malintenzionati con una varietà di tecniche, tra cui:

- l'intercettazione (*eavesdropping*) dei dati trasmessi nella rete;
- il «dirottamento» (*network hijacking*), che consiste nell'accesso senza credenziali a un account della rete;
- la violazione di comunicazioni private, quando il cyber-criminale (*man in the middle*) riesce a leggere e modificare i messaggi scambiati tra due utenti della rete.

Se si vogliono impedire le intrusioni nella rete, perciò, è importante che essa sia *protetta* o *chiusa*, cioè dotata di una password di accesso. Le reti protette si distinguono perché di fianco al loro nome appare il simbolo di un lucchetto chiuso o di uno scudo.

Esistono vari protocolli di trasmissione dei dati, progettati proprio per garantire la sicurezza delle reti wi-fi. Tra i più utilizzati ci sono:

- il protocollo *WEP* (*Wired Equivalent Privacy*), sviluppato per fornire una sicurezza comparabile a quella delle normali reti LAN cablate, ha un algoritmo di cifratura piuttosto semplice e perciò più vulnerabile; è in uso soltanto nei dispositivi più datati;
- il protocollo *WPA* (*Wi-Fi Protected Access*) costituisce un'evoluzione del WEP ed è più sicuro, perché può cambiare dinamicamente la chiave di codifica in uso; la versione più recente e sicura è chiamata *WPA2*;
- il protocollo *MAC* (*Media Access Control*) è lo standard utilizzato per il trasferimento dei pacchetti di dati dalla rete al sistema fisico usato per la trasmissione (l'antenna radio, nel caso delle connessioni wi-fi); ogni scheda di rete ha un indirizzo MAC univoco, perciò si può restringere l'accesso alla rete autorizzando soltanto i dispositivi che conoscono quell'indirizzo;
- infine il segnale di rete router trasmette per default anche il *SSID* (*Service Set IDentifier*), un dato che identifica il modello di router usato; per evitare di fornire ai malintenzionati informazioni sull'hardware, si può riconfigurare il router in modo da nascondere questo dato.

Per non correre il rischio di finire vittime delle cosiddette «spie digitali», è consigliabile accedere soltanto a reti wi-fi protette. Nei punti d'accesso wi-fi pubblici e non protetti – come biblioteche o locali pubblici – bisogna essere consapevoli del fatto che la sicurezza non è garantita, perché non si può avere la certezza dell'onestà degli altri utenti.

Per accedere a una rete protetta bisogna per prima cosa aprire il gestore delle connessioni del dispositivo che si sta usando, identificare il nome della rete e selezionarlo. Al primo ingresso nella rete si dovrà inserire un codice formato da caratteri alfanumerici (13 caratteri nel caso WEP oppure 24 nel caso WPA); se non si conosce il codice, bisogna richiederlo all'amministratore della rete. In genere il dispositivo memorizzerà il codice e lo userà automaticamente per le connessioni successive. a quelle stesse reti wi-fi.

3.2.3 **Gli hotspot personali.** In generale un *hotspot* («punto caldo») è un'area coperta dal segnale wi-fi dell'antenna di un router, per esempio in un'abitazione o in un locale pubblico. I dispositivi che si trovano all'interno dell'hotspot possono collegarsi alla rete wireless. Il router è il *gateway* («portone») che consente ai dispositivi di collegarsi alla rete Internet.

I moderni dispositivi mobili consentono di creare all'occorrenza un proprio hotspot personale. Se si ha un tablet o uno smartphone dotato di connessione dati, questo apparecchio può diventare il gateway che fornisce accesso a Internet ad altri dispositivi, per esempio personal computer.

Fino a qualche anno fa era comune il *tethering*, cioè il collegamento tramite cavetto USB tra il dispositivo mobile e un singolo altro apparecchio, che in questo modo acquisiva l'accesso a Internet.

Oggi è diventato standard il collegamento senza fili: il dispositivo mobile, quando agisce da gateway, crea a tutti gli effetti una rete locale wireless, condividendo la propria connessione dati con tutti gli apparecchi (purché dotati di scheda wireless) che si trovano nel suo raggio d'azione bluetooth o wi-fi.

3.2.4 **Usare un hotspot personale sicuro.** Per attivare l'hotspot si deve scegliere la relativa opzione nelle **Impostazioni** del tablet o dello smartphone. Nei dispositivi della Apple (iPhone e iPad) l'opzione si chiama **Hotspot personale**; nei dispositivi Android può chiamarsi anche **Hotspot portatile** oppure **Router Wi-Fi**.

Una volta attivato l'hotspot, un pulsante **Password** permetterà di impostare una password per l'acceso. I dispositivi che si trovano nelle vicinanze ora riconosceranno la presenza della rete wireless e la mostreranno nell'elenco delle connessioni di rete; scegliendola, e digitando poi la password, si potrà accedere a Internet tramite l'hotspot.

Quando l'hotspot non è più necessario, e gli apparecchi che vi erano collegati si sono disconnessi, è bene spegnerlo ritornando alle **Impostazioni** del dispositivo mobile e disattivando l'opzione. Infatti l'attività hotspot richiede energia e fa aumentare notevolmente il consumo della batteria.

ESERCIZI

In un bar il computer rileva la presenza di una rete wi-fi. Attivando il collegamento, scopriamo che non occorre inserire una chiave di accesso.
Dobbiamo allora supporre che:

A tutte le nostre comunicazioni in rete saranno facilmente intercettabili.
B tutte le nostre comunicazioni in rete saranno crittografate, e perciò sicure.
C abbiamo già usato quella rete in passato, e la connessione è sicura.
D non sarà possibile utilizzare Internet.

► Altri esercizi a pagina 242

6 Il controllo degli accessi

Le password e gli altri metodi per impedire accessi non autorizzati ai dati

4.1.1 **I metodi per l'autenticazione.** I sistemi informatici riconoscono gli utenti autorizzati tramite il processo di *autenticazione*, cioè il riconoscimento delle credenziali dell'utente, che può utilizzare diversi metodi: si può basare su un oggetto che l'utente autorizzato possiede, un'informazione segreta che conosce oppure su una caratteristica fisica che permette di identificarlo.

Così, per esempio:

- il dipendente di un'azienda può registrare gli ingressi e le uscite dal lavoro («timbrare il cartellino») grazie a una *smartcard personale*;
- per accedere a un servizio di posta elettronica bisogna digitare i due dati, il *codice utente* e la *password associata*, che danno accesso alla propria casella e-mail;
- l'accesso a un luogo o a un dispositivo può essere soggetto a un *controllo biometrico*, come la verifica dell'impronta digitale o dell'iride dell'utente.

Quando il controllo dell'accesso dev'essere più rigoroso, si usano più metodi simultaneamente e si parla allora di *autenticazione a più fattori* (o *forte*): per esempio, per prelevare denaro con una carta di credito o bancomat occorre sia possedere la smartcard, sia conoscere un codice segreto (il *PIN*).

4.1.2 **Le one-time password.** Tra i metodi più efficaci per vanificare l'eventuale intercettazione delle credenziali di un utente c'è l'uso della cosiddetta *one-time password* (OTP): è una password «usa-e-getta», che perde la propria validità non appena la si usa una volta; così un eventuale intruso che l'abbia intercettata non potrà riutilizzarla.

Molte banche per esempio dotano i loro clienti di una chiavetta elettronica con display. Ogni volta che il cliente deve confermare una transazione online nel sito web della banca, usa come OTP il codice numerico che appare sul display. Questa password è valida soltanto in quell'istante; dopo pochi secondi, infatti, il codice cambia.

4.1.3
4.1.4 **Gli account di rete.** Le reti aziendali sono di solito del tipo *client/server*: ciascun computer a disposizione dei dipendenti è un client, mentre il server centrale gestisce le autenticazioni e l'accesso delle singole postazioni alle risorse informatiche dell'azienda.

Ogni dipendente ha un *account di rete* che definisce le risorse a cui quell'utente avrà accesso; in questo modo l'amministratore della rete, tramite il server, stabilisce a quali dati e a quali dispositivi hardware l'utente potrà accedere, in base al suo ruolo nell'azienda.

A ogni account di rete sono associati come credenziali un nome utente e una password. Grazie all'account di rete, ogni utente può collegarsi alla rete da uno qualsiasi dei computer client con il *login*, cioè digitando le proprie credenziali per dare inizio a una sessione.

Con l'autenticazione dell'utente, al momento del login il server stabilisce i privilegi da associare a quella postazione, dandole accesso a tutte le risorse informatiche per le quali quell'utente è autorizzato.

Al termine di ogni sessione è importante che l'utente disconnetta il proprio account di rete, facendo il cosiddetto *logout*, per evitare che altri possano usare quella postazione con i suoi privilegi. Anche nel caso di abbandono temporaneo della postazione si deve bloccare il computer (di solito con una sequenza di comandi da tastiera) «congelando» così la sessione; per riprenderla sarà necessario reinserire la password.

4.1.5 **Le tecniche di sicurezza biometrica.** La tecnica più comune per autenticare gli utenti consiste nell'uso di una password segreta, ma esistono anche soluzioni più sofisticate, come l'utilizzo di dispositivi biometrici, che identificano gli utenti in base a una loro caratteristica fisica univoca.

Tra i più diffusi ci sono gli scanner che riconoscono l'impronta digitale, i sistemi laser per la scansione dell'iride (o a raggi infrarossi per la scansione della retina) e il software di analisi del suono capace di riconoscere la voce dell'utente.

Esistono anche sistemi, basati su telecamere e software specializzato, per il riconoscimento facciale (analisi delle caratteristiche geometriche di naso, occhi, bocca e zigomi) e per il riconoscimento della geometria della mano (lunghezza e forma delle dita, curvatura del palmo).

4.2.1
4.2.2 **La gestione delle password.** Le password sono un elemento-chiave della nostra sicurezza informatica, perciò vanno scelte e gestite con cura.

Per essere robusta, una password dev'essere sufficientemente lunga (cioè con un numero di caratteri non inferiore a 8) e contenere lettere sia maiuscole sia minuscole, ma anche numeri e simboli speciali, come per esempio la «chiocciola» (@) o il «cancelletto» (#).

È poi buona norma modificare le password periodicamente, per ridurre il rischio che vengano scoperte. E naturalmente bisogna tenerle riservate: se per paura di dimenticare una password si decide di annotarla, la copia andrà conservata in un luogo sicuro.

Spesso capita di usare numerosi servizi diversi che richiedono una password (per esempio account di rete, servizi bancari online, accesso alle reti sociali). In tal caso è importante usare per ognuno una password diversa: se si usasse un'unica password e questa venisse scoperta da un malintenzionato, infatti, sarebbero messi a repentaglio in un colpo solo tutti i servizi.

Ricordare tante password diverse però è difficile, e per questa ragione esistono specifiche applicazioni di gestione, dette *password manager*. Questi programmi, che sono protetti mediante tecniche crittografiche, memorizzano tutte le password che usiamo; l'unica password che occorrerà ricordare a memoria, perciò, è quella che dà accesso al password manager stesso.

Alcuni password manager sono applicazioni offline, come quelle contenute nei browser; in tal caso, funzioneranno soltanto sul particolare computer su cui sono installate. Esistono però anche password manager online, che memorizzano tutti i dati nella «nuvola» e possono perciò essere utilizzati da qualsiasi nostro dispositivo connesso a Internet.

ESERCIZI Quale tra queste password offre le maggiori garanzie di sicurezza?

A Lucia123
B PassWord
C a74Ph1wE
D 7lug2002

► Altri esercizi a pagina 246

7 Navigare sicuri in Internet

Come limitare i rischi che si possono correre quando si gira per il web o vi si fanno acquisti

5.1.1 **Il completamento automatico.** I browser memorizzano per default nella loro memoria *cache* molti dati relativi alla nostra navigazione in Internet. In particolare, registrano i testi che digitiamo nei moduli delle pagine web. Questa memorizzazione è molto utile se si deve digitare con frequenza un dato, per esempio il proprio indirizzo e-mail: la funzione di *completamento automatico* del browser infatti ci consente di farlo con un singolo clic, non appena digitiamo il primo carattere in un nuovo modulo.

Se usiamo un computer a cui hanno accesso anche altre persone, però, per prudenza è bene disattivare questa memorizzazione.

Ogni browser ha una procedura per farlo; nel caso di Internet Explorer per esempio si fa clic sul pulsante **Strumenti** ⚙ in alto a destra, poi nel menu si sceglie **Opzioni**. Appare allora la finestra della figura 4a: qui si seleziona la scheda **Contenuto**, nella sezione *Completamento automatico* si fa clic su **Impostazioni** e nella finestra che appare si deseleziona la casella **Moduli**; infine si fa clic su **OK** per attivare le impostazioni. Nella stessa finestra si può attivare o disattivare il salvataggio delle password digitate onine, tramite la casella di spunta **Nome utente e password sui moduli**.

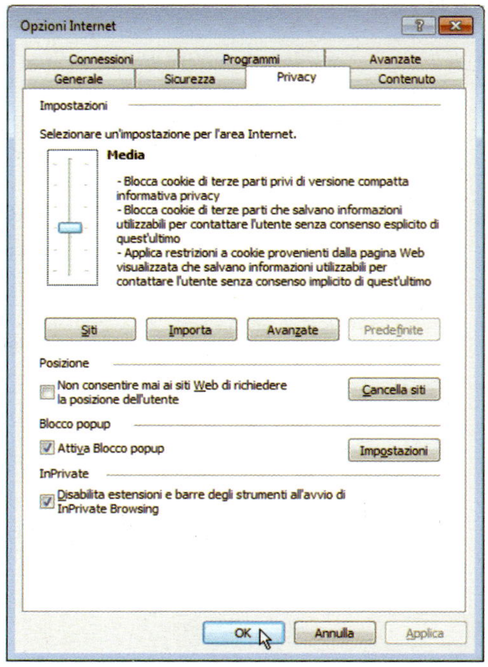

Figura 4a
Le opzioni per la privacy di Internet Explorer

5.1.2 **Eliminare i dati privati dal browser.** Tra i dati memorizzati dal browser c'è la *Cronologia* con gli indirizzi di tutti i siti web che visitiamo.

La scheda **Generale** della finestra **Opzioni Internet** (figura 3 a pagina 44), nella sezione *Cronologia esplorazioni*, consente di impostare la cancellazione della cronologia ogni volta che si chiude il browser. Inoltre con un clic sul pulsante **Elimina...** si apre la finestra della figura 4b, dove puoi eliminare i dati già memorizzati: la cronologia di navigazione, i file temporanei di Internet, le password, i dati dei moduli e i cookie.

I *cookie* sono file di testo che un sito web crea mentre lo visitiamo e invia al nostro computer, dove il browser li archivia nella cache. Quando in seguito entreremo di nuovo in quel sito, il nostro computer gli invierà il cookie e il sito così saprà quando lo abbiamo già visitato, quali pagine abbiamo aperto, e così via.

I cookie non sono veicoli di malware, ma forniscono ai siti web dati sui nostri gusti e le nostre preferenze di navigazione, perciò c'è chi li ritiene una violazione della privacy.

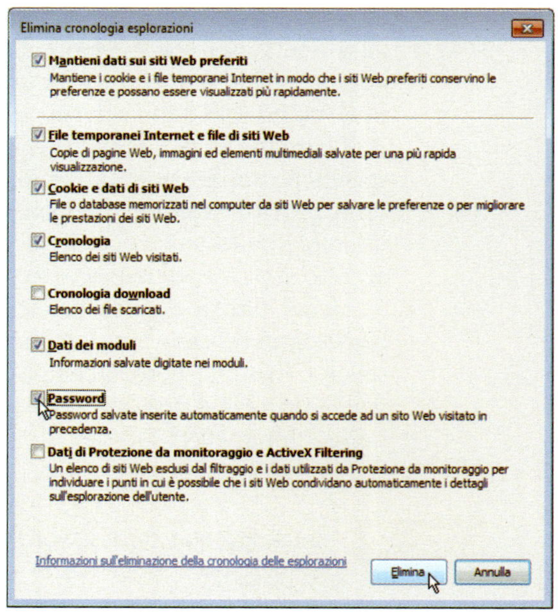

Figura 4b
Eliminare i dati di navigazione

5.2.1 5.2.2 5.2.3 **Eseguire transazioni online.** Fare acquisti o pagamenti attraverso il computer può essere rischioso. Prima di inserire i propri dati sensibili in una pagina web, bisogna accertarsi che il suo indirizzo inizi con i caratteri **https://** e che la barra degli indirizzi mostri il simbolo di un lucchetto chiuso: questi siti usano un protocollo di crittografia che garantisce la riservatezza della trasmissione.

Una tecnica criminale chiamata *pharming* consiste nel deviare il traffico diretto a un sito legittimo verso un sito *clonato*, cioè dall'aspetto molto simile, ma in realtà fraudolento: se facciamo transazioni dopo questo «dirottamento», verremo derubati. Nei siti clonati l'indirizzo non inizia con i caratteri **https** e non appare il lucchetto.

Per attestare la propria identità, i siti legittimi usano i *certificati digitali* rilasciati da un'Autorità di certificazione (*Certification Authority*, CA), che in Italia dev'essere accreditata presso l'ente governativo DigitPA (www.digitpa.gov.it): il nostro browser può così accertarsi che il server a cui siamo collegati sia autentico, e utilizzerà la chiave pubblica indicata nel documento digitale per scambiare dati in modo sicuro. Se un sito non ha un certificato digitale valido, il browser mostrerà un avviso che scoraggia dall'utilizzarlo; se l'autorizziamo procederà comunque, ma a nostro rischio.

5.2.4 **Il controllo del contenuto.** Nelle reti aziendali l'amministratore può imporre filtri sui contenuti del web, per esempio inibendo l'accesso alle reti sociali durante l'orario di lavoro, o impedendo lo scaricamento di file audio e video per evitare violazioni del copyright. Nei computer domestici si può invece filtrare la navigazione per limitare il rischio che i bambini siano esposti a contenuti inadatti. Dal **Pannello di controllo** di Windows, per esempio, scegliendo **Account utente e protezione famiglia**, l'opzione **Imposta Controllo genitori** permette di impostare – usando la propria password – restrizioni di orario per l'uso del computer e impedire l'accesso a programmi o giochi.

6.1.1 6.1.2 **Come proteggere i messaggi di posta elettronica.** Dal punto di vista della sicurezza, la posta elettronica è simile all'invio di una cartolina: chiunque riesca a intercettarla, può leggerla. Alcuni client di posta elettronica usano un sistema di cifratura, così che soltanto il legittimo destinatario di un'e-mail possa decifrarne il contenuto.

Per le comunicazioni particolarmente importanti si può usare un *certificato digitale*, che garantisce l'autenticità del mittente e la reale appartenenza di un indirizzo e-mail a una persona fisica. Il certificato è associato a una *firma digitale* (o elettronica) che permette anche di cifrare i propri documenti e di inviarli con tecniche crittografiche.

6.1.3 6.1.4 6.1.5 6.1.6 **E-mail e allegati a rischio.** Gli attacchi criminali basati sulla posta elettronica di solito usano il sistema del *phishing*: si riceve un'e-mail che riporta il logo – per esempio – di una banca, e chiede di collegarsi al sito della banca usando un link contenuto nel messaggio. Il link però è fraudolento e porta a un sito che assomiglia soltanto a quello della banca; qui verrà chiesto di inserire il proprio nome utente, la password e magari anche il numero della carta di credito, per carpirci questi dati sensibili.

Fortunatamente non è difficile riconoscere queste e-mail fraudolente: hanno sempre un tono allarmistico, non sono personalizzate, contengono sovente errori di ortografia e un link a un indirizzo contraffatto. Se si subisce un tentativo di phishing, lo si può denunciare al servizio clienti dell'istituzione legittima (per esempio la banca) oppure alla polizia postale, segnalandolo nel sito www.commissariatodips.it.

Un altro grande rischio legato all'e-mail si nasconde nei *file allegati*, che sono il veicolo principale per diffondere i malware via Internet. I file eseguibili (con estensione .exe in Windows) vanno sempre considerati pericolosi, ma anche documenti all'apparenza normali possono contenere *macro*, cioè programmi in grado di scatenare un'infezione. È fondamentale disporre di un software antivirus sempre aggiornato, e che scansioni automaticamente tutti i messaggi in arrivo.

ESERCIZI Un e-mail da una banca ci intima di andare a sbloccare il nostro conto. Conviene:

A seguire i link presenti nel messaggio per capire dov'è l'errore.
B aprire gli allegati del messaggio per capire dov'è l'errore.
C segnalare il messaggio come spam al nostro servizio di posta elettronica.
D telefonare alla banca per chiarire a voce l'equivoco.

► Altri esercizi a pagina 246

8 Le reti sociali e i dispositivi mobili

Usare senza rischi i social network, i messaggi istantanei, i servizi VoIP e le app

6.2.1 6.2.2 6.2.3 6.2.4 6.2.5 **Al sicuro sui social network.** Le «reti sociali» sono un vero e proprio serbatoio di dati sugli utenti, che spesso forniscono informazioni personali – sia all'atto dell'iscrizione, sia durante l'uso quotidiano – senza rendersi conto dei possibili rischi.

In rete abbondano i malintenzionati pronti ad approfittare di ogni dato sensibile che riescono a trovare, per esempio per risalire a una password o a un conto in banca. Perciò è altamente consigliabile usare sempre le impostazioni che tutti i social network mettono a disposizione per proteggere la privacy del proprio account.

In Facebook si può rifiutare l'«amicizia» alle persone indesiderate, e in Google+ si possono attribuire permessi diversi alle persone che fanno parte delle nostre «cerchie» di amici. Dalla finestra **Profilo** si possono impostare varie opzioni, scegliendo per esempio se comunicare o meno la propria posizione geografica (la geolocalizzazione tramite GPS può infatti portare a violazioni della privacy). Altre impostazioni si possono controllare dalla finestra **Account**, a cui si accede facendo clic sulla propria immagine.

È bene anche tenere presente che le immagini e i post che inseriamo possono poi essere utilizzati nei contesti più vari. Le società di selezione del personale per esempio cercano in rete informazioni sui candidati, perciò i nostri interventi su un social network potrebbero anche penalizzarci nella ricerca di un lavoro.

I social network si prestano anche alla trasmissione di link e messaggi fraudolenti, da cui bisogna sempre guardarsi, e a volte sono usati addirittura per commettere reati contro la persona, come il cyberbullismo e l'adescamento di minori. In particolare, non sempre gli interlocutori sono ciò che appaiono: chi si presenta come una persona giovane può invece essere un adulto, e viceversa. Non è rara infatti la creazione di false identità (di personaggi famosi o di persone comuni) per semplice gioco, per dispetto o anche per carpire informazioni riservate.

Qualora si sia vittime o testimoni di abusi, lo si può segnalare ai gestori della rete sociale o denunciarlo alla Polizia postale, come già visto per il phishing.

6.3.1 6.3.2 **La messaggistica istantanea e il VoIP.** I social network e molti altri servizi disponibili via Internet consentono di «chattare» tramite un sistema di messaggistica istantanea (*instant messaging* o IM), che permette agli utenti connessi in rete di comunicare in tempo reale scambiando messaggi di testo, link e file.

Con la messaggistica istantanea si possono correre rischi simili a quelli visti per l'e-mail. Se si è vittima di un malware di tipo *backdoor*, per esempio, un utente esterno malintenzionato può prendere il controllo del nostro computer: senza che ce ne rendiamo conto, tutti i nostri contatti potrebbero allora ricevere messaggi istantanei infetti.

Un link a un sito web, per esempio, potrebbe in realtà essere stato inviato da un *worm* per infettare il nostro computer: perciò è sempre bene non cliccare su link sospetti, o non richiesti. Allo stesso modo, non bisogna mai aprire a cuor leggero i file allegati a un messaggio istantaneo, perché i malware si diffondono anche così.

Un'altra tecnologia in grande espansione è il VoIP (*Voice over Internet Protocol*): converte la voce in dati trasportati via Internet, così si può telefonare, o perfino fare videoconferenze, senza usare le linee tradizionali. Esiste però il rischio che le comunicazioni, se non cifrate, siano intercettate (*eavesdropping*), e c'è anche la possibilità di intercettazioni ambientali: il microfono di un dispositivo può essere attivato a distanza per ascoltare le conversazioni che avvengono nelle sue vicinanze.

Anche nel caso della messaggistica istantanea e del VoIP la propria sicurezza si difende come già discusso: cifrare ovunque possibile le comunicazioni, regolare le impostazioni in modo da accettare messaggi soltanto da chi compare nel proprio elenco dei contatti, non divulgare i propri dati sensibili né condividere file contenenti informazioni personali.

6.4.1
6.4.2
6.4.3
I rischi associati alle app. Sui dispositivi mobili si installano comunemente *app* scaricate da «negozi» online di programmi per tablet e smartphone, come l'AppStore (per i dispositivi Apple) o Google Play (per quelli con sistema operativo Android).

Le app possono essere una fonte di malware e di rischio per i dati personali conservati sui nostri dispositivi, specialmente se le si scarica da fonti non ufficiali (come può avvenire usando le procedure *Jailbreak* da Apple o *Rooting* dai sistemi Android).

Al momento dell'installazione, le app generalmente richiedono *autorizzazioni* all'uso di dati o risorse del nostro dispositivo mobile, come nell'esempio della figura 5. Questo è un aspetto potenzialmente pericoloso, perché la app può chiedere di essere autorizzata a usare il microfono o la videocamera, oppure dati che includono la nostra rubrica dei contatti, le nostre foto o la cronologia del browser, la geolocalizzazione del nostro dispositivo o l'accesso illimitato a Internet.

Figura 5 Un esempio di autorizzazioni richieste da un'app

Bisogna perciò accertarsi che la app sia fornita da un produttore affidabile, e che richieda autorizzazioni soltanto per risorse che sono effettivamente necessarie per il suo funzionamento. Per esempio, l'autorizzazione alla *Chiamata diretta* (cioè a comporre autonomamente numeri telefonici su uno smartphone) è indispensabile per app come Skype o Whatsapp, ma non per applicazioni come i giochi: una app fraudolenta potrebbe usare l'autorizzazione per comporre numeri a pagamento a nostra insaputa.

È bene anche conoscere la dicitura *Acquisto in-app*: significa che un'app si può scaricare gratuitamente, ma richiede poi pagamenti se si vogliono usare contenuti specifici. Per esempio, i primi livelli di un gioco possono essere gratuiti, ma l'accesso ai livelli successivi ha un costo.

6.4.4 **E se si perde un dispositivo mobile?** È importante annotare e conservare in un luogo sicuro, per l'eventualità di smarrimento o furto, alcuni dati relativi a ogni dispositivo mobile che possediamo: modello e marca, numero di telefono, PIN e il *codice IMEI* che identifica univocamente l'apparecchio. Questo codice si può visualizzare digitando sulla tastiera telefonica la sequenza ***#06#**, oppure entrando nelle **Impostazioni**, scegliendo **Info sul dispositivo** e quindi **Stato**; nei dispositivi con batteria rimuovibile, l'IMEI è anche stampato su un'etichetta posta sotto la batteria.

Questi dati saranno necessari per poter denunciare lo smarrimento o il furto; in particolare, servirà l'IMEI per chiedere all'operatore telefonico di bloccare le chiamate dal dispositivo smarrito o rubato.

Come prevenzione si può installare sul proprio dispositivo mobile una *app antifurto* tra le numerose che esistono sul mercato: in caso di smarrimento o furto, questo programma consentirà di collegarsi in remoto allo smartphone o al tablet dando la possibilità di localizzarlo, di bloccarlo e di cancellare i dati che contiene.

ESERCIZI In che modo ci si può proteggere dalle intercettazioni quando si comunica usando il protocollo VoIP?

A Disabilitando il microfono del dispositivo che usiamo.
B Disabilitando l'altoparlante del dispositivo che usiamo.
C Accertandosi di usare un servizio VoIP non gratuito, ma a pagamento.
D Accertandosi di usare un servizio VoIP che garantisca la crittografia dei dati.

▶ Altri esercizi a pagina 246

9 Archiviare ed eliminare i dati

Come mettere al sicuro i nostri dati e come distruggerli quando occorre

7.1.1 **Mettere al sicuro i dispositivi.** Abbiamo discusso molti modi per proteggere l'integrità dei nostri dati mentre lavoriamo al computer, ma naturalmente ciò è utile soltanto a patto che sia garantita in primo luogo la sicurezza delle apparecchiature fisiche che utilizziamo.

In ambito domestico i computer, come ogni altro bene, vanno protetti con le precauzioni standard contro furti o manomissioni e ci si deve assicurare che siano fuori della portata di chi non deve accedervi, per esempio i bambini.

In ambito aziendale occorre mantenere un registro aggiornato di tutte le dotazioni informatiche (che ne descriva le caratteristiche, la collocazione e i numeri di serie) ed è fondamentale controllare gli accessi a tutte le stanze in cui sono installate.

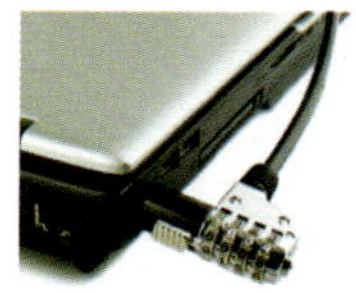

Contro i furti è possibile assicurare le apparecchiature al tavolo o al muro tramite cavi di sicurezza, che si collegano a una porta del dispositivo con un lucchetto a chiave o a combinazione.

7.1.2 **Fare copie di sicurezza dei dati.** In caso di furto o danneggiamento irrimediabile di un computer, tutti i dati che conteneva andranno perduti; perciò è fondamentale fare con frequenza il *backup* dei nostri dati importanti, cioè metterne da parte una o più copie di riserva.

Altre situazioni in cui risulta molto utile disporre di un backup dei dati sono l'eliminazione accidentale o dolosa di file e cartelle importanti, la sovrascrittura accidentale di un documento importante e l'infezione da virus o altro malware.

Il backup può essere importante non soltanto per i documenti (di testo, fogli elettronici, file audio e video) ma anche per informazioni come la cronologia web, l'elenco dei siti preferiti (segnalibri o *bookmark*) e i messaggi di posta elettronica, qualora si utilizzi un programma client dedicato.

Nelle reti aziendali il backup è un'operazione gestita dall'amministratore del sistema, che pianifica le procedure, la periodicità (per esempio, ogni notte) e sceglie i supporti fisici su cui effettuare il salvataggio.

7.1.3
7.1.4
7.1.5 **Fare il backup e ripristinare i dati.** Il backup va sempre effettuato su un dispositivo di memoria di massa fisicamente separato dal computer, che possa poi essere conservato in un luogo diverso.

Un tempo per il backup si utilizzavano CD o DVD, tramite programmi di masterizzazione, ma oggi la norma è usare un disco fisso esterno, che ha il vantaggio di essere riutilizzabile, molto capiente e veloce nel trasferimento dei dati.

Esistono anche servizi online che consentono di archiviare i dati su un server accessibile via Internet, ma per grandi masse di dati il processo è molto lento, e comunque a rischio dal punto di vista della privacy.

Per singoli file o cartelle di grande importanza è consigliabile un backup molto frequente (anche più volte al giorno) su semplici chiavette di memoria USB.

Ma il backup «serio» è quello dell'intero contenuto del computer. A questo scopo i sistemi operativi offrono utility specifiche, come nell'esempio della figura 6 per il caso di Windows.

Per prima cosa si deve *configurare* il backup, collegando al computer il disco esterno che ospiterà i dati; il programma a quel punto crea una «immagine» del sistema, che verrà poi copiata sul supporto di backup.

È possibile avviare manualmente ciascun backup, o anche programmarne l'esecuzione automatica scegliendo la periodicità.

Figura 6
L'avvio del backup in Windows 8

All'occorrenza, dalla stessa opzione del **Pannello di controllo** sarà poi possibile *ripristinare* il sistema usando i dati che si erano salvati; in tal caso il computer ritornerà nello stato in cui era al momento dell'ultimo backup, e ogni modifica ai dati avvenuta nel frattempo andrà perduta.

7.2.1 **L'eliminazione dei dati.** A volte può essere necessario eliminare i dati memorizzati
7.2.2 in un computer in modo definitivo, per evitare che informazioni riservate possano di-
7.2.3 ventare, anche in futuro, di dominio pubblico.
7.2.4 In tal caso non è sufficiente *cancellare* file e cartelle selezionandoli e poi premendo il tasto Canc, oppure scegliendo la voce **Elimina** nel menu di scelta rapida che si apre al clic con il tasto destro del mouse: queste operazioni infatti non fanno altro che spostare i dati in una diversa zona di memoria, il **Cestino**, da cui sono facilmente recuperabili (usando il tasto destro del mouse sui file, e poi scegliendo **Ripristina** nel menu di scelta rapida).

Per eliminare davvero un file o una cartella si deve aprire il **Cestino**, fare clic con il tasto destro del mouse sull'icona e scegliere **Elimina**. Si può eliminare l'intero contenuto del **Cestino** facendo clic con il tasto destro del mouse sulla sua icona e scegliendo **Svuota cestino**.

Anche in questo modo, tuttavia, nel computer rimarrà traccia dei file eliminati, almeno fino a quando lo spazio di memoria che occupavano sul disco fisso non viene sovrascritto da nuovi dati.

Sul mercato esistono applicazioni specifiche che consentono la cancellazione sicura dei dati dal disco rigido, ma per avere la certezza assoluta che i dati non siano più recuperabili bisogna procedere alla smagnetizzazione dei supporti di memoria, oppure alla loro distruzione fisica (che comprende la rottura dei dischi magnetici e ottici, e il passaggio nel trita-documenti di eventuali versioni stampate dei dati).

Quanto detto finora vale per i dati che abbiamo archiviato offline, su dispositivi in nostro possesso. Diversa è la situazione per i nostri dati che si trovano online, per esempio archiviati da un servizio nel cloud, oppure nei siti delle reti sociali, nei blog o nei forum.

In questi casi non sarà mai possibile escludere che, anche se chiediamo e otteniamo la cancellazione dei dati, su qualche server in giro per il mondo ne restino copie che sfuggono al nostro controllo.

ESERCIZI Se un computer contiene due diverse unità disco rigido, per fare il backup è sufficiente copiare i dati da un'unità all'altra?

A Sì, perché l'importante è avere due copie dei dati.
B Sì, perché basta che i due hard disk siano unità distinte.
C No, perché è impossibile copiare i dati da un'unità all'altra.
D No, perché in caso di perdita del computer si resterà senza copie dei dati.

► Altri esercizi a pagina 242

Verifica le tue conoscenze – *Esercizi sui punti del Syllabus*

Quando le risposte sono etichettate da cerchietti, significa che il quesito ha una sola risposta esatta; quando invece sono etichettate da quadratini, significa che più di una risposta è corretta.

1.1.1 Quale tra i seguenti *non* può essere considerato un dato?

Ⓐ Il cognome di una persona
Ⓑ La statura di una persona
Ⓒ Il curriculum di una persona
Ⓓ Il colore degli occhi di una persona

1.1.2 Quale tra i seguenti *non* è un crimine informatico?

Ⓐ Frodare chi fa acquisti via Internet
Ⓑ Accedere in modo non convenzionale a un sistema per verificarne la sicurezza
Ⓒ Intercettare le comunicazioni
Ⓓ Accedere senza autorizzazione a dati non sensibili

1.1.3 Le minacce ai dati di un'azienda possono provenire da:

[A] incompetenza del proprio personale
[B] fornitori e tecnici informatici poco affidabili
[C] inesperienza dei dirigenti dell'azienda in campo informatico
[D] una dotazione di computer che utilizzano sistemi operativi diversi

1.1.4 Quali fra le seguenti sono da considerare minacce ai dati causate da situazioni di forza maggiore?

[A] Prendere un virus
[B] Subire un allagamento
[C] Essere colpiti da un terremoto
[D] Sovrascrivere accidentalmente dati importanti

1.1.5 Quando si usa un servizio di *cloud computing*:

Ⓐ i dati risiedono sul server geograficamente più vicino
Ⓑ la sicurezza dei dati dipende dalla correttezza del provider
Ⓒ la protezione della privacy è sicura al 100%
Ⓓ si può lavorare senza problemi anche se manca la connessione

1.2.1 Collega ogni termine con la definizione corretta.

a confidenzialità
b integrità
c disponibilità

a	....
b	....
c	....

1 possibilità di verificare se i dati, nel corso di una trasmissione, non abbiano subito danni
2 accesso ai dati riservato alle sole persone autorizzate
3 possibilità di accedere alle informazioni nel momento in cui servono

1.2.2 Le informazioni personali vanno protette principalmente per evitare:

[A] il furto di identità
[B] l'intromissione, per esempio nei social network, di altre persone nelle nostre vicende familiari
[C] l'uso da parte di malintenzionati delle nostre credenziali per fare acquisti online
[D] l'uso da parte di altri del nostro nome utente in un indirizzo e-mail

1.2.3 In un'azienda le informazioni commerciali sensibili:

Ⓐ non comprendono i dati dei propri clienti
Ⓑ possono riguardare le strategie commerciali dell'azienda
Ⓒ non possono essere utilizzate dalla concorrenza, perché sono troppo specifiche per farne un uso in situazioni diverse
Ⓓ tutte le risposte precedenti sono corrette

1.2.4 Chi raccoglie dati personali ha l'obbligo di spiegare chiaramente al titolare (o soggetto) dei dati le finalità della raccolta. Questo principio-guida è chiamato:

Ⓐ controllo dei dati
Ⓑ finalità legittima
Ⓒ proporzionalità delle misure
Ⓓ trasparenza

1.2.5 Indica se le seguenti affermazioni sono vere o false.

a Il soggetto dei dati personali ha l'obbligo di garantirne la riservatezza [V] [F]
b Il soggetto dei dati può opporsi al loro trattamento a fini commerciali [V] [F]
c Il controllore (o responsabile) dei dati deve proteggerli con opportune misure di sicurezza [V] [F]
d Il controllore dei dati può conservarli per un tempo illimitato [V] [F]

1.2.6 Le linee guida nel settore dell'ICT in un'azienda:

Ⓐ riguardano la gestione dei manuali d'uso dei programmi
Ⓑ riguardano la gestione dei manuali d'uso dei dispositivi
Ⓒ riguardano le procedure alle quale ogni dipendente deve attenersi
Ⓓ devono essere note solo ai dirigenti dell'azienda

1.3.1 L'ingegneria sociale:

[A] si propone di sviluppare sistemi sicuri per gli utenti delle reti
[B] si propone di sviluppare sistemi per favorire gli utenti che presentano disabilità
[C] è una tecnica per carpire informazioni in modo fraudolento
[D] può utilizzare metodi come il phishing

1.3.2 Quali tra questi metodi *non* sono certamente mai usati dall'ingegneria sociale?

[A] Far firmare l'autorizzazione per l'utilizzo dei dati personali
[B] Spiare alle spalle mentre si digita una password
[C] Specificare chi è il responsabile del trattamento dei dati
[D] Telefonare sotto falso nome

1.3.3 Il furto di identità:

[A] mira a raccogliere informazioni personali per sostituirsi al derubato
[B] consiste nell'impossessarsi dei soli dati anagrafici
[C] colpisce esclusivamente i privati, non le aziende
[D] può portare alla clonazione di carte di credito

1.3.4 Quale tra i seguenti metodi *non* è utilizzato in genere per effettuare il furto di identità?

Ⓐ Recarsi all'ufficio anagrafe al posto vostro
Ⓑ Frugare nella spazzatura alla ricerca di documenti
Ⓒ Proporre interviste
Ⓓ Chiedere informazioni spacciandosi per la vostra banca

1.4.1 Una *macro*:

[A] non può contenere software malevolo, perché non è un file eseguibile
[B] non può essere disattivata dall'utente
[C] può annidarsi dentro normali documenti, come file di testo o fogli elettronici
[D] viene creata per automatizzare certe operazioni con particolari programmi

1.4.2 La cifratura:

[A] si può fare solo sui fogli di calcolo
[B] fa sì che soltanto chi detiene una particolare chiave possa decifrare un documento protetto
[C] avviene mediante algoritmi di varia complessità e sicurezza
[D] impedisce sempre di aprire un documento cifrato

1.4.3 Indica se le seguenti affermazioni sono vere o false.

a In un foglio elettronico si può impostare una password solo per proteggere singole operazioni sui dati V F

b In un file compresso non si può impostare una password, bisogna proteggere i singoli documenti V F

c Di un documento di testo si può proteggere l'apertura mediante una password V F

d Cifrare una cartella significa renderla nascosta V F

1.4.4 Quando si crittografa un file o una cartella mediante password:

A non è più necessario fare copie di backup dei dati

B è bene assegnare la password come nome del file, qualora la si dimenticasse

C bisogna scegliere una password che non sia facile da indovinare

D se un malintenzionato accede al nostro computer, avrà comunque accesso ai dati

2.1.1 Collega ogni termine con la definizione corretta.

a trojan

b rootkit

c backdoor

a	....
b	....
c	....

1 software malevolo annidato in programmi che l'utente installa volontariamente

2 vie di accesso al computer create per fini malevoli

3 software che assume i privilegi di amministratore per eseguire azioni dannose

2.1.2 Un worm:

A è un modo diverso per indicare un virus informatico

B si annida all'interno di altri programmi

C si propaga principalmente come allegato di posta elettronica

D tutte le risposte sono corrette

2.1.3 Collega ogni tipo di software con la definizione corretta.

a adware

b spyware

c botnet

d keylogger

e dialer

a	....
b	....
c	....
d	....
e	....

1 rete formata da computer infettati, che è controllata a distanza e agisce all'insaputa dei proprietari

2 spia le informazioni presenti sul computer e le invia all'esterno

3 mostra all'utente messaggi pubblicitari

4 devia il traffico telefonico delle connessioni tipo dial-up verso numeri a pagamento molto costosi per l'utente

5 programma che registra tutto ciò che si digita sulla tastiera, rendendo così possibile il furto di password o dati sensibili

2.2.1 Un software antivirus:

A è in grado di proteggere per sempre il computer senza ulteriori interventi successivi all'installazione

B va aggiornato continuamente perché possa proteggere un computer

C riconosce soltanto i virus, non i worm

D si può aggiornare via Internet

2.2.2 I virus informatici possono attaccare:

A soltanto i personal computer

B soltanto i personal computer con sistema operativo Windows

C anche dispositivi mobili come i tablet

D anche dispositivi mobili come gli smartphone

2.2.3 L'aggiornamento del software antivirus:

A va fatto regolarmente per consentire la difesa anche dagli ultimi virus che sono stati creati

B si può fare sempre via Internet

C va fatto tramite CD per gli antivirus che non sono gratuiti

D può essere fatto una volta all'anno se nel frattempo non si è avuta notizia di nuovi virus

2.2.4 Un software antivirus:

A di solito si avvia in automatico all'accensione del computer, per controllare l'entrata in azione dei virus

B non permette di effettuare la scansione di singoli file

C non permette di effettuare la scansione di singole cartelle

D non permette di effettuare la scansione di singole unità

2.2.5 Per ridurre il rischio di attacchi da malware, conviene:

A aggiornare regolarmente il software antivirus

B aggiornare il browser quando raccomandato dal produttore

C aggiornare il sistema operativo quando raccomandato dal produttore

D tutte le risposte sono corrette

2.3.1 Si dice che un virus è *in quarantena* quando:

A viene cancellato definitivamente dal computer

B è messo in una particolare cartella in modo da non consentirne l'azione e la replicazione

C è stato individuato ma non si è certi che sia un virus

D l'antivirus non riesce a riconoscerlo, perché non è stato aggiornato

2.3.2 Un file che è stato messo in quarantena:

A non potrà mai più essere usato

B andrà sicuramente eliminato dal computer

C può tornare disponibile, se dopo un aggiornamento l'antivirus riesce a eliminare il malware

D torna sempre disponibile dopo un periodo di 30 giorni

2.3.3 L'uso di uno strumento antivirus online permette di:

A avere una seconda opinione sullo stato del proprio computer

B fronteggiare in tempo reale qualsiasi minaccia da malware

C affrontare un'emergenza se un malware riesce a disattivare l'antivirus installato

D evitare i noiosi aggiornamenti dell'antivirus installato sul computer

3.1.1 Collega ogni tipo di rete con la definizione corretta.

a LAN

b WLAN

c WAN

d VPN

a	....
b	....
c	....
d	....

1 rete non privata estesa su scala geografica

2 rete di dimensioni ridotte nella quale i computer sono collegati senza cavi

3 rete di dimensioni ridotte nella quale i computer sono collegati mediante cavi

4 rete privata estesa su scala geografica

3.1.2 Indica se le seguenti affermazioni sono vere o false.

a Un computer collegato a una rete corre gli stessi rischi di intrusioni di uno non collegato V F

b Esistono forme di malware che possono consentire accessi non autorizzati a un computer collegato a una rete senza fili V F

c Esistono forme di malware che possono consentire accessi non autorizzati a un computer collegato a una rete via cavo V F

d Un computer collegato a una rete corre il rischio di essere controllato a distanza V F

3.1.3 Quale di queste funzioni *non* è svolta dall'amministratore di una rete?

A Identificazione degli utenti della rete

B Assegnazione degli account agli utenti

C Cancellazione degli account degli utenti

D Costruzione della rete

3.1.4 Quali delle seguenti affermazioni sul firewall sono corrette?
- A Riesce a bloccare tutti i virus in entrata dalla Rete
- B Ha la funzione di filtrare i pacchetti in entrata e in uscita
- C Si installa al confine tra una rete locale e la Rete esterna
- D Va collegato alla scheda di rete di ogni singolo computer

3.1.5 Sui personal computer il firewall normalmente:
- A è un dispositivo hardware
- B è un software fornito insieme al sistema operativo
- C è un software che l'utente deve acquistare e installare
- D non può mai essere disattivato

3.2.1 Per connettersi a una rete protetta:
- A se è di tipo WEP, la prima volta bisogna digitare un codice in genere di 13 caratteri alfanumerici
- B se è di tipo WPA, a ogni accesso bisogna digitare un codice di 24 caratteri alfanumerici
- C dopo il primo accesso il computer si connette automaticamente, ma soltanto se la rete è di tipo WPA
- D prima di tutto bisogna individuare il nome della rete a cui connettersi

3.2.2 In una rete protetta:
- A l'accesso è più semplice
- B non si rischia di prendere virus
- C si è meno esposti alle intrusioni
- D si accede anche senza password

3.2.3 Per «hotspot personale» si intende:
- A il collegamento del proprio computer a un router tramite cavo USB
- B una rete locale wireless accessibile in un luogo pubblico
- C una rete locale, cablata o wireless, che non è protetta da password
- D una rete locale wireless che si può attivare dal proprio smartphone

3.2.4 Indica se le seguenti affermazioni sono vere o false.
- a Un computer «vede» gli hotspot personali come normali connessioni di rete V F
- b Chiunque si trovi all'interno di un hotspot personale può accedervi liberamente V F
- c A ogni smartphone il produttore assegna una password per l'uso come hotspot V F
- d Un tablet che crea un hotspot personale consuma rapidamente la batteria V F

4.1.1 Quale tra questi è un esempio di autenticazione forte, cioè a più fattori?
- A L'uso di un nome utente e di una password
- B Un antifurto a combinazione numerica
- C Il controllo dell'impronta digitale
- D Una carta bancomat con il suo PIN

4.1.2 Quale tra le seguenti affermazioni, riferita a una one-time password, *non* è vera?
- A Si può utilizzare una sola volta
- B Viene scelta dall'utente
- C Può essere valida per un breve periodo di tempo
- D Può vanificare l'azione malevola di un keylogger

4.1.3 Se lavoriamo in un'azienda, il nostro account di rete:
- A serve soltanto per collegarci a Internet
- B stabilisce se potremo usare o meno una certa stampante
- C specifica la postazione da cui dobbiamo collegarci alla rete
- D avrà una password uguale al nome utente

4.1.4 Mentre siamo collegati a una rete aziendale, dobbiamo andare in bagno. Che cosa dovremo fare?
- A Scollegarci e spegnere il computer
- B Lasciare sul monitor un post-it che dice di non usare quel computer
- C Bloccare la sessione, così che nessuno possa usare quel computer durante la nostra assenza
- D Cambiare la password del nostro account di rete

4.1.5 Le tecniche di sicurezza biometriche:
- A si usano se ci sono utenti che, per difficoltà di varia natura, avrebbero problemi a usare una tastiera
- B sono da evitare, perché poco sicure
- C possono basarsi su sistemi in grado di leggere le impronte digitali
- D possono utilizzare sistemi capaci di riconoscere l'iride dell'utente

4.2.1 Ordina le seguenti password per grado di sicurezza (1 = la più sicura, 4 = la meno sicura).
- .... 8 caratteri costituiti da lettere maiuscole e numeri
- .... 6 caratteri costituiti da lettere minuscole e numeri
- .... 8 caratteri costituiti da lettere minuscole, lettere maiuscole e numeri
- .... 6 caratteri tutti numerici

4.2.2 Se usiamo il browser come password manager:
- A ogni volta che entriamo in un sito web protetto, digiteremo la password e il browser la memorizzerà
- B quando entriamo per la prima volta in un sito web protetto, il browser ci chiederà se vogliamo che memorizzi la password
- C il sistema funzionerà soltanto sul dispositivo su cui il browser è installato
- D il sistema funzionerà su tutti i nostri dispositivi collegati a Internet

5.1.1 Il *completamento automatico*:
- A completa una sequenza di caratteri appena l'utente digita i primi caratteri
- B funziona soltanto con i termini presenti nel dizionario del programma
- C è rischioso, perché funziona anche con le password
- D si può sempre disattivare

5.1.2 I dati di navigazione:
- A vengono memorizzati soltanto se impostiamo il browser in modo speciale
- B possono essere cancellati, ma soltanto tutti contemporaneamente
- C vanno eliminati usando *Esplora risorse*
- D sono contenuti tutti nella *cache* del browser

5.2.1 Quali sono le due principali transazioni che è bene effettuare soltanto attraverso siti protetti?
- A Home banking
- B Acquisti che prevedono il pagamento in contrassegno
- C Acquisti che prevedono il pagamento mediante carta di credito
- D Navigazione dei bambini

5.2.2 Un sito protetto è:
- A identificabile dall'icona di un lucchetto
- B identificabile perché il protocollo iniziale dell'indirizzo inizia con **http://**
- C un qualunque sito a cui si accede utilizzando una user ID e una password
- D un qualunque sito che gestisce la posta elettronica mediante webmail

5.2.3 Il cosiddetto *pharming*:
- A è una tecnica per propagandare farmaci via Internet mediante spam
- B ha le stesse finalità del phishing
- C è una tecnica che consiste nel deviare il traffico da un sito legittimo verso un sito contraffatto, al fine di intercettare i dati del visitatore
- D è una tecnica che consiste nel deviare il traffico da un sito legittimo verso un sito contraffatto, che in genere propone la vendita di farmaci

5.2.4 Il controllo genitori:
- A si attiva dal **Pannello di controllo**
- B può essere utilizzato soltanto se si installa software aggiuntivo
- C viene impostato automaticamente per tutti gli utenti del computer
- D richiede di impostare una password

6.1.1 Un messaggio di posta elettronica:

A può essere sempre intercettato da malintenzionati
B se viene inviato tramite una webmail, non può essere intercettato
C se è in forma cifrata, non può essere intercettato
D se è in forma cifrata, non può essere decodificato da chi lo intercetta

6.1.2 La firma digitale è:

A la firma originale di una persona, ripresa con lo scanner e inserita come immagine allegata nei messaggi di posta elettronica
B l'insieme di informazioni inserite in automatico alla fine dei messaggi di posta elettronica, dove si specificano i dati di chi invia il messaggio
C un metodo per garantire l'identità di chi invia un documento elettronico
D generata da un algoritmo ed è diversa da un documento all'altro

6.1.3 Diffondere sulla Rete il proprio indirizzo di posta elettronica:

A è utile per essere rintracciati da chi vuole comunicare con noi; non ci sono rischi perché da esso non si può risalire ad altre informazioni
B è rischioso perché si possono ricevere messaggi non graditi
C non crea problemi se sul computer è installato un antivirus
D espone allo spam, costituito da messaggi pubblicitari

6.1.4 La tecnica del phishing:

A utilizza siti contraffatti che sono la copia di altri a cui l'utente cerca di collegarsi
B utilizza la posta elettronica per cercare le proprie vittime
C non può essere applicata a chi ha un antivirus installato
D ha l'obiettivo di spiare le preferenze di navigazione degli utenti

6.1.5 Se si vuole denunciare un tentativo di phishing effettuato usando il logo della nostra banca:

A si può allertare il servizio clienti della banca
B bisogna rispondere al messaggio e-mail che si è ricevuto
C si può fare la segnalazione nel sito web della Polizia postale
D bisogna andare alla più vicina caserma dei Carabinieri

6.1.6 Un allegato di posta elettronica:

A può contenere un virus, anche se si tratta di un normale documento
B in genere viene controllato con un antivirus dai provider, ma c'è sempre il rischio che contenga virus
C può raggiungerci solo se inviato da chi lo fa intenzionalmente
D può essere contenuto soltanto in file con estensione **.exe**

6.2.1 Sui social network:

Ⓐ si possono divulgare informazioni personali, giacché le possono vedere soltanto gli amici
Ⓑ le informazioni personali vengono cancellate definitivamente dopo un numero predefinito di giorni, che varia da un social network all'altro
Ⓒ per accedere ai dati personali è necessario essere autorizzati secondo le modalità previste dalla legge sulla privacy
Ⓓ è meglio non specificare informazioni personali, perché qualcuno potrebbe utilizzarle a nostro danno

6.2.2 Sui social network:

Ⓐ bisogna impostare tutte le opzioni che consentono di limitare al massimo l'accesso ai nostri dati personali
Ⓑ non è necessario modificare le impostazioni predefinite, perché prevedono sempre la massima tutela della riservatezza
Ⓒ i dati personali sono molto sicuri, perché i gestori del servizio cercano di tutelarli con la massima cura
Ⓓ se l'account è intestato a un minorenne, automaticamente le impostazioni si regolano per tutelare al massimo la sua riservatezza

6.2.3 La geolocalizzazione basata sull'uso del ricevitore GPS di uno smartphone:

A è indispensabile per il funzionamento del dispositivo
B è necessaria per l'uso di certe app, come i navigatori satellitari
C non può esporre ad alcuna violazione della nostra privacy
D può far ricevere pubblicità indesiderate relative al luogo in cui ci troviamo

6.2.4 Indica se le seguenti affermazioni sono vere o false.

a I dati presenti nei social network non possono essere utilizzati dai gestori per indagini sulle preferenze dell'utenza V F
b I social network sono stati al centro di episodi di cyberbullismo V F
c I dati inseriti sui social network sono talvolta utilizzati dalle aziende per la selezione del personale V F
d I gestori dei social network sono responsabili dei materiali inseriti dagli utenti V F

6.2.5 Se si assiste a un episodio di cyberbullismo su un social network:

A lo si può segnalare al gestore della rete sociale
B basta inviare un messaggio di solidarietà a chi ne è vittima
C bisogna inviare un messaggio con minacce a chi ne è protagonista
D lo si può denunciare alla Polizia postale

6.3.1 La messaggistica istantanea:

A espone a rischi simili a quelli della posta elettronica
B non è rischiosa per il computer, ma soltanto per l'utente incauto che diffonde informazioni personali
C permette esclusivamente di condividere file di solo testo
D espone al rischio di virus, che potrebbero trovarsi nei file condivisi

6.3.2 Per salvaguardarsi quando si usa la messaggeria istantanea, occorre:

A conoscere personalmente le persone con cui si scambiano messaggi
B ricorrere se possibile alla cifratura
C limitare la condivisione di file
D vietarla ai minorenni

6.4.1 Una app per smartphone prodotta da sconosciuti:

A è sicuramente fraudolenta
B potrebbe contenere forme di malware
C potrebbe cercare di sottrarci dati o credenziali d'accesso
D può sottrarre denaro al nostro conto corrente senza chiederci di approvare il pagamento

6.4.2 Quale autorizzazione potrebbe richiedere una app al momento dell'installazione?

Ⓐ All'uso del microfono e della videocamera del dispositivo
Ⓑ All'uso del dispositivo per chiamare qualsiasi numero telefonico
Ⓒ A conoscere la posizione geografica del dispositivo
Ⓓ Tutte le risposte sono corrette

6.4.3 A quali dati può accedere in linea di principio un'app installata su uno smartphone?

Ⓐ Alle fotografie memorizzate nel dispositivo
Ⓑ All'elenco dei contatti nella rubrica del dispositivo
Ⓒ Alla cronologia di navigazione del browser
Ⓓ Tutte le risposte sono corrette

6.4.4 Se qualcuno ci ruba lo smartphone, di cui conosciamo tutti i dati compreso l'IMEI, che cosa potremo sicuramente fare?

Ⓐ Chiedere al nostro operatore telefonico di bloccare la possibilità di fare chiamate

B Scoprire dove si trova in questo momento lo smartphone
C Cancellare a distanza tutti i dati memorizzati nello smartphone
D Tutte le risposte sono corrette

7.1.1 I dispositivi hardware nelle aziende:
A in caso di furto, provocano un danno pari al valore commerciale dell'hardware stesso
B vanno lasciati accessibili a tutti i dipendenti, purché siano protetti con una password
C se sono protetti con una password, in caso di furto diventano inutilizzabili per il ladro
D vanno protetti ancorandoli fisicamente a supporti che ne impediscano la rimozione

7.1.2 La copia di backup:
A è importante soprattutto per i programmi
B è importante soprattutto per i dati
C è meglio farla su un secondo hard disk inserito nel computer
D è bene conservarla in un luogo diverso da quello in cui si trova il computer

7.1.3 Le copie di sicurezza dei dati:
A vanno fatte di rado, per ridurre il lavoro di chi svolge questa funzione
B vanno effettuate soltanto quando si teme che un computer stia per smettere di funzionare
C vanno pianificate da un amministratore di sistema
D vanno fatte su supporti poco costosi, giacché la copia dei dati servirà soltanto in situazioni di emergenza

7.1.4 Le copie di sicurezza (o di backup) dei dati:
A si possono effettuare anche su unità remote online
B si possono effettuare in Windows utilizzando un'apposita funzione del **Pannello di controllo**
C è sempre meglio effettuarle su CD o DVD, per via del costo ridotto di questi supporti
D devono essere fatte direttamente dall'amministratore di sistema, che conosce i file importanti e può sceglierli uno a uno, riducendo così l'occupazione di memoria

7.1.5 Quale affermazione è corretta riguardo al ripristino dei dati che si trovano in una copia di sicurezza?
A Va fatto di tanto in tanto, anche se non ci sono stati danni ai dati residenti sul computer
B Fa perdere tutte le modiche fatte a partire dalla data dell'ultimo backup
C Va sempre fatto manualmente
D Tutte le risposte precedenti sono corrette

7.2.1 Quando ci si sbarazza di un vecchio computer, se si vuole evitare che qualcuno possa impossessarsi dei dati contenuti al suo interno:
A è meglio distruggere fisicamente il suo hard disk
B va distrutta la sua memoria RAM
C non occorre distruggere nulla, se il computer non può più avviarsi
D basta cancellare i file con le opzioni di *Esplora risorse*, il che equivale a distruggerli

7.2.2 Quando si deve cedere un computer, i dati che contiene:
A vanno eliminati, perché altri potrebbero utilizzarli anche per fini illeciti
B vanno eliminati, per evitare che altri possano utilizzare le licenze dei software installati
C non devono preoccupare, perché senza password nessuno li può usare
D non devono preoccupare, se sono stati messi nel **Cestino**

7.2.3 Se abbandoniamo un social network, chiedendo che il nostro profilo e tutti i nostri dati siano cancellati:
A quei dati non esisteranno più fisicamente in nessun server del mondo
B possiamo essere certi che nessuno potrà più utilizzare quei nostri dati
C non possiamo avere certezza dell'effettiva cancellazione di ogni copia di quei dati
D è probabile che altri utenti della rete sociale abbiano copie di nostri dati

7.2.4 Quale tra le seguenti affermazioni, relative all'eliminazione definitiva dei dati, *non* è corretta?
A Se i dati si trovano su un DVD, è necessario danneggiarlo fisicamente
B Se i dati si trovano su un hard disk, si possono usare appositi software che effettuano la cancellazione settore dopo settore
C Se i dati si trovano su un hard disk, dopo averli cancellati, è necessario riscriverne altri che in tal modo eliminano i precedenti
D Un file può essere eliminato definitivamente spostandolo nel **Cestino**

Verifica le tue abilità – *Esercitazioni per l'esame ECDL*

Quando le risposte sono etichettate da cerchietti, significa che il quesito ha una sola risposta esatta; quando invece sono etichettate da quadratini, significa che più di una risposta è corretta.

ESERCITAZIONE 1

Tempo a disposizione: 45 minuti

1 Indica in quale dei seguenti punti è rappresentata un'informazione su una persona. 1.1.1
- Ⓐ Il suo sesso
- Ⓑ La sua età
- Ⓒ Il suo curriculum
- Ⓓ La sua professione

2 Quali tra queste persone compiono un'azione illegale? 1.1.2
- [A] Chi accede a un sistema violando la password ma non compie azioni dannose al suo interno
- [B] Chi accede a un sistema violando la password per compiere azioni dannose
- [C] Chi accede a un sistema in modo non convenzionale per individuare i suoi punti deboli e rinforzarlo
- [D] Chi accede a un sistema utilizzando la password ma causa dei danni per incompetenza nell'uso del sistema stesso

3 La cifratura è un metodo: 1.4.2
- [A] che permette di criptare i documenti per impedirne la lettura alle persone non autorizzate
- [B] che permette di criptare le password in modo che non possano essere intercettate dai keylogger
- [C] che utilizza dei software che trasformano tutti i caratteri di un testo in numeri al fine di impedirne la lettura
- [D] di criptazione utilizzato specie nel trasferimento di documenti riservati via Internet

4 La confidenzialità: 1.2.1
- [A] consiste nella realizzazione di sistemi sicuri per il trasferimento dei file
- [B] serve a fare in modo che, anche in seguito a una eventuale intercettazione, i dati non possano essere decodificati
- [C] si basa su sistemi di cifratura
- [D] serve per scegliere le persone fidate con cui condividere le proprie credenziali di accesso a un sistema informatico

5 Quale delle seguenti affermazioni relative al phishing *non* è corretta? 1.3.2
- Ⓐ È una delle tecniche utilizzate dall'ingegneria sociale
- Ⓑ Permette di testare la sicurezza di una rete
- Ⓒ Chi lo utilizza crea in genere dei siti copia per carpire le credenziali dei visitatori
- Ⓓ Utilizza la posta elettronica per trovare le vittime

6 Quale fra le seguenti azioni *non* è un crimine informatico? 1.1.2
- Ⓐ Rubare dei computer in un negozio di informatica
- Ⓑ Non inviare una merce acquistata in un sito di e-commerce
- Ⓒ Accedere a un sistema privi di autorizzazione ma senza fini di lucro
- Ⓓ Accedere a un social network usando credenziali altrui

7 Le informazioni personali: 1.2.2
- [A] se non sono protette adeguatamente possono esporre l'utente al rischio di frodi
- [B] vanno protette secondo le norme previste dalla legge solo se riguardano dati sensibili
- [C] comportano la responsabilità della loro tutela da parte di chi le gestisce
- [D] se si è dato il consenso, non possono essere eliminate a richiesta dell'utente prima di un anno

8 Lo skimming è: 1.3.4
- Ⓐ una tecnica che consiste nella lettura fraudolenta delle informazioni contenute su carte elettroniche
- Ⓑ un tipo di virus che legge le credenziali di accesso ai siti e le invia all'esterno
- Ⓒ un criminale informatico che accede ai siti delle banche per fare operazioni a danno dei clienti
- Ⓓ nessuna delle risposte precedenti è corretta

9 La disattivazione delle macro: 1.4.1
- [A] può causare la perdita di alcune funzioni di un file
- [B] può evitare l'attivazione di funzioni dannose per il computer
- [C] può impedire il funzionamento di un programma
- [D] non impedisce la propagazione dell'eventuale malware contenuto al loro interno

10 Un documento cifrato: 1.4.2
- [A] può essere aperto ma non decifrato se non si possiede un'apposita chiave
- [B] non può essere aperto se non si possiede un'apposita chiave
- [C] diventa illeggibile se viene persa la chiave
- [D] non può essere intercettato

11 Un rootkit è: 2.1.1
- Ⓐ un sinonimo di amministratore di un sistema informatico
- Ⓑ il termine con cui si individua il responsabile dei sistemi informatici di un'azienda
- Ⓒ un tipo di malware che compie azioni consentite solo all'amministratore di un sistema informatico
- Ⓓ un esperto che esamina la vulnerabilità dei sistemi informatici

12 Il termine worm indica: 2.1.2
- [A] un tipo di malware capace di replicarsi senza inserirsi all'interno di altri file eseguibili
- [B] un tipo di malware la cui funzione è sovraccaricare la rete con messaggi di posta elettronica
- [C] un virus che ancora non è stato identificato come tale dai programmi antivirus
- [D] un malware simile a un virus, che si diffonde principalmente attraverso la posta elettronica

13 Una botnet: 2.1.3
- [A] è una rete locale concepita per essere accessibile anche dall'esterno
- [B] può essere utilizzata per scatenare attacchi di massa contro siti che si vogliono bloccare

C è una rete locale protetta da un firewall inaccessibile dall'esterno
D è una rete formata da computer controllati a distanza a insaputa dei loro proprietari

14 Un software antivirus: 2.2.1
A se si attiva fin dall'accensione del computer riduce le prestazioni della macchina
B se si attiva fin dall'accensione del computer è capace di bloccare ogni virus
C riconosce solo i virus già individuati dalla software house che lo produce
D se non è aggiornato perde totalmente la sua efficacia

15 Con l'acronimo WAN ci si riferisce a: 3.1.1
Ⓐ una rete locale in cui le singole macchine sono collegate tramite Wi-Fi
Ⓑ una rete geografica
Ⓒ una rete privata accessibile solo agli utenti autorizzati
Ⓓ un sistema di trasmissione senza fili molto sicuro

16 Un firewall: 3.1.4
A filtra i pacchetti in ingresso e in uscita da una rete
B può controllare i pacchetti in ingresso e in uscita su un singolo computer
C assicura la protezione totale di una rete
D è soggetto solo ad attacchi provenienti dall'esterno della rete

17 Il protocollo WPA: 3.2.1
A è riferito alle connessioni Wi-Fi
B è meno sicuro del WEP
C usa password di accesso di 13 caratteri alfanumerici
D corrisponde a Wi-Fi Protected Access

18 Una rete wireless: 3.2.2
Ⓐ è più sicura di una rete cablata
Ⓑ è sempre più veloce di una rete cablata
Ⓒ non può essere protetta con una password
Ⓓ può essere protetta con una password

19 Una password: 4.2.1
Ⓐ va sempre usata su tanti diversi account, per ridurre il rischio di dimenticarla
Ⓑ è più efficace se è solo numerica
Ⓒ va cambiata regolarmente
Ⓓ deve contenere sempre caratteri speciali

20 Una one-time password: 4.1.2
Ⓐ l'utente deve ricordarsi di cambiarla ogni volta che la usa
Ⓑ viene generata una volta e poi va usata sempre, senza cambiarla
Ⓒ può essere generata da appositi algoritmi matematici
Ⓓ è l'unico tipo di password accettato dai siti protetti

21 Le autorizzazioni richieste da una app per smartphone: 6.4.2
Ⓐ vanno concesse soltanto se appaiono ragionevoli
Ⓑ non possono portare a violazioni della privacy
Ⓒ non comprendono mai l'uso del dispositivo per effettuare telefonate
Ⓓ garantiscono che la app non contenga malware

22 Il cyberbullismo: 6.2.4
A è attuato per lo più usando la posta elettronica
B riguarda soprattutto i ragazzi
C arreca danni soprattutto a livello psicologico
D si può evitare installando software destinati al controllo da parte dei genitori

23 Un messaggio di posta elettronica: 6.1.1
Ⓐ se è cifrato non può essere intercettato
Ⓑ se è cifrato può essere decodificato solo dal destinatario
Ⓒ se viene inviato tramite una webmail viene sempre criptato
Ⓓ tutte le risposte precedenti sono corrette

24 Il phishing: 6.1.4
Ⓐ è un virus che si diffonde principalmente per e-mail
Ⓑ è un sistema utilizzato per impossessarsi delle credenziali di accesso agli account di posta elettronica
Ⓒ è un sinonimo di spam
Ⓓ usa la posta elettronica per cercare le sue vittime

25 Un allegato di posta elettronica: 6.1.6
A se inviato tramite webmail non può contenere virus
B può contenere virus solo se si tratta di un file eseguibile
C può contenere virus anche se ci è stato inviato da un amico
D contenente malware può essere inviato anche dal nostro computer a nostra insaputa

26 La messaggistica istantanea: 6.3.1
Ⓐ è un sinonimo per indicare gli SMS
Ⓑ comprende anche la posta elettronica
Ⓒ consente il solo scambio di messaggi testuali
Ⓓ espone al rischio di virus

27 Nella messaggistica istantanea la criptografia: 6.3.2
Ⓐ non è prevista dato che avviene in tempo reale
Ⓑ non è necessaria visto che ci si scambiano messaggi di testo
Ⓒ può essere utile per evitare di prendere virus
Ⓓ può essere utile per salvaguardare la propria privacy

28 I dispositivi utilizzati per il backup dei dati: 7.1.3
Ⓐ vanno registrati indicandone la collocazione
Ⓑ devono avere una collocazione nota a tutti per velocizzare i tempi di un eventuale ripristino
Ⓒ vanno conservati negli stessi ambienti per essere facilmente collegati ai computer quando bisogna fare il backup
Ⓓ tutte le risposte precedenti sono corrette

29 In un computer da dismettere è meglio: 7.2.4
Ⓐ cancellare tutti i dati usando le funzioni di *Esplora risorse*
Ⓑ cancellare i dati e svuotare il **Cestino**
Ⓒ smontare l'hard disk
Ⓓ smontare la RAM

30 I dati non possono essere danneggiati: 1.1.3
Ⓐ intenzionalmente dagli impiegati perché è sempre possibile risalire agli autori di un eventuale danno
Ⓑ da impiegati perché è l'amministratore di sistema che gestisce quelli importanti
Ⓒ da fornitori esterni perché questi non possono accedere ai sistemi informatici
Ⓓ tutte le risposte precedenti sono sbagliate

31 Le informazioni commercialmente sensibili comprendono: 1.2.3

A il nome dell'amministratore del sistema informatico dell'azienda
B gli elenchi dei clienti dell'azienda
C i prezzi dei prodotti venduti
D i dati personali del titolare

32 I dati personali in Italia: 1.2.5

A si possono utilizzare soltanto con l'esplicito consenso dell'utente
B si possono cedere senza esplicita autorizzazione purché il loro utilizzo sia lo stesso per il quale è stata data l'autorizzazione
C possono essere cancellati a richiesta dell'utente ma solo quando il detentore comunica che è stata completata la procedura per la quale erano stati concessi
D sono soggetti alla normativa esclusivamente se trattati in forma elettronica

33 Quale tra le seguenti affermazioni relative al software di controllo genitori *non* è corretta? 5.2.4

A È chiamato anche *parental control*
B Permette di bloccare siti i cui contenuti sono ritenuti inadatti per i bambini
C Può essere utilizzato in ambito aziendale
D Non richiede di impostare una password

34 Quale di queste operazioni è la più indicata quando si utilizzano i social network? 6.2.1

A Indicare il proprio indirizzo di casa per far conoscere agli amici dove abitiamo
B Attivare un firewall
C Fare in modo che il proprio profilo non sia accessibile a tutti
D Divulgare le proprie idee politiche in modo da convincere anche gli altri

35 Una rete wireless è protetta se: 3.2.1

A sul server è installato un software di controllo da parte dei genitori
B sul server è installato un software antivirus
C è presente un amministratore di sistema che la gestisce
D vi si può accedere utilizzando una password

36 Un virus si dice *in quarantena* se: 2.3.1

A ha infettato il computer ma ancora non è entrato in azione
B non ha ancora infettato il computer
C ha infettato il computer ma è stato reso inattivo da un antivirus
D è stato cancellato definitivamente dal computer

Verifica le tue abilità – *Esercitazioni per l'esame ECDL*

Quando le risposte sono etichettate da cerchietti, significa che il quesito ha una sola risposta esatta; quando invece sono etichettate da quadratini, significa che più di una risposta è corretta.

ESERCITAZIONE 2 — Tempo a disposizione: 45 minuti

1 Il termine backdoor indica: 2.1.1

- Ⓐ un errore di programmazione che rende un sistema vulnerabile agli accessi esterni
- Ⓑ un accesso segreto a un sistema o a un singolo computer
- Ⓒ un virus che spia il computer sul quale si installa
- Ⓓ una funzione di ogni sistema operativo per consentire l'accesso remoto al computer

2 L'acronimo VPN indica una rete: 3.1.1

- Ⓐ privata che opera generalmente all'interno di un edificio
- Ⓑ pubblica estesa su un territorio molto ampio
- Ⓒ privata diffusa su un territorio molto ampio che utilizza una infrastruttura pubblica di trasporto
- Ⓓ pubblica che opera in un territorio, limitato generalmente a una città, accessibile solo a utenti registrati

3 Indica quali delle seguenti affermazioni sono corrette. 5.2.2

- Ⓐ I siti di commercio elettronico sono in genere protetti.
- Ⓑ Nei siti protetti le informazioni viaggiano in forma criptata.
- Ⓒ I siti protetti usano il protocollo https.
- Ⓓ Tutte le risposte precedenti sono corrette.

4 Il protocollo WEP per la sicurezza delle trasmissioni WiFi: 3.2.1

- Ⓐ corrisponde a Wired Equivalent Privacy
- Ⓑ di fatto assicura un livello di sicurezza paragonabile a quello delle reti cablate
- Ⓒ è più sicuro del WPA
- Ⓓ usa password di accesso di 24 caratteri alfanumerici

5 La firma digitale garantisce che: 6.1.2

- Ⓐ il destinatario può verificare l'autenticità del mittente di un messaggio
- Ⓑ il destinatario non può modificare un documento firmato da qualcun altro
- Ⓒ il mittente non può disconoscere un documento che ha firmato o un messaggio che ha inviato
- Ⓓ tutte le risposte precedenti sono corrette

6 La confidenzialità nell'ambito della messaggistica istantanea fa riferimento: 6.3.2

- Ⓐ alla possibilità di scambiarsi in sicurezza allegati personali (proprie foto, filmati ecc.)
- Ⓑ alla possibilità di scambiarsi informazioni personali amichevoli e riservate
- Ⓒ alla possibilità di scambiarsi messaggi che non possono essere decifrati da altri interlocutori
- Ⓓ al fatto che per poter comunicare bisogna essere iscritti allo stesso gruppo di amici

7 Le copie di riserva dei dati vanno: 7.1.3

- Ⓐ fatte sempre una volta a giorno
- Ⓑ pianificate a seconda della situazione in cui si opera
- Ⓒ fatte quando si teme che ci possano essere dei problemi ai dispositivi
- Ⓓ fatte sempre dallo stesso operatore

8 Per keylogger si intende: 2.1.3

- Ⓐ un virus che fa apparire sullo schermo messaggi pubblicitari
- Ⓑ un malware capace di registrare ciò che un utente digita sulla tastiera
- Ⓒ un malware che devia il traffico telefonico dei computer collegati a Internet mediante modem, verso connessioni molto costose
- Ⓓ un software capace di generare chiavi per criptare i file

9 Indica se le seguenti affermazioni, relative a un crimine informatico, sono vere o false. 1.1.2

- a Lo si commette tutte le volte che si scarica un file video senza aver chiesto l'autorizzazione. V F
- b Lo si commette quando si inviano messaggi pubblicitari non richiesti per posta elettronica. V F
- c Lo si commette tutte le volte che si diffonde un virus, anche inconsapevolmente. V F
- d Lo si commette quando si manomette l'hardware di un sistema informatico. V F

10 Indica quale fra le seguenti non è da considerare una minaccia ai dati causata da situazioni di forza maggiore. 1.1.4

- Ⓐ Lo straripamento di un fiume.
- Ⓑ Un incendio.
- Ⓒ Una guerra.
- Ⓓ Una cancellazione dovuta a inesperienza di chi utilizza il sistema.

11 Un hacker etico: 1.1.5

- [A] lavora per rendere più sicuri i sistemi informatici
- [B] viola le protezioni dei sistemi informatici per compiere azioni illegali
- [C] scopre falle nella sicurezza del software
- [D] si occupa della liceità dei contenuti della rete

12 Lo *shoulder surfing* è: 1.3.2

- [A] una tecnica utilizzata per scoprire le credenziali di un utente osservandolo alle spalle
- [B] una tecnica che può utilizzare delle telecamere per scoprire le credenziali di un utente
- [C] una persona che naviga sfruttando la connessione WiFi di un altro
- [D] un tipo di malware che scopre le credenziali dell'utente mentre le digita sulla tastiera

13 Per distruggere di dati: 7.2.4

- Ⓐ in forma cartacea è sufficiente strapparli
- Ⓑ su un CD o su un DVD è necessario danneggiarlo
- Ⓒ su un hard disk è necessario distruggerlo
- Ⓓ su una chiavetta USB è sufficiente formattarla

14 In merito ai dati personali è vero che: 1.2.5

- [A] il credo religioso è un dato sensibile
- [B] non possono essere detenuti per un tempo superiore a quello necessario agli scopi per i quali sono stati raccolti

C possono essere utilizzati da tutti i dipendenti dell'azienda che li detiene
D nell'informativa per l'utente, se non sono dati sensibili, non è necessario specificare la natura obbligatoria o facoltativa del conferimento dei dati richiesti

15 Indica se le seguenti affermazioni sono vere o false. 4.2.1

a Una userID può essere conosciuta da tutti. V F
b Una password deve essere conosciuta da un singolo utente. V F
c Una userID deve essere modificata periodicamente. V F
d Una password deve essere modificata periodicamente. V F

16 Se si riceve un messaggio di posta da uno sconosciuto che contiene un allegato: 6.1.6

A bisogna aprire l'allegato e poi controllarlo con un antivirus
B non bisogna leggere il messaggio
C non bisogna aprire l'allegato
D bisogna salvare l'allegato e scrivere al mittente per capire il motivo dell'invio dell'allegato

17 Quale delle seguenti affermazioni *non* è corretta in riferimento alla messaggistica istantanea? 6.3.1

A Espone all'attacco di worm che possono creare delle backdoor.
B Non è rischiosa perché ci si scambia solo messaggi di testo.
C Espone all'attacco di virus di diverso tipo.
D Espone al rischio soprattutto se ci si scambia allegati.

18 Per posta elettronica: 6.1.3

A se non si dispone di un antivirus si possono ricevere messaggi non richiesti
B se non si dispone di un firewall si possono ricevere messaggi non richiesti
C è possibile ricevere messaggi non richiesti che contengono allegati pericolosi per i nostri dati
D i messaggi non richiesti vengono in parte filtrati da alcuni provider e inseriti in apposite cartelle Spam

19 In un social network: 6.2.2

A bisogna limitare al massimo la visibilità delle informazioni contenute nel proprio account
B la visibilità delle informazioni contenute nel proprio account non può essere limitata perché altrimenti non si viene trovati da chi effettua le ricerche
C non è necessario limitare la visibilità delle informazioni contenute nel proprio account perché lo fanno le piattaforme se sono usate nel modo predefinito
D se non si limita la visibilità delle informazioni contenute nel proprio account ci si espone ad attacchi di virus

20 I dati privati da un browser: 5.1.2

A per impostazione di default vengono eliminati alla chiusura del programma
B possono essere eliminati in qualunque momento
C possono essere eliminati ma non mentre si naviga perché contengono dati importanti per la navigazione
D possono essere eliminati a scelta dell'utente utilizzando le funzioni del programma

21 Indica se le seguenti affermazioni riferite al *pharming* sono vere o false. 5.2.3

a Può consistere in un indirizzamento automatico verso un sito trappola causato da una modifica del DNS del provider. V F
b Può consistere in un indirizzamento automatico verso un sito trappola causato da una modifica del file *hosts* sul computer dell'utente. V F
c Consiste nell'indirizzamento a un sito trappola a causa di errori nella digitazione di un indirizzo V F
d Il rischio di incapparci può essere limitato dall'uso di antivirus. V F

22 Le transazioni economiche via Internet: 5.2.1

A dovrebbero avvenire sempre ed esclusivamente attraverso siti sicuri
B possono avvenire attraverso qualunque tipo di sito perché le informazioni viaggiano criptate
C possono avvenire attraverso qualunque tipo di sito perché generalmente in queste operazioni si utilizzano password monouso
D sono molto insicure, se si fanno degli acquisti è meglio pagare in contrassegno

23 Le tecniche di sicurezza biometriche: 4.1.5

A sono generalmente più sicure rispetto ai metodi di identificazione tradizionali
B si utilizzano soltanto perché così si perde meno tempo nell'identificazione
C non richiedono l'utilizzo di particolari dispositivi hardware
D si basano su caratteristiche che devono essere diverse nei diversi individui

24 Indica se le seguenti affermazioni sono vere o false. 7.2.1

a Cancellare dei dati con le funzionalità offerte dal sistema operativo equivale a distruggerli. V F
b I dati cancellati con le operazioni ordinarie restano memorizzati sul computer finché lo stesso non viene spento. V F
c I dati cancellati con le operazioni ordinarie restano memorizzati sul computer finché non vengono sovrascritti. V F
d Per cancellare in maniera definitiva i dati da un hard disk bisogna utilizzare dei software specifici. V F

25 Il backup dei dati: 7.1.2

A serve per fare in modo che più persone dispongano degli stessi dati
B serve per salvaguardare i dati importanti in caso di guasti ai sistemi informatici
C permette di conservare cronologia e segnalibri del browser
D si può fare esclusivamente su hard disk esterni, non va mai fatto su unità online

26 L'accesso a una rete: 3.1.3

A si può lasciare libero se l'accesso ai singoli computer è protetto da una password
B va protetto, ma solo se si ha la necessità di disporre di tutta la banda
C va protetto per limitare le possibili intrusioni nella propria rete
D deve essere gestito da un amministratore di rete

27 In una WLAN i computer si collegano alla rete: 3.1.1
- A tramite cavo ethernet
- B tramite onde radio
- C tramite WiFi
- D mediante cavi USB

28 Un amministratore di rete: 3.1.3
- A stabilisce le regole di accesso alla rete
- B configura i router
- C si occupa delle password di accesso
- D tutte le risposte precedenti sono corrette

29 I software antivirus: 2.2.3
- A anche se sono aggiornati non sono sicuri al 100%
- B se non sono aggiornati perdono totalmente la loro efficacia
- C vanno aggiornati solo se sono a pagamento
- D vanno aggiornati annualmente, facendo riferimento alla data di installazione

30 L'ingegneria sociale si occupa: 1.3.1
- A dei comportamenti degli utenti al fine di creare hardware con massimo di ergonomicità
- B dei comportamenti degli utenti per creare software sempre più semplici da usare
- C dei metodi per creare sistemi di connessione alle reti WiFi più sicuri
- D dei metodi per ottenere le credenziali degli utenti in modo illegale

31 Il furto di identità lo compie chi: 1.3.3
- A utilizza un falso nome per iscriversi a un social network
- B sceglie come userID di posta elettronica un nome non suo
- C non utilizza il suo nome nel dominio di un indirizzo Internet personale
- D utilizza i dati di un'altra persona per ottenere dei vantaggi

32 Per *malware* si intende: 2.1.1
- A un tipo di virus che si propaga principalmente con gli allegati di posta elettronica
- B un tipo di virus che si propaga principalmente inserendosi nelle macro dei documenti creati con software d'ufficio
- C tutto il software antivirus
- D tutto il software creato con la funzione di arrecare danno al computer

33 Indica se le seguenti affermazioni sul contenuto presente su un computer da dismettere sono vere o false. 7.2.2

- a È importante eliminare i dati perché altri potrebbero utilizzarli contro il nostro interesse. V F
- b È importante eliminarlo perché altri potrebbero copiare i programmi installati a nostro nome. V F
- c Se non abbiamo fatto cose illegali non c'è da preoccuparsi per i dati che rimangono V F
- d Se un hard disk non è perfettamente ripulito diminuisce il valore dell'usato. V F

34 Quale delle seguenti affermazioni relative agli antivirus *non* è corretta? 2.2.1
- A Deve necessariamente avviarsi all'accensione del computer.
- B È in grado di individuare un virus presente anche se il virus non è attivo.
- C Può individuare la presenza di un virus nella RAM.
- D Potrebbe segnalare come virus programmi che non lo sono.

35 L'accesso a una rete wireless: 3.2.1
- A per legge non può essere lasciato libero in nessun luogo
- B se è lasciato libero facilita le intrusioni nella rete
- C se è protetto richiede una userID e una password assegnati dall'amministratore
- D se è protetto ogni utente deve avere una password personale per essere identificato

36 Il termine *adware* si riferisce a: 2.1.3
- A un virus capace di compromettere le funzioni hardware del computer
- B un software che mostra annunci pubblicitari
- C un nome di un'applicazione antivirus
- D un protocollo per le reti WiFi

Soluzioni
agli esercizi del libro

COMPUTER ESSENTIALS

ESERCIZI DI FINE SCHEDA

scheda 1	C
scheda 2	A
scheda 3	D
scheda 4	D
scheda 5	B
scheda 6	B
scheda 7	D
scheda 8	A
scheda 9	D
scheda 10	C
scheda 11	C
scheda 12	B
scheda 13	B

VERIFICA LE TUE CONOSCENZE

1.1.1	B, D
1.1.2	a2-b3-c4-d1
1.2.1	C, D
1.2.2	C
1.2.3	A, D
1.2.4	a2-4, b1-3
1.3.1	B
1.3.2	B
1.3.3	a3-b4-c1-d2
1.3.4	B
1.3.5	C, D
1.4.1	B, C
1.4.2	B, C
2.1.1	D: a, b, d B: a, c, d
2.1.2	a3-b1-c4-d2
2.1.3	A
2.1.4	B, C
2.2.1	4, 2, 1, 3
2.2.2	a2-b3-c4-d1
2.2.3	A, B
2.3.1	A, D
2.3.2	B, C
2.3.3	B, C
2.3.4	C, D
2.3.5	A
2.3.6	2-6-5-1-4-3
2.3.7	B, D
2.3.8	D
3.1.1	2-1-4-3
3.1.2	A, B
3.1.3	C
3.1.4	D
3.2.1	A, C
3.2.2	3-1-2-4
3.2.3	A, C
3.2.4	B, D
4.1.1	A, D
4.1.2	A, B
4.1.3	B, C
4.1.4	a3-b5-c1-d9-e7-f6-g4-h2-i8
4.1.5	A, B
4.1.6	B
4.1.7	B, C
4.1.8	B
4.1.9	B
4.1.10	B
4.2.1	C
4.2.2	B, D
4.2.3	A, D
4.2.4	A, B
4.2.5	B, C
4.3.1	B
4.3.2	2-1-5-4-3
4.3.3	A, B
4.3.4	A, B
4.3.5	B, C
4.3.6	C, D
5.1.1	C, D
5.1.2	A, D
5.1.3	C
5.1.4	a1-b3-c2
5.1.5	A
5.2.1	B, D
5.2.2	B
5.2.3	D
5.2.4	A, D
6.1.1	D
6.1.2	B, C
6.1.3	A, D
6.1.4	C
6.2.1	a1-b3-c4-d2
6.2.2	A, B
6.2.3	A, B
6.3.1	B, D
6.3.2	A, D
6.3.3	B, D
6.3.4	a3-b1-c5-d2-e4

VERIFICA LE TUE ABILITÀ

Esercitazione 1

1.	C
2.	a-4, b-1, c-2, d-3
3.	D
4.	C, D
5.	A, C
6.	V-V-F-V
7.	A, D
8.	C
9.	B
10.	D
11.	C
12.	A, D
13.	V-F-V-V
14.	B, C
15.	C
16.	a-2, b-3, c-4, d-1
17.	F-V-F-V
18.	B, D
19.	B, C
20.	A
21.	A, D
22.	B, C
23.	B
24.	F-V-V-F
25.	B, D
26.	C
27.	A
28.	D
29.	B, C
30.	C
31.	B
32.	B
33.	D
34.	A
35.	A, C
36.	B

ONLINE ESSENTIALS

ESERCIZI DI FINE SCHEDA

scheda 1	C
scheda 2	A
scheda 3	B
scheda 4	D
scheda 5	C
scheda 6	C
scheda 7	C
scheda 8	A
scheda 9	C
scheda 10	C
scheda 11	B
scheda 12	C

VERIFICA LE TUE CONOSCENZE

1.1.1	A
1.1.2	D
1.1.3	C, D
1.1.4	a3-b2-c1
1.2.1	B
1.2.2	B, C
1.2.3	C, D
1.2.4	A, C
1.2.5	C
2.1.1	D
2.1.2	A
2.1.3	A
2.1.4	B, C
2.1.5	C
2.1.6	B
2.1.7	A, C
2.1.8	A
2.1.9	B, D
2.1.10	C
2.2.1	C
2.2.2	B, C
2.2.3	A, B
2.2.4	A, D
2.2.5	B, C
2.2.6	B, C
2.3.1	A, C
2.3.2	A, B
2.3.3	B, D
2.4.1	A, C
2.4.2	A
2.4.3	A
3.1.1	A
3.1.2	A, C
3.1.3	B
3.1.4	C
3.2.1	D
3.2.2	F-V-V-F
3.2.3	A, B
3.3.1	A
3.3.2	B, C
4.1.1	D
4.1.2	A, C
4.1.3	D
4.2.1	A
4.2.2	A, D
4.2.3	B, D
4.2.4	C, D
4.3.1	A
4.3.2	C
4.3.3	B, D
4.3.4	a2-b3-c4-d1
4.3.5	D
4.3.6	B
5.1.1	A, B
5.1.2	a2-b4-c1-d3
5.1.3	B, C
5.1.4	B
5.1.5	D
5.1.6	D
5.1.7	B, D
5.2.1	A, D
5.2.2	B, D
5.2.3	B, C
5.2.4	B, D
5.2.5	C, D
5.3.1	C, D
5.3.2	B, C
5.3.3	B, D
5.3.4	B, D
5.3.5	A
5.3.6	A
5.4.1	D
5.4.2	B, D
5.4.3	A
5.4.4	B, C
5.4.5	A, C
5.4.6	B
5.4.7	B, C
5.5.1	B, D
5.5.2	B, D
5.5.3	B

VERIFICA LE TUE ABILITÀ

Esercitazione 1

1.	a-3, b-1, c-2
2.	A, B
3.	D
4.	A
5.	A, D
6.	B, D
7.	A, C
8.	D
9.	B
10.	A
11.	C
12.	C
13.	B
14.	A, D
15.	C
16.	A, D
17.	A, D
18.	B, C
19.	C
20.	C
21.	B
22.	D
23.	C
24.	A, C
25.	D
26.	C
27.	B, C
28.	C
29.	A, C
30.	D
31.	C
32.	A, C
33.	D
34.	A, C
35.	A, C
36.	C

WORD PROCESSING

I file di soluzione degli esercizi proposti in fondo alle schede sono disponibili online.
Le soluzioni alle Esercitazioni per l'esame ECDL si trovano online in forma di filmati.

SCHEDE

scheda 1	a3-b4-c1-d2
scheda 3	file **componenti**, **caratteristiche**
scheda 4	file **io e il computer**
scheda 5	file **Storia del computer**
scheda 6	file **schede**
scheda 8	file **M3-08-esercizio**
scheda 9	file **M3-09-esercizio**
scheda 10	file **M3-10-esercizio**
scheda 11	file **fax**
scheda 12	file **M3-12-esercizio**
scheda 14	file **M3-14-esercizio**
scheda 15	file **M3-15-esercizio**
scheda 16	D
scheda 17	B, D

VERIFICA LE TUE CONOSCENZE

1.1.1	C
1.1.2	A
1.1.3	D
1.1.4	B
1.1.5	D
1.2.1	B
1.2.2	B
1.2.3	C, D
1.2.4	D
2.1.1	B
2.1.2	B, C
2.1.3	A, D
2.2.1	a3-b4-c2-d1
2.2.2	a3-b2-c1-d4
2.2.3	A, D
2.2.4	A
2.2.5	a3-b4-c1-d2
2.2.6	D
2.2.7	C, D
2.2.8	A, B
3.1.1	A, C
3.1.2	A, C
3.1.3	C, D
3.1.4	B, C
3.1.5	A, B
3.1.6	C, D
3.2.1	C, D
3.2.2	B, D
3.2.3	B, C
3.2.4	B, D
3.2.5	A, C
3.2.6	a2-b1-c4-d3
3.2.7	C, D
3.2.8	A, C
3.2.9	C, D
3.2.10	A, D
3.3.1	A, D
3.3.2	A, D
3.3.3	A, C
4.1.1	A, C
4.1.2	A, B
4.1.3	C
4.1.4	C
4.2.1	B, C
4.2.2	3-2-4-1
4.2.3	C
4.3.1	C
4.3.2	A, B
4.3.3	5-2-1-3-4
4.3.4	B, D
5.1.1	D
5.1.2	C
5.1.3	A, B
5.2.1	B, D
5.2.2	C, D
6.1.1	3-1-4-2-5
6.1.2	C, D
6.1.3	B
6.1.4	A
6.1.5	B
6.1.6	a2-b1-c4-d3
6.1.7	B
6.2.1	A
6.2.2	B, C
6.2.3	A, B
6.2.4	C

SPREADSHEET

I file di soluzione degli esercizi proposti in fondo alle schede sono disponibili online.
Le soluzioni alle Esercitazioni per l'esame ECDL si trovano online in forma di filmati.

SCHEDE

scheda 1	C
scheda 2	file **M4-02-esercizio**
scheda 4	file **M4-03-esercizio (post scheda 4)**
scheda 5	file **M4-05-esercizio**
scheda 6	D
scheda 7	file **M4-07-esercizio**
scheda 8	file **M4-08-esercizio**
scheda 9	file **M4-09-esercizio**
scheda 11	file **M4-11-esercizio**
scheda 12	file **M4-12-esercizio**
scheda 13	file **negozio**

VERIFICA LE TUE CONOSCENZE

1.1.1	B, D
1.1.2	B, C
1.1.3	B, C
1.1.4	A
1.1.5	D
1.2.1	D
1.2.2	A, C
1.2.3	B, D
1.2.4	A, B
2.1.1	C
2.1.2	B
2.1.3	D
2.1.4	a2-b3-c4-d1
2.2.1	C, D
2.2.2	A, B
2.2.3	A
2.2.4	D
2.2.5	A, B
2.3.1	C, D
2.3.2	B, C
2.3.3	D
2.3.4	A, D
3.1.1	A, C
3.1.2	C
3.1.3	D
3.1.4	A, C
3.1.5	A, B
3.2.1	C
3.2.2	A, C
3.2.3	B
3.2.4	B, C
4.1.1	B
4.1.2	A, C
4.1.3	a2-b4-c1-d3
4.1.4	C
4.2.1	C
4.2.2	A
5.1.1	A, D
5.1.2	B
5.1.3	A, C
5.2.1	3-2-1-4
5.2.2	C, D
5.2.3	A, D
5.2.4	B
5.3.1	B
5.3.2	B, C
5.3.3	A, C
5.3.4	B, D
6.1.1	3-1-2-4
6.1.2	A, D
6.1.3	C, D
6.1.4	B, D
6.2.1	B, C
6.2.2	A, D
6.2.3	C
6.2.4	A, B
6.2.5	A, B
7.1.1	C, D
7.1.2	A, C
7.1.3	D
7.1.4	A, B
7.1.5	a2-b3-c4-d1
7.2.1	B, C
7.2.2	C
7.2.3	D
7.2.4	A
7.2.5	A, C

PRESENTATION

I file di soluzione degli esercizi proposti in fondo alle schede sono disponibili online.
Le soluzioni alle Esercitazioni per l'esame ECDL si trovano online in forma di filmati.

SCHEDE

scheda 1	A
scheda 2	file **città**
scheda 3	B
scheda 5	a2-b4-c3-d1
scheda 6	file **M6-06-esercizio**
scheda 7	file **M6-07-esercizio**
scheda 9	file **M6-09-esercizio**
scheda 11	file **M6-11-esercizio**
scheda 12	file **M6-12-esercizio**
scheda 13	file **M6-13-esercizio**
scheda 14	file **M6-14-esercizio**
scheda 15	file **M6-15-esercizio**
scheda 16	file **M6-16-esercizio**

VERIFICA LE TUE CONOSCENZE

1.1.1	A, C
1.1.2	A
1.1.3	A
1.1.4	B, C
1.1.5	C, D
1.2.1	B
1.2.2	C
1.2.3	C
1.2.4	A, B
2.1.1	A
2.1.2	A, B
2.1.3	D
2.2.1	C
2.2.2	A, C
2.2.3	A, B
2.2.4	A, D
2.2.5	B, C
2.2.6	A, C
2.3.1	C
2.3.2	A
2.3.3	B, C
3.1.1	A, C
3.1.2	A, B
3.1.3	B, C
3.1.4	A, D
3.1.5	B, C
3.1.6	B, C
3.2.1	A, C
3.2.2	A, B
3.2.3	B, C
3.2.4	B
3.2.5	A, D
3.3.1	A, C
3.3.2	A
3.3.3	A, B
3.4.1	A, B
3.4.2	B
3.4.3	C
3.4.4	C
4.1.1	A, D
4.1.2	A
4.1.3	A, C
4.1.4	2-4-3-1
4.1.5	B, C
4.1.6	B
4.1.7	A, C
4.2.1	B
4.2.2	C
4.2.3	A, B
5.1.1	A, B
5.1.2	A, C
5.1.3	B, D
5.1.4	C, D
5.1.5	B, C
5.1.6	B, C
5.2.1	A, C
5.2.2	B
5.2.3	C, D
5.2.4	A, D
5.2.5	B
5.2.6	A, C
5.2.7	B, C
6.1.1	A, C
6.1.2	1, 2, 4, 3
6.1.3	A, C
6.1.4	A, D
6.1.5	C
6.2.1	C, D
6.2.2	D
6.2.3	A, C
6.2.4	B
6.2.5	A, C

ONLINE COLLABORATION

ESERCIZI DI FINE SCHEDA

scheda 1	B
scheda 2	C
scheda 3	D
scheda 4	C
scheda 5	D
scheda 6	C
scheda 7	A
scheda 8	C
scheda 9	B

VERIFICA LE TUE CONOSCENZE

1.1.1	C, D
1.1.2	C
1.1.3	D
1.1.4	B
1.1.5	C
1.1.6	D
1.2.1	C, D
1.2.2	B, C
1.2.3	D
2.1.1	B
2.1.2	D
2.1.3	B
2.2.1	C
2.2.2	A, B
3.1.1	C
3.1.2	B
3.1.3	D
3.1.4	C
3.1.5	C
3.1.6	A, D
3.1.7	4-2-1-3-5
3.1.8	2-5-3-1-4
3.2.1	V-V-V-F-V
3.2.2	A, B
3.2.3	B
3.2.4	B, D
3.2.5	A
3.2.6	A
3.3.1	a2-b4-c1-d5-e3
3.3.2	2-4-5-1-3-6
3.3.3	1-5-3-4-2
3.3.4	A, B
3.3.5	F-F-V
3.3.6	B
3.3.7	B
3.3.8	B, D
3.4.1	2-4-1-3
3.4.2	A, B
3.4.3	4-1-2-3-5
3.4.4	F-F-F-V-F
3.4.5	A, C
3.4.6	B
3.5.1	V-V-F-V
3.5.2	a3-b1-c4-d2
3.5.3	C, D
3.5.4	1-3-4-2
3.5.5	C, D
4.1.1	V-F-V-F
4.1.2	C
4.1.3	B, C
4.1.4	F-V-F-V
4.1.5	A, D
4.2.1	B, D
4.2.2	D
4.2.3	D
4.2.4	C, D
4.2.5	A
4.3.1	A, C
4.3.2	F-F-F-V
4.3.3	V-V-F-V
4.3.4	4-2-3-1
4.3.5	D
4.3.6	F-V-V-V
4.4.1	C, D
4.4.2	V-V-V-F
4.4.3	A, D

VERIFICA LE TUE ABILITÀ

Esercitazione 1

1.	a-4, b-1, c-2, d-3
2.	A
3.	A
4.	B
5.	A, B
6.	B, C
7.	B, D
8.	B
9.	C
10.	A, C
11.	C
12.	C
13.	A, C
14.	B, C
15.	A
16.	C
17.	B, D
18.	B
19.	A
20.	C
21.	D
22.	D
23.	A, C
24.	B, D
25.	A, B
26.	C, D
27.	D
28.	D
29.	C
30.	C, D
31.	D
32.	A, B
33.	D
34.	D
35.	2-3-4-1
36.	C

IT SECURITY

ESERCIZI DI FINE SCHEDA

scheda 1	C
scheda 2	B
scheda 3	D
scheda 4	A
scheda 5	A
scheda 6	C
scheda 7	C
scheda 8	D
scheda 9	D

VERIFICA LE TUE CONOSCENZE

1.1.1	C
1.1.2	B
1.1.3	A, B
1.1.4	B, C
1.1.5	B
1.2.1	a2-b1-c3
1.2.2	A, C
1.2.3	B
1.2.4	D
1.2.5	F, V, V, F
1.2.6	C
1.3.1	C, D
1.3.2	A, C
1.3.3	A, D
1.3.4	A
1.4.1	C, D
1.4.2	B, C
1.4.3	F, F, V, F
1.4.4	C
2.1.1	a1-b3-c2
2.1.2	C
2.1.3	a3-b2-c1-d5-e4
2.2.1	B, D
2.2.2	C, D
2.2.3	A, B
2.2.4	A
2.2.5	D
2.3.1	B, C
2.3.2	C
2.3.3	A, C
3.1.1	a3-b2-c1-d4
3.1.2	F, V, V, V
3.1.3	D
3.1.4	B, C
3.1.5	B
3.2.1	A, D
3.2.2	C
3.2.3	D
3.2.4	V, F, F, V
4.1.1	D
4.1.2	B
4.1.3	B
4.1.4	C
4.1.5	C, D
4.2.1	2-3-1-4
4.2.2	B, C
5.1.1	A, D
5.1.2	D
5.2.1	A, C
5.2.2	A
5.2.3	B, C
5.2.4	A, D
6.1.1	A, D
6.1.2	C, D
6.1.3	B, D
6.1.4	A, B
6.1.5	A, C
6.1.6	A, B
6.2.1	D
6.2.2	A
6.2.3	B, D
6.2.4	F, V, V, F
6.2.5	A, D
6.3.1	A, D
6.3.2	B, C
6.4.1	B, C
6.4.2	D
6.4.3	D
6.4.4	A
7.1.1	D
7.1.2	B, D
7.1.3	C
7.1.4	A, B
7.1.5	B
7.2.1	A
7.2.2	A
7.2.3	C, D
7.2.4	D

VERIFICA LE TUE ABILITÀ

Esercitazione 1

1.	C
2.	A, B
3.	A, D
4.	B, C
5.	B
6.	A
7.	A, C
8.	A
9.	A, B
10.	A, C
11.	C
12.	A, D
13.	B, D
14.	A, C
15.	B
16.	A, B
17.	A, D
18.	D
19.	C
20.	C
21.	A
22.	B, C
23.	B
24.	D
25.	C, D
26.	D
27.	D
28.	A
29.	C
30.	D
31.	B, C
32.	A
33.	D
34.	C
35.	D
36.	C

Esercitazione 2

1.	B
2.	C
3.	D
4.	A
5.	D
6.	C
7.	B
8.	B
9.	F, V, F, V
10.	D
11.	A, C
12.	A, B
13.	B
14.	A, B
15.	V, V, F, V
16.	C
17.	B
18.	C, D
19.	A
20.	B, D
21.	V, V, F, V
22.	A
23.	A, D
24.	F, F, V, V
25.	B, C
26.	C, D
27.	B, C
28.	D
29.	A
30.	D
31.	D
32.	D
33.	V, F, F, F
34.	A
35.	B
36.	B